Zadie Smith

ZÄHNE ZEIGEN

Roman

Aus dem Englischen von
Ulrike Wasel und Klaus Timmermann

Melanie Feese,

März '07

Knaur

Die englische Originalausgabe erschien unter dem Titel
»White Teeth«
bei Hamish Hamilton, London

Besuchen Sie uns im Internet:
www.knaur.de

Vollständige Taschenbuchausgabe 2002
Droemersche Verlagsanstalt Th. Knaur Nachf., München
Copyright © 2000 by Zadie Smith
Copyright © der deutschsprachigen Ausgabe bei
Droemersche Verlagsanstalt Th. Knaur Nachf., München
Alle Rechte vorbehalten. Das Werk darf – auch teilweise – nur mit
Genehmigung des Verlages wiedergegeben werden.
Umschlaggestaltung: ZERO Werbeagentur, München
Umschlagabbildung: Tina Wunsch
Satz: Ventura Publisher im Verlag
Druck und Bindung: Clausen & Bosse, Leck
Printed in Germany
3-426-62141-X

2 4 5 3 1

Für meine Mutter und meinen Vater.
Und für Jimmi Rahman

»Alles Vergangene ist Prolog«

Shakespeare, *Der Sturm*

ARCHIE

1974, 1945

»Jede geringste Kleinigkeit scheint mir heute aus irgendeinem Grunde
von unberechenbarer Bedeutung, und wenn Sie von etwas sagen, ›es
hänge nichts davon ab‹, so klingt das wie Gotteslästerung. Man weiß
nie – wie soll ich es ausdrücken? –, welche unserer Handlungen, welche
unserer Unterlassungen lebenslängliche Folgen haben werden.«

E. M. Forster, *Engel und Narren*

1
DIE SELTSAME ZWEITE HEIRAT
DES ARCHIE JONES

Früh am Morgen, Ende des Jahrhunderts, Cricklewood Broadway. Um 06.27 Uhr am 1. Januar 1975. Alfred Archibald Jones trug Kord, saß in einem abgasgefüllten Cavalier Musketeer Estate, den Kopf ans Lenkrad gelehnt, und hoffte, dass das göttliche Gericht nicht zu hart mit ihm umgehen würde. Er lag in einer demütigen Kreuzigungshaltung nach vorn geneigt, der Unterkiefer schlaff, die Arme ausgebreitet wie ein gefallener Engel; in den Fäusten hielt er seine Armeeorden (links) und seine Heiratsurkunde (rechts), denn er hatte beschlossen, diese Irrtümer mitzunehmen. Ein kleines grünes Lämpchen blinkte ihm ins Auge, kündigte ein Rechtsabbiegen an, das er, wie er entschieden hatte, in diesem Leben nicht mehr vornehmen würde. Er war fest dazu entschlossen. Er war dazu bereit. Er hatte eine Münze geworfen und blieb nun standhaft bei ihrer Entscheidung. Der Selbstmord war beschlossene Sache. Tatsächlich war er ein Vorsatz zum neuen Jahr.

Aber noch während seine Atmung unregelmäßig wurde und seine Sicht schwächer, war Archie klar, dass der Cricklewood Broadway eine seltsame Wahl war. Sie würde der ersten Person seltsam vorkommen, die seine zusammengesunkene Gestalt durch die Windschutzscheibe sah, dem Polizisten seltsam vorkommen, der seinen Bericht schrieb, dem Lokaljournalisten, der fünfzig Worte darüber schreiben sollte, und den Angehörigen, die diese Worte lesen würden. Cricklewood, eingezwängt zwischen einem allmächtigen Kinokomplex auf der einen Seite und einer riesigen Kreuzung auf der anderen, war keine Art von Ort. Es war kein Ort, den ein Mann aufsuchte, um zu sterben. Es war ein Ort, den ein Mann aufsuchte, um über die A41 zu anderen Orten zu gelangen. Doch Archie Jones wollte nicht in irgendeinem schönen, fernen Wald sterben oder an einer von zarter Heide gesäumten Meeresklippe. Nach Archies Ansicht sollten Leute vom Land auf dem Lande sterben, und Stadtmenschen sollten in der Stadt sterben. Nur ordentlich. *Er starb, wie er gelebt hatte* und so weiter. Es ergab einen Sinn, dass Archibald auf dieser schäbigen städtischen Straße sterben sollte, auf der er gelandet war, mit siebenundvierzig Jahren allein lebte, in einer Einzimmerwohnung über einer leer stehenden Pommesbude. Er war nicht der Typ, ausgefeilte Pläne zu schmieden – Abschiedsbriefe und Anweisungen für die Beerdigung –, er war nicht der Typ für irgendwelche ausgefallenen Sachen. Er wollte nichts als ein bisschen Ruhe, ein bisschen Stille, damit er sich konzentrieren konnte. Alles sollte mucksmäuschenstill sein, wie in einem leeren Beichtstuhl oder wie der Augenblick im Gehirn zwischen Denken und Sprechen. Er wollte es hinter sich bringen, bevor die Geschäfte öffneten.

Über ihm erhob sich eine Horde der ortsansässigen fliegenden Ratten von irgendeinem unsichtbaren Aussichtspunkt, stieß herab und schien Archies Wagendach ins Visier zu nehmen – nur um im letzten Augenblick eine eindrucksvolle Kehrtwendung zu vollbringen und gekonnt, mit der Eleganz einer Bananenflanke, auf dem Dach der renommierten Halal-Fleischerei *Hussein-Ishmael* zu landen. Archie war schon viel zu weggetreten, um sich großartig Gedanken darum zu machen, aber er beobachtete sie mit einem warmherzigen, inneren Lächeln, als sie ihre Ladung ausklinkten und auf weiße Mauern lila Streifen malten. Er beobachtete, wie sie ihre neugierigen Vogelköpfe über die Hussein-Ishmael-Dachrinne reckten; er beobachtete sie, wie sie das langsame und stetige Tröpfeln von Blut aus den toten Tieren beobachteten – Hühner, Rinder, Schafe –, die an ihren Haken im Laden hingen wie Mäntel. Die Unglücklichen. Diese Tauben hatten einen Instinkt für die Unglücklichen, und so schenkten sie Archie keine Beachtung. Denn, obwohl er es noch nicht wusste und trotz des Staubsaugerschlauches, der auf dem Beifahrersitz lag und die Abgase vom Auspuff in seine Lunge pumpte, war das Glück an diesem Morgen mit ihm. Eine hauchfeine Schicht Glück lag auf ihm wie frischer Tau. Während er immer wieder das Bewusstsein verlor, hatten der Stand der Planeten, die Musik der Sphären, das Schlagen der durchsichtigen Flügel eines Bärenspinners in Zentralafrika und noch ein Haufen anderer Dinge, die Gott weiß was bewirken, beschlossen, dass es Zeit war, Archie eine zweite Chance zu geben. Irgendwo, irgendwie und von irgendwem war beschlossen worden, dass er leben sollte.

*

Die Fleischerei Hussein-Ishmael gehörte Mo Hussein-Ishmael, einem Bären von einem Mann mit Haaren, die sich zuerst zu einer Tolle erhoben und dann zu einem Entenschwanz senkten. Mo glaubte, dass man bei Tauben das Problem an der Wurzel packen musste; nicht die Exkremente, sondern die Taube selbst. *Die Scheiße ist* nicht *die Scheiße* (das war Mos Mantra), *die* Taube *ist die Scheiße*. Daher begann der Morgen von Archies Beinahetod wie jeder Morgen im Hussein-Ishmael: Mo schob seinen gewaltigen Bauch auf die Fensterbank, lehnte sich hinaus und schwang ein Hackbeil, um das lila Tröpfeln aufzuhalten.
»Haut ab! Verschwindet, ihr Scheiße produzierenden Biester! Ja! SECHS!«
Es war wie Kricket – das vom Immigranten adaptierte Spiel der Engländer, und sechs war die Höchstzahl an Tauben, die du mit einem Schlag erwischen konntest.
»Varin!«, rief Mo hinunter auf die Straße und hielt das blutige Hackbeil triumphierend hoch. »Du bist am Zug, mein Junge. Fertig?«
Unter ihm auf dem Bürgersteig stand Varin – ein mächtig übergewichtiger Hindu-Junge, der hier sein Schulpraktikum absolvierte, das er sich bestimmt anders vorgestellt hatte – und blickte

nach oben, wie ein großer trauriger Punkt unter Mos Fragezeichen. Es war Varins Aufgabe, sich eine Leiter hinaufzuquälen, abgehackte Taubenstücke in eine kleine Kwik-Save-Einkaufstüte zu sammeln, die Tüte zuzubinden und sie in einem der Mülleimer am Ende der Straße zu entsorgen.

»Vorwärts, Mr. Fatty-man«, schrie einer von Mos Küchengehilfen und stieß Varin zur Unterstreichung jedes Wortes mit einem Besen in den Hintern. »Beweg-dein-fettes-Ganesh-Hindu-Hinterteil-da-hoch-du-Elefantenboy-und-hol-was-von-diesem-Taubenbrei-runter.«

Mo wischte sich den Schweiß von der Stirn, schnaubte und sah über Cricklewood hinweg, ließ den Blick über ausrangierte Sessel und Teppichstreifen wandern, Gartenliegen für die Trunkenbolde der Gegend; die Spielsalons, die Pommesbuden und die Taxis – alles mit Scheiße bedeckt. Eines schönen Tages, davon war Mo überzeugt, hätte Cricklewood mit all seinen Anwohnern Grund, ihm für sein tägliches Massaker zu danken; eines schönen Tages müsste kein Mann, keine Frau, kein Kind dieser Straße je wieder ein Teil Reinigungsmittel mit vier Teilen Essig verrühren, um den Dreck wegzubekommen, der auf die Welt fällt. *Die Scheiße ist* nicht *die Scheiße*, wiederholte er feierlich, *die* Taube *ist die Scheiße*. Mo war der einzige Mensch im Viertel, der das wirklich verstand. Was das betraf, hatte er gerade ein ausgesprochenes Zen-Gefühl – kam sich vor wie ein Wohltäter der Menschheit –, bis er Archies Wagen entdeckte.

»Arshad!«

Ein verschlagen aussehender dünner Bursche mit buschigem Schnurrbart, der in vier unterschiedlichen Brauntönen gekleidet war, kam aus dem Laden, mit Blut an den Händen.

»Arshad!« Mo konnte sich kaum beherrschen und stieß mit dem Finger in Richtung des Wagens. »Mein Junge, ich werde dich das bloß einmal fragen.«

»Ja, Abba?«, sagte Arshad, von einem Fuß auf den anderen tretend.

»Was zum Teufel ist das da? Was macht das da? Ich krieg um halb sieben eine Lieferung. Um halb sieben hab ich fünfzehn tote Rinder hier. Die muss ich nach hinten schaffen. Das ist mein Job. Kapiert? *Fleisch* ist im Anrollen. Und deshalb bin ich *perplex*.« Mo setzte eine verwunderte Unschuldsmiene auf. »Weil ich bisher dachte, das wäre ganz eindeutig als ›Lieferbereich‹ gekennzeichnet.« Er zeigte auf ein verwittertes Holzbrett, auf dem ABSOLUTES HALTEVERBOT stand. »Und?«

»Ich weiß nicht, Abba.«

»Du bist mein Sohn, Arshad. Ich lass dich nicht bei mir arbeiten, damit du nicht weißt. *Ihn* da lass ich bei mir arbeiten, damit er nicht weiß« – er langte aus dem Fenster und schlug Varin, der gerade wie ein Seiltänzer über die gefährliche Regenrinne balancierte, so kräftig auf den Hinterkopf, dass er den Jungen beinahe hinuntergestoßen hätte. – »Dich lass ich bei mir arbeiten, damit du Sachen *weißt*. Informationen verarbeitest. Licht in die große Dunkelheit des unerklärlichen Universums des Schöpfers bringst.«

»Abba?«

»Find raus, was es da macht, und schaff es weg.«

Mo verschwand vom Fenster. Eine Minute später kehrte Arshad mit der Erklärung zurück. »Abba.«

Mos Kopf schnellte wieder durchs Fenster wie ein boshafter Kuckuck aus einer Schweizer Uhr.

»Da bringt sich einer um, Abba.«

»Was?«

Arshad zuckte die Achseln. »Ich hab durchs Seitenfenster gerufen und dem Typen gesagt, er soll wegfahren, und er hat gesagt: ›Ich bring mich um, lass mich in Ruhe.‹ Einfach so.«

»Auf meinem Grund und Boden bringt sich keiner um«, zischte Mo, während er nach unten marschierte. »Dazu haben wir keine Genehmigung.«

Auf der Straße angekommen, schritt Mo zu Archies Wagen, zog die Handtücher raus, die den Ritz im Seitenfenster abdichteten, und drückte die Scheibe mit brutaler, bulliger Kraft zehn Zentimeter runter.

»Hören Sie, Mister? Wir haben hier keine Genehmigung für Selbstmorde. Der Ort hier ist halal. Koscher, kapiert? Falls Sie hier sterben wollen, mein Freund, müssen Sie leider vorher erst ordentlich ausgeblutet werden.«

Archie riss den Kopf vom Lenkrad hoch. Und in dem Augenblick, nachdem er die schwitzende Masse eines braunhäutigen Elvis klar erkannte und bevor er begriff, dass das Leben noch immer ihm gehörte, hatte er eine Art von Epiphanie. Ihm kam der Gedanke, dass das Leben zum ersten Mal seit seiner Geburt ja zu Archie Jones gesagt hatte. Nicht einfach bloß »okay« oder »jetzt-wo-du-angefangen-hast-kannst-du-auch-weitermachen«, sondern eine vollmundige Bejahung. Das Leben wollte Archie. Es hatte ihn eifersüchtig den Fängen des Todes entrissen, zurück an seinen Busen. Auch wenn er nicht gerade zu seinen erleseneren Exemplaren zählte, das Leben wollte Archie, und Archie, sehr zu seiner eigenen Überraschung, wollte das Leben.

Hektisch kurbelte er beide Seitenscheiben runter und schnappte aus tiefster Lunge nach Sauerstoff. Zwischen gierigen Atemzügen dankte er Mo überschwänglich, während ihm Tränen über die Wangen rannen und seine Hände sich an Mos Schürze festklammerten.

»Schon gut, schon gut«, sagte der Fleischer, löste Archies Finger und bürstete sich ab, »nun machen Sie, dass Sie weiterkommen. Gleich wird Fleisch geliefert. Mein Geschäft ist das Ausbluten. Nicht Therapie. Sie brauchen die Lonely Street. Das hier ist die Cricklewood Lane.«

Archie, der sich noch immer schluchzend bedankte, setzte zurück, fuhr los und bog rechts ab.

*

Archie Jones wollte Selbstmord begehen, weil sich seine Frau Ophelia, eine veilchenblauäugige Italienerin mit leichtem Oberlippenbärtchen, kürzlich von ihm hatte scheiden lassen. Aber er hatte den Neujahrsmorgen nicht etwa deshalb mit einem Staubsaugerschlauch verbracht, weil er sie liebte. Vielmehr, weil er so lange mit ihr zusammengelebt hatte, *ohne* sie zu lieben. Seine Ehe kam Archie so vor, als hätte er ein Paar Schuhe gekauft, sie mit nach Hause genommen und dann festgestellt, dass sie nicht passten. Um den Schein zu wahren, hatte er sich mit ihnen abgefunden. Und dann, ganz plötzlich und nach dreißig Jahren, rappelten die Schuhe sich auf und spazierten aus dem Haus. Sie ging. Dreißig Jahre.

Soweit er sich erinnerte, war ihr gemeinsamer Anfang, wie bei allen Paaren, ganz passabel gewesen. Zu Frühlingsbeginn 1946 war er aus der Dunkelheit des Krieges in ein Café in Florenz getaumelt, wo ihn eine Kellnerin bediente, die wahrlich die Sonne selbst war: Ophelia Diagilo, ganz in Gelb gekleidet, verströmte Wärme und die Verheißung von Sex, als sie ihm einen schaumigen Cappuccino reichte. Sie gingen wie Scheuklappen tragende Pferde in die Ehe. Sie sollte nicht wissen, dass Frauen in Archies Leben nicht blieben, wie das Tageslicht, dass er sie irgendwo tief in seinem Innern nicht mochte, ihnen nicht traute und sie nur lieben konnte, wenn sie einen Heiligenschein trugen. Niemand erzählte Archie, dass im Stammbaum der Familie Diagilo zwei hysterische Tanten lauerten, ein Onkel, der mit Auberginen sprach, und ein Vetter, der seine Kleidung auf links trug. Also heirateten sie und kehrten nach England zurück, wo sie ihren Fehler sehr schnell erkannte, er sie sehr schnell in den Wahnsinn trieb und der Heiligenschein auf den Speicher verschwand, wo er zusammen mit dem übrigen Gerümpel und den kaputten Küchengeräten, die Archie eines Tages zu reparieren versprach, Staub ansetzen konnte. Unter dem Gerümpel war auch ein Staubsauger.

Am zweiten Weihnachtstag, sechs Tage bevor er vor Mos koscherer Fleischerei parkte, war Archie in ihre gemeinsame Doppelhaushälfte in Hendon zurückgekehrt, um nach diesem Staubsauger zu suchen. Es war das vierte Mal in ebenso vielen Tagen, dass er auf den Speicher stieg, um die Überreste einer Ehe in seine neue Wohnung zu schaffen, und der Staubsauger zählte zu den allerletzten Dingen, die er zurückhaben wollte – eines der kaputtesten Dinge, der hässlichsten, der Dinge, die man aus purer Niedertracht verlangt, weil man das Haus verloren hat. So läuft das bei Scheidungen: Man nimmt Dinge, die man nicht mehr will, von Menschen, die man nicht mehr liebt.

»Ach, *Sie* schon wieder«, sagte die spanische Haushaltshilfe an der Tür, Santa-Maria oder Maria-Santa oder so. »Miiister Jones, was jetzt? Die Küchenspüle, sí?«

»Staubsauger«, sagte Archie düster. »Nur der Staubsauger.«

Sie kniff die Augen zusammen und spuckte auf die Fußmatte nur wenige Zentimeter neben seine Schuhe. »*Meinetwegen*, Señor.«

Das Haus war eine Stätte für Menschen geworden, die ihn verabscheuten. Abgesehen von der Haushaltshilfe hatte er es auch noch mit Ophelias weitläufiger italienischer Verwandtschaft zu tun, einer Krankenschwester für Psychiatrie, der Frau vom Sozialamt und natürlich mit Ophelia selbst, die im Zentrum dieser Klapsmühle zu finden war, in Embryonalhaltung auf dem Sofa zusammengerollt, wo sie Muhgeräusche in eine Flasche Bailey's machte. Er brauchte eineinviertel Stunden, nur um durch die feindlichen Linien zu stoßen – und wofür? Für einen pervertierten Staubsauger, der Monate zuvor ausrangiert worden war, weil er sich nicht davon abbringen ließ, genau das Gegenteil von dem zu tun, was man von einem Staubsauger erwartet: er pustete nämlich Staub aus, statt ihn einzusaugen.

»Miiister Jones, warum Sie kommen her, wenn es Sie so unglücklich macht? Seien Sie *vernünftig*. Was Sie wollen damit?« Die Haushaltshilfe folgte ihm die Speichertreppe hinauf, mit irgendeiner Reinigungsflüssigkeit bewaffnet. »Er ist kaputt. Sie *brau-*

chen ihn nicht. Sehen Sie? Sehen Sie?« Sie stöpselte ihn in eine Steckdose und demonstrierte den defekten Schalter. Archie zog den Stecker raus und wickelte die Schnur wortlos um den Staubsauger. Wenn er kaputt war, kam er mit. Alle kaputten Dinge kamen mit. Er würde jedes kaputte Scheißding in diesem Haus reparieren, wenn auch nur, um zu beweisen, dass er zu etwas taugte.

»Sie zu nichts taugen!« Santa wie auch immer scheuchte ihn die Treppe wieder hinunter. »Ihre Frau ist krank im Kopf, und Sie haben nichts Besseres zu tun!«

Archie hielt den Staubsauger an die Brust gepresst und trug ihn in das bevölkerte Wohnzimmer, wo er unter den Blicken etlicher vorwurfsvoller Augenpaare seine Werkzeugkiste auspackte und mit der Arbeit anfing.

»Sehen euch den an«, sagte eine von den italienischen Großmüttern, die elegantere, mit den großen Schultertüchern und den nicht so zahlreichen Leberflecken, »er nehmen alles, capisce? Er nehmen ihre Verstand, er nehmen Mixer, er nehmen alte Stereoanlage – er nehmen alles außer Fußbodenbretter. Einfach widerlich …«

Die Frau vom Sozialamt, die selbst an trockenen Tagen an eine langhaarige, völlig durchnässte Katze erinnerte, nickte zustimmend mit ihrem mageren Kopf. »Es ist widerwärtig, wem sagen Sie das, es ist widerwärtig … und natürlich sind wir es, die hinterher alles wieder aufräumen müssen. Dieser *Versager* hier muss –«

Woraufhin die Krankenschwester dazwischenredete: »Sie kann nicht alleine hier bleiben … jetzt, wo er sich *verpisst* hat, braucht die arme Frau … ein richtiges Zuhause, sie braucht …«

Ich bin hier, hätte Archie am liebsten gesagt, *ich bin genau hier, wissen Sie, ich bin verdammt noch mal genau hier. Und es war mein Mixer.*

Aber Archie mochte keine Konfrontationen. Er hörte den anderen noch weitere fünfzehn Minuten stumm zu, während er die

Saugkraft des Staubsaugers an Zeitungspapierstücken testete, bis er von dem Gefühl übermannt wurde, dass das Leben ein gewaltiger Rucksack war, so unglaublich schwer, dass es, selbst wenn es bedeutete, alles zu verlieren, unendlich viel leichter war, alles Gepäck hier am Straßenrand liegen zu lassen und in die Finsternis davonzugehen. *Du brauchst den Mixer nicht, Archie-Boy, du brauchst den Staubsauger nicht. Dieser ganze Kram ist nur Ballast. Leg einfach den Rucksack ab, Arch, und schließ dich den fröhlichen Campern im Himmel an.* War das falsch? Archie – Exfrau und Verwandtschaft der Exfrau in einem Ohr, rauschender Staubsauger im anderen – schien es einfach so, als wäre das ENDE unausweichlich nah. Das hatte nichts Persönliches mit Gott zu tun oder so. Es kam ihm einfach wie das Ende der Welt vor. Und er würde mehr brauchen als schlechten Whisky, Knallbonbons und eine armselige Packung Pralinen – aus der die mit Erdbeergeschmack schon alle weggefuttert waren –, um den Übergang in ein neues Jahr zu rechtfertigen.

Geduldig reparierte er den Staubsauger und saugte dann das gesamte Wohnzimmer mit einer eigentümlich methodischen Endgültigkeit, schob die Saugdüse selbst in die unzugänglichsten Ecken. Ernst warf er eine Münze (Kopf Leben, Wappen Tod) und empfand nichts Besonderes, als er nach unten auf den tanzenden Löwen starrte. Still löste er den Staubsaugerschlauch, packte ihn in einen Koffer und verließ das Haus endgültig.

✳

Aber Sterben ist gar nicht so einfach. Und Selbstmord kann man nicht einfach so auf eine Liste der zu erledigenden Dinge setzen, zwischen Grill sauber machen und Sofabein mit Ziegelstein ausgleichen. Es ist nicht die Entscheidung, etwas zu tun, sondern nichts mehr zu tun: ein Kuss ins Leere. Egal, was allgemein behauptet wird, Selbstmord erfordert Mut. Er ist etwas für Helden und Märtyrer, wahrhaft hochmütige Menschen. Archie war nichts von alledem. Er war ein Mensch, dessen Bedeutung im Großen Schöpfungsplan nach altvertrauten Maßstäben gemessen werden konnte:

Kiesel – Strand.

Regentropfen – Ozean.

Nadel – Heuhaufen.

Also ignorierte er die Entscheidung der Münze ein paar Tage lang und fuhr einfach nur mit dem Staubsaugerschlauch durch die Gegend. Nachts blickte er durch die Windschutzscheibe in den gigantischen Himmel und erkannte wieder einmal seine universalen Proportionen, kam sich winzig und entwurzelt vor. Er dachte an die Delle in der Welt, die er vielleicht hinterlassen würde, wenn er verschied, und sie erschien ihm unwesentlich, zu klein, um noch berechenbar zu sein. Er vergeudete freie Minuten damit, sich den Kopf darüber zu zerbrechen, ob »Hoover« im Englischen ein Oberbegriff für Staubsauger geworden war oder ob es, wie andere argumentierten, bloß ein Markenname war. Und die ganze Zeit lag der Staubsaugerschlauch wie ein großer schlaffer Schwanz auf seiner Rückbank, verspottete seine stille Angst, verlachte seine trippelnden Schritte, als er sich dem Scharfrichter näherte, verhöhnte seine hilflose Unentschlossenheit.

Dann, am 29. Dezember, traf er sich mit seinem alten Freund Samad Miah Iqbal. Vielleicht ein ungewöhnlicher Genosse, aber dennoch der älteste Freund, den er hatte – ein bengalischer Muslim, an dessen Seite er damals gekämpft hatte, als gekämpft werden musste, der ihn an diesen Krieg erinnerte; an diesen Krieg, der manche Menschen an fettigen Speck und aufgemalte Damenstrumpfnähte erinnerte, der in Archie jedoch die Erinnerung an Schüsse und Kartenspiele und den Geschmack eines scharfen fremdländischen Alkohols auslöste.

»Archie, mein lieber Freund«, hatte Samad gesagt, in seinem warmen herzlichen Tonfall. »Du musst diesen ganzen Weiberärger vergessen. Fang ein neues Leben an. Genau das brauchst du. Und jetzt genug davon: Ich setze deine fünf Shilling und erhöhe um fünf.«

Sie saßen in ihrer neuen Stammkneipe, O'Connell's Pool House, und spielten Poker mit nur drei Händen, zwei von Archie und einer von Samad – denn Samads rechte Hand war ein kaputtes Etwas, grauhäutig und unbeweglich und in jeder Hinsicht tot, trotz des Blutes, das in ihr floss. Das Lokal, in dem sie saßen, in dem sie sich jeden Abend zum Essen trafen, war halb Café, halb Spielhölle und gehörte einer irakischen Familie, deren zahlreiche Mitglieder alle eine schlechte Haut hatten.

»Sieh mich an. Die Heirat mit Alsana hat mir neuen Lebensmut gegeben, verstehst du? Sie zeigt mir ganz neue Möglichkeiten. Sie ist so jung, so vital – wie ein frischer Luftzug. Du willst einen Rat von mir? Dann pass auf. Hör mit diesem alten Leben auf – es ist ein krankes Leben, Archibald. Es ist nicht gut für dich. Überhaupt nicht gut.«

Samad betrachtete ihn mit großem Mitgefühl, denn er war sehr besorgt um Archie. Ihre Kriegsfreundschaft war durch die dreißigjährige Trennung auf unterschiedlichen Kontinenten unterbrochen worden, doch im Frühling 1973 war Samad nach England gekommen, ein Mann mittleren Alters, der ein neues Leben mit seiner zwanzig Jahre alten neuen Braut beginnen wollte, der kleinen, mondgesichtigen Alsana Begum, mit den gescheiten Augen. In einem Anfall von Nostalgie und weil er der einzige Mensch war, den Samad auf dieser kleinen Insel kannte, hatte Samad Archie ausfindig gemacht, war in seinen Londoner Stadtteil gezogen. Und langsam, aber sicher entstand zwischen den beiden Männern erneut so etwas wie Freundschaft.

»Du spielst wie eine Tunte«, sagte Samad und legte seine siegreichen Königinnen mit dem Gesicht nach unten ab. Er schnippte sie in einer einzigen eleganten Bewegung mit dem Daumen seiner linken Hand so, dass sie fächerförmig auf den Tisch kippten.

»Ich bin alt«, sagte Archie und warf sein Blatt hin, »ich bin alt.

Wer würde mich denn jetzt noch wollen? Es war schon beim ersten Mal schwierig genug, jemanden zu überzeugen.«

»Das ist Blödsinn, Archibald. Du hast die Richtige noch gar nicht kennen gelernt. Diese Ophelia, Archie, sie ist nicht die Richtige. Nach dem, was du mir erzählt hast, passt sie nicht in diese Zeit –«

Er meinte Ophelias geistige Umnachtung, in der sie die Hälfte der Zeit glaubte, sie wäre die Dienstmagd des berühmten Kunstmäzens aus dem fünfzehnten Jahrhundert, Cosimo de' Medici.

»Sie ist ganz einfach in die falsche Zeit hineingeboren, lebt in der falschen Zeit! Es ist nicht ihr Jahrhundert! Vielleicht nicht mal ihr Jahrtausend. Das moderne Leben hat diese Frau völlig unvorbereitet und von hinten erwischt. Ihr Verstand ist hin. Im Arsch. Und du? Du hast dir an der Garderobe das falsche Leben abgeholt, und jetzt musst du es zurückgeben. Außerdem hat sie dich nicht mit Kindern gesegnet ... und ein Leben ohne Kinder, Archie, wozu ist das gut? Aber es gibt immer eine zweite Chance. O ja, es gibt im Leben immer eine zweite Chance. Glaub mir, ich weiß es. Du«, fuhr er fort, während er die Zehn-Pence-Stücke mit der Kante seiner versehrten Hand einstrich, »hättest sie nie heiraten sollen.«

Hinterher ist man immer schlauer, dachte Archie. Da hat man den Durchblick.

Schließlich, zwei Tage nach diesem Gespräch, früh am Neujahrsmorgen, war der bohrende Schmerz unerträglich geworden, so dass Archie sich nicht länger an Samads Rat klammern konnte. Stattdessen hatte er beschlossen, sein eigenes Fleisch zu töten, sich das Leben zu nehmen, sich von einem Lebensweg zu befreien, der ihn vielfach in die Irre und dann in die tiefste Wildnis geführt hatte, bis er letztlich völlig verschwand, während sein Brotkrumenverlauf von den Vögeln aufgepickt wurde.

*

Als der Wagen sich allmählich mit Gas füllte, hatte er den obligatorischen Flashback auf sein Leben bis zu diesem Tag. Wie sich herausstellte, war es ein kurzes unerbauliches Seherlebnis mit niedrigem Unterhaltungswert, das metaphysische Äquivalent zu einer Rede der Königin. Eine öde Kindheit, eine schlechte Ehe, ein aussichtsloser Job – das klassische Triumvirat –, alles huschte vorbei, leise, mit wenig Dialog, und fühlte sich ganz ähnlich an wie im Original. Archie glaubte zwar nicht an Schicksalsfügungen, aber wenn er es sich recht überlegte, kam es ihm doch so vor, als hätte die Vorherbestimmung keine Mühe gescheut, dafür zu sorgen, dass sein Leben für ihn ausgesucht worden war wie ein Arbeitgeberweihnachtsgeschenk – zu früh, und das Gleiche wie das von allen anderen.

Natürlich hatte es den Krieg gegeben; er war im Krieg gewesen, nur das letzte Jahr, mit gerade mal siebzehn, aber das zählte kaum. Nein, nicht an vorderster Front, keineswegs. Er und Samad, der alte Sam, Sammy-Boy, hatten ein paar Geschichten zu erzählen, o ja, und Archie hatte sogar einen Schrapnellsplitter im Bein, falls ihn irgendwer sehen wollte – aber das wollte keiner. Keiner wollte noch *darüber* reden. Es war wie ein Klumpfuß, ein entstellendes Muttermal. Es war wie Nasenhaare. Die Leute blickten weg. Wenn irgendwer zu Archie sagte: *Was hast du denn so im Leben gemacht* oder *Was ist deine wichtigste Erinnerung*, nun, dann erwähnte er bestimmt nicht den Krieg, Gott bewahre; die Augen wurden glasig, die Finger trommelten, jeder bot an, die nächste Runde zu schmeißen. Keiner wollte es wirklich *wissen*.

Im Sommer 1955 ging Archie in seinen allerfeinsten Schuhen zur Fleet Street und wollte einen Job als Kriegskorrespondent. Ein tuntig wirkender Typ mit dünnem Schnurrbart und dünner Stimme hatte gefragt: *Irgendwelche Erfahrungen, Mr. Jones?* Und Archie hatte ihm alles erzählt. Das mit Samad. Das mit ihrem Churchill-Panzer. Dann hatte sich dieser Tuntentyp in seinem schnieken Anzug über den Schreibtisch gebeugt, total blasiert, total selbstgefällig, und gesagt: *Wir bräuchten eigentlich jemanden, der nicht nur im Krieg gekämpft hat, Mr. Jones. Kriegserfahrung ist nicht wirklich relevant.*

Und das war's dann. Der Krieg hatte keine Relevanz – nicht '55 und noch weniger '74. Nichts, was er *damals* getan hatte, spielte *jetzt* noch eine Rolle. Die Fähigkeiten, die man erwarb, waren, im modernen Sprachgebrauch nicht relevant, *nicht übertragbar*. *Haben Sie sonst noch was vorzuweisen, Mr. Jones?*

Aber natürlich hatte er verdammt noch mal nichts vorzuweisen, da das britische Schulsystem ihm viele Jahre zuvor kichernd ein Bein gestellt hatte. Dennoch hatte er ein gutes Auge für das Erscheinungsbild einer Sache, für die Form einer Sache, und so landete er schließlich bei Morgan*Hero*, zwanzig Jahre und kein Ende in Sicht, bei einer Druckerei auf der Euston Road, wo er entwarf, wie alle möglichen Sachen *gefaltet* werden sollten – Umschläge, Briefbögen, Broschüren, Prospekte –, vielleicht keine große Leistung, aber es ist nun mal eine Tatsache, dass Dinge Falze brauchen, sie müssen sich überlappen, ansonsten wäre das Leben ein Planobogen, der im Wind flattert, die Straße hinunter, so dass man die wichtigen Teile übersieht. Nicht, dass Archie viel Zeit für die Planobögen gehabt hätte. Wenn man es ihnen nicht zumuten konnte, ordentlich gefaltet zu werden, warum sollte man es ihm zumuten, sie zu lesen (das hätte er gern mal gewusst)?

Was noch? Nun, Archie hatte nicht immer nur Papier gefaltet. Vor langer, langer Zeit war er mal Radrennfahrer gewesen. Besonders gut gefiel Archie an den Bahnrennen, dass es immer rundherum ging. Rundherum. Wodurch man stets die Möglichkeit hatte, ein bisschen besser zu werden, eine schnellere Runde zu fahren, es *richtig* zu machen. Nur, dass es bei Archie eben so war, dass er *nie* besser wurde. 62,8 Sekunden. Was eine ziemlich gute Zeit ist, sogar Weltklasse. Aber drei Jahre lang fuhr er die Runde in exakt 62,8 Sekunden. Die anderen Rennfahrer machten manchmal Pause, nur um ihm zuzusehen. Sie lehnten ihre Räder an die Schräge und stoppten seine Zeit mit dem Sekundenzeiger an ihrer Armbanduhr. Jedes Mal 62,8 Sekunden. Diese Art von Unfähigkeit, besser zu werden, ist wirklich höchst selten. Diese Art von Beständigkeit ist übernatürlich, in gewisser Weise.

Archie mochte das Bahnrennenfahren, er war gleichmäßig gut darin, und es bescherte ihm seine einzig wahrhaft große Erinnerung. 1948 hatte Archie Jones an den Olympischen Spielen in London teilgenommen und sich den dreizehnten Platz (62,8 Sekunden) mit einem schwedischen Gynäkologen namens Horst Ibelgaufts geteilt. Unglücklicherweise ist dieses Faktum in den olympischen Annalen vergessen worden. Schuld daran war eine schlampige Sekretärin, der eines Morgens nach einer Kaffeepause andere Dinge durch den Kopf gingen, so dass sie seinen Namen übersah, als sie eine Liste auf ein anderes Blatt übertrug. Madame Nachwelt schob Archie in die Sofaritze und vergaß ihn dort. Sein einziger Beweis dafür, dass das Ereignis je stattfand, waren die regelmäßigen Briefe und Karten, die er im Laufe der Jahre von Ibelgaufts selbst erhielt. Wie folgende Zeilen:

17. Mai 1957

Lieber Archibald,
beiliegend sende ich Dir ein Foto von meiner lieben Frau und mir in unserem Garten vor einer ziemlich unerfreulichen Baustelle. Es sieht vielleicht nicht gerade nach Arkadien aus, dennoch baue ich genau da ein primitives Velodrom – nicht zu vergleichen mit dem, in dem wir beide unser Rennen gefahren sind, aber für meine Zwecke ausreichend. Es wird sehr viel kleiner ausfallen, aber es ist ja auch für die Kinder gedacht, die wir erst noch bekommen werden. In meinen Träumen sehe ich sie darin herumradeln, und dann wache ich mit einem strahlenden Lächeln im Gesicht auf! Sobald es fertig ist, musst Du uns unbedingt besuchen kommen. Wer außer Dir wäre würdiger,

diese Rennbahn zu taufen, erbaut von Deinem schärfsten Konkurrenten

Horst Ibelgaufts?

Und die Postkarte, die just an diesem Tag auf dem Armaturenbrett lag, dem Tag seines Beinahetodes:

28. Dezember 1974
Lieber Archibald,
ich lerne Harfe spielen. Ein guter Vorsatz fürs neue Jahr, wenn Du so willst. Eine ziemlich späte Entscheidung, das ist mir klar, aber auch ein alter Hund kann noch neue Kunststückchen lernen, meinst Du nicht auch? Ich sage Dir, es ist ein schweres Instrument, das man sich da gegen die Schulter lehnt, aber der Klang ist wahrlich engelgleich, und meine Frau hält mich deshalb auf einmal für sensibel. Etwas, was sie niemals im Zusammenhang mit meiner alten Radrennleidenschaft gesagt hätte! Aber andererseits haben nur so alte Hasen wie Du, Archie, je verstanden, was Radrennen wirklich bedeuten, Du und natürlich der Verfasser dieser Zeilen, dein alter Wettstreiter

Horst Ibelgaufts

Er hatte Horst seit dem Rennen nicht mehr wieder gesehen, aber er behielt ihn in liebevoller Erinnerung als einen riesigen Mann mit rotblondem Haar, gelblichen Sommersprossen und ungleichmäßigen Nasenlöchern, der sich wie ein internationaler Playboy kleidete und zu groß für sein Rad wirkte. Nach dem Rennen hatte Horst Archie fürchterlich betrunken gemacht und dann zwei Huren aus Soho herbeigeschafft, die Horst offenbar schon recht gut kannten (»Ich bin häufig geschäftlich in eurer schönen Hauptstadt, Archibald«, hatte Horst erklärt). Das Letzte, was Archie von Horst mitbekommen hatte, war ein unfreiwilliger Blick auf dessen gigantischen rosa Hintern, der im

Nachbarzimmer einer olympischen Athletenunterkunft auf und
ab wippte. Am nächsten Morgen wartete der erste Brief seiner
ausgedehnten Korrespondenz unten am Empfang auf ihn:

Lieber Archibald,
in einer Arbeits- und Wettkampfoase sind Frauen fürwahr
eine süße und leichte Erquickung, findest Du nicht auch?
Leider musste ich früh abreisen, um das richtige Flugzeug
zu erwischen, aber ich beschwöre Dich, Archie: Sei kein
Fremder! Für mich sind wir beide ab heute so nah beiein-
ander wie bei unserem Endspurt! Glaub mir, wer je be-
hauptet hat, dreizehn wäre eine Unglückszahl, war ein
noch größerer Narr als Dein Freund,
                                              Horst Ibelgaufts
P.S. Bitte sorg dafür, dass Daria und Melanie gesund und
munter wieder nach Hause kommen.

Daria war seine. Fürchterlich mager, Rippen wie ein Hummer-
fangkorb und keine nennenswerte Brust, aber sie war irgendwie lieb: sanft, mit weichen Küssen und extrem geschmeidigen
Handgelenken, die sie gern mit einem Paar langer Seidenhand-
schuhe betonte – was dich um mindestens vier Kleidermarken
ärmer machte. Archie erinnerte sich, dass er hilflos »Ich *mag*
dich« sagte, als sie die Handschuhe wieder überstreifte und ihre
Strümpfe anzog. Sie drehte sich um, lächelte. Und obwohl sie
eine Professionelle war, hatte er trotzdem das Gefühl, dass sie
ihn ebenfalls mochte. Vielleicht hätte er damals mit ihr weggehen
sollen, in die Berge flüchten. Aber zum damaligen Zeitpunkt
schien das unmöglich, er war zu gebunden, eingedenk einer jungen Frau, die einen Braten in der Röhre hatte (eine hysterische,
eingebildete Schwangerschaft, wie sich herausstellte, eine dicke
Blase voll heißer Luft), eingedenk seines schlechten Beins, eingedenk der nicht vorhandenen Berge.
Seltsamerweise galt Daria Archies letzter Gedanke, bevor er

ohnmächtig wurde. Es war der Gedanke an eine Hure, die er vor zwanzig Jahren ein einziges Mal gesehen hatte, es war Daria und ihr Lächeln, weshalb er Mos Schürze mit Freudentränen benetzte, als der Fleischer ihm das Leben rettete. Er hatte sie im Geist vor sich gesehen: eine schöne Frau in der Tür mit einem *auffordernden* Blick; und ihm wurde klar, dass er es bedauerte, der Aufforderung nicht nachgekommen zu sein. Falls die geringste Chance bestand, je wieder so einen Blick zu sehen, dann wollte er die zweite Chance, er wollte die Verlängerung. Nicht bloß diese Sekunde, sondern die nächste und die übernächste – alle Zeit der Welt.

Später an jenem Morgen fuhr Archie mit seinem Wagen ekstatisch achtmal um einen Kreisverkehr, den Kopf zum Fenster herausgestreckt, während ein Luftstrom auf die Zähne ganz hinten in seinem Mund prallte wie ein Luftsack. Er dachte: *Mannomann, so fühlt man sich also, wenn einem irgendein Typ das Leben rettet! Als hätte man gerade einen fetten Haufen Zeit gekriegt!* Er fuhr schnurstracks an seiner Wohnung vorbei, schnurstracks an den Straßenschildern (Hendon 3¾) und lachte dabei wie ein Irrer. An den Ampeln warf er die Zehn-Pence-Münze und schmunzelte, wenn das Ergebnis zu bestätigen schien, dass das Schicksal ihn in ein anderes Leben zerrte. Wie ein Hund an der Leine, der um eine Ecke gezogen wird. Die meisten Frauen können so etwas nicht, aber Männer haben sich die uralte Fähigkeit bewahrt, eine Familie und eine Vergangenheit hinter sich zu lassen. Sie klinken sich einfach aus, als nähmen sie einen falschen Bart ab, und schleichen sich diskret zurück in die Gesellschaft, völlig verändert. Nicht wieder zu erkennen. Auf diese Weise wird in Kürze ein neuer Archie das Licht der Welt erblicken. Wir haben ihn dabei überrascht. Denn er ist in einer Art Einfache-Vergangenheit-vollendete-Zukunft-Stimmung. Er ist in einer Art *Vielleicht-dies-vielleicht-das*-Stimmung. Als er sich einer Straßengabelung nähert, wird er langsamer, betrachtet sein

Durchschnittsgesicht im Seitenspiegel und entscheidet sich völlig wahllos für eine ihm bislang unbekannte Route, eine Straße, die durch eine Wohngegend zu einem Ort namens Queens Park führt. Geh nicht über *Los!*, Archie-Boy, sagt er sich, nimm zweihundert ein und schau um Gottes willen nicht zurück.

*

Tim Westleigh (besser bekannt unter dem Namen Merlin) nahm das hartnäckige Schellen einer Haustürklingel irgendwann doch wahr. Er rappelte sich vom Küchenboden auf, watete durch einen Ozean ausgestreckter Körper und öffnete die Tür, so dass er sich plötzlich Auge in Auge mit einem Mann mittleren Alters befand, der von Kopf bis Fuß in grauen Kord gekleidet war und ein Zehn-Pence-Stück in der offenen Hand hielt. Wie Merlin später sinnieren sollte, wenn er die Begebenheit schilderte, ist Kord zu jeder Tageszeit ein Stoff, der Stress ankündigt. Mieteintreiber tragen Kord. Steuereintreiber auch. Geschichtslehrer fügen noch lederne Ellbogenflicken hinzu. Mit einer solchen Fülle davon konfrontiert zu werden, noch dazu um neun Uhr morgens am ersten Tag des neuen Jahres, ist eine Erscheinung, die schon auf Grund ihrer Menge an negativen Vibrationen tödlich sein kann.

»Was liegt an, Mann?« Merlin blinzelte den Mann in Kord an, der von der Wintersonne beschienen vor der Tür stand. »Enzyklopädien oder Gott?«

Archie bemerkte, dass der Junge die enervierende Angewohnheit hatte, gewisse Worte dadurch zu betonen, dass er den Kopf in einer weiten Kreisbewegung von der rechten zur linken Schulter drehte. Wenn der Kreis dann geschlossen war, nickte er ein paar Mal hintereinander.

»Wenn Sie Enzyklopädien an den Mann bringen wollen, damit sind wir schon reichlich eingedeckt, mit *Informationen*, meine ich … und wenn Sie Gott an den Mann bringen wollen, dann sind Sie hier falsch. Wir sind hier alle ziemlich easy drauf. Verstehen Sie?«, sagte Merlin abschließend, machte seine typische Nickbewegung und wollte die Tür schließen.

Archie schüttelte den Kopf, lächelte und blieb, wo er war.

»Äh … alles klar?«, fragte Merlin, die Hand auf der Türklinke. »Kann ich was für Sie tun? Sind Sie high, haben Sie irgendwas genommen?«

»Ich hab Ihr Transparent gesehen«, sagte Archie.

Merlin zog an einem Joint und blickte amüsiert. »Das Transparent da?« Er beugte den Kopf und folgte Archies Blick. Das weiße Laken, das aus einem der oberen Fenster hing. Quer darauf war in großen regenbogenfarbenen Buchstaben gemalt: WILLKOMMEN ZUR ›ENDE-DER-WELT‹-PARTY 1975.

Merlin zuckte die Achseln. »Ach ja, tut mir Leid, Mann, war wohl nix. Ganz schöne Enttäuschung, das Ganze. Oder ein Segen«, fügte er gutmütig hinzu, »je nachdem, wie man es sieht.«

»Ein Segen«, sagte Archie mit Inbrunst. »Ein hundertprozentiger Segen.«

»Hat Ihnen das Transparent denn, äh, gefallen?«, fragte Merlin und machte einen Schritt zurück ins Haus, für den Fall, dass der Mann nicht nur ein Schizo, sondern auch noch aggressiv war. »Kommen Sie aus der Szene? Sollte so was wie ein Witz sein, wissen Sie, nicht ernst gemeint.«

»Ist mir ins Auge gesprungen, könnte man sagen«, erwiderte Archie, noch immer leicht irre grinsend. »Ich bin hier vorbeigekommen und hab nach irgendwas gesucht, wissen Sie, irgendwas, wo es noch was zu trinken gibt, Neujahr, den Kater verscheuchen und so weiter – und überhaupt, ich hab einen ziemlich anstrengenden Morgen hinter mir – und da ist es mir *aufgefallen*. Ich hab eine Münze geworfen und gedacht: wieso eigentlich nicht?«

Merlin schien die Wendung, die das Gespräch nahm, irgendwie zu verwirren. »Äh … die Fete ist so ziemlich gelaufen, Mann. Außerdem, wie soll ich sagen, sind Sie schon ein bisschen *reifer* an Jahren … wenn Sie verstehen, was ich meine –« An dieser

Stelle wurde Merlin verlegen; im Grunde seines Herzens war er ein braver Mittelschichtsjunge, dem es sozusagen in die Wiege gelegt worden war, Respekt vor älteren Menschen zu haben. »Ich meine«, sagte er nach einer peinlichen Pause, »die Leute hier sind ein bisschen jünger, als Sie vielleicht gewohnt sind. Kommunemäßig und so.«

»*But I was so much older then*«, sang Archie schelmisch den Text eines zehn Jahre alten Dylan-Songs nach und steckte den Kopf durch die Tür, »*I'm younger than that now.*«

Merlin holte eine Zigarette hinter seinem Ohr hervor, zündete sie an und runzelte die Stirn. »Hör zu, Mann … ich kann doch nicht einfach irgendwen von der Straße hier reinlassen, verstehen Sie? Ich meine, Sie könnten ein Bulle sein, Sie könnten ein Irrer sein, Sie könnten –«

Aber irgendwas in Archies Gesicht – rund, unschuldig, liebenswert gespannt – erinnerte Tim daran, was sein Vater, der Vikar von Snarebrook, zu dem er schon lange keinen Kontakt mehr hatte, jeden Sonntag von seiner Kanzel über christliche Nächstenliebe gepredigt hatte. »Ach Scheiße, was soll's. Heute ist schließlich Neujahr, Herrgott. Komm schon rein.«

Archie schob sich an Merlin vorbei und ging durch eine lange Diele, von der die vier Räume abgingen, eine Treppe nach oben führte und an deren Ende ein Garten lag. Alle möglichen Abfälle – animalisch, mineralisch, pflanzlich – bedeckten den Boden; ein Meer von Bettzeug, unter dem Menschen lagen und schliefen, erstreckte sich von einem Ende der Diele bis zum anderen, ein Rotes Meer, das sich jedes Mal widerwillig teilte, wenn Archie einen Schritt nach vorn machte. In den Zimmern, in manchen Ecken, konnte der Austausch beziehungsweise die Absonderung von Körperflüssigkeiten beobachtet werden: Küssen, Stillen, Ficken, Kotzen – all die Dinge, die sich, wie Archie in der Beilage seiner Sonntagszeitung gelesen hatte, in Kommunen ereigneten. Einen Moment lang spielte er mit dem Gedanken, sich dazuzugesellen, sich zwischen den Körpern zu verlieren (er hatte so viel *Zeit* zur Verfügung, Unmengen Zeit, die ihm durch die Finger tröpfelte), doch er beschloss, dass ein kräftiger Drink ihm lieber sei. Er kämpfte sich durch die Diele, bis er die rückwärtige Seite des Hauses erreicht hatte, und trat hinaus in den kühlen Garten, wo manche sich für den kalten Rasen entschieden hatten, nachdem sie die Hoffnung auf einen Schlafplatz im warmen Haus aufgeben mussten. Mit dem Gedanken an einen Whisky Tonic ging er zum Picknicktisch, wo sich etwas, das die Form und die Farbe einer Jack-Daniels-Flasche aufwies, wie eine Fata Morgana aus der Wüste aus leeren Weinflaschen abhob.

»Darf ich …?«

Zwei junge Schwarze, eine junge Chinesin mit nacktem Oberkörper und eine weiße Frau, die eine Toga trug, saßen auf hölzernen Küchenstühlen und spielten Rommé. Gerade als Archie nach dem Jack Daniels griff, schüttelte die Weiße den Kopf und machte eine Bewegung, als drückte sie eine Zigarette aus.

»Leider nur Tabakbrühe, Darling. Irgendein Mistkerl hat seine Kippe in richtig gutem Whisky ersäuft. Da drüben steht Likör und noch anderer geschmackloser Mist.«

Archie lächelte, dankbar für die Warnung und das freundliche Angebot. Er nahm Platz und goss sich stattdessen ein großes Glas Liebfrauenmilch ein.

Viele Gläser später konnte Archie sich schon nicht mehr an eine Zeit seines Lebens erinnern, in der er Clive und Leo, Wan-Si und Petronia nicht gut gekannt hatte. Ohne hinzusehen, hätte er mit einem Stückchen Kohle die Gänsehaut um Wan-Sis Brustwarzen zeichnen können, jede Haarsträhne, die Petronia beim Reden ins Gesicht fiel. Um elf Uhr vormittags waren sie ihm alle ans Herz gewachsen, sie waren die Kinder, die er nie gehabt hatte. Und sie bescheinigten ihm, dass er für einen Mann seines Alters eine einzigartige Seele besäße. Alle waren sich einig, dass in und um Archie herum ein ungemein positives Karma zirkulierte, etwas, das stark genug war, einen Fleischer dazu zu bringen, im entscheidenden Moment ein Wagenfenster herunterzudrücken. Und es stellte sich heraus, dass Archie der erste Mensch über vierzig war, den sie je eingeladen hatten, der Kommune beizutreten. Es stellte sich heraus, dass sie schon länger über die Notwendigkeit eines verfügbaren älteren Sexualpartners sprachen, um die etwas abenteuerlustigeren Frauen zu befriedigen. »Prima«, sagte Archie. »Fantastisch. Das werde dann ich sein.« Er fühlte sich ihnen so nahe, dass er ganz durcheinander war, als ihre Beziehung gegen Mittag plötzlich in eine Krise geriet und er von einem Kater attackiert wurde, während er gerade mitten in einer Diskussion steckte, und noch dazu ausgerechnet über den Zweiten Weltkrieg.

»Ich weiß nicht mal mehr, wie wir darauf gekommen sind«, stöhnte Wan-Si, die ihre Blöße schließlich bedeckt hatte, als sie beschlossen, ins Haus zu gehen, Archies Kordjacke um ihre zierlichen Schultern gelegt. »Lasst uns das Thema beenden. Ich geh lieber ins Bett, bevor die Diskussion noch in Streit ausartet.«

»Wir streiten uns schon, wir *streiten* uns«, eiferte sich Clive. »Das ist das Hauptproblem mit seiner Generation, die meinen, sie könnten den Krieg hinstellen als irgend so –«

Archie war dankbar, als Leo Clive ins Wort fiel und die Diskussion auf ein weiteres Unterthema des ursprünglichen lenkte, mit dem Archie angefangen hatte (irgendeine unkluge Bemerkung vor einer Dreiviertelstunde, dass der Militärdienst den Charakter eines jungen Mannes festige), und es sofort bereut hatte, als er in die Lage geriet, sich in regelmäßigen Abständen verteidigen zu müssen. Endlich aus dieser Zwangslage befreit, setzte er sich auf die Treppe, stützte den Kopf in die Hände und ließ den Streit einfach weiterlaufen.

Mist. Er wäre so gern Mitglied der Kommune geworden. Wenn er seine Karten richtig ausgespielt hätte, anstatt diese Debatte loszutreten, hätte er freie Liebe und nackte Brüste in der ganzen Zirkusbude kriegen können; vielleicht sogar ein eigenes Beet, um frisches Gemüse zu ziehen. Eine Zeit lang (um zwei Uhr herum, als er Wan-Si von seiner Kindheit erzählte) hatte es so ausgesehen, als könnte sein neues Leben herrlich werden, und von jetzt an würde er immer im richtigen Moment das Richtige sagen, und überall, wo er auch hinkam, würden die Menschen ihn mögen. *Keiner kann was dafür*, dachte Archie, während er über das Debakel nachsann, *keiner kann was dafür, außer mir*, aber er fragte sich, ob da nicht doch vielleicht ein höherer Plan dahinter steckte. Vielleicht wird es immer Menschen geben, die zum richtigen Zeitpunkt das Richtige sagen, die wie Thespis genau im richtigen Moment der Geschichte vortreten, und dann wird es immer Menschen wie Archie Jones geben, die bloß da sind, um die Masse zu bilden. Oder noch schlimmer, die ihre dicke Chance nur bekommen, um aufs Stichwort hin aufzutreten und postwendend mitten auf der Bühne zu sterben, so dass alle es sehen können.

Ein dunkler Schlussstrich würde jetzt unter den ganzen Vorfall gezogen werden, unter den ganzen traurigen Tag, wäre da nicht etwas passiert, das zur Verwandlung von Archie Jones führte, und zwar in jeder Hinsicht, in der sich ein Mensch überhaupt verwandeln kann; und das lag nicht etwa an irgendwelchen besonderen Bemühungen seinerseits, sondern vielmehr an dem absolut zufälligen, beiläufigen Zusammentreffen von einer Person mit einer anderen. Etwas geschah durch Zufall. Dieser Zufall war Clara Bowden.

Doch zunächst eine Beschreibung: Clara Bowden war im wahrsten Sinne des Wortes schön, nur, da sie schwarz war, vielleicht nicht gerade im klassischen Sinne. Clara Bowden war herrlich groß, schwarz wie schimmerndes Ebenholz, das Haar zu einem hufeisenförmigen Kranz geflochten, dessen Enden nach oben zeigten, wenn sie glücklich war, und nach unten, wenn sie es nicht war. In diesem Moment zeigten sie nach oben. Schwer zu sagen, ob das von Bedeutung war.

Sie brauchte keinen BH – sie war unabhängig, sogar von der Schwerkraft –, sie trug eine rote rückenfreie Bluse, die unterhalb ihres Busens endete, unter dem sie ihren Bauchnabel trug (wunderschön), und darunter wiederum eine hauteng gelbe Jeans. Ganz unten kamen zwei hellbraune Riemchenschuhe aus Wildleder, und auf diesen schritt sie die Treppe hinunter wie eine Art Vision oder, so erschien es Archie, als er sich umwandte und sie betrachtete, wie ein sich aufbäumendes Vollblutpferd.

Nun kommt es, wie Archie wusste, in Filmen und dergleichen häufiger vor, dass jemand so atemberaubend ist, dass es allen die Sprache verschlägt, wenn dieser Jemand die Treppe herunterkommt. Im wirklichen Leben hatte er das noch nie erlebt. Aber bei Clara Bowden passierte genau das. Sie schritt in Zeitlupe die Treppe hinunter, umhüllt von Abendrot und schummriger Beleuchtung. Und sie war nicht nur das Schönste, was er je in seinem Leben gesehen hatte, sie war auch noch die wohltuendste Frau, der er je begegnet war. Ihre Schönheit war keine aufdringliche, kalte Eigenschaft. Sie roch moderig, fraulich, wie ein Bündel deiner Lieblingskleidungsstücke. Sie war zwar körperlich desorganisiert – Beine und Arme sprachen einen leicht anderen Dialekt als ihr Zentralnervensystem –, doch selbst ihre linkischen Bewegungen erschienen Archie außergewöhnlich elegant. Sie trug ihre Sexualität mit der Natürlichkeit einer älteren Frau, und nicht (wie die meisten jungen Frauen, mit denen Archie in der Vergangenheit zu tun gehabt hatte) wie eine lästige Tasche, bei der man nie weiß, wie man sie halten, wo man sie hinhängen und wann man sie einfach ablegen soll.

»Kopf hoch, Junge«, sagte sie mit einem singenden karibischen Akzent, der Archie an jamaikanische Kricketspieler erinnerte, »wird schon schief gehen.«

»Ich glaub, das ist es schon.«

Archie, dem soeben eine Kippe aus dem Mund gefallen war, die sowieso nur sinnlos vor sich hin gequalmt hatte, sah, wie Clara rasch darauf trat. Sie grinste ihn breit an und zeigte ihm dabei ihre möglicherweise einzige Unvollkommenheit. Das völlige Fehlen ihrer oberen Zähne.

»Mann … die sin mir ausgeschlagen worden«, lispelte sie, als sie seine Verblüffung bemerkte. »Aber ich hab mir gedacht: Wenn das Ende der Welt kommt, is es dem Herrn egal, ob ich Zähne hab oder nich.« Sie lachte leise.

»Archie Jones«, sagte Archie und bot ihr eine Marlboro an.

»Clara.« Sie pfiff unwillkürlich, als sie lächelte und den Rauch einatmete. »Archie Jones, du siehst genauso aus, wie ich mich fühl. Ham Clive und die anderen dir irgendwelchen Blödsinn erzählt? Clive, haste den armen Kerl hier fertig gemacht?«

Clive brummte – mit der Wirkung des Weines war die Erinnerung an Archie so gut wie verschwunden – und machte da weiter, wo er aufgehört hatte, nämlich Leo vorzuwerfen, dass er den Unterschied zwischen politischem und körperlichem Opfer missverstehe.

»O nein … nichts Ernstes«, plapperte Archie, hilflos angesichts ihres *erlesenen* Antlitzes. »Eine kleine Meinungsverschiedenheit, mehr nicht, Clive und ich sind in ein paar Fragen anderer Ansicht. Vermutlich bloß der Generationsunterschied.«

Clara schlug ihm auf die Hand. »Das will ich aber nich gehört ham. So alt bist du doch gar nich. Da hab ich schon ältere gesehn.«

»Ich bin ziemlich alt«, sagte Archie, und dann, bloß weil ihm danach war, es ihr zu erzählen: »Du glaubst mir bestimmt nicht, aber ich wär heute fast gestorben.«

Clara runzelte die Stirn. »Wirklich? Na dann, willkommen im Klub. Heute Morgen sin wir ziemlich viele. Is schon 'ne *seltsame* Fete hier. Weißte«, sagte sie und fuhr mit einer langgliedrigen Hand über seine kahle Stelle, »für jemand, der so dicht vor Petrus' Tor gestanden hat, siehst du ganz gut aus. Willste 'nen guten Rat hörn?«

Archie nickte energisch. Er wollte immer einen Rat, er war ein großer Anhänger von Zweitmeinungen. Deshalb ging er auch nie ohne eine Zehn-Pence-Münze aus dem Haus.

»Geh nach Haus, erhol dich ein bisschen. Am Morgen is die Welt wie neu, jedes Mal. Mann, das Leben is nich einfach.«

Wohin nach Hause?, dachte Archie. Er hatte sein altes Leben ausgeklinkt, er bewegte sich auf unbekanntem Terrain.

»Mann ...«, wiederholte Clara und tätschelte ihm den Rücken, »das Leben is nich einfach!«

Sie stieß einen weiteren lang gezogenen Pfiff und ein wehmütiges Lachen aus, und Archie sah, wenn er nicht wirklich langsam durchdrehte, diesen *herausfordernden* Blick; so wie bei Daria, vermischt mit einer Spur von Trauer, Enttäuschung; als hätte sie nicht sonderlich viele andere Möglichkeiten. Clara war neunzehn. Archie war siebenundvierzig.

Sechs Wochen später waren sie verheiratet.

2
ZAHNPROBLEME

Aber Archie fischte Clara Bowden nicht aus einem Vakuum heraus. Und es wird allmählich Zeit, dass jemand mal die Wahrheit über schöne Frauen sagt. Sie kommen nicht strahlend irgendwelche Treppen heruntergeschritten. Sie schweben nicht, wie man früher annahm, von hoch oben herab, nur von ihren Schwingen getragen. Clara kam von *irgendwoher*. Sie hatte *Wurzeln*. Genauer gesagt, sie kam aus Lambeth (via Jamaika), und sie war durch stillschweigendes Einvernehmen unter Heranwachsenden mit einem gewissen Ryan Topps verbunden. Denn bevor Clara schön war, war sie hässlich gewesen. Und bevor es Clara und Archie gab, hatte es Clara und Ryan gegeben. Und an Ryan Topps führt kein Weg vorbei. Ebenso, wie ein guter Historiker Hitlers napoleonische Ambitionen im Osten in Betracht ziehen muss, um seinen Widerwillen gegen einen Einmarsch in England im Westen erklären zu können, so ist Ryan Topps unerlässlich, um zu verstehen, warum Clara tat, was sie tat. Ryan ist absolut notwendig. Acht Monate lang gab es Clara und Ryan, bevor Clara und Archie von den entgegengesetzten Enden einer Treppe her voneinander angezogen wurden. Und vielleicht wäre Clara Archie Jones nie in die Arme gelaufen, wenn sie nicht, so schnell sie nur konnte, von Ryan Topps weggelaufen wäre.

Der arme Ryan Topps. Er war eine Anhäufung unglücklicher körperlicher Eigenschaften. Er war sehr dünn und sehr groß, rothaarig, plattfüßig und hatte so viele Sommersprossen, dass seine Haut kaum zu sehen war. Ryan sah sich gern als Mod, als halbstarken Dandy. Er trug schlecht sitzende graue Anzüge mit schwarzen Rollkragenpullovern. Er trug Wildlederstiefel mit dicker Sohle, als schon längst keiner mehr welche trug. Während die übrige Welt die Freuden des elektronischen Synthesizers entdeckte, schwor Ryan den kleinen Männern mit großen Gitarren ewige Treue: den Kinks, den Small Faces, den Who. Ryan Topps fuhr einen grünen Roller, eine Vespa GS, die er zweimal täglich mit einer Babywindel wienerte und sicher in einem maßgefertigten Wellblechunterstand verwahrte. Ryans Ansicht nach war eine Vespa nicht bloß ein Transportmittel, sondern Ideologie, Familie, Freundin und Geliebte, alles zusammen in einem einzigen technischen Wunderwerk der vierziger Jahre vereint.

Ryan Topps hatte, wie man sich denken kann, nur wenig Freunde.

Clara Bowden, siebzehn Jahre alt, hatte vorstehende Zähne, war schlaksig, eine Zeugin Jehovas und sah in Ryan eine verwandte Seele. Mit der typischen Beobachtungsgabe eines Teenagers wusste sie alles, was es über Ryan Topps zu wissen gab, lange bevor sie überhaupt ein Wort miteinander wechselten. Sie wusste das Wichtigste: dieselbe Schule (St. Jude's Community School, Lambeth), dieselbe Größe (1,85); sie wusste, dass er, wie sie, weder irischer Abstammung noch römisch-katholischen Glaubens war, was sie zu zwei Inseln machte, die auf dem papistischen Meer von St. Jude's trieben, nur auf Grund ihrer Postleitzahlen in dieser Schule, von Lehrern und Schülern gleichermaßen geschmäht. Sie kannte den Namen seines Rollers, sie las die Titel seiner Schallplatten, wenn sie über den Rand seiner Schultasche ragten. Sie wusste sogar Dinge über ihn, die er selbst nicht wusste. So wusste sie beispielsweise, dass er der Letzte Mann auf Erden war. Jede Schule hat so einen, und in St. Jude's, wie auch an anderen Stätten der Gelehrsamkeit, waren es die Mädchen, die den Spitznamen aussuchten und vergaben. Natürlich gab es auch Variationen:

Mr. *Nicht für eine Million Pfund.*
Mr. *Nicht für das Leben meiner Mutter.*
Mr. *Nicht für den Frieden auf Erden.*

Doch im Allgemeinen hielten sich die Schülerinnen von St. Jude's an Altbewährtes. Im Gegensatz zu Ryan, der niemals in die Gespräche eingeweiht werden würde, die im Mädchenumkleideraum der Schule geführt wurden, wusste Clara Bescheid. Sie wusste, wie über das Objekt ihrer Zuneigung geredet wurde, sie hielt die Ohren offen, sie wusste, wie er gehandelt wurde, wenn es richtig zur Sache ging, zwischen dem Schweiß und den Sport-BHs und dem lauten Peitschenknall eines nassen Handtuchs.

»Ach Mensch, du hörst nicht richtig zu. Ich hab gesagt, und wenn er der *letzte* Mann auf Erden wäre.«

»Ich würd's *trotzdem* nicht tun.«

»Ach, Blödsinn, *würdest* du doch!«

»Aber mal angenommen: Die ganze Welt ist von einer Bombe zerstört, wie in Japan, klar? Und sämtliche gut aussehenden Männer, alle sexy Typen wie dein süßer Nicky Laird, die sind alle tot. Alle total verbrutzelt. Und übrig geblieben sind nur Ryan Topps und jede Menge Kakerlaken.«

»Ich schwöre, ich würd lieber mit den Kakerlaken schlafen.«

So unbeliebt wie Ryan in St. Jude's war nur noch Clara. An ihrem ersten Schultag hatte ihre Mutter ihr erklärt, dass sie nun die Höhle des Teufels betrete, hatte ihre Schultasche mit zweihundert Exemplaren des *Wachtturms* gefüllt und gesagt, sie solle losziehen und das Werk des Herrn verrichten. Woche für Woche schlurfte sie durch die Schule, den Kopf fast bis zum Boden gesenkt, verteilte Zeitungen, murmelte: »Nur Jehova bringt das Heil«; in einer Schule, wo schon ein überreizter Eiterpickel zu ewiger Ächtung führen konnte, war eine über 1,80 große schwarze Missionarin in Kniestrümpfen, die versuchte, sechshundert Katholiken zu Zeugen Jehovas zu machen, in etwa gleichbedeutend mit sozialer Lepra.

Ryan war also so rot wie Rote Beete. Und Clara war so schwarz wie ein Stiefel. Ryans Sommersprossen hätten jeden Fan von Verbinde-die-Punkte-Zeichnungen zur Ekstase getrieben. Clara konnte ihre Zähne über einen Apfel schieben, ohne dass die Zunge auch nur annähernd in dessen Nähe geraten wäre. Nicht mal die Katholiken konnten ihnen das vergeben (und die Katholiken sind im Vergeben ungefähr genauso schnell, wie Politiker mit Versprechungen bei der Hand sind und Huren so tun als ob). Nicht mal St. Jude, der schon im ersten Jahrhundert mit der Schirmherrschaft über hoffnungslose Fälle belastet wurde (auf Grund der klanglichen Ähnlichkeit zwischen Jude und Judas), war bereit, sich für sie einzusetzen.

Jeden Tag um fünf Uhr, wenn Clara zu Hause saß und die Botschaft der Evangelien studierte oder ein Traktat schrieb, das die heidnische Praxis der Bluttransfusion verdammte, kam Ryan Topps auf dem Nachhauseweg an ihrem offenen Fenster vorbeigebraust. Das Wohnzimmer der Bowdens lag knapp unter Straßenhöhe und hatte Gitter vor den Fenstern, so dass immer nur eine Teilansicht möglich war. Im Allgemeinen konnte sie Füße sehen, Reifen, Autoauspuffrohre, hin und her schwingende Regenschirme. Derlei kurze Ausblicke waren mitunter recht vielsagend; eine lebhafte Fantasie konnte aus einem ausgefransten Schnürsenkel, einer gestopften Socke, einer tief schwingenden Tasche, die schon bessere Tage gesehen hatte, viel Gefühlsüberschwang herausholen. Doch nichts rührte sie mehr an als der Blick auf das entschwindende Auspuffrohr von Ryans Motorroller. In Ermangelung eines Namens für das heimliche Rumoren, das sich bei solchen Gelegenheiten in ihrem Unterleib bemerkbar machte, nannte Clara es den Geist des Herrn. Sie hatte das Gefühl, dass sie den Heiden Ryan Topps irgendwie bekehren würde. Clara war gewillt, diesen Jungen eng an ihre Brust zu ziehen, ihn vor der Versuchung zu schützen, die uns allenthalben umgibt, ihn auf den Tag des Heils vorzubereiten. (Und war da nicht irgendwo, tiefer als ihr Unterleib – dort, in der Unterwelt der Unaussprechlichen –, war da nicht auch die halb eingestandene Hoffnung, dass Ryan Topps *sie* bekehren könnte?)

Wenn Hortense Bowden ihre Tochter dabei erwischte, wie sie sehnsüchtig an dem vergitterten Fenster saß und dem verhallenden Geknatter eines Motors lauschte, während die Seiten der Neuen Bibel im Luftzug flatterten, verpasste sie ihr eine Kopfnuss und erinnerte sie daran, dass nur 144 000 von den Zeugen Jehovas am Jüngsten Tag mit dem Herrn zu Gericht sitzen würden. Und dass es bei dieser gesalbten Schar keinen Platz für ungepflegte Burschen auf Motorrädern gebe.

»Aber wenn wir die bekehren –«

»Manche Menschen«, stellte Hortense abfällig fest, »ham schon 'nen so großen Haufen Sünden aufm Buckel, dass es für sie zu spät is, Jehova jetzt noch schöne Augen zu machen. Es kostet einiges, Jehova nahe zu sein. Es kostet Eifer un Hingabe. *Selig, die ein reines Herz haben, denn sie werden Gott schauen.* Matthäus 5:8. Hab ich Recht, Darcus?«

Darcus Bowden, Claras Vater, war ein stinkender, todgeweihter, sabbernder, alter Mann, lebendig begraben in einem von Ungeziefer befallenen Sessel, aus dem er sich nie erhob, nicht mal, dank eines Katheters, um die Außentoilette aufzusuchen. Darcus war vierzehn Jahre zuvor nach England gekommen und hatte die ganze Zeit in der hinteren Ecke des Wohnzimmers verbracht, vor dem Fernseher. Der ursprüngliche Plan war gewesen, dass er nach England gehen und genug Geld verdienen sollte, um Clara und Hortense nachholen zu können. Doch bei seiner Ankunft war Darcus Bowden von einer geheimnisvollen Krankheit geschwächt worden. Einer Krankheit, für die kein Arzt irgendwelche körperlichen Symptome feststellen konnte, die sich jedoch in einer unglaublichen Lethargie manifestierte und in Darcus – zugegebenermaßen nie ein sonderlich Energie sprühender Mann – eine lebenslange Zuneigung zum Arbeitslosengeld, zum Sessel und dem britischen Fernsehen weckte. Im Jahre 1972 beschloss Hortense schließlich, erbost über den vierzehnjährigen Wartestand, die Reise aus eigener Kraft anzutreten. Kraft war etwas, das Hortense reichlich besaß. Sie stand plötzlich zusammen mit der siebzehnjährigen Clara auf der Schwelle des Hauses, brach wutentbrannt die Tür auf und – so das Gerücht zu Hause in St. Elizabeth – hielt Darcus Bowden die Standpauke seines Lebens. Manche sagen, diese Attacke währte vier Stunden, manche sagen, sie rezitierte jedes Buch der Bibel aus dem Gedächtnis und brauchte dafür einen ganzen Tag und eine ganze Nacht. Sicher ist jedenfalls, dass Darcus, als schließlich alles vorbei war, noch tiefer in seinen Sessel sank, bekümmert zum Fernseher hinübersah, mit dem er eine so verständnisvolle, mitfühlende Beziehung geführt hatte – so unkompliziert, so viel unschuldige Zuneigung –, und dass eine Träne aus ihrer Drüse quoll und sich in einer Furche unter seinem Auge niederließ. Dann sprach er bloß ein einziges Wort: Hmpf.

Hmpf war das Einzige, was Darcus bei dieser Gelegenheit und für alle Zeit danach je von sich gab. Man kann Darcus fragen, was man möchte, man kann ihn zu jeder beliebigen Tages- und Nachtzeit auf irgendein Thema ansprechen, ihn verhören, mit ihm plaudern, ihn anflehen, ihm ewige Liebe beteuern, ihn beschuldigen oder verteidigen, er wird immer nur eine einzige Antwort geben.

»Ich will wissen, ob ich Recht hab, Darcus?«

»*Hmpf.*«

»Und«, wandte sich Hortense wieder Clara zu, nachdem sie Darcus' beipflichtendes Brummen entgegengenommen hatte, »es geht dir ja gar nicht um die *Seele* von diesem jungen Mann! Wie oft muss ich dir noch sagen – du hast keine Zeit für Jungs!«

Denn im Haus der Bowdens wurde die Zeit allmählich knapp. Man schrieb das Jahr 1974, und Hortense bereitete sich auf das Ende der Welt vor, das sie im Küchenkalender sorgfältig mit blauem Kugelschreiber markiert hatte: 1. Januar 1975. Dabei handelte es sich keineswegs um eine nur auf die Bowdens beschränkte Psychose. Gemeinsam mit ihr warteten acht Millionen Zeugen Jehovas. Hortense befand sich also in großer, wenn-

44

gleich exzentrischer Gesellschaft. Ein persönliches Schreiben war Hortense (als Sekretärin des Lambeth-Zweiges der Königreichssäle) zugegangen, mit einer fotokopierten Unterschrift von William J. Rangeforth vom größten Königreichssaal in den USA, Brooklyn, das das Datum bestätigte. Das Ende der Welt war *offiziell* mit einem vergoldeten Briefkopf bestätigt worden, und Hortense hatte angemessen reagiert, indem sie das Schreiben in einen geschmackvollen Mahagonirahmen gefasst hatte. Es hatte einen Ehrenplatz auf einem Spitzendeckchen oben auf dem Fernseher, zwischen einer Glasfigurine von Cinderella auf dem Weg zum Ball und einem Teewärmer, bestickt mit den Zehn Geboten. Sie hatte Darcus gefragt, ob er das Arrangement schön fand. Er hatte seine Zustimmung gehmpft.

Das Ende der Welt war nahe. Und diesmal handelte es sich nicht – so wurde dem Lambeth-Zweig der Gemeinschaft der Zeugen Jehovas versichert – um einen Irrtum wie 1914 oder 1925. Man hatte ihnen versprochen, dass Baumstämme mit den Innereien von Sündern umwickelt sein würden, und diesmal würden die mit Innereien von Sündern umwickelten Baumstämme *wirklich* erscheinen. Sie warteten schon so lange auf die Ströme von Blut, die die Rinnsteine auf der Hauptstraße überfluten würden, und jetzt würde ihr Durst *wirklich* gestillt werden. Die Zeit war gekommen. Diesmal war es das richtige Datum, das einzige Datum, und alle anderen Daten, die man ihnen in der Vergangenheit angeboten hatte, waren lediglich das Ergebnis ungenauer Berechnungen: Da hatte irgendwer vergessen, irgendwas aufzuaddieren, ein anderer hatte vergessen, irgendwas abzuziehen, und ein Dritter hatte die Eins im Sinn vergessen. Doch jetzt war die Zeit da. Die einzig wahre. 1. Januar 1975.

Hortense jedenfalls freute sich darauf. Am ersten Morgen des Jahres 1925 hatte sie geweint wie ein Baby, als sie erwachte und feststellen musste, dass – an Stelle von Hagel und Schwefel und universeller Zerstörung – das alltägliche Leben weiterging, dass Busse und Züge fahrplanmäßig verkehrten. Dann war also alles umsonst gewesen, die unruhige Nacht zuvor, in der sie vor Aufregung nicht schlafen konnte, darauf wartete, dass

> jene Nachbarn, die eure Warnungen in den Wind schlugen, in einem lodernden und grausigen Feuer versinken, das ihnen die Haut von den Knochen löst, ihnen die Augen in den Höhlen zerfrisst und die Babys verbrennt, die an der Mutterbrust saugen ... so viele von euren Nachbarn werden an diesem Tag sterben, dass ihre Leichname, legte man sie Seite an Seite, eine Strecke ergeben, die dreihundert Mal um die Erde reicht, und auf ihren verkohlten Überresten werden die wahren Zeugen des Herrn an seiner Seite schreiten.
>
> – *The Clarion Bell*, Ausgabe 245

Wie bitter sie doch enttäuscht worden war! Aber die Wunden von 1925 waren verheilt, und Hortense war erneut bereit, sich überzeugen zu lassen, dass die Apokalypse, genau wie der ehrbare, fromme Mr. Rangeforth erklärt hatte, unmittelbar bevorstand. Die Verheißung der 1914er Generation hatte noch immer Gültigkeit: *Diese Generation wird nicht vergehen, bis das alles eintritt.* (Matthäus 24:34) Diejenigen, die 1914 lebten, würden auch noch die Schlacht von Harmageddon erleben. So war es verheißen. Hortense, Jahrgang 1907, wurde langsam alt, sie wurde müde, und ihre Altersgenossen starben weg wie die Fliegen. 1975 schien ihre letzte Chance zu sein.

Hatten nicht zweihundert der größten Intellektuellen ihrer Gemeinschaft zwanzig Jahre lang die Bibel erforscht, und war nicht dieses Datum ihr einhelliges Ergebnis gewesen? Hatten sie nicht bei Daniel zwischen den Zeilen gelesen, die Offenbarung nach verborgenen Bedeutungen durchforstet, die Kriege in Asien (Korea und Asien) richtigerweise als den Zeitraum erkannt, von dem der Engel in der Offenbarung spricht, wenn er sagt: »Eine Zeit, und zwei Zeiten und eine halbe Zeit«? Nach Hortenses Überzeugung waren das die Zeichen der Zeichen. Das waren die letzten Tage. Noch acht Monate bis zum Ende der Welt. Da reichte die Zeit hinten und vorne nicht! Spruchbänder mussten angefertigt und Artikel geschrieben werden (»Wird der Herr den Onanisten vergeben?«), es musste von Haus zu Haus gegangen und an Türen geklopft werden. Sie musste sich Gedanken wegen Darcus machen – der ohne Hilfe nicht mal bis zum Kühlschrank gehen konnte –, wie sollte er es bis zum Reich des Herrn schaffen? Und bei all dem musste Clara zur Hand gehen; da war keine Zeit für Jungs, für Ryan Topps, für Rumlungerei, für pubertäre Ängste. Denn Clara war keine Jugendliche wie alle anderen. Sie war das Kind des Herrn, Hortenses Wunder-Baby. Hortense war ganze achtundvierzig Jahre alt, als eines Morgens, Montego Bay 1955, die Stimme des Herrn an ihr Ohr drang, während sie gerade einen Fisch ausnahm. Sofort ließ sie den Speerfisch fallen, nahm die nächste Straßenbahn nach Hause und ergab sich in ihre allerunliebste Beschäftigung, um das Kind zu empfangen, um das Er gebeten hatte. Warum hatte der Herr so lange gewartet? Weil der Herr Hortense ein Wunder zeigen wollte. Denn Hortense selbst war ein Wunderkind gewesen, geboren mitten im legendären Erdbeben von Kingston im Jahr 1907, als alle anderen mit Sterben beschäftigt waren – Wunder wie diese lagen in der Familie. Hortense sah das so: Wenn sie während eines Erdbebens zur Welt kommen konnte, bei dem Teile von Montego Bay ins Meer rutschten und Feuer von den Bergen kam, dann hatte keiner mehr für irgendwas eine Entschuldigung. Sie sagte gern: »Geboren werden is der schwierigste Teil! Haste das geschafft, gibt's kein Problem mehr.« Und jetzt, da Clara *da* war, alt genug, um ihr bei der Haus-zu-Haus-Mission zu helfen, beim Verfassen von Ansprachen und bei den vielen anderen Aufgaben im Dienste der Zeugen Jehovas, hatte sie sich gefälligst am Riemen zu reißen. Keine Zeit für Jungs. Die Arbeit dieses Kindes fing gerade erst an. Für Hortense – geboren, während Jamaika erbebte – war eine Apokalypse vor dem neunzehnten Geburtstag noch lange keine Entschuldigung für Trödelei.

Und doch, seltsamerweise, und vielleicht gerade wegen Jehovas gut belegtem Hang zu unergründlichen Ratschlüssen, lernte Clara, während sie im Dienste des Herrn unterwegs war, Ryan Topps schließlich doch noch persönlich kennen. Die Jugendgruppe von Lambeth war an einem Sonntagmorgen zur Haus-zu-Haus-Missionsarbeit geschickt worden, um *die Schafe von den Böcken zu trennen* (Matthäus 25:31–46), und Clara, die die jungen *Zeugen*-Burschen mit ihren schlechten Krawatten und den leisen Stimmen verabscheute, hatte sich mit ihrem Koffer allein auf den Weg gemacht, um die Häuser an der Creighton Road abzuklappern. An den ersten Türen erntete sie die üblichen gequälten Mienen: freundliche Frauen, die sie so freundlich wie möglich abwimmelten, wobei sie darauf achteten, ihr bloß nicht zu nahe zu kommen, als könnten sie sich den Glauben wie eine Infektionskrankheit einfangen. Am ärmeren Abschnitt der Straße wurden die Reaktionen aggressiver; Rufe drangen hinter Fenstern oder geschlossenen Türen hervor.

»Wenn das diese dämlichen Zeugen Jehovas sind, sag ihnen, sie sollen abzischen!«

Oder einfallsreicher: »Tut mir Leid, Kleine, weißt du nicht, welchen Tag wir heute haben? Sonntag, oder? Ich bin total *geschafft*. Ich hab die *ganze Woche* damit zu tun gehabt, das Land und die Meere zu erschaffen. Am siebten Tag muss ich ruhen.«

Im Haus Nr. 75 verbrachte sie eine Stunde mit einem vierzehnjährigen Physikgenie namens Colin, der die Existenz Gottes intellektuell widerlegen wollte und ihr dabei unter den Rock schielte. Dann klingelte sie bei Nr. 87. Und Ryan Topps machte die Tür auf.

»Ja?«

Er stand da, in all seiner rothaarigen, in schwarzem Rollkragenpullover gewandeten Herrlichkeit, einen bissigen Zug um den Mund.

»Ich … ich …«

Verzweifelt versuchte sie, nicht daran zu denken, was sie anhatte: eine weiße Bluse, auch noch mit Rüschenkragen, karierter, knielanger Rock und eine Schärpe, die stolz verkündete: NÄHER, MEIN GOTT, ZU DIR.

»Was willste?«, sagte Ryan und nahm einen tiefen Zug von einer verglimmenden Zigarette. »Na was?«

Clara setzte ihr breitestes Pferdegebisslächeln auf und schaltete auf Autopilot. »Guten Morgen, Sir. Ich bin vom Lambeth-Königreichssaal, wo wir, die Zeugen Jehovas, darauf warten, dass der Herr uns erneut die Gnade seiner heiligen Gegenwart schenkt; so, wie er das schon kurz – aber leider unsichtbar – im Jahre unseres Vaters 1914 getan hat. Wir glauben, dass er, wenn er sich zu erkennen gibt, das dreifache Höllenfeuer mit sich bringt, in der Schlacht von Harmageddon, an jenem Tage, wenn nur herzlich wenige gerettet werden. Interessieren Sie sich vielleicht für –«

»Häh?«

Clara, vor Verlegenheit den Tränen nahe, versuchte es erneut: »Interessieren Sie sich für die Lehren Jehovas?«

»*Häh?*«

»Jehova – die Lehren des Herrn. Verstehen Sie, das ist wie eine Treppe.« Claras letzte Rettung war immer die Metapher von den heiligen Stufen, die ihre Mutter gern bemühte. »Ich seh, dass Sie nach unten gehen und gleich eine fehlende Stufe kommt. Ich sag Ihnen: Vorsicht! Ich will bloß, dass Sie in den Himmel kommen. Ich will nich mit ansehen, wie Sie sich die Beine brechen.«

Ryan Topps lehnte sich gegen den Türrahmen und betrachtete sie eine ganze Weile durch seinen roten Pony hindurch. Clara hatte das Gefühl, dass er sie näher ranholte, wie mit einem Teleskop. Es würde bestimmt nur noch wenige Augenblicke dauern, bevor sie ganz verschwand.

»Ich hab da ein paar Materialien, die Sie sich vielleicht durchlesen wolln –« Sie fummelte am Schloss ihres Koffers herum, schob mit dem Daumen den Schnappverschluss zurück, vergaß aber, die andere Kofferhälfte fest zu halten. Fünfzig *Wachtturm*-Hefte platschten auf die Türschwelle.

»Manno, heute kann ich aber auch nix richtig machen –«

Sie ließ sich hastig auf den Boden fallen, um die Hefte aufzuheben, und schürfte sich dabei das linke Knie auf. »Aua!«

»Du heißt Clara«, sagte Ryan langsam. »Du bist auf meiner Schule, nich?«

»Ja, Mann«, sagte Clara und vergaß vor Glück darüber, dass er ihren Namen wusste, den Schmerz. »St. Jude's.«

»Ich *weiß*, wie sie heißt.«

Clara wurde so rot, wie Schwarze rot werden können, und blickte zu Boden.

»Hoffnungslose Fälle. Für die ist er der Heilige«, sagte Ryan, pulte sich verstohlen was aus der Nase und schnippte es in einen Blumentopf. »IRA. Alle, wie sie da sind.«

Erneut betrachtete Ryan Claras lang gestreckte Gestalt, widmete zwei ansehnlichen Brüsten unverhältnismäßig viel Zeit, bei denen sich die Konturen ihrer aufgerichteten Brustwarzen schwach durch weißes Polyester hindurch abhoben.

»Komm besser mit rein«, sagte er schließlich und senkte den Blick, um das blutende Knie zu inspizieren. »Da muss was drauf.«

Noch am selben Nachmittag gab es heimliche Fummeleien auf Ryans Couch (die ein gutes Stück weitergingen, als man es von einem christlichen Mädchen erwartet hätte), und der Teufel gewann wieder einmal mühelos eine Runde im göttlichen Pokerspiel. Da wurde so einiges gezwickt und geschoben und gezogen, und als die Glocke am Montag das Schulende verkündete, waren Ryan Topps und Clara Bowden (sehr zum kollektiven Ekel der gesamten Schule) mehr oder weniger ein Paar. Wie man in St. Jude's sagte, »gingen« sie zusammen. War es so, wie Clara sich das in ihrer ganzen jugendlichen Fantasie ausgemalt hatte?

Nun, mit Ryan zu »gehen« bestand, wie sich herausstellte, vor allem aus drei Arten Freizeitgestaltung (in der Reihenfolge ihrer Wichtigkeit): Ryans Roller bewundern, Ryans Platten bewundern, Ryan bewundern. Aber wenn andere Mädchen vielleicht vor Verabredungen zurückgeschreckt wären, die in Ryans Garage stattfanden und nur darin bestanden, ihm dabei zuzusehen, wie er am Motor rumfummelte, während er dessen Kompliziertheit und Komplexität besang, gab es für Clara nichts Aufregenderes. Sie begriff rasch, dass Ryan ein Mann von schmerzlich wenigen Worten war und dass die seltenen Gespräche, die sie führten, sich immer nur um Ryan drehten: seine Hoffnungen, seine Ängste (allesamt Roller-bezogen) und seine seltsame Überzeugung, dass er und sein Roller nicht lange leben würden. Aus irgendeinem Grund war Ryan von dem inzwischen veralteten Motto der fünfziger Jahre »Schnell leben, jung sterben« überzeugt, und obwohl sein Roller nicht mehr als 35 km/h den Berg runter schaffte, warnte er Clara gern mit düsterer Stimme, sich nicht zu sehr an ihn »zu gewöhnen«, weil er nicht mehr lange da sein werde. Er würde früh »abtreten«, und zwar mit einem »großen Knall«. Sie stellte sich vor, wie sie den blutenden Ryan in ihren Armen hielt und er ihr zuletzt doch noch seine ewige Liebe erklärte. Sie sah sich selbst als Mod-Witwe, die ein Jahr lang schwarze Rollkragenpullover trug und darauf bestand, dass auf seiner Beerdigung »Waterloo Sunset« gespielt wurde. Claras unerklärliche Hingabe an Ryan Topps kannte keine Grenzen. Sie transzendierte sein schlechtes Aussehen, seine langweilige Persönlichkeit und seine unansehnlichen Angewohnheiten. Im Grunde transzendierte sie Ryan, denn ungeachtet dessen, was Hortense behauptete, war Clara ein Teenager wie jeder andere auch. Das Objekt ihrer Leidenschaft war bloß eine Begleiterscheinung der Leidenschaft selbst, einer Leidenschaft, die sich auf Grund ihrer langen Unterdrückung nun mit vulkanischer Notwendigkeit ihren Weg bahnte. Im Verlauf der folgenden Monate veränderte sich Claras Gedankenwelt, Claras Kleidung, Claras Gang, Claras Seele. Überall auf der Welt nannten die

Mädchen diese Veränderung Donny Osmond oder Michael Jackson oder die Bay City Rollers. Clara nannte sie lieber Ryan Topps.

Es gab keine Verabredungen im herkömmlichen Sinne. Keine Blumen oder Restaurants, Kinobesuche oder Partys. Gelegentlich, wenn wieder Gras besorgt werden musste, nahm Ryan sie mit zu einem großen besetzten Haus in North London, wo ein Gramm billig war und Leute, die zu stoned waren, um dein Gesicht klar zu sehen, sich benahmen, als wären sie deine besten Freunde. Hier machte Ryan es sich dann in einer Hängematte bequem und war nach ein paar Joints nicht mehr nur wie üblich einsilbig, sondern völlig katatonisch. Clara, die nicht rauchte, saß zu seinen Füßen, bewunderte ihn und versuchte, den allgemeinen Gesprächen um sie herum zu folgen. Sie hatte keine Geschichten zu erzählen wie die anderen, nicht wie Merlin, wie Clive, wie Leo, Petronia, Wan-Si und die anderen. Keine Anekdoten von LSD-Trips, von Polizeibrutalitäten und Demos auf dem Trafalgar Square. Aber Clara schloss Freundschaften. Sie war einfallsreich und nutzte das, was sie hatte, um das bunte Völkchen aus Hippies, Spinnern, Freaks und Funks zu amüsieren und zu entsetzen: eine andere Art von Extrem. Geschichten von Höllenfeuer und Verdammnis, von Satans Liebe zu Fäkalien, seine Lust daran, Häute abzuziehen, Augäpfel mit glühenden Eisen auszustechen und Genitalien zu verstümmeln – all die ausgeklügelten Pläne, die Luzifer, der höchste der gefallenen Engel, sich für den 1. Januar 1975 zurechtgelegt hatte.

Wie nicht anders zu erwarten, schob das Ding namens Ryan Topps das Ende der Welt ganz allmählich immer weiter in die hintersten Winkel von Claras Bewusstsein. So viele andere Dinge offenbarten sich ihr, so viel Neues im Leben! Sie fühlte sich hier und jetzt in Lambeth gleichsam wie eine der Gesalbten. Je gesegneter sie sich auf Erden fühlte, desto seltener richtete sie ihre Gedanken gen Himmel. Letztlich war es die heldenhafte

Großtat der Unterteilung in zwei Klassen, die Clara einfach nicht einsehen konnte. So viele, die nicht errettet wurden. Von den acht Millionen Zeugen Jehovas konnten nur 144 000 Männer zu Christus in den Himmel gelangen. Die rechtschaffenen Frauen und einigermaßen rechtschaffenen Männer würden das Paradies auf Erden gewinnen – alles in allem kein schlechter Trostpreis –, aber damit blieben noch immer gut zwei Millionen übrig, die das nicht schafften. Die mussten zu den Heiden hinzugerechnet werden, zu den Juden, den Katholiken, den Muslimen, zu den armen Menschen im Amazonasdschungel, um die Clara als Kind geweint hatte; so viele wurden nicht errettet. Jehovas Zeugen waren stolz darauf, dass es in ihrer Theologie keine Hölle gab – die Strafe waren Qualen, unvorstellbare Qualen am letzten Tag, und dann das Grab, weiter nichts. Aber Clara fand das fast noch schlimmer – die Vorstellung, dass sich die große Menge im irdischen Paradies vergnügte, während die gemarterten, verstümmelten Skelette der Verlorenen nur knapp unter der Erde lagen.

Auf der einen Seite standen die gewaltigen Menschenmassen der Erdkugel, die die Lehren des Wachtturms gar nicht kannten (manche von ihnen hatten noch nicht mal einen Briefkasten), die sich nicht mit dem Lambeth-Königreichssaal in Verbindung setzen konnten und somit auch keinen hilfreichen Lesestoff über den Weg der Erlösung bekamen. Auf der anderen Seite warf sich Hortense, das Haar auf eiserne Lockenwickler gedreht, unruhig im Bett hin und her, wartete fröhlich auf den Schwefelregen, der sich über die Sünder ergießen würde, besonders über die Frau in Nr. 53. »Diejenigen, die gestorben sind, ohne den Herrn erkannt zu haben, werden von den Toten *auferweckt* werden und eine zweite Chance bekommen.« Doch für Clara war das trotzdem eine ungerechte Gleichung. Eine unausgeglichene Bilanz. Glaube ist schwer zu erlangen und leicht zu verlieren. Immer widerwilliger hinterließ sie die Abdrücke ihrer Knie auf den roten Kissen im Königreichssaal. Sie wollte keine Schärpen mehr anlegen, Spruchbänder tragen oder Traktate verteilen. Sie wollte keinem mehr irgendwas von fehlenden Stufen erzählen. Sie entdeckte Dope, vergaß die Treppe und fing an, den Aufzug zu nehmen.

1. Oktober 1974. Nachsitzen. Clara wurde fünfundvierzig Minuten länger in der Schule festgehalten (weil sie im Musikunterricht behauptet hatte, dass Roger Daltrey ein größerer Musiker war als Johann Sebastian Bach), und infolgedessen verpasste sie ihre Vier-Uhr-Verabredung mit Ryan an der Ecke der Leenan Street. Es war bitterkalt und wurde schon dunkel, als sie endlich rausdurfte; sie rannte durch die Haufen von faulendem Herbstlaub, suchte die gesamte Leenan Street ab, aber er war nirgends zu sehen. Ängstlich näherte sie sich ihrer Haustür und bot Gott allerlei stumme Abkommen an (*Ich werde nie wieder Sex haben, ich rauche nie wieder einen Joint, ich trage nie wieder einen kurzen Rock*), wenn er ihr dafür versichern konnte, dass Ryan Topps nicht bei ihrer Mutter geklingelt hatte, um sich ein windgeschütztes Plätzchen zu suchen.

»Clara! Nun komm aus der Kälte!«

Das war Hortenses Stimme, wenn sie Besuch hatte – alle Konsonanten überdeutlich ausgesprochen –, die Stimme, die sie bei Pastoren und weißen Frauen einsetzte.

Clara zog die Haustür hinter sich zu und ging geradezu panisch durch das Wohnzimmer, vorbei an Jesus, der weinte (und dann wieder nicht), und hinein in die Küche.

»Meine Güte, sie sieht aus wie ein begossener Pudel, hmm?«

»Mmm«, sagte Ryan, der gut gelaunt auf der anderen Seite des winzigen Küchentischs einen Teller Aki und gepökelten Fisch in sich hineinschaufelte.

Claras vorstehende Zähne drückten sich tief in ihre Unterlippe, als sie stotterte: »Was machst du denn *hier*?«

»Ha!«, rief Hortense fast triumphierend. »Denkst du, du könntest deine Freunde ewig vor mir geheim halten? Dem Jungen war kalt, ich hab ihn reingelassen, wir haben nett geplaudert, nicht wahr, junger Mann?«

»Mmm, ja, Mrs. Bowden.«

»Nun guck nicht so erschrocken. Haste gedacht, ich würde ihn auffressen oder was, hä, Ryan?«, sagte Hortense, die so strahlte, wie Clara es noch nie gesehen hatte.

»Ja, genau«, grinste Ryan. Und Ryan Topps und Claras Mutter fingen gemeinsam an zu lachen.

Gibt es irgendetwas, das einer Affäre schneller den Glanz nimmt, als wenn der Geliebte eine gesellschaftliche Beziehung zur Mutter der Geliebten aufnimmt? Als es früher dunkel wurde und Ryan nicht mehr so leicht in der Menge auszumachen war, die sich jeden Tag um halb vier draußen vor den Schultoren drängte, machte sich häufig eine niedergeschlagene Clara auf den Nachhauseweg, nur um ihren Geliebten wieder einmal in der Küche vorzufinden, wo er zufrieden mit Hortense plauderte und sich aus dem Füllhorn der Köstlichkeiten im Bowden-Haushalt nährte: Aki und gepökelter Fisch, luftgetrocknetes Rindfleisch, Hähnchenrisotto, Ingwerkuchen und Kokosnusseis.

Diese Gespräche, die doch so lebhaft klangen, wenn Clara den Schlüssel ins Schloss steckte, erstarben stets, sobald sie die Küche betrat. Wie ertappte Kinder wurden die beiden zuerst mürrisch, dann verlegen, und dann erfand Ryan irgendeine Ausrede und ging. Außerdem fiel Clara auf, dass die beiden anfingen, sie auf eine bestimmte Weise anzusehen, mit einem mitleidigen Blick, voller Herablassung. Und damit nicht genug – sie fingen an, ihre Kleidung zu kommentieren, die immer jugendlicher, farbenfroher geworden war; und Ryan – was war mit Ryan los? – legte seinen Rollkragenpullover ab, ging ihr in der Schule aus dem Weg, *kaufte sich eine Krawatte.*

Natürlich war Clara, wie die Mutter eines Drogensüchtigen oder die Nachbarin eines Serienkillers, die Letzte, die es erfuhr. Früher hatte sie alles über Ryan gewusst – noch bevor Ryan selbst es wusste –, sie war eine *Expertin* in Sachen Ryan gewesen. Jetzt war sie darauf angewiesen, zufällig mitzubekommen, wie die irischen Mädchen behaupteten, Clara Bowden und Ryan Topps gingen nicht mehr miteinander – gingen ganz eindeutig nicht miteinander – o nein, *nicht mehr*.

Falls Clara wusste, was vor sich ging, so wollte sie es sich selbst nicht eingestehen. Als sie Ryan einmal am Küchentisch sitzen sah, vor sich lauter Traktate – und Hortense die Heftchen hastig zusammenraffte und in ihre Schürze stopfte –, *zwang* Clara sich, es zu vergessen. Später im selben Monat, als Clara einen trübseligen Ryan überredete, seinen Beziehungspflichten auf der Behindertentoilette nachzukommen, kniff sie die Augen zusammen, um das nicht zu sehen, was sie nicht sehen *wollte*. Aber es war da, unter seinem Pullover, als sie sich auf dem Waschbecken nach hinten lehnte, da war der Glanz von Silber, das Schimmern in dem trüben Licht kaum wahrnehmbar – es konnte nicht sein, aber so war es –, das silberne Schimmern eines kleinen Silberkreuzes.

Es konnte nicht sein, *aber so war es*. So beschreiben Menschen ein Wunder. Irgendwie hatten sich die Gegensätze von Hortense und Ryan an ihren logischen Extremen getroffen, ihre jeweiligen Vorlieben für den Schmerz und den Tod anderer liefen wie perspektivische Linien an einem morbiden Horizont zusammen. Unversehens hatten die Erlöste und der Unerlöste auf wundersame Weise die Rollen getauscht. Jetzt versuchten Hortense und Ryan, *sie* zu erretten.

»Steig auf.«

Clara war soeben aus dem Schulgebäude in der Dämmerung getreten, und Ryan sprach sie an, nachdem sein Roller abrupt vor ihren Füßen gebremst hatte.

»Claz, steig auf.«

»Geh doch und frag meine Mutter, ob sie mitfahrn will!«

»Bitte«, sagte Ryan und hielt ihr den zweiten Sturzhelm hin. »Is wichtig. Muss mit dir reden. Is nich mehr viel Zeit.«

»Wieso?«, fauchte Clara und wippte gereizt auf ihren Plateau-absätzen. »Willste irgendwohin?«

»Wir beide«, nuschelte Ryan. »Zum richtigen Ort, hoffentlich.«

»Nee.«

»Bitte, Claz.«

»Nee.«

»Bitte. Is wichtig. Leben oder Tod.«

»Manno … na gut. Aber das Ding trag ich nich« – sie gab ihm den Helm zurück und setzte sich rittlings auf den Roller – »das macht mir die Frisur kaputt.«

Ryan fuhr mit ihr quer durch London nach Hampstead Heath, bis ganz nach oben auf den Primrose Hill, wo er dann, mit Blick vom Gipfel hinunter auf das kränklich orangegelbe Leuchten der Stadt, bedächtig und umständlich und in einer Sprache, die nicht die seine war, erklärte, was er zu sagen hatte. Es lief alles auf eines hinaus: Es war nur noch ein Monat bis zum Weltuntergang.

»Und die Sache ist die, dass sie und ich, wir sind einfach –«

»Wir!«

»Deine Mum – deine Mum und ich«, murmelte Ryan, »wir sind in Sorge. Wegen dir. Die letzten Tage überleben nicht gerade viele. Du hast dich mit schlechten Leuten rumgetrieben, Claz –«

»Mann«, sagte Clara, schüttelte den Kopf und fuhr sich mit der Zunge über die Zähne, »das is ja nich zu fassen. Das sind *deine* Freunde.«

»Nein, nein, sind sie nich. Nich mehr. Das Gras – das Gras ist des Teufels. Und die ganze Bande – Wan-Si, Petronia.«

»Sie sind meine Freundinnen!«

»Das sind keine netten Mädchen, Clara. Die sollten bei ihren Familien sein, sich nich so anziehen und so Sachen mit den Männern da im Haus machen. Und du solltest das auch nich machen. Und du ziehst dich an wie, wie, wie –«

»Wie was?«

»Wie 'ne Hure!«, sagte Ryan, der das Wort hervorstieß, als wäre er froh, es loszuwerden. »Wie 'n loses Mädchen!«

»O Mannomann, ich hab jetzt *genug* gehört, bring mich nach Haus, Mann.«

»Die kriegen ihr Fett ab«, sagte Ryan, vor sich hin nickend, und schwenkte den Arm über London hinweg, von Chiswick bis Archway. »Du hast noch Zeit. Bei wem willst du dann sein, Claz? Bei wem willst du sein? Bei den 144 000 im Himmel, die mit Christus herrschen? Oder willst du bei der großen Menge im irdischen Paradies sein, was ja an sich nich schlecht is, aber … Oder bist du eine von denen, die es voll erwischt, Schmerzen und Tod? Hä? Ich trenn hier bloß die Schafe von den Böcken, Claz, die Schafe von den Böcken. Matthäus. Und ich glaub, du bist doch wohl ein Schaf, oder?«

»Jetzt hör mir mal gut zu«, sagte Clara, während sie zurück zum Roller ging und auf dem hinteren Sitz Platz nahm, »ich bin ein Bock. Ich bin *gerne* ein Bock. Ich will ein Bock sein. Ich würd lieber mit meinen Freunden im Schwefelregen brutzeln, als im Himmel zu sitzen und mich mit Darcus, meiner Mutter und dir zu Tode zu langweilen!«

»Das hättest du nich sagen sollen, Claz«, sagte Ryan ernst und setzte sich den Helm auf. »Ehrlich, ich wünschte, du hättest das nich gesagt. Um deinetwillen. *Er* kann uns hören.«

»Und ich bin's satt, dich zu hören. Bring mich nach Haus.«

»Es is wahr! Er kann uns hören!«, rief er nach hinten gewandt. Er musste schreien, um das Auspuffgeräusch zu übertönen, als sie auf Touren kamen und den Berg hinunterbrausten. »Er kann alles sehen! Er passt auf uns auf!«

»Pass du auf, wo du hinfährst!«, brüllte Clara zurück, als sie eine Gruppe chassidischer Juden zwangen, in alle Richtungen auseinander zu spritzen. »Guck auf die Straße!«

»Nur die wenigen – so steht es geschrieben –, nur die wenigen. Die anderen kriegen, was sie verdienen – so steht es im Deut-er-onomi-um –, die kriegen, was sie verdienen, und nur die wenigen –«

Irgendwo in der Mitte von Ryan Topps' erleuchteter biblischer

Exegese krachte sein früherer Götze, die Vespa GS, voll gegen eine vierhundert Jahre alte Eiche. Die Natur triumphierte über die Arroganz der Technik. Der Baum überlebte; der Motorroller verschied. Ryan wurde in die eine Richtung geschleudert, Clara in die andere.

Die Grundsätze des Christentums und des Gesetzes, dass alles, was schief gehen kann, auch schief gehen wird (auch bekannt als Murphys Gesetz), sind dieselben: *Alles passiert mir, für mich*. Wenn also ein Mann eine Scheibe Toast fallen lässt und sie auf der Butterseite landet, dann wird dieses unglückliche Ereignis als Beweis einer grundlegenden Wahrheit gedeutet: dass der Toast nur deshalb so gefallen ist, wie er gefallen ist, um *Ihnen*, Mr. Unglücksrabe, zu beweisen, dass es eine bestimmende Kraft im Universum gibt, nämlich das Pech. Das ist kein Zufall. Der Toast hätte niemals auf die richtige Seite fallen können, so wird argumentiert, weil das nun mal das Pechgesetz so besagt. Kurzum, das Pechgesetz passiert einem, um zu beweisen, dass es das Pechgesetz gibt. Aber anders als das Gesetz der Schwerkraft ist es ein Gesetz, das nicht immer existiert, egal was geschieht. Wenn der Toast tatsächlich doch mal auf die *richtigen* Seite landet, verschwindet das Pechgesetz unerklärlicherweise. Ebenso wusste Ryan, als Clara sich bei dem Sturz sämtliche Oberzähne ausschlug, er dagegen ohne einen einzigen Kratzer aufstand, dass dem nur so war, weil Gott Ryan als einen der Erretteten auserwählt hatte und Clara nicht errettet werden sollte. Es lag nicht daran, dass er einen Helm trug und sie nicht. Und wenn es umgekehrt gewesen wäre, wenn die Schwerkraft Ryans Zähne gefordert und sie wie winzige Emailschneebälle den Primrose Hill hinabgekugelt hätte, tja … dann könnten Sie Ihr Leben darauf verwetten, dass Gott, in Ryans Gedankenwelt, kurzzeitig verschwunden gewesen wäre.

So jedoch war es das letzte Zeichen, das Ryan brauchte. Und so kam es, dass Ryan am Silvesterabend im Wohnzimmer mit Hortense in einem Kreis von Kerzen saß und inbrünstig für Claras

Seele betete, während Darcus in seinen Schlauch pinkelte und sich auf BBC 1 das *Generation Game* ansah. Clara hatte derweil eine gelbe Schlaghose und eine rote rückenfreie Bluse angezogen und war auf eine Party gegangen. Sie schlug das Motto vor, half mit, das Spruchband zu malen und es aus dem Fenster zu hängen. Sie tanzte und rauchte mit den Übrigen und kam sich, ganz ohne falsche Bescheidenheit, wie die Schönheit des Abends vor. Aber als Mitternacht unvermeidlich kam und ging, ohne dass die Reiter der Apokalypse ihren Auftritt hatten, überraschte Clara sich selbst, indem sie zutiefst melancholisch wurde. Sich selbst vom Glauben frei zu machen ist nämlich so, als würde man Meerwasser kochen, um Salz zu bekommen – man gewinnt etwas, aber man verliert auch etwas. Obwohl ihre Freunde – Merlin, Wan-Si u. a. – ihr auf den Rücken klopften und sie dazu beglückwünschten, dass sie diese fiebrigen Träume von Verdammnis und Buße ausgetrieben hatte, trauerte Clara insgeheim um jene wärmere Berührung, auf die sie neunzehn Jahre lang gewartet hatte, die alles umschließende Umarmung des Erlösers, desjenigen, der das A und O war, Anfang und Ende; der Mann, der dazu bestimmt war, sie von all dem fortzuführen, von der freudlosen Wirklichkeit des Lebens in einer Souterrainwohnung in Lambeth. Was blieb Clara nun? Ryan würde sich eine neue Marotte suchen; Darcus brauchte nur auf einen anderen Sender umzuschalten; für Hortense würde sich natürlich ein neues Datum herauskristallisieren, zusammen mit weiteren Traktätchen und immer stärkerem Glauben. Aber Clara war nicht wie Hortense.

Dennoch, nachdem sich Claras Glaube in Luft aufgelöst hatte, blieb ein Restbestand übrig. Sie sehnte sich noch immer nach einem Erlöser. Sie sehnte sich noch immer nach einem Mann, der sie mitnahm, der sie vor allen anderen erwählte, um mit Ihm *in weißen Gewändern* [zu] *gehen, denn sie* [ist] *es wert.* Offenbarung 3:4.

Vielleicht ist es also doch nicht so unerklärlich, dass Clara Bowden, als sie Archie Jones am nächsten Morgen unten an einer Treppe kennen lernte, mehr in ihm sah als nur einen ziemlich kleinen, ziemlich untersetzten weißen Mann mittleren Alters in einem schlecht sitzenden Anzug. Clara sah Archie durch die graugrünen Augen des Verlustes; ihre Welt war soeben untergegangen, der Glaube, nach dem sie gelebt hatte, war zurückgewichen wie das Meerwasser bei Ebbe, und Archie war rein zufällig zu dem Typ in dem Witz geworden: der Letzte Mann auf Erden.

3
ZWEI FAMILIEN

Es ist besser zu heiraten, als sich in Begierde zu verzehren, heißt es in Korinther I, Kapitel sieben, Vers neun.

Ein guter Rat. Andererseits belehrt uns der Korintherbrief aber auch: *Du sollst dem Ochsen zum Dreschen keinen Maulkorb anlegen* – also, da soll sich einer einen Reim drauf machen.

Im Februar 1975 hatte Clara die Zeugen Jehovas mitsamt ihrem buchstabengetreuen Bibelglauben wegen Archibald Jones verlassen, aber sie gehörte noch nicht zu jenen unbekümmerten Atheisten, die in der Nähe von Altären lachen oder die Lehren des Apostels Paulus so gänzlich von sich weisen. Das zweite Diktum war kein Problem – da sie keinen Ochsen besaß, konnte sie sich logischerweise gar nicht erst angesprochen fühlen. Doch das erste bereitete ihr schlaflose Nächte. War es besser zu heiraten? Selbst wenn der Mann ein Heide war? Sie konnte es nicht wissen, denn sie lebte jetzt ja ohne Hilfestellungen, *ohne* Sicherheitsnetz. Noch besorgniserregender als Gott war ihre Mutter. Hortense war entschieden gegen die Affäre, und zwar eher wegen der Hautfarbe als wegen des Alters, und als sie eines Morgens davon erfuhr, hatte sie ihre Tochter prompt noch vor der Haustür verstoßen.

Trotzdem hatte Clara das Gefühl, dass ihre Mutter es insgeheim lieber sähe, wenn sie einen unpassenden Mann heiratete, anstatt in Sünde mit ihm zu leben, also folgte sie einem spontanen Impuls und flehte Archie an, sie so weit von Lambeth fortzubringen, wie es ein Mann mit seinen Möglichkeiten nur eben konnte – Marokko, Belgien, Italien. Archie hatte ihr die Hand getätschelt und genickt und ihr irgendwelche netten Nichtigkeiten zugeraunt, wohl wissend, dass ein Mann mit seinen Möglichkeiten mit ihr allerhöchstens in ein neu erworbenes, mit einer dicken Hypothek belastetes zweistöckiges Haus in Willesden Green fliehen konnte. Aber wozu das gerade jetzt erwähnen, dachte er, nicht gerade jetzt, in der Hitze des Gefechts. Bring es ihr eher schonend bei.

Drei Monate später hatte Clara es schonend beigebracht bekommen, und sie zogen ein. Archie quälte sich die Treppe rauf, wie üblich fluchend und unorganisiert, unter dem Gewicht von Kisten fast zusammenbrechend, von denen Clara mühelos mehrere auf einmal tragen konnte. Clara machte ein Päuschen, blinzelte in die warme Maisonne, versuchte, sich zurechtzufinden. Sie zog die warmen Sachen aus und lehnte sich dann in einem knappen lila Unterhemd auf ihre Gartenpforte. Was für eine Gegend war das hier? Das Merkwürdige war nämlich, dass das nicht mit Sicherheit zu sagen war. Als sie auf dem Beifahrersitz des Umzugswagens mitgefahren war, hatte sie die Hauptstraße gesehen, und die war hässlich und arm und vertraut (nur dass es keine Königreichssäle und Episkopalkirchen gab), doch dann waren die Straßen hinter einer Biegung plötzlich von Grün überflutet worden, schöne Eichen, die Häuser wurden größer, standen weiter auseinander und von der Straße entfernt, sie sah Parks, sie sah Bibliotheken. Und dann waren die Bäume auf einmal verschwunden, verwandelten sich wieder in Bushaltestellen, wie auf das Schlagen einer mitternächtlichen Glocke hin; ein Zeichen, dem auch die Häuser gehorchten, indem sie sich wieder in kleinere, treppenlose Wohnsitze verwandelten, die geduckt gegenüber heruntergekommenen Einkaufspassagen lagen, jenen seltsamen Aneinanderreihungen von Geschäften, darunter auch unweigerlich

eine aufgegebene Sandwichbar, die noch immer Reklame für ihr Frühstück machte

ein Schlüsseldienst ohne jeden Sinn für die Feinheiten der Werbung (SCHLÜSSELANFERTIGUNG)

sowie ein permanent geschlossener Unisex-Friseursalon, der

stolze Träger unsäglicher Wortspiele (*Haarscharfe Frisuren* oder *Ausgefranst* oder *Heute Haar, morgen fort*).

Sie war wie ein Glücksspiel, diese Fahrt, bei der Clara hinaus-blickte und nicht wusste, ob sie sich unter den Bäumen oder in dem Dreck niederlassen würde. Schließlich hatte der Lkw dann vor einem Haus gehalten, einem hübschen Haus irgendwo in der Mitte zwischen Bäumen und Dreck, und Clara hatte ge-spürt, wie eine Welle der Dankbarkeit in ihr aufbrandete. Es war *hübsch*, nicht so hübsch, wie sie gehofft hatte, aber auch nicht so schlimm, wie sie gefürchtet hatte. Es hatte einen kleinen Garten vorne und hinten, eine Fußmatte, eine Türklingel, eine *Innen*toi-lette … Und sie hatte keinen hohen Preis dafür bezahlt. Bloß Liebe. Nur Liebe. Und ganz gleich, was im Korintherbrief ste-hen mag, es ist gar nicht so schwierig, mit Liebe zu bezahlen, wenn man sie noch nie wirklich empfunden hat. Sie liebte Archie nicht, aber sie hatte es sich in den Kopf gesetzt, gleich in jenem ersten Moment auf der Treppe, sich auf ihn einzulassen, wenn er sie nur woandershin mitnahm. Und das hatte er nun; und ob-wohl es nicht Marokko oder Belgien oder Italien war, es war trotzdem hübsch – nicht das Gelobte Land –, aber *hübsch*, hüb-scher als alles, wo sie bisher gewesen war.

Clara wusste genau, dass Archibald Jones kein romantischer Held war. Drei gemeinsame Monate in einem miefigen Zimmer in Cricklewood waren aufschlussreich genug gewesen. Oh, er konnte liebevoll sein und manchmal sogar charmant, er konnte schon frühmorgens einen kristallklaren Ton pfeifen, er fuhr ru-hig und verantwortungsbewusst, und er war ein erstaunlich gu-ter Koch, aber mit Romantik hatte er nichts am Hut, Leiden-schaft war undenkbar. Und Clara fand, wenn du schon mit ei-nem so durchschnittlichen Mann wie ihm belastet bist, dann sollte er wenigstens völlig hingerissen von dir sein – von deiner Schönheit, deiner Jugend –, das war das *Mindeste*, was er tun konnte, um alles andere auszugleichen. Nicht so Archie. Sie wa-ren erst einen Monat verheiratet, und schon jetzt hatte er den eigentümlich glasigen Blick, den Männer haben, wenn sie durch dich hindurchsehen. Er hatte schon wieder in sein Junggesellenleben zurückgeschaltet: Bierchen mit Samad Iqbal, Abendessen mit Samad Iqbal, sonntags Frühstück mit Samad Iqbal, jeden freien Moment mit diesem Mann in dieser verdammten Kneipe, *O'Connell's*, in dieser verdammten Spelunke. Sie versuchte, vernünftig zu sein. Sie fragte ihn: *Wieso bist du nie hier? Wieso verbringst du so viel Zeit mit diesem Inder?* Doch ein Klaps auf den Rücken, ein Kuss auf die Wange, er schnappt sich seinen Mantel, schon hat er den Fuß aus der Tür und die ewig gleiche Antwort: *Ich und Sam? Wir haben eine lange Geschichte.* Dagegen konnte sie nichts sagen. Ihre Geschichte hatte begonnen, schon bevor Clara geboren wurde.

Also nicht gerade ein Ritter in schimmernder Rüstung, dieser Archibald Jones. Keine Ziele, keine Hoffnungen, keine Ambitionen. Ein Mann, dessen größtes Vergnügen ein ordentliches englisches Frühstück war und zu Hause werkeln. Ein langweiliger Mann. Ein *alter* Mann. Und doch ... gut. Er war ein *guter* Mann. Und *gut* ist vielleicht nicht gerade viel, *gut* reicht nicht aus, um ein Leben schön zu machen, aber es ist immerhin etwas. Sie sah es ihm an, damals auf der Treppe, einfach und direkt, so, wie sie an einer Marktbude in Brixton eine gute Mango erkennen konnte, ohne sie auch nur anzufassen.

Diesen Gedanken hing Clara nach, als sie über ihrem Gartentörchen lehnte, drei Monate nach der Hochzeit, und stumm beobachtete, wie die Stirn ihres Mannes sich furchte und zusammenzog wie ein Akkordeon, die Art, wie sein Bauch schwanger über dem Gürtel hing, die Blässe seiner Haut, die Bläue seiner Adern, die Art, wie seine »Elf« zu sehen war – diese beiden Hautstränge, die sich an der Gurgel eines Mannes zeigen (so sagen die Jamaikaner), wenn seine Zeit zu Ende geht.

Clara blickte finster. Bei der Hochzeit waren ihr diese Gebrechen nicht aufgefallen. Warum nicht? Er hatte gelächelt und einen weißen Rollkragenpullover getragen, aber nein, das war nicht der Grund – sie hatte nicht darauf geachtet, *das* war es. Es war ein heißer Tag gewesen, der 14. Februar, aber ungewöhnlich warm, und sie hatten warten müssen, weil an diesem Tag die ganze Welt auf dem kleinen Standesamt in Ludgate Hill heiraten wollte. Clara erinnerte sich, dass sie sich die zierlichen braunen Pumps von den Füßen gestreift und die nackten Füße auf den kühlen Boden gestellt hatte, genau rechts und links von einem dunklen Riss in den Fliesen, ein Balanceakt, von dem sie spontan ihr zukünftiges Glück abhängig machte.

Archie hatte sich unterdessen die Feuchtigkeit von der Oberlippe gewischt und einen aufdringlichen Sonnenstrahl verflucht, der ein salziges Rinnsal an der Innenseite seiner Beine herunterrieseln ließ. Für seine zweite Heirat hatte er einen Mohairanzug und einen weißen Rollkragenpullover ausgewählt, und beide erwiesen sich als problematisch. Die Wärme sorgte dafür, dass an seinem ganzen Körper Schweißbäche austraten, die durch den Rollkragenpullover in den Mohairstoff drangen und einen unverkennbaren Geruch nach nassem Hund verströmten. Clara war natürlich von Kopf bis Fuß Katze. Sie trug ein langes braunes Wollkleid von Jeff Banks und eine perfekte Reihe falscher Zähne. Das Kleid war rückenfrei, die Zähne waren weiß, und die Gesamtwirkung war katzenhaft: ein Panter im Abendkleid. Wo die Wolle aufhörte und Claras Haut anfing, war mit bloßem Auge nicht deutlich zu sehen. Und wie eine Katze reagierte sie auf den staubigen Sonnenstrahl, der durch ein hohes Fenster auf die wartenden Paare fiel. Sie wärmte ihren nackten Rücken darin, fast schien sie sich zu *öffnen*. Selbst der Standesbeamte, der schon alles gesehen hatte – pferdeartige Frauen, die wieselige Männer heirateten, Männer, riesenhaft wie Elefanten, die Frauen mit Eulengesichtern heirateten –, zog angesichts dieser unnatürlichsten aller Verbindungen die Stirn in Falten, als die beiden vortraten. Katze und Hund.

»Hallo, Vater«, sagte Archie.

»Er ist Standesbeamter, Archibald, du alter Spinner«, sagte sein

Freund Samad Miah Iqbal, der gemeinsam mit seiner winzigen Frau Alsana aus dem Exil des Warteraums für Hochzeitsgäste hereingerufen worden war, um Zeuge der Eheschließung zu sein. »Kein katholischer Priester.«

»Stimmt. Klar. Tschuldigung. Nervös.«

Der verknöcherte Standesbeamte sagte: »Können wir anfangen? Wir haben heute jede Menge Paare abzufertigen.«

Das und nur wenig mehr war die Zeremonie. Archie bekam einen Stift in die Hand gedrückt und schrieb seinen Namen (Alfred Archibald Jones), Staatsangehörigkeit (englisch) und Alter (47). Bei der Rubrik »Beruf« zögerte er kurz und entschied sich dann für »Werbung: (Prospekte)«, dann unterschrieb er, unwiderruflich.

Clara schrieb ihren Namen hin (Clara Iphegenia Bowden), Staatsangehörigkeit (jamaikanisch) und Alter (19). Da sie keine Rubrik entdeckte, die sich für ihren Beruf interessierte, suchte sie schnurstracks die entscheidende, gestrichelte Linie, fuhr mit dem Stift darüber und richtete sich wieder auf, eine Jones. Eine Jones, wie es noch keine vor ihr gegeben hatte.

Dann waren sie nach draußen gegangen, auf die Treppe, wo ein Windstoß das gebrauchte Konfetti hochhob und es über frische Paare fegte, wo Clara ihre einzigen Hochzeitsgäste zum ersten Mal offiziell kennen lernte: zwei Inder, beide in purpurfarbene Seide gekleidet. Samad Iqbal, ein großer, attraktiver Mann mit blitzweißen Zähnen und einer toten Hand, der ihr mit der funktionierenden Hand unablässig den Rücken tätschelte.

»Das war meine Idee, wissen Sie«, wiederholte er immer und immer wieder. »Meine Idee, diese Hochzeit. Ich kenn den alten Knaben nun schon seit – wann?«

»1945, Sam.«

»Das wollte ich deiner hübschen Frau ja gerade erzählen, 1945 – wenn du einen Mann so lange kennst und neben ihm gekämpft hast, dann hast du die Pflicht, ihn glücklich zu machen, wenn er es nicht ist. Und er war es nicht! Ganz im Gegenteil, bis Sie aufgetaucht sind! Hat sich förmlich in der Scheiße gewälzt, wenn ich so sagen darf. Zum Glück ist seine Ehemalige jetzt da, wo sie hingehört. Es gibt nur einen passenden Ort für Irre, und zwar bei den anderen Irren«, sagte Samad, verlor aber noch, während er sprach, an Schwung, weil Clara offensichtlich keine Ahnung hatte, wovon er redete. »Na egal, Schwamm drüber … Meine Idee jedenfalls, wissen Sie, das Ganze hier.«

Und dann war da seine Frau Alsana, die klein und verschlossen war und Clara anscheinend irgendwie ablehnte (obwohl sie nur ein paar Jahre älter sein konnte). Sie sagte nur »O ja, Mrs. Jones« oder »O nein, Mrs. Jones«, was Clara so nervös machte, sie so *verschüchterte*, dass sie das Gefühl hatte, ihre Schuhe wieder anziehen zu müssen.

Archie tat es für Clara Leid, dass sie keine größere Feier hatten. Aber es gab sonst niemanden, den sie hätten einladen können. Alle anderen Verwandten und Bekannten hatten die Einladung abgelehnt; manche kurz angebunden, andere empört; wieder andere meinten, Schweigen sei die beste Entscheidung, und hatten die ganze letzte Woche weder die Post geöffnet, noch waren sie ans Telefon gegangen. Der einzige Gratulant war Ibelgaufts, der weder eingeladen noch überhaupt von dem Ereignis in Kenntnis gesetzt worden war, von dem jedoch seltsamerweise mit der Morgenpost ein Brief eintraf:

14. Februar 1975

Lieber Archibald,
normalerweise haben Hochzeiten irgendwas an sich, das den Misanthropen in mir weckt, doch als ich heute versuchte, ein Petunienbeet vor der Vernichtung zu bewahren, verspürte ich eine keineswegs geringfügige Freude bei dem Gedanken an die Verbindung eines Mannes und einer Frau in lebenslanger Gemeinschaft. Wahrlich, es ist schon bemerkenswert, dass wir Menschen uns an ein solch unmögliches Unterfangen wagen, meinst Du nicht? Um mal

einen Moment ernst zu sein: Wie du weißt, bin ich ein
Mann, dessen Beruf es ist, tief in die »Frau« hineinzusehen
und ihr wie ein Psychiater entweder einen umfassenden
Gesundheitsschein auszustellen oder eben nicht. Und ich
bin sicher, mein Freund, dass Du (um im Bilde zu bleiben)
Deine zukünftige Frau ebenso erforscht hast, sowohl geis-
tig als auch psychisch, und keine besonderen Mängel an ihr
festgestellt hast, also was könnte ich Dir sonst übermitteln
als die herzlichsten Glückwünsche von Deinem getreuen
Konkurrenten,

Horst Ibelgaufts

Welche Erinnerungen ließen diesen Tag sonst noch einmalig sein
und ihn sich von den anderen Tagen abheben, die das Jahr 1975
ausmachten. Clara erinnerte sich an einen jungen Schwarzen, der
sich schwitzend in einem schwarzen Anzug auf eine Apfelkiste
stellte und anfing, seinen Brüdern und Schwestern ins Gewissen
zu reden; an eine alte Obdachlose, die eine Nelke aus dem Mülleimer zog, um sie sich ins Haar zu stecken. Doch dann war alles
vorbei: die in Folie eingepackten Sandwiches, die Clara gemacht
hatte, waren vergessen worden und gammelten unten in einer
Tüte vor sich hin, der Himmel hatte sich zugezogen, und als sie
den Berg hinauf zum King Ludd Pub gingen, vorbei an den höh-
nischen Fleet-Street-Burschen mit ihren Samstagsbierchen, stellten sie fest, dass Archie einen Strafzettel wegen Falschparkens
bekommen hatte.

So kam es, dass Clara die ersten drei Stunden ihres Ehelebens auf
der Polizeiwache in Cheapside verbrachte, die Schuhe in der
Hand, und ihrem Erlöser dabei zusah, wie er unermüdlich mit
einem Verkehrspolizisten debattierte, der Archies feinsinnige
Auslegung der Wochenendparkvorschriften einfach nicht nachvollziehen konnte.

»Clara, Clara, Liebes –«

Es war Archie, der sich mit einem Couchtisch, der ihn teilweise verdeckte, an ihr vorbei zur Haustür zwängte.

»Die Ick-Balls kommen heute Abend, und bis dahin will ich das Haus so einigermaßen in Ordnung haben – also geh bitte aus dem Weg.«

»Soll ich dir helfen?«, fragte Clara nachsichtig, obwohl sie noch halb abwesend war. »Ich kann auch was heben, wenn –«

»Nein, nein, nein, nein – geht schon.«

Clara griff nach einer Kante des Tisches. »Ich kann doch –«

Archie mühte sich ab, das Möbelstück durch den engen Türrahmen zu schieben, wobei er sowohl beide Tischbeine, als auch die große abnehmbare Glasplatte halten musste.

»Das ist Männerarbeit, Liebes.«

»Aber –« Clara hob einen großen Sessel mit beneidenswerter Leichtigkeit und trug ihn zu den Stufen, auf denen Archie nach Luft schnappend zusammengebrochen war.

»Kein Problem. Wenn du Hilfe brauchst, sag's einfach.« Sie strich ihm sanft über die Stirn.

»Ja, ja, ja.« Gereizt wischte er ihre Hand fort, als schlüge er nach einer Fliege. »Ich schaff das schon allein, weißt du –«

»Ich weiß –«

»Das ist *Männerarbeit*.«

»Jaja, schon gut – ich wollte nich –«

»Hör mal, Clara, Liebes, geh mir einfach aus dem Weg und lass mich weitermachen, okay?«

Clara sah zu, wie er mit einiger Entschlossenheit die Ärmel hochkrempelte und den Couchtisch erneut in Angriff nahm.

»Wenn du wirklich was helfen willst, Liebes, kannst du anfangen, deine Klamotten reinzubringen. Es sind so viele, damit könnte man glatt ein Schlachtschiff versenken. Wie wir die bei dem wenigen Platz unterbringen wollen, ist mir wirklich ein Rätsel.«

»Ich hab doch schon gesagt – wir können auch was davon wegschmeißen, wenn du willst.«

»Liegt nich an mir, liegt nicht an mir, oder? Wirklich nich, oder? Und was ist mit dem Kleiderständer?«

Das war typisch: nicht imstande, mal eine Entscheidung zu fällen, nicht imstande, mal eine Meinung zu äußern.

»Ich hab doch schon mal gesagt, wenn er dir nich gefällt, schick das Scheißding zurück. Ich hab ihn gekauft, weil ich dachte, er gefällt dir.«

»Tja, Liebes«, sagte Archie, plötzlich vorsichtig, weil sie die Stimme gehoben hatte, »es war *mein* Geld – da hättest du mich wenigstens nach meiner Meinung fragen können.«

»Mann! Das is'n Kleiderständer. Und bloß rot. Und rot is rot is rot. Was passt dir denn auf einmal nich an rot?«

»Ich versuche bloß«, sagte Archie und senkte die Stimme zu einem heiseren, gepressten Flüstern (eine beliebte Stimmwaffe im ehelichen Arsenal: *Nicht vor den Nachbarn/Kindern*), »das *Niveau* in diesem Haus ein bisschen zu heben. Das ist hier eine nette Gegend, neues Leben, du weißt schon. Komm, lass uns nicht streiten. Lass uns eine Münze werfen; Kopf, er bleibt, Zahl …«

Wahre Liebende zanken und fallen sich im nächsten Augenblick wieder in die Arme; erfahrenere Liebende gehen die Treppe hoch oder ins Nebenzimmer, bevor sie einlenken und denselben Weg wieder zurückgehen. Bei einer Beziehung, die kurz vor dem Ende steht, wird ein Partner zwei Blocks weiter die Straße runter oder zwei Länder weiter nach Osten verschwinden, bevor irgendwas ihn zurückhält, irgendein Verantwortungsgefühl, irgendeine Erinnerung, an eine warme Kinderhand oder an einen innigen Augenblick, so dass er sich wieder auf den weiten Rückweg zu seiner anderen Hälfte macht. Auf dieser nach oben offenen Richterskala verursachte Clara also nur die allerkleinste Erschütterung. Sie wandte sich dem Gartentor zu, machte nur zwei Schritte und blieb dann stehen.

»Kopf!«, sagte Archie allem Anschein nach ohne Groll. »Er bleibt. Siehst du? War doch gar nich so schlimm.«

»Ich will mich nich streiten.« Sie drehte sich um und sah ihn an, nachdem sie erneut den stummen Vorsatz gefasst hatte, sich in Erinnerung zu rufen, was sie ihm zu verdanken hatte. »Du hast gesagt, die Iqbals kommen zum Abendessen. Ich hab bloß gedacht ... wenn sie wolln, dass ich ihnen ein Curry mach – ich mein, ich kann ein Curry machen –, aber das ist dann *meine* Art von Curry.«

»Meine Güte, die gehören doch nicht zu *dieser* Sorte Inder«, sagte Archie gereizt und von der Unterstellung gekränkt. »Sam isst gern einen schönen Sonntagsbraten wie jeder andere auch. Er muss die ganze Zeit indisches Essen servieren, da will er es nich auch noch essen.«

»Ich hab mir ja bloß Gedanken gemacht –«

»Mach dir keine Gedanken, Clara. *Bitte.*«

Er gab ihr einen liebevollen Kuss auf die Stirn, wofür sie sich ein wenig bücken musste.

»Ich kenne Sam schon seit Jahren, und seine Frau ist ein recht stiller Typ. Die beiden sind doch nich die Royals. Die gehören nich zu *dieser* Sorte Inder«, wiederholte er und schüttelte den Kopf, von irgendeinem Problem beunruhigt, irgendein verzwicktes Gefühl, das er nicht so richtig aufdröseln konnte.

*

Samad und Alsana, die nicht *diese* Sorte Inder waren (so wie Clara, in Archies Gedankenwelt, nicht *diese* Sorte Schwarze war) und die in Wahrheit überhaupt keine Inder waren, sondern Pakistani, wohnten vier Querstraßen weiter auf der falschen Seite der Willesden High Road. Sie hatten ein Jahr gebraucht, um es bis dahin zu schaffen, ein Jahr lang erbarmungsloser Schufterei, um den folgenschweren Umzug von der falschen Seite in Whitechapel zur falschen Seite in Willesden zu schaffen. Ein Jahr, in dem Alsana an der alten Singer-Maschine saß, die in der Küche stand, und für einen Laden in Soho, der sich *Domination* nannte,

Stücke aus schwarzem Plastik zusammennähte (wie oft war es vorgekommen, dass Alsana ein Kleidungsstück hochhielt, das sie soeben nach dem vorgegebenen Muster fertig gestellt hatte, und sich fragte, was um alles in der Welt das wohl sein sollte.) Ein Jahr, in dem Samad den Kopf im genau richtigen respektvoll ergebenen Winkel geneigt hatte, einen Stift in der linken Hand, und der grauenhaften Aussprache der Briten, Spanier, Amerikaner, Franzosen, Australier lauschte:

Einmal Lassie, bitte.

Tandoori Shahi Jhinga mit doppelt Pommes, danke.

Von sechs Uhr abends bis drei Uhr morgens; geschlafen wurde tagsüber, bis das Tageslicht so selten vorkam wie ein anständiges Trinkgeld. Denn was soll das, dachte Samad, als er zwei Minzbonbons und eine Rechnung beiseite schob, um darunter fünfzehn Pence zu entdecken, was soll das, einem Mann denselben Betrag als Trinkgeld zu geben, den man auch in einen Brunnen werfen würde, um sich was zu wünschen? Doch noch bevor der verbotene Gedanke, die fünfzehn Pence diskret in seiner Serviettenhand verschwinden zu lassen, richtig Form annehmen konnte, war Mukhul – Ardashir Mukhul, der das *Palace* leitete und dessen sehnige Gestalt ständig durchs Restaurant schritt, ein wohlmeinendes Auge auf die Kunden gerichtet, ein stets wachsames Auge auf das Personal –, war Mukhul auch schon neben ihm.

»Saaamaaad« – er hatte eine unangenehm ölige Art zu sprechen – »bist du heute Abend auch in die erforderlichen Hintern gekrochen, Vetter?«

Samad und Ardashir waren entfernte Vettern, und Samad war sechs Jahre älter. Mit welcher Freude (wahrer Wonne!) hatte Ardashir im letzten Januar den Brief geöffnet und erfahren, dass sein älterer, klügerer, besser aussehender Vetter Schwierigkeiten hatte, in England Arbeit zu finden, und konnte er nicht möglicherweise …

»Fünfzehn Pence, Vetter«, sagte Samad und hob die Hand.

»Nun ja, Kleinvieh macht auch Mist, Kleinvieh macht auch Mist«, sagte Ardashir, dessen Toter-Fisch-Lippen sich zu einem dünnen Lächeln dehnten. »In den Pisspott damit.«

Der Pisspott war ein schwarzer Topf, der auf einem Sockel vor der Personaltoilette stand und in den alle ihre Trinkgelder warfen, die dann am Ende des Abends aufgeteilt wurden. Für die jüngeren, auffallenden, gut aussehenden Kellner wie Shiva war das eine große Ungerechtigkeit. Shiva war der einzige Hindu der Belegschaft – ein Tribut an seine Fähigkeiten als Kellner, die über religiöse Differenzen obsiegt hatten. Shiva konnte an einem Abend vier Pfund Trinkgeld machen, wenn die weinerliche weiße Geschiedene in der Ecke sich einsam genug fühlte und er effektvoll mit seinen langen Wimpern in ihre Richtung klimperte. Er konnte auch Geld aus den Rollkragen tragenden Regisseuren und Produzenten rausholen (das Palace lag mitten im Londoner Theaterbezirk, und es waren noch die Zeiten des Royal Court, der hübschen Jungs und sozialkritischen Dramen), die dem jungen Kellner Komplimente machten, beobachteten, wie er provozierend mit dem Hintern wackelte, wenn er zur Bar und zurückging, und schworen, falls je eine Bühnenadaption von *Auf der Suche nach Indien* produziert würde, könnte er jede Rolle haben, die ihn reizte. Für Shiva war das Pisspott-System daher die reinste Halsabschneiderei und eine Beleidigung seiner konkurrenzlosen Kellnerqualitäten. Aber Männer wie Samad, mit seinen Ende vierzig, und die noch älteren, wie beispielsweise der weißhaarige Muhammed (Ardashirs Großonkel), der mindestens achtzig war und der tiefe Pfade in die Mundwinkel eingegraben hatte, wo er einst gelächelt hatte, als er noch jung war, Männer wie diese beiden also konnten sich über den Pisspott wahrlich nicht beschweren. Es war sinnvoller, dem Kollektiv anzugehören, als sich fünfzehn Pence einzustecken und dabei zu riskieren, erwischt zu werden (was das Trinkgeld einer ganzen Woche kostete).

»Ihr lebt alle auf meine Kosten!«, knurrte Shiva, wenn er am

Ende des Abends seine fünf Pfund rausrücken und in den Topf werfen musste. »Ihr lebt alle auf meine Kosten! Man befreie mich von diesen Losern! Das waren meine fünf Pfund, verdammt, und jetzt werden sie fünfundsechzig Millionen Mal aufgeteilt, als milde Gabe für diese Loser. Wo leben wir eigentlich, im Kommunismus?«

Die Übrigen mieden dann seinen Blick und beschäftigten sich stumm mit anderen Dingen, bis eines Abends, an einem Fünfzehn-Pence-Abend, Samad leise, fast zischelnd sagte: »Halt die Klappe, Junge.«

»Du!« Shiva fuhr herum und musterte Samad, der Linsen in einem großen Bottich zerstieß, für das Dal am nächsten Tag. »Du bist doch der Schlechteste von allen! Du bist der mieseste Scheißkellner, den ich je gesehen habe! Du würdest den Idioten ja noch nicht mal Trinkgeld abluchsen, wenn du sie ausrauben würdest! Ich hab mitgekriegt, wie du mit den Gästen über Biologie und Politik und so Zeug reden wolltest – servier doch einfach das Essen, du Vollidiot –, verdammt, du bist schließlich nicht Michael Parkinson. ›Hab ich gerade richtig gehört, dass Sie Delhi erwähnten‹« – Shiva warf sich seine Schürze über den Arm und fing an, in der Küche herumzustolzieren (er war ein jämmerlicher Mime) – »»Ich war selbst da, wissen Sie, an der Universität in Delhi, überaus faszinierend, ja – und ich hab im Krieg gekämpft, für England, ja – jaja, entzückend, entzückend.‹« Immer wieder ging er im Kreis durch die Küche, senkte den Kopf, rieb sich unablässig die Hände wie Uriah Heep in *David Copperfield*, verbeugte sich und machte einen Kniefall vor dem Chefkoch, vor dem alten Mann, der gerade große Fleischbrocken in den Kühlraum trug, vor dem Jungen, der die Unterseite des Backofens schrubbte. »Samad, *Samad* …«, sagte er mit scheinbar grenzenlosem Mitleid, dann blieb er jäh stehen, nahm die Schürze vom Arm und wickelte sie sich um die Taille. »Du bist so ein trauriger kleiner Mann.«

Muhammed blickte vom Schrubben der Töpfe auf und schüttelte

immer wieder den Kopf. An niemand Besonderen gerichtet, sagte er: »Diese jungen Leute heutzutage – wie reden sie denn? Wie reden sie denn? Was ist aus dem Respekt geworden? Wie reden sie denn nur?«

»Und du kannst mich auch mal kreuzweise«, sagte Shiva und schwenkte eine Schöpfkelle in seine Richtung, »du alter Narr. Du bist nicht mein Vater.«

»Der Vetter zweiten Grades des Onkels deiner Mutter«, murmelte eine Stimme aus dem Hintergrund.

»Scheiß drauf«, sagte Shiva. »Ich scheiß drauf.«

Er schnappte sich den Schrubber und ging Richtung Toilette, blieb aber dann vor Samad stehen und hielt den Schrubberstiel nur wenige Zentimeter vor Samads Mund.

»Küss ihn«, höhnte er; und dann ahmte er Ardashirs träge Sprechweise nach: »Wer weiß, vielleicht kriegst du dann eine Gehaltserhöhung.«

Und so war es die meisten Abende: Beleidigungen von Shiva und anderen, Herablassung von Ardashir, ohne Alsana, ohne Sonne, fünfzehn Pence in der Hand, die er wieder abgeben musste. Am liebsten hätte er sich ein großes weißes Schild um den Hals gehängt, mit der Aufschrift:

ICH BIN KEIN KELLNER. ICH WAR STUDENT, WISSEN-SCHAFTLER, SOLDAT, MEINE FRAU HEISST ALSANA, WIR WOHNEN IN EAST LONDON, ABER WIR WÜRDEN LIE-BER IN DEN NORDEN ZIEHEN. ICH BIN MUSLIM, ABER ALLAH HAT MICH VERLASSEN, ODER ICH HABE ALLAH VERLASSEN, ICH WEISS ES NICHT. ICH HABE EINEN FREUND – ARCHIE – UND ANDERE FREUNDE. ICH BIN NEUNUNDVIERZIG, ABER DIE FRAUEN AUF DER STRAS-SE DREHEN SICH NOCH IMMER NACH MIR UM. MANCH-MAL.

Aber da es ein solches Schild nun mal nicht gab, hatte er das dringende Bedürfnis, mit jedem Menschen zu reden und wie Coleridges alter Seemann ständig Erklärungen abzugeben, ständig irgendetwas zur Geltung zu bringen. War das denn nicht wichtig? Doch dann kam die herzzerreißende Enttäuschung – nämlich herauszufinden, dass die Neigung des Kopfes, die Haltung des Stiftes, dass diese Dinge wichtig waren, so wichtig – es war wichtig, ein guter Kellner zu sein, zu lauschen, wenn jemand sagte –

Lamm Bier Rahmi mit Reis. Und Pommes. Danke.

Und fünfzehn Pence klimperten auf Porzellan. Danke sehr, Sir. Vielen, vielen Dank.

*

An dem Dienstag nach Archies Hochzeit hatte Samad gewartet, bis alle anderen gegangen waren, hatte seine weiße, weite Hose (die aus demselben Stoff war wie die Tischtücher) zu einem perfekten Rechteck zusammengelegt und war dann die Treppe zu Ardashirs Büro hochgegangen, denn er wollte ihn um etwas bitten.

»Vetter!«, sagte Ardashir mit einer freundlichen Grimasse, als er Samads Gestalt erblickte, die sich vorsichtig um die Tür wand. Er wusste, dass Samad gekommen war, um wegen einer Gehaltserhöhung anzufragen, und er wollte seinem Vetter das Gefühl geben, dass er den Fall zumindest mit aller wohlwollenden Umsicht geprüft hatte, bevor er ablehnte.

»Vetter, komm herein!«

»Guten Abend, Ardashir Mukhul«, sagte Samad und trat ganz in den Raum.

»Setz dich, setz dich«, sagte Ardashir herzlich. »Wir beide müssen doch wohl nicht auf Förmlichkeiten achten, oder?«

Samad war froh, dass dem so war. Und das sagte er auch. Er nahm sich einen Moment Zeit, um das Zimmer gebührend zu bewundern, dieses Zimmer mit seinem unbarmherzigen Gold, mit seinem hochflorigen Teppich, mit seiner Einrichtung in unterschiedlichen Gelb- und Grüntönen. Ardashirs Geschäftssinn war wirklich bewundernswert. Er hatte ganz einfach die schlichte Idee eines indischen Restaurants (kleiner Raum, rosa Tischtücher, laute Musik, scheußliche Tapete, Gerichte, die es in Indien gar nicht gibt, Saucenkarussell) in einen viel größeren Maßstab umgesetzt. Er hatte nichts verbessert, alles war der gleiche altbekannte Mist, aber es war alles größer, in einem größeren Gebäude am Leicester Square, der größten Touristenfalle Londons. Man musste es bewundern, ebenso wie den Mann, der jetzt wie eine gutmütige Heuschrecke dasaß, der zarte Insektenkörper in einem schwarzen Ledersessel versunken, sich über den Schreibtisch beugte, breit lächelnd, ein Parasit als Philanthrop verkleidet.

»Vetter, was kann ich für dich tun?«

Samad holte tief Luft. Es ging um Folgendes …

Ardashirs Augen wurden leicht glasig, während Samad seine Lage erläuterte. Die dünnen Beine zuckten unter dem Schreibtisch, und zwischen den Fingern verbog er eine Büroklammer, bis sie so einigermaßen wie ein A aussah. A wie Ardashir. Es ging um … Ja worum ging es denn nun? Es ging um das Haus. Samad zog aus East London (wo man einfach keine Kinder großziehen konnte, nein wirklich, jedenfalls nicht, wenn man sie vor körperlichem Schaden bewahren wollte, da stimmte er zu), von East London mit seinen Rechtsradikalen nach North London, Nordwesten, wo alles eher … eher … liberal war.

War er jetzt an der Reihe, was zu sagen?

»Vetter«, sagte Ardashir und arrangierte sein Gesicht, »du musst verstehen, dass ich es mir unmöglich zum Prinzip machen kann, all meinen Angestellten Häuser zu kaufen, Vetter hin oder her … ich zahle Gehalt, Vetter … so ist das Geschäftsleben in diesem Lande.«

Ardashir zuckte die Achseln, während er sprach, als wollte er signalisieren, wie sehr er »das Geschäftsleben in diesem Lande« missbilligte, aber so war es nun mal. Er wurde gezwungen, so verriet sein Blick, von den Engländern gezwungen, furchtbar viel Geld zu machen.

»Du missverstehst mich, Ardashir. Ich hab die Anzahlung für das Haus, es ist jetzt *unser* Haus, wir sind schon eingezogen –«

Wie um alles in der Welt hat er sich das leisten können? Er muss seine Frau schuften lassen wie eine verdammte Sklavin, dachte Ardashir und nahm eine neue Büroklammer aus der untersten Schublade.

»Ich brauche nur eine kleine Gehaltserhöhung, um den Umzug zu finanzieren. Eine kleine Hilfe, wenn wir uns einrichten. Und Alsana, nun, sie ist schwanger.«

Schwanger. Schwierig. Der Fall verlangte Krisendiplomatie.

»Versteh mich nicht falsch, Samad, wir sind beide intelligente, offene Männer, und ich denke, ich kann offen mit dir reden … Ich weiß, dass du kein *Scheiß*kellner bist« – er flüsterte den Kraftausdruck und lächelte dann nachsichtig, als wäre das Wort etwas Unanständiges, Privates, das sie beide noch fester zusammenschweißte – »und ich hab Verständnis für deine Lage … aber du musst auch *meine* verstehen … Wenn ich jedem Verwandten, der bei mir arbeitet, mehr zahlen würde, könnte ich gleich rumlaufen wie der verdammte Mr. Gandhi, ohne einen Topf, in den ich pissen kann, und mich im Mondschein ans Spinnrad setzen. Nur ein Beispiel: Gerade verlangt mein nichtsnutziger fetter Elvis-Schwager, Hussein-Ishmael –«

»Der Fleischer?«

»Der Fleischer, also er verlangt, dass ich einen höheren Preis für sein stinkendes Fleisch bezahlen soll! ›Aber Ardashir, du bist doch mein Schwager!‹, erklärt er mir. Und ich erkläre ihm, aber Mohammed, wir sind im *Einzelhandel* …«

Jetzt war es Samad, der einen glasigen Blick bekam. Er dachte an seine Frau Alsana, die nicht so sanft war, wie er gedacht hatte, als er sie heiratete, und der er die schlechte Nachricht überbringen musste. Alsana, die zu schlechter Laune neigte, besser gesagt zu Wutanfällen – ja, Wutanfälle war das richtige Wort. Vettern, Tanten, Brüder hielten das für ein schlechtes Zeichen, sie fragten sich besorgt, ob es in Alsanas Familie nicht vielleicht »seltsame Fälle von Geisteskrankheiten« gab, sie bemitleideten ihn, wie man einen Mann bemitleidet, der ein gestohlenes Auto mit einem höheren Kilometerstand gekauft hat, als er zunächst dachte. In seiner Naivität war Samad einfach davon ausgegangen, dass eine so junge Frau ... unkompliziert wäre. Aber das war Alsana nicht ... nein, sie war nicht unkompliziert. Vermutlich war das bei den jungen Frauen heutzutage so. Bei Archies Braut ... letzten Dienstag hatte er auch etwas in den Augen gesehen, das nicht unkompliziert war. Frauen waren heutzutage einfach anders.

Ardashir kam zum Ende seiner, wie er fand, wunderbar wortgewandten Rede, lehnte sich zufrieden zurück und legte das frisch geformte M für Mukhul neben das A für Ardashir, das auf seinem Schoß lag.

»Danke, Sir«, sagte Samad. »Vielen herzlichen Dank.«

Am selben Abend gab es einen fürchterlichen Streit. Alsana schleuderte die Nähmaschine mitsamt den nietenbesetzten schwarzen Hot Pants, an denen sie gerade arbeitete, zu Boden.

»Nutzlos! Verrate mir, Samad Miah, welchen Sinn hat es, hierher zu ziehen – schönes Haus, ja, sehr schön, sehr schön –, aber wo bleibt das Essen?«

»Es ist eine nette Gegend, wir haben Freunde hier.«

»Wer sind die?« Sie knallte ihre kleine Faust auf den Küchentisch, so dass die Salz- und Pfefferstreuer hochhüpften und spektakulär in der Luft zusammenstießen. »Ich kenne sie nicht! Du kämpfst in einem alten, vergessenen Krieg mit irgendeinem Engländer ... verheiratet mit einer Schwarzen! Wessen Freunde sind das? Sind das die Leute, in deren Gesellschaft mein Kind aufwachsen soll? Deren Kinder – halb schwarz, halb weiß? Und verrat mir mal«, schrie sie, zu ihrem Lieblingsthema zurückkehrend, »wo ist unser Essen?« Theatralisch riss sie jede Schranktür in der Küche auf. »Wo ist es? Sollen wir das Geschirr essen?« Zwei Teller krachten auf den Boden. Sie klopfte sich auf den Bauch, um ihr Ungeborenes in Erinnerung zu rufen, und deutete dann auf die Splitter. »Hunger?«

Samad, der ebenso melodramatisch veranlagt war, wenn die Situation es verlangte, riss den Tiefkühlschrank auf und stapelte in der Mitte des Raumes einen regelrechten Fleischberg auf. Seine Mutter hatte die Nächte durchgearbeitet, um das Fleisch für ihre Familie zuzubereiten, sagte er. Seine Mutter, so sagte er, verprasste das Haushaltsgeld nicht wie Alsana für Fertiggerichte, Joghurts und Spaghetti aus der Dose.

Alsana boxte ihn mit voller Wucht in die Magengrube.

»Samad Iqbal, der Traditionalist! Ich könnte mich ja auch mit einem Eimer auf die Straße hocken und Kleider waschen, was hältst du davon? Hä? Überhaupt, was ist mit meinen Kleidern? Kann ich die essen?«

Während Samad sich noch den Bauch hielt und nach Luft schnappte, riss sie sich mitten in der Küche alles vom Leib, was sie anhatte, zerfetzte es und warf es auf den Haufen Tiefkühllammfleisch, Reststücke aus dem Restaurant. Einen Moment blieb sie nackt vor ihm stehen, der noch kleine Hügel ihrer Schwangerschaft gut sichtbar, dann zog sie einen langen braunen Mantel über und ging aus dem Haus.

Aber trotz allem, dachte sie, als sie die Tür hinter sich zuknallte, es stimmte, die Gegend war wirklich nett. Das konnte sie nicht bestreiten, während sie in Richtung Hauptstraße stapfte und um Bäume herumgehen musste, wo sie früher, in Whitechapel, um ausrangierte Matratzen und Obdachlose hatte herumgehen müssen. Es würde dem Kind hier gut gehen, das konnte sie nicht bestreiten. Alsana war der festen Überzeugung, dass es der Moral von Kindern zuträglich war, in der Nähe von Grünflächen zu wohnen, und gleich zu ihrer Rechten war der Gladstone Park, weites Grün, bis zum Horizont, benannt nach dem liberalen Premierminister (Alsana stammte aus einer angesehenen bengalischen Familie und kannte sich in englischer Geschichte aus; und was war aus ihr geworden? Wenn ihre Eltern sehen könnten, in welche Tiefen …!), und ganz in der liberalen Tradition war es ein Park ohne Zäune, anders als der üppigere Queens Park (Victorias) mit seinen spitzen Metallgittern. Willesden war nicht so schön wie Queens Park, aber es war eine nette Gegend. Nicht zu bestreiten. Nicht wie Whitechapel, wo dieser irre E-nock Soundso Reden schwang, die sie zwangen, sich in den Keller zu flüchten, während Jugendliche mit ihren Stahlkappenschuhen die Scheiben eintraten. Ein Schwall von verdammtem, törichtem Unsinn. Jetzt, wo sie schwanger war, brauchte sie ein wenig Ruhe und Frieden. Obwohl es in gewisser Weise hier genauso war: alle musterten sie mit merkwürdigen Blicken, diese kleine Inderin, die im Regenmantel die Hauptstraße entlangschritt und ihr volles Haar in alle Richtungen wallen ließ. *Mali's Kebabs, Mr. Cheungs, Raj's, Malkovich Bakeries* – sie las die neuen, unbekannten Geschäftsschilder im Vorbeigehen. Sie war schlau. Sie sah, was sie sah. »Liberal? Konfuser Blödsinn!« Nirgendwo war irgendwer liberaler als irgendwo sonst. Hier in Willesden gab es einfach nur nicht genug von irgendeiner Gruppe, um sich gegen irgendeine andere Gruppe zusammenzutun und sie in die Keller jagen zu können, während Fensterscheiben zerschmettert wurden.

»Es geht nur ums Überleben!«, folgerte sie laut (sie sprach mit ihrem Baby; sie vermittelte ihm gern pro Tag einen vernünftigen Gedanken) und ließ zugleich die Glocke von *Crazy Shoe* heftig klingeln, als sie die Tür öffnete. Ihre Nichte Neena arbeitete hier. Es war eine altmodische Schusterwerkstatt. Neena befestigte abgebrochene Absätze an hochhackigen Schuhen.

»Alsana, du siehst Scheiße aus«, rief Neena auf Bengali. »Was ist das für ein entsetzlicher Mantel?«

»Das geht dich gar nichts an, ja«, erwiderte Alsana auf Englisch.

»Ich will die Schuhe meines Mannes abholen, nicht mit der Nichte der Schande plaudern.«

Neena kannte das schon, und jetzt, da Alsana nach Willesden gezogen war, würde sie noch mehr davon zu hören bekommen. Früher waren die Formulierungen länger, beispielsweise: *Du hast nichts als Schande gebracht* oder *Oh, meine Nichte, die Schandhafte*, doch da Alsana nun nicht mehr die Zeit oder die Energie hatte, jedes Mal die erforderliche Empörung aufzubringen, war es zu Nichte der Schande verkürzt worden, eine Universalbezeichnung, die das allgemeine Gefühl auf den Punkt brachte.

»Sieh dir diese Sohlen an«, sagte Neena und schob sich eine blond gefärbte Haarsträhne aus den Augen, nahm Samads Schuhe aus dem Regal und reichte Alsana den blauen Kassenbeleg. »Die waren so abgelaufen, Tantchen Alsi, dass ich sie komplett neu aufbauen musste. Komplett neu! Was macht er denn damit? Marathonläufe?«

»Er arbeitet«, erwiderte Alsana barsch. »Und er betet«, fügte sie hinzu, denn sie zeigte sich gern als besonders ehrbar, außerdem war sie tatsächlich sehr traditionell, sehr religiös, nur dass es an Glauben mangelte. »Und nenn mich nicht Tantchen. Ich bin bloß zwei Jahre älter als du.« Alsana fegte die Schuhe in eine Plastiktüte und wandte sich zum Gehen.

»Ich dachte, beten würde man auf den Knien«, sagte Neena leise lachend.

»Beides, beides, im Schlaf und im Gehen, Gehen«, zischte Alsana, als sie erneut unter der klingelnden Glocke herging. »Das Auge des Schöpfers ruht immer auf uns.«

»Und wie gefällt euch das neue Haus?«, rief Neena ihr noch nach.

Aber sie war schon fort. Neena schüttelte den Kopf und seufzte, als sie ihre junge Tante wie eine kleine braune Kugel die Straße hinunter entschwinden sah. Alsana. Sie war jung und alt zugleich, dachte Neena. Sie verhielt sich so vernünftig, so geradlinig in ihrem langen vernünftigen Mantel, aber irgendwie hatte man das Gefühl …

»Juhuu! Miss! Hier hinten warten Schuhe auf Sie«, rief eine Stimme aus dem Lager.

»Reg dich ab«, sagte Neena.

An der Straßenecke verschwand Alsana kurz hinter der Post und tauschte ihre engen Sandalen gegen Samads Schuhe aus. (Das war etwas Merkwürdiges an Alsana. Sie war klein, aber ihre Füße waren riesig. Wenn man sie ansah, hatte man instinktiv das Gefühl, dass sie noch wachsen müsste.) In Windeseile schlang sie ihr Haar zu einem schlichten Knoten zusammen und zog den Mantel enger um sich, um den Wind abzuwehren. Dann marschierte sie vorbei an der Bibliothek und eine lange grüne Straße hinunter, die sie noch nie gegangen war. »Überleben ist alles, kleiner Iqbal«, sagte sie erneut zu ihrem Bäuchlein. »Überleben.«

Als sie die Straße halb hinuntergegangen war, überquerte sie sie und hatte vor, links abzubiegen, um im Halbkreis wieder zurück zur Hauptstraße zu gelangen. Doch dann, als sie sich einem großen weißen Lieferwagen näherte, dessen Laderaum offen stand, und neidisch die Möbel betrachtete, die sich darin stapelten, erkannte sie die schwarze Frau, die über einen Gartenzaun lehnte und verträumt gen Bibliothek in die Luft schaute (allerdings nur halb angezogen! Ein schauerlicher lila Unterrock, fast wie ein Unterhemd), als läge ihre Zukunft in dieser Richtung. Noch bevor sie die Straße erneut überqueren konnte, um ihr auszuweichen, merkte Alsana, dass sie entdeckt worden war.

»Mrs. Iqbal!«, sagte Clara und winkte sie zu sich.

»Mrs. Jones.«

Beide Frauen waren einen Moment lang wegen ihrer Kleidung verlegen, gewannen aber an Selbstbewusstsein, als sie einander musterten.

»Also, ist das nicht seltsam, Archie?«, sagte Clara und sprach bewusst sehr deutlich. Sie hatte ihren Akzent bereits einigermaßen abgelegt und nutzte jede sich bietende Gelegenheit, weiter an ihrer Sprache zu feilen.

»Was? Was?«, sagte Archie, der in der Diele war und langsam an einem Bücherregal verzweifelte.

»Wir haben nur gerade über euch geredet – ihr kommt heute Abend zum Essen?«

Schwarze sind oft freundlich, dachte Alsana, lächelte Clara an und fügte diesen Umstand im Unterbewusstsein der kurzen »Pro«-Seite auf ihrer Pro-und-Kontra-Liste hinzu, die sie über die junge Schwarze führte. Aus jeder Minderheit, die sie nicht mochte, pickte sich Alsana gerne eine Einzelperson heraus, der sie im Geiste vergab. In Whitechapel waren etliche Leute in diesen Genuss gekommen. Mr. Van, der chinesische Fußpfleger, Mr. Segal, ein jüdischer Tischler, Rosie, eine Frau aus der Dominikanischen Republik, die immer wieder mal hereinschaute, um Alsana, sehr zu deren Kummer und Entzücken, zu den Adventisten zu bekehren – all diese vom Glück gesegneten Individuen waren Alsanas goldener Gnade teilhaftig geworden, wie von Zauberhand aus ihrer Haut extrapoliert.

»Ja, Samad hat davon gesprochen«, sagte Alsana, obwohl Samad das nicht getan hatte.

Clara strahlte. »Schön, schön!«

Eine Pause entstand. Keiner von beiden fiel irgendwas ein. Beide blickten sie zu Boden.

»Diese Schuhe sehen richtig bequem aus«, sagte Clara.

»Ja. Ja. Ich bin viel zu Fuß unterwegs, wissen Sie. Und jetzt –« Sie tätschelte ihr Bäuchlein.

»Sie sind schwanger?«, fragte Clara verblüfft. »Manno, Sie sind so dünn, da kann ich ja überhaupt noch nix sehen.«

Clara errötete, kaum dass sie es ausgesprochen hatte; immer wenn sie aufgeregt war oder sich über irgendwas freute, verlor sie ihre mühsam gepflegte Ausdrucksweise. Alsana lächelte nur erfreut und ein wenig unsicher.

»Das wusste ich nicht«, sagte Clara ein wenig ruhiger.

»Meine Güte«, sagte Alsana mit gezwungener Heiterkeit. »Erzählen sich unsere Ehemänner denn überhaupt nichts?«

Doch sobald sie das gesagt hatte, senkte sich das Gewicht der anderen Möglichkeit schwer auf die Köpfe der beiden jungen Frauen. Dass ihre Männer einander alles erzählten. Und dass sie selbst es waren, die im Dunkeln gelassen wurden.

4
DREI IM ANMARSCH

Archie war bei der Arbeit, als er die Neuigkeit erfuhr. Clara war im dritten Monat schwanger.

»Das kann nicht sein, Schatz!«

»Doch.«

»Nein!«

»Doch. Und ich hab den Doktor gefragt, wie es aussehen wird, wegen halb schwarz, halb weiß und so. Und er hat gemeint, alles is drin. Vielleicht sogar, dass es blaue Augen kriegt! Stell dir vor!«

Das konnte sich Archie nicht vorstellen. Er konnte sich überhaupt nicht vorstellen, dass irgendein Teil von ihm sich draußen im Gentümpel mit einem Teil von Clara anlegte und tatsächlich *gewann*. Aber was für eine Möglichkeit! Das wäre ja Wahnsinn! Er raste aus dem Büro auf die Euston Road, um eine Kiste Zigarren zu kaufen. Zwanzig Minuten später kam er mit einer riesigen Packung indischer Pralinen wieder bei Morgan*Hero* hereinstolziert und fing an, von Zimmer zu Zimmer zu gehen.

»Noel, nimm dir was von dem klebrigen Zeug. Die da ist lecker.«

Noel, der Jüngste im Büro, spähte argwöhnisch in die fettige Packung. »Wofür soll das sein?«

Archie schlug ihm auf den Rücken. »Ich werde Vater, Mensch! Blaue Augen, nicht zu fassen, was? Ich feiere! Die Sache ist nur, auf der Euston Road kriegst du zehn verschiedene Sorten Dal, aber keine einzige Zigarre, nicht für Geld und gute Worte. Nimm schon, Noel. Wie wär's mit der da?«

Archie hielt eine halb weiß, halb rosa gefärbte hoch, die einen unangenehmen Geruch verströmte.

»Ähem, Mr. Jones, das ist sehr … Aber das ist nicht so mein

Fall …« Noel wollte sich wieder seiner Ablage zuwenden. »Ich muss sehen, dass ich hiermit …«

»Ach, nun komm schon, Noel. Ich werde Vater. Siebenundvierzig, und jetzt *werd ich ein Baby haben*. Das muss doch ein bisschen gefeiert werden, oder? Los … probier wenigstens mal eine. Nur mal dran knabbern.«

»Es ist bloß, dass ich dieses pakistanische Essen nicht immer so gut … ich hab da so eine komische …«

Noel tätschelte sich den Bauch und blickte verzweifelt drein. Obwohl Noel in der Werbebranche arbeitete, war er alles andere als mitteilsam. Er gab gern den Vermittler für Morgan*Hero* ab. Er stellte Gespräche durch, richtete einer Person aus, was eine andere gesagt hatte, leitete Briefe weiter.

»Zum Donnerwetter noch mal, Noel, es ist doch bloß eine süße Kleinigkeit. Ich will ein bisschen feiern, Kumpel. Esst ihr Hippies nichts Süßes, oder was?«

Noels Haar war ein Ideechen länger als das der anderen, und einmal hatte er im Aufenthaltsraum ein Räucherstäbchen angezündet. Das Büro war klein, und man hatte wenig Gesprächsstoff, daher rückten diese beiden Dinge Noel ganz in die Nähe von Janis Joplin, so, wie Archie der weiße Jessie Owens war, weil er vor siebenundzwanzig Jahren mal bei den Olympischen Spielen einen dreizehnten Platz belegt hatte, Gary aus der Buchhaltung hatte eine französische Großmutter und pustete Zigarettenrauch aus der Nase, also war er Maurice Chevalier, und Elmott, Archies Papierfalterkollege, war Einstein, weil er das Kreuzworträtsel in der *Times* zu zwei Dritteln schaffte.

Noel blickte gequält. »Archie, haben Sie meinen Zettel bekommen, dass Mr. Hero wegen der Faltung in der …?«

Archie seufzte. »Für *Mothercare*. Ja, Noel, ich hab Elmott gesagt, dass die Perforation versetzt werden muss.«

Noel schaute dankbar drein. »Tja dann, herzlichen Glückwunsch zum … Ich mach mal besser hier weiter.« Noel wandte sich wieder seinem Schreibtisch zu.

Archie ging, um es bei Maureen, der Empfangssekretärin, zu versuchen. Maureen hatte schöne Beine für eine Frau in ihrem Alter – Beine wie Würstchen, stramm in ihrer Haut verpackt –, und sie hatte immer eine kleine Schwäche für ihn gehabt.

»Maureen! Ich werde Vater!«

»Im Ernst? Oh, das freut mich aber. Mädchen oder –«

»Ist noch zu früh, um das sagen zu können. Aber blaue Augen!«, sagte Archie, für den diese Augen von einer seltenen genetischen Möglichkeit zur erwiesenen Tatsache geworden waren. »Ist das zu glauben!«

»Hast du *blaue* Augen gesagt, Archie?«, fragte Maureen bedächtig, um die richtigen Worte zu finden. »Ich will ja nichts sagen … aber ist deine Frau nicht, na ja, *farbig*?«

Archie schüttelte staunend den Kopf. »Ich weiß! Meine Frau und ich bekommen ein Kind, die Gene vermischen sich, und zack, blaue Augen! Ein Wunder der Natur!«

»O ja, ein Wunder«, sagte Maureen knapp und dachte bei sich, dass das eine höfliche Umschreibung war.

»Möchtest du was Süßes?«

Maureen blickte skeptisch. Sie tätschelte sich die mit Dellen überzogenen rosaroten Oberschenkel, die von einer weißen Strumpfhose straff umhüllt wurden. »Ach Archie, mein Guter, lieber nicht. Das setzt doch alles sofort an Beinen und Hüften an. Und wir werden schließlich nicht jünger, oder, hä? Oder, hä? Keiner von uns kann die Uhr zurückdrehen, oder, hä? Ich wünschte, ich wüsste, wie diese Joan Rivers das macht.«

Maureen lachte lange, ihr bei Morgan*Hero* allseits bekanntes Lachen: schrill und laut, aber mit nur ganz leicht geöffnetem Mund, denn Maureen hatte eine Sterbensangst vor Lachfalten.

Sie pikste einen argwöhnischen, blutroten Fingernagel in eine der Pralinen. »Indisch, nicht?«

»Ja, Maureen«, sagte Archie mit einem machohaften Grinsen, »würzig und süß zugleich. Ein bisschen wie du.«

»Ach Archie, du bist schon komisch«, sagte Maureen traurig,

weil sie schon immer eine kleine Schwäche für Archie gehabt hatte, aber wirklich nur eine kleine, weil er sich so komisch benahm, dauernd mit Pakistani und Leuten aus der Karibik sprach, als würde er nichts merken, und jetzt hatte er doch tatsächlich eine von denen geheiratet und es noch nicht mal für nötig gehalten, ihre Hautfarbe zu erwähnen, bis zu diesem Betriebsessen, zu dem er sie mitbrachte, schwarz wie die Nacht, und da hätte Maureen sich fast an ihrem Krabbencocktail verschluckt.

Maureen beugte sich über den Schreibtisch, weil das Telefon klingelte. »Ich denke, ich sollte lieber nicht, Archie, mein Guter ...«

»Ganz, wie du willst. Aber du weißt nicht, was dir entgeht.«

Maureen lächelte schwach und hob den Hörer ab. »Ja, Mr. Hero, er ist hier bei mir, er hat gerade erfahren, dass er Daddy wird, ja, es soll anscheinend blaue Augen haben, ja, genau das hab ich auch gesagt, hängt wohl irgendwie mit den Genen zusammen, o ja, klar ... ich sag's ihm, ich schick ihn rüber ... Oh, *vielen Dank*, Mr. Hero, Sie sind sehr *freundlich*.« Maureen legte ihre Krallen über den Hörer und sagte im lauten Flüsterton zu Archie: »Archibald, mein Guter, Mr. Hero möchte dich sprechen. Dringend, sagt er. Hast du vielleicht was angestellt?«

»Das wüsst ich aber!«, sagte Archie und eilte zum Lift.

Auf der Tür stand:

> Kelvin Hero
> Geschäftsführer
> Morgan*Hero*
> Die Spezialisten für Postwurfsendungen

Das sollte einschüchternd wirken, und Archie reagierte entsprechend, indem er zuerst zu schwach und dann zu fest an die Tür klopfte und dann fast hineinfiel, als Kelvin Hero, in Moleskin gekleidet, die Klinke runterdrückte, um ihn hereinzulassen.

»Archie«, sagte Kelvin Hero, wobei er eine Doppelreihe perlweißer Zähne sehen ließ, die eher auf kostspielige Zahnmedizin denn auf regelmäßige Reinigung zurückzuführen waren. »Archie, Archie, Archie, Archie.«

»Mr. Hero«, sagte Archie.

»Sie erstaunen mich«, sagte Mr. Hero.

»Mr. Hero«, sagte Archie.

»Setzen Sie sich«, sagte Mr. Hero.

»Gern, Mr. Hero«, sagte Archie.

Kelvin wischte sich einen schmierigen Streifen Schweiß vom Hemdkragen, drehte seinen silbernen Parker-Kuli ein paar Mal in der Hand und holte mehrmals tief Luft. »Also, die Angelegenheit ist ziemlich delikat, und ich halte mich weiß Gott nicht für rassistisch, Archie …«

»Mr. Hero?«

Verflucht, dachte Kelvin, was für ein *Blickkontakt.* Wenn man was Schwieriges loswerden will, kann man so viel Blickkontakt nicht gebrauchen. Große Augen, wie ein Kind oder eine junge Robbe; die Physiognomie der Unschuld – wenn man Archie Jones ansieht, ist es, als sehe man etwas an, das damit rechnet, jeden Moment niedergeknüppelt zu werden.

Kelvin versuchte eine weichere Gangart. »Lassen Sie es mich anders ausdrücken. Wie Sie wissen, würde ich mich normalerweise, wenn ich es mit einer so delikaten Situation zu tun habe, mit Ihnen beraten. Weil ich mir ja immer viel *Zeit* für Sie genommen habe, Arch. Ich *respektiere* Sie. Sie fallen nicht auf, Archie, Sie sind noch nie *aufgefallen*, aber Sie sind –«

»Zuverlässig«, beendete Archie den Satz, weil er die Ansprache schon kannte.

Kelvin lächelte: ein großer Riss in seinem Gesicht, der mit der jähen Gewalt eines dicken Mannes, der durch eine Schwingtür geht, auftauchte und wieder verschwand. »Ganz genau, *verlässlich.* Die Leute *vertrauen* Ihnen, Archie. Ich weiß, Sie sind nicht mehr der Jüngste, und ihr altes Bein macht Ihnen ein bisschen

Kummer – aber als diese Firma den Besitzer wechselte, hab ich Sie behalten, Arch, weil ich sofort gesehen habe: *Die Leute vertrauen Ihnen.* Deshalb sind Sie schon so lange in unserer Branche. Und ich vertraue Ihnen, Arch, ich vertraue darauf, dass Sie das, was ich Ihnen sagen muss, richtig auffassen.«

»Mr. Hero?«

Kelvin zuckte die Achseln. »Ich hätte Sie auch anlügen können, Archie, ich hätte Ihnen erzählen können, dass wir uns bei den Reservierungen vertan haben und für Sie kein Platz mehr da ist; ich hätte mir irgendwas aus den Fingern saugen können, aber Sie sind ein *großer Junge*, Archie. Sie hätten in dem Restaurant angerufen, Sie sind nicht blöd, Archie, Sie haben was auf dem Kasten, Sie hätten zwei und zwei zusammengezählt –«

»Und vier rausgekriegt.«

»Und vier rausgekriegt, *ganz genau*, Archie. Sie hätten *vier* rausgekriegt. Verstehen Sie, was ich damit sagen will?«, fragte Mr. Hero.

»Nein, Mr. Hero«, sagte Archie.

Kelvin wappnete sich innerlich und kam zur Sache. »Dieses Betriebsfest letzten Monat – das war peinlich, Archie, es war unangenehm. Und jetzt steht die Jahresfeier mit unserer Schwestergesellschaft in Sunderland vor der Tür, etwa dreißig von uns, nichts Besonderes, wissen Sie, ein Curry, ein paar Bier und ein bisschen das Tanzbein schwingen … wie gesagt, ich bin nun wirklich nicht rassistisch, Archie …«

»Rassistisch …«

»Dieser Enoch Powell ist mir zuwider, aber andererseits hat er auch nicht ganz Unrecht, oder? Es gibt einen Punkt, einen Sättigungspunkt, und dann wird den Leuten allmählich ein bisschen unbehaglich … Verstehen Sie, er hat nur gesagt –«

»Wer?«

»Powell, Archie, Powell – *versuchen Sie, mir zu folgen* –, er hat nur gesagt, genug ist genug, ab einem gewissen Punkt, oder? Ich meine, auf der Euston Road kommt man sich ja jeden Montagmorgen vor wie in Delhi. Und es gibt hier bei uns so einige, Arch – und ich schließe mich selbst da nicht ein –, die Ihre Haltung einfach ein bisschen *seltsam* finden.«

»Seltsam?«

»Verstehen Sie, die Ehefrauen haben was dagegen, weil sie, seien wir ehrlich, eine richtige Schönheit ist – unglaubliche Beine, Archie, ich möchte Ihnen zu diesen Beinen gratulieren –, und die Männer, tja, die Männer haben was dagegen, weil ihnen der Gedanke nicht gefällt, dass sie ein bisschen was von dem anderen haben wollen, wenn sie sich mit ihren Gattinnen zum Firmenessen niederlassen, vor allem, wenn Ihre *Sie wissen schon,* die wissen einfach überhaupt nicht, was sie davon halten sollen.«

»Wer?«

»Was?«

»Von wem sprechen wir, Mr. Hero?«

»Hören Sie, Archie«, sagte Kelvin, dem der Schweiß inzwischen aus allen Poren strömte, unappetitlich bei einem Mann mit so viel Brustbehaarung, »nehmen Sie die hier.« Kelvin schob einen dicken Packen Essensgutscheine über den Tisch. »Die sind noch von der Tombola übrig geblieben – wissen Sie noch, für Biafra.«

»O nein – dabei hab ich doch schon einen Topfhandschuh gewonnen, Mr. Hero, das ist wirklich nicht nötig –«

»Nehmen Sie sie, Archie. Das sind Gutscheine im Wert von fünfzig Pfund, die in über fünftausend Läden und Restaurants im ganzen Land eingetauscht werden können. Nehmen Sie sie. Gehen Sie ein paar Mal auf meine Kosten essen.«

Archie befingerte die Gutscheine, als wären sie alle Fünfzig-Pfund-Scheine. Einen Augenblick lang meinte Kelvin, Tränen des Glücks in seinen Augen zu sehen.

»Also, ich weiß gar nicht, was ich sagen soll. Es gibt da ein Lokal, wo ich so ziemlich regelmäßig hingehe. Wenn die die nehmen, mach ich das Geschäft meines Lebens. Vielen Dank.«

Kelvin führte sich ein Taschentuch an die Stirn. »Keine Ursache, Arch. Bitte«

»Mr. Hero, könnte ich dann ...« Archie deutete zur Tür. »Ich würde nämlich gern ein paar Leute anrufen, wissen Sie, Ihnen die Neuigkeit mit dem Baby erzählen, falls wir hier fertig sind.«

Kelvin nickte erleichtert. Archie hievte sich aus dem Sessel. Er griff gerade nach der Türklinke, als Kelvin erneut seinen Parker in die Hand nahm und sagte: »Ach, übrigens, Archie, noch eine Sache ... dieses Essen mit der Sunderland-Belegschaft – ich hab mit Maureen gesprochen, und ich glaube, wir müssen die Anzahl der Teilnehmer senken, wir haben die Namen in einen Hut getan, und Ihrer ist gezogen worden. Trotzdem, ich kann mir nicht vorstellen, dass Sie viel verpassen, was? Solche Veranstaltungen sind doch immer ziemlich langweilig.«

»Da haben Sie Recht, Mr. Hero«, sagte Archie geistesabwesend; er betete zu Gott, dass O'Connell die Gutscheine akzeptierte. Er lächelte vor sich hin, als sich Samads Reaktion ausmalte, wenn er Essensgutscheine im Wert von fünfzig Pfund hinblätterte.

*

Es liegt zum Teil daran, dass Mrs. Jones so kurz nach Mrs. Iqbal schwanger wurde, und zum Teil an der täglichen räumlichen Nähe (inzwischen hat Clara eine Teilzeitstelle als Betreuerin einer Kilburn-Jugendgruppe, die aussieht wie eine fünfzehnköpfige Ska- und Ethnorockband – fünfzehn Zentimeter hohe Afrofrisuren, Adidas-Trainingsanzüge, braune Halstücher, Klettverschlüsse, sonnengelb getönte Sonnenbrillen –, und Alsana besucht einen Kurs in Schwangerschaftsgymnastik für Asiatinnen, auf der Kilburn High Road, gleich um die Ecke), dass die beiden Frauen sich immer häufiger treffen. Nach einem zögerlichen Anfang – ein paar Verabredungen zum Lunch, dann und wann mal ein Kaffee – nimmt das, was ursprünglich ein Nachhutgefecht gegen die Freundschaft ihrer Ehemänner war, eigene Formen an. Sie haben resigniert akzeptiert, dass ihre Männer zwecks gegenseitiger Anerkennung die Gesellschaft des anderen suchen, und

die Freizeit, die ihnen dadurch bleibt, ist nicht gänzlich unangenehm. So haben sie Gelegenheit zu Picknicks und Ausflügen, zu
Diskussionen und zur Weiterbildung; zu alten französischen
Filmen, bei denen Alsana aufkreischt und sich die Augen zuhält,
sobald irgendwas Nacktes ins Bild zu kommen droht (»Weg damit! Wir wollen nichts baumeln sehen!«), und bei denen Clara
eine Ahnung davon bekommt, wie die andere Hälfte lebt: die
Hälfte, die Romantik erlebt, Leidenschaft und Lebenslust. Die
andere Hälfte, die *Sex* hat. Das Leben, das auch ihres hätte sein
können, wenn sie nicht an irgendeinem schönen Tag oben auf
irgendeiner Treppe gestanden hätte, als Archibald Jones unten
wartete.

Dann, als ihre Bäuche zu dick werden und Kinosessel ihnen
nicht mehr bequem genug sind, fangen die Frauen an, sich zum
Lunch im Kilburn Park zu treffen, häufig gemeinsam mit der
Nichte der Schande. Die drei sitzen dann zusammengedrängt auf
einer breiten Bank, und Alsana drückt Clara eine Thermosfla-
sche mit P.G. Tipps-Tee in die Hand, ohne Milch, mit Zitrone.
Sie wickelt etliche Lagen Frischhaltefolie auseinander, um die
besonderen Köstlichkeiten des Tages zu präsentieren: pikante,
teigähnliche Bällchen, krümelige indische Leckereien, die im Innern alle Farben des Kaleidoskops haben, blättriges Gebäck mit
würzigem Rindfleisch darin, Salat mit Zwiebeln; und sagt zu
Clara: »Iss! Stopf dich voll! Es ist da drin, kugelt sich in deinem
Bauch, wartet aufs Essen. Frau, quäl es nicht! Willst du den
Bauch hungern lassen?« Denn obwohl es anders aussieht, sind
auf der Bank sechs Menschen (drei lebende, drei im Anmarsch);
ein Mädchen für Clara, zwei Jungs für Alsana.

Alsana sagt: »Keiner beklagt sich, dass das mal klar ist. Kinder
sind ein Segen, je mehr, desto besser. Aber ich kann euch sagen,
als ich zur Seite geschaut hab und dieses komische Ultra-Dings-
bums da gesehen hab …«

»Ultra*schall*«, hilft Clara ihr auf die Sprünge, den Mund voll
Reis.

»Ja, da hab ich fast einen Herzinfarkt gekriegt, der mich hätte umbringen können! Zwei! Eins satt zu kriegen ist schon genug!«
Clara lacht und sagt, sie kann sich Samads Gesicht vorstellen, als er das gesehen hat.
»Nein, meine Liebe«, sagt Alsana tadelnd und zieht ihre großen Füße unter die Falten ihres Sari. »Er hat nichts gesehen. Er war nicht dabei. Solche Sachen lasse ich ihn nicht sehen. Eine Frau muss ihre Privatsphäre haben – ein Mann hat bei diesen körperlichen Sachen nichts verloren, bei den … *Ihr-wisst-schon-Teilen* einer Frau.«
Die Nichte der Schande, die zwischen ihnen beiden sitzt, saugt die Luft durch die Zähne.
»Verdammt, Alsi, irgendwann muss er bei deinen Teilen mal was verloren haben, oder hast du die unbefleckte Empfängnis hinter dir?«
»So ungehobelt«, sagt Alsana in einem hochnäsigen, britischen Tonfall zu Clara. »Zu alt, um so ungehobelt zu sein, und zu jung, um es besser zu wissen.«
Und dann legen sich Clara und Alsana mit der zufälligen Synchronbewegung, die zwei Menschen mit den gleichen Erfahrungen manchmal unterläuft, beide die Hände auf den Bauch.
Neena, versöhnlich: »Tja, nun wie sieht's mit den Namen aus? Schon irgendwelche Ideen?«
Alsana ist entschlossen. »Meena und Malana, wenn es Mädchen sind. Bei Jungen: Magid und Millat. Ms sind gut. Ms sind stark. Mahatma, Muhammad, dieser ulkige Mr. Morecambe, von Morecambe and Wise – ein Buchstabe, dem man vertrauen kann.«
Clara dagegen ist vorsichtiger, weil die Namensgebung für sie eine beängstigende Verantwortung darstellt, eine gottähnliche Aufgabe für eine einfache Sterbliche. »Wenn's ein Mädchen wird, gefällt mir, glaube ich, *Irie*. Das ist Kreol. Heißt so viel wie *okay, gut, friedlich*, versteht ihr?«
Alsana ist schon entsetzt, noch bevor der Satz beendet ist: »›Okay‹? Ist das ein Name für ein Kind? Wieso nennst du sie

dann nicht gleich ›*Hättederherrgernnochetwasfladenbrotdazu?*‹ oder ›*Schöneswetterheute*‹?«

»– Und Archie gefällt *Sarah*. Na ja, gegen Sarah ist nicht viel einzuwenden, aber auch nicht viel, worüber man sich freuen könnte. Ich denke, wenn es gut genug für die Frau von Abraham war –«

»Ibrahim«, korrigiert Alsana, eher instinktiv denn aus Koran-Pedanterie, »die noch mit hundert Jahren Babys bekommen hat, durch die Gnade Allahs.«

Und dann Neena, aufstöhnend über die Wendung, die das Gespräch nimmt: »Also mir gefällt Irie. Klingt abgefahren. Klingt anders.«

Darauf hat Alsana nur gewartet: »Zum Donnerwetter, Archibald hat doch keine Ahnung, was *abgefahren* ist. Oder *anders*. Wenn ich du wäre, meine Liebe«, sagt sie und tätschelt Clara das Knie, »würde ich Sarah nehmen, dann hat die liebe Seele Ruh. Manchmal muss man diesen Männern ihren Willen lassen. Alles für ein bisschen – wie sagt man? Für ein bisschen« – sie legt den Finger fest auf die gespitzten Lippen, wie eine Wache vor dem Tor – »*psst.*«

Doch als Reaktion darauf spricht die Nichte der Schande plötzlich mit gespielt starkem Akzent, klimpert mit den langen Wimpern, wickelt sich ihren College-Schal um den Kopf wie eine Purdah.

»O ja, Tantchen, ja, die kleine *unterwürfige* indische Frau. Du redest nicht mit ihm, er hält dir Reden. Ihr schreit und brüllt euch an, aber ihr redet nicht miteinander. Und am Ende gewinnt er sowieso, weil er macht, was er will, wann er will. Die halbe Zeit weißt du ja nicht mal, wo er ist, was er tut, was er *fühlt*. Wir haben 1975, Alsi. Solche Beziehungen kannst du nicht mehr führen. Es ist hier nicht wie zu Hause. Im Westen muss es Kommunikation zwischen Männern und Frauen geben, sie müssen einander zuhören, sonst …« Neena beschreibt pantomimisch eine kleine Pilzwolke, die in ihrer Hand hochgeht.

»Was für ein gequirlter Blödsinn«, sagt Alsana volltönend, schließt die Augen und schüttelt den Kopf, »du bist es, die nicht zuhört. Bei Allah, ich zahle immer mit gleicher Münze heim. Aber du gehst davon aus, dass es mich *interessiert*. In Wahrheit braucht man dieses ganze Gerede gar nicht, damit eine Ehe hält; dieses dauernde ›Ich bin so‹ und ›In Wirklichkeit bin ich so‹, wie in den Zeitungen – besonders, wenn dein Mann alt ist, wenn er faltig ist und immer weniger wird –, dann *willst* du gar nicht wissen, was schleimig ist unterm Bett und was im Kleiderschrank poltert.«

Neena runzelt die Stirn, Clara kann nicht ernsthaft widersprechen, und der Reis wird erneut herumgereicht.

»Außerdem«, sagt Alsana nach einer Pause und verschränkt ihre Grübchenarme unter ihren Brüsten, erfreut, sich über ein Thema auslassen zu können, das ihr so nah am prachtvollen Busen liegt, »wenn man aus Familien wie unseren stammt, solltest du eigentlich gelernt haben, dass *Schweigen*, das, was nicht gesagt wird, das allerbeste *Rezept* für das Familienleben ist.«

Alle drei sind sie nämlich in streng religiösen Familien aufgewachsen, in Häusern, wo Gott bei jeder Mahlzeit dabei war, jedes kindliche Spiel durchdrang und im Lotossitz mit einer Taschenlampe unter der Bettdecke wartete, um aufzupassen, dass auch nichts Ungehöriges geschah.

»Wenn ich das richtig verstanden habe«, sagt Neena spöttisch, »meinst du, dass eine ordentliche Dosis Unterdrückung eine Ehe gesund hält.«

Und Alsana ist empört, als hätte jemand auf einen Knopf gedrückt. »Unterdrückung! Blödsinniges Wort! Ich spreche hier von gesundem Menschenverstand. Was ist mein Mann? Was ist deiner?«, fragt sie, auf Clara zeigend. »Die haben schon fünfundzwanzig Jahre gelebt, bevor wir überhaupt *geboren* wurden. Was sind sie? Wozu sind sie fähig? Welches Blut klebt an ihren Händen? Was ist klebrig und übel riechend in ihrem persönlichen Leben? Wer weiß?« Sie wirft die Hände hoch, schleudert die

Fragen in die ungesunde Kilburn-Luft, was eine Schar Spatzen auffliegen lässt.

»Was du nicht verstehst, Nichte der Schande, was niemand aus deiner Generation versteht ...«

Neena fällt ihr mit so heftigem Widerspruch ins Wort, dass ihr ein Stück Zwiebel aus dem Mund entweicht: »Meine *Generation*? Verdammt, du bist zwei Jahre älter als ich, Alsi.«

Aber Alsana redet ungerührt weiter, stellt dabei gestisch ein Messer dar, das durch die obszöne Zunge der Nichte der Schande schneidet, »... ist, dass nicht jeder in die verschwitzten, verborgenen Teile der anderen hineinsehen will.«

»Aber Tantchen«, fleht Neena mit erhobener Stimme, weil es ihr wirklich wichtig ist, über den größten Streitpunkt zwischen ihnen beiden zu reden, Alsanas arrangierte Ehe. »Wie kannst du es *ertragen*, mit jemandem zusammenzuleben, den du überhaupt nicht kennst?«

Sie erntet ein wütendes *Zwinkern*: Alsana gibt sich gern immer genau dann jovial, wenn ihr Gegenüber kurz davor ist, aus der Haut zu fahren. »Weil es, *Miss Schlauköpfchen*, die bei weitem leichtere Variante ist. Eben weil so manche Frau ihren Mann überhaupt nicht kennt, kommen sie so gut miteinander aus. Ich will's dir erklären. Ja, ich bin mit Samad Iqbal am Abend des Tages verheiratet worden, als ich ihn das allererste Mal gesehen habe. Ja, ich kannte ihn überhaupt nicht. Aber ich konnte ihn ganz gut leiden. Wir haben uns an einem brütend heißen Tag in Delhi im Frühstückszimmer getroffen, und er hat mir mit der *Times* Kühlung zugefächelt. Ich fand, er hatte ein gutes Gesicht, eine angenehme Stimme, und sein Hinterteil saß hoch und war gut geformt für einen Mann seines Alters. Sehr gut. Aber, jedes Mal, wenn ich mehr über ihn erfahre, *mag ich ihn weniger*. Du siehst also, früher waren wir besser dran.«

Neena stampft vor Verzweiflung über diese schräge Logik mit dem Fuß auf.

»Außerdem werde ich ihn nie richtig kennen. Aus meinem Mann

irgendwas rauskriegen zu wollen ist, als wollte man Wasser aus einem Bein quetschen.«

Neena muss unwillkürlich lachen. »Wasser aus einem *Stein*.«

»Jaja. Du hältst mich für dumm. Aber was Männer angeht, bin ich klug. Ich sage dir …« – Alsana bereitet sich darauf vor, ein Schlussplädoyer zu halten, wie sie es vor vielen Jahren bei den jungen Anwälten in Delhi mit ihren glatten Seitenscheiteln beobachtet hat – »Männer sind das letzte Geheimnis. Im Vergleich zu Männern ist Gott unkompliziert. So, genug der Philosophie: Noch eine Samosa?« Sie pult den Deckel von dem Plastikbecher und sitzt dick und hübsch und zufrieden mit ihrem Schlusswort da.

»Ein Jammer, wenn du welche bekommen solltest«, sagt Neena zu ihrer Tante und zündet sich eine Zigarette an. »Jungen, meine ich. Ein Jammer, dass du vielleicht welche bekommst.«

»Wie meinst du das?«

Das sagt Clara, die die Nutznießerin einer geheimen (vor Alsana und Archie geheim gehaltenen), von Neena betriebenen Leihbibliothek ist, dank deren sie innerhalb weniger Monate Greers *Der weibliche Eunuch*, Jongs *Angst vorm Fliegen* und *Das andere Geschlecht* gelesen hat. Ein klammheimlicher Versuch Neenas, Clara von ihrem »falschen Bewusstsein« zu befreien.

»Ich meine, ich finde einfach, dass Männer in diesem Jahrhundert schon genug Chaos angerichtet haben. Es gibt schon genug Scheißmänner auf der Welt. Wenn ich wüsste, dass ich einen Jungen kriegen würde« – sie hält kurz inne, um ihre beiden Freundinnen mit dem falschen Bewusstsein auf diesen neuen Gedanken vorzubereiten – »müsste ich ernsthaft über Abtreibung nachdenken.«

Alsana kreischt auf, schlägt sich mit einer Hand aufs Ohr und mit der anderen auf Claras, und verschluckt sich dann beinahe an einem Stück Aubergine. Aus irgendeinem Grund findet Clara diese Bemerkung lustig; zum Schreien, fürchterlich lustig; entsetzlich lustig, und die Nichte der Schande sitzt völlig baff zwischen den beiden, während die zwei eiförmigen Frauen sich förmlich überschlagen, die eine vor Lachen, die andere vor Entsetzen und Atemnot.

»Ist alles in Ordnung, Ladys?«

Es ist Sol Jozefowicz, der alte Mann, der sich früher zum Park-aufseher berufen fühlte (obwohl seine Stelle schon lange den Finanzkürzungen durch den Stadtrat zum Opfer gefallen war), dieser Sol Jozefowicz steht vor ihnen, wie immer bereit, irgendwie behilflich zu sein.

»Wir werden alle in der Hölle schmoren, Mr. Jozefowicz, wenn Sie das in Ordnung finden«, erklärt Alsana, um Fassung ringend. Die Nichte der Schande verdreht die Augen. »Sprich für dich selbst.«

Aber Alsana ist schneller als jeder Scharfschütze, wenn es darum geht zurückzuschießen. »Das tue ich, das tue ich – dafür hat Allah in Seiner Güte schon gesorgt.«

»Guten Tag, Neena, guten Tag, Mrs. Jones«, sagt Sol und verbeugt sich höflich vor jeder. »Ist auch wirklich alles in Ordnung? Mrs. Jones?«

Clara kann die Tränen nicht aufhalten, die ihr aus den Augenwinkeln rinnen. In diesem Moment ist sie nicht sicher, ob sie weint oder lacht.

»Mir geht's gut, gut, tut mir Leid, dass Sie sich Sorgen gemacht haben, Mr. Jozefowicz ehrlich, mir geht's gut.«

»Ich verstehe nicht, was daran so überaus lustig ist«, murmelt Alsana. »Die Ermordung von Unschuldigen – ist das lustig?«

»Meiner Erfahrung nach nicht, Mrs. Iqbal, nein«, sagt Sol Jozefowicz in der gefassten Art, in der er immer spricht, während er Clara sein Taschentuch reicht. Alle drei Frauen überfällt plötzlich die Frage – wie das manchmal mit Geschichten so ist, peinlich, ohne Vorwarnung, als stiege einem die Röte ins Gesicht –, was wohl die Erfahrung des Exparkwächters gewesen sein mag. Sie verstummen.

»Nun, da es den Ladys gut geht, werde ich mich verabschieden«, sagt Sol, bedeutet Clara, dass sie das Taschentuch behalten kann, und setzt den Hut wieder auf, den er in altmodischer Höflichkeit abgenommen hatte. Er macht wieder seine akkurate kleine Verbeugung und geht dann langsam weiter, gegen den Uhrzeigersinn rund um den Park.

Sobald Sol außer Hörweite ist: »Okay, Tante Alsi, ich entschuldige mich, ich entschuldige mich … Scheiße, was willst du denn noch?«

»Oh, alles, verdammt, alles«, sagt Alsana, und ihre Stimme verliert die Streitlust, wird verletzlich. »Das ganze verdammte Universum erklärt – auf den Punkt gebracht. Ich verstehe nichts mehr, und ich bin erst am Anfang. Verstehst du?«

Sie seufzt, erwartet keine Antwort, blickt nicht Neena an, sondern über den Weg hinweg auf die gebeugte, entschwindende Gestalt von Sol, der sich zwischen den Eiben hindurch seinen Weg sucht. »Vielleicht hast du Recht im Hinblick auf Samad im Hinblick auf viele Dinge. Vielleicht gibt es keine guten Männer, nicht mal die beiden, die ich hier im Bauch hab, und vielleicht rede ich nicht genug mit meinem Mann, vielleicht habe ich einen Fremden geheiratet. Mag sein, dass du die Wahrheit besser siehst, als ich das tue. Was weiß ich schon … ein barfüßiges Mädchen vom Lande … hab nie eine Universität von innen gesehen.«

»Ach, Alsi«, sagt Neena, die sich durch Alsanas Worte hindurchschlängelt wie ein Webfaden, sich schlecht fühlt. »Du weißt doch, dass ich das nicht so gemeint habe.«

»Aber ich kann mir nicht immer nur Gedanken um die *Wahrheit* machen. Ich muss mir Gedanken um die Wahrheit machen, mit der man *leben kann*. Und das ist der Unterschied. Entweder man will den Ozean austrinken oder Süßwasser aus einem Teich schlürfen. Meine Nichte der Schande glaubt an die Redekur, was?«, sagt Alsana, mit so etwas wie einem Lächeln. »Reden, Reden, Reden und alles wird besser. Sei ehrlich, schlitz dir das Herz auf und verteile überall reichlich Blut. Aber die Vergangenheit besteht aus mehr als nur Worten, meine Liebe. Wir haben alte

Männer geheiratet, verstehst du? Diese dicken Bäuche« – Alsana tätschelt sie beide – »die werden immer alte, spinnenbeinige Daddys haben. Ein Bein in der Gegenwart, eins in der Vergangenheit. Daran wird auch Reden nichts ändern. Ihre Wurzeln werden immer verknäuelt sein. Und Wurzeln kann man ausgraben. Sieh doch nur in meinen Garten – da sind jeden Tag Vögel am Koriander …«

Gerade als er das hinterste Tor erreicht, dreht sich Sol Jozefowicz um und winkt, und die drei Frauen winken zurück. Clara kommt sich etwas theatralisch vor, wie sie sein cremefarbenes Taschentuch über dem Kopf schwenkt. Als hätte sie jemanden zu einem Zug gebracht, der die Grenze zweier Länder überquert.

»Wie haben sie sich kennen gelernt?«, fragt Neena in dem Versuch, die Wolke zu vertreiben, die sich irgendwie über ihr Picknick gelegt hat. »Ich meine Mr. Jones und Samad Miah.«

Alsana wirft den Kopf in den Nacken, eine abfällige Geste. »Ach, im Krieg. Irgendwo, wo sie bestimmt ein paar arme Schweine umgebracht haben, die es nicht verdient hatten. Und was haben sie dafür gekriegt? Samad Miah eine kaputte Hand und der andere ein komisches Bein. Nutzlos, nutzlos, das Ganze.«

»Archies *rechtes* Bein«, sagt Clara leise und zeigt auf eine Stelle an ihrem eigenen Oberschenkel. »Ein Stück Metall glaube ich. Aber eigentlich erzählt er mir nie was darüber.«

»Ach, wen interessiert's denn!«, platzt Alsana heraus. »Ich würde eher Vishnu vertrauen, dem vielarmigen Taschendieb, als dass ich ein Wort glauben würde, das diese Männer sagen.«

Doch Clara mag das Bild des jungen Soldaten Archie, besonders dann, wenn der alte, schlaffe Postwurfsendungen-Archie auf ihr drauf ist. »Ach, nun hör aber auf … wir wissen doch nicht, was –«

Alsana spuckt völlig ungehemmt ins Gras.

»Scheißlügerei! Wenn sie Helden sind, wo sind dann die Zeichen dafür? Wo ist der ganze Heldenkram? Helden haben nun mal so

Sachen. Sie haben Heldenzeug. Die erkennt man auf zehn Meilen Entfernung. Ich hab nie auch nur einen Orden gesehen … nicht mal ein Foto.« Alsana macht ein unangenehmes Geräusch tief hinten im Rachen, ihr Signal für Unglauben. »Also sieh hin – nein, meine Liebe, das muss sein – sieh *ganz genau* hin. Sieh dir an, was übrig geblieben ist. Samad hat *eine* Hand, und er sagt, er will Gott finden, aber Tatsache ist, dass Gott ihm entwischt ist. Seit zwei Jahren ist er nun schon in diesem Curry-Haus, serviert den Weißen, die es nicht besser wissen, zähes Ziegenfleisch, und Archibald – na ja, sieh ganz genau hin …«

Alsana hält inne und betrachtet Clara, um festzustellen, ob sie weiter ihre Gedanken äußern kann, ohne sie zu beleidigen oder ihr unnötig wehzutun, doch Claras Augen sind geschlossen, sie ist schon dabei, ganz genau hinzusehen; eine junge Frau, die sich einen alten Mann ganz genau ansieht; und sie beendet Alsanas Satz mit dem Anflug eines Lächelns, das sich schließlich über ihr Gesicht breitet.

»… verdient sich seinen Lebensunterhalt mit Papierfalten, meine *Güte*.«

5
DIE WURZELKANÄLE VON ALFRED ARCHIBALD JONES UND SAMAD MIAH IQBAL

Apropos: Ist ja schön und gut, diese Anweisung von Alsana, sich die Sache ganz genau anzusehen, ihr geradewegs ins Auge zu schauen, mit einem ruhigen und ehrlichen Blick, eine sorgsame Überprüfung, die sogar durch den Kern der Sache hindurchgeht, bis ins Mark reicht, und noch durchs Mark hindurch bis zur Wurzel – aber die Frage ist, wie weit zurück will man? Wie weit ist *genug*? Wie die Amerikaner fragen: was willst du – *Blut*? Höchstwahrscheinlich ist noch mehr als nur Blut erforderlich; Orden und Fotos, Listen und Bescheinigungen, vergilbte Papiere mit dem schwachen Abdruck bräunlicher Daten. Zurück, zurück, *zurück*. Nun, also gut. Zurück zu Archie, blitzeblank, zartwangig und gestriegelt, mit siebzehn gerade alt genug aussehend, um die Ärzte bei der Musterung mit ihren Stiften und Messbändern zu täuschen. Zurück zu Samad, zwei Jahre älter und von der warmen Farbe gebackenen Brotes. Zurück zu dem Tag, als sie einander zum ersten Mal zugeteilt wurden, Samad Miah Iqbal (Reihe 2, sofort hierher, Soldat!) und Alfred Archibald Jones (vorwärts, vorwärts, vorwärts), zu dem Tag, als Archie unwillkürlich das allerwichtigste Prinzip englischer Manieren vergaß. Er glotzte. Sie standen Seite an Seite auf einem Stück dunklem, staubigem russischem Boden, identisch gekleidet, mit kleinen dreieckigen Mützen auf dem Kopf, die aussahen wie Papierschiffchen, trugen die gleiche kratzige Standarduniform, die durchgefrorenen Zehen steckten in den gleichen schwarzen Stiefeln, die mit dem gleichen Staub bedeckt waren. Aber Archie konnte nicht anders, er musste glotzen. Und Samad nahm es hin, wartete und wartete darauf, dass es aufhörte, und nachdem er Archies erbarmungslosem Blick eine Woche lang, die sie in ihrem Panzer zusammengepfercht gewesen waren, schwitzend und halb erstickt in der überhitzten Maschine, ausgeliefert gewesen war, hatte er es so lange hingenommen, wie sein hitziger Kopf überhaupt etwas hinnehmen konnte.

»Mein Freund, was findest du bloß so verflixt geheimnisvoll an mir, dass du mich unablässig so verträumt anstarrst?«

»Dass ich was?«, sagte Archie verwirrt, denn er zählte nicht zu jenen, die im Dienst Privatgespräche führten. »Niemand, ich meine, nichts – ich meine, also, wie *meinst* du das?«

Sie sprachen beide halblaut, denn ihr Gespräch war genau genommen nicht privat, da noch zwei andere Soldaten und ein Captain in ihrem Churchill-Panzer waren, der gerade auf dem Weg nach Thessaloniki durch Athen rollte. Es war der 1. April 1945, Archie Jones war der Fahrer des Panzers, Samad war der Funker, Roy Mackintosh war der Kofahrer, Will Johnson hockte als Richtschütze auf einem Behälter, und Thomas Dickinson-Smith thronte auf einem leicht erhöhten Sitz, den er voller Stolz auf seine neu gewonnene Captain-Würde nicht aufgeben wollte, obwohl er sich dauernd den Kopf an der Decke stieß. Seit drei Wochen hatte keiner von ihnen irgendjemand anders zu Gesicht bekommen als seine Kameraden im Panzer.

»Ich meine bloß, dass wir wahrscheinlich noch zwei Jahre in dieser Kiste zusammenhocken werden.«

Eine Stimme knisterte durchs Funkgerät, und Samad, der nicht pflichtvergessen wirken wollte, antwortete schnell und sachlich.

»Und?«, fragte Archie, nachdem Samad ihre Koordinaten durchgegeben hatte.

»Und ein Mann kann nur ein gewisses Maß an Gafferei verkraften. Machst du gerade eine Untersuchung über Funker, oder hast du dich bloß in meinen Arsch verguckt?«

Ihr Captain, Dickinson-Smith, der sich tatsächlich in Samads

Arsch verguckt hatte (aber nicht nur das, auch in seinen Verstand, auch in die beiden schlanken muskulösen Arme, die nur um einen Geliebten geschlungen ihrer wahren Bestimmung gerecht werden konnten, auch in diese herrlichen hellgrünbraunen Augen), brachte ihr Gespräch sofort zum Verstummen.

»Ick-Ball! Jones! Ruhe jetzt. Seht ihr hier sonst noch jemanden quatschen?«

»Ich hab bloß etwas beanstandet, Sir. Es ist nicht leicht für einen Mann, Sir, sich auf seine Foxtrott-Fs und seine Zebra-Zs zu konzentrieren und dann auf seine Punkte und Striche, wenn er einen Mops als Kameraden hat, der jede seiner Bewegungen mit seinen Mopsaugen verfolgt, Sir. In Bengalen würden wir annehmen, dass solche Augen zu einem Mann gehören, der voller –«

»Schnauze, Sultan, du Schwuchtel«, sagte Roy, der Samad und sein tuntiges Funkergetue hasste.

»*Mackintosh*«, sagte Dickinson-Smith, »lassen Sie, wir wollen Sultan ausreden lassen. Fahren Sie fort, Sultan.«

Um sich nicht dem Verdacht auszusetzen, dass er Samad bevorzugte, hatte Captain Dickinson-Smith sich angewöhnt, ihn zu piesacken und seinen verhassten Spitznamen Sultan zu verwenden, aber nie richtig; bei ihm klang es immer zu weich, Samads schwelgerischer Aussprache allzu ähnlich, und es hatte lediglich zur Folge, dass Roy und die anderen achtzig Roys unter Dickinson-Smiths direktem Kommando ihren Captain verachteten, sich über ihn lustig machten und offen ihre Missachtung zu erkennen gaben. Im April 1945 hatten sie alle die Nase voll von ihm und waren zutiefst angewidert von seinem tuntigen Getue. Archie, der frisch in das First Assault Regiment R. E. gekommen war, bekam das gerade erst mit.

»Ich hab ihm bloß gesagt, er soll die Schnauze halten, und er hält die Schnauze, wenn er weiß, was gut für ihn ist, dieses indische Sultan-Schwein, 'türlich ohne Ihnen gegenüber respektlos sein zu wollen, Sir«, fügte Roy als höfliche Geste hinzu.

Dickinson-Smith wusste, dass es in anderen Regimentern, in anderen Panzern einfach nicht vorkam, dass Untergebene ihren Vorgesetzten Widerworte gaben oder überhaupt ein Wort in den Mund nahmen. Selbst Roys *höfliche Geste* war ein Zeichen für Dickinson-Smiths Scheitern. In diesen anderen Panzern, in den Shermans, Churchills und Matildas, die über die Trümmer Europas verteilt waren wie unverwüstliche Kakerlaken, stellte sich gar nicht erst die Frage nach Respekt oder Respektlosigkeit. Nur Gehorsam, Ungehorsam, Strafe.

»Sultan … Sultan …«, sagte Samad nachdenklich. »Wissen Sie, ich hätte ja nichts gegen den Beinamen, Mr. Mackintosh, wenn er wenigstens *korrekt* wäre. Er ist historisch nicht *korrekt*, wissen Sie. Er ist noch nicht mal im *geographischen* Sinne korrekt. Ich habe Ihnen gewiss schon erläutert, dass ich aus *Bengalen* stamme. Das Wort ›Sultan‹ bezieht sich auf gewisse Männer in *arabischen* Ländern – viele hundert Meilen westlich von Bengalen. Mich Sultan zu nennen ist, was die Entfernung angeht, ungefähr so korrekt, als würde ich Sie als Fritz Kraut bezeichnen, Fettsack.«

»Ich hab dich Sultan genannt, und so nenn ich dich auch weiter, klar?«

»Oh, Mr. *Mackintosh*. Ist es wirklich so kompliziert, so unmöglich, dass Sie und ich, die wir zusammen in dieser britischen Maschine hocken, einen Weg finden, gemeinsam als britische Staatsbürger zu kämpfen?«

Will Johnson, der ein wenig einfach gestrickt war, nahm seine Mütze ab, wie immer, wenn jemand »britisch« sagte.

»Was labert die Schwuchtel da?«, fragte Mackintosh und rückte seinen Bierbauch zurecht.

»Nichts«, sagte Samad. »Ich fürchte, ich habe überhaupt nicht ›gelabert‹. Ich habe bloß geredet, geredet, bloß versucht, ein wenig zu plaudern, wie man so sagt, und versucht, unseren Pionier Jones hier dazu zu bringen, mit seiner Glotzerei aufzuhören, mit seinen Glupschaugen, nichts anderes … und wie es scheint, bin ich in beiden Punkten gescheitert.«

Er wirkte ehrlich verletzt, und Archie hatte plötzlich das unsol-
datische Bedürfnis, ihm den Schmerz zu nehmen. Aber es war
nicht der Ort und nicht die Zeit dafür.

»Na schön. Schluss jetzt, alle Mann. Jones, sehen Sie mal auf der
Karte nach«, sagte Dickinson-Smith.

Archie sah auf der Karte nach.

Ihre Fahrt war lang und ermüdend, nur selten von irgendwelchen Kampfhandlungen unterbrochen. Archies Panzer war ein
Brückenbauer, einer von jenen Spezialeinheiten, die nicht an
bestimmte englische Truppenverbände oder einen bestimmten
Waffentyp gebunden waren, sondern die quer durch die ganze
Armee und von Land zu Land eingesetzt wurden, um beschädigte Ausrüstung einzusammeln, Brücken zu errichten und Trans-
portwege für Schlachten zu schaffen, Straßen anzulegen, wo
Straßen zerstört worden waren. Es war nicht so sehr ihre Aufgabe, im Krieg zu kämpfen, wie dafür zu sorgen, dass er reibungs-
los verlief. Als Archie eingezogen wurde, war längst klar, dass
die grausamen, blutigen Entscheidungen in der Luft getroffen
werden würden, nicht durch die dreißig Zentimeter Größenun-
terschied zwischen einer deutschen Panzerabwehrgranate und
einer englischen. Der wirkliche Krieg, derjenige, in dem Städte
in die Knie gezwungen wurden, der Krieg mit den tödlichen Berechnungen von Größe, Detonationskraft, Bevölkerung, spielte
sich viele Meilen über Archies Kopf ab. Derweil hatte ihr schwerer Aufklärungspanzer eine einfachere Aufgabe: den Bürgerkrieg in den Bergen meiden – ein Krieg im Krieg –, der zwischen
den Widerstandsorganisationen E.A.M., EDES und EKKA tobte, sich einen Weg zwischen den glasigen Augen toter Statistiken
und der »verschwendeten Jugend« hindurch suchen und dafür
sorgen, dass die Kommunikationsbahnen, die sich von einem
Ende der Hölle zum anderen erstreckten, voll einsatzfähig
waren.

»Die zerbombte Munitionsfabrik liegt zwanzig Meilen südwestlich, Sir. Wir sollen einsammeln, was wir können, Sir. Soldat Ick-Ball hat mir um 16:47 eine Funkmeldung gegeben, Sir, derzufolge das Gebiet, soweit das aus der Luft feststellbar ist, unbewohnt ist, Sir«, sagte Archie.

»Das ist nicht Krieg«, sagte Samad leise.

Zwei Wochen später, als Archie ihre Route nach Sofia überprüfte, sagte Samad zu niemand Speziellem: »Ich sollte nicht hier sein.« Wie üblich wurde er ignoriert; am heftigsten und entschiedensten von Archie, der irgendwie zuhören wollte.

»Ich meine, ich bin gebildet. Ich bin ausgebildet. Ich sollte mit der Royal Airborne Force in der Luft sein und von hoch oben bombardieren! Ich bin Offizier! Nicht irgendein Mullah, irgendein Sepoy, der seine Sandalen im beschwerlichen Dienst verschleißt. Mein Urgroßvater – Mangal Pande« – er blickte sich um, wartete auf die Anerkennung, die der Name verdiente, sah aber nur ausdruckslose englische Pfannkuchengesichter und fuhr fort: »war der große Held der indischen Meuterei!«

Schweigen.

»Von 1857! Er war es, der die erste hassenswerte, mit Schweinefett beschmierte Kugel abfeuerte, und sie weit hinaus ins Vergessen schoss!«

Ein längeres, angespannteres Schweigen.

»Wenn ich nicht diese Scheißhand hätte« – Samad, innerlich über das englische Goldfischgedächtnis für Geschichte fluchend, hob die fünf toten, eng zusammengeballten Finger von ihrem üblichen Ruheplatz auf seiner Brust – »diese beschissene Hand, die mir die nutzlose indische Armee zum Dank für meine Mühe gab, hätte ich genauso große Taten vollbracht wie er. Und warum bin ich verkrüppelt? Weil die indische Armee mehr von Arschkriecherei versteht als von der Hitze und dem Schweiß in der Schlacht! Fahr nie nach Indien, Pionier Jones, mein guter Freund, es ist ein Land für Narren und noch Schlimmere als Narren. Narren, Hindus, Sikhs und Punjabis. Und jetzt dieses ganze Geschwafel von Unabhängigkeit – gebt *Bengalen* Unabhängigkeit, Archie, das sage ich immer –, lasst Indien mit den Briten im Bett, wenn es das will.«

Sein Arm schwang mit dem toten Gewicht zur Seite und blieb schlaff liegen, wie ein alter Mann nach einem Wutanfall. Samad sprach immer Archie an, als steckten sie unter einer Decke, gemeinsam gegen die übrige Panzerbesatzung. Sosehr Archie sich auch von ihm fern hielt, diese vier Tage der Glotzerei hatten so etwas wie zarte seidene Bande zwischen den beiden Männern entstehen lassen, an denen Samad zupfte, wann immer sich Gelegenheit dazu bot.

»Weißt du, Jones«, sagte Samad, »der größte Fehler des Vizekönigs war, den Sikhs eine Machtposition zu geben, verstehst du? Bloß weil sie einen gewissen Erfolg bei den Kaffern in Afrika haben, sagt er: Ja, Mr. Soundso, mit deinem verschwitzten fetten Gesicht und deinem albernen nachgemachten englischen Schnurrbart und deinem Turban, der dir oben auf dem Kopf sitzt wie ein Scheißhaufen, du kannst Offizier werden, wir wollen die Armee indianisieren; geh los, geh und kämpfe in Italien, Rissaldar Major Pugri, Daffadar Pugri, mit meinen ruhmreichen englischen Truppen! Fehler! Und dann nehmen sie mich, den Helden der 9. Nordbengalischen Mounted Rifles, den Helden des Bengalischen Fliegerkorps, und sagen: ›Samad Miah Iqbal, Samad, wir lassen dir eine große Ehre zuteil werden. Du wirst auf dem europäischen Festland kämpfen – nicht in Ägypten oder Malaya hungern und deine eigene Pisse trinken, nein – du wirst gegen den Teutonen kämpfen, wo du ihn nur finden kannst.‹ Vor seiner eigenen Haustür, Pionier Jones, vor seiner eigenen Haustür. Also! Bin ich losgezogen. Italien, hab ich gedacht, sehr gut, da kann die englische Armee mal sehen, dass die muslimischen Männer Bengalens mindestens so gut kämpfen können wie die Sikhs. Besser! Stärker! Und sie sind am besten ausgebildet, und sie sind es mit dem guten Blut, die wahrhaftig das Zeug zum Offizier haben.«

»Indische Offiziere? Dann können wir aber einpacken«, sagte Roy.

»An meinem ersten Tag hier«, fuhr Samad fort, »zerstörte ich ein Nazi-Nest von der Luft aus. Wie ein herabstoßender Adler.«

»Schwachsinn«, sagte Roy.

»An meinem zweiten Tag schoss ich den Feind ab, als er sich der Gothic Line näherte, bei Argenta durchbrach und die Alliierten in die Po-Ebene drängte. Lord Mountbatten höchstpersönlich wollte mich beglückwünschen. Er hätte diese Hand geschüttelt. Aber all das wurde verhindert. Weißt du, was an meinem dritten Tag passiert ist, Pionier Jones? Weißt du, wie ich zum Krüppel wurde? Als junger Mann, in der Blüte meiner Jahre?«

»Nein«, sagte Archie leise.

»Ein verdammter Sikh, Pionier Jones, ein verdammter Narr. Wir standen in einem Schützengraben, und sein Gewehr ging los und durchschoss mein Handgelenk. Aber ich wollte sie nicht amputieren lassen. Jedes Stückchen meines Körpers kommt von Allah. Jedes Stückchen wird zu ihm zurückkehren.«

Also war Samad schließlich zusammen mit den anderen Verlierertypen in der ereignisarmen, Brücken schlagenden Division der königlichen Armee gelandet; mit Männern wie Archie, mit Männern wie Dickinson-Smith (in dessen Personalakte unter anderem »Risiko: Homosexuell« stand), mit gehirnamputierten Fällen wie Mackintosh und Johnson. Der Ausschuss des Krieges. Wie Roy es liebevoll nannte: das Beschissene Bataillon. Ein Großteil des Problems mit der Einheit lag beim Captain des First Assault Regiment: Dickinson-Smith war kein Soldat. Und ganz sicher kein Kommandant, obwohl ihm Kommandieren in den Genen lag. Gegen seinen Willen hatte man ihn aus dem College seines Vaters geholt, von den Rockschößen seines Vaters losgerissen und ihn gezwungen, in einem Krieg zu kämpfen, wie sein Vater vor ihm. Und dessen Vater vor ihm und dessen Vater vor ihm, ad infinitum. Der junge Thomas hatte sich in sein Schicksal ergeben und widmete sich fortan der konzertierten und langwierigen Anstrengung (schon seit vier Jahren), auch seinen Namen auf die immer länger werdende Liste von Dickinson-Smiths zu bekommen, die in dem Dorf Little Marlow auf einer langen Gedenktafel eingemeißelt waren, und zuoberst von ihnen allen in dem sardinenbüchsenartigen Familiengrab bestattet zu werden, das den historischen Friedhof stolz beherrschte.

Getötet von den Teutonen, den Muftis, den Schlitzaugen, den Kaffern, den Franzmännern, den Schotten, den Itakern, den Zulus, den Indern (Südindern und Ostindern), den Indianern und unglücklicherweise von einem Schweden während einer Großwildjagd in Nairobi mit einem flüchtenden Okapi verwechselt, waren die Dickinson-Smiths traditionell unersättlich in ihrem Verlangen, Dickinson-Smith-Blut auf fremdem Boden fließen sehen zu wollen. Und wenn gerade mal kein Krieg war, beschäftigten sich die Dickinson-Smiths mit der Situation in Irland, gleichsam ein Dickinson-Smith'sches Feriendomizil des Todes, das seit 1600 in Betrieb war und keinerlei Anzeichen der Erlahmung zeigte. Aber Sterben ist so einfach nicht. Und obwohl die Aussicht, sich vor jedwede Art von tödlicher Waffe zu werfen, für die Familie im Laufe der Jahrhunderte nichts an Faszination verloren hatte, schien dieser Dickinson-Smith einfach kein glückliches Händchen dabei zu haben. Der arme Thomas hatte eine andere Art von Lust auf exotische Gefilde. Er wollte sie kennen lernen, sie pflegen, von ihnen lernen, sie lieben. Er war einfach ein totaler Versager beim Kriegspielen.

Die lange Geschichte, wie Samad von den höchsten Höhen militärischer Ehren im Bengalischen Korps zum Beschissenen Bataillon gelangt war, bekam Archie immer und immer wieder zu hören, in unterschiedlichen Versionen und mit zusätzlichen Ausschmückungen, und das noch zwei Wochen lang einmal am Tag, ob er nun zuhörte oder nicht. Und so langweilig die Geschichte auch war, verglichen mit den anderen Erzählungen vom Scheitern, die jene langen Nächte ausfüllten und die Männer des Beschissenen Bataillons in ihrem Lieblingszustand von Demotivation und Verzweiflung hielten, war sie ein echtes Highlight. Zum festen Repertoire gehörten der tragische Tod von Roys Verlobter, einer Friseuse, die auf einem Satz Lockenwickler ausrutschte und sich am Waschbecken das Genick brach; Archies gescheiterte gymnasiale Karriere, weil seine Mutter die Schuluniform nicht bezahlen konnte; Dickinson-Smiths zahlreiche ermordete Verwandte. Was Will Johnson betraf, er redete tagsüber nicht, sondern wimmerte stattdessen im Schlaf, und sein Gesicht sprach eine beredte Sprache von so elendem Elend, dass niemand sich traute nachzufragen. Das Beschissene Bataillon machte eine Weile so weiter, ein Wanderzirkus des Unbehagens, der ziellos durch Osteuropa rollte; Clowns und Narren mit keinem anderen Publikum als sich selbst. Die abwechselnd auftraten und gafften. Bis der Panzer schließlich in einen Tag hineinrollte, den die Geschichte vergessen hat. Den die Erinnerung sich nicht bemüht hat zu bewahren. Ein jäher Stein, der untertaucht. Falsche Zähne, die geräuschlos auf den Grund des Glases schweben. Der 6. Mai 1945.

Etwa gegen 18.00 an diesem 6. Mai 1945 flog etwas im Panzer in die Luft. Es war kein Bombengeräusch, sondern ein Maschinenkatastrophengeräusch, und der Panzer rollte langsam aus. Sie befanden sich in einem kleinen bulgarischen Dorf an der Grenze zu Griechenland und der Türkei, einem Ort, an dem der Krieg das Interesse verloren und den er vergessen hatte, so dass seine Bewohner zu einem fast normalen Alltag zurückgekehrt waren.
»Also«, sagte Roy, nachdem er sich das Problem angesehen hatte. »Der Motor ist im Arsch, und eine von unseren Ketten ist gerissen. Wir müssen über Funk Hilfe anfordern und warten, bis sie eintrifft. Wir können nichts machen.«
»Wollen wir denn nicht mal versuchen, den Schaden zu reparieren?«, fragte Samad.
»Nein«, sagte Dickinson-Smith. »Mackintosh hat Recht. Mit

unserer Ausrüstung können wir nichts ausrichten. Uns bleibt nichts anderes übrig, als auf Hilfe zu warten.«

»Wie lange wird das dauern?«

»Einen Tag«, zirpte Johnson. »Wir sind weit weg von den Übrigen.«

»Captain Smith, sind wir verpflichtet, die ganzen vierundzwanzig Stunden im Fahrzeug zu bleiben?«, fragte Samad, der an Roys Körperhygiene verzweifelte und keine Lust hatte, auf engstem Raum einen schwülen Abend mit ihm zu verbringen.

»Und ob – meinst du etwa, wir hätten jetzt einen freien Tag?«, knurrte Roy.

»Nein, nein … Ich denke, wir können uns ruhig ein bisschen Bewegung verschaffen – es wäre unsinnig, wenn wir uns alle hier verkriechen. Sie und Jones ziehen los, machen Meldung, und wenn Sie zurück sind, gehen Mackintosh, Johnson und ich.«

Also gingen Samad und Archie ins Dorf, wo sie drei Stunden im Café saßen, Sambucca tranken und dem Besitzer lauschten, der ihnen von der Mini-Invasion zweier Nazis erzählte, die in den Ort gekommen waren, seine ganzen Vorräte aufgegessen, mit zwei losen Dorfmädchen geschlafen und einen Mann in den Kopf geschossen hatten, weil er ihnen nicht schnell genug gesagt hatte, wie sie in den nächsten Ort kämen.

»Bei allem waren sie ungeduldig«, sagte der alte Mann kopfschüttelnd. Samad zahlte die Rechnung.

Auf dem Rückweg sagte Archie, um ein Gespräch anzufangen: »Mann! Die brauchen aber wirklich nicht viele Leute zum Erobern und Plündern.«

»Ein starker Mann und ein schwacher sind eine Kolonie, Pionier Jones«, sagte Samad.

Als Archie und Samad wieder zum Panzer kamen, fanden sie die Soldaten Mackintosh und Johnson und Captain Dickinson-Smith tot vor. Johnson war mit Käseschneidedraht erdrosselt worden, Roy hatte man in den Rücken geschossen. Roy hatte man mit Gewalt den Mund geöffnet und die Silberfüllungen herausgebrochen. Eine Zange steckte ihm jetzt im Mund wie eine Eisenzunge. Anscheinend hatte Thomas Dickinson-Smith, als die Angreifer auf ihn zukamen, das ihm zugewiesene Schicksal abgewandelt und sich ins Gesicht geschossen. Der einzige Dickinson-Smith, der je von englischer Hand starb.

*

Während Archie und Samad noch damit beschäftigt waren, die Situation, so gut es ging, abzuschätzen, saß Generaloberst Jodl in einem kleinem roten Schulgebäude in Reims und schüttelte seinen Füllfederhalter. Einmal. Zweimal. Dann führte er die Tinte in einem feierlichen Tanz entlang der gestrichelten Linie und schrieb Geschichte in seinem Namen. Das Ende des Krieges in Europa. Als das Blatt von einem Mann, der schräg hinter ihm stand, weggerissen wurde, ließ Jodl den Kopf hängen, übermannt von der vollen Erkenntnis seiner Handlung. Aber es sollte noch ganze zwei Wochen dauern, bis sowohl Archie als auch Samad davon erfuhren.

Es waren seltsame Zeiten, so seltsam, dass ein Iqbal und ein Jones Freundschaft schließen konnten. An jenem Tag standen Samad und Archie, während das übrige Europa feierte, an einer bulgarischen Landstraße, und Samad hielt eine Hand voll Drähte, eine kleine Spanplatte und ein Metallgehäuse in seiner gesunden Faust.

»Dieses Funkgerät ist total im Eimer«, sagte Samad. »Wir müssen ganz von vorn anfangen. Die Sache steht sehr schlimm, Jones. Sehr schlimm. Wir haben unser Kommunikations-, Transport- und Verteidigungsmittel verloren. Schlimmer noch: Wir haben unseren Vorgesetzten verloren. Und ein Soldat ohne Kommandeur ist wirklich eine sehr schlimme Sache.«

Archie wendete sich von Samad ab und übergab sich heftig in einen Busch. Soldat Mackintosh hatte sich nämlich, trotz seiner

Großspurigkeit, vor dem Tor des heiligen Petrus voll geschissen, und der Geruch hatte sich in Archies Lunge gezwängt und seine Nerven, seine Angst und sein Frühstück von innen nach außen geholt.

Was die Reparatur des Funkgeräts anbelangte, so kannte Samad sich aus, er kannte die *Theorie*, aber Archie hatte die Hände und ein gewisses Geschick, wenn es um Drähte, Nägel und Leim ging. Und es war ein eigentümlicher Kampf zwischen Wissen und praktischer Fähigkeit, der sich da zwischen ihnen vollzog, als sie die winzigen Metallteilchen zusammenfügten, von denen sie sich Rettung erhofften.

»Gib mir mal den Drei-Ohm-Widerstand, ja?«

Archie wurde sehr rot, wusste nicht recht, was Samad meinte. Seine Hand schwebte über der Kiste mit Drähten und allerlei Kleinteilen. Samad hüstelte diskret, als Archies kleiner Finger in die Nähe des richtigen Teils geriet. Es war peinlich, dass ein Inder einem Engländer sagte, was er tun sollte – aber irgendwie half ihnen die Ruhe des Ganzen, diese Situation unter Männern, darüber hinwegzukommen. Und in dieser Zeit lernte Archie, welche Macht im Do-it-Yourself steckte, wie es mit Hilfe von Hammer und Nägeln Substantive und Adjektive ersetzen kann, wie es Männern ermöglicht zu kommunizieren. Eine Lehre, die er zeit seines Lebens nicht mehr vergaß.

»Guter Mann«, sagte Samad, als Archie ihm die Elektrode reichte, doch dann, als er merkte, dass eine Hand nicht genügte, um die Drähte an Ort und Stelle zu bringen oder sie an der Holzplatte des Funkgeräts zu befestigen, gab er Archie das Teil zurück und zeigte ihm, wo es hingehörte.

»Wir kriegen das in null Komma nichts hin«, sagte Archie gut gelaunt.

»Kaugummi? Bitte, Mister!«

Am vierten Tag hatte sich eine Schar von Dorfkindern um den Panzer versammelt, angelockt von den grausigen Morden, Samads grünäugigem Zauber und Archies amerikanischen Kaugummis.

»Mr. Soldat«, sagte ein kastanienfarbener, spatzengewichtiger Junge bedächtig, »Kaugummi bitte danke.«

Archie griff in seine Tasche und zog fünf dünne rosa Streifen heraus. Der Junge verteilte sie großkotzig an seine Freunde. Sie fingen an, so heftig zu kauen, dass ihnen vor Anstrengung die Augen aus dem Kopf traten. Dann, als der Geschmack nachließ, blieben sie stehen und betrachteten ihren Wohltäter in stummer Ehrfurcht. Nach wenigen Minuten wurde derselbe magere Junge erneut als Volksvertreter vorgeschickt.

»Mr. Soldat.« Er streckte die Hand aus. »Kaugummi bitte danke.«

»Nichts mehr da«, sagte Archie mit Hilfe kunstvoller Zeichensprache. »Ich hab nichts mehr.«

»Bitte, danke. *Bitte*?«, wiederholte der Junge eindringlich.

»Ach, Herrgott noch mal«, fauchte Samad. »Wir müssen das Funkgerät in Gang bringen. Lass uns weitermachen, ja?«

»Kaugummi, Mister, Mister Soldat, Kaugummi.« Es war fast wie ein Sprechgesang. Die Kinder brachten die wenigen Worte, die sie gelernt hatten, durcheinander und plapperten sie in beliebiger Reihenfolge vor sich hin.

»*Bitte*?« Der Junge streckte so eifrig den Arm aus, dass es ihn auf die Zehenspitzen hob.

Plötzlich öffnete er die Hand und lächelte dann kokett, wollte handeln. In seiner Handfläche lagen vier grüne Geldscheine, zusammengeknüllt wie eine Hand voll Gras.

»Dollar, Mister!«

»Wo hast du das her?«, fragte Samad und wollte sich das Geld schnappen. Der Junge riss die Hand zurück. Er bewegte sich unablässig von einem Bein aufs andere – der Spitzbubentanz, den Kinder im Krieg lernen. Die einfachste Version von auf der Hut sein.

»Erst Kaugummi, Mister.«

»Sag mir, wo du das herhast. Ich warne dich, halt mich nicht zum Narren.«

Samad griff nach dem Jungen und erwischte ihn am Hemdsärmel. Der Kleine versuchte verzweifelt, sich freizuwinden. Die Freunde des Jungen verdrückten sich allmählich, ließen ihren gefallenen Champion im Stich.

»Hast du dafür einen Mann getötet?«

Eine Ader an Samads Stirn kämpfte leidenschaftlich darum, seiner Haut zu entfliehen. Er wollte ein Land verteidigen, das nicht sein Land war, und die Ermordung von Männern rächen, die ihn in Friedenszeiten auf keiner Straße bemerkt hätten. Archie war erstaunt. Es war sein Land; auf seine enge, kaltblütige, durchschnittliche Art war er einer der vielen unerlässlichen Wirbel in dessen Rückgrat, und dennoch konnte er nichts Vergleichbares dafür empfinden.

»Nein, Mister, nein, nein. Von ihm. Ihm.«

Er streckte den freien Arm und zeigte auf ein großes, baufälliges Haus, das wie eine dicke brütende Henne am Horizont hockte.

»Hat jemand in dem Haus unsere Männer getötet?«, bellte Samad.

»Was Sie sagen, Mister?«, quiekte der Junge.

»Wer wohnt da?«

»Er ist Doktor. Er ist da. Aber krank. Kann nicht bewegen. Dr. Krank.«

Die wenigen noch verbliebenen Kinder bestätigten den Namen aufgeregt. Dr. Krank, Mister, Dr. Krank.

»Was hat er?«

Der Junge, der die Aufmerksamkeit jetzt genoss, mimte theatralisch einen weinenden Mann.

»Englisch? Wie wir? Deutsch? Französisch? Bulgarisch? Griechisch?«, Samad ließ den Jungen los, ermattet von der fehlgeleiteten Energie.

»Er keiner. Er nur Dr. Krank«, sagte der Junge abfällig. »Kaugummi?«

Einige Tage später war noch immer keine Hilfe eingetroffen. Die Anspannung, in einem so netten Dorf ständig im Kriegszustand zu sein, zehrte an Archie und Samad, und nach und nach entspannten sie sich mehr und mehr in einer Art zivilen Lebens. Jeden Abend aßen sie in dem Küchencafé des alten Gozan. Wässrige Suppe kostete fünf Zigaretten pro Person. Fisch jeder Sorte kostete einen unbedeutenden Bronzeorden. Da Archie inzwischen eine von Dickinson-Smiths Uniformen trug, weil seine in Fetzen gegangen war, hatte er noch ein paar Orden des Toten übrig, und damit kaufte er Angenehmes und Nützliches: Kaffee, Seife, Schokolade. Für etwas Schweinefleisch rückte Archie eine Sammelkarte von Dorothy Lamour heraus, die er, seit er Soldat war, in der Gesäßtasche gegen seinen Hintern gepresst bei sich hatte.

»Greif zu, Sam – wir benutzen die Karten als Bons, wie Essensmarken; wir können sie ja zurückkaufen, sobald wir die Mittel dazu haben, wenn du möchtest.«

»Ich bin Muslim«, sagte Samad und schob den Teller mit Schweinefleisch weg. »Und meine Rita Hayworth verlässt mich nur zusammen mit meiner Seele.«

»Wieso esst ihr das nicht?«, fragte Archie und verschlang seine beiden Koteletts wie ein Irrer. »Komisch ist das, wenn du mich fragst.«

»Ich esse es nicht aus demselben Grund, aus dem du als Engländer niemals wirklich eine Frau befriedigen wirst.«

»Wieso nicht?«, sagte Archie, sein Festmahl unterbrechend.

»Das steckt in unseren Kulturen, mein Freund.« Er überlegte kurz. »Vielleicht noch tiefer. Vielleicht steckt es uns in den Knochen.«

Nach dem Abendessen taten sie regelmäßig so, als würden sie das Dorf nach den Mördern durchkämmen; sie fegten durch den Ort, gingen in immer dieselben drei verrufenen Bars und sahen in den hinteren Schlafzimmern der Häuser hübscher Frauen nach, doch nach einer Weile gaben sie auch das auf und saßen stattdessen einfach da, rauchten billige Zigarren neben dem Panzer, genossen die langen karmesinroten Sonnenuntergänge und plauderten über ihre früheren Inkarnationen als Zeitungsjunge (Archie) und Biologiestudent (Samad). Sie erörterten Ideen, die Archie nicht ganz verstand, und Samad vertraute der kühlen Nacht Geheimnisse an, die er noch nie laut ausgesprochen hatte. Manchmal entstanden zwischen ihnen lange, angenehme Schweigepausen, wie bei Frauen, die einander seit Jahren kennen. Sie blickten zu den Sternen hinauf, die unbekanntes Land erhellten, aber keiner der beiden sehnte sich sonderlich nach daheim. Kurz gesagt, es war genau die Art von Freundschaft, die ein Engländer im Urlaub eingeht, die er nur im Urlaub eingehen kann. Eine Freundschaft, die sich weder um Gesellschaftsschicht noch um Hautfarbe schert, eine Freundschaft, die auf Grund körperlicher Nähe entsteht und die überlebt, weil der Engländer davon ausgeht, dass die körperliche Nähe nicht lange anhalten wird.

Anderthalb Wochen nachdem das Funkgerät repariert worden war, hatten sie noch immer keine Antwort auf die Notrufsignale, die sie über die Ätherwellen hüpfen ließen, auf der Suche nach Ohren, die sie hörten. (Mittlerweile wusste das Dorf, dass der Krieg zu Ende war, aber niemand war geneigt, diese Tatsache den beiden Besuchern mitzuteilen, deren täglicher Tauschhandel für einen so beträchtlichen Wirtschaftsaufschwung sorgte.) Wenn sie nichts Besseres vorhatten, stemmte Archie mit einer Eisenstange Teile der Kette hoch, und Samad untersuchte den Schaden. Auf verschiedenen Kontinenten hielten die Familien der beiden Männer sie für tot.

»Hast du zu Hause in Brighton City eine Frau?«, fragte Samad, den Kopf zwischen die Löwenfänge von Kette und Panzer gezwängt.

Archie war kein gut aussehender Junge. Er war ganz fesch, wenn man auf einem Foto von ihm Nase und Mund mit dem Daumen abdeckte, aber ansonsten war er ziemlich unscheinbar. Mitunter fanden Mädchen seine großen, traurigen Sinatra-blauen Augen anziehend, allerdings nicht die Bing-Crosby-Ohren und die Nase, die in einer natürlichen Zwiebelknollenschwellung auslief, wie bei W. C. Fields.

»Ein paar«, sagte er nonchalant. »Du weißt schon, hier und da. Du?«

»Für mich ist schon eine junge Dame ausgesucht worden. Eine Miss Begum – Tochter von Mr. und Mrs. Begum. Die ›Schwiegereltern‹, wie ihr sagt. Meine Güte, die beiden stecken so hoch im Rektum des Establishments von Bengalen, dass sogar der Lord Governor schniefend dasitzt und drauf wartet, dass sein Mullah reinkommt und ihm eine Dinnereinladung von ihnen überbringt!«

Samad lachte laut auf und wartete, dass Archie mitlachte, doch der, da er kein Wort verstanden hatte, blieb so ungerührt wie immer.

»Ach, es sind sehr nette Leute«, fuhr Samad nur leicht entmutigt fort. »Überaus nette Leute. Äußerst gutes Blut … und als zusätzlichen Bonus haben ihre Frauen die Neigung – traditionell, über Generationen hinweg, wohlgemerkt – zu wirklich ganz enormen Brüsten.«

Samad machte die unvermeidliche Handbewegung und wandte sich dann erneut seiner Aufgabe zu, einen Kettenzahn wieder in die dafür vorgesehene Rille zu bekommen.

»Und?«, fragte Archie.

»Und was?«

»Sind sie …?« Archie wiederholte die Handbewegung, aber diesmal mit der Art von anatomischer Übertreibung, die es der in die Luft gemalten Frau unmöglich macht, aufrecht zu stehen.

»Ach, aber ich muss doch noch warten«, sagte Samad, sehnsuchtsvoll lächelnd. »Leider hat die Familie Begum bislang noch kein weibliches Kind meiner Generation.«

»Du meinst, deine Frau ist noch gar nicht geboren?«

»Na und?«, fragte Samad und zog eine Zigarette aus Archies Brusttasche. Er zog ein Streichholz über die Seite des Panzers und zündete die Zigarette an. Archie wischte sich mit einer öligen Hand den Schweiß vom Gesicht.

»Wo ich herkomme«, sagte Archie, »lernt ein Junge ein Mädchen gern kennen, bevor er sie heiratet.«

»Wo du herkommst, ist es üblich, Gemüse so lange zu kochen, bis es auseinander fällt. Das bedeutet nicht«, sagte Samad knapp, »dass es eine gute Idee ist.«

Ihr letzter Abend im Dorf war absolut dunkel, still. In der schwülen Luft war es unangenehm zu rauchen, daher trommelten Archie und Samad mit den Fingern auf die kalten Steinstufen einer Treppe, weil sie sonst keine Beschäftigung für ihre Hände hatten. Einen Moment lang vergaß Archie in dem Zwielicht den Krieg, der ohnehin aufgehört hatte zu existieren. Gleichsam eine Nacht der einfachen Vergangenheit, vollendeten Zukunft.

Es war in dieser Zeit, als sie noch nichts vom Frieden wussten, dass Samad beschloss, seine Freundschaft zu Archie zu festigen. Häufig geschieht derlei durch die Weitergabe einer besonderen Information – irgendein sexueller Ausrutscher, irgendein emotionales Geheimnis oder eine dunkle versteckte Leidenschaft –, mit der man auf Grund der bei einer frischen Bekanntschaft üblichen Zurückhaltung erst einmal hinterm Berg gehalten hat. Samad jedoch war nichts näher oder wichtiger als sein Blut. Es war also ganz natürlich, dass er, während sie auf heiligem Boden saßen, davon sprach, was ihm heilig war. Und es gab keine stärkere Beschwörung des Blutes, das durch seine Adern floss, und der Erde, die dieses Blut im Laufe der Jahrhunderte getränkt hatte, als die Geschichte seines Urgroßvaters. Also erzählte Samad die stark vernachlässigte, hundertjährige, modrige Mär von Mangal Pande.

»Der war also dein Großvater?«, sagte Archie, nachdem die Geschichte erzählt, der Mond hinter Wolken verschwunden

und er gebührend beeindruckt war. »Dein echter, Blutsgroß-
vater?«

»Urgroßvater.«

»Mann, wirklich allerhand. Weißt du, ich erinnere mich noch
von der Schule daran – *ehrlich* – ›Geschichte der Kolonien‹, Mr.
Juggs. Glatze, Glupschaugen, fieser alter Sack – Mr. Juggs, meine
ich, nicht dein Großvater. Aber er hat seinen Stoff an den Mann
gebracht, selbst wenn dafür ein Lineal auf so manchem Hinterkopf vonnöten war ... Weißt du, es gibt noch immer Leute in den
Regimentern, die sich *Pandies* nennen, verstehst du, so was wie
Rebellen ... Ich hab mir nie überlegt, wo das herkommt ... Pande
war der Rebell, mochte die Briten nicht, hat bei der großen Meuterei die erste Kugel abgefeuert. Ich weiß es jetzt wieder, glas-
klar. Und das war dein Großvater!«

»*Ur*großvater.«

»Donnerwetter. Wirklich allerhand, was?«, meinte Archie, ver-
schränkte die Hände hinter dem Kopf und legte sich zurück, um
die Sterne zu betrachten. »Ein bisschen Geschichte im Blut zu
haben. Das motiviert einen, kann ich mir denken. Ich bin ein
Jones, weißt du. Wie ›Smith‹. Wir sind niemand ... Mein Vater
hat immer gesagt: ›Wir sind die Spreu, Junge, wir sind die Spreu.‹
Nicht dass mir das je viel ausgemacht hätte. Bin trotzdem stolz,
weißt du. Guter englischer Menschenschlag. Aber ihr hattet einen Helden in der Familie!«

Samad wurde vor Stolz ein wenig größer. »Ja, Archibald, das ist
genau das richtige Wort. Natürlich versuchen diese kleingeisti-
gen englischen Akademiker, ihn in Misskredit zu bringen, weil
sie es nicht ertragen können, einem Inder das zukommen zu lassen, was ihm zusteht. Aber er war ein Held, und alle meine Taten
in diesem Krieg stehen im Schatten seines Vorbildes.«

»Das stimmt, weißt du«, sagte Archie nachdenklich. »Zu Hause
spricht man nicht gut über Inder; denen würde es bestimmt nicht
gefallen, wenn du sagst, dass ein Inder ein Held war ... da guckt
dich jeder gleich ein bisschen merkwürdig an.«

Plötzlich ergriff Samad Archies Hand. Samads war heiß, fast fiebrig, dachte Archie. Er hatte noch nie erlebt, dass ein Mann seine Hand nahm, und sein erster Impuls war, sie wegzuziehen oder zuzuschlagen oder etwas in der Art, doch dann fiel ihm wieder ein, dass Inder ja so emotional waren, oder? Das viele scharfe Essen und so.

»*Bitte*: Tu mir diesen einen großen Gefallen, Jones. Wenn du je bei dir zu Hause hörst, wie irgendwer über Asien redet – falls du, falls *wir*, in unsere jeweilige Heimat zurückkehren –, falls du das je hörst«, und an dieser Stelle sackte seine Stimme eine Oktave tiefer, und der Ton klang voll und traurig, »*halte dich mit deinem Urteil zurück*. Wenn jemand zu dir sagt, ›die sind alle so‹ oder ›die machen dies und das‹ oder ›die vertreten die Meinung, dass‹, enthalte dich deines Urteils, bis du alle Fakten beisammen hast. Denn das Land, das sie ›Indien‹ nennen, hat tausend Namen und wird von Millionen bevölkert, und wenn du denkst, du hast in dieser gewaltigen Masse zwei Männer gefunden, die gleich sind, dann bist du im Irrtum. Du hast dich bloß vom Mondlicht narren lassen.«

Samad ließ Archies Hand los und kramte in seiner Tasche, tippte den Finger in ein Gefäß mit weißem Pulver, das er dort verwahrte, schob ihn dann diskret in den Mund. Er lehnte sich gegen die Wand und fuhr mit den Fingerspitzen über den Stein. Es war eine kleine Missionskirche, die als Krankenhaus genutzt und dann nach zwei Monaten verlassen worden war, als der Lärm der Granaten die Fensterbänke erbeben ließ. Samad und Archie hatten sich angewöhnt, dort zu schlafen, wegen der dünnen Matratzen und der großen luftigen Fenster. Samad interessierte sich auch für das Morphiumpulver (auf Grund der Einsamkeit, redete er sich ein, auf Grund der Schwermut), das überall im Gebäude in manchen Vorratsschränken zu finden war; die versteckte Beute beim Eiersuchen eines Abhängigen. Immer wenn Archie ging, um zu pinkeln oder mal wieder sein Glück am Funkgerät zu versuchen, tigerte Samad durch die kleine Kirche, plünderte

Schränkchen um Schränkchen, wie ein Sünder, der von Beichtstuhl zu Beichtstuhl zieht. Wenn er dann sein kleines Sündenfläschchen gefunden hatte, nutzte er die Gelegenheit und rieb sich ein bisschen an den Gaumen oder rauchte ein bisschen in der Pfeife, und dann streckte er sich auf dem kühlen Terrakottaboden aus, blickte hinauf in die erlesen geschwungene Kirchenkuppel. Sie war mit Worten bedeckt, diese Kirche. Worte, dreihundert Jahre zuvor von Dissidenten hinterlassen, die während einer Choleraepidemie nicht bereit waren, eine Beerdigungssteuer zu zahlen, und die von einem verruchten Grundbesitzer in diese Kirche eingesperrt wurden und darin umgekommen waren – doch zuvor noch hatten sie jede Wand mit Briefen an die Familie, mit Gedichten und Beteuerungen ewigen Ungehorsams bedeckt. Als Samad die Geschichte zum ersten Mal hörte, gefiel sie ihm, doch erst, wenn das Morphium wirkte, packte sie ihn so richtig. Dann erwachte jeder Nerv in seinem Körper zum Leben, und das Wissen, alles Wissen des Universums, alles Wissen an den Wänden entkorkte sich selbst und strömte durch ihn hindurch wie Elektrizität durch eine Erdleitung. Dann öffnete sich sein Kopf wie ein Liegestuhl. Und er setzte sich eine Weile hinein und ließ die Welt vorüberziehen. An diesem Abend, nach einem klein wenig mehr als genug, fühlte Samad sich ganz besonders hellsichtig. Als wäre seine Zunge mit Butter bestrichen und die Welt ein poliertes Marmorei. Und er empfand eine innere Nähe zu den toten Dissidenten, sie waren Pandes Brüder – jeder Rebell, so schien es Samad an diesem Abend, war sein Bruder –, er wünschte, er könnte mit ihnen über das Zeichen reden, das sie in der Welt hinterlassen hatten. War das genug gewesen? Wenn der Tod kam, war das wirklich genug? Waren sie zufrieden mit den tausend Worten, die sie zurückgelassen hatten?

»Ich verrat dir was, einfach so«, sagte Archie, der Samads Augen folgte und in ihnen die Spiegelung der Kirchenkuppel erblickte. »Wenn ich nur noch ein paar Stunden gehabt hätte, hätte ich die nicht damit verbracht, Bilder an die Decke zu malen.«

»Dann sag mir«, entgegnete Samad, gereizt, weil er aus seiner angenehmen Kontemplation gerissen worden war, »welcher großen Aufgabe würdest du dich in den Stunden vor deinem Tod widmen? Vielleicht den großen Fermat'schen Satz widerlegen? Die aristotelische Philosophie in ihrer Gänze erfassen?«

»Was? Wer? Nein ... ich würde – na ja, mit einer *Lady* ... schlafen«, sagte Archie, den seine Unerfahrenheit prüde machte. »Weißt du ... zum *letzten Mal*.«

Samad prustete los. »Zum ersten Mal ist wahrscheinlicher.«

»Ach, hör auf. Das ist mein *Ernst*.«

»Also gut. Und wenn gerade keine ›Ladys‹ in der Nähe wären?«

»Tja, dann kann man sich immer noch«, und jetzt wurde Archie knallrot, denn das war seine Art, eine Freundschaft zu festigen, »einen von der Palme wedeln, wie die GIs sagen!«

»*Einen von der Palme*«, wiederholte Samad verächtlich, »*wedeln* ... und das wär's dann, ja? Das Letzte, was du tun möchtest, bevor du diese irdische Hülle abstreifst, ist ›dir einen von der Palme wedeln‹. Einen Orgasmus haben.«

Archie, der aus Brighton stammte, wo niemand jemals, *jemals* Worte wie Orgasmus in den Mund nahm, brach in hysterisch verlegenes Gelächter aus.

»Wer ist denn so lustig? Was ist so lustig?«, fragte Samad und zündete sich geistesabwesend eine Zigarette an, während seine Gedanken vom Morphium woanders hingetragen wurden.

»Keiner«, stieß Archie stockend hervor, »nichts.«

»Siehst du das denn nicht, Jones? Siehst du denn nicht ...« Samad lag in der Tür, halb drinnen, halb draußen, die Arme zur Decke hochgereckt, »... die *Absicht*? Die haben sich nicht einen von der Palme gewedelt – abgespritzt –, die haben nach etwas gesucht, das ein wenig *dauerhafter* ist.«

»Ehrlich gesagt, ich seh da keinen Unterschied«, sagte Archie. »Wenn du tot bist, bist du tot.«

»O *nein*, Archibald, *nein*«, flüsterte Samad schwermütig. »Das glaubst du nicht wirklich. Du musst das Leben in dem vollen

Bewusstsein leben, dass deine Handlungen dich *überdauern* werden. Wir sind Wesen mit Konsequenzen, Archibald«, sagte er und deutete dabei auf die Kirchenwände. »Die haben das gewusst. Mein Urgroßvater hat es gewusst. Und eines Tages werden unsere Kinder das wissen.«

»Unsere Kinder!«, kicherte Archie nur amüsiert. Die Möglichkeit einer Nachkommenschaft schien ihm so fern.

»Unsere Kinder werden aus unseren Handlungen entstehen. *Unsere Handlungen werden ihr Schicksal werden.* O ja, die Handlungen werden fortdauern. Es geht schlicht und ergreifend um die Frage, was du tun wirst, wenn es hart auf hart kommt, mein Freund. Wenn die Oper zu Ende ist. Wenn die Wände einbrechen und der Himmel sich verdunkelt und die Erde grollt. In diesem Moment werden unsere Handlungen uns bestimmen. Und da macht es keinen Unterschied, ob du von Allah, Jesus, Buddah beobachtet wirst oder nicht. An kalten Tagen kann ein Mann seinen Atem sehen, an heißen Tagen kann er das nicht. Beide Male *atmet* er.«

»Weißt du was«, sagte Archie nach einer Pause, »kurz bevor ich von Felixstowe abgefahren bin, hab ich diesen neuen Bohrer gesehen, den es jetzt gibt. Der lässt sich in zwei Teile zerlegen, und man kann alle möglichen Sachen aufsetzen – Schraubenschlüssel, Hammer, sogar einen Flaschenöffner. Sehr praktisch, wenn man nicht viel Platz hat, könnte ich mir vorstellen. Ich kann dir sagen, so einen hätte ich verdammt gerne.«

Samad blickte Archie einen Moment lang an und schüttelte dann den Kopf. »Komm, lass uns reingehen. Dieses bulgarische Essen. Nicht gut für meinen Magen. Ich brauche ein bisschen Schlaf.«

»Du siehst blass aus«, sagte Archie und half ihm auf.

»Das liegt an meinen Sünden, Jones, an meinen Sünden, und doch wird gegen mich mehr gesündigt, als ich sündige.« Samad kicherte in sich hinein.

»Du tust was?«

Archie stützte Samad auf einer Seite ab, als sie hineingingen.

»Ich hab irgendwas gegessen«, sagte Samad in bemüht geschliffener Aussprache, »das mir nicht gut bekommen ist.«

Archie wusste sehr wohl, dass Samad Morphium aus den Schränken klaute, aber ihm war klar, dass Samad nicht wollte, dass er es wusste, also sagte er nur: »Ab ins Bett mit dir«, und brachte Samad zu einer Matratze.

»Wenn das alles hier vorbei ist, treffen wir uns in England, okay?«, sagte Samad, Richtung Matratze torkelnd.

»Ja«, sagte Archie, der sich vorzustellen versuchte, wie er mit Samad über den Pier in Brighton ging.

»Weil du ein ungewöhnlicher Engländer bist, Pionier Jones. Ich betrachte dich als meinen Freund.«

Archie wusste nicht recht, als was er Samad betrachtete, aber er lächelte freundlich, um die emotionale Bekundung anzuerkennen.

»Im Jahre 1975 wirst du mit mir und meiner Frau zu Abend essen. Wenn wir dickbäuchige Männer sind und auf unseren Geldbergen sitzen. Irgendwie werden wir uns begegnen.«

Archie, der jeder fremdartigen Küche mit Argwohn begegnete, lächelte schwach.

»Wir werden uns unser ganzes Leben lang kennen!«

Archie legte Samad hin, suchte sich eine Matratze und manövrierte sich in eine Schlafposition.

»Gute Nacht, Freund«, sagte Samad, reine Zufriedenheit in der Stimme.

*

Am Morgen kam der Zirkus in den Ort. Samad, der von Rufen und ausgelassenem Gelächter wach geworden war, quälte sich in seine Uniform und legte eine Hand auf seine Pistole. Er trat auf den sonnenüberfluteten Hof und sah russische Soldaten in ihren graubraunen Uniformen, die Bockspringen veranstalteten, sich gegenseitig Blechbüchsen vom Kopf schossen und mit Messern nach Kartoffeln warfen, die auf Stöcken steckten und kleine Schnurrbärtchen aus Zweigen trugen. Von der Erkenntnis übermannt, sackte Samad auf den Eingangsstufen zusammen, seufzte und blieb mit den Händen auf den Knien sitzen, das Gesicht nach oben der Wärme zugewandt. Einen Moment später kam Archie herausgestolpert, die Hose auf Halbmast, schwenkte seine Pistole, suchte nach dem Feind und gab einen verängstigten Schuss in die Luft ab. Der Rummel ging ungestört weiter. Samad zog Archie müde am Hosenbein und bedeutete ihm, sich hinzusetzen.

»Was geht denn hier vor?«, fragte Archie mit wässrigem Blick.

»Nichts. Absolut nichts geht hier vor. Im Gegenteil, es ist aus.«

»Aber das könnten doch die Männer sein, die –«

»Sieh dir die Kartoffeln an, Jones.«

Archie blickte sich wild um. »Was haben denn Kartoffeln damit zu tun?«

»Das sind Hitler-Kartoffeln, mein Freund. Das sind Gemüsediktatoren. Exdiktatoren.« Er zog eine von ihrem Stock. »Siehst du den kleinen Schnurrbart? Es ist vorbei, Jones. Irgendwer hat es für uns zu Ende gebracht.«

Archie nahm die Kartoffel in die Hand.

»Wie einen Bus, Jones. Wir haben den Scheißkrieg verpasst.«

Archie rief einem schlaksigen Russen, der gerade eine Hitlerkartoffel aufspießte, zu: »Verstehen Sie mich? Wie lange ist es schon vorbei?«

»Der Kampf?« Er lachte ungläubig. »Zwei Wochen, Kameraden! Ihr müsstet schon nach Japan, wenn ihr noch ein bisschen mehr haben wollt!«

»Wie einen Bus«, wiederholte Samad kopfschüttelnd. Gewaltige Wut stieg in ihm hoch, Galle verstopfte ihm die Kehle. Dieser Krieg hätte seine große Chance sein sollen. Man erwartete von ihm, dass er ruhmbedeckt nach Hause kam und dann triumphierend nach Delhi zurückkehrte. Wann würde er je wieder eine Chance bekommen? Einen Krieg wie diesen würde es nicht mehr geben, das wusste jeder. Der Soldat, der mit Archie gesprochen hatte, kam herangeschlendert. Er trug die Sommeruniform der Russen: dünner Stoff, hoher Kragen und übergroße, weiche Mütze; um die üppige Taille trug er einen Gürtel, dessen Koppelschloss die Sonne einfing und einen Strahl in Archies Auge schoss. Als er nicht mehr geblendet wurde, sah Archie ein breites, offenes Gesicht, ein schielendes linkes Auge und rotblondes Haar, das in alle Richtungen abstand. Der Mann war alles in allem eine heitere Erscheinung an einem strahlenden Morgen, und als er sprach, tat er das in einem flüssigen, leicht amerikanisch klingenden Englisch, das einem an die Ohren plätscherte wie Wellen.

»Der Krieg ist seit über zwei Wochen vorbei, und ihr wisst nichts davon?«

»Unser Funkgerät … das hat nicht …« Archies Satz erstarb.

Der Soldat grinste breit und schüttelte beiden Männern energisch die Hand. »Willkommen im Frieden, Gentlemen! Und wir haben immer gedacht, die Russen wären ein schlecht informiertes Volk!« Wieder lachte er sein schallendes Lachen. An Samad gewandt, fragte er: »Also, wo stecken die Übrigen von euch?«

»Es gibt keine Übrigen von uns, Kamerad. Die übrigen Männer in unserem Panzer sind tot, und von unserem Bataillon gibt es keine Spur.«

»Seid ihr nicht zu irgendeinem Zweck hier?«

»Äh … nein«, sagte Archie, plötzlich beschämt.

»Zweck, Kamerad«, sagte Samad, dem übel war. »Der Krieg ist vorbei, und somit befinden wir uns ohne jeden Zweck hier.« Er lächelte düster und reichte dem Russen seine gute Hand. »Ich gehe rein, Sonne«, sagte er blinzelnd. »Tut meinen Äuglein weh. War nett, Sie kennen zu lernen.«

»Ja, wirklich«, sagte der Russe und verfolgte Samad mit den Augen, bis er im Dunkel der Kirche verschwunden war. Dann wandte er Archie seine Aufmerksamkeit zu.

»Seltsamer Bursche.«

»Hmm«, sagte Archie. »Warum seid *ihr* hier?«, fragte er und nahm die selbst gedrehte Zigarette, die der Russe ihm anbot. Wie sich herausstellte, waren der Russe und die sieben Männer in seiner Begleitung auf dem Weg nach Polen, um die Arbeitslager zu befreien, von denen man manchmal im Flüsterton gehört hatte. Sie hatten hier, westlich von Tokat, Zwischenstation gemacht, um sich einen Nazi zu fangen.

»Aber hier ist keiner, Kumpel«, sagte Archie freundlich. »Hier sind nur ich, der Inder und ein paar alte Leutchen und Kinder aus dem Dorf. Alle anderen sind draufgegangen oder weggegangen.«

»Draufgegangen oder weggegangen ... *draufgegangen oder weggegangen*«, sagte der Russe höchst amüsiert, ein Streichholz unablässig zwischen Daumen und Zeigefinger drehend. »Guter Ausdruck ... lustiger Ausdruck. Nein, ich sag Ihnen was, ich hätte dasselbe gedacht, aber wir haben verlässliche Informationen – sogar von eurem Geheimdienst, dass sich just in diesem Moment ein ranghoher Nazi in dem Haus da verbirgt. Da hinten.« Er zeigte auf das Haus am Horizont.

»Der Doktor? Ein paar kleine Jungs haben uns von ihm erzählt. Ich meine, der muss sich ja vor Angst in die Hose machen, wenn ihr hinter ihm her seid«, sagte Archie der Höflichkeit halber, »aber ich bin sicher, dass sie gesagt haben, er wäre bloß ein kranker Mann. Sie haben ihn Dr. Krank genannt. He, er ist doch wohl kein Engländer? Verräter oder so?«

»Hmm? O nein. Nein, nein, nein, nein. Dr. Marc-Pierre Perret. Junger Franzose. War ein Wunderkind. Wirklich genial. Er hat schon vor dem Krieg als Wissenschaftler für die Nazis gearbeitet. An dem Sterilisationsprogramm, und später an dem Euthanasieprojekt. Innerdeutsche Angelegenheiten. Er war einer von den ganz Loyalen.«

»Mannomann«, sagte Archie, der wünschte, er wüsste, was das alles zu bedeuten hatte. »Was wollt ihr machen?«

»Ihn fassen und nach Polen bringen, wo sich die zuständigen Behörden mit ihm beschäftigen werden.«

»Behörden«, sagte Archie, der noch immer beeindruckt war, aber gar nicht richtig hinhörte. »Mannomann.«

Archies Konzentrationsfähigkeit war schon immer sehr kurzlebig, und er war von der seltsamen Angewohnheit des beleibten, liebenswürdigen Russen abgelenkt worden, in zwei Richtungen gleichzeitig zu sehen.

»Da die Informationen, die wir erhalten haben, von eurem Geheimdienst stammen und da Sie hier der ranghöchste Offizier sind, Captain ... Captain ...«

Ein Glasauge. Es war ein Glasauge mit einem Muskel dahinter, der sich nicht benehmen konnte.

»Ich weiß leider Ihren Namen nicht«, sagte der Russe und betrachtete mit einem Auge Archie, mit dem anderen Efeu, der um die Kirchtür rankte.

»Wer? Ich? Jones«, sagte Archie, der dem kreisenden Weg des Auges folgte: Baum, Kartoffel, Archie, Kartoffel.

»Nun, Captain Jones, es wäre uns eine Ehre, wenn Sie den Einsatz den Berg hinauf anführen würden.«

»Captain – was? Mannomann, nein, da sind Sie aber total schief gewickelt«, sagte Archie, riss sich von der magnetischen Kraft des Auges los und betrachtete sich selbst, in Dickinson-Smiths Uniform mit den glänzenden Knöpfen.

»Ich bin doch kein verdammter –«

»Der Lieutenant und ich wären sehr erfreut, das Kommando zu übernehmen«, unterbrach ihn eine Stimme von hinten. »Wir haben schon eine Weile keine Kriegshandlungen erlebt. Es ist an der Zeit, dass wir uns mal wieder ins Kampfgetümmel stürzen, wie man so sagt.«

Samad war so leise wie ein Schatten auf die Eingangstreppe getreten, in einer anderen Uniform von Dickinson-Smith und mit einer Zigarette, die ihm lässig von der Unterlippe baumelte, wie ein geistreicher Satz. Er war schon immer ein gut aussehender

Junge, und angetan mit den glänzenden Knöpfen der Autorität, wurde das nur noch mehr betont; in dem grellen Tageslicht, umrahmt von der Kirchentür, gab er eine ziemlich eindrucksvolle Figur ab.

»Mein Freund hier wollte damit sagen«, sagte Samad in seinem charmantesten anglo-indischen Singsang, »dass er kein verdammter Captain ist. Ich bin der verdammte Captain. Captain Samad Iqbal.«

»Genosse Nikolai – Nick – Pesotsky.«

Samad und der Russe lachten herzhaft zusammen, schüttelten sich erneut die Hände.

»Er ist mein Lieutenant. Archibald Jones. Ich muss mich entschuldigen, falls ich mich vorhin irgendwie seltsam benommen habe; das Essen hier bekommt mir nicht. Also, wir brechen heute Abend auf, wenn es dunkel ist, ja? Lieutenant?«, sagte Samad und bedachte Archie mit einem eindringlichen verschwörerischen Blick.

»Ja«, platzte Archie heraus.

»Übrigens, Genosse«, sagte Samad, entzündete ein Streichholz an der Kirchmauer und machte sich die Zigarette an, »ich hoffe, Sie nehmen mir die Frage nicht übel – ist das ein Glasauge? Es wirkt ungemein echt.«

»Ja! Hab ich in St. Petersburg gekauft. Von meinem richtigen bin ich in Berlin getrennt worden. Es sieht wirklich unglaublich echt aus, finden Sie nicht?«

Der freundliche Russe ließ das Auge aus der Höhle springen und legte die schleimige Perle auf seine offene Hand, damit Samad und Archie sie betrachten konnten. Als der Krieg anfing, dachte Archie, haben wir Jungs uns um eine Sammelkarte mit den Beinen von Grable gedrängt. Jetzt ist der Krieg zu Ende, und wir drängen uns um das Auge von irgendeinem armen Hund. Mannomann.

Einen Moment lang glitt das Auge an beiden Seiten der russischen Hand auf und nieder, dann kam es mitten in seiner ziemlich langen, gefurchten Lebenslinie zum Stillstand. Es sah mit starrem Blick zu Lieutenant Archie und Captain Samad auf.

*

An jenem Abend bekam Lieutenant Jones seine erste Kostprobe von richtigem Krieg. In zwei Armeejeeps wurden Archie, die acht Russen, Gozan der Cafébesitzer und Gozans Neffe von Samad den Berg hinauf zum Einsatz geführt, um einen Nazi zu fassen. Während die Russen flaschenweise Sambucca in sich hineinschütteten, bis keiner von ihnen sich noch an die ersten Zeilen ihrer Nationalhymne erinnern konnte, während Gozan Brathähnchen an die Höchstbietenden verkaufte, stand Samad in dem ersten Jeep, high wie noch nie von seinem weißen Pulver, mit wedelnden Armen die Nacht in Fetzen reißend, Befehle kreischend, die sein volltrunkenes Bataillon gar nicht mehr mitbekam und die er, stoned wie er war, selbst nicht mehr verstand. Archie saß hinten in dem zweiten Jeep, still, nüchtern, verängstigt und voller Bewunderung für seinen Freund. Es hatte bisher noch nie einen Helden in Archies Leben gegeben. Er war fünf gewesen, als sein Vater die sprichwörtliche Packung Zigaretten ziehen ging und vergaß zurückzukommen, und da er nie viel gelesen hatte, waren ihm die vielen fürchterlichen Bücher erspart geblieben, die geschrieben wurden, um junge Männer mit albernen Helden zu versorgen – für Archie gab es keine Abenteurer, keine einäugigen Piraten, keine furchtlosen Halunken. Doch das Bild, wie Samad da vorne stand, mit seinen glänzenden Offiziersknöpfen, die im Mondlicht schimmerten wie Münzen in einem Wunschbrunnen, traf den siebzehnjährigen Archie völlig unvorbereitet, wie ein rechter Haken auf die Kinnspitze, der besagte: Da ist ein Mann, für den kein Lebenspfad zu steil ist. Da stand ein tobender Irrer auf einem gepanzerten Jeep, da war ein Freund, da war ein *Held*, auf eine Art, wie Archie sie nie erwartet hätte. Als sie jedoch drei viertel des Weges hinter sich hatten, verlor sich plötzlich die improvisierte Straße, der sie gefolgt waren, so dass der Jeep jäh bremsen musste und der heroische Captain in einem Purzelbaum rückwärts über den Panzerwagen schoss, den Hintern in die Luft.

»Hier lange, lange Zeit keiner hinkommen«, sagte Gozans Neffe philosophisch, geräuschvoll an einem Hähnchenknochen kauend. »Der hier?« Er sah Samad an (der in seiner Nähe gelandet war) und zeigte auf den Jeep, in dem sie saßen. »Unmöglich.«

Also versammelte Samad sein inzwischen fast kataleptisches Bataillon um sich und begann den Marsch den Berg hinauf auf der Suche nach einem Krieg, von dem er eines Tages seinen Enkeln würde erzählen können, so wie ihm die Großtaten seines Urgroßvaters erzählt worden waren. Sie kamen nur mühsam voran, weil große Erdbrocken, die durch die Erschütterungen von Bomben aus dem Berg gerissen worden waren, in Abständen auf dem Pfad lagen. Teils versperrten Baumwurzeln, die ohnmächtig und schlaff in die Luft ragten, den Weg und mussten mit den Bajonetten der russischen Gewehre abgehackt werden.

»Wie Hölle!«, schnaubte Gozans Neffe, der betrunken durch eins von den Wurzelwerken krabbelte. »Alles sieht aus wie Hölle!«

»Verzeiht ihm. Er hat starke Gefühle, weil er jung. Aber es ist wahr. Es war nicht – wie sagt man – nicht *unsere Angelegenheit*, Lieutenant Jones«, sagte Gozan, der mit zwei Paar Stiefeln bestochen worden war, damit er die unvermutete Beförderung seiner Freunde für sich behielt. »*Was haben wir damit zu tun?*« Er wischte sich eine Träne weg, halb berauscht, halb von Gefühlen übermannt. »Was haben wir damit zu tun? Wir friedliche Leute. Wir wollen keinen Krieg! Dieser Berg hier – war mal *schön*! Blumen, Vögel, die sangen, verstehen Sie? Wir sind aus dem Osten. Was haben wir mit den Kriegen des Westens zu schaffen?«

Instinktiv wandte sich Archie zu Samad um, erwartete eine von dessen Ansprachen, doch noch bevor Gozan fertig war, hatte Samad plötzlich sein Tempo beschleunigt, und gleich darauf lief er, ließ die trunkenen Russen hinter sich, die mit ihren Bajonetten in der Gegend herumschlugen. Er war so schnell, dass er schon bald außer Sicht war, als er um eine enge Biegung verschwand und von der dunklen Nacht verschluckt wurde. Archie war einen Moment lang verunsichert, doch dann löste er sich aus dem erbarmungslosen Griff von Gozans Neffen (der gerade die Geschichte von der kubanischen Prostituierten erzählen wollte, die er in Amsterdam kennen gelernt hatte) und rannte los in die Richtung, wo er zuletzt den Schimmer eines Silberknopfes gesehen hatte, wieder eine von den scharfen Biegungen, die der Bergpfad nach Lust und Laune machte.

»Captain Ick-Ball! Warten Sie, Captain Ick-Ball!«

Er rannte und rannte, wiederholte den Ruf, schwenkte seine Taschenlampe, die bloß das Unterholz mit seinen immer groteskeren menschenähnlichen Formen erhellte; hier ein Mann, dort eine Frau auf den Knien, hier drei Hunde, die den Mond anheulten. Und so stolperte er einige Zeit durch die Dunkelheit.

»Machen Sie Ihre Lampe an! Captain Ick-Ball! Captain Ick-Ball!«

Keine Antwort.

»Captain Ick-Ball!«

»Warum nennst du mich so«, sagte eine Stimme ganz in der Nähe rechts von ihm, »wo du doch weißt, dass ich nichts dergleichen bin?«

»Ick-Ball?« Und noch während er das fragte, fiel Archies Lichtstrahl auf Samad, der auf einem Felsen saß, den Kopf in die Hände gestützt.

»Warum – ich meine, du bist doch nicht wirklich so blöd, oder – du weißt doch, ich gehe davon aus, dass du weißt, dass ich in Wahrheit ein *gemeiner Soldat* in Seiner Majestät Armee bin?«

»Klar. Aber wir müssen doch weiter so tun als ob, oder? Tarnung und so.«

»Tarnung? Junge.« Samad lachte leise in sich hinein, aber in einer Weise, die Archie freudlos vorkam, und als er den Kopf hob, waren seine Augen sowohl blutunterlaufen als auch feucht vor Tränen. »Wofür hältst du das hier? Ein dummes Spielchen?«

»Nein, ist alles in Ordnung, Sam? Du siehst gar nicht gut aus.« Samad war sich vage bewusst, dass er gar nicht gut aussah. Früher am Abend hatte er sich eine winzige Straße von dem weißen Zeug in die unteren Augenlider gerieben. Das Morphium hatte seinen Verstand messerscharf gemacht und ihn dann aufgeschnitten. Es war ein herrliches Hoch voller Redegewandtheit gewesen, solange es währte, doch dann waren die dabei freigesetzten Gedanken in einem Tümpel aus Alkohol abgesoffen und hatten Samad in ein trübsinniges Tief geschleudert. An diesem Abend sah er sein Spiegelbild, und es war hässlich. Er sah, wo er war – auf einer Abschiedsparty zum Untergang Europas –, und er *sehnte* sich nach dem Osten. Er blickte hinunter auf seine nutzlose Hand mit ihren fünf nutzlosen Wurmfortsätzen, auf seine Haut, von der Sonne schokoladenbraun gebrannt; er blickte in sein Gehirn, das durch dumme Gespräche und die dumpfen Stimuli des Todes dumm geworden war, und er sehnte sich nach dem Mann, der er einst gewesen war: der gelehrte, gut aussehende, hellhäutige Samad Miah; so kostbar, dass seine Mutter ihn vor den Sonnenstrahlen schützte, ihn zu den besten Lehrern schickte und ihn zweimal täglich mit Leinöl einrieb.

»Sam? Sam? Du siehst krank aus, Sam. Bitte, die werden gleich hier sein. *Sam*?«

Selbsthass bringt einen Mann dazu, sich gegen die erste Person zu wenden, die ihm begegnet. Aber Samad empfand es als besonders belastend, dass das ausgerechnet Archie sein musste, der freundlich besorgt zu ihm hinuntersah, mit einer Mischung aus Angst und Ärger, verschmolzen in diesem formlosen Gesicht, das sich so schlecht dazu eignete, Emotionen auszudrücken.

»Nenn mich nicht Sam«, knurrte er in einer Stimme, die Archie nicht wieder erkannte. »Ich bin keiner von deinen englischen Kumpeln. Mein Name ist Samad Miah Iqbal. Nicht Sam. Nicht Sammy. Und erst recht nicht Samuel. Ich heiße Sam*ad*.«

Archie schaute geknickt drein.

»Na jedenfalls«, sagte Samad unversehens förmlich und bemüht, eine gefühlstriefende Szene zu vermeiden, »ich bin froh, dass du da bist, weil ich dir sagen wollte, dass ich ziemlich mitgenommen bin, Lieutenant Jones. Wie du schon sagtest, ich sehe gar nicht gut aus. Ich fühle mich sehr mitgenommen.«

Er stand auf, fiel aber dann erneut zurück auf den Felsen.

»Steh auf«, zischte Archie, zwischen zusammengepressten Zähnen. »Steh auf. Was ist denn bloß los mit dir?«

»Es ist wahr, ich bin überaus mitgenommen. Aber ich habe nachgedacht«, sagte Samad und nahm seine Pistole in die gute Hand. »Steck sie weg.«

»Ich hab mir gedacht, dass ich im Arsch bin, Lieutenant Jones. Ich sehe keine Zukunft. Mir ist klar, dass das ziemlich überraschend für dich kommen muss – ich fürchte, mir fehlt die erforderliche Nackenmuskulatur, um den Kopf hoch zu halten –, aber die Tatsache bleibt. Ich sehe nur noch –«

»Steck sie weg.«

»Schwarz. Ich bin ein *Krüppel*, Jones.« Die Pistole in seiner guten Hand vollführte einen fröhlichen Tanz, während er von rechts nach links wankte. »Und mein Glaube ist verkrüppelt, verstehst du? Ich bin zu nichts mehr tauglich, nicht mal Allah, der allmächtig ist in Seiner Gnade. Was soll ich machen, wenn dieser Krieg vorbei ist, dieser Krieg, der schon vorbei ist – was soll ich machen? Zurück nach Bengalen gehen? Oder nach Delhi? Wer will da denn so einen Engländer haben? Nach England? Wer will da denn so einen Inder haben? Sie haben uns Unabhängigkeit versprochen, im Austausch gegen die Männer, die wir mal waren. Aber es ist ein teuflischer Handel. Was soll ich machen? Hier bleiben? Woanders hingehen? Welches Labor kann einen einhändigen Mann gebrauchen? Wofür bin ich noch nütze?«

»Hör mal, Sam ... *du machst dich lächerlich.*«

»*Wirklich*? Sieht es jetzt also so aus, Freund?«, fragte Samad, stand auf, stolperte über einen Stein und fiel gegen Archie. »Innerhalb von einem Nachmittag befördere ich dich vom Schützen Arsch zum Lieutenant der britischen Armee, und das ist mein Dank? Wo bist du in der Stunde meiner Not? Gozan!«, rief er dem dicken Caféinhaber zu, der weit hinten schweißtriefend um die Biegung gekeucht kam. »Gozan – mein Mitmuslim – in Allahs Namen, ist das richtig?«

»Halt den Mund«, fauchte Archie. »Willst du, dass alle Welt dich hört? Nimm sie *runter*.«

Samads Hand mit der Pistole schoss aus der Dunkelheit hervor und schlang sich um Archies Hals, so dass ihre beiden Köpfe und die Pistole in einer furchtbaren Gruppenumarmung zusammengepresst wurden.

»Wozu bin ich noch gut, Jones? Wenn ich jetzt abdrücken würde, was lasse ich dann zurück? Einen Inder, einen abtrünnigen englischen Inder mit einem schlaffen Handgelenk wie ein Schwuler und keine Orden, die ich mit nach Hause nehmen könnte.« Er ließ Archie los und packte stattdessen seinen eigenen Kragen.

»Nimm doch ein paar von denen hier, Herrgott«, sagte Archie, riss sich drei vom Uniformaufschlag und warf sie ihm hin. »Ich hab jede Menge.«

»Und was ist mit dieser kleinen Angelegenheit hier? Ist dir klar, dass wir Deserteure sind? Praktisch Deserteure? Nimm dir eine Minute Zeit, mein Freund, und sieh uns an. Unser Captain ist tot. Wir tragen seine Uniformen, befehligen Offiziere, Männer, die einen höheren Rang haben als wir. Und wie das? Durch *Betrug*. Macht uns das nicht zu Deserteuren?«

»Der Krieg ist vorbei! Ich meine, wir haben alles versucht, um Kontakt zur übrigen Truppe herzustellen.«

»Haben wir das? Archie, mein Freund, haben wir das? Wirklich? Oder haben wir nur auf unseren Hintern gesessen wie Deserteure, uns in einer Kirche versteckt, während die Welt um uns herum auseinander brach, während Männer an der Front starben?«

Sie balgten sich ein bisschen, weil Archie versuchte, ihm die Pistole abzunehmen, und Samad mit nicht unerheblicher Kraft nach ihm schlug. In der Ferne konnte Archie den Rest ihrer bunt gemischten Truppe um die Biegung kommen sehen, eine große graue torkelnde Masse im Zwielicht, die das Lied »Lydia the Tattoed Lady« grölte.

»Hör mal, nicht so laut. Und beruhig dich«, sagte Archie und ließ ihn los.

»Wir sind Hochstapler, Verräter in den Uniformen anderer. Haben wir unsere Pflicht getan, Archie? Haben wir das? Ganz ehrlich? Ich hab dich mit mir runtergezogen, Archie, und das tut mir Leid. In Wahrheit war das hier mein Schicksal. Es war schon längst für mich so bestimmt.«

O Lydia O Lydia O have you met Lydia O Lydia the Taaaatooooed Lady!

Geistesabwesend schob sich Samad die Pistole in den Mund und spannte den Hahn.

»Ick-Ball, hör mir zu«, sagte Archie. »Als wir mit dem Captain und Roy und den Übrigen in dem Panzer waren.«

O Lydia the Queen of tattoos! On her back is the battle of Waterloo …

»Da hast du dauernd davon geredet, dass du ein Held bist und so – wie dein Großonkel Dingsbums.«

Beside the wreck of the Hesperus too …

Samad nahm die Pistole aus dem Mund.

»*Pande*«, sagte er. »Urgroßvater«, und schob die Pistole wieder hinein.

»Und jetzt hast du sie – deine Chance – sie springt dir förmlich ins Gesicht. Du wolltest den Bus nicht verpassen, und das werden wir auch nicht, nicht, wenn wir das hier richtig machen. Also stell dich nicht so scheißdämlich an.«

And proudly above waves the red, white and bloooo,
You can learn a lot from Lydia!

»Genosse! Was in Gottes Namen.«

Ohne dass sie es bemerkt hatten, war der freundliche Russe herangetrottet und blickte jetzt entsetzt auf Samad, der an seiner Pistole lutschte wie an einem Kinderlutscher.

»Ich reinige sie«, stotterte Samad, sichtlich erschüttert, und nahm die Waffe aus dem Mund.

»So machen sie das«, erklärte Archie, »in Bengalen.«

Der Krieg, den die zwölf Mann in dem großen alten Haus auf dem Berg zu finden erwarteten, der Krieg, den Samad am liebsten in ein Glas eingelegt gesehen hätte, um ihn seinen Enkeln als Andenken an seine Jugend zu überreichen, dieser Krieg war nicht da. Dr. Krank machte seinem Namen alle Ehre, in einem Lehnstuhl vor einem brennenden Kamin sitzend. Krank. In einen Teppich gewickelt. Er trug keine Uniform, bloß ein weißes Hemd und eine dunkle Hose. Er war wirklich ein junger Mann, nicht älter als fünfundzwanzig, und er fuhr nicht zusammen und protestierte auch nicht, als sie alle hereinstürmten, Pistolen schussbereit. Es war, als wären sie gerade in ein freundliches französisches Bauernhaus eingedrungen, mit dem Fauxpas, dass sie ungebeten kamen und Waffen mit an den Abendbrottisch brachten. Das Zimmer wurde ausschließlich von Gaslampen mit kleinen, fraulich geformten Gehäusen erhellt, und das Licht tanzte die Wände hinauf, erhellte eine Reihe von acht Gemälden, die eine zusammenhängende bulgarische Landschaft zeigten. Auf dem fünften erkannte Samad seine Kirche, einen Tupfen hellrötlicher Farbe am Horizont. Die Gemälde waren in einigem Abstand rundherum an den Wänden aufgehängt, wie ein Panorama. Ungerahmt und als rührseliger Versuch in modernem Stil, stand ein neuntes etwas zu nah am Kamin auf einer Staffelei, die Farbe noch feucht. Zwölf Pistolen zielten auf den Künstler. Und als der Künstler-Arzt sich umwandte, um sie anzusehen, rannen ihm, wie es aussah, blutrote Tränen übers Gesicht.

Samad trat vor. Er hatte eine Pistole im Mund gehabt, und das machte ihn mutig. Er hatte eine absurde Menge Morphium konsumiert, war in das Loch gestürzt, das Morphium erzeugt, und hatte überlebt. Nie ist man stärker, dachte Samad, als er auf den Doktor zuging, als wenn du auf der anderen Seite der Verzweiflung angekommen bist.

»Sind Sie Dr. Perret?«, erkundigte er sich, was den Franzosen auf Grund der falschen Aussprache seines Namens zusammenzucken ließ, so dass noch mehr blutige Tränen über seine Wangen rollten.

»Ja, der bin ich.«

»Was ist das? Das in Ihren Augen?«, fragte Samad.

»Ich leide an diabetischer Retinopathie, Monsieur.«

»Was?«, fragte Samad, die Pistole auf den Doktor gerichtet und fest entschlossen, diesen Augenblick des Ruhms nicht durch eine unheroische medizinische Debatte zu unterminieren.

»Das bedeutet, dass ich, wenn ich kein Insulin bekomme, Blut absondere, mein Freund. Durch die Augen. Das erschwert mein Hobby«, er deutete auf die Gemälde, die ihn umgaben, »in einem nicht unerheblichen Maße. Es sollten zehn werden. Eine 180-Grad-Ansicht. Aber anscheinend sind Sie gekommen, um mich zu stören.« Er seufzte und stand auf. »Also. Werden Sie mich töten, mein Freund?«

»Ich bin nicht Ihr Freund.«

»Nein, vermutlich sind Sie das nicht. Aber ist es Ihre Absicht, mich zu töten? Verzeihen Sie, wenn ich sagen muss, dass Sie so jung aussehen, als könnten Sie keiner Fliege was zu Leide tun.« Er betrachtete Samads Uniform. »Mon dieu, Sie sind sehr jung dafür, dass Sie es im Leben schon so weit gebracht haben, Captain.« Samad trat unbehaglich von einem Bein aufs andere, fing Archies entsetzten Blick aus den Augenwinkeln auf. Samad stellte sich etwas breitbeiniger hin und nahm Haltung an.

»Es tut mir Leid, wenn ich in diesem Punkt etwas lästig scheine, aber ist es Ihre Absicht, mich zu töten?«

Samads Arm blieb vollkommen ruhig, die Pistole unbeweglich. Er konnte ihn töten, er konnte ihn kaltblütig töten. Samad brauchte weder den Schutz der Dunkelheit noch die Entschuldigung des Krieges. Er konnte ihn töten, und sie beide wussten das. Der Russe, der den Ausdruck in den Augen des Inders sah, trat vor. »Verzeihen Sie, Captain.«

Samad blieb stumm, musterte den Doktor, also trat der Russe noch näher. »Wir haben keinerlei Absichten in dieser Richtung«, sagte der Russe, an Dr. Krank gewandt. »Wir haben Befehl, Sie nach Polen zu bringen.«

»Und werde ich dort getötet?«

»Die Entscheidung liegt bei den zuständigen Behörden.«

Der Doktor neigte den Kopf zur Seite und kniff die Augen zusammen. »Es ist bloß … es ist bloß etwas, das ein Mann gerne gesagt bekommt. Es ist seltsamerweise wichtig, dass ein Mann das wissen will. Es ist nur höflich, zumindest. Gesagt zu bekommen, ob er sterben oder verschont werden wird.«

»Die Entscheidung liegt bei den zuständigen Behörden.«

Samad trat hinter den Doktor und hielt ihm die Pistole an den Hinterkopf. »Vorwärts«, sagte er.

»Die Entscheidung liegt bei den zuständigen Behörden … Sind Friedenszeiten nicht wahrlich kultiviert?«, bemerkte Dr. Krank, als eine Gruppe von zwölf Männern, die alle mit einer Pistole auf ihn zielten, ihn aus dem Haus führten.

*

Später an jenem Abend, am Fuße des Berges, ließ das Bataillon Dr. Krank mit Handschellen an den Jeep gefesselt zurück und begab sich ins Café.

»Spielt ihr Poker?«, fragte ein sehr fröhlicher Nikolai an Samad und Archie gewandt, als sie den Raum betraten.

»Also ich, ich spiele alles«, sagte Archie.

»Die relevantere Frage dabei ist«, sagte Samad, als er sich mit einem gequälten Lächeln setzte, »»spiele ich es gut?««

»Und tun Sie das, Captain Iqbal?«

»Meisterhaft«, sagte Samad, nahm die Karten, die ihm zugeteilt worden waren, und fächerte sie in seiner guten Hand aus.

»Nun«, sagte Nikolai, während er allen erneut Sambucca einschenkte, »da unser Freund Iqbal so zuversichtlich ist, wäre es vielleicht am besten, relativ bescheiden anzufangen. Wir fangen mit Zigaretten an und schauen, wohin uns das bringt.«

Zigaretten brachten sie zu Orden, die sie zu Pistolen brachten, die sie zu Funkgeräten brachten, die sie zu Jeeps brachten. Gegen Mitternacht hatte Samad drei Jeeps gewonnen, sieben Pistolen, vierzehn Orden, den Grundbesitz, der zum Haus von Gozans Schwester gehörte, und einen Schuldschein über vier Pferde, drei Hühner und eine Ente.

»Mein Freund«, sagte Nikolai Pesotsky, dessen warmherzige, offene Art einer nervösen Ernsthaftigkeit gewichen war. »Sie müssen uns eine Chance geben, unser Eigentum zurückzugewinnen. Wir können die Dinge unmöglich so lassen, wie sie sind.«

»Ich will den Doktor«, sagte Samad und wich geflissentlich dem Blick von Archibald Jones aus, der mit offenem Mund und betrunken auf seinem Stuhl saß. »Im Austausch gegen alles, was ich gewonnen habe.«

»Wozu um alles in der Welt?«, fragte Nikolai verwundert und lehnte sich zurück. »Was für einen Nutzen kann er –«

»Ich habe meine Gründe. Ich möchte ihn heute Nacht mitnehmen, ohne dass uns jemand folgt und ohne dass der Vorfall gemeldet wird.«

Nikolai Pesotsky blickte auf seine Hände, blickte in die Runde und dann noch einmal auf seine Hände. Dann griff er in seine Tasche und warf Samad die Schlüssel zu.

Sobald sie draußen waren, stiegen Samad und Archie in den Jeep, in dem Dr. Krank schlafend gegen das Armaturenbrett lehnte, ließen den Motor an und fuhren in die Nacht.

Als Dr. Krank dreißig Meilen vom Dorf entfernt aufwachte, hörte er, wie im Flüsterton über seine nächste Zukunft gestritten wurde.

»Aber *wieso*?«, zischelte Archie.

»Weil das Problem, so, wie ich es sehe, darin besteht, dass wir Blut an den Händen haben müssen, verstehst du? Als Buße. Verstehst du denn nicht, Jones? Wir haben in diesem Krieg die Vollidioten abgegeben, du und ich. Wir haben es versäumt, ein großes Übel zu bekämpfen, und jetzt ist es zu spät. Aber jetzt haben wir ihn, das ist *die* Gelegenheit. Ich will dich was fragen: Warum wurde dieser Krieg geführt?«

»Red keinen Unsinn«, polterte Archie statt einer Antwort.

»Damit wir in Zukunft *frei* sein können. Die Frage war immer: *In was für einer Welt sollen unsere Kinder aufwachsen?* Und wir haben nichts getan. Wir stehen an einem moralischen Scheideweg.«

»Hör mal, ich verstehe nicht, was du da redest, und ich will es auch gar nicht verstehen«, entgegnete Archie. »Wir liefern den Kerl« – er deutete auf den halb ohnmächtigen Dr. Krank – »am ersten Stützpunkt ab, den wir erreichen, und dann gehen wir beide getrennte Wege, und das ist der einzige Scheideweg, an dem mir was liegt.«

»Mir ist klar geworden, dass die Generationen«, sprach Samad weiter, während sie Meile um Meile durch eintöniges Flachland brausten, »miteinander sprechen, Jones. Es ist keine Linie, das Leben ist keine Linie – ich spreche nicht vom Handlesen –, es ist ein Kreis, und sie sprechen zu uns. Deshalb kannst du das Schicksal nicht *lesen*; du musst es *erfahren*.« Samad spürte, wie das Morphium ihm wieder das Wissen öffnete – all das Wissen des Universums und all das Wissen auf den Wänden – in einer einzigen fantastischen Offenbarung.

»Weißt du, wer dieser Mann ist, Jones?« Samad packte den Doktor hinten bei den Haaren und beugte seinen Hals weit über die Rücklehne. »Die Russen haben es mir gesagt. Er ist ein Wissenschaftler, wie ich – aber welche Wissenschaft betreibt er? Auszuwählen, wer geboren werden soll und wer nicht – Menschen zu züchten, als wären sie irgendwelche Hühner, sie zu vernichten, wenn die Einzelheiten nicht in Ordnung sind. Er will die Zukunft kontrollieren, beherrschen. Er will eine Menschenrasse züchten, eine unbesiegbare Menschenrasse, die die letzten Tage der Erde überlebt. Aber das lässt sich nicht im Labor erreichen. Das lässt sich nur, nur mit Hilfe des Glaubens erreichen! Nur Allah errettet! Ich bin kein religiöser Mensch – diese Stärke habe ich nie besessen –, aber ich bin nicht so töricht, die Wahrheit zu bestreiten!«

»Ach, auf einmal, aber du hast gesagt, du hast doch gesagt, dass es nicht *dein Krieg war*. Auf dem Berg – da hast du das gesagt«, sagte Archie hastig – außer sich, Samad einmal bei einem Widerspruch ertappt zu haben. »Also, also, also – was der Typ hier macht ... egal, was es ist – du hast gesagt, es wäre *unser* Problem, das von uns im *Westen*, das hast du gesagt.«

Dr. Krank, bei dem wässriges Augenblut mittlerweile in Strömen floss, wurde noch immer von Samad am Haarschopf festgehalten, und er drohte jetzt zu ersticken, an seiner eigenen Zunge.

»Pass auf, du bringst ihn um«, sagte Archie.

»Na und!«, brüllte Samad in die echolose Landschaft. »Männer wie er glauben, dass lebendige Organe nach Konstruktionsplänen funktionieren sollten. Sie beten die Wissenschaft des Körpers an, doch nicht denjenigen, der ihn uns geschenkt hat! Er ist ein Nazi. Der schlimmsten Sorte.«

»Aber du hast gesagt –«, beharrte Archie, entschlossen, sich durchzusetzen, »du hast gesagt, dass das nichts mit dir zu tun hat. Nicht dein Krieg. Falls überhaupt wer in diesem Jeep, mit diesem irren Fritz hier eine Rechnung offen hat –«

»Franzose. Er ist Franzose.«

»Meinetwegen, Franzose – also, falls irgendwer eine Rechnung mit ihm offen hat, dann wahrscheinlich ich. Wir haben schließlich für Englands Zukunft gekämpft. Für England. Du weißt schon«, sagte Archie nach Worten suchend, »Demokratie und Sonntagsbraten, und ... und ... Promenadenkonzerte und Piers und Bratwürstchen und Kartoffelpüree – und die Sachen, die zu *uns* gehören. Nicht zu *euch*.«

»*Genau*«, sagte Samad.

»Was?«

»*Du* musst es tun, Archie.«

»Das wüsst ich aber!«

»Jones, deine Bestimmung blickt dir ins Auge, und was machst du, du wedelst dir einen von der Palme«, sagte Samad mit einem gehässigen Lachen in der Stimme, während er den Doktor noch immer an den Haaren über die Lehne gebeugt hielt.

»Schluss jetzt«, sagte Archie, der versuchte, die Straße im Auge zu behalten, während Samad den Hals des Doktors fast bis zum Genickbruch nach hinten riss. »Hör mal, ich sage nicht, dass er es nicht verdient hätte zu sterben.«

»Dann tu's. *Tu es*.«

»Aber warum ist es dir so verflucht wichtig, dass ich es tue? Ich hab doch noch nie einen Menschen getötet – nicht so, Auge in Auge. Ein Mann sollte nicht im Auto sterben. Ich kann das nicht.«

»Jones, es ist schlicht und ergreifend die Frage, was du tust, wenn es hart auf hart kommt. Diese Frage interessiert mich sehr. Man könnte sagen, dass es heute Nacht um die praktische Anwendung einer lang gehegten Überzeugung geht. Ein Experiment, wenn du so willst.«

»Ich hab keine Ahnung, wovon du redest.«

»Ich will wissen, was für ein Mann du bist, Jones. Ich will wissen, wozu du fähig bist. Bist du ein Feigling, Jones?«

Archie bremste so scharf, dass der Jeep knirschend zum Stillstand kam.

»Verdammt, du willst es wirklich nicht anders.«

»Du trittst für gar nichts ein, Jones«, redete Samad weiter. »Für keinen Glauben, keine Politik. Nicht mal für dein Land. Wie ihr uns je erobern konntet, ist mir ein echtes Rätsel. Du bist ein Nichts.«

»Wie bitte?«

»Du bist ein Idiot. Was willst du deinen Kindern erzählen, wenn sie fragen, wer du bist, was du bist? Wirst du es wissen? Wirst du es je wissen?«

»Und was ist so verdammt toll an dir?«

»Ich bin ein Muslim und ein Mann und ein Sohn und ein gläubiger Mensch. Ich werde die letzten Tage überdauern.«

»Du bist ein mieser Säufer, und du – und du nimmst Drogen, du hast auch heute Abend Drogen genommen, oder?«

»Ich bin ein Muslim und ein Mann und ein Sohn und ein gläubiger Mensch. Ich werde die letzten Tage überdauern«, wiederholte Samad halb im Singsang.

»Und was soll das heißen, verdammt noch mal?« Noch während er das brüllte, griff Archie nach Dr. Krank. Er zog dessen blutbedecktes Gesicht so dicht an seines, dass sich ihre Nasen berührten.

»Du«, bellte Archie, »kommst mit mir.«

»Ich würde ja, Monsieur, aber …« Der Doktor hielt seine gefesselten Handgelenke hoch.

Archie öffnete die Handschellen umständlich mit dem rostigen Schlüssel, zerrte den Doktor aus dem Jeep und ging mit ihm weg von der Straße in die Dunkelheit, eine Pistole gegen den untersten Punkt von Dr. Marc-Pierre Perrets Schädel gepresst.

»Werden Sie mich töten, Junge?«, fragte Dr. Krank, während sie weitergingen.

»Sieht ganz danach aus, oder?«, sagte Archie.

»Dürfte ich um mein Leben flehen?«

»Wenn Sie wollen«, sagte Archie und stieß ihn weiter.

Etwa fünf Minuten später hörte Samad, der im Jeep saß, einen Schuss fallen und fuhr zusammen. Er schlug ein Insekt tot, das sich einen Weg um sein Handgelenk gesucht hatte, auf der Suche nach genügend Fleisch, um zuzubeißen. Als er den Kopf hob, sah er weiter vorn, dass Archie zurückkam, blutend und heftig humpelnd, mal sichtbar, mal unsichtbar, beleuchtet, verdunkelt, während er ins Scheinwerferlicht hinein- und wieder hinaustorkelte. Sein zartes Alter war ihm anzusehen, die Scheinwerfer machten sein helles Haar durchscheinend, sein mondförmiges Gesicht erhellt wie das eines großen Babys, das mit dem Kopf voran ins Leben tritt.

SAMAD

1984, 1857

»Der Kricket-Test – für welche Seite jubeln sie? ... Blicken wir weiter
dahin zurück, woher wir kamen oder wo wir sind?«

Norman Tebbit (konservativer Politiker)

6
DIE VERSUCHUNG DES
SAMAD IQBAL

Kinder. Samad hatte Kinder bekommen wie eine Krankheit. Ja, er hatte bereitwillig zwei gezeugt – so bereitwillig, wie das bei einem Mann möglich ist –, aber dieses andere hatte er nicht mit einkalkuliert. Dieses andere, von dem einem keiner was sagt. Nämlich Kinder kennen zu lernen. Während er über vierzig Jahre lang fröhlich auf der Straße des Lebens unterwegs war, hatte Samad nie bemerkt, dass entlang dieser Straße in den Kinderkrippen jeder Raststätte eine Untergruppe der Gesellschaft lebte, eine greinende, kotzende Untergruppe; er wusste nichts davon, und sie ging ihn auch nichts an. Dann auf einmal, zu Beginn der achtziger Jahre, wurde er von Kindern befallen; den Kindern *anderer Leute*, den Kindern, die die Freunde *seiner* Kinder waren, und dann *deren* Freunde; dann von den Kindern in den Kindersendungen im Fernsehen. 1984 waren bereits mindestens 30 Prozent seines sozialen und kulturellen Umfeldes unter neun Jahre alt – und all das führte unvermeidlich zu der Position, in der er sich jetzt befand. Er war *Elternvertreter*.

Der Prozess, *Elternvertreter* zu werden, entspricht in seltsamer Symmetrie dem Prozess, Vater zu werden. Es fängt ganz harmlos an. Beiläufig. Da kommt man bestens gelaunt zum jährlichen Frühlingsfest, hilft beim Verkauf der Tombolalose (weil die hübsche rothaarige Musiklehrerin einen darum gebeten hat) und gewinnt eine Flasche Whisky (alle Schultombolas sind manipuliert), und dann, noch bevor man recht weiß, wie einem geschieht, nimmt man an den wöchentlichen Schulpflegschaftssitzungen teil, organisiert Konzerte, erörtert Pläne für einen neuen Musikraum, stiftet Geld für die Renovierung der Trinkbrunnen – man wird in die Schule *hineingezogen*, in sie *eingebunden*. Früher oder später setzt man seine Kinder dann nicht mehr vor der Schule ab. Nein, man folgt ihnen hinein.

»Nimm die Hand runter.«

»Ich nehme sie *nicht* runter.«

»Bitte, nimm sie runter.«

»Lass mich los.«

»Samad, warum willst du mich unbedingt quälen? *Nimm sie runter.*«

»Ich habe eine Meinung. Ich habe das Recht auf eine Meinung. Und ich habe das Recht, diese Meinung zu *äußern*.«

»Ja, aber musst du sie denn so oft äußern?«

So verlief der gezischelte Wortwechsel zwischen Samad und Alsana Iqbal, als sie Anfang Juli 1984 bei dem Mittwochstreffen der Elternvertretung in der letzten Reihe saßen. Alsana versuchte alles, um Samads entschlossenen linken Arm wieder nach unten zu zwingen.

»Finger weg, Frau!«

Alsana legte ihre beiden zierlichen Hände um sein Handgelenk und drückte zu. »Samad Miah, begreifst du denn nicht, dass ich nur versuche, dich vor dir selbst zu schützen?«

Während der verstohlene Ringkampf weiterging, bemühte sich die Vorsitzende Katie Miniver, eine schlanke geschiedene Weiße in engen Jeans, mit ungemein lockigen Haaren und vorstehenden Zähnen, verzweifelt, Samads Blick auszuweichen. Insgeheim verfluchte sie Mrs. Hanson, die fette Dame genau hinter ihm, die über den Holzwurm im Schulobstgarten sprach und es ihr unbeabsichtigterweise unmöglich machte, so zu tun, als hätte sie Samads penetrant erhobene Hand übersehen. Früher oder später würde sie ihn reden lassen müssen. Zwischen wiederholtem Kopfnicken in Mrs. Hansons Richtung schielte sie unauffällig auf das Blatt, auf dem die Sekretärin Mrs. Khilnani links von ihr emsig Protokoll führte. Sie wollte sich vergewissern, dass es nicht ihre Einbildung war, dass sie sich nicht unfair oder undemokratisch verhielt oder noch schlimmer *rassistisch* (aber sie hatte *Farbenblind* gelesen, eine zukunftsweisende Broschüre der *Rainbow Coalition*, und bei ihrem Selbsttest hatte sie gut abgeschnitten), rassistisch auf eine Weise, die so tief in ihr verwurzelt und gesellschaftlich bedingt war, dass sie sie schon gar nicht mehr bemerkte. Aber nein, nein. Sie war nicht verrückt. Ein wahlloser Auszug machte das Problem deutlich:

13.0   Mrs. Janet Trott beantragt den Bau eines zweiten Klettergerüsts auf dem Schulhof, um der großen Anzahl von Kindern Rechnung zu tragen, die das derzeitige Klettergerüst frequentieren, es aber leider wegen gefährlicher Überlastung zum Sicherheitsrisiko gemacht haben. Mrs. Trotts Ehemann, der Architekt Hanover Trott, wäre bereit, ein solches Gerüst kostenlos zu entwerfen und den Bau zu leiten.

13.1   Die Vorsitzende hat keine Einwände. Stellt Antrag zur Abstimmung.

13.2   Mr. Iqbal möchte wissen, warum das westliche Schulsystem der körperlichen Betätigung Vorrang vor der geistigseelischen Betätigung einräumt.

13.3   Die Vorsitzende fragte, ob diese Frage wirklich zur Sache gehört.

13.4   Mr. Iqbal fordert, die Abstimmung zu vertagen, bis er ein Schriftstück vorlegen kann, das die Hauptargumente im Einzelnen aufführt, und betont, dass seine Söhne Magid und Millat die notwendige körperliche Ertüchtigung in Form von Kopfständen absolvieren, die ihre Muskeln kräftigen und Blut ins Gehirn bringen, um den somatosensorischen Cortex zu stimulieren.

13.5   Mrs. Wolfe fragt, ob Mr. Iqbal von ihr erwartet, dass sie ihre Susan zu Kopfständen zwingt.

13.6   Mr. Iqbal deutet an, dass regelmäßige Kopfstände angesichts von Susans schulischen Leistungen und ihren Gewichtsproblemen durchaus empfehlenswert wären.

»*Ja*, Mr. Iqbal?«
Samad löste energisch Alasanas Finger, die sich in sein Revers verkrallt hatten, stand unnötigerweise auf, blätterte mehrere Seiten durch, die er auf einem Klemmbrett hatte, nahm das Blatt, das er suchte, heraus und hielt es vor sich.
»Ja, ja. Ich stelle einen Antrag. Ich stelle einen Antrag.«
Ein kaum vernehmbares Stöhnen lief durch die Gruppe von Elternvertretern, gefolgt von Füßescharren, Kratzen, Beineübereinanderschlagen, Taschendurchwühlen und Zurechtzupfen von Jacketts auf Stuhllehnen.
»*Noch einen*, Mr. Iqbal?«
»O ja, Mrs. Miniver.«
»Aber Sie haben heute Abend bereits zwölf Anträge gestellt; ich denke, dass möglicherweise noch andere –«
»Oh, die Sache ist viel zu wichtig, um aufgeschoben zu werden, Mrs. Miniver. Wenn ich also nur rasch –«
»*Ms*. Miniver.«
»Bitte?«
»Ach, ich meine nur … es heißt *Ms*. Miniver. Schon den ganzen Abend haben Sie … und es heißt, äh … also nicht Mrs. sondern Ms. Ms.«
Samad blickte Katie Miniver fragend an, dann auf sein Klemmbrett, als könnte er die Antwort dort finden, dann wieder auf die geplagte Vorsitzende.
»Entschuldigen Sie? Sie sind nicht verheiratet?«
»Geschieden, genau gesagt, ja, geschieden. Ich habe den Namen behalten.«

»Ich verstehe. Sie haben mein volles Mitgefühl, Miss Miniver. Nun also zu der Angelegenheit, die ich –«

»Verzeihen Sie«, sagte Katie und fuhr sich mit den Fingern durch das störrische Haar. »Äh, es heißt auch nicht Miss. Tut mir Leid. Ich *war* verheiratet, verstehen Sie, und deshalb –«

Ellen Corcoran und Janine Lanzerano, zwei Freundinnen aus der Frauengruppe, lächelten Katie aufmunternd zu. Ellen schüttelte den Kopf, um zu signalisieren, dass Katie bloß nicht weinen sollte (*weil du das gut machst, richtig gut*), Janine formte mit den Lippen ein lautloses *Weiter so* und hielt verstohlen beide Daumen hoch.

»Mir ist einfach nicht ganz wohl dabei – ich finde bloß, dass der Ehestand nichts zur Sache tut – nicht, dass ich Sie in Verlegenheit bringen möchte, Mr. Iqbal. Mir wäre es wirklich lieber – wenn Sie – es heißt Ms.«

»Msss?«

»Ms.«

»Ist das so eine Art linguistische Verschmelzung von Mrs. und Miss?«, fragte Samad, aufrichtig interessiert und ohne das leichte Beben in der Unterlippe von Katie Miniver zu bemerken. »Ein Begriff, um eine Frau zu beschreiben, die entweder ihren Gatten verloren hat oder keine Aussichten hat, einen neuen zu finden?«

Alsana stöhnte auf und vergrub den Kopf in den Händen.

Samad betrachtete sein Klemmbrett, unterstrich irgendwas darauf dreimal und wandte sich erneut den Elternvertretern zu.

»Das Erntedankfest.«

Füßescharren, Kratzen, Beineübereinanderschlagen, Zurechtzupfen von Jacketts.

»Ja, Mr. Iqbal«, sagte Katie Miniver. »Was *ist* mit dem Erntedankfest?«

»Das möchte ich ja gerade wissen. Was soll dieses ganze Getue um das Erntedankfest? *Was* soll das sein? *Warum* gibt es das? Und warum müssen meine Kinder es feiern?«

Die Schulleiterin, Mrs. Owens, eine vornehme Frau mit einem

weichen Gesicht, das zur Hälfte hinter einem streng geschnittenen blonden Pony verschwand, bedeutete Katie Miniver, dass sie die Sache übernehmen würde.

»Mr. Iqbal, in unserem Herbstbericht sind wir recht ausführlich auf das Thema der religiösen Feste eingegangen. Wie Sie bestimmt wissen, berücksichtigt die Schule bereits eine große Vielzahl an religiösen und weltlichen Feiertagen, so unter anderem Weihnachten, Ramadan, das chinesische Neujahrsfest, Diwali, Jom Kippur, Hanukkah, den Geburtstag Haile Selassies und den Todestag von Martin Luther King. Das Begehen des Erntedankfestes gehört zu den anhaltenden Bemühungen der Schule um religiöse Aufgeschlossenheit, Mr. Iqbal.«

»Verstehe. Und gibt es an der Manor School viele Heiden, Mrs. Owens?«

»Heiden – ich fürchte, ich verstehe nicht ganz –«

»Ganz einfach. Der christliche Kalender kennt siebenunddreißig religiöse Feste. *Siebenunddreißig.* Der muslimische Kalender kennt *neun.* Nur neun. Und die werden durch diese unglaubliche Flut christlicher Feste ausgelöscht. Mein Antrag ist nun ganz einfach. Wenn wir alle heidnischen Festlichkeiten aus dem christlichen Kalender herausnehmen würden, hätten wir etwa« – Samad hielt inne und konsultierte sein Klemmbrett – »zwanzig Tage frei, an denen die Kinder, um nur einige Beispiele zu nennen, im Dezember Lailat-ul-Qadr feiern könnten, im Januar Eid-ul-Fitr und im April Eid-ul-Adha. Und das erste Fest, das meiner Meinung nach verschwinden sollte, ist dieses Erntedankspektakel.«

»Leider«, sagte Mrs. Owens mit ihrem Freundlich-aber-bestimmt-Lächeln und brachte ihre Pointe an, »übersteigt es meine Kompetenzen ein wenig, christliche Feste vom Erdboden verschwinden zu lassen. Ansonsten würde ich nämlich Weihnachten abschaffen und mir den ganzen Stress mit den Geschenken ersparen.«

Samad achtete nicht auf das allgemeine Gekicher, das daraufhin einsetzte, sondern hakte nach. »Aber das ist doch gerade der springende Punkt. Das Erntedankfest ist *kein* christliches Fest. Wo in der Bibel steht geschrieben: *Denn fortan sollst du Lebensmittel aus den Schränken deiner Eltern stehlen und sie in die Schule tragen, und du sollst deine Mutter zwingen, einen Laib Brot in Gestalt eines Fisches zu backen?* Das sind heidnische Ideale! Und wo steht bitte schön geschrieben: *Du sollst eine Packung Fischstäbchen nehmen und sie zu einem alten Weibe bringen, das da lebt in Wembley?*«

Mrs. Owens runzelte die Stirn. Sie war keinen Sarkasmus gewohnt, außer aus Lehrermunde, wie beispielsweise: *Unsere Schule ist doch kein Schweinestall! Oder benehmt ihr euch zu Hause auch so?*

»Aber, Mr. Iqbal, gerade der wohltätige Aspekt des Erntedankfestes macht es doch so erhaltenswert, oder etwa nicht? Es erscheint mir durchaus löblich, älteren Menschen etwas zu essen zu bringen, ob die Heilige Schrift nun dazu auffordert oder nicht. Schließlich steht auch nirgendwo in der Bibel, dass wir Weihnachten Truthahn essen sollten, aber nur wenige Menschen würden diese Sitte aus diesem Grund ablehnen. Ehrlich gesagt, Mr. Iqbal, für uns geht es bei diesen Dingen eher um *Gemeinschaft* als um *Religion* im engeren Sinne.«

»Eines Menschen Gott *ist* seine Gemeinschaft!«, sagte Samad mit erhobener Stimme.

»Ja, äh ... nun denn, sollen wir über den Antrag abstimmen?« Mrs. Owens blickte sich nervös im Raum nach Handmeldungen um. »Wer stimmt dafür?«

Samad drückte Alsanas Hand. Sie trat ihn gegen den Knöchel. Er stampfte auf ihre Zehen. Sie kniff ihn in die Seite. Er bog ihren kleinen Finger nach hinten, und sie hob mürrisch den rechten Arm, während sie ihm den linken Ellbogen geschickt in den Schritt rammte.

»Danke, Mrs. Iqbal«, sagte Mrs. Owens, und Janice und Ellen sahen mit dem mitleidigen, bekümmerten Lächeln zu Alsana hinüber, das sie sich für unterjochte muslimische Frauen vorbehielten.

»Alle, die für den Antrag sind, das Erntedankfest aus der Liste der Schulfeste zu streichen –«

»Auf Grund seiner heidnischen Wurzeln.«

»Auf Grund seiner heidnischen Konnotationen, bitte die Hand heben.«

Mrs. Owens ließ den Blick durch den Raum schweifen. Eine Hand, die der hübschen rothaarigen Musiklehrerin Poppy Burt-Jones, schnellte hoch, so dass ihr die zahlreichen Armreife klimpernd über das Handgelenk rutschten. Dann hoben die Chalfens, Marcus und Joyce, ein alterndes Hippie-Pärchen, beide in pseudoindischer Aufmachung, trotzig die Hände. Dann sah Samad eindringlich zu Clara und Archie hinüber, die schüchtern auf der anderen Seite des Saales saßen, und zwei weitere Hände hoben sich langsam über die Menge.

»Wer ist dagegen?«

Die verbleibenden sechsunddreißig Hände schossen in die Luft.

»Antrag abgelehnt.«

»Ich bin sicher, der Sonnenbund der Hexen und Kobolde an der Manor School ist über diese Entscheidung entzückt«, sagte Samad und nahm wieder Platz.

Als Samad nach der Elternversammlung wieder aus der Toilette kam, wo er sich mit einiger Mühe an einem Miniurinal erleichtert hatte, sprach ihn die hübsche rothaarige Musiklehrerin Poppy Burt-Jones auf dem Gang an.

»Mr. Iqbal?«

»Hmm?«

Sie streckte ihm einen langen, blassen, leicht sommersprossigen Arm entgegen. »Poppy Burt-Jones. Magid und Millat sind bei mir im Orchester und im Chor.«

Samad ersetzte seine tote rechte Hand, die sie hatte schütteln wollen, durch seine funktionierende linke.

»Oh! Verzeihen Sie.«

»Nein. Nein. Sie tut nicht weh. Sie ist nur unbeweglich.«

»Oh, gut! Ich meine, ich bin froh, dass sie nicht, na ja, *wehtut*.«
Sie war das, was man natürlich hübsch nennen würde. Etwa
achtundzwanzig, höchstens zweiunddreißig. Schlank, aber keineswegs knöchern, und mit einem geschwungenen Brustkorb
wie bei einem Kind; lange, flache Brüste, die sich an den Spitzen
hoben; eine weiße, am Hals weit geschnittene Bluse, verwasche-
ne Levis und graue Turnschuhe, viel dunkelrotes Haar, zu einem
lockeren Pferdeschwanz hochgebunden. Im Nacken flaumige
Löckchen. Sommersprossig. Ein sehr einnehmendes, leicht
törichtes Lächeln, mit dem sie jetzt gerade Samad bedachte.

»Wollten Sie etwas wegen der Zwillinge mit mir besprechen? Ein
Problem?«

»O nein, nein mit den beiden ist alles bestens. Magid tut sich etwas schwer, aber bei seinen guten Noten interessiert er sich wohl
nicht sonderlich für Blockflöte, und Millat hat ein gutes Gespür
fürs Saxofon. Nein, ich wollte Ihnen bloß sagen, dass ich fand,
dass Sie vorhin etwas Wichtiges gesagt haben, wissen Sie«, sie
deutete mit dem Daumen über ihre Schulter in Richtung Saal.
»Auf der Versammlung. Ich hab das Erntedankfest schon immer
lächerlich gefunden. Ich meine, wenn man alten Leuten helfen
will, sollte man ihnen ja wohl nicht bloß eine Dose Heinz-
Spaghetti bringen, sondern eine andere Regierung wählen.« Sie
lächelte ihn an und strich sich eine Haarsträhne hinters Ohr.

»Es ist sehr schade, dass nicht noch mehr Leute Ihrer Ansicht
sind«, sagte Samad, der sich durch das zweite Lächeln irgendwie
geschmeichelt fühlte und seinen wohlgerundeten, siebenund-
fünfzigjährigen Bauch einzog. »Heute Abend waren wir anscheinend arg in der Minderheit.«

»Na ja, die Chalfens waren für Sie – sehr *nette* Leute – *Intellektuelle*«, flüsterte sie, als wäre das irgendeine exotische Tropen-
krankheit. »Er ist Wissenschaftler, und sie hat irgendwas mit
Gartenbau zu tun – aber beide ganz bescheiden. Ich hab mit

ihnen gesprochen, und sie finden, sie sollten die Sache weiterverfolgen. Wissen Sie was? Ich hab mir gedacht, wir könnten uns vielleicht irgendwann in den nächsten Monaten mal zusammensetzen und einen zweiten Antrag für die Versammlung im September ausarbeiten – ich meine, kurz vor dem eigentlichen Termin, das Ganze etwas klarer formulieren, vielleicht ein paar Handzettel drucken, so was in der Art. Ich interessiere mich nämlich wirklich für indische Kultur. Ich finde einfach, ein paar der Feste, die Sie erwähnt haben, wären doch viel bunter, und wir könnten das auch in den Kunst- und Musikunterricht mit einfließen lassen. Es könnte die Leute *wirklich* begeistern«, sagte Poppy Burt-Jones, die jetzt wirklich begeistert wurde. »Und ich glaube, es wäre wirklich gut, wissen Sie, für die Kinder.«

Es war völlig ausgeschlossen, darüber war Samad sich im Klaren, dass diese Frau irgendein erotisches Interesse an ihm hatte. Aber trotzdem blickte er sich verstohlen nach Alsana um, trotzdem spielte er nervös mit den Autoschlüsseln in seiner Tasche, trotzdem spürte er etwas Kaltes auf seinem Herzen landen und wusste, dass es Angst vor seinem Gott war.

»Ich bin genau genommen nicht aus Indien, müssen Sie wissen«, sagte Samad mit unendlich viel mehr Geduld, als er die vielen Male, seit er in England war, je aufgebracht hatte, wenn er sich genötigt sah, den Satz zu wiederholen.

Poppy Burt-Jones blickte verblüfft und enttäuscht. »Sind Sie nicht?«

»Nein. Ich bin aus Bangladesch.«

»Bangladesch ...«

»Ehemals Pakistan. Davor Bengalen.«

»Ach ja. Na, ist ja fast dasselbe.«

»So ungefähr, ja.«

Es entstand eine leicht verlegene Pause, in der Samad deutlich merkte, dass er sie mehr wollte als jede Frau, die er in den letzten zehn Jahren kennen gelernt hatte. Einfach so. Das Begehren machte sich nicht mal die Mühe, die Lage auszukundschaften, nachzusehen, ob die Nachbarn zu Hause waren – das Begehren trat einfach die Tür ein und machte sich breit. Ihm wurde mulmig zumute. Dann wurde ihm bewusst, dass sein Gesicht zuerst Erregung und dann Entsetzen widerspiegelte, eine groteske Parodie seiner Gedankengänge abgab, während er Poppy Burt-Jones und all die physischen und metaphysischen Konsequenzen abwägte, die sie ahnen ließ. Er musste etwas sagen, bevor es noch schlimmer wurde.

»Nun ja … hmm, gute Idee, den Antrag noch mal zu stellen«, sagte er gegen seinen Willen, denn etwas Animalischeres als sein Willen übernahm nun das Sprechen. »Wenn Sie die Zeit dafür erübrigen könnten.«

»Schön, wir können das ja mal durchsprechen. Ich rufe Sie in ein paar Wochen an. Vielleicht könnten wir uns dann nach der Orchesterprobe treffen?«

»Das wäre prima.«

»Toll! Also abgemacht. Wissen Sie, Ihre Jungs sind wirklich goldig – sie sind sehr außergewöhnlich. Das habe ich den Chalfens erzählt, und Marcus hat es auf den Punkt gebracht: Er hat gesagt, indische Kinder sind normalerweise, wenn ich so sagen darf, viel –«

»Viel?«

»*Ruhiger*. Sehr wohl erzogen, aber sehr, ich weiß nicht, *zurückhaltend*.«

Samad zuckte innerlich zusammen, weil er sich vorstellte, wie Alsana das mit anhörte.

»Und Magid und Millat sind so *laut*.«

Samad versuchte zu lächeln.

»Magid ist für einen Neunjährigen ganz erstaunlich intellektuell – das sagen alle. Ich meine, er ist wirklich bemerkenswert. Sie müssen ja *so* stolz auf ihn sein. Er ist wie ein kleiner Erwachsener. Selbst seine Kleidung … ich hab noch nie einen Neunjährigen gesehen, der sich so – so *streng* kleidet.«

Beide Zwillinge wollten ihre Kleidung schon immer unbedingt

selbst aussuchen, aber während Millat Alsana bestürmte, ihm rot gestreifte Nikes zu kaufen, Osh-Kosh Begosh und merkwürdige Sweatshirts, die innen und außen gemustert waren, sah man Magid unweigerlich bei jedem Wetter in grauem Pullover, grauem Hemd und schwarzer Krawatte mit glänzenden schwarzen Schuhen und einer Kassenbrille auf der Nasenspitze, wie ein Zwergenbibliothekar. Alsana sagte mitunter: »Kleiner Mann, wie wär's denn mal mit dem Blauen für Amma, hmm?«, und schob ihn in die Abteilung mit Primärfarben bei Mothercare. »Bloß einen Blauen. Würde so schön zu deinen Augen passen. Für Amma, Magid. Wieso gefällt dir Blau denn nicht? Das ist die Farbe des Himmels!«

»Nein, Amma. Der Himmel ist nicht blau. Da ist bloß weißes Licht. Weißes Licht hat alle Regenbogenfarben in sich, und wenn es durch die Trillionen Moleküle im Himmel gestreut wird, sieht man die kurzwelligen Farben – blau, violett. Der Himmel ist in Wirklichkeit nicht blau. Er sieht nur so aus. Das nennt man Rayleigh-Streuung.«

Ein eigenartiges Kind mit einem kalten Intellekt.

»Sie müssen ja *so* stolz auf ihn sein«, wiederholte Poppy mit einem breiten Lächeln. »Ich wäre es jedenfalls.«

»Leider«, sagte Samad mit einem Seufzer und wurde durch den bedrückenden Gedanken an seinen zweiten Sohn (um zwei Minuten) von seiner Erektion abgelenkt, »ist Millat ein Taugenichts.«

Poppy blickte gekränkt. »O nein! So hab ich das aber nicht gemeint … ich meine, ich könnte mir vorstellen, dass Magid ihn in dieser Hinsicht ein bisschen an die Wand drängt, aber er hat eine starke Persönlichkeit! Er ist nur nicht so … akademisch. Aber alle sind ganz *vernarrt* in ihn – und er ist so ein hübscher Junge. Natürlich«, sagte sie, zwinkerte ihm zu und schlug ihm leicht auf die Schulter, »bei den guten Genen.«

Gute Gene? Wie meinte sie das, *gute Gene*?

»Hallo!«, sagte Archie, der von hinten an sie herangetreten war und Samad einen kräftigen Stoß in den Rücken versetzte. »Hallo!«, sagte er erneut, als er in seiner typischen, fast pseudoaristokratischen Art, die er immer annahm, wenn er es mit gebildeten Menschen zu tun hatte, Poppys Hand schüttelte. »Archie Jones. Vater von Irie, Gottes Strafe.«

»Poppy Burt-Jones. Ich hab Irie in –«

»Musik, ja, ich weiß. Redet dauernd von Ihnen. Ein bisschen enttäuscht, weil Sie sie bei der ersten Geige übergangen haben, aber vielleicht klappt's ja nächstes Jahr, was? Also!«, sagte Archie und blickte von Poppy zu Samad, der ein wenig entfernt von den beiden anderen stand und einen seltsamen Blick hatte, fand Archie, einen verdammt seltsamen Blick in den Augen. »Sie haben also den berüchtigten Ick-Ball kennen gelernt? Hast heute bei der Versammlung ein bisschen dick aufgetragen, was, Samad? Hat er doch, oder?«

»Ach, ich weiß nicht«, sagte Poppy liebenswürdig. »Ich fand eigentlich, dass Mr. Iqbal einige gute Aspekte vorgetragen hat. Mich hat vieles beeindruckt, was er gesagt hat. Ich wünschte, ich wäre in so vielen Themen bewandert. Leider bin ich eher so etwas wie eine Fachidiotin. Sind Sie vielleicht Hochschullehrer, Mr. Iqbal?«

»Nein, nein«, sagte Samad, der wütend war, weil er wegen Archie nicht lügen konnte, und der merkte, dass ihm das Wort »Kellner« im Hals stecken blieb. »Nein, ich arbeite in einem Restaurant. In jüngeren Jahren habe ich studiert, doch dann kam der Krieg und …« Samad beendete den Satz mit einem Achselzucken und sah mit sinkendem Mut, wie Poppy Burt-Jones' sommersprossiges Gesicht sich zu einem großen, roten, verblüfften Fragezeichen verzog.

»Krieg?«, sagte sie, als hätte er Rundfunk gesagt oder Pianola oder Wasserklosett. »Der Falkland-Krieg?«

»Nein«, sagte Samad tonlos. »Der Zweite Weltkrieg.«

»Oh, Mr. Iqbal, das hätte ich nicht gedacht. Sie müssen ja noch schrecklich jung gewesen sein.«

»Es gab Panzer, die waren älter als wir«, grinste Archie.

»Also, Mr. Iqbal, ich staune! Aber man sagt ja, dass dunkle Haut nicht so schnell altert, oder?«

»Ja?«, sagte Samad und zwang sich, ihre straffe rosa Haut als faltig aufgeworfene tote Epidermis zu sehen. »Ich dachte, Kinder würden einen Mann jung halten.«

Poppy lachte. »Das wohl auch. Na!«, sagte sie und wirkte verlegen, schüchtern und selbstbewusst zugleich. »Scheint Ihnen jedenfalls gut zu bekommen. Ich bin sicher, dass Sie schon öfter mit Omar Sharif verglichen worden sind, Mr. Iqbal.«

»Nein, nein, nein, nein«, sagte Samad, vor Freude glühend. »Die einzige Ähnlichkeit liegt in unserer beiderseitigen Vorliebe für Bridge. Nein, nein, nein … Und sagen Sie Samad zu mir«, fügte er hinzu »Nennen Sie mich bitte Samad.«

»Sie werden ihn ein anderes Mal Samad nennen müssen, Miss«, sagte Archie, der sich nie davon abbringen ließ, Lehrerinnen Miss zu nennen. »Weil wir nämlich gehen müssen. Unsere Frauen warten draußen. Zum Abendessen, glaube ich.«

»Ja dann, es war nett, Sie kennen zu lernen«, sagte Poppy, griff wieder nach der falschen Hand und wurde rot, als er ihr die linke reichte.

»Ja. Auf Wiedersehen.«

»Komm schon, komm schon«, sagte Archie und bugsierte Samad zur Tür hinaus, die leicht schräge Ausfahrt hinunter zum Eingangstor. »Meine Güte, kluges Köpfchen, die Kleine. *Donnerwetter*. Nett, sehr nett. Ich muss schon sagen, du hast dich mächtig ins Zeug gelegt … Und was sollte das denn mit der *beiderseitigen Vorliebe für Bridge*. Hartes Poker wäre ja wohl passender.«

»Halt den Mund, Archibald.«

»Nein, nein, alle Achtung, du hast dich sehr gut gehalten. Aber es sieht dir gar nicht ähnlich, Samad – wo du doch Gott gefunden hast und so –, sieht dir gar nicht ähnlich, dich von den Verlockungen des Fleisches ablenken zu lassen.«

Samad schüttelte Archies Hand ab, die auf seiner Schulter ruhte.
»Warum bist du nur so unverbesserlich vulgär?«
»Ich war nicht derjenige, welcher …«
Aber Samad hörte gar nicht zu, er rezitierte schon im Kopf zwei
Sätze vor sich hin, die er in den vergangenen zehn Jahren in Eng-
land gelernt hatte und an die er nur zu gern glauben wollte, Sätze,
von denen er hoffte, dass sie ihn vor der scheußlichen Hitze in
seiner Hose schützen konnten:

*Dem Reinen ist alles rein. Dem Reinen ist alles rein. Dem
Reinen ist alles rein.*
*Mehr kann man nicht verlangen. Mehr kann man nicht
verlangen. Mehr kann man nicht verlangen.*

Aber gehen wir ein wenig zurück.

1. DEM REINEN IST ALLES REIN

Sex oder zumindest die sexuelle Versuchung war schon lange ein
Problem. Als die Gottesfurcht allmählich in Samads Knochen
kroch, etwa 1976, kurz nach seiner Eheschließung mit der klein-
händigen, zartgelenkigen und desinteressierten Alsana, hatte er
sich bei einem älteren Alim in der Moschee in Croydon erkundigt, ob es wohl erlaubt sei, dass ein Mann … mit der Hand an
seinem …
Bevor er dazu kam, es richtig zu veranschaulichen, hatte der alte
Gelehrte ihm ein Heftchen von einem Stapel auf einem Tisch gereicht und war mit seinem runzeligen Zeigefinger fest unter
Punkt drei entlanggefahren.

Es gibt neun Tätigkeiten, die das Fasten unwirksam ma-
chen:
(i)   Essen und Trinken

(ii)   Geschlechtsverkehr

*(iii)   Masturbation (istimna), was Selbstbefleckung
        bedeutet, die zur Ejakulation führt*

(iv)   Dem Allmächtigen Allah oder Seinem Propheten
        oder den Nachfolgern des Heiligen Propheten
        Falsches zuschreiben

(v)   Das Verschlucken von dichtem Staub

(vi)   Den Kopf vollständig unter Wasser tauchen

(vii)   Bis zum Adhan zu den Fadschr-Gebeten in
        Dschanaba oder Haidh oder Nifas verweilen

(viii) Klistiere mit Flüssigkeiten

(ix)   Erbrechen

»Und was ist, Alim«, hatte Samad bestürzt gefragt, »wenn er gerade nicht fastet?«

Der alte Gelehrte blickte ernst. »Ibn 'Umar wurde einst die gleiche Frage gestellt, und er soll geantwortet haben: *Es ist bloß das Reiben des männlichen Gliedes, bis dessen Wasser austritt. Es ist bloß ein Nerv, den man knetet.*«

Das hatte Samad mit Zuversicht erfüllt, doch der Alim sprach weiter: »Einer anderen Überlieferung zufolge soll er jedoch geantwortet haben: *Es ist verboten, dass man Geschlechtsverkehr mit sich selbst habe.*«

»Aber was ist denn nun der richtige Glaube? Ist es halal oder haram? Manche sagen ...«, hatte Samad schüchtern eingewendet, »*Dem Reinen ist alles rein*. Wenn man wahrhaftig und in sich selbst gefestigt ist, kann es weder jemand anderem schaden noch ihn verletzen ...«

Doch der Alim lachte nur. »Und wir wissen, wer diese *manche* sind. Allah erbarme Sich der Anglikaner! Samad, wenn das Glied eines Mannes sich aufrichtet, verschwinden zwei Drittel seines Verstandes«, sagte der Alim kopfschüttelnd. »Und ein Drittel seines Glaubens. Es gibt einen Hadith Qudsi des Propheten – Friede sei mit Ihm! –, der besagt: *O Allah, bei Dir suche ich*

Schutz vor dem Bösen meiner Ohren, meiner Augen, meiner Zunge, meines Herzens und meines Gliedes.«

»Aber gewiss ... gewiss, wenn der Mann selbst rein ist, dann –«

»Zeige mir den Mann, der rein ist, Samad! Zeige mir die reine Tat! Ach, Samad Miah ... mein Rat für dich lautet, hüte dich vor deiner rechten Hand.«

Natürlich hatte Samad, der nun mal Samad war, sich auf seinen westlichen Pragmatismus besonnen, war nach Hause gegangen, hatte sich energisch mit seiner funktionierenden linken Hand ans Werk gemacht und dabei vor sich hin gemurmelt: *Dem Reinen ist alles rein. Dem Reinen ist alles rein*, bis schließlich der Orgasmus kam: klebrig, traurig, deprimierend. Und dieses Ritual behielt er etwa fünf Jahre bei, in dem kleinen Schlafzimmer oben im Haus, wo er alleine schlief (damit Alsana nicht wach wurde), wenn er um drei Uhr morgens aus dem Restaurant nach Hause geschlichen, jeden Morgen, still und heimlich; denn, ob man's glaubt oder nicht, er litt unter diesem verstohlenen Ziehen und Drücken und Ergießen, unter der Angst, dass er nicht rein war, dass er nie rein sein würde, und sein Gott schien ihm ständig kleine Zeichen zu senden, kleine Warnungen, kleine Flüche (Harnröhreninfektion, 1976, Kastrationstraum, 1978, schmutzig verklebtes Laken von Alsanas Großtante entdeckt, aber missgedeutet, 1979), bis es 1980 zur Krise kam und Samad in seinen Ohren Allah rauschen hörte wie die Wellen in der Muschel und es an der Zeit schien, eine Abmachung zu treffen.

2. MEHR KANN MAN NICHT VERLANGEN

Die Abmachung war wie folgt: wie jemand, der zu Neujahr den Entschluss fasst, keinen Käse mehr zu essen, aber nur unter der Bedingung, dass er dafür Schokolade bekommt, gab Samad am 1. Januar 1980 das Masturbieren auf, um trinken zu dürfen. Es war eine Abmachung, ein Geschäftsvertrag, den er mit Gott abschloss: Samad war der Hauptgesellschafter, Gott der stille Teilhaber. Und seit jenem Tag hatte Samad sich eines relativen geistigen Friedens und vieler schaumiger Guinness-Biere mit Archibald Jones erfreut. Er hatte sich sogar angewöhnt, beim letzten Schluck wie ein Christ nach oben in den Himmel zu blicken und dabei zu denken: Im Grunde bin ich ein guter Mensch. Ich wedel mir keinen von der Palme. Lass mir ein bisschen Spielraum. Ab und zu gönn ich mir ein Bierchen. *Mehr kann man nicht verlangen.*

Aber natürlich hatte er nicht die richtige Religion für Kompromisse, Abmachungen, Verträge, Schwächen und *Mehr-kann-man-nicht-verlangen.* Wenn er Empathie und Konzessionen wollte, wenn er liberale Exegese wollte, wenn er *Spielraum* haben wollte, dann stand er auf der falschen Seite. Sein Gott war nicht so wie der liebenswerte, weißbärtige Stümper der Anglikaner, Methodisten oder Katholiken. Sein Gott hielt nichts davon, Leuten *Spielraum* zu lassen. In dem Moment, als Samads Blick an jenem Julitag des Jahres 1984 auf die hübsche rothaarige Musiklehrerin Poppy Burt-Jones fiel, erkannte er diese Wahrheit endlich. Er wusste, dass sein Gott sich rächte, er wusste, dass das Spiel aus war, er spürte, dass der Vertrag gekündigt worden war, dass es letztlich doch keine Sicherheitsklausel gab, dass ihm absichtlich und boshaft eine Versuchung in den Weg gelegt worden war. Kurz gesagt, sämtliche Abmachungen waren aufgehoben.

Das Masturbieren fing verstärkt wieder an. Jene zwei Monate zwischen der ersten Begegnung mit der hübschen rothaarigen Musiklehrerin und der zweiten waren die längsten, klebrigsten, stinkigsten, schuldigsten sechsundfünfzig Tage in Samads Leben. Gleich, wo er war oder was er tat, er wurde unversehens von einer Art synästhetischer Fixierung auf diese Frau erfasst: er hörte die Farbe ihres Haars in der Moschee, roch die Berührung ihrer Hand in der U-Bahn, schmeckte ihr Lächeln, während er arglos auf dem Weg zur Arbeit durch die Straßen ging; und das wiederum führte dazu, dass er jede öffentliche Toilettenanlage Londons kennen lernte, es führte zu einem Ausmaß an Masturbation, das selbst ein Fünfzehnjähriger mit Wohnsitz auf den Shetland-Inseln exzessiv gefunden hätte. Sein einziger Trost war, dass er wie weiland Roosevelt sozusagen eine Politik des *New Deal* betrieb: Er würde sündigen, aber nicht essen. Er wollte sich irgendwie von den Bildern und Gerüchen der Poppy Burt-Jones reinigen, von der Sünde der *istimna*, und obwohl keine Fastenzeit war und die Tage gerade die längsten des Jahres waren, nahm Samad zwischen Sonnenaufgang und Sonnenuntergang nichts, rein gar nichts zu sich, nicht mal seinen eigenen Speichel, dank eines kleinen Porzellanspucknapfes. Und da an einem Ende keine Nahrung zugeführt wurde, war das, was am anderen Ende herauskam, so dünn und geringfügig, so spärlich und durchscheinend, dass Samad sich fast einreden konnte, dass die Sünde weniger schwer wog, dass er eines wundervollen Tages in der Lage sein müsste, seinen elften Finger so heftig zu massieren, wie er wollte, und dass nichts herauskommen würde außer Luft.

Doch trotz seines gewaltigen Hungers – geistigen, körperlichen, sexuellen – leistete Samad täglich seine zwölf Stunden im Restaurant ab. Offen gesagt, war das Restaurant für ihn so ziemlich der einzige Ort, den er noch ertragen konnte. Er ertrug es nicht, seine Familie zu sehen, er ertrug es nicht, ins O'Connell's zu gehen, er ertrug es nicht, Archie die Genugtuung zu gewähren, ihn in einem solchen Zustand zu sehen. Mitte August hatte er seine Arbeitszeit bereits auf vierzehn Stunden erhöht. Irgendwas an dem Ritual – seinen Korb mit den rosa, in Schwanenform gefalteten Servietten zu nehmen und der Spur von Shivas Plastiknelken zu folgen, die Lage eines Messers oder einer Gabel zu korrigieren, ein Glas nachzupolieren, einen Fingerabdruck von den Porzellantellern zu wischen – tat ihm wohl. Er mochte ja ein schlechter Muslim sein, aber keiner konnte ihm nachsagen, er sei kein hingebungsvoller Kellner. Er hatte eine langweilige Fertigkeit bis zur Perfektion verfeinert. Wenigstens hier konnte er anderen den richtigen Weg zeigen: Wie man ein abgestandenes Zwiebel-Bhaji tarnte, wie man einige wenige Garnelen nach mehr ausse-hen ließ, wie man einem Australier erklärt, dass er nicht so viel Chili will, wie er denkt, dass er will. Außerhalb des Palace war er ein Onanist, ein schlechter Ehemann, ein gleichgültiger Vater mit der Moral eines Anglikaners. Aber hier drinnen, innerhalb dieser vier grüngelben Paisley-Wände war er ein einhändiges Genie.

»Shiva! Hier fehlt eine Blume!«
Samads *New Deal* war zwei Wochen alt, und es liefen die übli-chen freitagnachmittäglichen Vorbereitungen im Palace.
»Du hast die Vase hier vergessen, Shiva!«
Shiva schlenderte herbei und betrachtete die leere, bleistiftdün-ne, aquamarinblaue Vase auf Tisch neunzehn.
»Und in dem Saucenkarussell auf Tisch fünfzehn schwimmt ein Stück eingelegte Limone im Mango-Chutney.«
»Wirklich?«, erwiderte Shiva trocken. Armer Shiva; mittlerweile dreißig; nicht mehr so hübsch; noch immer hier. Es war ihm nie widerfahren, was auch immer er gedacht hatte, dass es ihm wi-derfahren würde. Er hatte das Restaurant zwar wirklich verlas-sen, wie Samad sich vage erinnerte, für kurze Zeit im Jahre 1979, um eine Security-Firma zu gründen, aber keiner wollte »Paki-Rausschmeißer« engagieren, und er war zurückgekommen, et-was weniger aggressiv, etwas verzweifelter, wie ein zugerittenes Pferd.
»Ja, Shiva. Wirklich und wahrhaftig.«
»Und das treibt dich in den Wahnsinn, was?«
»Ich würde nicht so weit gehen und von Wahnsinn sprechen, nein … es *beunruhigt* mich.«
»Weil dir nämlich in letzter Zeit«, fiel ihm Shiva ins Wort, »ir-gendwas quer sitzt. Das haben wir alle gemerkt.«
»Wir?«

»Wir. Die Jungs. Gestern war es ein Krümel Salz in einer Serviette. Vorgestern hing Gandhi nicht gerade genug an der Wand. Die ganze Woche führst du dich schon auf wie der große Diktator«, sagte Shiva und nickte dabei in Ardashirs Richtung. »Wie ein Irrer. Du lächelst nicht. Du isst nicht. Ständig hast du was zu nörgeln. Und wenn der Oberkellner nicht in Form ist, wirkt sich das auf alle anderen aus. Wie ein Mannschaftskapitän beim Fußball.«

»Ich weiß absolut nicht, was du meinst«, sagte Samad schmallippig und reichte ihm die Vase.

»Und ich weiß genau, dass du es weißt«, sagte Shiva provozierend und stellte die leere Vase zurück auf den Tisch.

»Falls ich mir wegen irgendwas Sorgen mache, ist das noch längst kein Grund, warum sich das auf meine Arbeit hier auswirken sollte«, sagte Samad mit einem Anflug von Panik und reichte ihm erneut die Vase. »Ich möchte anderen keine Unannehmlichkeiten bereiten.«

Wieder stellte Shiva die Vase auf den Tisch. »Dann ist da also doch was. Nun komm schon, Mann … Ich weiß, dass wir nicht immer ein Herz und eine Seele sind, aber hier müssen wir nun mal zusammenhalten. Wie lange arbeiten wir schon zusammen? Samad Miah?«

Plötzlich blickte Samad Shiva an, und Shiva sah, dass er schwitzte, fast benommen wirkte. »Ja, ja … da ist … etwas.«

Shiva legte eine Hand auf Samads Schulter. »Dann lass uns doch diese Scheißnelke jetzt einfach mal vergessen und in die Küche gehen und dir ein Curry kochen – in zwanzig Minuten ist die Sonne untergegangen. Na los, du kannst Shiva ruhig alles erzählen. Nicht, weil es mich die Bohne interessiert, wohlgemerkt, aber ich muss schließlich auch hier arbeiten, und du machst mich echt wahnsinnig, Kumpel.«

Samad, der von diesem etwas rüden Angebot eines offenen Ohrs seltsam gerührt war, legte seine rosa Schwäne ab und folgte Shiva in die Küche.

»Tierisch, pflanzlich, mineralisch?«

Shiva stellte sich an die Arbeitsplatte, fing an, eine Hühnchenbrust in perfekte Würfel zu schneiden und sie dann in Maismehl zu wenden.

»Wie bitte?«

»Ist es tierisch, pflanzlich oder mineralisch?«, wiederholte Shiva ungeduldig. »Die Sache, die dir Kopfzerbrechen bereitet.«

»Tierisch, hauptsächlich.«

»Weiblich?«

Samad sackte auf einen Hocker und ließ den Kopf hängen.

»Weiblich«, schloss Shiva. »Ehefrau?«

»Die Schande, der Schmerz wird über meine Frau kommen, aber nein … sie ist nicht die Ursache.«

»Eine andere. Mein Spezialthema.« Shiva tat, so als rolle er eine Kamera in Position, sang die Erkennungsmelodie von *Mastermind* und sprang ins imaginäre Bild. »Shiva Bhagwati, Sie haben dreißig Sekunden zum Thema andere Frauen als die eigene Ehefrau vögeln. Erste Frage: Ist es richtig? Antwort: Kommt drauf an. Zweite Frage: Komme ich dafür in die Hölle? –«

Samad unterbrach ihn angewidert. »Ich … schlafe nicht mit ihr.«

»Lass mich ausreden: Komme ich dafür in die Hölle? Antwort –«

»Es reicht. Vergiss es. Bitte, vergiss, dass ich davon angefangen habe.«

»Willst du Auberginen drin haben?«

»Nein … grüne Paprika reichen.«

»Alles klar«, sagte Shiva, warf eine grüne Paprika in die Luft und fing sie mit der Spitze seines Messers auf. »Ein Chicken Bhuna, kommt sofort. Wie lange läuft die Sache denn schon?«

»Da läuft gar nichts. Ich bin ihr erst einmal begegnet. Ich kenne sie kaum.«

»Also? Wo liegt das Problem? Ein bisschen fummeln? Ein bisschen knutschen?«

»Ein Händedruck, sonst nichts. Sie ist die Lehrerin meiner Söhne.«

Shiva warf Zwiebeln und die klein geschnittene Paprika in heißes Öl. »Du bist also in Gedanken fremdgegangen. Na und?«

Samad stand auf. »Es ist mehr als nur in Gedanken fremdgehen, Shiva. Mein ganzer Körper rebelliert, er tut nicht mehr das, was ich ihm sage. Nie in meinem Leben habe ich derartige körperliche Demütigungen hinnehmen müssen. Ein Beispiel: Ich bin dauernd …«

»Ja«, sagte Shiva, auf Samads Schritt deutend. »Das ist uns auch aufgefallen. Warum machst du nicht einen auf Handbetrieb, bevor du zur Arbeit gehst?«

»Mach ich ja … ich bin … aber das hilft nicht. Außerdem verbietet Allah es.«

»Ach, du hättest nie so religiös werden sollen, Samad. Es passt nicht zu dir.« Shiva wischte sich eine Zwiebelträne ab. »So viel Schuld ist nicht gesund.«

»Es geht nicht um Schuld. Es geht um Angst. Ich bin siebenundfünfzig, Shiva. Wenn man in mein Alter kommt, macht man sich allmählich Gedanken um den Glauben, man will nicht in Sünde sterben. England hat mich verdorben, das wird mir jetzt klar – meine Kinder, meine Frau, sie sind auch verdorben worden. Ich denke, vielleicht habe ich mir die falschen Freunde gesucht. Vielleicht war ich leichtfertig. Vielleicht habe ich den Intellekt wichtiger genommen als den Glauben. Und jetzt scheint es, als wäre mir diese letzte Versuchung vor Augen geführt worden. Um mich zu strafen, verstehst du. Shiva, du kennst dich mit Frauen aus. Hilf mir. Wie ist dieses Gefühl möglich? Ich weiß erst seit einem Monat von der Existenz dieser Frau, ich hab erst einmal mit ihr gesprochen.«

»Wie du schon sagtest, du bist siebenundfünfzig. Midlife-Crisis.«

»Midlife-Crisis? Was soll das denn heißen?«, entgegnete Samad gereizt. »Verdammt, Shiva, ich hab nicht vor, einhundertvierzehn Jahre alt zu werden.«

»Das ist ein *feststehender Ausdruck*. Darüber wird heutzutage viel geschrieben. Es bedeutet, dass ein Mann, wenn er in seinem Leben einen gewissen Punkt erreicht hat, das Gefühl kriegt, dass es von da an nur noch bergab geht ... und man ist immer so jung, wie die jeweilige Frau sich anfühlt, wenn du verstehst, was ich meine.«

»Ich stehe an einem moralischen Scheideweg in meinem Leben, und du redest nichts als Blödsinn.«

»Mit so was muss man sich heutzutage auskennen, Kumpel«, sagte Shiva betont langsam und geduldig. »Der weibliche Körper, G-Punkt, Hodenkrebs, Menopause – Midlife-Crisis gehört auch dazu. Das sind Kenntnisse, die der moderne Mann braucht.«

»Aber ich will solche Kenntnisse gar nicht!«, rief Samad, sprang auf und begann, in der Küche auf und ab zu schreiten. »Das ist ja gerade der springende Punkt! Ich will kein moderner Mann sein! Ich will so leben, wie es mir immer bestimmt war! Ich will zurück in die Heimat!«

»Ah ja, das wollen wir doch alle, oder?«, murmelte Shiva, während er Paprika und Zwiebeln in der Pfanne rührte. »Ich bin weggegangen, als ich drei war. Weiß der Geier, ich hab es in diesem Land zu nichts gebracht. Aber wer hat schon das Geld für das Flugticket? Und wer will schon in einer Hütte leben mit vierzehn Dienern auf der Gehaltsliste? Wer weiß, was in Kalkutta aus Shiva Bhagwati geworden wäre? König oder Bettelmann? Und wer«, sagte Shiva, wobei etwas von seiner alten Schönheit in sein Gesicht zurückkehrte, »kann den Westen wieder aus sich rausholen, wenn er erst mal in einem drin ist?«

Samad ging weiter auf und ab. »Ich hätte niemals herkommen sollen – daher kommen die ganzen Probleme. Hätte meine Söhne niemals hierher bringen sollen, so weit weg von Gott. Willesden Green! Prostituiertenreklame in Süßwarenläden, Judy Blume in der Schule, Kondome auf dem Bürgersteig, Erntedankfest, verführerische Lehrerinnen!«, brüllte Samad wahllos. »Shiva – ich verrate dir was, unter uns: Mein bester Freund, Archibald Jones, ist ein Ungläubiger! Wie kann ich denn da ein Vorbild für meine Söhne sein?«

»Iqbal, setz dich. Beruhig dich und hör mir zu. Du begehrst bloß jemanden. Menschen begehren Menschen. Das passiert von Delhi bis Deptford. Und es ist kein Weltuntergang.«

»Ich wär froh, wenn ich das mit Bestimmtheit wüsste.«

»Wann siehst du sie wieder?«

»Wir treffen uns wegen einer schulischen Angelegenheit … am ersten Mittwoch im September.«

»Verstehe. Ist sie eine Hindu? Muslimin? Sie ist doch keine Sikh, oder?«

»Das ist das Schlimmste dabei«, sagte Samad mit brechender Stimme. »Sie ist Engländerin. Weiße. Engländerin.«

Shiva schüttelte den Kopf. »Ich bin mit ziemlich vielen weißen Puppen zusammen gewesen, Samad. Mit ziemlich vielen. Manchmal hat's geklappt, manchmal nicht. Zwei hübsche Amerikanerinnen. Hab mich Hals über Kopf in eine bildschöne Pariserin verliebt. War sogar ein Jahr lang mit einer Rumänin zusammen. Aber nie mit einer Engländerin. Das funktioniert nicht. Niemals.«

»Warum nicht?«, fragte Samad und attackierte seinen Daumennagel mit den Zähnen, während er auf die gefürchtete Antwort wartete, ein Edikt von höherer Stelle. »Warum nicht, Shiva Bhagwati?«

»Zu viel Geschichte«, lautete Shivas rätselhafte Antwort, als er das Chicken Bhuna auftrug. »Zu viel Scheißgeschichte.«

*

Halb neun Uhr morgens, am ersten Mittwoch im September 1984. Samad, ein bisschen gedankenverloren, hörte, wie sich die Beifahrertür seines Austin Mini Metro öffnete und wieder schloss – weit weg in der realen Welt –, und als er nach links blickte, sah er Millat neben sich einsteigen. Oder zumindest ein Wesen, das vom Hals abwärts Millats Gestalt hatte. Der Kopf war durch ein *Tomytronic* ersetzt – ein primitives Computerspiel, das aussah wie eine übergroße Brille. Dahinter, so wusste Samad aus Erfahrung, jagte ein kleines rotes Auto, das seinen Sohn repräsentierte, ein grünes und ein gelbes Auto über eine dreidimensionale LED-Straße.

Millat pflanzte seinen winzigen Hintern auf den braunen Plastiksitz. »Ohh! Kalter Sitz! Kalter Sitz! Eiskalter Popo!«

»Millat, wo sind Magid und Irie?«

»Die kommen.«

»Kommen sie mit der Geschwindigkeit eines Zuges oder mit der Geschwindigkeit einer Schnecke?«

»Jiiieh!«, quietschte Millat als Reaktion auf eine virtuelle Straßensperre, die sein rotes Auto fast von der Straße ins Nirvana katapultiert hätte.

»Bitte, Millat. Nimm das ab.«

»Geht nicht. Brauch noch eins, null, zwei, sieben, drei Punkte.«

»Millat, du musst allmählich mal die Zahlen begreifen lernen. Wiederhole: zehntausendzweihundertdreiundsiebzig.«

»Feen-sausend-swei-wundert-brei-und-witzig.«

»Nimm das ab, Millat.«

»Geht nicht. Dann sterb ich. Willst du, dass ich sterbe, Abba?«

Samad hörte gar nicht zu. Er musste unbedingt vor neun Uhr in der Schule sein, falls diese Fahrt irgendeinen Sinn und Zweck erfüllen sollte. Um neun Uhr würde sie schon im Unterricht sein. Um neun Uhr zwei würde sie mit ihren langen Fingern das Klassenbuch aufschlagen, um neun Uhr drei würde sie mit ihren halbmondförmigen Fingernägeln auf einen Holzschreibtisch trommeln, irgendwo außer Sicht.

»Wo bleiben die denn? Wollen sie zu spät zur Schule kommen?«

»Mh-mmm.«

»Sind sie immer so spät dran?«, fragte Samad, denn normalerweise brachte nicht er, sondern Alsana oder Clara die Kinder zur Schule. Nur um einen Blick auf Burt-Jones zu werfen (obwohl es bis zu ihrem Treffen nur sieben Stunden und siebenundfünfzig

Minuten waren, sieben Stunden und sechsundfünfzig Minuten, sieben Stunden …), hatte er die unangenehmste aller denkbaren elterlichen Aufgaben übernommen. Und er hatte einige Mühe gehabt, Alsana davon zu überzeugen, dass an seinem überraschenden Wunsch, den Schultransport von seinem und Archies Nachwuchs zu übernehmen, nichts Schrulliges war:

»Aber Samad, du kommst erst morgens um drei nach Hause. Wirst du allmählich schrullig?«

»Ich will meine Söhne sehen! Ich will Irie sehen! Jeden Morgen wachsen sie mehr heran – und ich bekomme nichts davon mit. Millat ist fünf Zentimeter gewachsen.«

»Aber nicht um halb neun Uhr morgens. Ist schon seltsam, dass er die ganze Zeit wächst – gepriesen sei Allah! Muss eine Art Wunder sein. Was soll das, hmm?« Sie grub ihre Fingernägel in seinen überhängenden Bauch. »Irgendwas stimmt da nicht. Ich kann es riechen – wie schlecht gewordene Ziegenzunge.«

Ach, Alsanas kulinarisches Näschen für Schuld, Betrug und Angst suchte im Stadtteil Brent ihresgleichen, und Samad konnte nichts dagegen ausrichten. Wusste sie was? Ahnte sie was? Mit diesen Ängsten hatte Samad sich die ganze Nacht herumgeschlagen (wenn er sich nicht gerade einen von der Palme wedelte) und sie dann am Morgen mit ins Auto genommen, um sie an den Kindern auszulassen.

»Wo zum Teufel bleiben sie denn?«

»Höllenläuten!«

»Millat!«

»*Du* hast geflucht«, sagte Millat, der gerade in der vierzehnten Runde war und einen Fünfhunderter-Bonus bekam, weil er dafür gesorgt hatte, dass das gelbe Auto in Flammen aufging. »Das machst du dauernd. Wie M'ster Jones.«

»Tja, wir haben eine Sondererlaubnis zum Fluchen.«

Der kopflose Millat brauchte kein Gesicht, um seine Entrüstung auszudrücken. »SO WAS GIBT'S GAR NICHT, EINE –«

»OKAY, OKAY, OKAY«, lenkte Samad ein, der sehr wohl

wusste, dass ontologische Debatten mit einem Neunjährigen ein fruchtloses Unterfangen waren. »Erwischt. Es gibt keine Sondererlaubnis zum Fluchen. Millat, wo ist dein Saxofon? Du hast doch heute Orchester?«

»Im *Kofferraum*«, sagte Millat mit ungläubiger und zugleich verächtlicher Stimme: Ein Mensch, der nicht wusste, dass das Saxofon sonntagabends in den Kofferraum kam, war irgendwie sozial zurückgeblieben. »Wieso holst *du* uns heute auch ab? M'ster *Jones* holt uns montags immer ab. Du weißt gar nicht, wie das geht, uns abholen. Oder hinbringen.«

»Ich bin sicher, dass ich mich irgendwie schon durchwurschteln werde, vielen Dank, Millat. Es ist schließlich nicht so schwierig wie Raketenforschung. *Wo bleiben denn die beiden!*«, schrie er und drückte auf die Hupe, weil es ihn nervös gemacht hatte, dass selbst sein neunjähriger Sohn sein Verhalten als ungewöhnlich erkannte. »Und nimm jetzt *bitte* dieses dämliche Ding ab!« Samad packte den *Tomytronic* und zog ihn nach unten um Millats Hals.

»DU HAST MICH UMGEBRACHT!« Millat blickte wieder in den *Tomytronic*, gerade rechtzeitig, um entsetzt mit anzusehen, wie sein winziges rotes Alter Ego in die Leitplanken schleuderte und in einer katastrophalen Lightshow aus gelben Funkenschauern verschwand. »DU HAST MICH UMGEBRACHT, WO ICH GERADE AM GEWINNEN WAR!«

Samad schloss die Augen und zwang seine Augäpfel so weit wie möglich nach oben zu rollen, in der Hoffnung, dass sein Hirn sie zerdrücken würde, eine Selbstblendung, wenn er das schaffte, wie jenes andere Opfer westlicher Verderbtheit, Ödipus. Denke: Ich begehre eine andere Frau. Denke: Ich habe meinen Sohn getötet. Ich fluche. Ich esse Schinkenspeck. Ich wedel mir regelmäßig einen von der Palme. Ich trinke Guinness. Mein bester Freund ist ein Kafir, ein Ungläubiger. Ich rede mir ein, wenn ich auf und ab scheuere, ohne die Hände zu benutzen, zählt es nicht. Aber es zählt doch, o ja. Es zählt alles auf der großen Rechentafel

Desjenigen, der zählt. Was wird geschehen, wenn Mahschar kommt? Wie soll ich mich freisprechen, wenn das Jüngste Gericht kommt?

Klick-wumm. Klick-wumm. Einmal Magid, einmal Irie. Samad öffnete die Augen und blickte in den Rückspiegel. Auf der Rückbank saßen die beiden Kinder, auf die er gewartet hatte: beide mit ihren kleinen Brillen, Irie mit ihrem eigenwilligen Afro (kein hübsches Kind: bei ihr waren die Gene durcheinander geraten, Archies Nase mit Claras schrecklich vorstehenden Zähnen), Magid mit seinem vollen schwarzen Haar, platt gekämmt und unvorteilhaft in der Mitte gescheitelt. Magid mit Blockflöte, Irie mit Geige. Aber abgesehen von diesen grundlegenden Details war nicht alles so, wie es sein sollte. Wenn er sich nicht sehr täuschte, war was faul in diesem Mini Metro – etwas war *im Gange*. Beide Kinder waren von Kopf bis Fuß in Schwarz gekleidet. Beide trugen sie am linken Arm eine weiße Armbinde, auf die unbeholfene Darstellungen von Gemüsekörben gemalt waren. Beide trugen eine Kordel um den Hals, an der ein Schreibblock mit Stift baumelte.

»Wer hat das mit euch gemacht?«

Schweigen.

»War das Amma? Und Mrs. Jones?«

Schweigen.

»Magid! Irie! Habt ihr die Sprache verloren?

Weiteres Schweigen; Kinderschweigen, das Erwachsene sich so verzweifelt herbeisehnen, das jedoch unheimlich ist, wenn es schließlich eintritt.

»Millat, weißt *du*, was das Ganze soll?«

»Langweilig«, maulte Millat. »Die sind bloß oberschlaue, rotzige Blödköppe, Dr. Magoo und Lady Hässlich.«

Samad drehte sich in seinem Fahrersitz um und betrachtete die beiden Rebellen. »Soll ich jetzt fragen, was das Ganze soll?«

Magid schnappte sich seinen Stift und schrieb mit seiner ordentlichen, aseptischen Druckschrift: WENN DU WILLST. Dann riss er das Blatt ab und reichte es Samad.

»Ein Schweigegelübde. Verstehe. Du auch, Irie? Ich hätte gedacht, ihr beide wärt zu vernünftig für so einen Unsinn.«

Irie kritzelte kurz etwas auf ihren Block und gab die Botschaft weiter. DAS IST EIN PROSTEST.

»Pros-test? Was sind Pros, und warum testet ihr sie? Hat deine Mutter dir das Wort beigebracht?«

Irie sah aus, als würde sie gleich platzen, so dringend wollte sie eine Erklärung abgeben, doch Magid machte eine Handbewegung, als würde er ihren Mund wie einen Reißverschluss zuziehen, grapschte nach dem Stück Papier und strich das erste *S* durch.

»Ach, *verstehe. Protest.*«

Magid und Irie nickten frenetisch.

»Na, das ist nun wirklich faszinierend. Und ich vermute, eure Mütter haben dieses Szenario entworfen? Die Kostüme? Die Schreibblöcke?«

Schweigen.

»Ihr seid waschechte politische Gefangene ... kein Wort zu viel. Na schön. Dürfte ich vielleicht fragen, wogegen ihr protestiert?«

Beide Kinder deuteten eindringlich auf ihre Armbinden.

»Gemüse? Ihr protestiert für die Rechte von Gemüse?«

Irie hielt sich eine Hand vor den Mund, damit sie die Antwort nicht herausschrie, während Magid sich hektisch über seinen Schreibblock hermachte. WIR PROTESTIEREN FÜR DAS ERNTE-DANKFEST.

Samad knurrte: »Ich hab's dir doch schon gesagt. Ich will nicht, dass du an diesem Quatsch teilnimmst. Das hat nichts mit uns zu tun, Magid. Warum versuchst du bloß dauernd, jemand zu sein, der du nicht bist?«

Beide verfielen in Schweigen, voll stummem Zorn, während sie an den schmerzlichen Zwischenfall zurückdachten, auf den soeben angespielt worden war. Wenige Monate zuvor, an Magids

neuntem Geburtstag, war eine Gruppe von sehr gepflegt aussehenden weißen Jungen mit ausgezeichneten Manieren vor ihrer
Haustür aufgetaucht und hatten nach Mark Smith gefragt.

»Mark? Hier gibt es keinen Mark«, hatte Alsana gesagt und sich
mit einem herzlichen Lächeln gebückt, um auf einer Höhe mit
ihnen zu sein. »Hier wohnt bloß die Familie Iqbal. Ihr müsst
euch im Haus geirrt haben.«

Doch noch bevor sie diesen Satz zu Ende gesprochen hatte, war
Magid an die Tür gefegt gekommen und hatte seine Mutter außer
Sicht bugsiert.

»Hi, Jungs.«

»Hi, Mark.«

»Bin in den Schachklub, Mum.«

»Ja, M – M – Mark«, sagte Alsana, ob dieser letzten Kränkung
den Tränen nahe, der Ersetzung von »Amma« durch »Mum«.
»Komm nicht zu spät nach Hause.«

»ICH GEBE DIR SO EINEN PRÄCHTIGEN NAMEN WIE
MAGID MAHFOOZ MURSHED MUBTASIM IQBAL!«,
hatte Samad Magid hinterhergebrüllt, als dieser am Abend nach
Hause kam und wie ein geölter Blitz die Treppe hochsauste, um
sich in seinem Zimmer zu verkriechen. »UND DU WILLST
LIEBER MARK SMITH GENANNT WERDEN!«

Aber das war bloß ein Symptom für eine viel größere Malaise. In
Wahrheit wollte Magid *in einer anderen Familie* leben. Er wollte
Katzen haben und keine Kakerlaken, er wollte, dass seine Mutter
Cello spielte und nicht die Nähmaschine rattern ließ; er wollte
ein Spalier mit Blumen, die an der Hauswand emporwuchsen,
und nicht den immer größer werdenden Berg aus Müll anderer
Leute; er wollte ein Klavier in der Diele haben und nicht die ab-
gebrochene Tür von Vetter Kursheds Auto; er wollte mit dem
Fahrrad Ferien in Frankreich machen, keine Tagesausflüge nach
Blackpool, um irgendwelche Tantchen zu besuchen; er wollte einen Boden aus schimmerndem Holz in seinem Zimmer haben,
nicht den orange-grün gemusterten Teppich, den das Restaurant

ausrangiert hatte; er wollte einen Doktor zum Vater haben, nicht einen einhändigen Kellner; und diesen Monat hatte Magid all diese Sehnsüchte in dem Wunsch gebündelt, beim Erntedankfest mitzumachen, so, wie Mark Smith das tun würde. Wie alle anderen das tun würden.

ABER WIR WOLLEN MITMACHEN. SONST MÜSSEN WIR NACHSITZEN. MRS. OWEN HAT GESAGT, DAS IST EINE ALTE TRADITION.

Samad fuhr aus der Haut. »Wessen Tradition?«, bellte er, und ein weinender Magid fing erneut an, wie verrückt zu kritzeln. »Verdammt, du bist ein Muslim, kein Waldgeist! Ich hab's dir *gesagt*, Magid, ich hab dir gesagt, unter welcher Bedingung du mitmachen dürftest. Du kommst mit mir auf die Hadsch. Wenn ich jenen schwarzen Stein berühre, bevor ich sterbe, tue ich das nur mit meinem ältesten Sohn an meiner Seite.«

Magid brach der Stift ab, während er seine Antwort aufschrieb, und kritzelte den Rest mit dem Bleistummel. DAS IST NICHT FAIR! ICH KANN NICHT AUF DIE HADSCH GEHEN. ICH MUSS ZUR SCHULE. ICH HAB KEINE ZEIT, NACH MEKKA ZU FAHREN. DAS IST NICHT FAIR!

»Willkommen im zwanzigsten Jahrhundert. Es ist nicht fair. Es ist nie fair.«

Magid riss das nächste Blatt von seinem Block und hielt es seinem Vater vors Gesicht. DU HAST IHREM DAD GESAGT, ER SOLL SIE NICHT MITMACHEN LASSEN.

Samad konnte es nicht abstreiten. Letzten Dienstag hatte er Archie gebeten, Irie aus Solidarität in der Erntedankwoche zu Hause zu behalten. Archie hatte sich gewunden und war ausgewichen, aus Furcht vor Claras Zorn, aber Samad hatte ihn beruhigt: *Nimm dir an mir ein Beispiel, Archibald. Wer hat in meinem Haus die Hosen an?* Archie hatte an Alsana denken müssen, die so oft in einer hübschen, unten eng auslaufenden Seidenhose gesehen wurde, und an Samad, der regelmäßig ein langes, besticktes, graues Baumwolltuch um die Taille gewickelt trug, ein

Lungi, praktisch ein Rock. Aber er hatte den Gedanken für sich behalten.

WIR REDEN NIE MEHR, WENN DU UNS NICHT GEHEN LÄSST. WIR REDEN *NIE, NIE, NIE, NIE* MEHR. WENN WIR STERBEN, DANN WISSEN ALLE, DASS DU ES WARST. DU DU DU.

Na prima, dachte Samad, *noch mehr Blut und klebrige Schuld an meiner einen guten Hand.*

✳

Samad hatte keine Ahnung vom Dirigieren, aber er wusste, was ihm gefiel. Zugegeben, es war nicht sehr kompliziert, wie sie das machte, bloß ein simples Drei/Vier, bloß ein eindimensionales Metronom, das sie mit dem Zeigefinger in die Luft malte – aber *aaah*, was für eine Wonne, ihr dabei zuzusehen. Ihr Rücken ihm zugewandt; ihre nackten Füße, die sich – bei jedem dritten Schlag – aus den Slippern hoben; ihr Gesäß, das sich ein ganz klein wenig nach hinten schob, sich in der Jeans abzeichnete, wenn sie sich zu einem der unbeholfenen Orchester-Crescendos vorbeugte – was für eine Wonne. Was für ein Anblick! Er musste sich beherrschen, dass er nicht zu ihr eilte und sie davontrug. Es beängstigte ihn, wie unfähig er war, *seine Augen von ihr zu nehmen.* Aber er musste vernünftig bleiben: Das Orchester brauchte sie – weiß Gott, sie würden diese Adaption von *Schwanensee* (die mehr an Enten erinnerte, die durch einen Ölteppich watschelten) ohne sie nie bewältigen. Und doch, was für eine köstliche *Verschwendung* – wie bei einem Kleinkind, das im Bus ohne Sinn und Verstand nach der Brust der Fremden auf dem Nebensitz greift –, was für eine *Verschwendung*, dass etwas von solcher Schönheit denjenigen zur Verfügung stand, die zu jung waren, um damit etwas anfangen zu können. In dem Augenblick, als er diesen Gedanken kostete, erbrach er ihn sogleich wieder: *Samad Miah ... tiefer kann ein Mann wohl nicht mehr sinken, wenn er auf ein Kind an der Brust einer Frau neidisch ist, wenn er auf die*

Jugend neidisch ist, auf die Zukunft ... Und dann, als Poppy Burt-Jones sich erneut aus den Schuhen hob und die Enten endlich der Umweltkatastrophe erlagen, fragte er sich, nicht zum ersten Mal an diesem Nachmittag: *Warum, im Namen Allahs, bin ich eigentlich hier?* Und die Antwort kehrte erneut mit der Beharrlichkeit eines Brechreizes zurück: *Weil ich einfach nirgendwo sonst sein kann.*

Tick, tick, tick. Samad war dankbar für das Geräusch des Taktstockes, der auf den Notenständer schlug und ihn aus seinen Gedanken riss, diesen Gedanken, die fast an Delirium grenzten.

»Bitte, Kinder, Kinder. Stopp. *Psst,* einen Moment aufhören. Lippen weg von den Instrumenten, Bögen runter. *Runter,* Anita. So ist schön, *ja,* einfach auf den Boden. *Vielen Dank.* Also, ihr habt wahrscheinlich schon mitbekommen, dass wir heute Besuch haben.« Sie wandte sich zu ihm um, und er gab sich alle Mühe, irgendeine Stelle an ihr zu finden, auf die er sich konzentrieren konnte, ein paar Quadratzentimeter, die sein erhitztes Blut nicht noch mehr in Wallung brachten. »Das ist Mr. Iqbal, der Vater von Magid und Millat.«

Samad erhob sich, als wollte er strammstehen, drapierte seinen weiten Mantel sorgsam über seinen launischen Schritt, winkte ziemlich lahm und setzte sich wieder.

»Sagt mal alle ›Hallo, Mr. Iqbal‹.«

»HALLO, MR. ICK-BALL«, erschallte es lauthals aus allen Kehlen, bis auf zwei.

»Nun wollen wir doch bestimmt dreimal so gut spielen wie sonst, weil wir heute Publikum haben, nicht wahr?«

»JA, MISS BURT-JONES.«

»Und Mr. Iqbal ist nicht bloß unser heutiger Zuhörer, sondern er ist ein ganz *besonderer* Zuhörer. Wegen Mr. Iqbal spielen wir nämlich ab nächste Woche nicht mehr *Schwanensee.*«

Diese Ankündigung löste einen gewaltigen Jubel aus, begleitet von vereinzelten Trompetenstößen, Trommelwirbeln, Beckenschlägen.

»Schön, schön, das reicht. So viel freudige Zustimmung hätte ich nun doch nicht erwartet.«

Samad lächelte. Sie hatte also Humor. Sie besaß Witz, Selbstironie – doch wieso … dachte er, dass die Sünde umso *kleiner* war, je *mehr* Gründe es gab zu sündigen? Er dachte wieder wie ein Christ; er sagte zum Schöpfer: *Mehr kann man nicht verlangen.*

»Instrumente runter. Ja, *du*, Marvin. *Vielen* Dank.«

»Was machen wir denn dann, Miss?«

»Nun ja …«, begann Poppy Burt-Jones mit dem gleichen halb schüchternen, halb kecken Lächeln, das ihm schon mal aufgefallen war. »Etwas *ganz* Spannendes. Nächste Woche möchte ich mal ein wenig mit *indischer* Musik experimentieren.«

Der Beckenspieler, der nicht recht wusste, welcher Platz ihm bei einem so radikalen Genrewechsel zukommen sollte, übernahm es als Erster, sich über den Plan lustig zu machen. »Was, Sie meinen diese Eeeeee-EEEAAaaaaa-EEEeeee-AAOoooo-Musik?«, fragte er und vollführte eine achtbare Klangimitation der Passagen zu Beginn eines Hindi-Musikspiels oder der Hintergrundmusik in einem »indischen« Restaurant, begleitet von den entsprechenden Kopfbewegungen. Die Klasse brüllte vor Lachen so laut wie ein Forte der gesamten Blechbläserabteilung und nahm den Scherz geschlossen auf: *Eeee Eaaaoo OOOAaaah Eeee OOOiiiiiii.* Das, zusammen mit den parodistisch quietschenden Geigen, brach in Samads tiefen, erotischen Halbschlummer ein und scheuchte seine Fantasie in einen Garten, in einen mit Marmor eingefassten Garten, in dem er sich ganz in Weiß gekleidet sah, wie er, hinter einem großen Baum versteckt, eine Sari und Bindi tragende Poppy Burt-Jones beobachtete, die sich kokett verspielt zwischen irgendwelchen Brunnen hindurchschlängelte, manchmal sichtbar, manchmal nicht.

»Ich finde es nicht –«, setzte Poppy Burt-Jones an, bemüht, ihre Stimme über das Tohuwabohu zu heben, dann, etliche Dezibel lauter: »ICH FINDE ES NICHT SEHR NETT –«, und an dieser Stelle sank ihre Stimme wieder auf normale Lautstärke zurück, weil die Klasse den ärgerlichen Tonfall heraushörte und ruhiger wurde. »Ich finde es nicht sehr nett, sich über *andere Kulturen* lustig zu machen.«

Die Orchestermusiker, denen nicht klar gewesen war, dass sie das getan hatten, denen aber bewusst war, dass dergleichen an der Manor School als das niederträchtigste Verbrechen galt, schlugen kollektiv die Augen nieder.

»*Ihr* etwa? *Ihr* etwa? Wie würdest du das finden, Sophie, wenn sich irgendjemand über Queen lustig machen würde?«

Sophie, eine leicht zurückgebliebene Zwölfjährige, die von Kopf bis Fuß mit den Insignien betreffender Rockband eingedeckt war, blickte finster über ihre dicken Brillengläser hinweg.

»Würd mir nicht gefallen, Miss.«

»Nein, du hättest was dagegen, nicht?«

»Ja, Miss.«

»Weil Freddie Mercury zu *unserer Kultur* gehört.«

Samad hatte die Gerüchte gehört, die unter den Kellnern im Palace kursierten, dass es sich nämlich bei diesem Mercury in Wahrheit um einen sehr hellhäutigen Perser namens Farookh handelte, an den sich der Chefkoch noch aus seiner Schulzeit in Panchgani bei Bombay erinnerte. Aber wozu die Haarspalterei? Samad wollte die bezaubernde Burt-Jones nicht unterbrechen, wo sie gerade so schön in Fahrt war, und behielt die Information für sich.

»Manchmal finden wir die Musik anderer Völker seltsam, weil ihre Kultur sich von *unserer* unterscheidet«, sagte Miss Burt-Jones ernst. »Aber das bedeutet nicht, dass sie nicht genauso gut ist, oder?«

»NEIN, MISS.«

»Und durch die jeweilige Kultur können wir mehr über einander erfahren, nicht wahr?«

»JA, MISS.«

»Zum Beispiel du, Millat, welche Musik gefällt dir?«

Millat überlegte einen Moment, schwang dann sein Saxofon zur

Seite und fing an, es wie eine Gitarre zu bearbeiten. »*Bo-orn to ruuun! Da da da da daaa!* Bruce Springsteen, Miss! *Da da da da daaa! Baby, we were bo-orn* –«

»Äh, sonst – sonst nichts? Vielleicht irgendwas, was ihr zu Hause hört –«

Millat verzog das Gesicht, besorgt, weil seine Antwort anscheinend nicht die richtige war. Er sah zu seinem Vater hinüber, der hinter der Lehrerin wild gestikulierte und die abrupten Kopf- und Handbewegungen des Bharata Natyam nachahmte, des Tanzes, dem Alsana früher gefrönt hatte, bevor Traurigkeit ihr das Herz schwer machte und Babys ihr die Hände und Füße banden.

»*Thriiiii-ller!*«, sang Millat aus voller Kehle, in der Annahme, seinen Vater verstanden zu haben. »*Thriii-ller night!* Michael Jackson, Miss! Michael Jackson!«

Samad schlug die Hände vors Gesicht. Miss Burt-Jones betrachtete verwundert den kleinen Jungen, der vor ihr auf seinem Stuhl stand, herumwirbelte und sich in den Schritt griff. »Okay, danke, Millat. Danke, dass wir das … erfahren durften.«

Millat grinste. »Alles klar, Miss.«

Während die Kinder sich in einer Reihe aufstellten, um zwanzig Pence gegen zwei trockene Kekse und einen Becher geschmacksfreien Saft einzutauschen, folgte Samad dem leichten Schritt von Poppy Burt-Jones wie ein Raubtier – in die Musikkammer, einen winzigen fensterlosen Raum ohne Fluchtmöglichkeit, voll mit Instrumenten, Aktenschränken, aus denen Notenblätter quollen, und einem Duft, den Samad für ihren gehalten hatte, den er jetzt jedoch als den des alten Leders der Geigenkoffer, vermischt mit dem sanften Aroma der Darmsaiten, identifizierte.

»Das«, sagte Samad, als er unter einem gewaltigen Papierberg einen Schreibtisch erspähte, »ist Ihr Arbeitsplatz?«

Poppy errötete. »Winzig, nicht? Der Musiketat wird jedes Jahr weiter gekürzt, und dieses Jahr ist gar nichts mehr übrig, was man hätte kürzen können. Wir sind so weit, dass wir Schreibtische in Schränke schieben und das dann Büro nennen. Ich kann von Glück sagen, dass ich überhaupt einen Schreibtisch habe.«

»Es ist wirklich sehr klein«, sagte Samad und suchte verzweifelt nach einer Stelle ab, wo er stehen könnte, ohne dass sie in Reichweite war. »Man könnte fast sagen klaustrophobisch.«

»Ich weiß, *schrecklich* – aber setzen Sie sich doch.«

Samad sah sich nach dem Stuhl um, den sie möglicherweise im Sinn hatte.

»Ach je! Tut mir Leid! *Hier* bitte.« Sie fegte Papierstapel, Bücher und irgendwelchen Abfall mit einer Hand beiseite und förderte einen unsicher wirkenden Hocker zutage. »Den hab ich selbst gemacht – aber er ist trotzdem ziemlich stabil.«

»Tischlern können Sie auch?«, staunte Samad, erneut auf der Suche nach weiteren guten Gründen, eine böse Sünde zu begehen. »Handwerkerin und Musikerin zugleich?«

»Nein, nein, nein – ich hab ein paar Abendkurse besucht –, nichts Tolles. Ich hab den hier gemacht und einen Fußschemel, und der Schemel ist auseinander gebrochen. Ich bin kein – jetzt fällt mir doch tatsächlich kein einziger Tischler ein!«

»Wie wär's mit Jesus?«

»Ich kann doch wohl kaum sagen: ›Ich bin kein Jesus‹ … Ich meine, natürlich bin ich das nicht, aber aus anderen Gründen.«

Samad nahm seinen wackeligen Platz ein, während Poppy Burt-Jones sich hinter ihren Schreibtisch setzte. »Wollen Sie damit sagen, dass Sie kein guter Mensch sind?«

Samad sah, dass er sie mit der beiläufigen Ernsthaftigkeit seiner Frage aus der Fassung gebracht hatte. Sie fuhr sich mit den Fingern durchs Haar, spielte mit einem kleinen Schildpattknopf an ihrer Bluse, lachte unsicher: »Ich möchte doch meinen, dass ich nicht von Grund auf schlecht bin.«

»Und das ist genug?«

»Nun ja … ich …«

»Ach je, ich bitte um Verzeihung …«, setzte Samad an. »Das war nicht ernst gemeint, Miss Burt-Jones.«

»Na … sagen wir einfach, ich bin kein *Mr. Chippendale* – das passt besser.«

»Ja«, sagte Samad freundlich und dachte bei sich, dass sie viel schönere Beine hatte als ein Queen-Anne-Stuhl, »das passt besser.«

»Also, wo waren wir?«

Samad beugte sich ein wenig über den Schreibtisch und sah ihr ins Gesicht. »Waren wir irgendwo, Miss Burt-Jones?«

(Er setzte seine Augen ein; er erinnerte sich, dass die Leute früher oft gesagt hatten, seine Augen wären es – dieser neue junge Mann in Delhi, Samad Miah, sagten sie, hat *Augen, bei denen man schwach wird*.)

»Ich sehe gerade – sehe – ich sehe gerade nach, wo meine Notizen sind – wo sind bloß meine Notizen?«

Sie fing an, die Katastrophe auf ihrem Schreibtisch zu durchwühlen, und als Samad sich wieder zurücklehnte, bemerkte er leicht zufrieden, dass ihre Finger, wenn er sich nicht täuschte, offenbar zitterten. War das eben ein *Moment* gewesen? Er war siebenundfünfzig – es war gut zehn Jahre her, dass er einen Moment gehabt hatte –, und er war höchst unsicher, ob er einen Moment erkennen würde, wenn er einen erlebte. *Du alter Mann*, sagte er zu sich selbst, während er sich das Gesicht mit einem Taschentuch abtupfte, *du alter Narr*. Geh jetzt – geh, bevor du in deinem eigenen schuldbewussten Saft ertrinkst (denn er schwitzte wie ein Schwein), *geh, bevor du es noch schlimmer machst*. Aber war das überhaupt möglich? War es möglich, dass in diesem vergangenen Monat – dem Monat, in dem er sich regelrecht ausgepresst hatte, gebetet und gefleht, Abkommen getroffen und immerzu, immerzu an sie gedacht hatte –, dass sie in diesem Monat an *ihn* gedacht hatte?

»Ach übrigens, während ich hier suche, fällt mir ein, dass ich Sie etwas fragen wollte.«

Ja!, sagte die anthropomorphisierte Stimme, die sich in Samads rechtem Hoden eingenistet hatte. Wie auch immer die Frage lautet, die Antwort ist *ja ja ja*. *Ja*, wir werden uns hier auf diesem Tisch lieben, *ja*, wir werden dafür in der Hölle schmoren, und *ja*, Miss Burt-Jones, *ja*, die Antwort ist unausweichlich, unentrinnbar, *JA*. Doch irgendwie, da draußen, wo das Gespräch weiterging, in der rationalen Welt gut einen Meter über seinem Hodensack, lautete die Antwort – »Mittwoch«.

Poppy lachte. »Nein, ich meine nicht, welchen Wochentag wir heute haben – wirke ich denn so konfus? Nein, ich hab gemeint, was für ein Tag heute für Muslims ist. Weil ich nämlich gesehen habe, dass Magid eine Art Kostüm anhatte, und als ich ihn danach gefragt hab, hat er mir keine Antwort gegeben. Ich hatte Angst, dass ich ihn vielleicht irgendwie gekränkt haben könnte.«

Samad runzelte die Stirn. Es ist höchst unangenehm, an die eigenen Kinder erinnert zu werden, wenn man gerade die exakte Farbe und Härte einer Brustwarze abschätzt, die sich so deutlich durch BH und Bluse hindurch abzeichnet.

»Magid? Bitte machen Sie sich wegen Magid keine Sorgen. Ich bin sicher, dass er sich nicht gekränkt fühlt.«

»Dann hab ich also Recht gehabt«, sagte Poppy zufrieden mit sich. »Ist das so eine Art, ich weiß nicht, Vokalfasten?«

»Äh … ja, ja«, stotterte Samad, der sich nicht über sein Familiendilemma auslassen wollte, »es ist ein Symbol für die Aussage des Koran, dass der Tag des Gerichts uns allen zunächst das Bewusstsein raubt. Die Sprache, verstehen Sie. Deshalb, also deshalb kleidet sich der älteste Sohn der Familie ganz in Schwarz und … ähm … enthält sich der Sprache … für einen gewissen … Zeitraum, um sich so … zu *läutern*.«

Gütiger *Gott*.

»Ich *verstehe*. Das ist ja faszinierend. Und Magid ist der Ältere?«

»Um zwei Minuten.«

Poppy lächelte. »So gerade eben.«

»Zwei Minuten«, sagte Samad geduldig, weil er mit jemandem

sprach, der nicht wissen konnte, welche Auswirkung derart kleine Zeiträume im Verlauf der gesamten Familiengeschichte der Iqbals gehabt hatten, »können von entscheidender Bedeutung sein.«

»Und hat diese Läuterung einen Namen?«

»*Amar durbol lagche.*«

»Was bedeutet das?«

Wörtlich übersetzt: *Ich fühle mich schwach.* Es bedeutet, Miss Burt-Jones, *dass vor lauter Verlangen, Sie zu küssen, schon jede Faser in mir ganz schwach ist.*

»Es bedeutet«, sagte Samad laut, ohne eine Sekunde zu zögern, »Anbetung des Schöpfers mit versiegelten Lippen.«

»*Amar durbol lagche.* Wow«, sagte Poppy Burt-Jones.

»Fürwahr«, sagte Samad Miah.

Poppy Burt-Jones beugte sich auf ihrem Stuhl vor. »Ich weiß nicht … Für mich ist das einfach eine *unglaubliche Selbstbeherrschung.* So etwas haben wir im Westen einfach nicht – diesen Sinn für Opfer. Ich empfinde eine grenzenlose Bewunderung für diese Fähigkeit Ihres Volkes zum Verzicht, zum Entsagen.«

Woraufhin Samad den Stuhl unter sich wegtrat, wie ein Mann, der sich selbst erhängt, und den redseligen Mund von Poppy Burt-Jones mit seinen fieberheißen Lippen versiegelte.

7
MOLARE

Und die Sünden des östlichen Vaters werden heimsuchen die westlichen Söhne. Oft mit einiger Verzögerung, in den Genen gespeichert wie Kahlköpfigkeit oder Hodenkrebs, doch manchmal schon just am selben Tag. Manchmal just im selben Augenblick. Zumindest ließe sich so erklären, dass Samad zwei Wochen später, während des alten druidischen Erntedankfestes, leise ein Hemd, das er noch nie in der Moschee anhatte (*Dem Reinen ist alles rein*), in eine Plastiktüte packt, so dass er sich später umziehen und Miss Burt-Jones treffen kann (16:30, Harlesden Clock), ohne Verdacht zu wecken, während Magid und ein umgestimmter Millat nur vier Dosen Kichererbsen, deren Verfallsdatum abgelaufen ist, eine Tüte Chips und ein paar Äpfel in zwei Rucksäcke packen (*Mehr kann man nicht verlangen*), um sich später mit Irie zu treffen (16:30, Eiswagen) und den ihnen zugeteilten alten Mann zu besuchen, dem sie ihre heidnische Wohltätigkeit zugute kommen lassen wollen, einen gewissen Mr. J. P. Hamilton aus Kensal Rise.

Was keiner der Beteiligten weiß, ist, dass unter diesen beiden Fahrten uralte Ley-Lines verlaufen – oder, um es moderner auszudrücken, das Ganze ist eine Neuauflage. Die Geschichte ist nicht neu. Wie Fernsehen in Bombay oder Kingston oder Dhaka, wo sich die immer gleichen alten britischen Sitcoms in einer einzigen langweiligen Endlosschleife über die alten Kolonien ergießen. Immigranten waren nämlich schon immer besonders anfällig für Wiederholungen – das hängt mit der Erfahrung zusammen, von Westen nach Osten oder von Osten nach Westen oder von Insel zu Insel zu ziehen. Selbst wenn man ankommt, geht man noch immer vor und zurück; deine Kinder gehen im Kreis.

Dafür gibt es keinen passenden Ausdruck – *Erbsünde* scheint zu hart; vielleicht wäre *Erbtrauma* passender. Ein Trauma ist schließlich etwas, das man unablässig wiederholt, und das ist die Tragödie der Iqbals – dass sie nicht anders können, als den Sprung wieder und wieder zu inszenieren, den sie einst von einem Land zum andern machten, von einem Glauben zum andern, von einem braunen Vaterland in die blassen, sommersprossigen Arme einer königlichen Souveränin. Es wird noch ein paar Wiederholungen benötigen, bis sie endlich zur nächsten Melodie weiterziehen. Und genau das passiert gerade, während Alsana laut auf ihrer monströsen Singer-Maschine näht, die Lücke eines schrittfreien Schlüpfers umnäht, ohne zu ahnen, dass Vater und Söhne durchs Haus schleichen, Kleidung einpacken, Nahrungsmittel einpacken. Es ist eine Heimsuchung der Wiederholung. Es ist ein Sprung über Kontinente. Es ist eine Neuauflage. Aber eins nach dem anderen, bitte schön, eins nach dem anderen …

*

Und wie bereiten sich nun junge Menschen auf Begegnungen mit alten Menschen vor? Mit ein bisschen Herablassung, mit geringen Erwartungen an die Vernunft des Gegenübers; mit dem Wissen, dass es den anderen schwer fallen wird, alles zu verstehen, dass sie es nicht behalten werden (weniger kopfmäßig als verdauungsmäßig); und mit dem Gefühl, dass sie etwas mitbringen sollten, was den anderen gefallen wird, etwas Nützliches. Wie Garibaldi-Kekse.

»Die *mögen* die«, erklärte Irie, als die Zwillinge Zweifel an ihrer Auswahl anmeldeten, während sie zu dritt oben im 52er Bus ihrem Bestimmungsort entgegenrumpelten, »weil da Rosinen drin sind. Alte Leute *mögen* Rosinen.«

Unter dem Kokon seines *Tomytronic* rümpfte Millat die Nase: »Kein Mensch mag Rosinen. Tote Trauben – *igitt*. Wer will denn so was essen?«

»*Alte Leute schon*«, beharrte Irie und steckte die Kekse zurück in ihre Tasche. »Und die sind auch nicht richtig tot, die sind *getrocknet, nämlich*.«

»Ja klar, *nachdem* sie gestorben sind.«

»Halt die Klappe, Millat. Magid, sag ihm, er soll die Klappe halten.«

Magid schob sich die Brille höher auf den Nasenrücken und wechselte diplomatisch das Thema. »Was hast du denn sonst noch?«

Irie griff in die Tasche. »Eine Kokosnuss.«

»Eine Kokosnuss!«

»Zu eurer Information«, zischte Irie und nahm die Nuss aus Millats Reichweite, »alte Menschen *mögen* Kokosnüsse. Sie können die Milch in ihren Tee tun.«

Obwohl Millat würgte, ließ Irie sich nicht beirren. »*Und* ich habe knuspriges Baguette und Käsestangen und ein paar Äpfel –«

»*Wir* haben Äpfel, du *Chief*«, fiel Millat ihr ins Wort. »Chief« bedeutete aus irgendwelchen unerfindlichen Gründen im Jugendslang von North London so viel wie *Idiot*, *Arschloch*, *Trottel*, es bezeichnete *Nieten* und *Flaschen*, bei denen jede Hilfe zu spät kam.

»Ja, aber ich hab mehr Äpfel und bessere Äpfel, *ätsch*, und ich hab Minzkuchen und etwas Aki und gesalzenen Fisch.«

»Ich hasse Aki und gesalzenen Fisch.«

»Du sollst ja auch nichts davon essen.«

»Will ich auch nicht.«

»Du kriegst auch nichts.«

»Na prima, ich will nämlich auch nichts.«

»Dann ist ja gut, ich hätte dir nämlich auch nichts gegeben, wenn du was gewollt hättest.«

»Da hab ich ja Glück, weil ich nichts will. *Schande* aber auch«, sagte Millat, und dann verteilte er, ohne seinen *Tomytronic* abzunehmen, auf die übliche Art Schande, und zwar indem er Irie mit der flachen Hand über die Stirn strich. »Schande im Hirn.«

»Tja, mach dir mal bloß keine Sorgen, weil du *nämlich* kein bisschen davon abkriegst –«

»Ooooh, voll erwischt, *voll erwischt!*«, quietschte Magid, der Irie seine kleine Hand aufdrückte. »Mensch, du hast die Schande weg!«

»Ich doch nicht, ihr habt sie weg, weil die Sachen für Mr. J. P. Hamilton sind, *nämlich*, –«

»Unsere Haltestelle!«, schrie Magid, sprang auf und zog viel zu oft an der Klingelschnur.

»*Wenn Sie mich fragen*«, sagte ein mürrischer Rentner zu einem anderen, »*sollten die alle dahin zurück, wo sie …*«

Aber diese Äußerung, der älteste Satz der Welt, wurde von Klingeln und dem Stampfen von Füßen übertönt, bis er sich schließlich unter die Sitze zu den Kaugummiresten flüchtete.

»Schande, Schande hält dich fest am Bande«, trällerte Magid. Die drei polterten die Treppe hinunter und aus dem Bus.

*

Und der 52er fährt in beide Richtungen. Vom Willesdenschen Kaleidoskop aus kann man mit ihm in südlicher Richtung fahren, wie die Kinder, durch Kensal Rise, über Portobello nach Knightsbridge, und zusehen, wie die vielen Farben sich in den hellweißen Lichtern der Stadt verlieren. Man kann aber auch nach Norden fahren, wie Samad das tat: Willesden, Dollis Hill, Harlesden, und mit Grauen beobachten (wenn man ängstlich ist wie Samad und man in der Stadt immer nur gelernt hat, beim Anblick dunkelhäutiger Menschen auf die andere Straßenseite zu wechseln), wie Weiß zuerst zu Gelb und dann zu Braun wird, und dann kommt die Harlesden Clock in Sicht, stolz wie eine Statue von Queen Victoria in Kingston – ein hoher weißer Stein, umgeben von Schwarz.

Samad war überrascht gewesen, ja *überrascht*, dass sie ihm ausgerechnet *Harlesden* zugeflüstert hatte, als er ihr nach dem Kuss die Hand drückte – jenem Kuss, den er noch immer schmecken konnte – und wissen wollte, wo er sie treffen könne, nicht hier, *weit* weg von hier (»*Meine Kinder, meine Frau*«, hatte er zusammenhanglos gemurmelt). Er hatte »Islington« erwartet oder vielleicht »West Hampstead« oder zumindest »Swiss Cottage« und hörte stattdessen »Harlesden. Ich wohne in Harlesden.«

»Stonebridge Estate?«, hatte Samad verstört gefragt. Angesichts der Kreativität, die Allah an den Tag legte, um ihn zu strafen, sah er sich schon im Geiste auf seiner neuen Geliebten liegen – mit dem zehn Zentimeter langen Messer eines Gangsters im Rücken.

»Nein – aber nicht weit davon. Wollen wir uns treffen?«

Samads Mund war an diesem Tag der geheimnisvolle zweite Schütze in Dallas gewesen, hatte sein Gehirn ausgeschaltet und selbst die Macht übernommen, alles zur gleichen Zeit.

»Ja. Oh, verdammt! *Ja.*«

Und dann hatte er sie erneut geküsst und etwas relativ Züchtiges in etwas anderes verwandelt, indem er mit der linken Hand ihre Brust umfasste und es genoss, wie sie dabei scharf die Luft einsog.

Anschließend hatten sie das kurze obligatorische Gespräch, dass diejenigen, die betrügen, immer führen, um sich selbst weniger als Betrüger zu fühlen.

»Ich sollte wirklich nicht –«

»Ich weiß gar nicht, wie das –«

»Also, wir müssen uns zumindest treffen, um darüber zu reden, was –«

»Allerdings, über das, was passiert ist, darüber müssen wir unbe…«

»Es ist nämlich wirklich was passiert, aber –«

»Meine Frau … meine Kinder …«

»Wir sollten uns ein bisschen Zeit lassen … Mittwoch in zwei Wochen? Halb fünf? Harlesden Clock?«

Zumindest konnte er sich bei dieser ganzen schmutzigen Angelegenheit zu seinem Timing gratulieren: Um Viertel nach vier stieg er aus dem Bus, womit ihm fünf Minuten blieben, um rasch in die Herrentoilette bei McDonald's zu schlüpfen (mit schwarzen Wachleuten vor der Tür, schwarze Wachleute, um die Schwarzen abzuschrecken), wo er die Schlaghose des Palace gegen einen dunkelblauen Anzug austauschte, dazu einen Wollpullover mit V-Ausschnitt und ein graues Hemd, in dessen Tasche ein Kamm steckte, um sein dichtes Haar einigermaßen in Form zu bringen. Danach war es zwanzig nach vier, womit ihm weitere fünf Minuten blieben, um Vetter Hakim und dessen Frau Zinat zu besuchen, die in der Nähe den £1+50p-Laden führten (eine Ladenkette, die sich fälschlicherweise rühmt, dass kein Artikel teurer ist als anderthalb Pfund, ein Preis, der sich bei genauerem Hinsehen jedoch als der Mindestpreis der Waren entpuppt) und die ihm, ohne es zu ahnen, ein Alibi liefern sollten.

»Samad Miah, oha! Du bist aber schick heute – das muss doch einen Grund haben.«

Zinat Mahal: ein Mund so groß wie der Kanaltunnel, und darauf setzte Samad.

»Danke, Zinat«, sagte Samad und blickte bewusst ertappt. »Was den Grund angeht … da weiß ich gar nicht, ob ich dir das sagen soll.«

»Samad! Mein Mund ist verschwiegen wie ein Grab! Was mir auch erzählt wird, es stirbt mit mir.«

Was Zinat auch erzählt wurde, es sorgte unweigerlich dafür, dass die Telefone heiß liefen, es hüpfte über Oberleitungen, Funkwellen und Satelliten und wurde schließlich von hoch entwickelten außerirdischen Zivilisationen aufgenommen, während es durch die Atmosphären weit entfernter Planeten schwirrte.

»Tja also, um die Wahrheit zu sagen …«

»Bei Allah, heraus damit!«, rief Zinat, die vor lauter Klatschsucht schon fast über die Theke geklettert war. »Was hast du vor?«

»Nun … ich treffe mich in Park Royal mit jemandem wegen

einer Lebensversicherung. Ich möchte, dass meine Alsana gut versorgt ist, wenn ich mal nicht mehr bin – aber!«, sagte er, seiner funkelnden, Juwelen tragenden Vernehmungsbeamtin, die zu viel Lidschatten trug, mit dem Zeigefinger drohend, »ich will nicht, dass sie das erfährt! Gedanken an den Tod sind ihr verhasst, Zinat.«

»Hast du das gehört, Hakim? Manche Männer machen sich noch Gedanken um die Zukunft ihrer Frauen! Na los – mach schon, ich will dich nicht aufhalten, Vetter. Und keine Bange«, rief sie ihm nach, während sie gleichzeitig mit ihren langen nach unten gebogenen Fingernägeln nach dem Telefonhörer griff, »von mir erfährt Alsi kein Sterbenswörtchen.«

Mit dem Alibi unter Dach und Fach blieben Samad noch drei Minuten, um darüber nachzudenken, was ein alter Mann einer jungen Frau mitbringt, was ein alter brauner Mann einer jungen weißen Frau an einer Kreuzung von vier schwarzen Straßen mitbringt; »etwas Passendes ...«

»Eine Kokosnuss?«

Poppy Burt-Jones nahm das haarige Ding in die Hand und blickte mit einem verblüfften Lächeln zu Samad auf.

»Eine interessante Mischung«, begann Samad nervös. »Saftig wie eine Frucht, und doch hart wie eine Nuss. Außen braun und alt, innen weiß und frisch. Aber die Mischung ist nicht schlecht, wie ich finde. Wir verwenden sie mitunter«, fügte er hinzu, weil ihm sonst nichts mehr einfiel, »für Currys.«

Poppy lächelte; ein herrliches Lächeln, das alle natürliche Schönheit ihres Gesichts betonte und in dem, so dachte Samad, etwas Besseres lag als das hier, etwas ohne Scham, etwas Besseres und Reineres als das, was sie taten.

»Wie reizend«, sagte sie.

*

Draußen auf der Straße und fünf Minuten von der Adresse auf dem Blatt, das ihnen die Schule mitgegeben hat, entfernt, empfand Irie noch immer den irritierend heißen Stich der Schande und wollte Revanche.

»Schnappt euch das«, sagte sie und zeigte auf ein ziemlich ramponiertes Motorrad, das neben dem Eingang zur U-Bahn lehnte. »Schnappt euch das und das«, mit Blick auf zwei BMX-Räder daneben.

Millat und Magid sprangen sofort darauf an. Das Spiel, sich was »zu schnappen«, wobei man wie ein frisch angekommener Kolonialherr Dinge auf einer Straße für sich beansprucht, die einem nicht gehören, war bei beiden beliebt.

»*Cha*, Mann! Glaub mir, den Scheiß will ich mir nicht schnappen«, sagte Millat in dem jamaikanischen Tonfall, den alle Kinder, ganz gleich welcher Nationalität, verwendeten, wenn sie Verachtung ausdrücken wollten. »Ich schnapp mir *den*«, sagte er und zeigte auf einen zugegebenermaßen beeindruckenden, kleinen, funkelnden roten MG, der gerade um die Ecke bog. »Und *den*!«, rief er noch gerade rechtzeitig vor Magid, als ein BMW vorbeizischte. »Mann, du weißt doch, dass ich mir den schnappe«, sagte er zu Magid, der nicht widersprach. »*Stark.*«

Irie, die von dieser Wendung der Ereignisse ein bisschen enttäuscht war, wendete den Blick von der Straße zum Boden, wo sie von einer blitzartigen Inspiration erfasst wurde.

»Ich schnapp mir *die*!«

Magid und Millat blieben stehen und blickten ehrfürchtig auf die wunderbar weißen Nikes, die jetzt in Iries Besitz übergegangen waren (mit einem roten und einem blauen Haken; so schön, dass man, wie Millat später bemerkte, fast tot umfallen konnte), obwohl ein unwissender Zuschauer hätte meinen können, dass sie an den Füßen eines großen, coolen jungen Schwarzen Richtung Queens Park marschierten.

Millat nickte widerwillig. »Alle Achtung. Ich wünschte, ich hätte die gesehen.«

»Geschnappt!«, sagte Magid plötzlich, stieß seinen schmuddeligen Finger gegen eine Schaufensterscheibe und zeigte auf einen gut einen Meter langen Chemiekasten, auf dessen Deckel das Gesicht einer alternden Fernsehgröße prangte.

Er schlug gegen das Fenster. »Wow! Den schnapp ich mir!«

Es folgte eine kurze Pause.

»*Den* schnappst du dir?«, fragte Millat ungläubig. »Den Chemiekasten?«

Und bevor der arme Magid wusste, wie ihm geschah, klatschten zwei Handflächen heftig gegen seine Stirn und rieben, was das Zeug hielt. Magid warf Irie einen flehenden *Et-tu-brute*-Blick zu, obwohl er haargenau wusste, dass es sinnlos war. Unter fast Zehnjährigen gibt es keine Treue.

»*Schande! Schande! Schande über dich!*«

»Mr. J. P. Hamilton«, ächzte Magid unter der Hitze seiner Schmach. »Wir sind da. Das da ist sein Haus. Das ist eine ruhige Straße hier, da müsst ihr leise sein. Der ist *alt*.«

»Aber wenn er alt ist, ist er taub«, argumentierte Millat. »Und wenn du taub bist, hörst du nix.«

»So funktioniert das nicht. Alte Leute haben's schwer. Du verstehst das nicht.«

»Wahrscheinlich ist er zu alt, um die Sachen aus den Tüten zu nehmen«, sagte Irie. »Wir sollten sie rausholen und in die Hand nehmen.«

Das erntete Zustimmung, und sie brauchten einige Zeit, um sämtliche Nahrungsmittel auf ihre Hände und sonstige Ablageflächen des Körpers zu verteilen, um Mr. J. P. Hamilton mit dem Ausmaß ihrer Wohltätigkeit überraschen zu können, sobald er die Tür öffnete. Und wirklich, Mr. J. P. Hamilton, der sich an seiner Tür drei dunkelhäutigen Kindern gegenübersah, die zahllose Projektile umklammert hielten, war angemessen überrascht. Er war so alt, wie sie erwartet hatten, aber viel größer und sauberer, und er öffnete die Tür nur ein wenig und behielt eine Hand mit ihrer Bergkette aus bläulichen Venen auf dem Türknauf, während sein Kopf sich um den Rahmen schob. Irie fühlte sich an einen vornehmen älteren Adler erinnert: kleine fedrige Haarbüschel ragten aus den Ohrmuscheln, den Manschetten und dem Kragen seines Hemdes, eine Strähne fiel ihm in die Stirn, seine Finger waren in einem Dauerkrampf fest gekrümmt wie Klauen, und er war gut gekleidet, wie von einem alten englischen Vogel im Wunderland nicht anders zu erwarten – Wildlederweste, Tweedjackett und eine Uhr an goldener Kette.

Und er funkelte wie eine Elster, blaue Tupfen in den Augen, ungetrübt vom Weiß und Rot drumherum, ein schimmernder Siegelring, vier silberne Orden genau über seinem Herzen und der Silberrand einer Zigarettenschachtel, die aus seiner Brusttasche lugte.

»Bitte«, erklang die Stimme des Vogelmenschen, eine Stimme, von der sogar die Kinder spürten, dass sie aus einer anderen Schicht, einer anderen Ära stammte. »Ich muss euch bitten, euch von meiner Haustür zu entfernen. Ich habe keinerlei Geld. Wenn es also in eurer Absicht liegt, etwas zu stehlen oder zu verkaufen, werdet ihr leider enttäuscht werden.«

Magid trat vor, versuchte sich in das Gesichtsfeld des alten Mannes zu bringen, denn das linke Auge, so blau wie die Rayleigh-Streuung, hatte über sie alle hinweggeblickt, während das rechte so in Falten eingebettet war, dass es sich kaum öffnete. »Mr. Hamilton, wissen Sie nicht mehr, die Schule schickt uns, wir haben hier für Sie –«

Er sagte: »Also dann, auf Wiedersehen«, als verabschiedete er sich von einer alten Tante, die eine längere Bahnreise antritt, dann noch einmal »Auf Wiedersehen«, und die Kinder sahen durch die beiden Scheiben aus billigem Buntglas in der geschlossenen Tür, wie die lange Gestalt von Mr. Hamilton, verschwommen wie in großer Hitze, sich langsam einen Flur entlang von ihnen fortbewegte, bis sein brauner Schatten mit den braunen Schatten des Mobiliars verschmolz und Ersterer gänzlich verschwand.

Millat zog sich den *Tomytronic* nach unten um den Hals, runzelte die Stirn und rammte seine kleine Faust zielsicher auf den Klingelknopf, hielt ihn gedrückt.

»Vielleicht«, gab Irie zu bedenken, »will er die Sachen gar nicht.« Millat ließ den Klingelknopf kurz los. »Er muss sie wollen. Er hat drum gebeten«, knurrte er und drückte den Knopf wieder mit aller Kraft. »Ist schließlich Erntedank, oder? Mr. Hamilton! Mr. J. P. Hamilton!«

Und dann spulte der langsame Prozess des Verschwindens sich allmählich zurück, während Mr. Hamilton durch die Atome einer Treppe und einer Kommode hindurch neu entstand, bis er schließlich wieder lebensgroß war, den Kopf um den Türrahmen geschoben.

Millat schob ihm ungeduldig sein Informationsblatt von der Schule in die Hand. »Erntedankfest.«

Aber der alte Mann schüttelte den Kopf wie ein Vogel im Vogelbad. »Nein, nein, ich lass mich wirklich nicht dazu nötigen, an meiner eigenen Tür irgendetwas zu kaufen. Ich weiß nicht, was ihr verkauft – um Gottes willen hoffentlich keine Enzyklopädien –, in meinem Alter braucht man nicht *mehr* Informationen, sondern *weniger*.«

»Aber es ist doch umsonst!«

»Aha ... ja, verstehe ... warum?«

»Erntedankfest«, wiederholte Magid.

»Mr. Hamilton, Sie müssen mit unserer Lehrerin gesprochen haben, weil die uns hergeschickt hat. Vielleicht ist es Ihnen entfallen«, fügte Irie in ihrer Erwachsenenstimme hinzu.

Mr. Hamilton fasste sich traurig an die Schläfe, als wollte er seine Erinnerung zurückholen, dann zog er die Haustür unendlich langsam ganz auf und trippelte hinaus in die Herbstsonne. »Na dann ... kommt doch rein.«

Sie folgten Mr. Hamilton ins Halbdunkel seines Hausflurs. Voll gestellt mit verwohnten und zerkratzten viktorianischen Antiquitäten, durchsetzt mit Spuren eines jüngeren Lebens – kaputte

Kinderräder, ein ausrangiertes *Speak-and-Spell*, vier Paar verdreckte Gummistiefel in den unterschiedlichen Größen einer Familie.

»Nun«, sagte er fröhlich, als sie das Wohnzimmer mit seinen schönen Erkerfenstern betraten, durch die ein weitläufiger Garten zu sehen war, »was haben wir denn da Schönes?«

Die Kinder luden ihre Last auf einer mottenzerfressenen Chaiselongue ab, und Magid rasselte die Mitbringsel herunter wie Punkte auf einer Einkaufsliste, während Mr. Hamilton sich eine Zigarette anzündete und das häusliche Picknick mit zittrigen Fingern inspizierte.

»Äpfel ... ach, meine Güte, nein ... Kichererbsen ... nein, nein, nein, Kartoffelchips ...«

So ging es weiter. Jeder Artikel in die Hand genommen und verworfen, bis der alte Mann sie mit blassen Tränen in den Augen ansah. »Ich kann nichts davon essen, versteht ihr ... zu hart, einfach zu hart. Das Einzige, was ich vielleicht schaffen würde, wäre die Milch aus der Kokosnuss. Trotzdem ... wir trinken zusammen eine Tasse Tee, ja? Ihr bleibt doch zum Tee?«

Die Kinder sahen ihn ausdruckslos an.

»Na los, ihr Lieben, setzt euch.«

Irie, Magid und Millat rutschten nervös auf die Chaiselongue. Dann hörten sie ein Klick-Klack, und als sie aufschauten, lagen Mr. Hamiltons Zähne auf seiner Zunge, als wäre ein zweiter Mund aus dem ersten gewachsen. Und dann waren sie blitzschnell wieder drin.

»Ich kann nun mal nichts essen, wenn es nicht vorher zerkleinert worden ist, versteht ihr. Ist meine eigene Schuld. Jahrelange Vernachlässigung. Saubere Zähne – hat beim Militär eben keinen Vorrang.« Er deutete schwerfällig auf sich selbst, ein unbeholfener Stoß mit der zitternden Hand gegen die eigene Brust. »Ich war bei der Armee, wisst ihr. Also: Wie oft putzt ihr jungen Leute euch die Zähne?«

»Dreimal am Tag«, log Irie.

»DAS IST GELOGEN!«, riefen Millat und Magid im Chor. »Zweieinhalbmal.«

»Na, was denn nun?«, fragte Mr. Hamilton, strich sich mit einer Hand die Hose glatt und hob mit der anderen seine Teetasse.

»Einmal am Tag«, sagte Irie schüchtern, weil die Sorge in seiner Stimme sie dazu brachte, die Wahrheit zu sagen. »Meistens.«

»Ich befürchte, das wird dir eines Tages Leid tun. Und ihr beiden?«

Magid war noch damit beschäftigt, sich ein fantasievolles Märchen von einer Zahnputzmaschine auszudenken, die die Arbeit erledigte, während man schlief, aber Millat gestand: »Auch so. Einmal am Tag. Ungefähr.«

Mr. Hamilton lehnte sich nachdenklich in seinem Sessel zurück. »Wir vergessen manchmal, wie wichtig unsere Zähne sind. Wir sind keine niederen Tiere, bei denen die Zähne regelmäßig ersetzt werden und so – wir sind Säugetiere, versteht ihr. Und Säugetiere haben nur zwei Chancen, wenn es um Zähne geht. Noch etwas Zucker?«

Eingedenk ihrer zwei Chancen, lehnten die Kinder ab.

»Aber wie alles hat auch das seine zwei Seiten. Saubere weiße Zähne sind nicht immer ratsam, nicht wahr? Nur ein Beispiel: Als ich im Kongo war, konnte ich den Nigger nur am Weiß seiner Zähne erkennen, wenn ihr versteht, was ich meine. Fürchterliche Geschichte. Da war es so dunkel wie sonst was. Und deshalb sind sie gestorben, versteht ihr? Die armen Schweine. Oder besser gesagt, ich hab überlebt, wenn man so will, versteht ihr?«

Die Kinder saßen stumm da. Und Irie fing an zu weinen, ganz leise.

Mr. Hamilton redete weiter. »Das sind so die Entscheidungen, die man im Krieg trifft. Du siehst etwas weiß aufblitzen, und peng! sozusagen … Dunkel wie sonst was. Schlimme Zeiten. All diese schönen jungen Männer, die tot dalagen, direkt vor mir, direkt vor meinen Füßen. Die Bäuche offen, wisst ihr, ihre Eingeweide auf meinen Schuhen. Verdammt, es war wie das Ende der

Welt. Schöne Männer, von den Deutschen angeworben, schwarz wie die Nacht; arme Dummköpfe, die gar nicht wussten, warum sie da waren, für wen sie eigentlich kämpften, auf wen sie schossen. Die Entscheidung der Waffe. So schnell, Kinder. So grausam. Ein paar Kekse?«

»Ich will nach Hause«, wisperte Irie.

»Mein Dad war auch im Krieg. Er hat für England gespielt«, platzte Millat heraus, rot im Gesicht und wütend.

»Na, mein Junge, meinst du die Fußballmannschaft oder die Armee?«

»Die britische Armee. Er hat einen Panzer gefahren. Einen Mr. Churchill. Mit ihrem Dad«, erklärte Magid.

»Da musst du dich leider irren«, sagte Mr. Hamilton, vornehm wie eh und je. »Soweit ich mich erinnere, gab es bei uns keine Pakis – obwohl man das wohl heutzutage nicht mehr sagt? Aber nein … keine Pakistanis … womit hätten wir die auch füttern sollen? Nein, nein«, brummte er, die Frage gründlich abwägend, nachdem ihm hier und jetzt Gelegenheit geboten wurde, die Geschichte neu zu schreiben. »Ganz ausgeschlossen. Das schwere Essen hätte ich nie und nimmer vertragen. Keine Pakistanis. Die Pakistanis wären doch in der pakistanischen Armee gewesen, verstehst du, was auch immer das gewesen sein soll. Und die armen Briten hatten mit uns alten Knackern genug zu tun …«

Mr. Hamilton lachte leise in sich hinein, wandte den Kopf und bewunderte schweigend die ausladenden Äste eines Kirschbaumes, der eine ganze Ecke des Gartens beherrschte. Nach einer langen Pause wandte er sich wieder um, und ihm standen Tränen in den Augen – schnelle, beißende Tränen, als wäre er geohrfeigt worden. »Also, ihr jungen Leute solltet nicht flunkern, wirklich nicht. Vom Flunkern faulen einem die Zähne weg.«

»Das ist keine Lüge, Mr. J. P. Hamilton, er war wirklich dabei«, sagte Magid, immer versöhnlich, immer verhandlungsbereit. »Er ist in die Hand geschossen worden. Er hat Orden. Er war ein Held.«

»Und wenn die Zähne faulen –«

»Es ist die Wahrheit!«, schrie Millat und trat gegen das Teetablett, das zwischen ihnen auf dem Boden stand. »Du *blöder*, verdammter alter Mann.«

»Und wenn die Zähne faulen«, redete Mr. Hamilton weiter, das lächelnde Gesicht zur Decke gewandt, »ach, dann ist alles zu spät. Sie schauen dich nicht mehr so an wie früher. Die Hübschen sehen einfach über dich hinweg, da kannst du machen, was du willst. Aber wenn man noch jung ist, kommt es vor allem auf die dritten Backenzähne an. Besser bekannt als Weisheitszähne, glaube ich. Man muss sich vor allen Dingen um die dritten Backenzähne kümmern. Das war mein Untergang. Ihr habt sie bestimmt noch nicht, aber bei meinen Urenkeln kommen sie gerade durch. Das Problem mit den dritten Backenzähnen ist, dass man nie sicher sein kann, ob der Mund groß genug ist, sie aufzunehmen. Sie sind der einzige Körperteil, in den der Mensch sozusagen hineinwachsen muss. Er muss groß genug für diese Zähne sein, versteht ihr? Und wenn nicht – oh, meine Güte, dann wachsen sie ganz schief und krumm, oder sie wachsen überhaupt nicht. Sie bleiben einfach im Knochen stecken – ich glaube, Mediziner sprechen dann von Einkeilung –, und das führt zu einer schrecklichen, schrecklichen Infektion. Lass sie bei deinen Söhnen früh genug ziehen, das sage ich meiner Enkelin Jocelyn immer. Das muss man einfach. Man kann nicht dagegen ankämpfen. Ich wünschte, ich hätte das getan. Ich wünschte, ich hätte früh aufgegeben und wäre sozusagen auf Nummer sicher gegangen. Weil das nämlich die Zähne des Vaters sind, versteht ihr, Weisheitszähne werden vom Vater vererbt, da bin ich mir sicher. Deshalb muss man groß genug für sie sein. Und ich war, weiß Gott, für meine nicht groß genug … Raus mit ihnen und drei Mal täglich Zähne putzen, wenn ich euch einen Rat geben darf.«

Als Mr. J. P. Hamilton den Blick senkte, um festzustellen, ob er ihnen einen Rat geben darf, waren seine drei dunkelhäutigen Besucher schon verschwunden und hatten den Beutel Äpfel mitgenommen (Äpfel, die er, wie er sich schon überlegt hatte, von Jocelyn im Mixer zerkleinern lassen könnte). Über ihre eigenen Füße stolpernd, rannten sie, so schnell sie konnten, zu irgendeinem grünen Fleck, zu einer der Lungen der Stadt, zu irgendeinem Ort, wo man frei atmen konnte.

*

Zugegeben, die Kinder kannten die Stadt. Und sie wussten auch, dass die Stadt Verrückte gebiert. Sie kannten Mr. White-Face, einen Inder, der durch die Straßen von Willesden streift, das Gesicht weiß bemalt, die Lippen blau bemalt, in Strumpfhose und Wanderstiefeln; sie kannten Mr. Newspaper, einen großen dürren Mann in einem knöchellangen Regenmantel, der in der Brent-Bibliothek sitzt, die Zeitungen des Tages aus seiner Aktentasche holt und sie akribisch in dünne Streifen reißt; sie kannten Mad Mary, eine schwarze Voodoo-Frau mit rotem Gesicht, deren Territorium sich von Kilburn bis zur Oxford Street erstreckt, die ihre Zauberkraft jedoch von einer Mülltonne in West Hamstead aus wirken lässt; sie kannten Mr. Toupee, der keine Augenbrauen hat und sein Toupet nicht auf dem Kopf, sondern an einer Schnur um den Hals trägt. Doch diese Menschen machten keinen Hehl aus ihrer Verrücktheit – sie waren besser, weniger beängstigend als Mr. J. P. Hamilton –, sie trugen ihren Wahnsinn zur Schau, sie waren nicht halb wahnsinnig und halb nicht, den Kopf um einen Türrahmen geschoben. Sie waren ordnungsgemäß verrückt, im Shakespeare'schen Sinne, und sprachen plötzlich vernünftig, wenn man am wenigsten damit rechnete. In North London, wo einige Stadträte mal vorschlugen, den Namen des Stadtteils in *Nirvana* umzuändern, ist es nicht ungewöhnlich, durch die Straßen zu gehen und unversehens durch weise Worte aus dem Munde der Kreidegesichtigen, Blaulippigen, Brauenlosen verblüfft zu werden. Von der anderen Straßenseite oder dem hinteren Ende eines U-Bahnwagens aus entdecken sie mit ihrem schizophrenen Talent Gesetzmäßigkeiten im Zufälligen (sehen die ganze Welt in einem Sandkorn, ersinnen Geschichten aus dem Nichts); sie verwirren, erleuchten, putzen einen runter, sagen einem, wer man eigentlich ist, wohin man geht (meistens zur Haltestelle Baker Street – die große Mehrheit der Seher unserer Tage ist auf der Metropolitan Line unterwegs) und wieso. Aber wir als Stadt danken es diesen Menschen nicht. Instinktiv haben wir das Gefühl, dass sie uns verlegen machen wollen, dass sie darauf aus sind, irgendwie *Schande* über uns zu bringen, wenn sie den Gang zwischen den Sitzreihen heruntergeschlurft kommen, mit Knollenaugen und Karbunkelnase, bereit, uns zu fragen, unvermeidlich, *warum wir so gucken.* Warum verdammt noch mal wir so gucken. Die Londoner haben gleichsam als präventiven Schutzmechanismus gelernt, nicht zu gucken, niemals zu gucken, jeden Blickkontakt unter allen Umständen zu vermeiden und damit hoffentlich auch die gefürchtete Frage »Was guckst du so?«, und die jämmerliche, feige, sinnlose Antwort darauf – »Nur so«. Doch so, wie sich die Beute weiterentwickelt (und wir sind Beute für die Wahnsinnigen, die uns in dem verzweifelten Bestreben verfolgen, dem glücklosen Pendler ihre Form der Wahrheit mitzuteilen), so entwickelt sich auch der Jäger weiter, und die echten Profis haben die alte Fangfrage »Was guckst du so?« satt und erschließen sich neue Bereiche. Nehmen wir beispielsweise Mad Mary. Natürlich ist das Prinzip noch immer dasselbe. Nach wie vor geht es um Blickkontakt und die damit einhergehende Gefahr, aber mittlerweile stellt sie Blickkontakt aus hundert, zweihundert, ja sogar dreihundert Metern Entfernung her, und wenn sie einen dabei erwischt, kommt sie die Straße heruntergefegt, mit wüsten Drohungen und flatternden Federn und wehendem Umhang, den Voodoo-Stab in der Hand, bis sie bei einem ist, einen anspuckt und erst richtig loslegt. Samad wusste das alles – sie hatten schon miteinander zu tun gehabt, er und die rotgesichtige Mad Mary; einmal hatte er sogar das Pech, neben ihr im Bus sitzen zu müssen. An jedem anderen Tag hätte Samad ihr gegenüber kein Blatt vor den Mund genommen. Aber heute fühlte er sich schuldig und angreifbar, heute hielt er Poppys Hand, während die Sonne sich langsam verkroch; er konnte sich Mad Mary und ihrer boshaften Wahrheitsagerei nicht stellen, ihrem hässlichen Wahnsinn – und genau das war natürlich der Grund, warum sie ihn verfolgte, ganz bewusst die Church Road hinunter verfolgte.

»Zu deiner eigenen Sicherheit, sieh nicht hin«, sagte Samad. »Geh einfach stur geradeaus. Ich hab nicht gewusst, dass sie so weit nach Harlesden reinkommt.«

Poppy warf einen ganz kurzen Blick auf die knallbunte, rasch dahingleitende Gestalt, die auf einem imaginären Ross die breite Straße hinuntergaloppiert kam.

Sie lachte: »Wer ist denn *das*?«

Samad beschleunigte seinen Schritt. »Das ist Mad Mary. Und sie ist alles andere als lustig. Sie ist gefährlich.«

»Ach, sei doch nicht albern. Nur weil sie obdachlos ist und psychische *Probleme* hat, heißt das noch lange nicht, dass sie anderen was antun will. Die arme Frau, kannst du dir vorstellen, was ihr im Leben alles passiert sein muss, dass sie so geworden ist?«

Samad seufzte. »Erstens, sie ist nicht obdachlos. Sie hat so ziemlich jede rollbare Mülltonne in West Hampstead geklaut und sich daraus in Fortune Green eine recht imposante Behausung gebaut. Und zweitens, sie ist keine ›arme Frau‹. Alle Welt fürchtet sie, angefangen mit dem Stadtrat, jeder kleine Laden in North London gibt ihr kostenlos was zu essen, seit sie das Ramchandra verflucht hat und das Geschäft innerhalb von einem Monat Pleite ging.« Samads würdevolle Gestalt sonderte inzwischen deutlich Schweiß ab, als er noch einen Gang höher schaltete, da Mad Mary auf der anderen Straßenseite das Gleiche getan hatte.

Atemlos flüsterte er: »Und sie mag keine Weißen.«

Poppys Augen wurden groß. »Wirklich?«, sagte sie, als wäre ihr so ein Gedanke noch nie im Leben in den Sinn gekommen, drehte sich um und beging den verhängnisvollen Fehler zu gucken. Im Nu war Mad Mary bei ihnen.

Ein dicker Klecks Spucke traf Samad direkt zwischen die Augen, auf den Ansatz seines Nasenrückens. Er wischte ihn ab, zog Poppy näher an sich heran und versuchte, Mad Mary auszuweichen, indem er in den Hof der St. Andrew's Church flüchtete, doch der Voodoo-Stab sauste vor ihnen zu Boden und zog in den Kies und den Sand eine Linie, die nicht überschritten werden konnte.

Sie sprach langsam und mit einem so bedrohlich finsteren Blick, dass die linke Gesichtshälfte wie gelähmt schien. »Ihr … habt … was … zu … kucken?«

Poppy brachte ein quietschendes »Nein!« heraus.

Mad Mary schlug Poppy mit dem Voodoo-Stab klatschend auf die Wade und wandte sich Samad zu. »Du, Sir! Haste … was … zu … kucken?«

Samad schüttelte den Kopf.

Plötzlich schrie sie: »SCHWARZER MANN! KEINE CHANCE, WOHIN DU AUCH RENNST!«

»Bitte!«, stotterte Poppy sichtlich verstört. »Wir möchten keinen Streit mit Ihnen.«

»SCHWARZER MANN!« (Sie sprach gern in Reimpaaren.) »DAS LUDER HIER WILL, DASS DU BRENNST!«

»Wir möchten nur in Ruhe gelassen werden –«, setzte Samad an, wurde aber durch ein zweites Speichelgeschoss gestoppt, das diesmal auf seiner Wange landete.

»*Über Stock und Stein, die Teufel jagen dich, se jagen dich – über Stock und Stein, se erschlagen dich, erschlagen dich.*« Das Ganze wurde in einem halb gesungenen, lauten Flüstern vorgetragen, untermalt von einem Tanz nach rechts und links, die Arme ausgestreckt, den Voodoo-Stab fest unter Poppy Burt-Jones' Kinn gedrückt.

»*Unsern Körper ham se nur geprügelt und geschändet! Unsre*

212

Seele ham se nur belogen und verblendet. Wo bleibt die Erlö-
sung?«

Mad Mary hob Poppys Kinn mit dem Stab an und fragte noch
einmal: »WO BLEIBT DIE ERLÖSUNG?«

Poppy weinte. »Bitte … ich weiß doch nicht, was Sie von
mir –«

Mad Mary schnalzte mit der Zunge und wandte ihre Aufmerksamkeit erneut Samad zu. »WAS IS DIE LÖSUNG?«

»Ich weiß es nicht.«

Mady Mary zog ihm mit ihrem Stab eins über die Knöchel.
»WAS IS DIE LÖSUNG, SCHWARZER MANN?«

Mad Mary war eine schöne, beeindruckende Frau: eine edle
Stirn, eine markante Nase, alterslose Mitternachtshaut und ein
langer Hals, von dem Königinnen nur träumen können. Doch
aus ihren Augen blitzte ein Zorn, am Rande des totalen Zusam-
menbruchs, und auf diese Augen konzentrierte Samad sich jetzt,
weil er sah, dass sie nur mit ihm sprachen, mit ihm allein. Poppy hatte damit nichts zu tun. Mad Mary sah ihn mit einem Blick
an, in dem *Wiedererkennen* lag. Mad Mary hatte einen *Mit-
reisenden* entdeckt. Sie hatte den Wahnsinnigen in ihm erkannt
(anders gesagt: den *Propheten* in ihm); er war sicher, dass sie den
zornigen Mann erspäht hatte, den masturbierenden Mann, den
Mann, der weit entfernt von seinen Söhnen in der Wüste gestran-
det ist, den Fremden in einem fremden Land, gefangen zwischen Grenzen … den Mann, der, wenn man ihn nur weit genug
treibt, endlich zur Besinnung kommen wird. Warum hatte sie
auf einer Straße voller Menschen wohl ausgerechnet ihn ausgesucht? Einfach, weil sie ihn erkannt hatte. Einfach, weil sie
von demselben Ort stammten, er und Mad Mary, nämlich: *von
weit her.*

»Satjagraha«, sagte Samad, über seine eigene Ruhe staunend.

Mad Mary, die es nicht gewohnt war, bei ihren Verhören tatsächlich eine Antwort zu bekommen, blickte ihn verblüfft an.
»WAS IS DIE LÖSUNG?«

»Satjagraha. Das ist Sanskrit für ›Wahrheit und Festigkeit‹. Das Wort ist von Gandhi-gee. Verstehst du, ›passiver Widerstand‹ oder ›ziviler Ungehorsam‹ gefiel ihm nicht so gut.«

Mad Mary fing an, unkontrolliert zu zucken und vor sich hin zu fluchen, aber Samad spürte, dass Mad Mary irgendwie doch zuhörte, dass Mad Marys Verstand versuchte, Wörter zu verstehen, die nicht ihre eigenen waren.

»Diese Bezeichnungen waren ihm nicht groß genug. Er wollte zeigen, dass das, was wir Schwäche nennen, Stärke ist. Er hatte verstanden, dass es manchmal der größte Triumph eines Menschen sein kann, nicht zu handeln. Er war Hindu. Ich bin Muslim. Meine Freundin hier ist –«

»Katholikin«, sagte Poppy zittrig. »Nicht praktizierend.«

»Und du?«, erkundigte sich Samad.

Mad Mary sagte mehrmals *Fotze*, *Dreckstück* und spuckte auf den *Boden*, was Samad als Anzeichen abkühlender Feindseligkeit deutete.

»Ich will damit sagen …«

Samad betrachtete die kleine Gruppe von Methodisten, die sich, von dem Lärm angelockt, nervös in der Tür von St. Andrew's versammelt hatten. Er wurde immer selbstbewusster. An Samad war schon immer ein Prediger verloren gegangen. Ein Alleswisser, ein Missionierer-und-Verkünder. Mit einem kleinen Publikum und viel frischer Luft hatte er sich schon immer einreden können, dass alles Wissen des Universums, alles Wissen an den Wänden, ihm gehörte.

»Ich will damit sagen, dass das Leben eine riesige Kirche ist, nicht wahr?« Er zeigte auf das hässliche rote Ziegelgebäude voll mit seinen bebenden Gläubigen. »Mit breiten Gängen.« Er zeigte auf das stinkende Gewimmel aus Schwarz, Weiß, Braun und Gelb, das sich die Hauptstraße hinauf- und hinunterschob. Auf die Albinofrau vor dem Supermarkt, die Gänseblümchen verkaufte, die sie auf dem Friedhof gepflückt hatte. »Auf denen meine Freundin und ich gerne weiterwandeln würden, wenn es dir recht ist. Glaub mir, ich verstehe deine Sorgen«, sagte Samad, der sich jetzt von Ken Livingstone, jenem anderen großen Straßenprediger aus North London, inspirieren ließ, »auch ich habe Schwierigkeiten – wir alle haben Schwierigkeiten in diesem Land, diesem Land, das für uns neu und alt zugleich ist. Wir sind geteilte Menschen, nicht wahr?«

Und an dieser Stelle tat Samad etwas, das seit gut fünfzehn Jahren niemand mehr mit Mad Mary getan hatte: Er berührte sie. Ganz leicht, an der Schulter.

»Wir sind gespaltene Menschen. Ich selbst zum Beispiel. Ein Teil von mir möchte einfach nur still dasitzen, die Beine übereinander geschlagen, und die Dinge, die ich nicht kontrollieren kann, über mich hinwegrollen lassen. Aber der andere Teil will den heiligen Krieg kämpfen. Dschihad! Und gewiss könnten wir uns hier auf der Straße über diese Dinge streiten, aber ich denke, letztlich ist deine Vergangenheit nicht meine Vergangenheit, und deine Wahrheit ist nicht meine Wahrheit, und deine Lösung – ist nicht meine Lösung. Daher weiß ich nicht, was du gerne von mir hören möchtest. Wahrheit und Festigkeit ist ein Vorschlag, aber es gibt noch viele andere, die du fragen kannst, falls dir diese Antwort nicht genügt. Ich persönlich setze meine Hoffnung in die letzten Tage. Der Prophet Mohammed – Friede sei mit Ihm! – sagt uns, dass am Tag der Auferstehung alle Menschen die Besinnung verlieren. Sie werden taub und stumm sein. Kein Klatsch und Tratsch. Sprachlosigkeit. Was für eine Riesenwohltat! Würdest du uns jetzt bitte entschuldigen.«

Samad ergriff fest Poppys Hand und ging weiter, während Mad Mary benommen stehen blieb, aber nur kurz, denn dann fegte sie zur Kirchentür und besprühte die versammelte Gemeinde mit Speichel.

Poppy wischte sich eine Angstträne ab und seufzte.

Sie sagte: »Besonnen im Augenblick der Krise. Sehr beeindruckend.«

Samad, der immer stärker zu Visionen neigte, sah seinen Urgroßvater Mangal Pande, wie er eine Muskete schwenkte, gegen das Neue kämpfte, an der Tradition festhielt.

»Das liegt in der Familie«, sagte er.

Danach schlenderten Samad und Poppy durch Harlesden, um Dollis Hill herum, und als sie Willesden bedrohlich nahe kamen, wartete Samad, bis die Sonne unterging, kaufte eine Schachtel klebrige, indische Süßigkeiten und bog in den Roundwood Park ein, wo er die letzten Blumen bewunderte. Er redete und redete, die Art von Gerede, in das man sich flüchtet, um das unvermeidliche körperliche Verlangen aufzuschieben, das dadurch nur noch gesteigert wird. Er erzählte ihr von Delhi um 1942, sie erzählte ihm von St. Albans um 1972. Sie klagte über eine lange Liste völlig ungeeigneter Partner, und Samad, unfähig, Alsana zu kritisieren oder auch nur ihren Namen auszusprechen, sprach von seinen Kindern: seine Angst vor Millats Vorliebe für Flüche und eine lärmende Fernsehserie mit einem A-Team; seine Sorge, ob Magid genug direktes Sonnenlicht bekam. Was tat das Land seinen Söhnen an, wollte er wissen, was tat es ihnen an?

»Ich mag dich«, sagte sie schließlich. »Sehr. Du bist sehr lustig. Weißt du, dass du lustig bist?«

Samad lächelte kopfschüttelnd. »Ich habe mich nie für einen großen Komiker gehalten.«

»Nein – du *bist* lustig. Das, was du vorhin über Kamele gesagt hast …« Sie fing an zu lachen, und ihr Lachen war ansteckend.

»Was denn?«

»Das über Kamele – als wir spazieren gegangen sind.«

»Ach so, du meinst, ›Menschen sind wie Kamele: Nicht mal einem von hundert würde man sein Leben anvertrauen wollen.‹«

»Ja!«

»Das ist kein Witz, das ist aus der Sammlung Bukhari, Teil acht, Seite hundertdreißig«, sagte Samad. »Und es ist ein guter Rat. Ich jedenfalls habe festgestellt, dass es der Wahrheit entspricht.«

»Trotzdem ist es witzig.«

Sie rückte auf der Bank näher an ihn heran und küsste ihn aufs Ohr. »Ehrlich, ich mag dich.«

»Ich könnte dein Vater sein. Ich bin verheiratet. Ich bin Muslim.«

»Okay, keine Partnervermittlung hätte uns beide zusammengeführt. Na und?«

»Was ist denn das für eine Formulierung: ›Na und?‹ Das ist doch Sprachverwahrlosung. Heutzutage sprechen nur noch die Immigranten einigermaßen korrekt.«

Poppy kicherte. »Trotzdem sage ich: Na –«

Aber Samad hielt ihr mit der Hand den Mund zu, und einen Moment schien es fast so, als wollte er sie schlagen. »Na und *alles*. Na und *alles*. Diese Situation hat nichts Lustiges an sich. Sie hat nichts Gutes an sich. Ich möchte nicht mit dir darüber diskutieren, was hier richtig oder falsch ist. Bleiben wir bei dem, was das hier offensichtlich ist«, spuckte er förmlich. »Nämlich das Physische, nicht das Metaphysische.«

Poppy rückte ans andere Ende der Bank und beugte sich vor, die Ellbogen auf die Knie gestützt. »Ich weiß«, begann sie langsam, »dass das hier nicht mehr ist, als es ist. Aber so lasse ich nicht mit mir reden.«

»Ich bitte um Verzeihung. Es war falsch von mir.«

»Bloß weil du Schuldgefühle hast, muss ich nicht –«

»Ja, es tut mir Leid. Ich habe keine –«

»Du kannst gehen, wenn du –«

Halbgedanken. Selbst wenn man sie alle zusammenklebt, hat man noch weniger als zu Anfang.

»Ich will nicht gehen. Ich will dich.«

Poppys Miene erhellte sich etwas, und sie lächelte ihr halb trauriges, halb törichtes Lächeln.

»Ich möchte gerne die Nacht … mit dir verbringen.«

»Gut«, erwiderte sie. »Weil ich nämlich was für dich besorgt habe, als du im Laden nebenan diese zuckrigen Süßigkeiten gekauft hast.«

»Was denn?«

Sie tauchte in ihre Handtasche ab, und in der knappen Minute, die sie zwischen Lippenstiften und Autoschlüsseln und Wechselgeld herumkramte, passierten zwei Dinge.

1.1 Samad schloss die Augen und hörte zwei Sätze. *Dem Reinen ist alles rein* und, fast unmittelbar darauf, *Mehr kann man nicht verlangen*.

1.2 Samad öffnete die Augen und sah gleich neben dem Musikpavillon ganz deutlich seine beiden Söhne stehen, die ihre weißen Zähne in zwei wächserne Äpfel schlugen, winkten, lächelten.

Und dann tauchte Poppy triumphierend wieder auf, mit einem roten Plastikteil in der Hand.

»Eine Zahnbürste«, sagte sie.

8
MITOSE

Der Fremde, der zufällig in O'Connell's Pool House tritt und vielleicht auf den weichen melodischen Klang der irischen Sprache seines Großvaters hofft oder die rote Kugel über die Seitenbande ins Eckloch versenken möchte, muss schlagartig die enttäuschende Feststellung machen, dass in diesem Etablissement weder irisch gesprochen noch Poolbillard gespielt wird. Er wird die Teppiche an den Wänden, die Reproduktionen der Rennpferdeporträts von George Stubbs, die gerahmten Fragmente irgendwelcher unverständlichen, orientalisch anmutenden Handschriften mit nicht geringer Verwunderung betrachten. Er wird nach einem Billardtisch Ausschau halten und stattdessen einen großen braunen Mann mit fürchterlicher Akne hinter dem Tresen stehen sehen, der Eier mit Pilzen brät. Sein Blick wird voller Argwohn auf eine irische Fahne und eine Karte der Arabischen Emirate fallen, die zusammengeknotet und von Wand zu Wand aufgehängt sind, so dass er von den übrigen Gästen getrennt ist. Dann erst wird er etliche Augenpaare auf sich gerichtet spüren, manche herablassend, manche ungläubig. Der unglückliche Fremde wird verstört rückwärts hinaustaumeln und dabei den lebensgroßen Starschnitt des Kricketspielers Viv Richards umstoßen. O'Connell's ist kein Ort für Fremde.

O'Connell's ist ein Ort, den Familienväter aufsuchen, um mit einer anderen Art von Familie zusammen zu sein. Anders als bei Blutsverwandten muss man sich hier seinen Platz in der Gemeinschaft erst *verdienen*. Das erfordert jahrelanges Nichtstun, Zeitverschwenden, Rumlungern, Quatschen, Langweilen – weit mehr Hingabe, als Männer in den achtlosen Moment der Fortpflanzung investieren. Man muss O'Connell's wirklich *kennen*.

So gibt es zum Beispiel Gründe dafür, warum O'Connell's ein irischer Billardpub ist, der von Arabern geführt wird und keinen Billardtisch besitzt. Und es gibt Gründe dafür, warum der mit Eiterpickeln übersäte Mickey einem Pommes mit Eiern und Bohnen zubereitet, oder Eier mit Pommes und Bohnen, oder Bohnen und Pommes mit Eiern und Pilzen, aber niemals, unter keinen Umständen, Pommes und Bohnen mit Eiern und Speck. Aber um das herauszufinden, muss man lange da sein. Wir kommen später darauf zurück. Vorläufig begnügen wir uns mit der Feststellung, dass das O'Connell's Archies und Samads Zuhause außerhalb von zu Hause ist; seit zehn Jahren kommen sie zwischen sechs (wenn Archie Feierabend macht) und acht (wenn Samad zur Arbeit muss) hierher, um über alles Mögliche zu reden, von der Bedeutung der Offenbarung bis hin zum Stundenlohn für Klempner. Und über Frauen. Hypothetische Frauen. Wenn eine Frau an dem eigelbbespritzten Fenster von O'Connell's vorbeiging (niemals hatte eine Frau sich hereingewagt), lächelten und spekulierten sie – je nach Samads religiösen Empfindlichkeiten an dem jeweiligen Abend – über so tief schürfende Themen wie die Frage, ob man sie von der Bettkante schubsen würde, um dann beispielsweise die relativen Vorzüge von Strümpfen oder Strumpfhosen zu erörtern und schließlich, unvermeidlich, zu ihrer großen Debatte zu kommen: kleine Brüste (die hochstehen) gegen große Brüste (die seitlich wegkippen). Aber reale Frauen, lebensechte und nasse und klebrige Frauen standen niemals zur Debatte. Bis jetzt nicht. Daher verlangten die beispiellosen Ereignisse der vorangegangenen Monate ein Gipfeltreffen bei O'Connell's, das früher als sonst stattfand. Samad hatte Archie endlich angerufen und ihm den ganzen Schlamassel gestanden: er hatte betrogen, er betrog noch immer; er war von seinen Kindern gesehen worden, und jetzt sah er die Kinder, wie Visionen, Tag und Nacht. Archie hatte kurz geschwiegen und dann gesagt: »Donnerwetter. Dann also um vier Uhr. Donnerwetter.« So war er nun mal, Archie. Besonnen im Augenblick der Krise.

Doch als um Viertel nach vier immer noch nichts von ihm zu sehen war, hatte ein verzweifelter Samad jeden Fingernagel, den er besaß, bis auf die Nagelhaut abgekaut und war an der Theke zusammengesunken, die Nase gegen die Warmhaltevitrine gepresst, in der die schon geklopften Burger aufbewahrt wurden, Auge in Auge mit einer Postkarte, die acht verschiedene malerische Ansichten der irischen Grafschaft Antrim zeigten.

Mickey, Chefkoch, Kellner und Inhaber, der sich damit brüstete, jeden Gast mit Namen zu kennen und zu wissen, wenn ein Gast nicht ganz auf dem Damm war, löste Samads Gesicht mit einem Pfannenheber von der Vitrine.

»He.«

»Hallo, Mickey, wie geht's?«

»Wie immer, wie immer. Aber genug über mich. Was is'n bloß los mit dir, Kumpel? Hä? Hä? Ich hab dich beobachtet, Sammy, seit du reingekommen bist. Du machst ein scheißlanges Gesicht. Erzähl's deinem Onkel Mickey.«

Samad stöhnte auf.

»Nee, nee. So nicht. Du kennst mich. Ich vertrete den mitfühlenden Teil des Dienstleistungsgewerbes. Ich stehe für Dienstleistung mit einem Lächeln. Ich würd sogar eine kleine rote Fliege und ein kleines rotes Mützchen tragen, wie die verdammten Idioten bei Mr. Burger, wenn mein Scheißkopf nicht so dick wär.«

Das war keine Metapher. Mickey hatte einen sehr großen Kopf, fast so, als hätte seine Akne nach mehr Platz verlangt und eine Baugenehmigung bekommen.

»Wo liegt das Problem?«

Samad blickte zu Mickeys großem roten Kopf hoch.

»Ich warte bloß auf Archibald, Mickey. Bitte, kümmere dich nicht um mich. Mir geht's gut.«

»Bisschen früh, nich?«

»Wie bitte?«

Mickey sah auf die Uhr hinter sich, die mit dem paläolithischen

Fleck aus verkrustetem Ei auf dem Zifferblatt. »Ich hab gesagt, bisschen früh, nich? Für dich und Archie-Boy. Ich rechne um sechs mit euch. Einmal Pommes und Bohnen mit Eiern und Pilzen. Und ein Omelett mit Pilzen. Mit Gemüse der Saison, natürlich.«

Samad seufzte. »Wir haben viel zu besprechen.«

Mickey verdrehte die Augen. »Du fängst doch hoffentlich nich schon wieder mit diesem Mangy Pandy und dem ganzen Scheiß an, oder? Wer wen erschossen und wer wen gehängt hat, mein Großväterchen hat über die Pakis geherrscht oder so'n Scheiß, als ob das irgendeine arme Sau einen blassen Schimmer interessieren würde. Du verscheuchst mir die Kunden. Du sorgst hier für –« Mickey blätterte rasch in seiner neuen Bibel. *Nahrung fürs Gehirn: Ein Leitfaden für Arbeitgeber und Arbeitnehmer im Gastgewerbe – Kundenstrategien und Konsumentenverhalten.* »Du sorgst hier für ein *repetitives Syndrom*, das den ganzen Scheißern hier ihr *kulinarisches Erlebnis* versaut.«

»Nein, nein. Mein *Ur*großvater steht heute nicht zur Diskussion. Es geht um andere Angelegenheiten.«

»Na, Gott sei Dank. Repetitives Syndrom passt hundertprozentig.« Mickey tätschelte das Buch liebevoll. »Alles hier drin, Kumpel. Die besten vier fünfundneunzig, die ich je hingeblättert habe. Wo wir gerade von Knete sprechen, spielst du heute?«, fragte Mickey und deutete die Treppe hinunter.

»Ich bin Muslim, Mickey, ich fröne dem nicht mehr.«

»Tja, klar, super, wir sind alle Brüder –, aber ein Mann muss doch schließlich leben, oder. Muss er doch. Ich meine, etwa nich?«

»Ich weiß nicht, Mickey, muss er?«

Mickey schlug Samad klatschend auf den Rücken. »Klar muss er! Neulich hab ich noch zu meinem Bruder Abdul gesagt –«

»Welcher Abdul?«

Sowohl in Mickeys Kernfamilie als auch in seiner weiteren Verwandtschaft war es üblich, alle Söhne Abdul zu nennen, damit sie erkannten, wie eitel es ist, danach zu streben, sich über andere zu erheben, was alles ja ganz gut und schön war, aber in den Entwicklungsjahren leicht zu Verwirrung führte. Dennoch, Kinder sind einfallsreich, und all die vielen Abduls nahmen zusätzlich einen englischen Namen an, sozusagen als Puffer für den ersten.

»Abdul-Colin.«

»Ach ja.«

»Also, weißte, Abdul-Colin ist ein bisschen fundamentalistisch geworden – EIER, BOHNEN, POMMES, TOAST – Rauschebart, kein Schwein, keinen Alkohol, keine Weiber, das ganze Drum und Dran, Kumpel – bitte sehr, Sir.«

Abdul-Mickey schob einem eingefallenen alten Mann, dessen Hose so hoch am Körper hing, dass sie ihn zu verschlucken schien, einen Teller mit verwesenden Kohlehydraten hin.

»Na, und was meinst du, wo ich Abdul-Colin letzte Woche entdecke? Im Mickey Finn, unten auf der Harrow Road, und ich sag: ›He, Abdul-Colin, das is aber mal ne dicke Überraschung.‹ Und er sagt, ganz feierlich, weißte, ganz Vollbart und so, er sagt –«

»Mickey, Mickey – würde es dir sehr viel ausmachen, wenn du die Geschichte ein anderes Mal erzählst … ich meine bloß …«

»Nee, okay, okay. Weiß gar nich, warum ich mir hier Mühe gebe.«

»Vielleicht könntest du Archibald sagen, wenn er reinkommt, dass ich in der Nische gleich hinter dem Flipper sitze. Ach ja, und das Übliche für mich.«

»Null problemo, Kumpel.«

Etwa zehn Minuten später ging die Tür auf, und Mickey hob den Blick von Kapitel sechs, »›Ich habe eine Fliege in der Suppe‹: Vom Umgang mit Aggressionsstrukturen im Hinblick auf Gesundheitsfragen«, und sah Archibald Jones, der mit einem billigen Koffer in der Hand auf die Theke zukam.

»Na, Arch? Wie läuft's im Papierknickgeschäft?«

»Och, na ja. Comme si, comme saa. Samad da?«

»Ob er *da* ist? Ob er *da* ist? Der hängt hier schon seit ner halben Stunde rum wie ein schlechter Geruch. Macht ein scheißlanges Gesicht. Man sollte so 'ne Tüte für Hundescheiße nehmen und ihn reintun.«

Archie stellte den Koffer in die Ecke und runzelte die Stirn. »Ist nicht gut drauf, was? Mal unter uns, Mickey, ich mach mir wirklich Sorgen um ihn.«

»Erzähl das nem andern«, sagte Mickey, der erbost war, weil Kapitel sechs tatsächlich behauptete, Teller müssten in kochend heißem Wasser abgespült werden. »Oder, als Alternative, geh mal zu der Nische hinter dem Flipper.«

»Danke, Mickey. Ach ja, Omelett mit –«

»Ich weiß. Pilzen.«

Archie marschierte den Linoleumgang im O'Connell's hinunter.

»Hallo Denzel, n'Abend Clarence.«

Denzel und Clarence waren zwei beispiellos unhöfliche, zotige Jamaikaner, die die Achtzig überschritten hatten. Denzel war unwahrscheinlich fett, Clarence entsetzlich dünn, ihre Familien waren schon lange tot, beide trugen sie Filzhüte, saßen in der Ecke und spielten Domino, all die Stunden, die ihnen noch blieben.

»Was der Blödmann sagen?«

»Er sagen *n'Abend.*«

»Er nicht sehen, dass wir spielen Domino?«

»Nee, Mann! Der haben Möse als Gesicht. Wie sollen der da was sehen?«

Archie trug es mit Fassung und schob sich auf die Bank gegenüber von Samad. »Ich verstehe das nicht«, nahm Archie sogleich den Faden an der Stelle wieder auf, wo sie ihr Telefongespräch abgebrochen hatten. »Soll das heißen, dass du sie in deiner Fantasie siehst oder dass du sie wirklich siehst?«

»Es ist doch ganz einfach. Beim ersten Mal, beim allerersten Mal waren sie da. Aber seitdem, Archie, in den letzten paar Wochen, sehe ich die Zwillinge immer, wenn ich bei ihr bin – wie Erscheinungen! Sogar wenn wir … sehe ich sie. Wie sie mich anlächeln.«

»Vielleicht bist du einfach nur überarbeitet.«

»Hör mir zu, Archie: Ich *sehe* sie. Das ist ein Zeichen.«

»Sam, versuchen wir mal, bei den Fakten zu bleiben. Als sie dich wirklich gesehen haben – was hast du da gemacht?«

»Was schon? Ich hab gesagt. ›Hallo, Söhne. Sagt Miss Burt-Jones Guten Tag.‹«

»Was haben sie gesagt?«

»Sie haben Guten Tag gesagt.«

»Und was hast du gesagt?«

»Archibald, meinst du, ich könnte dir jetzt mal einfach erzählen, was passiert ist, ohne diese ständigen geistlosen Unterbrechungen?«

»POMMES, BOHNEN, EIER, TOMATEN UND PILZE!«

»Sam, das ist für dich.«

»Ich widerspreche ganz entschieden. Tomaten bestelle ich nie. Ich will keine armen, abgehäuteten Tomaten, die zuerst zu Tode gekocht und dann zu Tode gebraten werden.«

»Na, für mich ist es jedenfalls nicht. Ich hab Omelett bestellt.«

»Für mich auch nicht. Also, kann ich jetzt fortfahren?«

»Aber gern.«

»Ich hab meine Jungen angesehen, Archie … ich hab meine schönen Jungen angesehen … und es hat mir das Herz gebrochen – nein, mehr als das –, es hat mir das Herz zertrümmert. In zahllose Stücke, und jedes Stück hat mich durchbohrt und eine tödliche Wunde hinterlassen. Ich hab immerzu gedacht: Wie kann ich meine Söhne irgendwas lehren, wie kann ich ihnen den geraden Weg zeigen, wenn ich selbst die Orientierung verloren habe?«

»Ich dachte«, setzte Archie zögernd an, »dass die Frau das Problem wäre. Wenn du wirklich nicht weißt, was du machen sollst, tja dann … könnten wir die Münze hier werfen, Kopf, du bleibst, Zahl, du gehst – dann hättest du wenigstens eine –«

Samad schlug mit seiner guten Faust auf den Tisch. »Ich will keine Scheißmünze werfen! Außerdem ist es dafür zu spät. Verstehst du denn nicht? Was geschehen ist, ist geschehen. Ich bin zur Hölle verdammt, das ist mir völlig klar. Deshalb muss ich mich darauf konzentrieren, meine Söhne zu retten. Ich muss eine Entscheidung treffen, eine *moralische* Entscheidung.« Samad senkte die Stimme, und noch bevor er weitersprach, wusste Archie, worauf er jetzt anspielen würde. »Du hast doch selbst schon schwere Entscheidungen getroffen, Archie, vor vielen Jahren. Du lässt es dir nicht anmerken, aber ich weiß, dass du nicht vergessen hast, wie das ist. Du hast eine Kugel im Bein, als Beweis. Du hast mit ihm gekämpft. Du hast gewonnen. Ich hab es nicht vergessen. Dafür hab ich dich immer bewundert, Archibald.«

Archie blickte zu Boden. »Ich möchte lieber nicht –«

»Glaub mir, mein Freund, es macht mir keinen Spaß, das, was dir unangenehm ist, wieder auszugraben. Aber ich will dir nur meine Situation begreiflich machen. Damals wie heute lautete die Frage: *In was für einer Welt sollen meine Kinder aufwachsen?* Du bist in dieser Angelegenheit schon einmal zur Tat geschritten. Und jetzt bin ich an der Reihe.«

Archie, der Samads Ansprachen heute ebenso wenig verstand wie vor vierzig Jahren, spielte einen Moment mit einem Zahnstocher.

»Tja … dann hör doch auf, na ja, dich mit ihr zu treffen.«

»Das versuche ich ja … ich versuche es.«

»So toll ist es?«

»Nein, na ja, das ist es eigentlich nicht … also, was ich sagen will, ist, es ist nett, ja … aber nicht zügellos … wir küssen uns, umarmen uns.«

»Aber nicht –«

»Nicht im engeren Sinne, nein.«

»Aber ein bisschen –«

»Archibald, geht es dir um meine Söhne oder mein Sperma?«

»Deine Söhne«, sagte Archie. »Eindeutig um deine Söhne.«

»In ihnen steckt nämlich Rebellion, Archie. Das sehe ich – noch ist sie klein, aber sie wächst. Ich kann dir sagen, ich weiß nicht, was in diesem Land mit unseren Kindern geschieht. Wo man auch hinsieht, überall das Gleiche. Letzte Woche hat man Zinats Sohn dabei erwischt, wie er Marihuana geraucht hat. Wie ein Jamaikaner!«

Archie runzelte die Stirn.

»Oh, das sollte keine Beleidigung sein, Archibald.«

»Schon gut, Kumpel. Aber du solltest nichts verurteilen, was du nicht ausprobiert hast. Die Ehe mit einer Jamaikanerin hat meiner Arthritis ungeheuer gut getan. Aber das nur nebenbei. Red weiter.«

»Nimm zum Beispiel Alsanas Schwestern – all ihre Kinder machen nur Ärger. Sie gehen nicht in die Moschee, sie beten nicht, sie reden seltsam, sie kleiden sich seltsam, sie essen allen möglichen Dreck, sie haben Verkehr mit Gott weiß wem. Keine Achtung vor der Tradition. Die Leute nennen das Assimilation, dabei ist es doch bloß Verführung. Verführung!«

Archie wusste nicht, was er sagen sollte, und versuchte, zuerst schockiert dreinzublicken, dann angewidert. Er fand, die Leute sollten irgendwie zurechtkommen, unser Archie. Irgendwie hatte er das Gefühl, die Menschen sollten doch einfach miteinander leben, in Frieden, in Harmonie oder so.

»POMMES, BOHNEN, EIER, PILZE! OMELETT MIT PILZEN!«

Samad hob die Hand und drehte sich Richtung Tresen. »Abdul-Mickey!«, rief er, wobei seine Stimme einen leichten, ulkigen Cockney-Beiklang annahm. »Hierher, Sir, bitte.«

Mickey sah zu Samad rüber, stützte sich auf den Tresen und wischte sich mit seiner Schürze die Nase ab.

»Ihr müsstet doch eigentlich Bescheid wissen. Hier ist Selbstbedienung, Gentlemen. Wir sind doch nicht das Scheiß-Waldorf.«

»Ich hol's schon«, sagte Archie und schob sich von seinem Platz.

»Wie geht's ihm?«, fragte Mickey halblaut, als er Archie die Teller hinstellte.

Archie runzelte die Stirn. »Weiß nich. Er erzählt mal wieder was von Tradition und so. Er macht sich Sorgen um seine Söhne, weißt du. Heutzutage kommen Kinder in dem Alter leicht auf die schiefe Bahn. Ich weiß gar nicht so recht, was ich ihm sagen soll.«

»Das brauchste mir nich zu erzählen, Kumpel«, sagte Mickey kopfschüttelnd. »Die Geschichte kenn ich aus dem Effeff. Kuck dir meinen Jüngsten an, Abdul-Jimmy. Kommt nächste Woche vors Jugendgericht, weil er VW-Embleme geklaut hat. Ich sag zu ihm, biste blöd oder was? Was soll der Scheiß? Dann klau doch wenigstens das ganze *Auto*, wenn du unbedingt musst. Ich mein, wieso? Er sagt, das hat was mit irgendwelchen bescheuerten Beetie Boys oder so zu tun. Ach nee, sag ich zu ihm, die Früchtchen sind so gut wie tot, wenn ich die in die Finger krieg, da kannst du Gift drauf nehmen. Kein Gefühl für Tradition, keine Scheißmoral, das is das Problem.«

Archie nickte und nahm sich einen Packen Papierservietten, um die heißen Teller tragen zu können.

»Wenn du meinen Rat hören willst – und das willst du, das gehört nämlich zu der ganz besonderen Beziehung zwischen Wirt und Gast –, dann sag Samad, er hat zwei Möglichkeiten. Er kann sie entweder zurück in sein altes Land schicken, zurück nach Indien –«

»Bangladesch«, berichtigte Archie und klaute sich eine Fritte von Samads Essen.

»Scheißegal wo. Er kann sie dahin zurückschicken, wo sie von ihren Großeltern ordentlich erzogen werden, wo sie was über ihre Scheißkultur lernen und wo sie mit irgendwelchen Scheißprinzipien groß werden. Oder – Moment mal – POMMES, BOHNEN, BURGER UND PILZE! ZWEIMAL!«

Denzel und Clarence schlurften unendlich langsam auf ihre Teller zu.

»Das Hackfleisch sehen *komisch* aus«, sagte Clarence.

»Der uns vergiften«, sagte Denzel.

»Die Pilze sehen *seltsam* aus«, sagte Clarence.

»Der 'nem guten Mann Teufelsessen eintrichtern«, sagte Denzel.

Mickey schlug Denzel mit dem Pfannenheber auf die Finger. »He. Wir sind hier nicht bei der Muppetshow, ihr alten Spinner. Lasst euch was Neues einfallen, okay?«

»Oder was?«, hakte Archie nach.

»Der versuchen, 'nen alten Mann umbringen. 'nen alten schwachen Mann«, nuschelte Denzel, während die beiden zurück zu ihren Plätzen schlurften.

»Scheißnervensägen, die beiden. Die leben bloß noch, weil sie zu knickerig sind, die Scheißeinäscherung zu bezahlen.«

»Oder was?«

»Was?«

»Was ist die zweite Möglichkeit?«

»Ach ja. Na, die zweite liegt doch auf der Hand, oder?«

»Ach ja?«

»Es *akzeptieren*. Er muss es akzeptieren, oder? Wir sind jetzt alle Engländer, Kumpel. Ob's dir nun passt oder nicht. Und das macht jetzt zwei fünfzig, Archibald, mein Guter. Das goldene Zeitalter der Essensgutscheine ist vorbei.«

Das goldene Zeitalter der Essensgutscheine endete vor zehn Jahren. Seit zehn Jahren sagte Mickey nun schon: »Das goldene Zeitalter der Essensgutscheine ist vorbei.« Und genau das liebte Archie so am O'Connell's. Man erinnerte sich an alles, nichts ging verloren. Nie wurde die Geschichte umgeschrieben oder neu gedeutet, angepasst oder schöngefärbt. Sie war so unwandelbar und einfach wie die verkrustete Eimasse auf der Uhr.

Als Archie zu Tisch acht zurückkehrte, war Samad nicht gerade ungehalten, aber auch beileibe nicht zufrieden.

»Archibald, bist du am Ganges falsch abgebogen? Hast du keine Ohren für mein Dilemma? Ich bin verführt worden, meine Söhne werden verführt, wir alle brennen bald im Höllenfeuer. Das sind Probleme von einiger Dringlichkeit, Archibald.«

Archie lächelte selig und nahm sich noch eine Fritte. »Problem gelöst, Samad, Kumpel.«

»Problem gelöst?«

»Problem gelöst. Also, meiner Meinung nach hast du zwei Möglichkeiten ...«

*

Etwa zu Beginn unseres Jahrhunderts befand sich die Königin von Thailand auf einem Boot, und wie sie so mit ihren vielen Höflingen, Dienern, Mägden, Fußwaschern und Vorkostern dahinfuhr, erfasste plötzlich eine Welle das Heck, und die Königin wurde über Bord geschleudert, hinein in die türkisblauen Wellen des Nippon-Kai, wo sie trotz ihrer flehenden Hilferufe ertrank, weil keiner der Anwesenden an Bord ihr zu Hilfe kam. Was für Außenstehende unerklärlich schien, war jedem Thai sofort klar: Die Tradition schrieb vor, und zwar bis zum heutigen Tag, dass kein Mann und keine Frau die Königin berühren darf.

Wenn Religion Opium für das Volk ist, dann ist Tradition ein noch bedrohlicheres Analgetikum, einfach weil sie fast nie bedrohlich erscheint. Wenn Religion eine Armpresse ist, eine pochende Vene und eine Nadel, dann ist Tradition ein sehr viel unscheinbareres Gebräu: zerstampfte Mohnsamen im Tee; süßer Kakao mit Kokain gewürzt; ein Getränk, wie es unsere Großmütter hätten zubereiten können. Für Samad, wie für das thailändische Volk, war Tradition gleich Kultur, und Kultur führte zu Wurzeln, und diese wiederum waren gut, waren unverfälschte Prinzipien. Das hieß nicht, dass er nach ihnen leben, sie befolgen oder sich so entwickeln konnte, wie sie es verlangten, doch Wurzeln waren nun mal Wurzeln, und Wurzeln waren gut. Es hätte nichts genützt, ihn darauf hinzuweisen, dass auch Unkraut Knollen besitzt, dass das erste Anzeichen lockerer Zähne etwas Verfaultes, etwas Degeneriertes tief im Zahnfleisch ist. Wurzeln waren die Rettung, die Seile, die man Ertrinkenden zuwirft, die

SOS signalisierten, SAVE OUR SOULS. Und je weiter Samad selbst aufs offene Meer hinaustrieb, von einer Sirene namens Poppy Burt-Jones in die Tiefe gezogen wurde, desto entschlossener war er, für seine Söhne Wurzeln an Land zu schaffen, feste Wurzeln, die kein Unwetter und kein Sturm herausreißen konnte. Leichter gesagt als getan. Er war in Poppys winzig kleiner Wohnung und ging seine Haushaltsbücher durch, als ihm klar wurde, dass er mehr Söhne als Geld besaß. Wenn er sie zurückschicken wollte, würde er den Großeltern Unterhalt für zwei bezahlen müssen, Schulgeld für zwei, Kleidung für zwei. Wie es aussah, konnte er kaum das Geld für die beiden Flugtickets aufbringen. Poppy hatte gesagt: »Was ist denn mit deiner Frau? Sie kommt doch aus einer reichen Familie, nicht?« Aber Samad hatte Alsana bislang noch nicht in seinen Plan eingeweiht. Er hatte nur mal vorgefühlt, es ganz beiläufig und hypothetisch Clara gegenüber angesprochen, während sie bei der Gartenarbeit war. Wie sie wohl reagieren würde, wenn jemand, der es gut mit Irie meinte, das Kind wegschickte, damit es ein besseres Leben hätte? Clara hatte sich von ihrem Blumenbeet aufgerichtet und ihn in stummer Sorge angestarrt, um dann lange und lauthals zu lachen. *Der Mann, der das macht*, sagte sie schließlich und schwenkte eine große Gartenschere dicht vor seinem Schritt, *schnipp, schnipp*. Schnipp, schnipp, dachte Samad; und ihm wurde klar, was er tun würde.

»*Einer* von ihnen?«
Wieder im O'Connell's. 18:25. Einmal Pommes, Bohnen, Eier und Pilze. Und ein Pilzomelett *mit Erbsen* (Gemüse der Saison).
»Bloß *einer* von ihnen?«
»Archibald, bitte nicht so laut.«
»Aber – bloß *einer* von ihnen?«
»Hab ich doch gesagt. Schnipp, schnipp.« Er zerteilte das Spiegelei auf seinem Teller in der Mitte. »Es gibt keine andere Möglichkeit.«

»Aber –«

Archie dachte wieder, so gut er konnte. Immer das Gleiche. Wieso konnten die Leute nicht einfach irgendwie klarkommen, einfach miteinander leben, in Frieden, in Harmonie oder so. Aber er sagte nichts dergleichen. Er sagte nur: »Aber –« Und dann: »Aber –«

Und dann endlich: »Aber *welcher* von beiden?«

Und das (wenn man Flugticket, Unterhalt und Schulgebühr für das erste Jahr zusammenzog) war die Dreitausendzweihundertfünfundvierzig-Pfund-Frage. Nachdem das Geld beschafft war – ja, er nahm eine neue Hypothek aufs Haus auf, er setzte seinen Grund und Boden aufs Spiel, der größte Fehler, den ein Einwanderer machen kann –, ging es nur noch darum, das Kind auszuwählen. In der ersten Woche sollte es Magid sein, ganz eindeutig Magid. Magid hatte den Verstand, Magid würde sich schneller einleben, die Sprache schneller lernen, und Archie hatte ein berechtigtes Interesse, Millat im Lande zu behalten, denn er war der beste Stürmer, den der Willesden Athletic FC (bei den unter Fünfzehnjährigen) seit Jahrzehnten gehabt hatte. Also fing Samad an, Magids Sachen zu stibitzen, um schon mal heimlich für ihn zu packen, er besorgte ihm einen eigenen Pass (er würde am 4. November mit Tantchen Zinat fliegen) und setzte sich mit der Schule in Verbindung (langer Urlaub, vielleicht konnte man ihm einige Hausaufgaben mitgeben usw.).

Doch in der Woche drauf änderte er seine Meinung und entschied sich für Millat, denn Magid war in Wirklichkeit Samads Liebling, und er wollte sehen, wie er heranwuchs, und Millat war ohnehin derjenige, der dringender moralische Anleitung brauchte. Also wurden *Millats* Sachen gestohlen, *sein* Pass beschafft, *sein* Name in die richtigen Ohren geraunt.

Ein Woche später war es bis zum Mittwoch Magid und dann wieder Millat, weil Archies alter Brieffreund Horst Ibelgaufts folgendes Schreiben schickte, das Archie, dem der eigentümlich prophetische Charakter von Horsts Korrespondenz inzwischen vertraut war, Samad zur Kenntnis brachte:

15. September 1984

Lieber Archibald,

seit meinem letzten Brief ist einige Zeit vergangen, aber nun habe ich das dringende Bedürfnis, Dir von einer wunderbaren Entwicklung in meinem Garten zu berichten, die mir in den vergangenen Monaten nicht wenig Freude geschenkt hat. Um es kürzer und auch schöner zu sagen: Ich habe mich endlich zum großen Schnitt durchgerungen und die alte Eiche hinten im Garten gefällt, und es ist einfach unbeschreiblich, was das ausmacht! Jetzt bekommen die schwächeren Pflanzen viel mehr Sonne und strotzen vor Gesundheit, so dass ich sogar Schnittblumen ernten kann. Soweit ich mich erinnern kann, hat jedes meiner Kinder jetzt zum ersten Mal eine Vase mit Pfingstrosen auf der Fensterbank stehen. Und all die Jahre habe ich unter dem Irrglauben gelitten, dass ich kein besonders guter Gärtner wäre – wo es doch die ganze Zeit nur an diesem riesigen alten Baum lag, der den halben Garten mit seinen Wurzeln für sich beanspruchte und nichts anderes gedeihen ließ.

Der Brief ging noch weiter, aber an dieser Stelle hörte Samad auf zu lesen. Gereizt sagte er: »Und was genau ... soll ich dem entnehmen?«

Archie tippte sich viel sagend auf die Nase. »*Schnitt*, schnipp, schnipp. Es muss Millat sein. Ein Omen, Kumpel. Ibelgaufts kannst du vertrauen.«

Und Samad, der normalerweise keine Zeit für Omen oder Nasetippen hatte, war unsicher genug, um den Rat anzunehmen. Doch dann begann plötzlich auch Poppy (die sehr wohl bemerkte, dass sie wegen Samads Problem in seinen Gedanken in den

Hintergrund trat), sich dafür zu interessieren, und behauptete, im Traum *einfach gespürt* zu haben, dass es Magid sein sollte, und so war es wieder Magid. In seiner Verzweiflung erlaubte Samad Archie sogar, eine Münze zu werfen, aber die Entscheidung war nur schwer zu akzeptieren – zwei von drei, drei von fünf – Samad brachte einfach nicht das nötige Vertrauen auf. Und auf diese Weise, auch wenn es unglaublich klingt, spielten Archie und Samad weiter Lotterie mit den beiden Jungen, redeten sich im O'Connell's die Köpfe heiß, warfen Seelen hoch, um zu sehen, welche Seite oben landete.

Zu ihrer Verteidigung muss Folgendes klargestellt werden. Zu keinem Zeitpunkt fiel das Wort *Entführung*. Wenn jemand diesen Ausdruck für sein Vorhaben verwendet hätte, wäre Samad sogar entsetzt und verblüfft gewesen, hätte das Ganze fallen gelassen, wie ein Schlafwandler, der beim Erwachen feststellt, dass er mit einem Brotmesser in der Hand im ehelichen Schlafzimmer steht. Ihm war klar, dass er *Alsana noch nicht informiert hatte*. Ihm war klar, dass er einen *Flug um drei Uhr morgens gebucht* hatte. Aber es leuchtete ihm keineswegs ein, da sich diese beiden Tatsachen ergänzten und zusammen die Bedeutung *Entführung* ergaben. Daher reagierte Samad überrascht auf den Anblick einer heftig weinenden und am Küchentisch zusammengesunkenen Alsana, um zwei Uhr morgens am 31. Oktober. Er dachte nicht: *Ha, sie hat herausgefunden, was ich mit Magid vorhabe* (es war schließlich und endgültig doch Magid), weil er kein schnurrbärtiger Schurke in einem viktorianischen Kriminalroman war und sich zudem gar nicht bewusst war, ein Verbrechen zu planen. Stattdessen war sein erster Gedanke: *Sie weiß also über Poppy Bescheid*, und als Reaktion auf diese Situation tat er das, was jeder Ehebrecher instinktiv tut: zum Angriff übergehen.

»Muss das sein, wenn ich nach Hause komme, muss das wirklich sein?«, – wirkungsvolles Tasche-auf-den-Tisch-knallen – »Da bin ich bis spät in der Nacht in diesem höllischen Restaurant, und dann empfängst du mich mit deinem melodramatischen Theater.«

Alsana schluchzte haltlos. Samad bemerkte außerdem, da ein gurgelndes Geräusch aus dem ansehnlichen Speck drang, der in der Lücke zwischen ihren Sarifalten vibrierte. Sie wedelte mit den Händen in seine Richtung und legte sie sich dann auf die Ohren.

»Ist das wirklich nötig?«, fragte Samad, bemüht, seine Angst zu verbergen (er hatte mit Wut gerechnet und wusste nicht, wie er mit Tränen umgehen sollte). »Bitte, Alsana: Du reagierst doch über.«

Sie winkte wieder in seine Richtung, als wollte sie ihn fortschicken, und hob dann ihren Körper ein wenig an, und da erkannte Samad, dass das Gurgeln nicht organischer Natur gewesen war, sondern dass sie über etwas gebeugt saß. Ein Radio.

»Was um alles in der Welt –«

Alsana schob das Radio von ihrem Körper zur Mitte des Tisches und bedeutete Samad, es lauter zu stellen. Vier vertraute Piepstöne, die den Engländern in jedes Land folgen, das sie erobern, und dann hörte Samad folgende Erklärung in feinstem Oxfordenglisch:

Hier spricht der BBC World Service. Es ist zwei Uhr. Die indische Premierministerin Indira Gandhi ist heute einem Attentat zum Opfer gefallen. Ihre aus Sikh bestehende Leibwache erschoss sie in einem Akt offener Meuterei, als sie im Garten ihres Hauses in Neu Delhi spazieren ging. Ihre Ermordung ist zweifellos ein Racheakt für die Operation »Blue Star«, den Sturm auf den heiligen Tempel der Sikh in Amritsar im vergangenen Juni. Die Religionsgemeinschaft der Sikh, die darin einen Angriff auf ihre Kultur sieht –«

»Genug«, sagte Samad und schaltete ab. »Sie war sowieso nicht gut. Keiner von denen ist gut. Und wen interessiert es schon, was in dieser Jauchegrube Indien passiert. Meine Güte ...« Und noch bevor er es aussprach, fragte er sich, warum er es musste, warum er an diesem Abend so *böswillig* war. »Du bist wirklich *jämmerlich*. Da frag ich mich doch: Wo wären wohl diese Tränen, wenn *ich* sterben würde? – Nirgendwo – du trauerst mehr um irgendeine korrupte Politikerin, der du nie im Leben begegnet bist. Weißt du was? Du bist das beste Beispiel für die Unwissenheit der Massen, Alsi. Weißt du das?«, sagte er mit erhobenem Kinn, als spräche er mit einem Kind. »Du weinst um die Reichen und Mächtigen, die es noch unter ihrer Würde finden würden, auf dich zu pissen. Nächste Woche flennst du bestimmt los, weil Prinzessin Diana sich einen Fingernagel abgebrochen hat.«

Alsana sammelte so viel Spucke, wie ihr Mund fassen konnte, und schoss sie in seine Richtung.

»*Bhainchute!* Ich weine nicht um sie, du *Idiot*, ich weine um meine *Freunde*. Es wird Blut auf den Straßen zu Hause geben, in Indien *und* Bangladesch. Es wird Aufstände geben – Messer, Gewehre. Tote, ich hab's erlebt. Es wird sein wie der Tag des Gerichts – Menschen werden auf den Straßen sterben, Samad. Du weißt das, und ich weiß das. Und in Delhi wird es am schlimmsten sein, dort ist es immer am schlimmsten. Ich habe Verwandte in Delhi, ich habe Freunde dort, *alte Liebhaber* –«

Und an dieser Stelle ohrfeigte Samad sie, zum Teil wegen der alten Liebhaber und zum Teil, weil es Jahre her war, dass man ihn als *Bhainchute* bezeichnet hatte (Übersetzung: jemand, der, um es einfach auszudrücken, seine Schwestern bumst).

Alsana hielt sich das Gesicht und sagte ruhig: »Ich weine aus Mitleid mit diesen armen Familien und aus *Erleichterung* wegen meiner eigenen Kinder! Ihr Vater ignoriert sie und kommandiert sie herum, das ja, aber zumindest werden sie nicht wie Ratten auf der Straße sterben.«

Es würde also wieder eine von diesen Kämpfen werden: dieselben Positionen, derselbe Text, dieselben Vorwürfe, dieselben rechten Haken. Nackte Fäuste. Die Glocke läutet. Samad kommt aus seiner Ecke.

»Nein, sie werden etwas Schlimmeres erleiden, etwas viel Schlimmeres: in einem moralisch bankrotten Land zu hocken, mit einer Mutter, die langsam verrückt wird. Total bekloppt. Reif für die Klapsmühle. Sieh dich doch an, sieh doch, in welcher Verfassung du bist! Wie *fett* du bist!« Er packte ein Stück von ihr und ließ es gleich wieder los, als könnte er sich anstecken. »Sieh dir an, wie du dich kleidest. Joggingschuhe und ein Sari? Und was ist das hier?«

Es war eines von Claras afrikanischen Kopftüchern, ein langes, schönes Stück orangefarbener Kenti-Stoff, in das Alsana seit einiger Zeit ihre dicke Mähne wickelte. Samad zog das Tuch runter und warf es durchs Zimmer, so dass Alsanas Haar ihr nach unten auf den Rücken fiel.

»Du weißt ja noch nicht mal, was du bist, wo du herkommst. Wir besuchen keine Verwandten mehr – ich schäme mich, dich ihnen zu zeigen. *Wieso bist du den weiten Weg nach Bengalen gereist, um eine Frau zu finden*, fragen sie mich. *Wieso bist nicht einfach nach Putney gefahren?*«

Alsana lächelte wehmütig, schüttelte den Kopf, während Samad sich ruhig gab, den Wasserkessel füllte und ihn auf den Herd knallte.

»Du hast da wirklich einen wunderschönen Lungi an, Samad Miah«, sagte sie bitter und deutete mit dem Kinn auf seinen blauen Jogginganzug aus Frottee, der durch Poppys LA-Raiders-Baseballmütze gekrönt wurde.

Samad sagte: »Entscheidend ist, was hier drin ist«, und stieß sich mit dem Daumen knapp unterhalb seines linken Brustbeins, ohne sie dabei anzuschauen. »Du sagst, du bist dankbar, dass wir in England sind, aber nur, weil du es ganz verschlungen hast. Ich sage dir, zu Hause hätten unsere Jungen ein besseres Leben, als sie es hier je –«

»Samad Miah! Hör bloß auf! Diese Familie wird nur über meine Leiche zurück in ein Land ziehen, wo wir in Lebensgefahr sind! Clara hat mir von dir erzählt. Dass du sie seltsame Dinge gefragt hast. Was führst du im Schilde, Samad? Von Zinat hab ich diese Sache mit der Lebensversicherung erfahren ... wer stirbt denn? Was wittere ich da? Ich sag dir eines, nur über meine Leiche –«

»Aber wenn du schon tot bist, Alsi –«

»Sei still! Sei still! Ich bin nicht wahnsinnig. Du versuchst, mich in den Wahnsinn zu treiben. Ich hab Ardashir angerufen, Samad. Er hat mir gesagt, dass du schon um halb zwölf Feierabend gemacht hast. *Jetzt ist es zwei Uhr morgens.* Ich bin nicht wahnsinnig!«

»Nein, es ist noch schlimmer. Dein Verstand ist tot. Du nennst dich eine Muslimin –«

Alsana fuhr herum und sah Samad an, der versuchte, sich ganz auf den pfeifenden Dampf zu konzentrieren, der aus dem Kessel drang.

»Nein, Samad. O nein, o nein. Ich nenne mich gar nichts. Ich stelle keine Behauptungen auf. *Du* nennst dich einen Muslim. *Du* verhandelst mit Allah. *Du* bist es, mit dem Er reden wird, wenn der Tag des Gerichts kommt. *Du*, Samad Miah. Du, du, *du*.«

Zweite Runde. Samad ohrfeigte Alsana. Alsana verpasste ihm einen Haken in die Magengrube und landete gleich anschließend noch einen Schwinger gegen seinen linken Wangenknochen. Dann stürmte sie zur Hintertür, doch Samad erwischte sie an der Taille, sprang sie in Rugby-Manier an, riss sie zu Boden und rammte ihr den Ellbogen gegen das Steißbein. Alsana, die schwerer war als Samad, stemmte sich auf die Knie, hob ihn hoch, warf ihn über die Schulter und schleifte ihn raus in den Garten, wo sie zwei Mal auf ihn eintrat, während er noch auf dem Boden lag – zwei trockene, harte Tritte gegen die Stirn –, doch ihre weiche Gummisohle richtete wenig Schaden an, und einen Augenblick später war er wieder auf den Knien. Sie packten einander an den

Haaren, und Samad war entschlossen, so lange zu reißen, bis er Blut sah. Doch dadurch war Alsanas Knie frei, und es stellte raschen Kontakt zu Samads Schritt her, was ihn zwang, ihre Haare loszulassen, und als er dann blind nach ihrem Mund schlug, traf er ihr Ohr. Etwa um diese Zeit kamen die Zwillinge halb wach aus ihren Betten und stellten sich an das lange Küchenfenster, um sich den Kampf anzusehen, während die Sicherheitsbeleuchtung der Nachbarn anging und den Garten der Iqbals ausleuchtete wie ein Stadion.

»Abba«, sagt Magid, nachdem er sich das Gerangel eine Weile angesehen hatte. »Ganz klar Abba.«

»*Cha*, Mann. *Niemals*«, sagte Millat, ins Licht blinzelnd. »Ich wette zwei Orangenlutscher, dass Amma ihn windelweich prügelt.«

»Ooooooo!«, riefen die Zwillinge wie aus einem Munde, als ob sie sich ein Feuerwerk ansehen würden, und dann »Aaaaaah!«

Alsana hatte den Kampf gerade mit dezenter Unterstützung durch die Gartenharke zum Abschluss gebracht.

»Vielleicht können ja jetzt diejenigen unter uns, die morgen *arbeiten* müssen, noch eine Mütze Schlaf bekommen! *Verdammte Pakis*«, rief ein Nachbar.

Wenige Minuten später (weil sie sich nach diesen Kämpfen immer *im Arm hielten*, eine Umarmung, die irgendwo zwischen Rührung und Zusammenbruch lag) kam Samad vom Garten ins Haus, noch immer leicht benommen, und sagte: »Ab ins Bett mit euch«, bevor er seinen Söhnen mit der Hand durch das dichte schwarze Haar fuhr.

Als er schon an der Tür war, blieb er stehen. »Du wirst mir dankbar sein«, sagte er zu Magid gewandt, der schwach lächelte und bei sich dachte, dass Abba ihm ja vielleicht doch noch den Chemiekasten kaufen würde. »Letzten Endes wirst du mir dankbar sein. Dieses Land ist nicht gut. In diesem Land zerreißen wir uns gegenseitig.«

Dann ging er die Treppe hinauf und rief Poppy Burt-Jones an, weckte sie, um ihr zu sagen, dass es keine Küsse am Nachmittag mehr geben würde, keine schuldbeladenen Spaziergänge, keine heimlichen Taxifahrten. Affäre beendet.

Vielleicht waren ja alle Iqbals Propheten, denn Alsanas Riecher für ernste Probleme erwies sich als feinsinniger denn je. Öffentliche Enthauptungen, Familien, die im Schlaf verbrannt wurden, aufgehängte Leichen vor dem Kaschmir-Tor, Menschen, die mit fehlenden Körperteilen halb von Sinnen herumtaumelten; Körperteile, die Muslimen von Sikhs genommen wurden, den Sikhs von Hindus; Beine, Finger, Nasen, Zehen und Zähne, überall Zähne, über das ganze Land verstreut, vermischt mit dem Staub. Eintausend Menschen waren bis zum 4. November gestorben, als Alsana den Kopf aus dem Badewasser hob, um die knisternde Stimme von »unserem Korrespondenten in Delhi« zu hören, die von oben auf dem Medizinschränkchen ertönte.

Alles ganz furchtbar. Aber, so fand Samad, manche von uns können es sich leisten, im Bad zu sitzen und den Auslandsnachrichten zu lauschen, während andere von uns damit zu tun haben, ihren Lebensunterhalt zu verdienen, eine Affäre zu vergessen und ein Kind zu verschleppen. Er zwängte sich in die weiße Schlaghose, überprüfte das Flugticket, rief Archie an, um noch mal den Plan mit ihm durchzugehen, und machte sich auf den Weg zur Arbeit.

In der U-Bahn war eine ziemlich junge, ziemlich hübsche Frau, spanisch aussehend, mit zusammengewachsenen Augenbrauen, weinend. Sie saß ihm gegenüber, trug große, rosa Legwarmers und weinte hemmungslos. Keiner sagte was. Keiner tat was. Alle hofften bloß, dass sie in Kilburn aussteigen würde. Aber sie blieb, wo sie war, saß einfach da und weinte; West Hampstead, Finchley Road, Swiss Cottage, St. John's Wood. Dann, an der Haltestelle Bond Street, zog sie ein Foto von einem nicht gerade viel versprechend aussehenden jungen Mann aus ihrem Rucksack und zeigte es Samad und einigen anderen Fahrgästen.

»Warum er gehen? Er mir Herz brechen … Neil, er sagt, er heißen Neil. Neil, *Neil*.«

An der Endstation Charing Cross beobachtete Samad, wie sie auf die andere Seite der Haltestelle ging und die Bahn bestieg, die direkt wieder zurück Richtung Willesden Green fuhr. Romantisch, irgendwie. Die Art, wie sie »Neil« gesagt hatte, als wäre es ein Wort, das überquillt vor vergangener Leidenschaft und Verlust. Diese Art von fließendem, weiblichen Unglück. Irgendwie hatte er von Poppy etwas Ähnliches erwartet. Als er zum Telefon griff, hatte er sanftes, rhythmisches Weinen erwartet und später vielleicht Briefe, duftend und tränenbefleckt. Und an *ihrer* Trauer wäre *er* gewachsen, so, wie Neil das wahrscheinlich im Augenblick tat. Ihre Trauer wäre eine Epiphanie gewesen, die ihn seiner eigenen Erlösung einen Schritt näher gebracht hätte. Doch stattdessen hatte er nur gehört: »Leck mich am Arsch, du alter *Arsch*.«

»Hab ich dir doch gesagt«, meinte Shiva kopfschüttelnd, als er Samad einen Korb mit gelben Servietten reichte, die zu kleinen Burgen gefaltet werden sollten. »Ich hab dir gesagt, du sollst dich nicht auf so was einlassen, oder? Da ist zu viel Geschichte mit dabei, Mann. Verstehst du: Sie ist nicht bloß wütend auf dich.«

Samad zuckte die Achseln und fing an, die Türme zu formen.

»Nein, Mann, Geschichte, Geschichte. Es geht darum, dass der braune Mann die englische Frau verlässt, es geht darum, dass Nehru zu Madam Britannia sagt: *Bis bald*.« Shiva hatte Kurse an der Fernuni belegt, um sich zu bilden. »Es geht um total komplizierten Mist, es geht um Stolz. Ich wette zehn Pfund, dass sie dich als kleines Helferlein haben wollte, als Hausboy, der ihr die Pelle von den Trauben zieht.«

»Nein«, widersprach Samad. »So ist es nicht gewesen. Wir leben nicht mehr im finsteren Mittelalter, Shiva, wir haben 1984.«

»Das zeigt nur, wie wenig du weißt. Nach dem, was du mir erzählt hast, ist sie ein klassischer Fall, Kumpel, einfach klassisch.«

»Na, ich hab im Moment andere Sorgen«, murmelte Samad (und rechnete sich insgeheim aus, dass seine Kinder, die bei den Jones zum Übernachten waren, jetzt bestimmt schon friedlich schliefen, dass es noch zwei Stunden dauern würde, bis Archie Magid wecken musste, während Millat weiterschlafen durfte). »Familienangelegenheiten.«

»Keine Zeit!«, schrie Ardashir, der sich, unmerklich wie immer, von hinten angeschlichen hatte, um die Zinnen von Samads Burgen zu inspizieren. »Keine Zeit für Familienangelegenheiten, Vetter. Alle haben ihr Päckchen zu tragen, alle versuchen, ihre Verwandten aus diesem Schlamassel zu Hause rauszuholen – ich selbst blättere tausend Scheine für ein Flugticket für meine klatschmäulige Schwester hin –, aber ich muss trotzdem zur Arbeit kommen, muss trotzdem sehen, dass der Laden läuft. Heute Abend wird's hektisch, Vetter«, rief Ardashir, als er aus der Küche ging, um im schwarzen Smoking eine Runde durchs Lokal zu drehen. »Enttäusch mich nicht.«

Es war der hektischste Abend der Woche, Samstag, der Abend, an dem die Gäste schubweise kommen: vor dem Theater, nach dem Theater, nach dem Pub, nach dem Club; der erste Schub war höflich und gesittet, der zweite summte Musicalmelodien, der dritte war lärmend, der vierte kindisch und ausfallend. Die Theatergäste waren den Kellnern im Allgemeinen am liebsten; sie waren ruhig, gaben üppige Trinkgelder und erkundigten sich nach der Geographie des Essens – seine fernöstlichen Herkunft, seine Geschichte –, Informationen, die sich die jüngeren Kellner (deren weiteste Reise nach Osten die war, die sie täglich auf dem Nachhauseweg machten, nach Whitechapel, Smithfield's, Isle of Dogs) gern schon mal aus den Fingern saugten oder ihnen von den älteren Kellnern wahrheitsgemäß und stolz mit schwarzem Kuli auf die Rückseite einer rosafarbenen Serviette geschrieben wurden.

I'll Bet She Is!, hieß das wieder entdeckte Musical aus den fünfziger Jahren, das seit Monaten im *National* lief und in den Dreißigern spielte. Es ging um eine junge reiche Frau, die ihrer Familie entflieht und unterwegs einen armen jungen Burschen kennen lernt, der gerade auf dem Weg nach Spanien ist, um dort im Bürgerkrieg zu kämpfen. Sie verlieben sich. Sogar Samad, der nun wirklich kein besonderes musikalisches Gehör besaß, hatte genug liegen gelassene Programmhefte aufgehoben und zur Genüge erlebt, dass an einem Tisch plötzlich ein Lied angestimmt wurde, um mittlerweile die meisten Gesangsnummern zu kennen. Sie gefielen ihm, ja, sie lenkten ihn von dem Alltagstrott ab (besser noch – heute Abend waren sie eine wohltuende Erleichterung, weil er sich dann kurzzeitig nicht mehr darum sorgte, ob es Archie gelingen würde, pünktlich um ein Uhr nachts mit Magid draußen vor dem Palace zu sein). Er sang sie zusammen mit dem übrigen Küchenpersonal halblaut vor sich hin, wie im Rhythmus ihrer Arbeit, während sie schnippelten und marinierten und hackten und stampften.

I've seen the Paris op'ra and the wonder of the East

»Samad Miah, hast du irgendwo die Rajah-Senfkörner gesehen?«

Spent my summers by the Nile and my winters on the piste

»Senfkörner, ich glaub, Muhammed hat die gehabt.«

I've had diamonds, rubies, furs and velvet capes

»Immer ich, immer ich ... ich hab die Senfkörner nicht.«

»*I've had Howard Hughes peel me a grape*

»Tut mir Leid, Shiva, wenn der alte Mann sie nicht hat, dann weiß ich auch nicht.«

But what does it mean without love?

»Und was ist das hier?« Shiva kam von seinem Platz neben dem Koch herüber und nahm eine Packung Senfkörner in die Hand, die direkt neben Samads rechtem Ellbogen gestanden hatte. »Komm schon, Samad – reiß dich zusammen. Du bist mit deinen Gedanken heute Abend ja ganz woanders.«

»Tut mir Leid ... mir geht so viel durch den Kopf ...«

»Deine kleine Freundin, was?«

»Nicht so laut, Shiva.«

»*They tell me I'm spoilt, a rich broad who means trouble*«, sang Shiva mit einem überaus seltsamen, hindifizierten transatlantischen Akzent. »He-he, mein Refrain. *But whatever love I'm given I pay it back double.*«

Shiva schnappte sich eine kleine aquamarinblaue Vase und sang sein großes Finale in die Öffnung hinein. »*But no amount of money will make my honey mine* ... Du solltest diesen Rat beherzigen, Samad Miah«, sagte Shiva, der fest davon überzeugt war, dass Samads neue Hypothek auf das Haus der Finanzierung seiner außerehelichen Affäre diente, »es ist ein guter Rat.«

Ein paar Stunden später trat Ardashir erneut durch die Flügeltür und unterbrach das Singen, um seine Anfeuerungsrede für Phase zwei zu halten. »Gentlemen, Gentlemen! Das reicht jetzt wirklich. So, alle mal herhören: Es ist zehn Uhr dreißig. Sie haben die Vorstellung gesehen. Sie haben Hunger. In der Pause haben sie bloß ein jämmerliches Becherchen Eis und reichlich Bombay-Gin genossen, der, wie wir alle wissen, Geschmack auf Curry macht, und genau an dieser Stelle, Gentlemen, treten wir auf den Plan. Gerade sind zwei Tische à fünfzehn reingekommen und haben sich hinten hingesetzt. Also: Wenn ein Gentleman um Wasser bittet, was macht ihr dann? Was macht ihr dann, Ravind?«

Ravind war ganz neu, Neffe des Kochs, sechzehn, aufgeregt.

»Wir sagen –«

»Nein, Ravind, noch bevor du was sagst, was machst du da?«

Ravind biss sich auf die Lippe. »Ich weiß nicht, Ardashir.«

»*Du schüttelst den Kopf*«, sagte Ardashir kopfschüttelnd. »Gleichzeitig blickst du bekümmert und besorgt um sein Wohlergehen drein.« Ardashir demonstrierte den Blick. »Und was sagst du dann?«

»›Wasser hilft nicht gegen die Schärfe, Sir.‹«

»Aber was hilft gegen die Schärfe, Ravind? Was wird das Brennen lindern, das der Gentleman gerade empfindet?«

»Mehr Reis, Ardashir.«

»Und? Und?«

Ravind sah ratlos aus und fing an zu schwitzen. Samad, der von Ardashir schon so oft vorgeführt worden war, dass es ihm keine Freude bereitete zu sehen, wie ein anderer zum Opfer gemacht wurde, beugte sich vor und flüsterte Ravind die Antwort ins feuchte Ohr.

Ravinds Gesicht erhellte sich dankbar. »Mehr Nan-Brot. Ardashir!«

»Ja, weil es das Chili aufsaugt, und was noch wichtiger ist, Wasser ist kostenlos, und Nan-Brot kostet ein Pfund zwanzig. Nun zu dir, Vetter«, sagte Ardashir und wandte sich, mit einem knochigen Finger drohend, Samad zu, »wie soll der Junge was lernen? Das nächste Mal lässt du ihn allein antworten. Du hast selbst genug zu tun. Zwei Damen an Tisch zwölf haben ausdrücklich verlangt, vom Oberkellner bedient zu werden, also –«

»Mich verlangt? Aber ich dachte, ich würde heute Abend in der Küche bleiben. Außerdem kann ich nicht wie ein privater Butler verlangt werden, es gibt zu viel zu tun – das ist nicht üblich, Vetter.«

Und in diesem Augenblick bekommt Samad Panik. Seine Gedanken sind so von der Kindesverschleppung um ein Uhr früh in Anspruch genommen, von dem Plan, seine Zwillinge zu trennen, dass er sich nicht zutraut, heiße Teller und dampfende Schüsseln Dal zu tragen, Fett spritzende Hühnchen aus dem Tonofen zu zerteilen, all den Gefahren zu begegnen, die einem einhändigen Kellner dräuen. Er hat den Kopf voll mit seinen Söhnen. Er ist heute Abend halb im Traum. Wieder einmal hat er sich jeden Nagel bis auf die Nagelhaut abgekaut und nähert sich rasch den durchscheinenden Halbmonden, dem blutigen Zentrum.

Er sagt, er hört sich selbst sagen: »Ardashir, ich hab hier in der Küche eine Million Dinge zu tun. Und wieso sollte –«

Und die Antwort kommt prompt: »Weil der Oberkellner der beste Kellner ist, und natürlich haben sie mir – uns – Trinkgeld gegeben für dieses Privileg. Also bitte keine Ausflüchte, Vetter. Tisch zwölf, Samad Miah.«

Und leicht schwitzend, eine weiße Serviette über den linken Arm gelegt, fängt Samad an, tonlos den Hitsong zu summen, als er durch die Tür tritt.

What won't a guy do for a girl? How sweet the scent, how huge the pearl?

Es ist ein weiter Weg bis Tisch zwölf. Nicht räumlich, die Entfernung misst kaum zwanzig Meter, sondern es ist ein weiter Weg durch die dichten Gerüche und die lauten Stimmen und Bestellungen hindurch; durch die Rufe der Engländer; vorbei an Tisch zwei, wo der Aschenbecher überquillt und mit einem anderen Aschenbecher bedeckt, sachte angehoben und mit vollkommener Lässigkeit gegen den neuen ausgetauscht werden muss; Zwischenstation an Tisch vier, wo ein nicht identifizierbares Gericht von niemandem bestellt worden ist; kurze Debatte an Tisch fünf, der mit Tisch sechs zusammenrücken will, egal, ob das Umstände macht oder nicht; und Tisch sieben wünscht in Ei gebratenen Reis, auch wenn das eigentlich ein chinesisches Gericht ist; und Tisch acht wackelt und mehr Wein! Mehr Bier! Es ist ein weiter Weg, wenn man sich durch den Dschungel kämpfen muss. Wenn man sich den zahllosen und wahllosen Entbehrungen, den Wünschen und Forderungen der rosafarbenen Gesichter widmen muss, die Samad nun wie Tropenhelm bewehrte Gentlemen vorkommen, die Füße auf den Tisch, Gewehre quer über den Schoß; wie Tee schlürfende Ladys auf Veranden, die sich Kühlung von den braunen Boys zufächern lassen, die sanft die Pfauenfedern bewegen.

What lengths won't he travel, how many hits of the gavel

Bei Allah, wie *dankbar* ist er (*ja, Madam, einen Moment, Madam*), wie *beglückt* bei dem Gedanken daran, dass Magid, wenigstens Magid, in nur vier Stunden nach Osten fliegen wird, fort von diesem Ort und seinen Forderungen, seinen unaufhörlichen Sehnsüchten, diesem Ort, wo es weder Geduld noch Mitleid gibt, wo die Menschen das, was sie wollen, *jetzt* wollen, sofort (*Wir warten jetzt schon zwanzig Minuten auf unser Gemüse*), wo sie von ihren Geliebten, ihren Kindern, ihren Freunden und sogar von ihren Göttern erwarten, dass sie zu geringen Kosten und in kürzester Zeit eintreffen, genau wie Tisch zehn auf die Tandoori-Garnelen wartet ...

At the auction of her choosing, how many Rembrandts, Klimts, De Koonings?

Diese Menschen, die allen Glauben gegen Sex eintauschen würden und allen Sex gegen Macht, die Gottesfurcht gegen ihren Stolz eintauschen würden, Wissen gegen Ironie, einen bedeckten, respektvollen Kopf gegen einen langen, schrillen orangefarbenen Haarschopf –

An Tisch zwölf sitzt Poppy. Poppy Burt-Jones. Und schon ihr Name allein würde im Augenblick genügen (denn er ist so nah am Siedepunkt wie nie, unser Samad; er ist im Begriff, seine eigenen Söhne zu trennen, wie jener erste nervöse Chirurg, der sein plumpes, mit Spucke benetztes Messer über die verklebte Haut des Zwillingspaares aus Siam hebt), schon der Name allein würde genügen, um seinen Verstand zum Bersten zu bringen. Der Name allein ist ein Torpedo, der auf ein winziges Fischerboot zurast, seine Gedanken aus dem Wasser schleudert. Aber es ist mehr als der Name, der Widerhall eines Namens, ausgesprochen von einem unachtsamen Narren oder am unteren Ende eines alten Briefes entdeckt, es ist Poppy Burt-Jones selbst, in sommersprossigem Fleisch und Blut. Sie sitzt da unterkühlt und resolut mit ihrer Schwester, die, so scheint es, wie alle Geschwister derjenigen, die wir begehrt haben, eine hässlichere ungestaltere Version von ihr ist.

»Nun sag schon was«, sagt Poppy abrupt, mit einer Marlboro-Packung spielend. »Kein geistreicher Kommentar? Kein Blödsinn über Kamele oder Kokosnüsse? Hast du nichts zu sagen?«

Samad hat absolut nichts zu sagen. Er bleibt bloß stehen und summt seine Melodie weiter, neigt den Kopf im genau richtigen ergebenen Winkel und platziert die Spitze seines Stiftes abwartend aufs Papier. Es ist wie ein Traum.

»Na schön«, sagt Poppy scharf, mustert Samad von oben bis unten und zündet sich eine Zigarette an. »Wie du willst. Also. Zuerst nehmen wie Lammsamosas und diesen Joghurt mit dem komischen Namen.«

»Und als Hauptgang«, sagt die kleinere, unscheinbarere, orangenere, stupsnasige Schwester, »zweimal Lamm Bier Rahmi mit Reis, und Pommes, *bitte*, Kellner.«

*

Zumindest ist Archie pünktlich. Das richtige Jahr, das richtige Datum, die richtige Stunde; 1984, 5. November, ein Uhr morgens. Vor dem Restaurant, in einem langen Trenchcoat, vor seinem Vauxhall stehend, mit einer Hand über die funkelnagelneuen Pirelli-Reifen streichend, während die andere fest an einer Kippe zieht, wie Bogart oder ein Chauffeur oder Bogarts Chauffeur. Samad kommt, umschließt Archies Hand mit seiner eigenen und spürt die Kälte in den Fingern des Freundes, spürt die große Schuld, in der er ihm gegenüber jetzt steht. Unwillkürlich pustet er ihm eine Wolke aus gefrorener Atemluft ins Gesicht.

»Das werd ich dir nicht vergessen, Archibald«, sagt er, »ich werde nicht vergessen, was du heute Nacht für mich tust, mein Freund.«

Archie tritt verlegen von einem Bein aufs andere. »Sam, bevor du – ich muss dir was –«

Aber Samad greift schon zur Tür, und Archies Erklärung muss sich an den Anblick von drei bibbernden Kindern auf der Rückbank anschließen, wie eine schlechte Pointe.

»Sie sind wach geworden, Sam. Sie haben alle drei im selben Zimmer geschlafen – wie so 'ne Art Camping zu Hause. Ich kann nichts dafür. Ich hab ihnen die Mäntel direkt über die Pyjamas gezogen – weil ich nicht riskieren wollte, dass Clara was hört – ich *musste* sie mitbringen.«

Irie schläft; zusammengerollt, den Kopf auf dem Aschenbecher, die Füße auf dem Getriebegehäuse, doch Millat und Magid recken sich ihrem Vater fröhlich entgegen, ziehen an seiner Schlaghose, zupfen ihm am Kinn.

»He, Abba! Wo fahren wir hin, Abba? Auf eine geheime Disco-Party? Wirklich?«

Samad blickt Archie streng an. Archibald zuckt die Achseln.

»Wir machen einen Ausflug zu einem Flughafen. Nach Heathrow.«

»Wow!«

»Und wenn wir da ankommen, wird Magid – Magid –«

Es ist wie ein Traum. Samad spürt die Tränen, bevor er sie aufhalten kann; er schließt seinen Um-zwei-Minuten-ältesten-Sohn in die Arme und drückt ihn so fest an seine Brust, dass er den Bügel seiner Brille zerbricht. »Und dann wird Magid eine Reise machen, mit Tantchen Zinat.«

»Kommt er wieder?« Das fragt Millat. »Wär *cool*, wenn er nicht wiederkommt!«

Magid windet sich aus dem Ringergriff seines Vaters »Ist das weit? Bin ich denn Montag wieder da – ich muss doch sehen, wie weit meine Photosynthese ist, für Bio –, ich hab zwei Pflanzen genommen: Die eine hab ich in den Schrank gepackt und die andere in die Sonne – ich muss *nachsehen*, Abba, *ich muss nachsehen, welche* –«

Jahre später, sogar schon wenige Stunden nachdem das Flugzeug abgehoben hat, wird das Geschichte sein, an die Samad sich nicht erinnern will. Die zu bewahren sich sein Erinnerungsvermögen keinerlei Mühe macht. Ein jäher Stein, der untertaucht. Falsche Zähne, die geräuschlos auf den Boden eines Glases schweben.

»Bin ich denn zur Schule wieder da, Abba?«

»Nun kommt schon«, sagt Archie ernst vom Fahrersitz aus. »Wir müssen los, wenn wir rechtzeitig da sein wollen.«

»Du bist Montag in der Schule, Magid. Versprochen. Jetzt setzt euch hin, macht schon. Für Abba, bitte.«

Samad schließt die Autotür und geht in die Hocke, um zu sehen, wie seine Zwillingssöhne ihren warmen Atem gegen die Scheibe hauchen. Er hebt seine eine Hand, berührt scheinbar ihre Lippen, wundes Pink gegen das Glas, ihr Speichel vermischt mit dem schmierigen Beschlag.

9
MEUTEREI!

In Alsanas Vorstellung lag der eigentliche Unterschied zwischen den Menschen nicht in der Hautfarbe. Auch nicht in der Geschlechtszugehörigkeit, im Glauben, in der relativen Fähigkeit, auf einen synkopischen Rhythmus zu tanzen oder die Fäuste zu öffnen, um eine Hand voll Goldmünzen aufblitzen zu lassen. Der eigentliche Unterschied war viel fundamentaler. Er war in der Erde. Er war im Himmel. Man konnte die gesamte Menschheit in zwei verschiedene Lager einteilen, so fand sie, indem man sie bat, einen ganz simplen Fragebogen auszufüllen, wie man ihn in jeder Frauenzeitschrift findet:

(a)   Ist es wahrscheinlich, dass der Himmel, unter dem du schläfst, sich öffnet und wochenlang nicht wieder schließt?

(b)   Ist es wahrscheinlich, dass der Boden, auf dem du gehst, erbebt und sich teilt?

(c)   Besteht die Chance (bitte ankreuzen, selbst wenn die Chance minimal ist), dass der bedrohlich aussehende Berg, der zur Mittagszeit einen Schatten auf dein Heim wirft, eines Tages ohne erkennbaren Grund ausbricht?

Wenn nämlich die Antwort auf eine von diesen Fragen ja lautet, dann ist das Leben, das du führst, ein mitternächtlich Ding, stets um Haaresbreite entfernt von der Geisterstunde; es ist flüchtig, es ist fadenscheinig; es ist sorgenfrei im wahrsten Sinne des Wortes; es ist leicht zu verlieren, wie ein Schlüsselring oder eine Haarspange. Und es ist Lethargie: Warum nicht den ganzen

Morgen, den ganzen Tag, das ganze Jahr unter derselben Zypresse sitzen bleiben und die Zahl acht in den Staub malen? Mehr als das, es ist ein Desaster, es ist *Chaos*: Warum nicht mal aus einer Laune heraus eine Regierung stürzen, warum nicht den Mann blenden, den man nicht ausstehen kann, warum nicht verrückt werden, wie ein Irrer vor sich hin plappernd durch den Ort laufen, mit den Händen wedelnd, sich die Haare raufend? Es gibt nichts, das dich aufhalten kann, oder besser gesagt, *alles* könnte dich aufhalten, zu jeder Stunde, in jedem Augenblick. *Dieses* Gefühl. *Das* macht den eigentlichen Unterschied im Leben aus. Menschen, die auf festem Boden unter einem verlässlichen Himmel leben, wissen nichts davon; sie sind wie die britischen Kriegsgefangenen in Dresden, die sich selbst dann noch ungerührt Tee eingossen und zum Dinner umzogen, als der Alarm losging, als die Stadt ein Feuerball wurde. Die Engländer, die einem grünen und freundlichen Land entstammen, einem gemäßigten Land, sind zutiefst unfähig, eine Katastrophe wahrzunehmen, selbst wenn sie von Menschen gemacht ist.

Anders verhält es sich da mit den Menschen aus Bangladesch, ehemals Ostpakistan, ehemals Indien, ehemals Bengalen. Sie leben unter dem unsichtbaren Finger wahllosen Unheils – Flutkatastrophen und Zyklonen, Hurrikans und Schlammlawinen. Die Hälfte der Zeit liegt die Hälfte ihres Landes unter Wasser; ganze Generationen werden mit der Regelmäßigkeit eines Uhrwerks ausradiert; die Lebenserwartung liegt bei optimistischen zweiundfünfzig; und sie sind sich kühl bewusst, dass sie, wenn man von Apokalypse spricht, wenn man von wahllosem Massensterben spricht, in diesem Bereich führend sind, dass sie die Ersten sein werden, die es erwischt, die Ersten, die Atlantis-artig hinunter auf den Grund des Meeres rutschen werden, wenn die verflixten Polkappen anfangen, sich zu verlagern, zu schmelzen. Es ist das lächerlichste Land der Welt, dieses Bangladesch. Es ist Gottes Vorstellung von einem *echt guten Gag*, von schwarzem Humor. Unter Bengalen muss man keine Fragebögen verteilen.

Die Tatsachen des Unheils sind die nackten Tatsachen ihres Lebens. Zwischen Alsanas süßem sechzehnten Geburtstag (1971) und dem Jahr, in dem sie aufhörte, direkt mit ihrem Mann zu sprechen (1985), starben beispielsweise mehr Menschen in Bangladesch, starben mehr Menschen in den Stürmen und dem Regen als in Hiroshima, Nagasaki und Dresden *zusammen*. Eine Million Menschen verloren ihr Leben, an das sie sich, wie sie es gelernt hatten, ohnehin nicht geklammert hatten.

Und genau das nahm Alsana Samad wirklich übel, um die Wahrheit zu sagen, mehr als den Verrat, mehr als die Lügen, mehr als die Entführung selbst: dass Magid lernen sollte, sich nicht an sein Leben zu klammern. Obwohl er relativ sicher war, dort oben in den Chittagong Hills, dem höchsten Punkt in diesem tief gelegenen, flachen Land, war ihr der Gedanke verhasst, dass Magid so sein würde, wie sie einst war. Dass er ein Leben führen würde, nicht schwerer als eine Paisa-Münze, dass er gedankenlos durch Überschwemmungsfluten waten würde, erschaudernd unter dem Gewicht des düsteren Himmels ...

Natürlich reagierte sie hysterisch. Natürlich versuchte sie, ihn zurückzuholen. Sie sprach mit den zuständigen Behörden. Die zuständigen Behörden sagten so was wie: »Ehrlich gesagt, wir machen uns mehr Sorgen um die, die *rein*kommen«, oder »Offen gestanden, wenn Ihr *Ehemann* die Reise arrangiert hat, können wir eigentlich nicht viel –«, und sie knallte den Hörer auf. Nach ein paar Monaten hörte sie auf herumzutelefonieren. Verzweifelt fuhr sie nach Wembley und Whitechapel und saß epische Wochenenden lang weinend bei Verwandten, die sie bewirteten und ihr Mitgefühl bekundeten, aber ihr Instinkt sagte ihr, dass das Curry zwar herzhaft, aber das Mitgefühl nicht ganz so ehrlich war. Es gab nämlich welche, die sich insgeheim freuten, dass Alsana Iqbal, mit ihrem großen Haus und ihren schwarz-weißen Freunden und ihrem Mann, der aussah wie Omar Sharif, und ihrem Sohn, der redete wie der Prince of Wales, jetzt in Zweifel und Unsicherheit lebte wie die anderen auch und lernen musste, das Unglück zu tragen wie ein altes vertrautes Seidentuch. Es lag eine gewisse *Befriedigung* darin, selbst als Zinat (die ihre Beteiligung an der Entführung nie eingestand) über die Sessellehne griff und Alsanas Hand in ihre mitleidigen Klauen nahm. »Ach, Alsi, ich muss immer wieder denken, was für ein *Jammer* es doch ist, dass er ausgerechnet den *Guten* genommen hat. Er war so klug und wusste sich so *wunderbar* zu benehmen! Bei ihm musste man sich keine Sorgen machen wegen Drogen oder unanständigen Mädchen. Nur wegen des Geldes für die Brillen, bei der vielen Leserei.«

O ja, ein gewisses *Vergnügen* war durchaus gegeben. Und man sollte die Menschen nie unterschätzen, man sollte nie unterschätzen, welches Vergnügen sie daraus ziehen, andere leiden zu sehen, schlechte Nachrichten zu überbringen, im Fernsehen Bomben fallen zu sehen, unterdrücktem Schluchzen am anderen Ende der Leitung zu lauschen. Schmerz selbst ist bloß Schmerz. Doch Schmerz + Entfernung mitunter = Unterhaltung, Voyeurismus, menschliches Interesse, Cinéma-vérité, ein kräftiger Lacher, ein mitfühlendes Lächeln, Stirnrunzeln, verhohlene Verachtung. All das und mehr spürte Alsana am anderen Ende der Leitung, als die zahllosen Anrufe kamen – 28. Mai 1985 –, um sie über den neuesten Wirbelsturm zu informieren, um *Mitgefühl* zum Ausdruck zu bringen.

»Alsi, ich musste einfach anrufen. Sie haben gemeldet, dass im Golf von Bengalen Unmengen von Leichen treiben …«

»Ich hab gerade die neuesten Nachrichten gehört – zehntausend!«

»Und die Überlebenden hocken auf den Dächern, und Haie und Krokodile schnappen nach ihren Füßen.«

»Das muss schrecklich sein, Alsi, nicht zu wissen, nicht sicher zu sein …«

Sechs lange Tage und Nächte wusste Alsana nicht, war sie nicht sicher. In dieser Zeit las sie sehr viel von dem bengalischen Dichter Rabindranath Tagore und bemühte sich nach Kräften, seinen beruhigenden Versicherungen zu glauben *(Die Dunkelheit der Nacht ist ein Beutel, prall gefüllt mit dem Gold des Morgenlichts)*, doch im Grunde ihres Herzens war sie eine praktisch veranlagte Frau, die in Gedichten keinen Trost fand. Denn diese sechs Tage ihres Lebens waren ein mitternächtlich Ding, stets um Haaresbreite entfernt von der Geisterstunde. Doch am siebten Tag kam das Licht: Sie erhielten die Nachricht, dass es Magid gut ging, dass er sich lediglich die Nase gebrochen hatte, als eine Vase von ihrem gefährlichen Standort auf einem hohen Regalbrett in der Moschee heruntergestürzt war, umgeweht vom ersten Hauch des ersten Windes (und wir sollten bitte diese Vase im Auge behalten, denn ebendie Vase ist es, die Magid sozusagen an der Nase zu seiner Berufung führen wird). Bloß die Diener, die zwei Tage zuvor einen Geheimvorrat an Gin eingepackt und sich in den klapprigen Van der Familie gezwängt hatten, um einen Ausflug nach Dhaka zu machen, schwammen jetzt mit dem Bauch nach oben im Jamuna, wo silberflossige Fische zu ihnen hinaufstarrten, glubschäugig und verwundert.

Samad frohlockte. »Siehst du? In Chittagong passiert ihm nichts! Und was noch besser ist, er war in einer Moschee. Soll er sich doch lieber die Nase in einer Moschee brechen als bei einer Schlägerei in Kilburn! Genau das hatte ich gehofft. Er lernt die alten Traditionen. Stimmt das etwa nicht?«

Alsana überlegte einen Moment. Dann sagte sie: »Vielleicht, Samad Miah.«

»Was soll das heißen, ›vielleicht‹?«

»Vielleicht, Samad Miah, vielleicht aber auch nicht.«

Alsana hatte beschlossen, nicht mehr direkt mit ihrem Mann zu sprechen. Während der folgenden acht Jahre, so nahm sie sich vor, würde sie nie wieder *ja* zu ihm sagen, nie wieder *nein* zu ihm sagen, sondern ihn zwingen, so zu leben wie sie – ohne je zu *wissen*, ohne je *sicher* zu sein. Sie würde sozusagen Samads geistige Gesundheit als Geisel nehmen, bis das Lösegeld mit der Rückkehr ihres Um-zwei-Minuten-ältesten-Sohnes voll bezahlt war, bis sie erneut mit ihrer dicklichen Hand durch sein volles Haar fahren konnte. So lautete ihr Versprechen, das war der Fluch, mit dem sie Samad belegte, und es war eine *köstliche* Rache. Manchmal trieb es ihn an den Rand des Abgrundes, in den Küchenmesserzustand, zum Medizinschränkchen. Doch Samad zählte zu den Menschen, die zu stur sind, sich umzubringen, wenn sie damit einem anderen Befriedigung verschaffen würden. Er ließ sich nicht unterkriegen. Auch wenn Alsana sich im Schlaf auf die Seite rollte und murmelte: »Hol ihn doch zurück, Mr. Idiot ... wenn es dich wahnsinnig macht, hol mein Baby zurück.«

Aber es war kein Geld mehr da, um Magid zurückzuholen, selbst wenn Samad geneigt gewesen wäre, das weiße Lendentuch zu schwenken. Er lernte, damit zu leben. Das ging so weit, dass Samad, wenn jemand auf der Straße oder im Restaurant »ja« oder »nein« zu ihm sagte, nicht mehr wusste, wie er reagieren sollte, dass er regelrecht vergaß, was die zwei eleganten kleinen Wörter zu bedeuten hatten. Er hörte sie niemals aus Alsanas Mund. Ganz gleich, welche Frage im Hause Iqbal gestellt wurde, es gab nie mehr eine direkte Antwort.

»Alsana, hast du meine Pantoffeln gesehen?«

»Möglicherweise, Samad Miah.«

»Wie viel Uhr haben wir?«

»Es könnte drei sein, Samad Miah, aber es könnte weiß Allah auch vier sein.«

»Alsana, wo hast du die Fernbedienung hingetan?«

»Sie könnte genauso gut in der Schublade sein, Samad Miah, wie hinter dem Sofa.«

Und so ging es weiter.

Einige Zeit nach dem Mai-Wirbelsturm erhielten die Iqbals einen Brief von ihrem Um-zwei-Minuten-älteren-Sohn, in sorgfältiger Handschrift auf Seiten aus einem Schulheft geschrieben und um ein jüngst gemachtes Foto herumgefaltet. Es war nicht das erste Mal, dass er schrieb, doch Samad sah in diesem Brief etwas anderes, etwas, das ihn begeisterte und seine unpopuläre Entscheidung bestätigte; ein irgendwie anderer Tonfall, ein Hauch von Reife, von wachsender östlicher Weisheit; und nachdem er ihn zuerst gründlich im Garten gelesen hatte, nahm er ihn mit in die Küche, wo er ihn mit sichtlicher Freude Clara und Alsana vorlas, die gerade Pfefferminztee tranken.

»Hört mal, hier schreibt er: ›Gestern hat Großvater Tamim (den Hausboy) mit einem Gürtel geschlagen, bis sein Hintern röter war als eine Tomate. Er hat gesagt, Tamim habe ein paar Kerzen gestohlen (das stimmt. Ich hab's gesehen.) und dass das die Strafe dafür sei. Er sagt, manchmal straft Allah und manchmal müssen die Menschen es tun, und ein weiser Mann ist der, der weiß, ob Allah an der Reihe ist oder er selbst. Ich hoffe, dass ich eines Tages ein weiser Mann sein werde.‹ Hört euch das an. Er will ein weiser Mann werden. Wie viele Jungen in dieser Schule kennst du, die weise Männer werden wollen?«

»Vielleicht keinen, Samad Miah. Vielleicht alle.«

Samad warf seiner Frau einen finsteren Blick zu und las weiter: »Und hier, die Stelle, wo er über seine Nase schreibt: ›Ich finde, eine Vase sollte nicht an einem so unklugen Platz stehen, dass sie runterfallen und einem Jungen die Nase brechen kann. Es sollte jemand daran schuld sein, und dieser jemand sollte bestraft werden (aber nicht mit Schlägen auf den Hintern, außer er ist *klein und kein Erwachsener*. Wenn er jünger als zwölf ist). Ich glaube, wenn ich groß bin, würde ich gern dafür sorgen, dass Vasen nicht an so unklugen Plätzen aufgestellt werden, wo sie gefährlich werden können, und ich würde mich auch über andere gefährliche Dinge beschweren (übrigens, *meiner Nase geht's wieder gut!*).‹ Seht ihr?«

Clara runzelte die Stirn. »Seht ihr was?«

»Offensichtlich ist er gegen Ikonographie in der Moschee, ihm missfällt jede heidnische, überflüssige, gefährliche Dekoration! So ein Junge ist doch wohl zu Höherem berufen, oder?«

»Vielleicht, Samad Miah, vielleicht auch nicht.«

»Vielleicht geht er in die Politik oder studiert Jura«, schlug Clara vor.

»Unsinn! Mein Sohn ist Gott bestimmt, nicht den Menschen. Er fürchtet sich nicht vor seiner Pflicht. Er fürchtet sich nicht davor, ein echter Bengale zu sein, ein anständiger Muslim. Hier erzählt er mir, dass die Ziege auf dem Foto tot ist. ›Ich hab geholfen, die Ziege zu töten, Abba‹, schreibt er. ›Sie hat sich noch eine Zeit lang bewegt, nachdem wir sie in zwei Hälften zerteilt hatten.‹ Ist das ein Junge, der Furcht hat?«

Da offensichtlich erwartet wurde, dass jemand nein sagte, tat Clara das etwas halbherzig und nahm das Foto, das Samad ihr reichte. Da war Magid, wie üblich in Grau gekleidet, neben der todgeweihten Ziege stehend, das alte Haus im Hintergrund.

»Oh! Seht nur seine Nase! Seht euch den Bruch an. Jetzt hat er eine römische Nase. Er sieht aus wie ein kleiner Aristokrat, wie ein kleiner Engländer. Guck mal, Millat.« Clara hielt das Foto unter Millats kleinere, flachere Nase. »Nun seht ihr beide nicht mehr ganz so sehr wie Zwillinge aus.«

»Er sieht aus«, sagte Millat nach einem flüchtigen Blick, »wie ein *Chief*.«

Samad, der sich mit der Sprache, die auf den Straßen in Willesden gesprochen wurde, nicht auskannte, nickte ernst und tätschelte seinem Sohn das Haar. »Es ist gut, dass du den Unterschied zwischen euch beiden erkennst, Millat, besser jetzt als später.« Samad funkelte Alsana an, die ihren Zeigefinger neben der Schläfe kreisen ließ, sich dann an die Stirn tippte: *Spinner, Irrer.* »Mögen andere darüber spotten, aber du und ich, wir beide wissen, dass dein Bruder andere aus der Wüste führen wird. Er wird ein Stammesführer werden. Er ist ein natürlicher *Chief*.«

Millat musste so laut lachen, so heftig, so haltlos, dass er das Gleichgewicht verlor, auf einem Waschlappen ausrutschte und sich am Rand der Spüle die Nase brach.

*

Zwei Söhne. Der eine unsichtbar und vollkommen, eingefroren im hübschen Alter von neun Jahren, statisch in einem Bilderrahmen, während das Fernsehgerät darunter den ganzen Mist der achtziger Jahre ausspie – irische Bomben, englische Krawalle, transatlantische Pattsituationen. Über diesem Chaos stieg das Kind unberührt und unbefleckt empor, erhoben in den Rang eines lächelnden Buddhas, durchdrungen von heiterer östlicher Kontemplation; zu allem fähig, eine natürliche Führungspersönlichkeit, ein natürlicher Muslim, ein natürlicher Chief – kurz gesagt, eine reine Erscheinung. Eine geisterhafte Daguerreotypie, entstanden aus dem Quecksilber der väterlichen Fantasie, dauerhaft erhalten durch die Salzlösung der mütterlichen Tränen. Dieser Sohn stand schweigend da, fern und war »mutmaßlich wohlauf«, wie einer der kolonialen einsamen Außenposten Ihrer Majestät, verhaftet im immer währenden Zustand ursprünglicher Unschuld, auf ewig präpubertär. Diesen Sohn konnte Samad nicht sehen. Und Samad hatte schon längst gelernt, das zu verehren, was er nicht sehen konnte.

Der Sohn dagegen, den er sehen *konnte*, war ihm ein ständiges Ärgernis. Nun, am besten lassen wir Samad gar nicht erst auf dieses Thema zu sprechen kommen, auf das Thema *Der Ärger mit Millat*, aber wenn er loslegt, dann klingt das etwa so: Er ist der zweite Sohn, verspätet wie ein Bus, wie ein Brief aus einer Bananenrepublik, der Bummelzug, der Nachzügler, der dieses erste Rennen durch den Geburtskanal verloren hat und sich nun einfach an diese genetische Disposition hält, durch den unerfindlichen Ratschluss Allahs, der Verlierer von zwei entscheidenden Minuten, die er nie wieder aufholen kann, nicht in diesen alles sehenden Parabolspiegeln, nicht in diesen gläsernen Kugeln der Gottheit, nicht *in den Augen seines Vaters*.
Nun hätte vielleicht ein melancholischer veranlagtes Kind als Millat, ein tiefsinnigeres Kind, den Rest seines Lebens versucht, diesen beiden Minuten hinterherzuhetzen, und sich dabei selbst

unglücklich gemacht, immer auf der Jagd nach der flüchtigen Beute, um sie dem Vater endlich vor die Füße zu legen. Doch das, was sein Vater über ihn sagte, berührte Millat nicht sonderlich: Er wusste, dass er kein Nachzügler, kein Chief, keine Memme, kein Versager, kein Reservespieler, kein Volltrottel war – ganz gleich, was sein Vater sagte. In der Sprache der Straße war Millat ein Toughie, ein Macker, an vorderster Front, der sein Image so oft wechselte wie seine Schuhe; cool, abgefahren, schrill, der Kinder den Hügel raufführte, um Fußball zu spielen, und den Hügel runter, um Spielautomaten zu knacken, raus aus den Schulen, rein in die Videoläden. Bei Rocky Video, Millats Lieblingsladen, der von einem skrupellosen Koksdealer geführt wurde, bekam man Pornos, wenn man fünfzehn war, Filme ab achtzehn mit elf und Snuff-Videos unter der Ladentheke für fünf Pfund. Hier lernte Millat dann wirklich was über Väter. Über Paten, Blutsbrüder, Pacinodeniros, Männer in Schwarz, die gut aussahen, die schnell redeten, die niemals in einem (verfickten) Restaurant kellnerten, die zwei voll funktionsfähige, Pistolen führende Hände hatten. Er lernte, dass man nicht mit Überschwemmungen und Wirbelstürmen leben musste, um ein bisschen Gefahr zu schnuppern, um ein weiser Mann zu werden. Man sucht sie sich einfach. Mit zwölf Jahren machte Millat sich auf die Suche, und obwohl Willesden nicht gerade die Bronx ist, nicht gerade South Central, wurde er ein wenig fündig, ausreichend fündig. Er war ein Arschloch und ein Großmaul, sein erschreckend gutes Aussehen war wie ein Springteufel in ihm eingepfercht, um mit dreizehn Jahren herauszuschnellen, woraufhin er umgehend vom Anführer pickelgesichtiger Jungen zum Frauenheld aufstieg. Der Rattenfänger von Willesden Green, dem liebeskranke Mädchen mit hechelnden Zungen und spitzen Brüsten nachliefen und in Tümpel voller Herzschmerz fielen ... Und das alles nur, weil er der GRÖSSTE und der TOLLSTE war, der sein junges Leben in GROSSBUCHSTABEN lebte: er rauchte als Erster, er trank als Erster, er verlor es sogar – ES! –

mit dreizehneinhalb. Zugegeben, er hatte nicht viel dabei GE-
FÜHLT oder BERÜHRT, es war FEUCHT und VERWIR-
REND, er verlor ES, ohne überhaupt zu wissen, wohin ES ging,
aber er hatte ES verloren, weil kein Zweifel bestand, KEINER,
dass er der Beste von allen war, auf jeder beliebigen Skala von Ju-
gendkriminalität war er das strahlende Licht der Teenagerge-
meinde, der DON, der WELTMEISTER, der ÜBERFLIEGER,
ein Straßenjunge, ein Stammesführer. Tatsächlich war der einzige Ärger mit Millat der, dass er Ärger *liebte*. Und er war richtig
gut darin. Nein, er war *fantastisch*.

Trotzdem, es wurde viel diskutiert – zu Hause, in der Schule, in
den verschiedenen Küchen des weit verzweigten Iqbal/Begum-
Clans – über den *Ärger mit Millat*, den aufsässigen Millat mit
dreizehn, der in der Moschee furzte, Blondinen nachlief und
nach Tabak roch. Und es ging nicht nur um Millat, sondern um
alle Kinder: Mujib (vierzehn, vorbestraft, weil er ein Auto geklaut hatte), Khandakar (sechzehn, weiße Freundin, trug abends
Mascara), Dipesh (fünfzehn, Marihuana), Kurshed (achtzehn,
Marihuana und extrem weite Hose), Khaleda (siebzehn, Sex vor
der Ehe mit einem jungen Chinesen), Bimal (neunzehn, studierte
Theaterwissenschaft); *was war nur los mit all den Kindern*, was
war bei diesen ersten Nachfahren des großen Experiments der
Ozeanüberschreitung nur falsch gelaufen? Hatten sie denn nicht
alles, was das Herz begehrte? Hatten sie nicht einen weitläufigen
Garten, regelmäßige Mahlzeiten, saubere Kleidung von Marks
'n' Sparks, eine erstklassige Ausbildung? Hatten die Eltern nicht
ihr Bestes getan? Waren sie nicht alle aus einem bestimmten
Grund auf diese Insel gekommen? Damit sie in Sicherheit waren.
Waren sie nicht *sicher*?

»*Zu* sicher«, erklärte Samad, wenn er mal wieder geduldig irgendeine weinende, wütende Ma oder einen ebensolchen Baba,
eine verwunderte und ältliche Dadu oder einen ebensolchen
Dida tröstete, »in diesem Land sind sie einfach zu sicher. Sie leben in großen Plastikblasen, die wir selbst geschaffen haben, und

ihr Leben ist bis ins Kleinste vorausgeplant. Ich persönlich, das wisst ihr, würde auf den heiligen Paulus spucken, doch die Weisheit ist richtig, die Weisheit kommt wirklich von Allah: *da ich ein Mann ward, tat ich ab, was kindlich war.* Wie können unsere Jungen zu Männern werden, wenn sie nie gefordert werden wie Männer? Hmm? Kein Zweifel, wenn ich es mir recht überlege, war es das Allerbeste, Magid zurückzuschicken. Ich kann es nur empfehlen.«

An dieser Stelle blicken die versammelten Weinenden und Jammernden betrübt auf das wohl gehegte Foto von Magid und der Ziege. Sie sitzen wie hypnotisiert da, wie Hindus, die darauf warten, dass eine steinerne Kuh zu weinen beginnt, bis eine unsichtbare Aura von dem Foto auszugehen scheint: Güte und Tapferkeit durch Zeiten der Not, durch Hölle und Hochwasser; der wahre Muslimjunge; das Kind, das sie nie hatten. So erbärmlich es auch war, Alsana fand es fast amüsant, wie sich das Blatt gewendet hatte, dass keiner mit ihr weinte, jeder nur für sich und seine Kinder, wegen dem, was die entsetzlichen achtziger Jahre ihnen allen antaten. Diese Versammlungen waren wie politische Gipfeltreffen in letzter Minute, sie waren wie verzweifelte Sitzungen von Kabinett und Kirche hinter verschlossenen Türen, während der aufrührerische Mob durch die Straßen tobte und Fenster einwarf. Eine Entfremdung machte sich breit, nicht bloß zwischen *Vatersöhnen, Altjung, Hiergeborendortgeboren,* sondern zwischen denjenigen, die in ihren vier Wänden blieben, und denjenigen, die draußen den Aufstand probten.

»Zu sicher, zu bequem«, wiederholte Samad, während Großtante Bibi Magid liebevoll mit einem Staubtuch abwischte. »Ein Monat in der Heimat würde jeden Einzelnen von ihnen wieder zur Vernunft bringen.«

Aber in Wahrheit war es gar nicht nötig, dass Millat in die Heimat reiste; er stand schizophren mit einem Bein in Bengalen und dem anderen in Willesden. Im Kopf war er ebenso sehr dort wie hier. Er brauchte keinen Pass, um an zwei Orten gleichzeitig zu leben, er brauchte kein Visum, um das Leben seines Bruders und sein eigenes zu leben (er war schließlich ein Zwilling). Alsana war die Erste, die es bemerkte. Sie vertraute sich Clara an: *Bei Gott, sie sind miteinander verknüpft wie ein Fingerfadenspiel, verbunden wie eine Wippschaukel, wenn man ein Ende runterdrückt, geht das andere hoch, alles, was Millat sieht, hat Magid gesehen, und umgekehrt!* Und Alsana wusste nur von den Nebensächlichkeiten: ähnliche Erkrankungen, gleichzeitige Unfälle, Tiere, die sie beide hatten und die auf unterschiedlichen Kontinenten starben. Sie wusste nicht, dass Millat, während Magid erlebte, wie der 85er Wirbelsturm Dinge von hohen Plätzen herabstürzen ließ, selbst an der hohen Friedhofsmauer in Fortune Green Kopf und Kragen riskierte; dass am 10. Februar, als Magid sich einen Weg durch die wütenden Menschenmassen in Dhaka bahnte und den blinden Schlägen derjenigen auswich, die eine Wahl mit Messern und Fäusten regeln wollten, Millat sich vor Biddy Mulligans berüchtigter Kneipe in Kilburn mit drei besoffenen, wütenden, flinken Iren anlegte. Ach, wir glauben, das ist alles bloß Zufall? Wir wollen Fakten, Fakten, Fakten? Wir wollen Begegnungen mit dem Großen Mann mit schwarzer Kapuze und Sense? Bitte sehr: Am 28. April 1989 fegte ein Tornado die Küche in Chittagong hoch in den Himmel und nahm alles darin mit, bis auf Magid, der wie durch ein Wunder ganz klein zusammengerollt auf dem Boden liegen blieb. Jetzt: Schwenk auf Millat, fünftausend Meilen weit entfernt, der sich auf die legendäre Natalia Cavendish aus der Oberstufe (deren Körper ein dunkles Geheimnis vor ihr verbirgt) herunterlässt; die Kondome stecken ungeöffnet in einer Packung in seiner Gesäßtasche; aber irgendwie wird er sich nicht anstecken; obwohl er sich jetzt rhythmisch bewegt, rauf und rein, tiefer und seitlich, ein Tanz mit dem Tod.

*

Drei Tage:

Sogar als das Licht ausfiel und der Wind wie verrückt an den Doppelglasscheiben rüttelte, saß Alsana, die fest an das große Orakel namens BBC glaubte, noch immer im Nachthemd auf dem Sofa und war nicht gewillt, sich von der Stelle zu rühren.

»Wenn dieser Mr. Fish vom Wetterdienst sagt, es wird nicht so schlimm, dann wird es verdammt noch mal nicht so schlimm. Der ist von der BBC, Herrgott.«

Samad gab auf (es war nahezu unmöglich, bei Alsana Zweifel an der inhärenten Verlässlichkeit ihrer englischen Lieblingsinstitutionen zu wecken, zu denen unter anderem zählten: Prinzessin Anne, die Last Night of the Proms, der Komiker Eric Morecambe, die Radiosendung *Woman's Hour*). Er nahm die Taschenlampe aus der Küchenschublade und ging nach oben, um nach Millat zu sehen.

»Millat? Antworte mir, Millat! Bist du da?«

»Vielleicht, Abba, vielleicht auch nicht.«

Samad folgte der Stimme ins Badezimmer und fand Millat, bis zum Kinn in rosa Seifenschaum getaucht und *Viz* lesend.

»Ah, Dad, super. Taschenlampe. Leuchte mal hier rüber, damit ich weiterlesen kann.«

»Hör auf damit.« Samad riss seinem Sohn das Comicheft aus den Händen. »Wir haben einen Mordshurrikan, und deine verrückte Mutter ist fest entschlossen, hier zu bleiben, bis das Dach einstürzt. Raus aus der Wanne. Du musst zum Schuppen und ein paar Bretter und Nägel holen, damit wir –«

»Aber Abba, ich bin doch splitternackt!«

»Keine Haarspaltereien bitte – das ist ein Notfall. Ich möchte, dass du –«

Ein ohrenbetäubendes Bersten, als ob etwas an den Wurzeln abgetrennt und gegen eine Mauer geschleudert würde, ertönte von draußen.

Zwei Minuten später hatte die Familie Iqbal, mehr oder weniger angekleidet, am hohen Küchenfenster Aufstellung genommen und starrte hinaus auf die Stelle des Rasens, wo früher der Schuppen gewesen war. Millat schlug dreimal die Hacken aneinander und sagte mit übertrieben tantenhaftem Tonfall: »Ach du liebes bisschen. Zu Hause ist es doch am schönsten. Zu Hause ist es doch am schönsten.«

»*Na schön*, Weib. Kommst du *jetzt* mit?«

»Vielleicht, Samad Miah, vielleicht auch nicht.«

»*Verdammt!* Ich bin jetzt nicht in Stimmung für einen Volksentscheid. Wir fahren zu Archibald. Vielleicht haben die noch Licht. Und je mehr wir sind, desto sicherer sind wir auch. Alle beide – zieht euch an, packt die wichtigsten, *lebensnotwendigen* Sachen zusammen, und rein ins Auto!«

Samad hielt den Kofferraumdeckel gegen einen Wind auf, der alles daransetzte, ihn wieder zuzudrücken, und betrachtete zunächst amüsiert und dann deprimiert die Sachen, die seine Frau und sein Sohn für die wichtigsten, lebensnotwendigen Dinge hielten:

Millat	*Alsana*
Born to Run (Springsteen-Album)	Nähmaschine
Poster von De Niro in *Taxi Driver*	Drei Döschen Tigerbalsam
Betamax-Kopie von *Purple Rain* (Rockfilm)	Lammkeule (tiefgefroren)
Shrink-to-fit Levis 501	Fußwanne
1 Paar schwarze Converse Baseballschuhe	*Linda Goodmans Sternzeichen* (Buch)
Uhrwerk Orange (Buch)	Großpackung Beedi-Zigaretten
	Divargiit Singh in *Mondschein über Kerala* (Musikvideo)

Samad knallte den Kofferraum zu.

»Kein Taschenmesser, kein Proviant, keine Lichtquellen. Na toll. Nicht schwer zu erraten, wer von den Iqbals der Kriegsveteran ist. Und niemand kommt auf die Idee, den Koran mitzunehmen. Das Allerwichtigste in Notsituationen: geistiger Beistand. Ich gehe noch mal rein. Bleibt im Wagen und rührt euch nicht vom Fleck.«

In der Küche angekommen, leuchtete Samad mit der Taschenlampe herum: Kessel, Herdplatte, Teetasse, Vorhang und dann ein surrealer Blick auf den Schuppen, der munter wie ein Baumhaus in der Rosskastanie nebenan steckte. Er nahm das Schweizer Armeemesser, das er, wie ihm einfiel, unter der Spüle liegen gelassen hatte, holte seinen vergoldeten, samtgesäumten Koran aus dem Wohnzimmer und wollte schon gehen, als ihn die Versuchung überkam, den Sturm zu spüren, sich ein wenig von der Furcht erregenden Zerstörung anzusehen. Er wartete ab, bis der Wind ein wenig nachließ, öffnete die Küchentür und ging zögernd in den Garten, wo ein Blitzstrahl eine Szenerie vorstädtischer Apokalypse erhellte: Eichen, Zedern, Platanen, Ulmen lagen umgestürzt in den Gärten, Zäune geknickt, Gartenmöbel demoliert. Nur sein eigener Garten, oft belächelt wegen seiner verrosteten Eisenumfriedung, dem baumlosen Innenleben und den zahllosen Beeten mit unangenehm duftenden Kräutern, war relativ unversehrt geblieben.

Er war gerade dabei, zufrieden eine Allegorie über das biegsame östliche Schilf im Vergleich zur starren westlichen Eiche zu formulieren, als der Wind wieder stärker wurde, ihn zur Seite wehte und weiter bis zu der Doppelglastür fegte, die er mühelos eindrückte und zum Bersten brachte, Glassplitter ins Haus wirbelte und alles aus der Küche ins Freie spie. Samad, auf dessen Ohr ein Salatsieb nach kurzem Flug gelandet war, hielt das Buch fest an die Brust gepresst und hastete zum Wagen.

»Was machst *du* da auf dem Fahrersitz?«

Alsana hielt das Lenkrad fest und sprach via Rückspiegel mit Millat. »Würde bitte jemand meinem Mann sagen, dass *ich* fahren werde. Ich bin am Golf von Bengalen aufgewachsen. Ich hab meine Mutter durch Stürme wie diesen fahren sehen, während mein Mann sich mit einem Grüppchen schwuler Collegeboys in Delhi verlustierte. Ich schlage vor, mein Mann setzt sich auf den Beifahrersitz und gibt keinen Mucks von sich, bevor ich es ihm sage.«

Alsana fuhr mit drei Meilen pro Stunde über die verlassene, düstere Straße, während Winde von 110 Meilen pro Stunde erbarmungslos auf die Dächer der höchsten Gebäude einpeitschten.

»Das hier soll England sein! Ich bin nach England gezogen, damit ich so was nicht mehr erleben muss. Diesem Mr. Crab glaube ich nie wieder.«

»Amma, er heißt Mr. Fish.«

»Von jetzt an heißt der für mich Mr. Crab«, fauchte Alsana mit finsterem Blick. »BBC hin oder her.«

Auch bei Archie war das Licht ausgefallen, doch der Haushalt der Jones war auf jede mögliche Katastrophe eingerichtet, von Springflut bis radioaktivem Niederschlag; als die Iqbals eintrafen, wurde das Haus bereits von Dutzenden von Gaslampen, Windleuchten und Nachtlichtern erhellt, Haustür und Fenster waren rasch mit Spanplatten verstärkt und die Äste der Bäume im Garten zusammengebunden worden.

»Vorbereitung ist das A und O«, erklärte Archie, als er den aufgeregten Iqbals mit ihren paar Habseligkeiten die Tür öffnete, wie ein Heimwerkerkönig, der die obdachlos Gewordenen begrüßt. »Ich meine, man muss seine Familie schützen, oder etwa nicht? Nicht, dass du in dieser Hinsicht versa …, du weißt schon, wie ich das meine – ich sehe das so: Jetzt heißt es, ich gegen den Wind. Ich hab's dir nicht einmal, ich hab's dir hundertmal gesagt, Ick-Ball: *Kümmer dich um die tragenden Wände.* Wenn die nicht tipptopp sind, bist du im Eimer, Kumpel. Ehrlich. Und man sollte immer einen Druckluftschraubenschlüssel im Haus haben. Ganz wichtig.«

»Das ist sehr faszinierend, Archibald. Dürfen wir reinkommen?«

Archie trat zur Seite. »Klar. Ehrlich gesagt, ich hab euch erwartet. Du kannst ja kaum einen Bohrer von einem Schraubenzieher unterscheiden. Von Theorie verstehst du was, aber mit der Praxis hapert's bei dir. Geht ruhig rein, Treppe hoch, passt auf die Nachtlichter auf – gute Idee, was? Hallo Alsi, hübsch wie eh und je; hallo Millboid, kleiner Racker. Also Sam, raus mit der Sprache: Was habt ihr alles eingebüßt?«

Samad zählte kleinlaut die bislang entstandenen Schäden auf.

»Aha, weißt du, das liegt nicht an der Scheibe – die hab ich eingesetzt –, das liegt am *Rahmen*. Ich wette, der ist einfach aus der mürben Wand gerissen worden.«

Widerwillig gab Samad zu, dass dies der Fall war.

»Es kommt noch schlimmer, bestimmt. Na ja, passiert ist passiert. Clara und Irie sind in der Küche. Wie haben 'nen Bunsenbrenner an, und gleich gibt's was zu futtern. Aber das is vielleicht ein Unwetter, was? Telefon ausgefallen. Strom ausgefallen. Hab ich noch nie erlebt, so was.«

In der Küche herrschte eine Art unnatürliche Ruhe. Clara rührte in ein paar Bohnen und summte dabei leise die Melodie von *Buffalo Soldier*. Irie saß über einen Notizblock gebeugt und schrieb wie eine Besessene Tagebuch, so, wie Dreizehnjährige das tun:

20:30 Millat ist gerade reingekommen. Er ist soooo toll, aber auch furchtbar nervig! Enge Jeans wie üblich. Sieht mich nicht an (wie üblich, außer FREUNDSCHAFTLICH). Ich bin in einen Blödmann verliebt (ich Doofe!). Wenn er doch nur den Verstand seines großen Bruders hätte … ach ja, blabla. Ich hab Backfischträume und Babyspeck – würg! Draußen noch immer wahnsinniger Sturm. Muss aufhören. Schreibe später weiter.

»Na«, sagte Millat.

»Na«, sagte Irie.

»Wahnsinn, was?«

»Ja, irre.«

»Dad dreht fast durch. Das Haus ist total im Eimer.«

»Dito. Hier war's auch ganz schön heftig.«

»Ich würde gern mal wissen, wo du ohne mich wärst, junge Lady«, sagte Archie, der noch einen Nagel in eine Sperrholzplatte hämmerte. »Das hier ist das bestgeschützte Haus in ganz Willesden. Hier merkst du doch kaum, dass draußen Sturm ist …«

»Ja«, sagte Millat, der noch rasch einen letzten aufregenden Blick durchs Fenster auf die apoplektischen Bäume warf, bevor Archie den Himmel mit noch mehr Holz und Nägeln endgültig aussperrte. »Das ist ja das Problem.«

Samad verpasste Millat eine Ohrfeige. »Nun werd bloß nicht frech. Wir wissen, was wir tun. Du vergisst, dass Archibald und ich schon echte Extremsituationen durchgestanden haben. Wenn du mal mitten auf einem Schlachtfeld, in ständiger Lebensgefahr, während dir die Kugeln knapp am Hintern vorbeifliegen, einen Panzer mit fünf Mann Besatzung repariert und gleichzeitig unter denkbar härtesten Bedingungen Gefangene gemacht hast, dann, das kann ich dir sagen, ist dieser Hurrikan eine winzig kleine Lappalie. Es könnte sehr viel schlimmer sein, als – ja, ja, wirklich sehr witzig«, murmelte Samad, als die beiden Kinder und die beiden Ehefrauen einen narkoleptischen Anfall mimten. »Wer möchte Bohnen? Ich verteile das Essen.«

»Erzähl doch einer eine Geschichte«, sagte Alsana. »Es wird sterbenslangweilig, wenn wir die ganze Nacht diesen alten Veteranenangebern zuhören müssen.«

»Na los, Sam«, sagte Archie augenzwinkernd. »Erzähl uns die von Mangal Pande. Die ist immer so lustig.«

Ein protestierendes *Neiiin* erscholl aus einigen Mündern, begleitet von mimischem Gurgeldurchschneiden und Selbsterwürgen.

»Die Geschichte von Mangal Pande«, verwahrte sich Samad, »ist nicht lustig. Er ist die kleine Ursache mit der großen Wirkung, er ist der Grund, warum wir so sind, wie wir sind, der Begründer des modernen Indiens, *die* große historische Gestalt.«

Alsana schnaubte: »So ein ausgemachter Blödsinn. Jeder Idiot weiß, dass Gandhi-gee die große Gestalt ist. Oder Nehru. Oder vielleicht Akbar, aber der hatte einen krummen Rücken und eine Riesennase, ich hab ihn nie gemocht.«

»Verdammt! Red keinen Unsinn, Frau! Was weißt du denn schon darüber? Tatsache ist: Alles ist bloß eine Frage von Marktwirtschaft, Publicity, Filmrechten. Entscheidend ist: Sind die hübschen Männer mit den großen weißen Zähnen bereit, dich zu spielen und so weiter? Gandhi hatte Mr. Kingsley – na prima –, aber wer will Pande spielen, hä? Pande ist nicht hübsch genug, oder? Sieht zu indisch aus, große Nase, buschige Augenbrauen. Deshalb muss ich euch Undankbaren ab und zu was über Mangal Pande erzählen. Denn eins ist klar: Wenn *ich* es nicht tue, tut es keiner.«

»Also«, sagte Millat, »dann erzähl ich die Kurzfassung. Urgroßvater –«

»*Dein* Ururgroßvater, Dummkopf«, berichtigte Alsana.

»Egal. Will den Engländern die Fresse polieren –«

»Millat!«

»Gegen die Engländer rebellieren, ganz im Alleingang, hackevoll bis zur Unterkante Oberlippe, versucht seinen Captain zu erschießen, trifft daneben, versucht, sich selbst zu erschießen, trifft daneben, wird aufgehangen –«

»Aufgehängt«, sagte Clara geistesabwesend.

»Gehängt oder gehangen? Ich hol mal das Wörterbuch«, sagte Archie, legte seinen Hammer hin und stieg von der Küchentheke.

»*Egal*. Ende der Geschichte. Laaangweilig.«

Und jetzt riss sich ein Mammutbaum – die Sorte, die in North London verbreitet ist, die erst drei kleinere Bäume den Stamm entlangsprießen lässt, bevor sie endlich eine prachtvolle Laubkrone aufsetzt, städtische Heimstatt für eine ganze Diaspora von

Elstern –, ein solcher Baum riss sich also aus der Hundescheiße und dem Beton, machte einen unsicheren Schritt vorwärts, schwankte und fiel um, durch die Dachrinne, durch die Doppelglasscheiben, durch die Spanplatten, stieß eine Gaslampe um und landete an einer Stelle, die praktisch noch Archie-förmig war, weil er sie gerade erst verlassen hatte.

Archie war der Erste, der zur Tat schritt und ein Handtuch auf das kleine Feuer warf, das sich langsam über die Korkfliesen ausbreitete, während alle anderen zitterten und weinten und sich gegenseitig fragten, ob jemand verletzt war. Dann suchte Archie, sichtlich erschüttert durch diesen Schlag gegen seine Heimwerkervormachtstellung, wieder die Kontrolle über die Elemente zu gewinnen, band ein paar der Zweige mit Geschirrtüchern zusammen und befahl Millat und Irie, überall im Haus die Gaslampen zu löschen.

»Wir wollen doch nicht verbrennen, oder? Ich hol mal ein paar Plastikbahnen und Klebeband. Nun tu doch auch mal was.«

Samad war fassungslos. »*Was gibt's denn da zu tun*, Archibald? Mir ist nicht klar, inwiefern Klebeband etwas an der Tatsache ändern könnte, dass ein halber Baum in deiner Küche liegt.«

»Manno, ich hab Angst«, stammelte Clara, nach einigen Minuten der Stille, als das Unwetter nachließ. »Die Ruhe ist immer ein schlechtes Zeichen. Das hat meine Großmutter – möge sie in Frieden ruhen – immer gesagt. Die Ruhe bedeutet bloß, dass Gott Pause macht, um Atem zu schöpfen, bevor er wieder losbrüllt. Ich finde, wir sollten in das andere Zimmer gehen.«

»Das war der einzige Baum auf dieser Seite. Wir bleiben besser hier. Hier ist das Schlimmste schon passiert. Außerdem«, sagte Archie und berührte seine Frau zärtlich am Arm, »habt ihr Bowdens doch schon Schlimmeres erlebt! Herrje, deine Mutter ist bei einem Erdbeben geboren worden. 1907, Kingston fällt in Schutt und Asche, und Hortense erblickt das Licht der Welt. Der würde so ein kleines Unwetter wie das hier nichts ausmachen. Die ist zäh wie nur was.«

»Nicht Zähigkeit«, sagte Clara ruhig und stand auf, um durch das zerbrochene Fenster in das Chaos draußen zu blicken, »Glück. Glück und Frömmigkeit.«

»Ich schlage vor, wir beten«, sagte Samad und nahm seinen schmucken Koran in die Hand. »Ich schlage vor, wir gedenken der Macht unseres Schöpfers, während wir heute Abend Seinen Zorn spüren.«

Samad fing an zu blättern, und nachdem er gefunden hatte, was er suchte, hielt er es seiner Frau gebieterisch unter die Nase, doch sie schlug das Buch zu und funkelte ihn an. Die gottlose Alsana, die doch versiert mit dem Wort Gottes umgehen konnte (gute Schulausbildung, anständige Eltern, o ja), der nichts fehlte außer dem Glauben, machte sich bereit, das zu tun, was sie nur im Notfall tat: rezitieren. »Ich diene nicht dem, dem ihr dienet, und ihr seid nicht Diener dessen, dem ich diene. Und ich bin nicht Diener dessen, dem ihr dienet, und ihr seid nicht Diener dessen, dem ich diene. Euch euer Glaube und mir mein Glaube. Sure 109. Und würde jetzt bitte jemand meinen Mann daran erinnern«, sagte Alsana mit Blick auf Clara, »dass er nicht Mr. Manilow ist und die ganze Welt zum Singen bringen kann. Er soll sein Lied pfeifen, und ich pfeife meins.«

Samad wandte seiner Frau verächtlich den Rücken zu und legte beide Hände starr auf das Buch. »Wer betet mit mir?«

»Tut mir Leid, Sam«, ertönte eine gedämpfte Stimme (Archie hatte den Kopf im Schrank und suchte nach Abfalltüten). »Ist nicht so ganz mein Geschmack. War noch nie ein Mann der Kirche. Sei mir nicht böse.«

Weitere fünf Minuten vergingen ohne Wind. Dann explodierte die Ruhe, und Gott brüllte, genau wie Ambrosia Bowden es ihrer Enkelin erzählt hatte. Donnergrollen ergoss sich über das Haus wie die Galle eines Sterbenden, Blitze folgten wie seine letzte Verwünschung, und Samad schloss die Augen.

»Irie! Millat!«, rief Clara, dann auch Alsana. Keine Antwort. Archie richtete sich jäh im Schrank auf, stieß sich dabei den Kopf am Gewürzregal und sagte: »Schon zehn Minuten. Oh, verflixt. *Wo sind die Kinder?*«

✻

Ein Kind war in Chittagong und wurde gerade von einem Freund herausgefordert, seinen Lungi auszuziehen und durch einen berüchtigten Krokodilsumpf zu marschieren; die anderen beiden hatten sich aus dem Haus geschlichen, um das Auge des Sturms zu erleben, und gingen jetzt gegen den Wind wie durch hüfthohes Wasser. Sie wateten auf den Spielplatz von Willesden, wo die folgende Unterhaltung stattfand.

»Das ist *sagenhaft*!«

»Ja, *irre*!«

»*Du bist* irre.«

»Was soll das heißen? Mir geht's gut.«

»Nein, stimmt nicht. Du *guckst* mich dauernd an. Und was hast du denn vorhin geschrieben? Du bist dermaßen beknackt. Dauernd schreibst du irgendwas.«

»Nichts. Einfach irgendwas. Du weißt schon, so Tagebuchzeugs.«

»Du bist in mich verknallt, das sieht ein Blinder.«

»Ich versteh dich nicht. Lauter!«

»VERKNALLT! IN MICH! DAS SIEHT EIN BLINDER! DU VERSTEHST MICH SCHON!«

»Bin ich nicht! *Du* bist ein Egomane.«

»Du willst mir an den Arsch.«

»Sei doch nicht so ein Kotzbrocken!«

»Na ja, da wird sowieso nix draus. Du wirst langsam ein bisschen dick. Ich mag keine Dicken. Du kannst mich nicht haben.«

»Will ich auch gar nicht, Mr. Egomane.«

»Außerdem: Stell dir mal vor, wie unsere Kinder aussehen würden.«

»Ich denke, sie würden *nett* aussehen.«

273

»Braunschwarz. Schwarzbraun. Afro, platte Nase, Karnickel-
zähne und Sommersprossen. Die reinsten Missgeburten!«

»Musst du gerade sagen. Ich hab das Bild von deinem Großvater
gesehen –«

»UR-UR-GROSSVATER.«

»Riesige Nase, entsetzliche Augenbrauen –«

»So hat ein Künstler ihn sich vorgestellt, du Chief.«

»Und sie wären verrückt – *er* war verrückt –, deine ganze Familie
ist verrückt. Das ist genetisch.«

»Ja, ja. Egal.«

»Und nur zu deiner Information, du gefällst mir sowieso nicht.
Du hast eine krumme Nase. Und du bedeutest Ärger. Wer will
sich schon Ärger einhandeln?«

»Dann pass mal auf«, sagte Millat, beugte sich vor, stieß mit ein
paar vorstehenden Zähnen zusammen, schob seine Zunge kurz
hinein und wich dann zurück. »Das ist nämlich der einzige Ärger, den du je kriegen wirst.«

14. JANUAR 1989

Millat baute sich breitbeinig auf wie Elvis und klatschte sein
Portemonnaie auf die Schaltertheke. »Einmal nach Bradford,
ja?«

Der Fahrkartenverkäufer schob sein müdes Gesicht dicht an
die Scheibe. »Soll das eine Frage sein, junger Mann, oder eine
Bitte?«

»Ich sag bloß, ja? Einmal nach Bradford, ja? Irgendein Problem
damit, ja? Du nix verstehen? Das hier ist King's Cross, ja? Einmal nach Bradford, klar?«

Millats Crew (Rajik, Ranil, Dipesh und Hifan) kicherte, scharrte
hinter ihm mit den Füßen und fiel bei jedem *ja* ein wie ein Back-
groundchor.

»*Bitte?*«

»Bitte *was*, ja? Einmal nach Bradford. Ja? Verstanden? Einmal nach Bradford. *Chief*.«

»Hin- und Rückfahrt? Für ein Kind?«

»Ja, Mann. Ich bin fünfzehn, ja? Klar will ich zurück, Mann.«

»Das macht dann fünfundsiebzig Pfund, bitte.«

Das wurde von Millat und Millats Crew mit Unwillen aufgenommen.

»Waaas? Unverschämtheit! Fündundsieb … *neeee*, Mann. Das is voll gelogen. Ich zahl hier keine fünfundsiebzig Pfund!«

»Tja, das ist leider der Fahrpreis. Wenn ihr das nächste Mal eine arme alte Lady überfallt«, sagte der Fahrkartenverkäufer und blickte betont deutlich auf den dicken Goldschmuck, der an Millats Ohren, Handgelenken, Fingern und Hals blitzte, »könnt ihr vielleicht zuerst hier vorbeikommen, *bevor* ihr ins Juweliergeschäft geht.«

»Unverschämtheit!«, quiekte Hifan.

»Der macht dich an, ja?«, bestätigte Ranil.

»Zeig's ihm«, stachelte Rajik ihn auf.

Millat wartete einen Moment. Das Timing war entscheidend. Dann drehte er sich um, reckte den Hintern in die Luft und furzte lange und laut in die Richtung des Fahrkartenverkäufers.

Die Crew, wie auf Kommando: *»Somokami!«*

»Wie habt ihr mich genannt? Ihr habt – was habt ihr gesagt? Ihr kleinen Mistkerle. Auf Englisch geht's wohl nicht, was? Müsst in eurer Paki-Sprache reden?«

Millat schlug so fest mit der Faust gegen die Scheibe, dass sie den gesamten Schalter entlang vibrierte, bis zum anderen Ende, wo es Fahrkarten nach Milton Keynes gab.

»Erstens: Ich bin kein Paki, du ahnungsloser Scheißer. Und zweitens: Du brauchst keinen Übersetzer, ja? Ich sag's dir ganz deutlich. Du bist ein schwuler Wichser, ja? Homo, Schwuchtel, warmer Bruder, Arschficker.«

Auf nichts war Millats Crew stolzer als auf die Anzahl von Euphemismen, die sie für Homosexualität anzubieten hatten.

»Kimmenkönig, Tuntenficker, Lokuslecker.«

»Ihr solltet Gott danken, dass diese Scheibe zwischen uns ist, Jungs.«

»Ja, ja, ja. Ich danke Allah, ja? Ich hoffe, er besorgt's dir ordentlich, ja? Wir fahren nach Bradford, um Typen wie dich aufzumischen, ja? *Chief!*«

Auf halber Höhe von Bahnsteig 12, als sie gerade einen Zug besteigen wollten, für den sie keine Fahrkarten hatten, hielt ein Mann vom King's Cross-Sicherheitsdienst Millats Crew an und stellte ihnen eine Frage: »Ihr Jungs wollt doch wohl keinen Ärger machen, oder?«

Die Frage war berechtigt. Millats Crew sah nach Ärger aus. Und damals hatte eine Jungenbande, die auf diese spezielle Art nach Ärger aussah, eine Bezeichnung, gehörte zu einem bestimmten Schlag: *Raggastani.*

Es war ein neuer Schlag, der sich gerade erst in die Reihen der anderen Straßengangs einreihte, den Becks, B-Boys, Indie Kids, Ravers, Acidheads, Sharons, Tracies, Kevs, Nation Brothers, Raggas und Pakis, und sich als eine Art kulturelle Kreuzung der letzten drei Kategorien darstellte. Raggastani sprachen eine eigentümliche Mischung aus jamaikanischem Kreol, Bengali, Gujarati und Englisch. Ihr Ethos, ihr Manifest, wenn man es so nennen konnte, war eine ebenso hybride Zusammensetzung: Allah *kam drin vor*, aber mehr als eine Art kollektiver großer Bruder denn als ein höchstes Wesen, als ein unheimlich tougher Typ, der notfalls auf ihrer Seite kämpfen würde; Kung Fu und die Werke von Bruce Lee spielten ebenfalls eine zentrale Rolle in ihrer Philosophie; dazu kam noch eine Prise Black Power (wie in dem Album *Fear of a Black Planet* von Public Enemy); doch hauptsächlich bestand ihre Mission darin, den Inder wieder unbesiegbar zu machen, den Bengali tough, den Pakistani funky. Die Leute hatten Rajik mies behandelt, als er noch Schach spielte und Pullover mit V-Ausschnitt trug. Die Leute hatten Ranil mies behandelt, als er noch ganz hinten in der Klasse saß und eifrig alles mitschrieb, was die Lehrer sagten. Die Leute hatten Dipesh und Hifan mies behandelt, als sie noch traditionelle Trachten auf dem Spielplatz trugen. Die Leute hatten sogar Millat mies behandelt, mit seinen engen Jeans und seiner weißen Rockmusik. Aber inzwischen behandelte sie keiner mehr mies, weil sie nach Ärger aussahen. Sie sahen nach Ärger im Doppelpack aus. Natürlich gab es eine Uniform. Alle trugen sie jede Menge Goldschmuck und Halstücher, entweder um die Stirn oder um ein Arm- oder Beingelenk gebunden. Ihre Hosen waren so riesig, dass sie fast drin versanken, das linke Hosenbein immer aus unerklärlichen Gründen bis zum Knie hochgerollt; auch die Turnschuhe waren spektakulär, die Zungen so lang, dass sie den ganzen Knöchel verdeckten; ohne Baseballkappen lief gar nichts, tief gezogen und wie festgewachsen, und alles, alles, alles war *Nike*™. Wo auch immer die fünf auftauchten, hinterließen sie den Eindruck eines gigantischen Nike-Emblems, einer gewaltigen Manifestation von Markenidentität. Und sie hatten einen sehr *eigenartigen Gang*: Die linke Körperhälfte entwickelte dabei sozusagen eine schlaffe Lähmung und musste von der rechten Hälfte mitgeschleppt werden. Das Ergebnis war eine funkige Art von besserem Hinken, wie das langsame Trotten, das Yeats sich für seine Millenniumsbestie vorgestellt hatte. Zehn Jahre früher, während die glücklichen Acid-Anhänger durch den Sommer der Liebe tanzten, schlurfte Millats Crew Richtung Bradford.

»Keinen Ärger, ja?«, sagte Millat zu dem Mann vom Sicherheitsdienst.

»Wir fahren bloß –«, setzte Hifan an.

»Nach Bradford«, sagte Rajik.

»Beruflich, ja?«, erklärte Dipesh.

»Bis bald! *Bidayo!*«, rief Hifan, als sie in den Zug sprangen, ihm den Stinkefinger zeigten und ihren Hintern gegen die sich schließenden Türen pressten.

»Schnappt euch den Fensterplatz, ja? Ich muss unbedingt eine rauchen, ja? Ich bin total *aufgedreht*, ja? Diese ganze Scheiße,

Mann. Dieser beschissene Typ, Mann. Kriecht den Briten in den Arsch – den würd ich gern fertig machen, ja?«

»Ob der tatsächlich kommt?«

Alle ernsten Fragen wurden immer an Millat gerichtet, und Millat antwortete immer der gesamten Gruppe. »Nie im Leben. Der kommt nicht. Da kommen bloß Brüder, klar. Soll schließlich 'ne Demo sein, du Chief, wieso soll der denn auf 'ne Demo gegen sich selbst gehen?«

»Ich mein ja bloß«, sagte Ranil gekränkt. »Ich würd ihn fertig machen, ja? Wenn er da wäre, klar? Verdammtes Drecksbuch.«

»'ne beschissene Beleidigung ist das!«, sagte Millat und rotzte ein Kaugummi gegen die Fensterscheibe. »Wir haben zu viel eingesteckt in diesem Land. Und jetzt kriegen wir's von unsern eigenen Leuten, Mann. Dieser Drecksack! Der ist ein Bador, 'ne Marionette des Weißen Mannes.«

»Mein Onkel meint, der kann nicht mal schreiben«, sagte ein wütender Hifan, der noch am ehrlichsten Religiöse der Clique. »Und er traut sich, über Allah zu reden!«

»Allah wird ihn schon fertig machen, ja?«, schrie Rajik, der Unintelligenteste von ihnen, für den Gott eine Kreuzung zwischen Monkey-Magic und Bruce Willis war. »Der tritt ihm in die Eier. Drecksbuch.«

»Hast du's gelesen?«, fragte Ranil, als sie an Finsbury Park vorbeirasten.

Es entstand eine längere Pause.

Millat sagte: »Ich hab's eigentlich nicht richtig gelesen – aber ich kenn den ganzen Scheiß, ja?«

Genauer gesagt, Millat hatte es gar nicht gelesen. Millat wusste nichts über den Autor, nichts über das Buch, hätte das Buch nicht erkannt, wenn es in einem Stapel anderer Bücher gelegen hätte; hätte den Autor nicht bei einer Gegenüberstellung zusammen mit anderen Autoren herauspicken können (verlockend, diese Reihe von anstößigen Schriftstellern: Sokrates, Protagoras, Ovid und Juvenal, Radclyffe Hall, Boris Pasternak, D. H.

Lawrence, Solschenizyn, Nabokov, wie sie alle ihre Nummern für das Polizeifoto hochhalten, ins Blitzlicht blinzeln). Aber er wusste andere Dinge. Er wusste, dass er, Millat, ein Paki war, ganz gleich, wo er herkam, dass er nach Curry roch, keine sexuelle Identität hatte, anderen Leuten die Arbeitsplätze wegnahm oder keine Arbeit hatte und dem Steuerzahler auf der Tasche lag, oder alle Jobs nur an Verwandte vermittelte; dass er Zahnarzt werden konnte oder Ladenbesitzer oder Curryverkäufer, aber nicht Fußballspieler oder Filmemacher; dass er zurück in sein eigenes Land gehen sollte; oder hier bleiben und sich verdammt noch mal seinen Lebensunterhalt verdienen; dass er Elefanten verehrte und einen Turban trug; dass niemand, der wie Millat aussah oder wie Millat sprach oder wie Millat empfand, jemals in den Nachrichten auftauchte, es sei denn, er war gerade ermordet worden. Kurz gesagt, er wusste, dass er in diesem Land kein Gesicht hatte, in diesem Land keine Stimme hatte, bis vorletzte Woche, als plötzlich Leute wie Millat auf jedem Fernseh- und Radiosender und in jeder Zeitung waren, und sie waren zornig, und Millat erkannte diesen Zorn wieder, glaubte, von ihm wieder erkannt zu werden, und packte ihn mit beiden Händen.

»Dann … hast du's nicht gelesen?«, fragte Rani nervös.

»Hör mal, du glaubst doch wohl nicht, dass ich den Scheiß auch noch kaufe, Mann. Keine Chance, Kumpel.«

»Ich auch nicht«, sagte Hifan.

»Klar, Kumpel«, sagte Rajik.

»Widerliches Drecksszeug«, sagte Ranil.

»Zwölfneunundfünfzig, überlegt euch das!«, sagte Dipesh.

»Außerdem«, sagte Millat, mit abschließendem Tonfall, obwohl er den Satz wieder mit einer Frage beendete, »den Scheiß musst du nicht erst lesen, um zu wissen, dass es Blasphemie ist, kapiert?«

*

Zu Hause in Willesden äußerte Samad Iqbal genau die gleiche Haltung, während die Abendnachrichten liefen.

»Ich *muss* es nicht lesen. Die entscheidenden Passagen sind für mich fotokopiert worden.«

»Würde bitte jemand meinen Mann daran erinnern«, sagte Alsana zur Nachrichtensprecherin, »dass er noch nicht mal weiß, wovon dieses dämliche Buch überhaupt handelt, weil das letzte, was er je gelesen hat, das dämliche Straßenverzeichnis war.«

»Ich bitte dich nun ein letztes Mal, den Mund zu halten, damit ich die Nachrichten gucken kann.«

»Ich höre Schreien, aber es scheint nicht meine Stimme zu sein.«

»Verstehst du denn nicht, Weib? Das ist das Wichtigste, was uns je in diesem Lande widerfahren ist. Eine wirkliche Krise. Das ist die kleine Ursache mit großer Wirkung. Jetzt kommt's drauf an.« Samad drückte ein paar Mal mit dem Daumen auf den Lautstärkenknopf. »Diese Frau – diese Moira Soundso –, die nuschelt. Wieso ist sie überhaupt Nachrichtensprecherin, wenn sie nicht richtig sprechen kann?«

Moira, die mitten im Satz lauter wurde, sagte: »… der Schriftsteller bestreitet jedwede Blasphemie und beteuert, dass sein Buch die Auseinandersetzung zwischen weltlichen und religiösen Lebensauffassungen behandelt.«

Samad schnaubte. »Welche Auseinandersetzung denn? Ich sehe keine Auseinandersetzung. Ich komme wunderbar zurecht. Alle grauen Zellen in prima Verfassung. Keine emotionalen Schwierigkeiten.«

Alsana lachte bitter auf. »Mein Mann kämpft jeden einzelnen Tag in seinem Kopf den Dritten Weltkrieg, so wie jeder –«

»Nein, nein, nein. Keine Auseinandersetzung. Was will er eigentlich, hä? Er kann sich nicht rausreden, indem er sich auf Rationalität beruft. Rationalität! Die am meisten überschätzte westliche Tugend! O nein. Tatsache ist, er ist schlicht und einfach beleidigend – er hat beleidigt –«

»Nun hör mal«, unterbrach Alsana ihn. »Wenn meine kleine

Frauengruppe sich trifft und wir uns über irgendwas uneinig sind, finden wir eine Lösung. Beispiel: Mohona Hossain kann Divargiit Singh nicht ausstehen. Hasst alle seine Filme. Hasst ihn aus tiefstem Herzen. Sie mag diesen anderen Dummkopf mit Wimpern wie eine Frau! Aber wir schließen Kompromisse. Ich hab noch nie ein einziges von ihren Videos verbrannt.«

»Das ist wohl kaum dasselbe, Mrs. Iqbal, das ist ganz was anderes, überhaupt nicht vergleichbar.«

»Oh, auch im Frauenkomitee kochen die Leidenschaften hoch – das zeigt mal wieder, wie viel Samad Iqbal weiß. Ich bin nicht wie Samad Iqbal. Ich halte mich zurück. Ich lebe. Ich lasse leben.«

»Es geht nicht darum, andere leben zu lassen. Es geht darum, die eigene Kultur zu verteidigen, die eigene Religion gegen Schmähungen zu schützen. Davon verstehst du natürlich nichts. Immer viel zu beschäftigt mit diesem Hindi-Hirnpopcorn, um auf deine eigene Kultur zu achten!«

»Meine *eigene* Kultur? Und die wäre, bitte schön?«

»Du bist Bengalin. Also benimm dich auch wie eine.«

»Und was ist eine Bengalin, bitte schön?«

»Steh auf und schlag's nach, und geh endlich aus dem Bild.«

Alsana nahm Baltikum – Brontë aus dem Regal, Band drei ihrer 24-bändigen *Reader's Digest Enzyklopädie*, und las vor:

Die Bevölkerung Bangladeschs besteht überwiegend aus Bengalen, die zum größten Teil von den Indoariern abstammen, die vor Tausenden von Jahren aus dem Westen einwanderten und sich in Bengalen mit einheimischen Bevölkerungsgruppen unterschiedlicher rassischer Abstammung vermischten. Ethnische Minderheiten sind unter anderem die Chakma und Mogh, Mongolenvölker, die im Chittagong Hill Tract District leben; die Santal, Nachfahren der Migranten aus dem heutigen Indien; und die Bihari, nicht-bengalische Muslime, die nach der Teilung aus Indien emigrierten.

»Ho, Mister! Indo*arier* ... anscheinend gehöre ich also doch in den Westen! Vielleicht sollte ich Tina Turner hören, diese superkurzen Lederröcke tragen. Pah. Das zeigt doch nur mal wieder«, sagte Alsana, betont britisch, »du gehst zurück und zurück und zurück, und trotzdem ist es einfacher, den passenden Staubsaugerbeutel zu finden als auch nur einen reinen Menschen, einen reinen Glauben auf diesem Erdball. Meinst du etwa, überhaupt jemand ist Engländer? So richtig Engländer? Das ist ein Märchen!«

»Du hast keine Ahnung, wovon du redest. Das geht über deinen Horizont.«

Alsana hielt das Lexikon hoch. »Oh, *Samad Miah*. Willst du das nun auch noch verbrennen?«

»Jetzt pass mal auf: Ich hab im Moment keine Zeit für Spielchen. Ich versuche, einen sehr wichtigen Nachrichtenbeitrag zu verfolgen. In Bradford ist einiges im Gange. Also, wenn ich bitten dürfte –«

»Ach du lieber Gott!«, kreischte Alsana, der das Lächeln aus dem Gesicht verschwand, als sie vor dem Fernseher auf die Knie fiel, mit dem Finger an dem brennenden Buch vorbei zu dem vertrauten Gesicht fuhr, das zu ihr auflächelte, ihr pixelierter zweiter Sohn unter dem bildgerahmten ersten. »Was macht er denn da? Ist er verrückt? Für wen hält er sich? Wieso um alles in der Welt ist er überhaupt da? Er müsste in der Schule sein! Ist jetzt der Tag gekommen, an dem Kinder Bücher verbrennen, *ist es so weit*? Ich kann's nicht fassen!«

»Ich hab nichts damit zu tun. Kleine Ursache, große Wirkung, Mrs. Iqbal«, sagte Samad kühl und lehnte sich in seinem Sessel zurück. »Kleine Ursache, große Wirkung.«

Als Millat an dem Abend nach Hause kam, loderte hinten im Garten ein gewaltiges Feuer. All seine weltliche Habe – vier Jahre cooles Prä- und Post-Raggastanitum, jedes Album, jedes Poster, T-Shirt-Sondereditionen, Werbezettel für Clubs, die er seit zwei Jahren gesammelt und aufbewahrt hatte, wunderschöne Air-Max-Laufschuhe, die Ausgaben 20–75 des *2000 AD Magazine*, ein signiertes Foto von Chuck D., eine sagenhaft seltene Ausgabe von Slick Ricks *Hey Young World, Fänger im Roggen*, seine Gitarre, *Der Pate I* und *II, Hexenkessel, Rumblefish, Hundstage* und *Shaft in Afrika* –, alles war auf dem Bestattungsscheiterhaufen gelandet und nun nur noch ein qualmendes Häufchen Asche, das nach verbranntem Plastik und Papier stank und dem Jungen in den ohnehin schon tränennassen Augen brannte.

»Jeder muss einmal eine Lehre erteilt bekommen«, hatte Alsana gesagt, als sie einige Stunden zuvor mit schwerem Herzen das Streichholz entzündete. »Entweder ist alles heilig oder nichts. Und wenn er anfängt, die Sachen anderer Leute zu verbrennen, dann verliert er selbst auch etwas Heiliges. Jeder kriegt, was er verdient, früher oder später.«

10. NOVEMBER 1989

Eine Mauer fiel. Es hatte was mit Geschichte zu tun. Es war *ein historischer Augenblick*. Keiner wusste so richtig, wer sie erbaut hatte oder wer sie jetzt niederriss oder warum das gut war oder schlecht oder irgendwas anderes. Keiner wusste, wie hoch sie war, wie lang sie war oder warum Menschen gestorben waren, die versucht hatten, sie zu überqueren, oder ob sie in Zukunft nicht mehr sterben würden, aber trotz allem war es erzieherisch wertvoll. Ein willkommener Anlass für einen gemeinsamen Abend. Es war Donnerstag, Alsana und Clara hatten gekocht, und alle sahen sich Geschichte im Fernsehen an.

»Wer will noch Reis?«

Millat und Irie hielten ihre Teller hin, drängelten sich um die beste Position.

»Was passiert jetzt?«, fragte Clara und eilte mit einer Schüssel jamaikanischer gebratener Klöße, von denen Irie ihr drei klaute, zu ihrem Platz zurück.

»Immer dasselbe, Mann«, grollte Millat. »Immer nur dasselbe. Die tanzen auf der Mauer und schlagen mit Hämmern dagegen. Egal. Ich schau mal, was sonst noch läuft, ja?«

Alsana schnappte sich die Fernbedienung und drängte sich zwischen Clara und Archie. »Wag es nicht, Freundchen.«

»Das ist *erzieherisch wertvoll*«, sagte Clara bedächtig. Sie hatte Stift und Papier auf der Armlehne bereitliegen und wartete darauf, aktiv zu werden, sobald etwas Erbauliches kam. »So was sollte sich jeder ansehen.«

Alsana nickte und wartete darauf, dass die beiden ungelenk aussehenden Bhajis endlich runterfielen. »Das versuche ich ja, dem Jungen klarzumachen. Wichtige Angelegenheit. Eine erstklassige historische Gelegenheit. Wenn deine eigenen kleinen Iqbals dich an der Hose zupfen und fragen, wo du warst, als —«

»Dann sag ich, dass ich mich vor der Scheißglotze zu Tode gelangweilt habe.«

Für die »Scheißglotze« bekam Millat kräftig eine um die Ohren, und dann noch eine für seine unverschämte Ansicht. Irie, die mit ihren Antiatomkraft-Buttons, den Graffitis auf der Hose und den Perlen im Haar irgendwie so aussah wie die vielen Menschen oben auf der Mauer, schüttelte traurig und verwundert den Kopf. Sie war in *dem Alter*. Was immer sie sagte, es brach mit genialer Schöpferkraft in Jahrhunderte des Schweigens. Was immer sie berührte, es war die erste Berührung ihrer Art. Was immer sie glaubte, es war nicht durch Glauben geformt, sondern in Gewissheit gemeißelt. Was immer sie dachte, es war das erste Mal, dass ein solcher Gedanke je gedacht worden war.

»Das ist *total* dein Problem, Mill. Kein Interesse an der Außenwelt. Ich finde, *das ist der Wahnsinn*. Sie sind alle frei! Nach dieser langen Zeit, findest du das denn nicht, dass *das der Wahnsinn ist*? Dass sie nach Jahren unter der dunklen Wolke des östlichen Kommunismus jetzt ins Licht der westlichen Demokratie treten,

vereint«, sagte sie wortgetreu aus *Newsnight* zitierend. »Ich finde, Demokratie ist die *größte* Erfindung der Menschheit.«
Alsana, die insgeheim fand, dass Claras Kind in letzter Zeit unwahrscheinlich wichtigtuerisch daherredete, hielt protestierend den Kopf eines jamaikanisch gebratenen Fisches in die Höhe. »Nein, Liebchen. Vertu dich da nicht. Der Kartoffelschäler ist die größte Erfindung der Menschheit. Der, oder die Wegwerftüten für Hundehaufen.«
»Die sollten das anders machen«, sagte Millat. »Die sollten lieber aufhören mit dämlicher Hämmerei, sich besorgen was TNT und jagen Scheißding in die Luft, wenn's ihnen nich gefällt, hä? Wäre schneller, hä?«
»Wieso redest du so?«, zischte Irie und schlug die Zähne in einen Kloß. »Du klingst albern!«
»Und du besser machen halblang mit die Klöße«, sagte Millat und tätschelte seinen Bauch. »Dick sein nicht schön.«
»Ach, lass mich doch in Ruhe.«
»Weißt du was«, murmelte Archie, der an einem Hühnchenflügel knabberte, »ich bin gar nicht so sicher, ob das alles so gut ist. Ich meine, du musst bedenken, ich und Samad, *wir waren dabei.* Und glaub mir, es gibt gute Gründe, es in zwei Hälften zu lassen. Teile und herrsche, kleine Lady.«
»*Herrgott*, Dad. Wie bist du denn drauf?«
»Er ist überhaupt nicht irgendwie drauf«, sagte Samad streng. »Ihr jungen Leute vergesst, warum bestimmte Dinge getan wurden, ihr vergesst deren Bedeutung. Wir waren dabei. Nicht jeder unter uns denkt mit törichtem Optimismus an ein vereintes Deutschland. Die Zeiten waren mal anders, kleine Lady.«
»Was stört euch denn, wenn jede Menge Leute ihre Freiheit feiern? Seht sie euch doch mal an. Seht mal, wie *glücklich* sie sind.«
Samad betrachtete die glücklichen Leute, die auf der Mauer tanzten, und empfand Verachtung und darunter noch etwas Irritierenderes, das vielleicht sogar Eifersucht war.
»Ich will nicht sagen, dass ich Akte der Rebellion *an sich* verur-

teile. Es geht nur darum, dass man, wenn man eine alte Ordnung stürzt, etwas wirklich Tragfähiges haben sollte, um sie zu ersetzen. Das muss Deutschland einsehen. Nimm zum Beispiel meinen Urgroßvater, Mangal Pande –«

Irie seufzte den vielsagendsten Seufzer, der je geseufzt wurde. »Lieber nicht, wenn's dir nichts ausmacht.«

»Irie!«, sagte Clara, weil sie das Gefühl hatte, sie müsste es sagen.

Irie schnaubte. Und schnaufte.

»Ist doch wahr! Er redet immer, als wüsste er alles. Alles dreht sich immer nur um *ihn* – und ich versuche, über *heute* zu reden, über Deutschland. Ich wette mit dir«, sagte sie und wandte sich zu Samad um, »ich weiß mehr darüber als du. Los. Frag mich was. Ich hab mich das ganze Schuljahr damit befasst. Ach und noch was: Ihr wart *nicht* dabei. Du und Dad, ihr seid 1945 aus der Armee raus. Die Mauer wurde erst *1961* gebaut.«

»Kalter Krieg«, sagte Samad verdrießlich, ohne auf sie einzugehen. »Über den heißen Krieg spricht man heute nicht mehr. Die Art von Krieg, bei der Männer getötet werden. Da habe ich Europa kennen gelernt. So was findet man nicht in Büchern.«

»Na, na«, sagte Archie, bemüht, einen Streit zu vermeiden. »Ihr wisst ja, dass *Last of the Summer Wine* in zehn Minuten anfängt. BBC 2.«

»Los, mach schon«, beharrte Irie, hockte sich in den Sessel, drehte sich um und musterte Samad. »Frag mich was.«

»Die Kluft zwischen Büchern und Erfahrung«, dozierte Samad ernst, »ist ein einsamer Ozean.«

»Ach ja. Ihr beide redet so eine gequirlte Schei…«

Aber Claras Ohrfeige war schneller. »Irie!«

Irie setzte sich wieder hin, nicht besiegt, sondern eher entnervt, und drehte den Ton lauter.

Die achtzehn Meilen lange Narbe – das hässlichste Symbol einer geteilten Welt, Ost und West – hat keine Bedeutung mehr. Nur wenige Menschen, mich Reporter eingeschlossen, haben geglaubt, dass das noch zu ihren Lebzeiten passieren würde, doch gestern Nacht, auf den Schlag genau um Mitternacht, brachen Tausende von Menschen, die auf beiden Seiten der Mauer gewartet hatten, in lautes Jubelgeschrei aus und begannen, durch die Kontrollpunkte zu strömen, die Mauer zu besteigen und drüberzuklettern.

»Dummheit. Das gibt ein gewaltiges Einwanderungsproblem«, sagte Samad zum Fernseher und tunkte einen Kloß in etwas Ketchup. »Man kann nicht einfach Millionen Menschen in ein reiches Land lassen. Das beste Rezept für eine Katastrophe.«

»Und für wen hält er sich eigentlich? Mr. Churchill-gee persönlich?«, lachte Alsana verächtlich auf. »Der orginal Weiße-Dover-klippen-Fish-and-Chips-Fünf-Uhr-Tee-Downing-Street-Number-Ten-Brite?«

»Narbe«, sagte Clara und schrieb es auf. »Das ist das richtige Wort, stimmt's?«

»*Herrgott*, begreift denn keiner hier, wie wichtig das ist, was wir da sehen. Das sind die letzten Tage eines Regimes. Die politische Apokalypse, der SuperGAU. Ein historischer Augenblick.«

»Das sagen alle dauernd«, sagte Archie und blätterte weiter in der Fernsehzeitung. »Wie wär's denn mit *Profiler* auf ITV? Das is immer gut. Hat schon angefangen.«

»Hör doch auf, so geschwollen daherzureden«, sagte Millat, dem das spitzzüngige politische Debattieren auf die Nerven ging, zu Irie. »Warum kannst du nicht wie alle anderen reden, Mann? Warum musst du immer so arrogant sein?«

»Ach, leck mich doch!« (Sie liebte ihn, aber er benahm sich *unmöglich*.) »Was für einen Scheißunterschied würde das denn schon machen?«

Samad erhob sich aus seinem Sessel. »Irie! Das ist mein Haus, und du bist noch immer Gast in diesem Haus. Ich dulde diese Sprache nicht!«

»Auch gut! Dann gehe ich eben auf die Straße, wie die anderen Proletarier auch.«

»Dieses Mädchen«, sagte Alsana tadelnd, als die Haustür zuknallte, »hat einen Mülleimer und eine Enzyklopädie gleichzeitig verschluckt.«

Millat bleckte die Zähne in Richtung seiner Mutter. »Jetzt fängst du *auch* noch an, Mann. Wieso sagst du nicht einfach ›Wörterbuch‹ statt ›En-zy-klo-pä-die‹, hä? Warum meint bloß jeder in diesem Haus, sich dauernd aufspielen zu müssen?«

Samad zeigte zur Tür. »Das reicht, Mister. So sprichst du nicht mit deiner Mutter. Raus.«

»Ich finde«, sagte Clara ruhig, nachdem Millat rauf in sein Zimmer gestürmt war, »dass wir die Kinder nicht davon abhalten sollten, eine eigene Meinung zu haben. Es ist gut, dass sie Freidenker sind.«

Samad grinste höhnisch. »Was weißt du denn schon? Bist du etwa eine große Freidenkerin? Den ganzen Tag im Haus, vor dem Fernseher?«

»*Wie bitte*?«

»Bei allem Respekt, Clara, die Welt ist komplex. Wenn diese Kinder eines verstehen müssen, dann, dass wir *Regeln* brauchen, um zu überleben, keine *Hirngespinste*.«

»Da hat er Recht, wisst ihr«, sagte Archie ernst und schnippte die Asche seiner Zigarette in eine leere Curryschale. »Gefühlssachen – klar, dafür seid ihr zuständig –«

»Oh – Frauensache!«, kreischte Alsana durch einen Mund voll Curry. »Vielen, vielen *Dank*, Archibald.«

Archie redete angestrengt weiter. »Aber Erfahrung ist ja wohl nicht zu schlagen, oder? Ich meine, ihr beiden, ihr seid noch junge Frauen, in gewisser Weise. *Wir* dagegen, ich meine, wir sind, na ja, wie Quellen der Erfahrung, aus denen die Kinder schöpfen können, versteht ihr, wenn sie das Bedürfnis danach haben. Wir sind wie Lexika. Ihr könnt ihnen einfach nicht das bieten, was wir ihnen bieten können. Bei aller Fairness.«

Alsana legte Archie die flache Hand auf die Stirn und strich leicht darüber. »Du *Dummkopf*. Weißt du denn nicht, dass die Zeit über euch hinweggegangen ist wie über Pferdekutschen und Wachskerzen? Weißt du denn nicht, dass ihr für sie alt und stinkig seid, wie die Fish-'n'-chips-Verpackung vom Vortag? Ich muss deiner Tochter in einer wichtigen Frage Recht geben.« Alsana stand auf und folgte Clara, die bei der letzten Beleidigung unter Tränen in die Küche marschiert war. »Ihr zwei Gentlemen redet wirklich jede Menge gequirlte Ihrwisstschonwas.«

Allein gelassen, reagierten Archie und Samad auf den Rückzug ihrer beiden Familien mit Augenverdrehen, gequältem Lächeln. Einen Moment saßen sie stumm da, während Archies Daumen geschickt durch *Ein historischer Augenblick*, *Ein Mantel-und-Degen-Drama, das auf Jersey spielt*, *Zwei Männer, die versuchen, in dreißig Sekunden ein Floß zu bauen*, *Eine Studiodiskussion über Abtreibung* und wieder zurück zu *Ein historischer Augenblick* klickte.

Klick.

Klick.

Klick.

Klick.

Klick.

»Hier bleiben? Pub? O'Connell's?«

Archie wollte gerade in seine Tasche greifen und ein glänzendes Zehn-Pence-Stück hervorholen, als er merkte, dass das gar nicht nötig war.

»O'Connell's?«, sagte Archie.

»O'Connell's«, sagte Samad.

10
DIE WURZELKANÄLE DES
MANGAL PANDE

Endlich O'Connell's. *Unvermeidlich* O'Connell's. Einfach weil man im O'Connell's ohne Familie sein konnte, ohne Besitz oder Status, ohne vergangenen Ruhm und zukünftige Hoffnungen – man konnte mit nichts durch diese Tür gehen und war genauso wie alle anderen Gäste. Draußen konnte es 1989 sein oder 1999 oder 2009, und man konnte wie eh und je an der Theke sitzen und den Pullover mit V-Ausschnitt tragen, den man bei seiner Hochzeit 1975, 1945, 1935 getragen hatte. Hier verändert sich nichts, Dinge werden nur neu erzählt, erinnert. Deshalb lieben alte Männer das O'Connell's.

Es geht um Zeit. Nicht bloß um ihren Stillstand, sondern um die reine, schamlose Menge an Zeit. Eher um Quantität als um Qualität. Das ist schwer zu erklären. Wenn es doch nur eine Gleichung gäbe … etwa so:

$$\frac{\text{DORT VERBRACHTE ZEIT}}{\substack{\text{ZEIT, DIE ICH ANDERSWO}\\ \text{SINNVOLLER HÄTTE}\\ \text{VERBRINGEN KÖNNEN}}} \times \text{VERGNÜGEN X MASOCHISMUS} = \substack{\text{Grund}\\ \text{warum}\\ \text{ich}\\ \text{Stammgast}\\ \text{bin}}$$

Etwas, um erläutern, um erklären zu können, warum man immer wieder, wie Freuds Enkelsohn mit seinem »Fort-da«-Spiel, zu demselben elenden Szenarium zurückkehrt. Doch letzten Endes läuft es auf *Zeit* hinaus. Wenn man ein gewisses Maß an Zeit an einem Ort verbracht hat, so viel Zeit in ihn investiert hat, steigt die eigene Bonität ins Unermessliche, und man hat das Gefühl, die chronologische Bank zu knacken. An diesem Ort will man bleiben, bis er einem all die Zeit zurückbezahlt hat, die man hineingesteckt hat – selbst wenn das nie passiert.

Und mit der verbrachten Zeit kommt das Wissen, kommt die Geschichte. 1974: Im O'Connell's schlug Samad Archie vor, er solle wieder heiraten. 1975: Unter Tisch sechs, in einer Lache seines Erbrochenen, feierte Archie die Geburt von Irie. 1980: Ein Fleck in der Ecke des Flipperautomaten markiert die Stelle, wo Samad zum ersten Mal Zivilistenblut vergoss, mit einem wuchtigen rechten Haken gegen einen betrunkenen Rassisten. 1977: Archie befand sich an dem Abend, als er seinen fünfzigsten Geburtstag durch Whiskyschwaden auf sich zutreiben sah, um wie ein alter Schiffbrüchiger von ihm begrüßt zu werden, eine Treppe tiefer. Und hierher kamen sie beide am Silvesterabend 1989 (weder die Familie Iqbal noch die Familie Jones hatte den Wunsch geäußert, den Übergang in die neunziger Jahre mit ihnen gemeinsam zu begehen), um sich an Mickeys Silvestergericht gütlich zu tun: drei Eier, Bohnen, zwei Scheiben Toast, Pilze und reichlich Putenfleisch der Saison für ganze £2,85.

Das Putenfleisch der Saison war eine Zugabe. Für Archie und Samad ging es in Wirklichkeit nur darum, Zeugen zu sein, *Experten* zu sein. Sie kamen her, weil sie sich hier auskannten. Sie kannten hier alles in- und auswendig. Und wenn man seinen Kindern nicht erklären kann, warum Glas bei bestimmten Erschütterungen zersplittert, bei anderen aber nicht, wenn man nicht begreift, wie sich in ein und demselben Staat ein ausgewogenes Verhältnis zwischen demokratischem Säkularismus und religiösem Glauben erreichen lässt, oder wenn man sich nicht an die Umstände erinnern kann, die zur Teilung Deutschlands führten, dann ist es ein gutes Gefühl – nein, ein *tolles* Gefühl –, wenn man sich wenigstens an einem bestimmten Ort, in einer bestimmten Periode gut auskennt, weil man auf Erfahrungen aus erster Hand und auf Augenzeugenberichte zurückgreifen kann, wenn man eine Autorität ist, wenn die Zeit ausnahmsweise einmal für einen selbst arbeitet. In der ganzen *Welt* gab es keine besseren Historiker, keine besseren Experten als Archie und Samad, wenn es um *Die Neugestaltung und die Entwicklung des O'Connell's Pool House nach dem Kriege* ging.

1952	Ali (Mickeys Vater) und seine drei Brüder kommen mit dreißig alten Pfund und der goldenen Taschenuhr ihres Vaters in Dover an. Alle leiden an einer entstellenden Hautkrankheit.
1954–1963	Eheschließungen; Gelegenheitsarbeiten aller Art; Geburt von Abdul-Mickey, den fünf anderen Abduls und ihren Vettern.
1968	Nach dreijähriger Arbeit als Laufburschen für eine jugoslawische chemische Reinigung haben Ali und seine Brüder eine kleine Summe zusammengespart, mit der sie das Taxiunternehmen *Ali's Cab Service* gründen.
1971	Das Taxigeschäft ist ein großer Erfolg. Doch Ali ist unzufrieden. Er erkennt, was er wirklich möchte: »Speisen servieren, Leute zufrieden stellen, ab und an ein persönliches Gespräch führen«. Er kauft das leer stehende *Irish Pool House* gleich neben dem stillgelegten Bahnhof an der Finchley Road und beginnt mit der Renovierung.
1972	Auf der Finchley Road können nur irische Geschäfte nennenswerten Umsatz machen. Daher beschließt Ali trotz seiner nahöstlichen Abstammung und trotz der Tatsache, dass er ein Café und kein Billardhaus eröffnet, den ursprünglichen irischen Namen zu behalten. Er streicht die gesamte Inneneinrichtung orange und grün, hängt Bilder von Rennpferden auf und lässt sich im Handelsregister als »Andrew O'Connell Yusuf« eintragen. Seine Brüder bedrängen ihn, zum Zeichen des Re-

spekts Auszüge aus dem Koran an die Wand zu hängen, damit das hybride Unternehmen »mit freundlichen Augen betrachtet wird«.

13. Mai 1973	Das O'Connell's wird eröffnet.
2. November 1974	Samad und Archie kommen auf dem Nachhauseweg zufällig am O'Connell's vorbei und gehen hinein, um einen Happen zu essen.
1975	Ali beschließt, die Wände mit Teppichen zu behängen, um der Essensflecken Herr zu werden.
Mai 1977	Samad gewinnt fünfzehn Shilling am Spielautomaten.
1979	Aufgrund einer massiven Cholesterinansammlung in seinem Herz erleidet Ali einen tödlichen Herzinfarkt. Die hinterbliebene Familie kommt zu dem Schluss, dass sein Tod die Folge des gottlosen Verzehrs von Schweineprodukten ist. Aus diesem Grund wird Schweinefleisch von der Speisekarte verbannt.
1980	Ein folgenschweres Jahr. Abdul-Mickey übernimmt das O'Connell's. Um den durch den Schweinefleischstopp bedingten Umsatzverlust wettzumachen, richtet er im Kellergeschoss einen Billardraum ein, in dem um Geld gespielt werden kann. Zwei große Billardtische stehen zur Verfügung: der »Todestisch« und der »Lebenstisch«. Wer um Geld spielen will, spielt am »Todestisch«. Wer aus religiösen Gründen gegen Glücksspiele oder pleite ist, spielt am freundlichen »Lebenstisch«. Das Prinzip ist ein großer Erfolg. Samad und Archie spielen am »Todestisch«.
Dezember 1980	Archie erzielt die höchste je erreichte Punktzahl am Flipperautomaten: 51.998 Punkte.
1981	Archie entdeckt bei Selfridges einen Starschnitt des Kricketspielers Viv Richards und bringt ihn

mit ins O'Connell's. Samad bittet daraufhin, das
Bild seines Urgroßvaters Mangal Pande aufhängen
zu dürfen. Mickey lehnt mit der Begründung ab,
»seine Augen stehen zu dicht zusammen.«

1982   Samad hört aus religiösen Gründen auf, am »Todestisch« zu spielen. Samad bittet weiterhin darum, das Bild aufzuhängen.

31. Oktober   Archie gewinnt £ 268,72 am »Todestisch«. Kauft
1984   einen schönen Satz Pirelli-Reifen für schrottreifes
Auto.

Silvester   Samad überredet Mickey endlich, das Porträt auf-
1989, 22:30   zuhängen. Mickey findet nach wie vor, dass es
»den Leuten den Appetit verdirbt«.

»Ich finde nach wie vor, dass es den Leuten den Appetit verdirbt.
Und das am Silvesterabend. Tut mir Leid, Kumpel. Is nich böse
gemeint. Klar, meine Meinung is nich das Wort Gottes, mitnich-
ten, aber immer noch meine Meinung.«

Mickey befestigte einen Draht an der Rückseite des billigen Rah-
mens, wischte rasch mit seiner Schürze über das verstaubte Glas
und hängte das Porträt widerstrebend an den Haken über dem
Herd.

»Ich mein, er sieht so verdammt *boshaft* aus. Dieser Schnurrbart.
Er sieht aus wie ein richtig übler Bursche. Und was soll der Ohr-
ring da? Der ist doch nich etwa schwul, oder?«

»Nein, nein, nein. Damals war es nicht ungewöhnlich, dass Männer Schmuck trugen.«

Mickey war skeptisch und bedachte Samad mit dem Blick, mit
dem er auch jeden ansah, der behauptete, für seine 50 Pence am
Flipperautomaten kein Spiel bekommen zu haben, und sein Geld
zurückhaben wollte. Er kam hinter der Theke hervor und betrachtete das Bild aus dieser neuen Perspektive. »Was meinst du,
Archie?«

»Gut«, sagte Archie solidarisch. »Ich finde: *gut*.«

»Bitte. Ich wäre dir sehr dankbar, wenn du mir diesen großen persönlichen Gefallen tätest und es hängen ließest.«

Mickey neigte den Kopf zuerst zur einen Seite, dann zur anderen. »Wie gesagt, ich mein das nich böse oder so, ich find bloß, er sieht ganz schön *zwielichtig* aus. Hast du denn kein anderes Bild von ihm oder so?«

»Das ist das einzige erhaltene. Du würdest mir damit einen großen persönlichen Gefallen tun, einen sehr großen.«

»Na ja …«, sinnierte Mickey und wendete dabei ein Spiegelei, »wo du nun mal Stammgast bist, sozusagen, und einfach keine Ruhe gibst, müssen wir es wohl behalten. Wie wär's mit einer Umfrage? Was meint ihr, Denzel? Clarence?«

Denzel und Clarence saßen wie immer in der Ecke, und ihre einzige Konzession an Silvester waren ein paar schäbige Lamettafäden, die an Denzels Filzhut hingen, und eine federgeschmückte Tröte, die sich mit Clarence' Zigarre seinen Mundraum teilte.

»Was'n?«

»Ich hab gesagt, was haltet ihr von dem Typ, den Samad hier hinhängen will? Is sein Großvater.«

»*Ur*großvater«, berichtigte Samad.

»Du nich sehen, ich spielen Domino? Du wollen alten Mann nehmen sein Vergnügen? Welches Bild?« Denzel wandte sich mürrisch um und warf einen Blick darauf. »Das da? Hmpf! Ich mag's nich. Sieht aus wie einer von Satans Mannschaft!«

»Der ein Verwandter von dir?«, quietschte Clarence mit seiner Frauenstimme, an Samad gewandt. »Das erklären viel, mein Freund, viel! Der hat Gesicht wie Eselarsch.«

Denzel und Clarence brachen in dreckiges Gelächter aus. »Davon hört mein Bauch auf mit Verdauen, ehrlich!«

»Da hast du's!«, rief Mickey triumphierend und drehte sich zu Samad um. »Verdirbt der Kundschaft den Appetit – hab ich doch gleich gesagt.«

»Versprich mir, dass du nicht auf die beiden da hören wirst.«

»Ich weiß nich ...« Mickey zuckte und wand sich vor seiner Pfanne; angestrengtes Nachdenken zog stets die unwillkürliche Unterstützung seines Körpers heran. »Ich respektier dich und so, und du warst ein Kumpel von meinem Dad, aber – ohne dass ich dich beleidigen will – du hast schon so einige Jährchen auf dem Buckel, Samad, Kumpel, und einige jüngere Gäste würden vielleicht nich –«

»Was denn für *jüngere* Gäste?«, unterbrach Samad, auf Clarence und Denzel deutend.

»Jaja, schon kapiert ... aber der Gast hat immer Recht, wenn du verstehst, was ich meine.«

Samad war ehrlich gekränkt. »*Ich* bin ein Gast. *Ich* bin ein Gast. Seit fünfzehn Jahren komme ich in dein Etablissement, Mickey. Eine sehr lange Zeit, alles was recht ist.«

»Jaja, aber die Mehrheit zählt doch schließlich, oder? In den meisten anderen Dingen beuge ich mich sozusagen deiner Meinung. Die Jungs nennen dich den ›Professor‹, und nich ohne Grund, das muss ich zugeben. Ich achte dein Urteil, in den allermeisten Fällen. Aber eins is doch klar: Wenn du als Captain allein dastehst, und der Rest der Mannschaft will eine Scheißmeuterei, tja dann ... bist du im Arsch, oder?«

Mickey demonstrierte diese weise Erkenntnis mitfühlend anhand seiner Bratpfanne, indem er vorführte, wie zwölf Pilze einen einzelnen Pilz über den Pfannenrand und auf den Boden torpedieren konnten.

Samad, dem das Gegacker von Denzel und Clarence noch in den Ohren hallte, spürte, wie Zorn in ihm aufstieg und bis in die Kehle drang, bevor er ihn aufhalten konnte.

»Gib's wieder her!« Er reckte sich über den Tresen nach Mangal Pande, der in einem trübsinnigen Winkel über dem Herd hing. »Ich hätte nie drum bitten sollen ... es wäre eine Entehrung, es würde Schande über das Gedenken an Mangal Pande bringen, sein Bild hier aufzuhängen – in diesem ungläubigen Haus der Schande!«

»Wie bitte?«

»Gib's her!«

»Warte … nun mal langsam –«

Mickey und Archie wollten Samad zurückhalten, der sich jedoch, bekümmert und voll mit den Demütigungen der Dekade, weiter abmühte, Mickeys energische Blockade zu überwinden. Sie rangelten ein bisschen, doch dann erschlaffte Samads Körper, und er kapitulierte, mit einem leichten Schweißfilm bedeckt.

»Hör mal, Samad«, und jetzt berührte Mickey Samad mit solchem Mitgefühl an der Schulter, dass Samad schon dachte, er würde losweinen. »Ich hab ja nicht gewusst, dass dir das so verdammt wichtig ist. Wir fangen einfach noch mal von vorn an. Wir lassen das Bild eine Woche lang da hängen und gucken mal, wie's so läuft, okay?«

»Danke, mein Freund.« Samad zog ein Taschentuch hervor und fuhr sich damit über die Stirn. »Ich weiß das zu würdigen. Ich weiß das zu würdigen.«

Mickey klopfte ihm versöhnlich zwischen die Schulterblätter. »Mann, ich hab im Laufe der Jahre weiß Gott genug über ihn gehört. Dann können wir ihn auch genauso gut an die Scheißwand hängen. Spielt keine Rolle mehr, denk ich. Komm-Sie-Komm-Sa, wie der Franzmann sagt. Ich mein, scheiß drauf. Scheiiiss-*drauf*. Und für die Extraportion Pute bekomm ich Bares, Archibald, mein Bester. Die goldenen Zeiten der Essensgutscheine sind vorbei. Mannomann, was für ein *Palaver* wegen nix und wieder nix …«

Samad blickte tief in die Augen seines Urgroßvaters. Sie beide, Samad und Pande, hatten diese Schlacht viele Male ausgefochten, die Schlacht um den Ruf des Letzteren. Beide wussten nur allzu gut, dass die Meinung der Zeitgenossen über Mangal Pande in zwei Lager geteilt werden konnte:

Wieder und wieder im Laufe der Jahre hatten er und Archie sich im O'Connell's über dieses Thema die Köpfe heiß geredet, manchmal mit neuen Informationen, die Samads unablässige Forschung zutage gefördert hatte. Doch seitdem Archie die »Wahrheit« über Pande herausgefunden hatte, etwa 1953, hielt er unerschütterlich an seiner Meinung fest. Pandes einziger Anspruch auf Ruhm, so legte Archie eifrig dar, war sein etymologischer Beitrag zur englischen Sprache in Form des Wortes *Pandy*. Unter diesem Stichwort wird ein neugieriger Leser nämlich im Oxford English Dictionary folgende Definition finden:

Pandy /'pandi/ *s. 2 colloq.* (heute *hist.*) auch *-dee.* M19 [Vermutl. nach dem Familiennamen des ersten Meuterers unter den hochrangigen Sepoys der bengalischen Armee.] *1* Bez. für die Sepoys, die während der indischen Meuterei von 1857-9 rebellierten *2* allg. Bez. für Meuterer oder Verräter *3* Bez. für j-d, der sich in einer militärischen Situation unklug oder feige verhält.

»Klar wie Kloßbrühe, mein Freund.« Und an dieser Stelle klappte Archie das Buch mit einem jubelnden Knall zu. »Und ich brauche kein Wörterbuch, um das zu wissen – aber du ja auch nicht. Wir kennen das Wort aus unserer Zeit in der Armee. Du hast versucht, mir was vorzumachen, aber die Wahrheit kommt immer ans Licht, Kumpel. ›Pandy‹ heißt nun mal das, was es heißt. Wenn ich du wäre, würde ich diese Verwandtschaft lieber unter den Tisch fallen lassen, als allen Leuten vierundzwanzig Stunden am Tag damit in den Ohren zu liegen.«

»Archibald, die bloße Existenz dieses Wortes beweist doch nicht, dass es eine richtige Darstellung des Charakters von Mangal Pande liefert. Gegen die erste Definition hab ich nichts einzuwenden: Mein Urgroßvater war ein Meuterer, und darauf bin ich stolz. Wobei ich zugebe, dass die Sache nicht ganz nach Plan lief. Aber Verräter? Feigling? Dieses Wörterbuch ist alt – und seine Definitionen sind veraltet. Pande war kein Verräter und kein Feigling.«

»Ach komm schon, wir haben das alles schon zigmal durchgekaut, und ich sehe das so: *Kein Rauch ohne Feuer*«, antwortete Archie dann und schien ganz beeindruckt von der Klugheit seiner eigenen Schlussfolgerung. »Verstehst du, was ich meine?« Das war eins von Archies bevorzugten analytischen Mitteln, wenn er sich mit Nachrichtenmeldungen, historischen Ereignissen und der tagtäglichen kniffligen Aufgabe, Dichtung und Wahrheit zu unterscheiden, konfrontiert sah. *Kein Rauch ohne Feuer.* Die Art, wie er auf diese Überzeugung baute, hatte etwas so Verletzliches an sich, dass Samad es nicht übers Herz brachte, sie ihm zu nehmen. Warum einem alten Mann eröffnen, dass es Rauch ohne Feuer geben kann, genauso, wie es tiefe Wunden gibt, die nicht bluten?

»Natürlich, ich verstehe deine Haltung, Archie, wirklich. Aber ich bin der Meinung, und das war ich schon immer, vom ersten Mal an, als wir dieses Thema erörtert haben; ich bin der Meinung, dass das nicht *die vollständige Geschichte* ist. Und ja, mir ist klar, dass wir die Angelegenheit schon mehrfach gründlich durchleuchtet haben, aber Tatsache ist und bleibt: Vollständige Geschichten sind so selten wie Ehrlichkeit, so kostbar wie Diamanten. Wenn du das Glück hast, eine zu entdecken, beschwert eine vollständige Geschichte dein Gehirn wie Blei. Sie sind schwierig. Sie sind langatmig. Sie sind episch. Sie sind wie die Geschichten, die Gott erzählt: angefüllt mit unwahrscheinlich komplizierten Informationen. Du findest sie *nicht* im Wörterbuch.«

»Na schön, na schön, Professor. Dann lass mal *deine* Version hören.«

Häufig sieht man alte Männer in dunklen Pubs in der Ecke sitzen, wie sie heiß diskutieren und gestikulieren und Biergläser und Salzstreuer dazu benutzen, längst verstorbene Menschen und weit entfernte Orte zu symbolisieren. In solchen Momenten legen sie eine Vitalität an den Tag, die sie in jedem anderen Lebensbereich vermissen lassen. Sie leben auf. Sie packen die gesamte Geschichte auf den Tisch – hier ist Churchill (Gabel), das da ist die Tschechoslowakei (Serviette), dort befindet sich eine Ansammlung deutscher Truppen, dargestellt durch einen Klecks erkalteter Erbsen – und sind wie neugeboren. Doch als Archie und Samad in den Achtzigern ihre Tischplattendebatten führten, reichten Messer und Gabeln nicht aus. Den ganzen schwülheißen indischen Sommer von 1857, das ganze Jahr mit seiner Meuterei und seinen Massakern holten sich diese beiden Möchtegernhistoriker ins O'Connell's und ins Halbbewusstsein. Der Bereich von der Musikbox bis zum Spielautomaten wurde zu Delhi; Viv Richards fungierte stillschweigend als Pandes englischer Vorgesetzter Captain Hearsay; Clarence und Denzel spielten weiter Domino, während sie gleichzeitig als die unruhigen Sepoy-Verbände der britischen Armee auftraten. Jeder der beiden brachte seine Argumente vor und versuchte, sie dem anderen anschaulich darzulegen. Szenen wurden nachgestellt.

Flugbahnen von Gewehrkugeln nachvollzogen. Uneinigkeit regierte.

Die Legende erzählt, dass im Frühling der Jahres 1857 in einer Fabrik in Dum-Dum eine neuartige britische Munition in Produktion ging. Die Geschosse, die von indischen Soldaten in englischen Gewehren benutzt werden sollten, hatten, wie die meisten Patronen der damaligen Zeit, eine Ummantelung, die zurechtgebissen werden musste, damit sie in den Lauf passten. Daran war eigentlich nichts Ungewöhnliches, bis einige durchtriebene Fabrikarbeiter dahinter kamen, dass diese Geschosse mit Schmierfett überzogen waren – hergestellt aus dem Fett von Schweinen, die für Muslime unrein waren, und aus dem Fett von Kühen, die den Hindus heilig waren. Es war ein unbeabsichtigter Fehler – soweit auf gestohlener Erde überhaupt irgendetwas unbeabsichtigt sein kann –, ein dummes Versehen der Briten. Doch welch fiebrige Gemütsaufwallung muss die Leute erfasst haben, als sie zum ersten Mal davon erfuhren! Unter dem trügerischen Vorwand, neue Waffen herzustellen, wollten die Engländer ihre gesellschaftliche Stellung zerstören, ihre Ehre, ihr Ansehen in den Augen Gottes und der Menschen – kurz gesagt, alles, was das Leben lebenswert machte. Ein solches Gerücht konnte nicht geheim gehalten werden. Es verbreitete sich in jenem Sommer wie ein Lauffeuer im ausgetrockneten Indien, entlang der Fertigungsstraße, hinaus auf die Straße, durch städtische Villen und ländliche Hütten, von einer Baracke zur nächsten, bis das ganze Land vor Verlangen nach Meuterei loderte. Das Gerücht erreichte die großen unansehnlichen Ohren von Mangal Pande, einem unbekannten Sepoy in der Kleinstadt Barrackpore, der großspurig auf seinen Exerzierplatz schritt – am 29. März 1857 – und aus dem Gedränge hervortrat, um sozusagen Geschichte zu machen. »Sich zum Narren zu machen trifft es besser«, wirft Archie ein (denn mittlerweile schluckt er die Pandy-ologie nicht mehr so leichtgläubig wie früher).

»Du schätzt sein Opfer völlig falsch ein«, erwidert Samad.

»Welches Opfer? Der konnte sich ja nicht mal richtig selbst umbringen! Sam, dein Problem ist, dass du die Beweise nicht wahr-
haben willst. Ich hab alles nachgelesen. Die Wahrheit ist die
Wahrheit, ganz gleich, wie bitter sie schmeckt.«
»Was du nicht sagst. Also schön, bitte sehr, mein Freund, da du
ja anscheinend Experte für die Taten meiner Familie bist, klär
mich bitte auf. Lass deine Version hören.«

Nun, heutzutage ist sich schon der durchschnittliche Schüler der
komplexen Kräfte, Dynamiken und Unterströmungen bewusst,
die Kriege auslösen und Revolutionen entfachen. Doch als Archie zur Schule ging, stand die Welt ihrer eigenen Fiktionalisie-
rung noch weitaus offener gegenüber. Damals wurde Geschichte
noch ganz anders unterrichtet: Ein Auge auf die Erzählung gerichtet, das andere auf das Drama, ganz gleich, wie unglaubhaft
oder chronologisch unrichtig. Diesem Prinzip zufolge begann
die russische Revolution, weil das Volk Rasputin hasste. Der
Nieder- und Untergang des Römischen Reiches war darauf zurückzuführen, dass Antonius es mit Kleopatra trieb. Heinrich V.
siegte bei Agincourt, weil die Franzosen zu sehr damit beschäftigt waren, ihr eigenes Outfit zu bewundern. Und die Große Indische Meuterei von 1857 begann, als ein betrunkener Dummkopf namens Mangal Pande eine Kugel abschoss. Trotz Samads
Widerspruch sah sich Archie jedes Mal, wenn er Folgendes las, in
seiner Überzeugung bestärkt.

Der Ort ist Barrackpore, das Datum der 29. März 1857. Es
ist Sonntagnachmittag. Doch auf dem staubigen Exerzierplatz vollzieht sich ein Drama, das mit Sonntagsruhe nicht
das Geringste zu tun hat. Da plappert und taumelt und
drängt sich eine wilde Masse von Sepoys, teils nur halb bekleidet; manche bewaffnet, andere unbewaffnet; doch alle
brodeln vor Aufregung. Etwa dreißig Meter vor der vordersten Linie des 34. stolziert ein Sepoy namens Mangal

Pande auf und ab. Er ist halb betrunken von Bhang, und völlig trunken vor religiösem Fanatismus. Das Kinn in die Luft gereckt, die geladene Muskete in der Hand, tänzelt er vor und zurück und brüllt in einem schrillen, nasalen Singsang: »Kommt raus, ihr Lumpenpack! Raus mit euch, alle Mann! Die Engländer unterjochen uns! Wenn wir auf diese Patronen beißen, machen wir uns alle zu Ungläubigen!«

Die Mischung aus Bhang und Hysterie hat den Mann in einen Zustand versetzt, der einen Eingeborenen zum Amokläufer macht; und jeder Ruf von seinen Lippen läuft wie eine Zündflamme durch die Köpfe und entlang den Nervensträngen seiner zuhörenden Sepoy-Kameraden, während die Menge immer größer wird, die Erregung immer stärker. Kurz gesagt, ein menschliches Pulverfass steht kurz vor der Explosion.

Und dann explodierte es wirklich. Pande schoss auf seinen Lieutenant und verfehlte ihn. Anschließend zog er einen großen Säbel, einen *Tulwar*, stürzte sich feige auf den Lieutenant, als der ihm den Rücken zukehrte, und verletzte ihn an der Schulter. Ein Sepoy wollte ihn zurückhalten, doch Pande schlug weiter um sich. Dann kam Verstärkung: Ein gewisser Captain Hearsay stürmte mit seinem Sohn an seiner Seite vor, beide bewaffnet und ehrbar und bereit, für ihr Land zu sterben. (»Nomen est omen, *Hear-say*, Hören-sagen! Blödsinn! Das reinste Märchen!«) In diesem Augenblick erkannte Pande, dass das Spiel aus war, richtete das riesige Gewehr gegen seinen eigenen Kopf und drückte den Abzug dramatisch mit dem linken Fuß. Er schoss daneben. Wenige Tage später wurde Pande der Prozess gemacht, und er wurde schuldig gesprochen. Von der anderen Seite des Landes aus, auf einer Chaiselongue in Delhi, wurde seine Exekution angeordnet, und zwar von einem gewissen General Henry Havelock (ein Mann, der sehr zu Samads Empörung durch eine Statue direkt vor dem Palace Restaurant am Trafalgar Square gleich rechts von Nelson geehrt wurde), der noch hinzufügte – in einem Postskriptum zu seiner schriftlichen Anordnung –, dass er wirklich hoffe, damit dem törichten Gerede von Meuterei ein Ende zu machen, das man in letzter Zeit häufiger zu hören bekam. Aber es war zu spät. Als Pande in der schwülen Brise an einem behelfsmäßigen Galgen baumelte, waren seine entlassenen Kameraden vom 34. schon auf dem Weg nach Delhi, um sich den aufständischen Truppen einer Meuterei anzuschließen, die zu einer der blutigsten gescheiterten Revolten dieses oder jeden anderen Jahrhunderts werden sollte.

Diese Version der Ereignisse – von einem zeitgenössischen Historiker namens Fitchett – reichte aus, um Samad in Rage zu bringen. Wenn ein Mann sich nur durch sein Blut empfehlen kann, dann ist jeder einzelne Tropfen wichtig, furchtbar wichtig. Man muss ihn eifersüchtig verteidigen. Man muss ihn gegen Angreifer und Kritiker schützen. Man muss für ihn kämpfen. Doch wie bei einem Stille-Post-Spiel war Fitchetts berauschter, unfähiger Pande durch eine ganze Reihe von Historikern weitergereicht worden, und die Wahrheit hatte sich verändert, verbogen und zurückgezogen, je länger das Spiel dauerte. Da spielte es keine Rolle, dass Bhang, ein Getränk auf Hanfbasis, das aus medizinischen Gründen in kleinen Dosen genommen wurde, höchstwahrscheinlich gar keinen solchen Rausch auslösen konnte oder dass Pande es als strenggläubiger Hindu höchstwahrscheinlich gar nicht getrunken hatte. Da spielte es auch keine Rolle, dass Samad nicht einen weiteren Beweis dafür finden konnte, dass Pande an jenem Morgen überhaupt Bhang zu sich genommen hatte. Die Geschichte klebte wie ein ungeheuerliches falsches Zitat am Ruf der Iqbals, so fest und anscheinend unlösbar wie die gängige Fehlannahme, Hamlet habe je behauptet, Yorick »gut« gekannt zu haben.

»Genug! Es ist völlig egal, wie oft du mir diesen Kram noch vorliest, Archibald.« (Archie kam meist bewaffnet mit einer Plastiktüte voller Bücher aus der Brent Library an, Pande-feindliche Propaganda, Falschdarstellungen in rauen Mengen.) »Das ist wie bei einer Bande Kinder, die man mit den Fingern in einem riesigen Honigtopf erwischt. Die werden auch alle die gleiche Lüge erzählen. An dieser Art von Verleumdung bin ich nicht interessiert. Ich bin nicht an Puppentheater oder tragischer Farce interessiert. Mich interessiert die Tat, mein Freund.« Und an dieser Stelle mimte Samad dann, wie er sich endgültig die Lippen verschloss und den Schlüssel wegwarf. »Wahre Taten. Nicht Worte. Ich sage dir, Archibald, Mangal Pande hat sein Leben im Namen der Gerechtigkeit für Indien geopfert, und zwar nicht weil er berauscht oder verrückt war. Reich mir mal den Ketchup.«

Es war die Silvesterschicht 1989 im O'Connell's, und die Debatte war im vollen Gange.

»Zugegeben, er war kein Held, wie ihr im Westen eure Helden am liebsten habt – er hatte keinen Erfolg, mit Ausnahme seines ehrenvollen Todes. Aber stell dir doch nur mal vor: Da saß er.« Samad zeigte auf Denzel, der gerade seinen entscheidenden Dominostein ausspielen wollte. »Beim Prozess; er wusste, dass ihn der Tod erwartete, und er weigerte sich trotzdem, die Namen seiner Mitverschwörer zu nennen –«

»Also«, sagte Archie und klopfte auf seinen Stapel Pande-Skeptiker, Michael Edwardes, P. J. O. Taylor, Syed Moinul Haq und die Übrigen, »*das* hängt ganz davon ab, was du liest.«

»Nein, Archie. Das ist ein verbreiteter Irrtum. Die Wahrheit hängt eben *nicht* davon ab, was du liest. Bitte, lass uns jetzt nicht über das Wesen der Wahrheit streiten. Dann musst du nicht mit meinem Käse herummalen, und mir bleibt es erspart, deine Kreide essen zu müssen.«

»Na schön, dann mal anders gefragt: Pande. Was hat er erreicht? Nichts! Das Einzige, was er getan hat, war, eine Meuterei anzuzetteln – zu früh, wohlgemerkt, vor dem vereinbarten Datum –, und das, entschuldige meine Ausdrucksweise, ist eine Scheißkatastrophe, militärisch betrachtet. So was *plant* man, so was macht man nicht instinktiv. Auf sein Konto gehen unnötige Verluste an Menschenleben. Bei den Engländern *und* den Indern.«

»Mit Verlaub, ich glaube nicht, dass das stimmt.«

»Tja, dann hast du Unrecht.«

»Mit Verlaub, ich glaube, ich habe Recht.«

»Es ist doch so, Sam: Stell dir vor, das hier« – er nahm einen Stapel schmutziger Teller, die Mickey gerade in den Geschirrspüler räumen wollte – »sind all die Leute, die in den letzten hundertsoundsovielen Jahren was über deinen Pande geschrieben haben.« Er stellte zehn Teller auf seine Seite des Tisches und schob dann einen zu Samad hinüber. »Und das da ist der Spinner auf deiner Seite.«

»A. S. Misra. Ein geachteter indischer Beamter. *Kein* Spinner.«

»Meinetwegen. Jedenfalls, du bräuchtest mindestens noch mal hundertsoundsoviele Jahre, um so viele Teller zusammenzukriegen wie ich, selbst wenn du sie alle selbst herstellen würdest, und wenn du sie dann hättest, würde wahrscheinlich kein Mensch davon essen wollen. Im übertragenen Sinne. Wenn du verstehst, was ich meine.«

Womit wir bei A. S. Misra wären. Einer von Samads Neffen, Rajnu, hatte ihm im Frühjahr 1981 aus Cambridge geschrieben und ganz nebenbei erwähnt, dass er ein Buch entdeckt habe, das seinen Onkel vielleicht interessieren könnte. Es enthielt eine beredte Verteidigung ihres gemeinsamen Vorfahren Mangal Pande. Das einzige noch erhaltene Exemplar befand sich in der Bibliothek seines College, und der Autor war ein gewisser Misra. Ob er schon davon gehört hatte? Falls nicht, könnte das nicht (so fügte Rajnu in einem vorsichtigen PS hinzu) ein angenehmer Anlass sein, seinen Onkel wieder zu sehen?

Schon am nächsten Tag traf Samad mit dem Zug ein, begrüßte herzlich seinen bescheidenen Neffen im strömenden Regen auf dem Bahnsteig, schüttelte ihm lange die Hand und redete wie ein Wasserfall.

»Ein großer Tag«, wiederholte er immer und immer wieder, bis beide Männer bis auf die Haut durchnässt waren. »Und ein großer Tag für unsere Familie, Rajnu, ein großer Tag für die *Wahrheit*.«

Da nasse Menschen nicht in College-Bibliotheken durften, verbrachten sie den Vormittag zum Trocknen in einem muffigen Café, in dem genau der richtige Typ von Ladys genau die richtige Art von Tee trank. Rajnu, schon immer ein guter Zuhörer, saß geduldig da, während sein Onkel wie ein Besessener vor sich hin plapperte – Ach, was für eine *bedeutende* Entdeckung, ach, wie *lange* hatte er auf diesen Augenblick gewartet –, nickte an den richtigen Stellen und lächelte freundlich, als Samad sich Tränen aus den Augenwinkeln tupfte. »Es ist ein großartiges Buch, nicht wahr, Rajnu?«, fragte Samad flehend, als sein Neffe ein großzügiges Trinkgeld für die sauertöpfische Kellnerin hinlegte, die nicht sonderlich davon angetan schien, dass aufgeregte Inder drei Stunden bei nur einem Tee mit Sahne saßen und nasse Abdrücke auf den Möbeln hinterließen. »Es ist doch weithin anerkannt, oder?«

Im Grunde seines Herzens wusste Rajnu, dass das Buch eine minderwertige, unbedeutende, vergessene wissenschaftliche Veröffentlichung war, aber er liebte seinen Onkel, also lächelte er, nickte und lächelte dann noch etwas kräftiger.

In der Bibliothek angekommen, wurde Samad aufgefordert, sich in das Besucherbuch einzutragen:

> *Name:* Samad Miah Iqbal
> *College:* Anderweitig ausgebildet (Delhi)
> *Forschungsprojekt:* Wahrheit

Rajnu, den der letzte Eintrag amüsierte, nahm den Stift und fügte »und Tragödie« hinzu.

»Wahrheit und Tragödie«, sagte ein Bibliothekar mit ausdruckslosem Gesicht, als er das Buch wieder zu sich herum drehte. »Irgendeine bestimmte Richtung?«

»Danke«, sagte Samad herzlich. »Aber wir finden schon, was wir suchen.«

Sie brauchten eine Leiter, um es herunterzuholen, aber es war die Mühe wert. Als Rajnu seinem Onkel das Buch reichte, spürte Samad ein Prickeln in den Fingern, und ein Blick auf Umschlag, Form und Farbe verriet ihm, dass er am Ziel seiner Träume angelangt war. Es war schwer, hatte viele Seiten, einen braunen Ledereinband und war mit dieser leichten Staubschicht bedeckt, die immer auf etwas unglaublich Kostbares verweist, auf etwas, das nur selten berührt wird.

»Ich hab ein Lesezeichen drin gelassen. Es gibt viel zu lesen, aber da ist etwas, das du bestimmt zuerst sehen willst«, sagte Rajnu, als er das Buch auf einen Tisch legte. Es gab ein dumpfes Geräusch, als er das Buch aufklappte, und Samad betrachtete die betreffende Seite. Es war mehr, als er zu hoffen gewagt hätte.

»Es ist nur ein Gemälde, aber die Ähnlichkeit –«

»Sprich jetzt nicht«, sagte Samad und fuhr mit den Fingern über das Bild. »Das ist unser *Blut*, Rajnu. Nie hätte ich geglaubt, dass ich einmal sehen würde, wie … Was für Augenbrauen! Was für eine Nase! Ich hab seine Nase!«

»Du hast sein Gesicht, Onkel. Natürlich attraktiver.«

»Und was – was steht da drunter. Verdammt! Wo ist meine Lesebrille … lies es mir vor, Rajnu, die Schrift ist zu klein.«

»Die Bildunterschrift? *Mangal Pande feuerte die erste Kugel in der Revolte des Jahres 1857 ab. Sein Opfertod war ein Fanal für das Volk, zu den Waffen zu greifen und sich gegen eine fremde Macht zu erheben, was zu einer gewaltigen Massenbewegung führte, wie sie in der Weltgeschichte ohnegleichen ist. Obwohl die Rebellion keinen unmittelbaren Erfolg zeitigte, schuf sie doch die Voraussetzungen für die 1947 errungene Unabhängigkeit. Er bezahlte seine Vaterlandsliebe mit dem Leben. Doch bis zum letzten Atemzug weigerte er sich, die Namen derjenigen zu verraten, die den großen Aufstand vorbereiteten und in Gang setzten.*

Samad sank auf die unterste Stufe der Leiter und weinte.

»Na, Moment mal, ganz langsam. Willst du mir jetzt erzählen, dass es ohne Pande keinen Gandhi gegeben hätte? Dass es ohne deinen verrückten Großvater keine Unabhängigkeit –«

»*Ur*großvater.«

»Nein, lass mich ausreden, Sam. Erwartest du im Ernst, dass *wir*« – Archie schlug den desinteressierten Clarence und Denzel auf den Rücken – »das glauben? Glaubst *du* das?«, fragte er Clarence.

»Ich kann glauben!«, sagte Clarence ohne die geringste Ahnung, worum es ging.

Denzel putzte sich mit einer Serviette die Nase. »Ehrlich gesagt, ich lieber nix glauben. Nix hören, nix sehen, nix sagen. Mein Motto.«

»Er war die kleine Ursache mit der großen Wirkung, Archibald. So einfach ist das. Das glaube ich wirklich.«

Für einen Moment trat Stille ein. Archibald betrachtete die drei Zuckerwürfel, die sich in seiner Teetasse auflösten. Dann sagte er ziemlich zaghaft: »Ich hab so meine eigene Theorie, weißt du. Die nicht in den Büchern steht, meine ich.«

Samad verbeugte sich. »Bitte erleuchte uns.«

»Jetzt werd nicht gleich böse, also … Überleg doch mal. Wieso trinkt ein streng religiöser Mann wie Pande überhaupt Bhang? Ernsthaft, ich weiß, das ärgert dich jetzt, aber wieso tut er das?«

»Du kennst meine Meinung dazu. Er tut es gar nicht. Er hat es nicht getan. Das war englische Propaganda.«

»Und er war ein guter Schütze …«

»Ganz zweifellos. A. S. Misra legt die Abschrift eines Berichtes vor, aus dem hervorgeht, dass Pande ein Jahr lang in einer Spezialeinheit ausgebildet wurde, besonders im Umgang mit der Muskete.«

»Okay. Also: Warum schießt er daneben? Warum?«

»Ich glaube, die einzige mögliche Erklärung ist die, dass die Waffe defekt war.«

»Ja … das wäre möglich. Aber vielleicht, vielleicht noch was anderes. Vielleicht hat ihn irgendwer dazu gezwungen, rauszugehen und Krawall zu schlagen, verstehst du, vielleicht haben die anderen ihn angestachelt. Und er wollte überhaupt niemanden töten, verstehst du. Also hat er so *getan*, als wäre er betrunken, damit die Jungs in der Kaserne ihm abkaufen, dass er wirklich vorbeigeschossen hat.«

»Das ist so ziemlich die dümmste Theorie, die ich je gehört habe«, seufzte Samad, als der Sekundenzeiger an Mickeys eibefleckter Uhr anfing, den Dreißig-Sekunden-Countdown bis Mitternacht zu zählen. »Auf so was kommst auch nur du. Das ist absurd.«

»Wieso?«

»Wieso? Archibald, diese Engländer, die Captain Hearsays, Havelocks und der ganze Rest, das waren die Todfeinde jeden Inders. Wieso hätte er wohl das Leben von Menschen schonen sollen, die er verabscheute?«

»Vielleicht hat er's einfach nicht fertig gebracht. Vielleicht war er nicht der Typ dazu.«

»Glaubst du wirklich, es gibt den Typ Mensch, der tötet, und einen andern Typ Mensch, der nicht tötet?«

»Vielleicht Sam, vielleicht auch nicht.«

»Du klingst schon wie meine Frau«, ächzte Samad und schob sich den letzten Rest Ei in den Mund, »eins will ich dir sagen, Archibald. Ein Mann ist ein Mann ist ein Mann. Wenn seine Familie gefährdet, sein Glaube bedroht, seine Art zu leben zerstört, seine ganze Welt kurz vor dem Zusammenbruch ist – dann tötet er. Täusch dich da nicht. Er lässt sich nicht kampflos von der neuen Ordnung überrollen. Es wird Menschen geben, die er tötet.«

»Und es wird Menschen geben, die er verschont«, sagte Archie Jones mit einem rätselhaften Blick, den sein Freund diesen schlaffen, dicklichen Gesichtszügen gar nicht zugetraut hätte. »Glaub mir.«

»Fünf! Vier! Drei! Zwei! Eins! Jamaika Irie!«, sagten Denzel und Clarence, prosteten sich mit heißem Irish Coffee zu und widmeten sich dann sofort wieder ihrer neunten Runde Domino.

»FROHES SCHEISSNEUES JAHR!«, brüllte Mickey hinter der Theke.

IRIE

1990, 1907

Könnte es in unserer schmiedeeisernen Gitterwelt von Ursache und Wirkung sein, dass die heimliche Lust, die ich ihnen stahl, keinen Einfluss auf *ihre* Zukunft gehabt hätte?

Vladimir Nabokov, *Lolita*

11
DIE VERZIEHUNG DER
IRIE JONES

Es gab einen Laternenpfahl, auf halber Strecke zwischen dem Haus der Jones und der Gesamtschule Glenard Oak, der immer öfter in Iries Träumen auftauchte. Eigentlich nicht der Laternenpfahl, sondern ein kleiner handgeschriebener Reklamezettel, der mit Klebeband in Augenhöhe an ihm befestigt war. Darauf stand:

Gewicht verlieren und Geld verdienen
081 555 6752

Irie Jones, fünfzehn Jahre alt, war dick. Die europäischen Proportionen von Claras Figur hatten eine Generation übersprungen, und sie war stattdessen mit Hortenses massigem jamaikanischem Körperbau ausgestattet, beladen mit Ananas, Mangos und Guajaven. Das Mädchen hatte Gewicht, dicke Titten, einen dicken Hintern, dicke Hüften, dicke Oberschenkel, dicke Zähne. Sie wog gut achtzig Kilo und hatte achtzig Pfund auf dem Sparbuch. Sie wusste, sie war die denkbar beste Zielgruppe, sie wusste sehr wohl, während sie schulwärts trottete, den Mund voll Donut, und ihre Rettungsringe an sich drückte, dass diese Werbung sie ansprach. Mit ihr *sprach*. GEWICHT VERLIEREN (sagte sie zu ihr) UND GELD VERDIENEN. Sie, Sie, *Sie*, Miss Jones, mit Ihren strategisch klug platzierten Armen und der Strickjacke fest um den Hintern gewickelt (die Frage aller Fragen: wie diese angeschwollene Monstrosität reduzieren, das jamaikanische Gesäß?), mit Ihrem Bauch reduzierenden Schlüpfer und dem Brust reduzierenden BH, mit Ihrem dezenten Lycra-Korsett – die hoch gelobte Antwort der Neunziger auf Fischbein –, mit Ihren elastischen Miedern. Sie wusste, dass die Reklame *sie* ansprach. Aber sie verstand nicht ganz, was gemeint war. Worum ging's hier eigentlich? Gesponsertes Abnehmen? Die Verdienstmöglichkeiten schlanker Menschen? Oder um etwas sehr viel Dunkleres, das Geistesprodukt eines morbiden Willesdenschen Shylock, ein Pfund Fleisch für ein Pfund Gold: *Fleisch für Geld*?

REM. Rapid. Eye. Movement. Manchmal ging sie durch die Schule in einem Bikini mit dem Laternenpfahlrätsel in Kreide auf ihre braunen Ausbuchtungen geschrieben, über ihre zahlreichen Wülste (Abstellflächen für Bücher, Teetassen, Körbe oder, treffender, für Kinder, Obsttaschen, Wassereimer), Wülste, die genetisch angelegt wurden mit einem anderen Land im Sinn, einem anderen Klima. Dann wiederum träumte sie manchmal den Traum vom gesponserten Abnehmen: wie sie von Tür zu Tür geht, splitternackt mit einem Klemmbrett, von Sonnenlicht überflutet, und versucht, alte Männer dazu zu bringen, ihre Abspeckkur finanziell zu unterstützen, ein Pfund für jedes Pfund weniger, mit Geld-zurück-Garantie. In den schlimmsten Zeiten? Da reißt sie sich schlaffes, weiß geflecktes Fleisch heraus, stopft es in diese alten geschwungenen Colaflaschen, trägt sie zum Laden an der Ecke, reicht sie über eine Theke; und Millat ist der Bindi- und V-Ausschnitt-tragende Eckladenbesitzer, er addiert sie auf, öffnet mürrisch, mit blutverschmierten Pranken die Kasse, reicht ihr ein paar Münzen rüber. *Ein bisschen karibisches Fleisch für ein bisschen englisches Kleingeld.*

Irie Jones war besessen. Gelegentlich passte ihre besorgte Mutter sie im Flur ab, bevor sie zur Tür hinausschlich, zupfte an ihrer komplizierten Korsettkleidung, fragte: »Was ist los mit dir? Was in Herrgotts Namen trägst du da eigentlich? Wie kannst du da noch atmen? Irie, Schätzchen, du bist hübsch – du bist bloß so gebaut wie eine waschechte Bowden –, weißt du denn nicht, dass du hübsch bist?«

Aber Irie wusste nicht, dass sie hübsch war. Da war England, ein gigantischer Spiegel, und da war Irie, ohne Spiegelbild. Eine Fremde in einem Fremdenland.

Albträume und Tagträume, im Bus, im Bad, in der Klasse. Vorher. Nachher. Vorher. Nachher. Vorher. *Nachher*. Das Mantra des geläuterten Junkie, Luft anhalten, langsam ausatmen, nicht bereit, sich mit dem genetischen Schicksal zu begnügen, stattdessen auf ihre Verwandlung wartend, von der jamaikanischen Sanduhr, voll von den Sandkörnern, die sich um Dunn River Falls sammeln, zur *Englischen Rose* – ach ja, die kennt man –, ein schlankes, zartes Geschöpf, nicht geschaffen für die heiße Sonne, ein Surfbrett, von kleinen Wellen umspielt:

Vorher: Nachher:

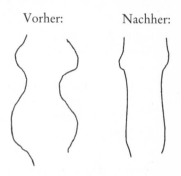

Mrs. Olive Roody, Englischlehrerin und Expertin im Entdecken von Kritzeleien in Entfernungen bis zu zwanzig Metern, griff über Iries Schulbank nach ihrem Hausaufgabenheft und riss das fragliche Blatt Papier heraus. Betrachtete es argwöhnisch. Dann erkundigte sie sich mit ihrer wohlklingenden schottischen Betonung: »Vor und nach *was*?«

»Äh … was?«

»Vor und nach *was*?«

»Och. Nichts, Miss.«

»Nichts? Aber, aber, Ms. Jones. Nur keine falsche Bescheidenheit. Das ist offensichtlich interessanter als Sonett 127.«

»Nichts. Es ist *nichts*.«

»Ganz sicher? Du möchtest den Unterricht also nicht länger aufhalten? Einige aus der Klasse müssen nämlich genau aufpassen –
nein, sind sogar ein klitzekleines bisschen interessiert daran, was
ich zu sagen habe. Wenn es also möglich wäre, dass du mit deinen
Kriiiitzeleien kurzzeitig aufhörst –«

Niemand sprach »Kritzelei« so aus wie Olive Roody.

»– und dich uns Übrigen zuwendest, können wir fortfahren.
Und?«

»Und was?«

»Wäre das möglich?«

»Ja, Mrs. Roody.«

»Oh, *schön*. Das freut mich. Sonett 127, bitte.«

»*Schwarz galt von Alters nicht für schön: in Worten*«, fuhr Francis Stone mit dem katatonischen Geleier fort, in dem Schüler eli-
sabethanische Verse lesen. »*Führt es zum Mindesten den Namen
nicht.*«

Irie legte sich eine Hand auf den Bauch, zog ihn ein und versuchte, Millats Blick auf sich zu lenken. Doch Millat war damit beschäftigt, der hübschen Nikki Taylor zu zeigen, wie er seine
Zunge an den Seiten hochbiegen konnte, zu einer Flöte. Nikki
Taylor zeigte ihm, dass ihre Ohrläppchen am Kopf angewachsen
und nicht lose waren. Die Fortsetzung neckischer Spielchen, die
im Biologieunterricht heute Morgen angefangen hatten. *Vererb-
te Charakteristika. Teil Eins (a)*. Lose. Angewachsen. Gerollt.
Flach. Blaue Augen. Braune Augen. Vorher. Nachher.

»*Drum hat mein Mädchen rabenschwarze Augen … Und Ra-
benhaar, ihr Trauern zu gestehn … Von Sonn ist nichts in meines
Liebchens Blicken: Wenn Schnee weiß, ist ihr Busen graulich gar:
Weit röter glüht Rubin als ihre Lippen …*«

Die Pubertät, die echte, voll erblühte Pubertät (nicht der leichte
Ansatz von Brüsten oder die schattenhafte Ahnung von Flaum)
hatte diese alten Freunde getrennt, Irie Jones und Millat Iqbal.
Zwei Seiten des Schulzauns. Irie fand, dass sie die schlechten
Karten erwischt hatte: gewaltige Kurven, vorstehende Zähne

und dicke Metallzahnspangen, ungebärdiges Afrohaar und, zur Krönung des Ganzen: eine Sehstärke wie ein Maulwurf, so dass sie dicke, leicht rosa eingefärbte Brillengläser benötigte. (Selbst jene blauen Augen – die Augen, von denen Archie so begeistert gewesen war – währten nur zwei Wochen. Sie war mit ihnen geboren worden, ja, doch eines Tages sah Clara mal wieder genauer hin, und da blickten braune Augen zu ihr hoch, wie der Übergang von einer geschlossenen Knospe zu einer geöffneten Blüte, dessen exakten Moment das wartende bloße Auge nie mitbekommt.) Und diese Überzeugung von ihrer Hässlichkeit, ihrem *Falschsein*, hatte sie gedämpft; inzwischen behielt sie ihre vorwitzigen Kommentare für sich, sie behielt ihre rechte Hand auf dem Bauch. Sie war ganz und gar *falsch*.

Dagegen war Millat die Jugend, durch das nostalgische Monokel des Alters betrachtet, Schönheit, die sich selbst parodiert; gebrochene römische Nase, groß, schlank; leicht geädert, geschmeidig muskulös; Schokoladenaugen mit einem grünlichen Glanz wie Mondlicht, das sich auf einem dunklen Meer spiegelt; hinreißendes Lächeln, große weiße Zähne. Schwarzer, Pakistani, Grieche, Ire – das waren Rassen an der Glenard Oak Gesamtschule. Doch diejenigen mit Sex-Appeal überrundeten die anderen Läufer. Sie waren eine ganz eigene Spezies.

»Wenn Haar Draht ist, hat sie schwarzdrahtnes Haar ...«

Sie liebte ihn, natürlich. Aber er sagte ihr öfter: »Verstehst du, die Leute verlassen sich auf mich. Die brauchen mich als Millat. Den guten alten Millat. Den abgefahrenen Millat. Den tollen, scharfen Millat. Die verlassen sich drauf, dass ich cool bin. Das ist *praktisch* meine Verantwortung.«

Und so war es praktisch auch. Ringo Starr hat mal gesagt, dass die Beatles nie erfolgreicher waren als Ende 1962 in Liverpool. Danach eroberten sie nur noch mehr Länder. Und so war es auch bei Millat. Im Sommer 1990 war er in Cricklewood, in Willesden, in West Hampstead so erfolgreich, dass er das in seinem späteren Leben mit nichts übertreffen konnte. Von seiner ersten

Raggastani-Clique ausgehend, hatte er expandiert und in der ganzen Schule, in ganz North London Anhänger gefunden. Er war einfach zu erfolgreich, um lediglich das Objekt von Iries Zuneigung zu bleiben, der Anführer der Raggastani, der Sohn von Samad und Alsana Iqbal. Er musste allen Leuten zu allen Zeiten gefallen. Für die Cockney-Jungs in weißen Jeans und bunten Hemden war er der Joker, der geachtete tollkühne Ladykiller. Für die schwarzen Kids war er der befreundete Mitkiffer und geschätzte Kunde. Für die indischen Kids Vorbild und Sprachrohr. Ein soziales Chamäleon. Und unter all dem blieb ein allgegenwärtiger Zorn und Schmerz, das Gefühl, nirgendwo dazuzugehören, das Leute befällt, die überall dazugehören. Gerade diese weiche, verletzliche Unterseite an ihm sorgte dafür, dass er von Irie und den wohlerzogenen, Oboe spielenden, langberockten Mittelschichtsmädchen noch mehr geliebt, noch mehr umschwärmt wurde, dass ihn diese Haare nach hinten werfenden und Fugen singenden Mädels noch mehr anhimmelten. Er war ihr dunkler Prinz, gelegentlicher Liebhaber oder unerreichbarer Schwarm, das Objekt ihrer verschwitzten Fantasievorstellungen und glühenden Träume …

Und er war außerdem ihr *Projekt*: Was sollte man bloß mit Millat machen? Er *muss* doch endlich mit dem Kiffen aufhören. Wir müssen wirklich versuchen, ihn davon abzubringen, einfach aus dem Unterricht zu marschieren. Sie sorgten sich um sein »Verhalten« auf Feten, erörterten seine Erziehung rein theoretisch mit ihren Eltern (*Nur mal angenommen, ja, da wäre ein junger Inder, der andauernd in irgendwelche …*), schrieben sogar Gedichte zu dem Thema. Entweder die Mädchen wollten ihn oder sie wollten ihn bessern, doch am häufigsten war eine Kombination von beidem. Sie wollte ihn bessern, bis er das Ausmaß rechtfertigte, mit dem sie ihn wollten. Millat Iqbal war für jede eine Herausforderung.

»Aber du bist anders«, sagte Millat Iqbal manchmal zu der Märtyrerin Irie Jones, »bei dir ist das was *anderes*. Wir kennen uns schon so lange. Wir haben eine gemeinsame Geschichte. Die anderen bedeuten mir eigentlich nichts.«

Irie wollte das gerne glauben. Dass sie eine gemeinsame Geschichte hatten, dass es bei ihr was anderes war, auf eine gute Art.

»*Dein Schwarz in meinem Sinn zu Gold erhellen ...*«

Mrs. Roody brachte Francis mit einem erhobenen Finger zum Schweigen. »Nun, was sagt er an dieser Stelle? Annalese?«

Annalese Hersh, die den Unterricht bislang damit verbracht hatte, sich rote und gelbe Fäden ins Haar zu flechten, blickte völlig verwirrt auf.

»Sag, was dir einfällt, Annalese. *Egal* was. Irgendeine kleine Idee. Und wenn sie *noch so klein* ist. Noch so dürftig.«

Annalese biss sich auf die Lippe. Sah in ihr Buch. Sah Mrs. Roody an. Sah in ihr Buch.

»Schwarz? ...ist? ...gut?«

»Äh ja ... nun, ich denke, das ergänzt deinen Beitrag von letzter Woche: Hamlet? ...ist? ...verrückt? Fällt einem von euch noch was anderes ein? Wie steht's hiermit? *Denn seit sich jede Hand Natur zu sein vermisst; Mit falschen Flittern Hässliches verschönt.* Was ist wohl damit gemeint?«

Joshua Chalfen, das einzige Kind in der Klasse, das sich je freiwillig meldete, hob die Hand.

»Ja, Joshua?«

»Make-up.«

»Ja«, sagte Mrs. Roody und sah aus, als bekäme sie gleich einen Orgasmus. »Ja, Joshua, genau. Kannst du noch mehr dazu sagen?«

»Sie hat einen dunklen Teint, den sie mit Make-up, mit irgendwelchen Tricks aufhellen will. Die Elisabethaner mochten eher den blassen Teint.«

»Dann hättest du ihnen bestimmt gefallen«, höhnte Millat, denn Joshua war teigig, praktisch anämisch, untersetzt und hatte lockiges Haar, »dann wärst du bei denen ja der reinste Tom Cruise gewesen.«

Gelächter. Nicht weil es lustig war, sondern weil Millat einem blöden Streber zeigte, wo er hingehörte. Wo's langging.

»Noch ein einziges Wort von dir, Mr. Ick-Ball, und du verlässt die Klasse!«

»Shakespeare. Alter. Sack. Das macht drei. Keine Bange, ich find schon raus.«

Das war das Verhalten, auf das sich Millat so gut verstand. Die Tür knallte zu. Die wohlerzogenen Mädchen warfen sich die entsprechenden Blicke zu. (Er ist manchmal *so* unbeherrscht, *so* ausfallend … er braucht *wirklich* Hilfe, ganz private *persönliche* Hilfe von einer *sehr guten Freundin* …) Die Jungen lachten schallend. Die Lehrerin fragte sich, ob das der Beginn einer offenen Meuterei war. Irie legte die rechte Hand auf ihren Bauch.

»Wunderbar. Sehr erwachsen. Ich vermute, Millat Iqbal ist so eine Art Held.« Mrs. Roody sah sich um, blickte in die dümmlichen Gesichter der Klasse 5F und erkannte zum ersten Mal mit bedauerlicher Klarheit, dass genau das der Fall war.

»Hat vielleicht sonst noch jemand was zu diesen Sonetten zu sagen? Ms. Jones! Würdest du bitte aufhören, bekümmert Richtung Tür zu blicken? Er ist weg, okay? Oder möchtest du ihm nachgehen?«

»Nein, Mrs. Roody.«

»Also gut. Fällt dir noch irgendwas zu den Sonetten ein?«

»Ja.«

»Was?«

»Ist sie schwarz?«

»Ist wer schwarz?«

»Die dunkle Lady.«

»Nein, Irie, sie ist *dunkel*. Nicht schwarz im heutigen Sinne des Wortes. Im damaligen England gab es keine … nun ja, Afro-Kariben, Irie. Das ist ein moderneres Phänomen, wie du bestimmt weißt. Aber hier geht es um die Zeit um 1600. Ich meine, ich kann das natürlich nicht mit hundertprozentiger Sicherheit sagen, aber es scheint doch arg unwahrscheinlich, es sei denn, sie war eine Art Sklavin, und es ist wohl kaum anzunehmen, dass er eine ganze Sonettserie zuerst für eine Herrin und dann für eine Sklavin schreibt, nicht wahr?«

Irie wurde rot. Sie hatte gedacht, just in diesem Moment, so etwas wie ein Spiegelbild gesehen zu haben, aber es wurde unschärfer. Also sagte sie: »Weiß nicht, Miss.«

»Außerdem sagt er hier ganz deutlich: *Denn schwarz an dir sind deine Werk' allein* ... Nein, Irie, sie hat bloß einen dunklen Teint, verstehst du, wahrscheinlich so dunkel wie meiner.«

Irie betrachtete Mrs. Roody. Sie hatte die Farbe von Erdbeermousse.

»Verstehst du, Joshua hat schon Recht: Damals wurden vor allem äußerst blasse Frauen bevorzugt. In diesem Sonett geht es um die Konfrontation von ihrer natürlichen dunkleren Hautfarbe und dem Make-up, das dem Zeitgeschmack entsprach.«

»Ich hab bloß gedacht ... zum Beispiel wenn er hier schreibt: *Dann schwör ich, Schönheit selbst ist schwarz* ... Und dann das mit dem lockigen Haar, *schwarzdrahtnes* Haar –«

»Nein, Irie, du liest es mit einem modernen Ohr. Man darf alte Texte nie mit einem modernen Ohr lesen. Das können wir uns übrigens als eine Grundregel merken – bitte schreibt euch das alle auf.«

5F schrieb es auf. Und das Spiegelbild, das Irie kurz erblickt hatte, verschwand in vertrauter Dunkelheit. Auf dem Weg aus dem Klassenraum bekam Irie von Annalese Hersh einen Zettel in die Hand gedrückt, wobei Annalese mit einem Achselzucken signalisierte, nicht die Verfasserin zu sein, sondern nur eine von vielen Weiterreichern. Auf dem Zettel stand: »Von William Shakespeare: ODE AN LÄTITIA UND ALLE MEINE STRUPPIGEN BREITÄRSCHIGEN NUTTEN.«

*

Der Haarsalon mit dem kryptischen Namen *P.K.'s Afro Hair: Design & Management* befand sich zwischen dem Bestattungsunternehmen Fairweather und der Zahnarztpraxis Raakshan, und diese praktische Nachbarschaft machte es nicht unwahrscheinlich, dass ein Leichnam afrikanischer Abstammung auf seinem Weg zur Aufbahrung alle drei Etablissements durchlief. Wenn man also beim Friseur anrief, um sich einen Termin geben zu lassen, und Andrea oder Denise oder Jackie sagten einem, *halb vier jamaikanische Zeit*, dann bedeutete das natürlich, dass man später kommen sollte, aber möglicherweise bedeutete es auch, dass eine eiskalte kirchentreue Lady fest entschlossen war, mit langen falschen Fingernägeln und einem Haarteil ins Grab zu gehen. So seltsam es auch klingt, es gibt viele Menschen, die nicht mit Afrokrause vor das Angesicht des Herrn treten wollen.

Irie, die von alldem nichts wusste, kam pünktlich um halb vier zu ihrem Termin, auf Transformation erpicht, auf den Kampf gegen ihre Gene erpicht, ein Kopftuch als Sichtschutz um ihr vogelnestiges Haar gewickelt, die rechte Hand sorgfältig auf den Bauch gelegt.

»Was möchtest du denn, Kindchen?«

Glattes Haar. Glattes, glattes, langes, schwarzes, geschmeidiges nach hinten werfbares, schüttelbares, streichelbares, fingerdurchgleitbares, windzerzausbares Haar. Mit Pony.

»Halb vier«, war das Einzige, was Irie von alldem herausbrachte, »bei Andrea.«

»Andrea is nebenan«, erwiderte die Frau, zog an einem lang gedehnten Kaugummi und nickte in Richtung Fairweather, »und amüsiert sich mit einer lieben Verblichenen. Also setz dich und warte und nerv mich nich. Keine Ahnung, wann sie wieder da is.«

Irie sah hilflos aus, wie sie so mitten im Laden dastand und sich den Bauch hielt. Die Frau hatte Mitleid mit ihr, schluckte ihr Kaugummi runter und musterte Irie von oben bis unten; als sie

Iries kakaofarbenen Teint, die hellen Augen bemerkte, wuchs ihr
Mitgefühl noch.

»Jackie.«

»Irie.«

»Mann, bist du hell? Überall Sommersprossen. Mexikanerin?«

»Nein.«

»Araberin?«

»Halb Jamaikanerin. Halb Engländerin.«

»Mischling«, erklärte Jackie geduldig. »Deine Mum weiß?«

»Dad.«

Jackie zog die Nase kraus. »Normalerweise is es andersrum. Wie
kraus is es denn? Lass mal sehen, wie's da drunter aussieht –« Sie
griff nach Iries Kopftuch. Irie, entsetzt bei dem Gedanken, in einem Raum voller Menschen derartig entblößt zu werden, war
schneller und hielt das Tuch fest.

Jackie schnalzte missbilligend mit der Zunge. »Was soll'n wir
denn damit machen, wenn wir's uns nich ansehen dürfen?«

Irie zuckte die Achseln. Jackie schüttelte amüsiert den Kopf.

»Noch nie hier gewesen?«

»Nein, nie.«

»Wie möchtest du's denn gern?«

»Glatt«, sagte Irie mit Bestimmtheit und dachte dabei an Nikki
Tyler. »Glatt und dunkelrot.«

»Na Donnerwetter! Wann hast du's zuletzt gewaschen?«

»Gestern«, sagte Irie gekränkt. Jackie schlug ihr auf den Kopf.

»Nich waschen! Wenn du's glatt haben willst, darfst du's nich
waschen! Haste schon mal Ammoniak auf dem Kopf gehabt?
Das is, als würde der Teufel auf deinem Schädel Boogie-Woogie
tanzen. Bist du wahnsinnig? Wasch es zwei Wochen lang nich,
und dann kannst du wieder kommen.«

Aber Irie hatte keine zwei Wochen Zeit. Sie hatte sich alles genau
überlegt; sie würde noch heute Abend zu Millat nach Hause gehen, ihre neue Wallemähne fest zu einem Knoten zusammengebunden, und dann würde sie ihre Brille abnehmen und ihr Haar

lösen, und er würde sagen, *Wow, Miss Jones, ich hätte ja nie ge-*
dacht … Wow, Miss Jones, du bist ja –

»Ich muss es *heute* gemacht kriegen. Meine Schwester heiratet.«

»Also schön, wenn Andrea wieder da is, brennt sie dir sieben
Lagen Scheiße aus dem Haar, und du kannst von Glück sagen,
wenn du nich mit 'ner Glatze hier rausmarschierst. Aber ganz
wie du willst. Hier«, sagte sie und schob Irie einen Stoß Zeitschriften in die Hände. »Da«, sagte sie und zeigte auf einen Stuhl.

P. K.'s war in zwei Hälften unterteilt, Herren und Damen. In der
Herrenabteilung, wo gnadenloser Reggae aus einer ramponier-
ten Stereoanlage plärrte, ließen sich Jungs von nur wenig älteren
Jungs, die geschickt mit den Elektrorasierern umzugehen wussten, irgendwelche Logos in den Hinterkopf schneiden. ADI-
DAS. BADMUTHA. MARTIN. Die Herrenabteilung war lustig, gesprächig, verspielt; es herrschte eine Unbefangenheit, die
daher resultierte, dass kein Herrenschnitt jemals mehr als sechs
Pfund kostete oder länger als fünfzehn Minuten dauerte. Es war
ein ganz simpler Ablauf: das Summen der rotierenden Klingen
direkt am Ohr, ein kräftiges Durchbürsten mit einer warmen
Hand, Spiegel vorne und hinten, um die Verwandlung zu bewundern. Man kam mit einem nichts sagenden Kopf herein, unregelmäßig und ungepflegt, versteckt unter einer Baseballmütze,
und kurz danach ging man als neuer Mensch wieder heraus, angenehm nach Kokosnussöl duftend und mit einem Haarschnitt
so sauber und präzise wie ein Schimpfwort.

Im Vergleich dazu war die Damenabteilung von *P. K.'s* eine tod-
ernste Angelegenheit. Hier kämpfte das Verlangen nach Glätte
und »Wellen« Tag für Tag gegen die Widerspenstigkeit der afrikanische Krause. Hier dienten Ammoniak, heiße Kämme, Clips,
Nadeln und schlichtes Feuer als Kriegsmaterial und taten verdammt noch mal ihr Bestes, um jedes gelockte Haar in die Unterwerfung zu zwingen.

»Ist es glatt?«, war die einzige Frage, die man hörte, wenn die
Handtücher runterkamen und die Köpfe aus dem Trockner auf-

tauchten, pulsierend vor Schmerz. »Ist es glatt, Denise? Sag schon, Jackie, ist es glatt?«

Woraufhin Jackie oder Denise, die nicht die Verpflichtungen weißer Friseurinnen hatten, die keinen Tee kochen und in keinen Arsch kriechen mussten, die nicht schmeicheln oder Konversation machen mussten (denn sie hatten es nicht mit Kunden zu tun, sondern mit verzweifelten, unglücklichen *Patienten*), skeptisch schnaubten und schwungvoll den kotzgrünen Umhang entfernten. »Glatter als so wird's nich!«

Vier Frauen saßen jetzt vor Irie, bissen sich auf die Lippen, starrten angestrengt in einen langen, schmutzigen Spiegel und warteten darauf, dass ihr glatteres Selbst sich materialisierte. Während Irie nervös amerikanische Hairstyling-Zeitschriften für Schwarze durchblätterte, waren die Gesichter der vier Frauen schmerzverzerrt. Gelegentlich sagte eine zur anderen: »Wie lange?«, und die stolze Antwort lautete: »Fünfzehn Minuten. Wie lange bei Ihnen?« »Zweiundzwanzig. Ich hab diesen Scheiß jetzt schon zweiundzwanzig Minuten auf dem Kopf. *Wehe*, wenn's nich glatt wird.«

Es war ein Wettkampf in Selbstquälerei. So wie reiche Frauen in schicken Restaurants immer noch kleinere Salate bestellen.

Schließlich ertönte dann ein Schrei oder ein »Das reicht! Verdammt, ich kann nicht mehr!«, und der betreffende Kopf wurde rasch zum Waschbecken befördert, wo das Ausspülen nie schnell genug ging (Ammoniak kann man nun mal nicht schnell genug aus den Haaren bekommen), und leises Weinen begann. Und von diesem Moment an setzte dann eine gewisse Feindseligkeit ein; bei manchen war das Haar »struppiger als bei anderen«, so manche Afrokrause leistete stärkeren Widerstand, um zu überleben. Und die Feindseligkeit breitete sich von Mitkundin zur Friseurin aus, der Verursacherin der Schmerzen, denn es lag nahe, Jackie oder Denise so etwas Ähnliches wie Sadismus zu unterstellen: Ihre Finger waren zu langsam, wenn sie das Zeug auswuschen, das Wasser schien nur zu tröpfeln, anstatt zu fließen, und die ganze Zeit über hatte der Teufel einen Heidenspaß, einem die Kopfhaut zu verbrennen.

»Ist es glatt? Jackie, ist es glatt?«

Die Jungen reckten die Köpfe um die Trennwand, Irie blickte von ihrer Illustrierten auf. Was sollte man dazu sagen? Sie kamen alle glatt oder ziemlich glatt zum Vorschein. Aber sie kamen auch tot wieder zum Vorschein. Trocken. Spröde. Steif. Alle Elastizität weg. Wie das Haar einer Leiche, wenn die Feuchtigkeit versiegt.

Jackie oder Denise, die genau wussten, dass das gelockte afrikanische Haar letzten Endes doch wieder seiner genetischen Programmierung folgt, betrachteten die schlechte Neuigkeit mit philosophischer Gelassenheit. »Glatter als so wird's nich. Drei Wochen, mit ein bisschen Glück.«

Trotz des offensichtlichen Fehlschlags dachte jede Frau in der Warteschlange, dass es bei ihr anders sein würde, dass sie, wenn ihre eigene Entschleierung kam, glattes, glattes, nach hinten werfbares, windzerzausbares Haar ihr Eigen nennen würde. Irie, so zuversichtlich wie alle Übrigen, wandte sich wieder ihrer Illustrierten zu.

Malika, der lebensprühende junge Star der erfolgreichen Sitcom *Malikas Life*, erklärt, wie sie bei ihrem Haar diesen lockeren fließenden Look erreicht: »Ich wickele es jeden Abend ein und wachse die Spitzen zuvor mit *African Queen Afro Sheen*®. Morgens lege ich dann einen Kamm auf den Ofen, und zwar ungefähr –«

Die Rückkehr von Andrea. Die Illustrierte wurde ihr aus den Händen gerissen, ihr Kopftuch ohne viel Federlesen entfernt, bevor sie es verhindern konnte, und fünf lange und beredte Fingernägel fingen an, sich durch ihre Kopfhaut zu arbeiten.

»Ooooh«, murmelte Andrea.

Dieses Zeichen der Anerkennung war ein so seltenes Ereignis, dass sogar die andere Hälfte des Ladens neugierig um die Trennwand kam.

Eine ältere Lady, die sich unter dem Trockner vor Schmerzen wand, nickte bewundernd.

»So eine lockere Krause«, flötete Jackie und vergaß ihre eigene verätzte Patientin, um in Iries Wolle zu greifen.

»Das nenn ich Mischlingshaar. Ich wünschte, meins wäre so. Das wird sich wunderbar straffen.«

Irie verzog das Gesicht. »Ich *hasse* es.«

»Sie hasst es!«, sagte Denise ans Publikum gewandt. »An manchen Stellen ist es sogar hellbraun!«

»Ich hab den ganzen Vormittag an einer Leiche gearbeitet. Schön mal so was Weiches unter den Händen zu haben«, sagte Andrea und tauchte aus ihrer Tagträumerei auf. »Du willst es straffer haben, Schätzchen?«

»Ja. Glatt. Glatt und rot.«

Andrea befestigte einen grünen Umhang um Iries Hals und drückte sie in einen Drehstuhl. »Mit dem Rot weiß ich nich so recht, Kleines. Ich kann sie nich am selben Tag färben und straffen. Das bringt das Haar um. Aber ich kann es straffen, kein Problem. Müsste toll werden, Schätzchen.«

Die Kommunikation zwischen den Friseurinnen bei *P. K.'s* war schlecht, keiner wies Andrea darauf hin, dass Iries Haar frisch gewaschen war. Zwei Minuten nachdem der dickweiße Ammoniakbrei auf ihrem Kopf verteilt worden war, spürte sie, wie das ursprünglich kühle Gefühl in ein entsetzliches Brennen umschlug. Sie hatte kein schützendes Fett auf der Kopfhaut, und Irie fing an zu schreien.

»Ich hab's doch g'rad erst drauf getan. Du willst es doch glatt haben, oder? Hör auf, so rumzuschreien!«

»Aber es tut weh!«

»Das Leben tut weh«, sagte Andrea spöttisch, »Schönheit tut weh.«

Irie biss sich weitere dreißig Sekunden lang auf die Lippen, bis über ihrem rechten Ohr Blut hervorquoll. Dann wurde das arme Mädchen ohnmächtig.

Als sie wieder zu sich kam, hing ihr Kopf über dem Waschbecken, und sie sah ihr Haar, das büschelweise ausfiel, den Abfluss runterflutschen.

»Du hättest mir was sagen müssen«, grollte Andrea. »Du hättest mir sagen müssen, dass du es gewaschen hast. Es muss fettig sein. Nun sieh dir das an.«

Nun sieh dir das an. Haar, das ihr einst bis halb über den Rücken gefallen war, endete nun nur wenige Zentimeter vom Kopf entfernt.

»Da hast du ja was Schönes angerichtet«, redete Andrea weiter, während Irie haltlos weinte. »Bin gespannt, was Mr. Paul King dazu sagen wird. Ich ruf ihn an und frag, ob wir das kostenlos für dich in Ordnung bringen können.«

Mr. Paul King, der besagte *P. K.*, war der Besitzer des Ladens. Er war ein massiger Weißer Mitte fünfzig, der Bauunternehmer gewesen war, bis der Schwarze Mittwoch und die exzessive Kreditkartenbenutzung seiner Frau ihm bis auf ein paar Ziegel und etwas Mörtel alles genommen hatten. Auf der Suche nach einer neuen Idee las er eines Tages im Lifestyle-Teil seiner Frühstückszeitung, dass schwarze Frauen fünfmal so viel für Schönheitsprodukte ausgeben wie weiße Frauen und neunmal so viel für ihr Haar. Bei dem Gedanken, dass seine Frau Sheila eine archetypische Weiße war, wurde Paul King der Mund wässrig. Ein paar weitere Recherchen in der Stadtbibliothek förderten eine Branche zutage, in der sich Millionen machen ließen. Daraufhin kaufte Paul King den Laden einer ehemaligen Metzgerei auf der Willesden High Road, warb Andrea von einem Salon in Harlesden ab und versuchte sein Glück. Sein Frisiersalon für Schwarze schlug ein wie eine Bombe. Er staunte, dass sogar Frauen mit niedrigem Einkommen nicht davor zurückschreckten, Hunderte von Pfund im Monat für ihr Haar auszugeben und noch mehr für Nagelpflege und sonstige Accessoires. Er war leicht amüsiert, als Andrea ihm zum ersten Mal erklärte, dass die Prozedur nicht ohne körperliche Schmerzen ablief. Und das Beste daran war, dass ihm keine Klagen wegen Schadensersatz drohten – sie *erwarteten* die Verbrennungen. Ein perfektes Geschäft.

»Meinetwegen, Andrea, mach ihr eine Gratisbehandlung«, brüllte Paul King in sein ziegelförmiges Handy über den Baulärm seines neuen Salons hinweg, der in Wembley entstand. »Aber dass mir das nicht zur Gewohnheit wird.«

Andrea wandte sich mit der frohen Botschaft an Irie. »Alles klar, Schätzchen. Das geht aufs Haus.«

»Aber was –« Irie starrte auf ihr Hiroshima-Spiegelbild. »Was kann man denn da –«

»Du tust dir jetzt dein Kopftuch wieder um und gehst links die Straße runter, bis du zu einem Laden namens *Roshi's Haircare* kommst. Nimm die Karte hier mit und sag, dass *P. K.'s* dich schickt. Dann lässt du dir acht Päckchen Nr. 5 Typ Schwarzes Haar mit rotem Schimmer geben und kommst schnurstracks wieder her.«

»Haar?«, wiederholte Irie durch Rotze und Tränen. »*Falsches Haar?*«

»Dummes Ding. Das is nicht falsch. Es is echt. Und wenn du's auf dem Kopf hast, is es dein echtes Haar. Nun lauf!«

Flennend wie ein Kind, schlurfte Irie aus dem Laden und dann die Straße hinunter, wobei sie möglichst ihr Spiegelbild in den Schaufensterscheiben mied. Vor *Roshi's Haircare* angekommen, riss sie sich nach Leibeskräften zusammen, legte die rechte Hand auf den Bauch und stieß die Tür auf.

Es war dunkel im Laden, und es roch stark nach der gleichen Mischung wie bei *P. K.'s*: Ammoniak und Kokosöl, Schmerz vermischt mit Lust. In dem Dämmerlicht, das von einer flackernden Neonröhre ausging, konnte Irie erkennen, dass es nur wenige Regale gab und dass die Haarprodukte sich wie Berge auf dem Boden türmten, während Accessoires (Kämme, Bänder, Nagellack) an die Wände geheftet waren; die Preise standen mit

Filzstift geschrieben daneben. Das Einzige, das man irgendwie als Warenauslage hätte bezeichnen können, war knapp unterhalb der Decke angebracht und schlang sich rund um den Raum, nahm den Ehrenplatz ein, wie eine Sammlung von Opferskalps oder Jagdtrophäen. Haar. Lange Flechten mit wenigen Zentimetern Abstand. Unter jeder einzelnen war ein großes Pappschild, das die Herkunft erklärte:

2 Meter. Echt Thai. Glatt. Kastanie.
1 Meter. Echt Pakistani. Glatt mit Welle. Schwarz.
5 Meter. Echt chinesisch. Glatt. Schwarz.
3 Meter. Synthetik. Korkenzieherlocken. Pink.

Irie näherte sich der Ladentheke. Eine unglaublich dicke Frau in einem Sari watschelte gerade zur Kasse und wieder zurück, um einer jungen Inderin, deren Haar mit Absicht direkt an der Kopfhaut abrasiert worden war, fünfundzwanzig Pfund auszuhändigen.

»Und bitte sehen Sie mich nicht so an. Fünfundzwanzig ist ein reeller Preis. Ich sag Ihnen doch, mehr ist bei dem vielen Spliss nicht drin.«

Die junge Frau protestierte in einer anderen Sprache, nahm den fraglichen Beutel mit Haar von der Theke und machte Anstalten, damit zu gehen, doch die ältere Frau riss ihn ihr aus der Hand.

»Bitte, es ist doch schon unangenehm genug für Sie. Wir haben doch beide die Spitzen gesehen. Fünfundzwanzig, mehr kann ich Ihnen nicht dafür geben. Woanders kriegen Sie auch nicht mehr. Also bitte«, sagte sie und blickte über die Schulter der Frau zu Irie hinüber, »ich hab noch mehr Kundschaft.«

Irie sah, wie der jungen Frau heiße Tränen, ähnlich wie bei ihr, in die Augen stiegen. Einen Moment lang schien sie zu erstarren, dann schlug sie mit der flachen Hand auf die Theke, schnappte sich ihre fünfundzwanzig Pfund und ging Richtung Tür.

Die Dicke sah der jungen Frau hinterher und schüttelte verächtlich ihre zahlreichen Kinnfalten. »So ein undankbares Ding.«
Dann pulte sie ein Klebeetikett von einem braunen Papierbogen und pappte es auf die Tüte mit dem Haar. Darauf stand: »6 Meter. Indisch. Glatt. Schwarz/rot.«
»Ja, bitte? Was kann ich für dich tun?«
Irie wiederholte Andreas Anweisungen und gab die Karte ab.
»Acht Päckchen? Das macht dann ungefähr sechs Meter, nicht?«
»Ich weiß nicht.«
»Doch, doch, sechs Meter. Soll es glatt oder gewellt sein?«
»Glatt. Ganz glatt.«
Die dicke Lady stellte rasch im Kopf eine Berechnung an und nahm dann die Tüte mit dem Haar der jungen Frau, die gerade gegangen war. »Das hier ist genau das Richtige. Ich bin natürlich noch nicht dazu gekommen, es ordentlich einzupacken, aber es ist absolut sauber. Möchtest du's?«
Irie blickte skeptisch.
»Mach dir keine Gedanken wegen dem, was ich vorhin gesagt habe. Da ist kein Spliss drin. Das törichte Ding wollte bloß mehr rausschlagen, als es wert ist. Manche Leute verstehen nicht mal die einfachsten wirtschaftlichen Regeln … Es ist ihr schwer gefallen, sich die Haare abschneiden zu lassen, also erwartet sie dafür eine Million Pfund oder etwas ähnlich Verrücktes. Schönes Haar hat sie aber. Als ich jung war, ja, da war meins auch schön, was?« Die dicke Lady brach in schrilles Gelächter aus, und ihre rührige Oberlippe ließ den Damenbart erbeben. Das Lachen erstarb.
»Sag Andrea, das macht dann siebenunddreißigfünfzig. Wir Inderinnen haben nun mal schönes Haar, was? Darum beneiden uns alle!«
Eine schwarze Frau mit Kindern in einem Zwillingsbuggy wartete hinter Irie mit einer Packung Haarnadeln in der Hand. Sie schnalzte missbilligend mit der Zunge. »Ihr bildet euch alle ein, ihr wärt was Besonderes«, murmelte sie halb zu sich selbst.

»Manche von uns sind ganz zufrieden mit ihrem afrikanischen Haar, vielen Dank. Ich will kein Haar von irgendeinem armen indischen Mädchen kaufen. Und ich wünschte bei Gott, ich könnte Produkte für schwarzes Haar auch mal bei Schwarzen kaufen. Wie sollen wir es in diesem Land je zu was bringen, wenn wir nicht selbst auch mal Geschäfte machen?«

Die Haut rund um den Mund der dicken Lady wurde plötzlich ganz straff. Sie fing an, vor sich hin zu schnattern, stopfte Iries Haar in eine Tüte und stellte eine Quittung aus, wobei sie sämtliche Kommentare, die eigentlich der Frau galten, in Iries Richtung sprach und die Zwischenrufe der anderen tunlichst ignorierte: »Wer hier nicht gerne einkauft, der soll bitte schön auch hier nicht einkaufen – niemand zwingt ihn dazu. Oder etwa doch? Es ist wirklich erstaunlich, wie unhöflich manche Leute sind, ich bin keine Rassistin, aber verstehen kann ich das nicht, ich biete lediglich eine Dienstleistung an, einen Service. Ich hab es nicht nötig, mich hier beleidigen zu lassen, das Geld einfach auf die Theke legen, wer mich beleidigt, wird nicht bedient.«

»Kein Mensch beleidigt Sie hier, Herrgott noch mal!«

»Ist das etwa meine Schuld, wenn sie glattes Haar haben wollen – und manchmal hellere Haut, wie Michael Jackson, ist das auch meine Schuld? Da sagt man mir, ich soll diesen Aufheller nicht verkaufen, den *Dr. Peacock Whitener* – die Lokalzeitung, mein Gott, was für ein Getue! –, und dann kaufen sie ihn doch – die Quittung gibst du Andrea, ja, sei so lieb. Ich versuche bloß, in diesem Land meinen Lebensunterhalt zu verdienen, wie jeder andere auch. Bitte sehr, Kleines, da hast du dein Haar.«

Die Frau griff um Irie herum und knallte den passenden Betrag auf die Theke. »Verdammt noch mal!«

»Ich kann's nicht ändern, wenn die Leute das nun mal wollen – Angebot und Nachfrage. Und ich dulde keine unflätige Sprache. Simple wirtschaftliche Tatsachen – pass bei der Stufe auf, wenn du rausgehst, Kleines –, und *Sie* kommen bitte nicht wieder in meinen Laden, sonst rufe ich die Polizei, ich lass mir nicht drohen, ich rufe die Polizei.«

»Ja, ja, *ja*.«

Irie hielt die Tür für den Doppelbuggy auf und fasste an einer Seite mit an, um ihn über die Eingangsstufe nach draußen zu tragen. Draußen steckte die Frau die Haarnadeln in die Tasche. Sie sah erschöpft aus.

»Ich hasse diesen Laden«, sagte sie. »Aber ich brauche Haarnadeln.«

»Ich brauche Haare«, sagte Irie.

Die Frau schüttelte den Kopf. »Du *hast* Haare«, sagte sie.

Fünfeinhalb Stunden später, nach einer anstrengenden Operation, bei der das Haar eines anderen Menschen in Iries fünf Zentimeter langes eingeflochten und mit Leim versiegelt wurde, hatte Irie Jones eine üppige Mähne aus langem, glattem, rötlich schwarzem Haar.

»Ist es glatt?«, fragte sie, ihren eigenen Augen nicht trauend.

»Glatt wie nur was« sagte Andrea, die ihr eigenes Geschick bewunderte. »Aber du musst es ordentlich flechten, wenn es drinbleiben soll. Warum willst du nicht, dass ich es flechte? Wenn du es so lose trägst, hält es nicht.«

»Doch«, sagte Irie, von ihrem Spiegelbild bezaubert. »Es muss halten.«

Er – Millat – musste es schließlich nur ein einziges Mal so sehen. Um sicherzugehen, dass sie ihn in diesem vollkommenen Zustand erreichte, hielt sie den ganzen Weg bis zum Haus der Iqbals die Hände auf ihr Haar, voller Angst, dass der Wind die Frisur ruinieren könnte.

Alsana machte die Tür auf. »Ach, hallo. Nein, er ist nicht da. Unterwegs. Frag mich nicht, wo er sich wieder rumtreibt. Ich weiß eher, wo Magid ist.«

Irie trat in den Flur und warf einen kurzen verstohlenen Blick in den Spiegel. Alles noch an Ort und Stelle.

»Kann ich hier auf ihn warten?«

»Natürlich. Du siehst irgendwie anders aus, Liebchen. Hast du abgenommen?«

Irie strahlte. »Neue Frisur.«

»Ach ja … du siehst aus wie eine Nachrichtensprecherin. Sehr hübsch. Geh bitte ins Wohnzimmer. Die Nichte der Schande und ihre böse Freundin sind auch da, aber lass dich davon nicht stören. Ich bin beim Nähen in der Küche, und Samad ist beim Unkrautjäten, also seid bitte nicht so laut.«

Irie trat ins Wohnzimmer. »Ach du lieber Himmel!«, kreischte Neena bei Iries Anblick. »Wie um alles in der Welt siehst du denn aus?«

Sie sah schön aus. Sie sah glatt aus, unkraus. Schön.

»Du siehst aus wie 'ne Witzfigur! Scheiße! Maxine, Mensch, guck doch mal. Meine Güte, Irie. Was sollte das denn werden?«

War das nicht offensichtlich? Glatt. Glattheit. Nachhintenwerfbarkeit.

»Ich meine, was hat dich denn da geritten? Wolltest du aussehen wie Meryl Streep für Schwarze?« Neena klappte zusammen wie ein schlaffes Oberbett und lachte sich kaputt.

»Nichte der Schande!«, ertönte Alsanas Stimme aus der Küche. »Nähen erfordert Konzentration. Ruhe jetzt, Miss Großmaul, bitte!«

Neenas »böse Freundin«, ansonsten bekannt als Neenas feste Freundin, eine sexy und schlanke junge Frau namens Maxine mit einem schönen Porzellangesicht, dunklen Augen und sehr viel lockigem braunem Haar, zupfte leicht an Iries eigentümlicher Haarpracht. »Was hast du gemacht. Du hattest so *schönes* Haar, Mensch. Lockig und wild. Es war herrlich.«

Einen Augenblick lang brachte Irie kein Wort heraus. Die Möglichkeit, dass sie nicht unbedingt umwerfend aussah, war ihr nie in den Sinn gekommen.

»Ich hab bloß eine neue Frisur. Was soll die ganze Aufregung?«

»Aber das ist doch nicht *dein* Haar, zum Donnerwetter noch

mal, das gehört irgendeiner armen unterdrückten Pakistanerin, die Geld für ihre Kinder braucht«, sagte Neena, zog daran und wurde mit einer Hand voll Haar belohnt. »ACH DU SCHEISSE!«

Neena und Maxine verfielen erneut in hysterisches Gekreische.

»Es reicht jetzt, okay?« Irie verkroch sich in einen Sessel und zog die Knie unters Kinn. Bemüht beiläufig fragte sie: »Also … ähm, wo steckt Millat?«

»Ist er der Grund für deine Aufmachung?«, fragte Neena verblüfft. »Mein strohdummer Vetter-gee?«

»Nein. Leck mich doch.«

»Tja, er ist nicht da. Er hat irgendeine neue Flamme. Ostblockturnerin mit einem Bauch wie ein Waschbrett. Nicht unattraktiv, sensationelle Titten, aber total verklemmt. Heißt … heißt?«

»Stasia«, sagte Maxine und wandte kurz ihren Blick von *Top of the Pops*. »Oder so ähnlich.«

Irie sank tiefer in die altersschwachen Sprungfedern von Samads Lieblingssessel.

»Irie, darf ich dir mal einen Rat geben? Solange ich dich kenne, rennst du diesem Jungen nun schon hinterher wie eine läufige Hündin. Und in der ganzen Zeit hat er sich an jede rangemacht, *jede*, nur an dich nicht. Er hat sich sogar an *mich* rangemacht, und ich bin seine Cousine ersten Grades, Herrgott noch mal.«

»Und an mich«, sagte Maxine, »dabei bin ich gar nicht so gepolt.«

»Hast du dich denn nie mal gefragt, warum er sich nicht an dich rangemacht hat?«

»Weil ich hässlich bin. Und fett. Mit Afrohaaren.«

»Nein, du Trottel, weil du die Einzige bist, die ihm was bedeutet. Er *braucht* dich. Ihr beide habt eine gemeinsame Geschichte. Du *kennst* ihn wirklich. Sieh dir doch an, wie durcheinander er ist. Mal tönt er nur Allah hier, Allah da. Und von einem Tag auf den anderen geht es nur noch um große vollbusige Blondinen, russische Turnerinnen und den nächsten Joint. Der ist total neben der

Mütze. Genau wie sein Vater. Er weiß nicht, wer er ist. Aber *du* kennst ihn, zumindest ein bisschen, du hast alle Seiten von ihm kennen gelernt. Und das braucht er. Du bist anders.«

Irie verdrehte die Augen. Manchmal möchte man anders sein. Und manchmal würde man die Haare auf seinem Kopf hergeben, um so zu sein wie alle anderen.

»Hör mal: Du bist ein cleveres Mädchen, Irie. Aber man hat dir allen möglichen Scheiß beigebracht. Du musst dich selbst umerziehen. Deinen eigenen Wert erkennen, mit dieser sklavischen Bewunderung aufhören und endlich richtig leben lernen, Irie. Such dir 'ne Freundin, such dir 'nen Freund, aber lerne leben.«

»Du bist unheimlich sexy, Irie«, sagte Maxine freundlich.

»Jaja, und wie.«

»Glaub ihr, sie ist eine ganz wilde Lesbe«, sagte Neena, zerzauste Maxine liebevoll das Haar und gab ihr einen Kuss. »Aber ehrlich gesagt, diese Barbra-Streisand-Frisur jetzt steht dir überhaupt nicht. Dein Afro war cool, Mensch. Der war abgefahren. Der *gehörte* zu dir.«

Plötzlich stand Alsana in der Tür, mit einem Riesenteller Plätzchen und einem ungemein misstrauischen Blick. Maxine hauchte ihr einen Kuss zu.

»Plätzchen, Irie? Komm ein paar Plätzchen essen. Bei mir. In der Küche.«

Neena stöhnte. »Keine Panik, Tantchen. Wir werben sie schon nicht für die Sappho-Sekte an.«

»Es *interessiert* mich nicht, was ihr macht. Ich *weiß* nicht, was ihr macht. Ich *will* solche Sachen gar nicht wissen.«

»Wir gucken *Fernsehen*.«

Madonna war gerade auf dem Bildschirm und bearbeitete mit den Händen zwei konisch geformte Brüste.

»Das gefällt euch bestimmt«, zischte Alsana und blickte Maxine wütend an. »Plätzchen, Irie?«

»*Ich* hätte auch gern was Süßes«, säuselte Maxine, mit ihren überlangen Wimpern klimpernd.

»Ich bin sicher«, sagte Alsana langsam und betont, »das, was *du* magst, hab ich nicht.«

Neena und Maxine prusteten erneut los.

»Irie?«, sagte Alsana, mit einer Grimasse Richtung Küche deutend. Irie folgte ihr aus dem Zimmer.

»Ich bin so liberal wie jeder Mensch«, klagte Alsana, sobald sie allein waren. »Aber wieso müssen die dauernd lachen und sich über alles lustig machen? Ich kann mir nicht vorstellen, dass Homosexualität so viel Spaß macht. Heterosexualität jedenfalls ganz sicher nicht.«

»Dieses Wort will ich in meinem Haus nicht mehr hören«, sagte Samad todernst. Er kam gerade aus dem Garten und legte seine Gartenhandschuhe auf den Tisch.

»Welches von beiden?«

»Keines von beiden. Ich bemühe mich, so gut ich kann, ein gottesfürchtiges Haus zu führen.«

Samad bemerkte eine Gestalt am Küchentisch, runzelte die Stirn, beschloss, dass es in der Tat Irie Jones war, und fing mit dem kleinen Sketch an, den sie beide im Laufe der Jahre entwickelt hatten. »Hallo, Miss Jones. Wie geht's denn Ihrem Vater?«

Irie zuckte genau aufs Stichwort die Achseln. »Sie sehen ihn öfter als wir. Wie geht es Gott?«

»Ganz wunderbar, danke. Haben Sie in letzter Zeit meinen nichtsnutzigen Sohn gesehen?«

»In letzter Zeit nicht.«

»Und meinen guten Sohn?«

»Seit Jahren nicht.«

»Würden Sie dem Nichtsnutz, wenn Sie ihn sehen, bitte ausrichten, dass er ein Nichtsnutz ist?«

»Ich werde mein Bestes tun, Mr. Iqbal.«

»Gott segne Sie.«

»Danke gleichfalls.«

»Würdet ihr mich jetzt bitte entschuldigen.« Samad nahm seinen Gebetsteppich vom Kühlschrank und ging aus dem Raum.

»Was hat *der* denn?«, fragte Irie, die gemerkt hatte, dass Samad seinen Text ohne jede Begeisterung heruntergespult hatte. »Er wirkt irgendwie, ich weiß nicht, *traurig*.«

Alsana seufzte. »Er *ist* traurig. Er hat das Gefühl, alles versaut zu haben. Natürlich, er hat auch alles versaut, aber andererseits, wer will den ersten Stein werfen, und so weiter. Er betet und betet. Aber er will den Tatsachen einfach nicht ins Auge sehen: Millat treibt sich Gott weiß mit was für Leuten rum, immer mit weißen Mädchen, und Magid ...«

Irie erinnerte sich an ihre erste Liebe wie von einem verschwommenen Glorienschein umgeben, eine Illusion, erwachsen aus den Enttäuschungen, die Millat ihr im Laufe der Jahre zugemutet hatte.

»Wieso, was ist denn mit Magid?«

Alsana runzelte die Stirn, griff zum obersten Brett des Küchenregals und holte einen dünnen Luftpostbriefumschlag herunter, den sie Irie reichte. Irie nahm den Brief und das Foto darin heraus.

Es war ein Foto von Magid, jetzt ein groß gewachsener, seriös aussehender junger Mann. Sein Haar war so tiefschwarz wie das seines Bruders, aber es war nicht nach vorn ins Gesicht gekämmt. Es war auf der linken Seite gescheitelt, glatt zur Seite gestrichen und hinter das rechte Ohr geklemmt. Er trug einen Tweed-Anzug und allem Anschein nach – obwohl man nicht sicher sein konnte, die Aufnahme war nicht gut – eine Krawatte. In der einen Hand hielt er einen großen Sonnenhut. Mit der anderen umklammerte er die Hand des großen indischen Schriftstellers Sir R. V. Saraswati. Saraswati war ganz in Weiß gekleidet, hatte seinen breitkrempigen Hut auf dem Kopf und einen ausgefallenen Spazierstock in der freien Hand. So, wie die beiden posierten, mit ihrem breiten Lächeln, erweckten sie den Eindruck, als würden sie sich selbst beglückwünschen, als würden sie sich gleich gegenseitig auf den Rücken klopfen oder hätten es gerade getan. Die Mittagssonne schien und reflektierte von der Ein-

gangstreppe der Dhaka University, wo die ganze Szene festgehalten worden war.

Alsana wischte behutsam mit dem Zeigefinger einen Fleck von
dem Foto. »Kennst du Saraswati?«

Irie nickte. Pflichtlektüre: *Ein Riss in der Zeit* von R. V. Saraswati. Eine bittersüße Erzählung über die letzten Tage des Empire.

»Samad hasst Saraswati, weißt du. Nennt ihn Kolonialnostalgi-
ker, englischen Gesäßlecker.«

Irie suchte sich wahllos einen Absatz aus dem Brief aus und las
ihn laut vor.

*Wie Ihr seht, hatte ich das Glück, an einem strahlenden
Tag im März Indiens herausragendsten Schriftsteller kennen zu lernen. Nachdem ich einen Essay-Wettbewerb gewonnen hatte (mein Thema: »Bangladesch – an wen soll es
sich halten?«), reiste ich nach Dhaka, um meinen Preis
(eine Urkunde und ein kleines Preisgeld) von dem großen
Mann selbst bei einer kleinen Zeremonie an der Universität entgegenzunehmen. Ich bin stolz darauf, sagen zu können, dass er Gefallen an mir fand und wir zusammen einen
höchst angenehmen Nachmittag verbrachten; eine lange,
sehr anregende Unterhaltung beim Tee, gefolgt von einem
Spaziergang durch Dhakas schönere Viertel. Während unseres ausgedehnten Gesprächs lobte Saraswati meine Geis-
tesfähigkeiten und ging sogar so weit, mich als einen (und
ich zitiere) »hervorragenden jungen Mann« zu bezeichnen – ein Kommentar, der mir viel bedeutet! Er deutete
an, meine Zukunft könne in der Juristerei liegen, in der
akademischen Forschung oder gar in seinem eigenen Beruf, der Schriftstellerei! Ich erwiderte, dass der erstgenann-
te Beruf mir am liebsten wäre und dass ich mir schon lange
vorgenommen habe, die Länder Südostasiens zu Orten
der Vernunft zu machen, wo Ordnung herrscht, Katastro-
phen nicht unvorbereitet über die Menschen hereinbre-*

chen und ein kleiner Junge nicht Gefahr läuft, von einer fallenden Vase getroffen zu werden(!). Neue Gesetze, neue Regelungen sind erforderlich (so erklärte ich ihm), um unser unglückliches Schicksal, die Naturkatastrophen, in den Griff zu bekommen. Doch dann berichtigte er mich: »Nicht Schicksal«, sagte er. »Viel zu oft werfen wir Inder, wir Bengalen, wir Pakistani angesichts der Geschichte die Hände in die Luft und schreien ›Schicksal!‹. Doch viele von uns sind ungebildet, viele von uns verstehen die Welt nicht. Wir müssten mehr wie die Engländer sein. Die Engländer bekämpfen das Schicksal bis zum Tode. Sie hören nicht auf die Geschichte, es sei denn, sie sagt ihnen das, was sie hören wollen. Wir sagen: ›Es musste sein!‹ Es muss nicht sein. Nichts muss sein.« An einem einzigen Nachmittag habe ich von diesem großen Mann mehr gelernt –

»Nichts lernt er!«
Samad kam zornig zurück in die Küche marschiert und knallte den Kessel auf den Herd. »Nichts lernt er von einem Mann, der nichts weiß! Wo ist sein Bart? Wo ist sein Khamise? Wo ist seine Demut? Wenn Allah sagt, es wird ein Unwetter geben, dann gibt es ein Unwetter. Wenn Er Erdbeben sagt, dann gibt es ein Erdbeben. Natürlich muss es sein! Das ist genau der Grund, warum ich den Jungen zurückgeschickt habe – damit er begreift, dass wir im Grunde schwach sind, dass wir nicht bestimmen können. Was bedeutet Islam? Was bedeutet das Wort, schon allein das Wort, meine ich? *Ich ergebe mich.* Ich ergebe mich in Gottes Willen. Ich ergebe mich Ihm. Dieses Leben ist nicht mein Leben, es ist Sein Leben. Dieses Leben, das ich meines nenne, gehört Ihm. Er kann damit tun, was Er will. Wahrlich, ich werde hin und her geschleudert werden, und es gibt nichts, was ich dagegen tun kann. Nichts! Die Natur selbst ist Muslimin, denn sie gehorcht den Gesetzen, die der Schöpfer ihr auferlegt hat.«

»Halt in diesem Haus keine Predigten, Samad Miah! Für so was gibt es bestimmte Orte. Geh in die Moschee, aber predige nicht in der Küche, hier müssen die Leute essen –«

»Wir jedoch, wir gehorchen nicht automatisch. Wir sind durchtrieben, wie sind durchtriebene Gauner, wir Menschen. Wir tragen das Böse in uns, den freien Willen. Wir müssen *lernen*, zu gehorchen. Damit er das herausfindet, habe ich meinen Sohn Magid Mahfooz Murshed Mubtasim Iqbal zurückgeschickt. Und jetzt sagt mir, hab ich ihn zurückgeschickt, damit sein Geist von einem *Rule-Britannia*-trällernden, alten Hindu-Schwuli vergiftet wird?«

»Vielleicht, Samad Miah, vielleicht aber auch nicht.«

»Nicht, Alsi, ich warne dich –«

»Ach, hör doch auf, du alter Angeber!« Alsana nahm ihre vielen Rettungsringe auf wie ein Sumo-Ringer. »Du sagst, wir können nichts bestimmen, aber gerade du versuchst dauernd, alles zu bestimmen! Lass *los*, Samad Miah. Lass den Jungen los. Er ist die zweite Generation – er ist hier geboren –, natürlich macht er da vieles anders. Du kannst nicht alles planen. Und was ist denn eigentlich so furchtbar daran? Dann wird er eben kein Alim, aber er hat eine gute Ausbildung, er ist anständig!«

»Und das ist alles, was du von deinem Sohn erwartest? Dass er anständig ist?«

»Vielleicht, Samad Miah, vielleicht aber –«

»Und erzähl mir nichts von der zweiten Generation! *Eine* Generation! Unteilbar! Ewig!«

Irgendwann im Verlauf dieses Streitgesprächs schlich Irie sich aus der Küche und ging Richtung Haustür. Sie erhaschte einen unvorteilhaften Blick von sich in dem verkratzten und fleckigen Flurspiegel. Sie sah aus wie ein Kind der Liebe zwischen Diana Ross und Engelbert Humperdinck.

»*Du musst sie ihre eigenen Fehler machen lassen ...*«, klang Alsanas Stimme aus dem Schlachtgetümmel, drang durch das billige Holz der Küchentür und in den Flur, wo Irie stand, ihr Spiegelbild betrachtete und sich entschloss mit bloßen Händen die Haare von jemand anderem ausriss.

*

Wie jede Schule so hatte auch Glenard Oak eine komplexe Geographie. Nicht, dass sie vom Grundriss her besonders labyrinthisch war. Sie war in zwei einfachen Phasen erbaut worden, zuerst im Jahre 1886 als Armenhaus (Ergebnis: ein großer roter Koloss, viktorianisches Asyl), und 1963, als es zur Schule wurde, bekam das Gebäude einen Anbau (Ergebnis: grauer Monolith, Schöne Neue Sozialbauwelt). 1974 wurden die beiden Missgestalten dann durch eine riesige Fußgängerbrücke aus Plexiglasröhren miteinander verbunden. Aber eine Brücke war nicht genug, um aus zwei Häusern eines zu machen oder um die Entschlossenheit der Schülerschaft zu schwächen, sich zu zersplittern und in Cliquen aufzuteilen. Die Schule hatte schmerzlich lernen müssen, dass man eintausend Kinder nicht unter einem lateinischen Label (Schulmotto: *Laborare est orare*, Arbeiten ist Beten) vereinen kann. Kinder sind wie pissende Kater oder buddelnde Maulwürfe, die Land innerhalb von Land für sich beanspruchen, jeder einzelne Bereich mit seinen eigenen Vorschriften, Religionen, Kampfregeln. Obwohl viele Versuche dagegen unternommen wurden, enthielt und unterhielt die Schule separate Abschnitte, Treffpunkte, umstrittene Areale, Satellitenstaaten, Notstandsgebiete, Gettos, Enklaven, Inseln. Es gab keine Karten oder Pläne, aber der gesunde Menschenverstand sagte einem zum Beispiel, sich nicht in das Gebiet zwischen den Mülltonnen und dem Handwerks- und Kunstraum zu trauen. Es hatte dort schon Opfer gegeben (so ein armer Tropf namens Keith, dessen Kopf in einen Schraubstock geriet), und mit den mageren, sehnigen Burschen, die dort patrouillierten, war nicht gut Kirschenessen – sie waren die dünnen Söhne der dicken Männer, aus deren Gesäßtaschen bösartige Sensationsblätter ragen wie Handfeuerwaffen, der dicken Männer, die an brutale Gerechtigkeit glauben – *Auge um Auge, Aufhängen ist noch zu schade für die.* Dem gegenüber: die Bänke, drei in einer Reihe. Sie waren dem heimlichen Handel mit winzig kleinen Drogenmengen vorbehalten. Zum Beispiel ein Haschischklümpchen für £ 2,50, so klein, dass man es leicht im Bleistiftmäppchen verlor und mit einem abgebrochenen Stückchen Radiergummi verwechselte. Oder ein Viertel Ecstasy, dessen Hauptanwendungsgebiet die Linderung besonders anhaltender Menstruationsschmerzen war. Leichtgläubige konnten auch eine Vielzahl von ganz banalen Alltagsdingen erwerben – Jasmintee, Gras aus dem heimischen Rasen, Aspirin, Lakritz, Mehl –, alle getarnt als erstklassige Rauschmittel, die um die Ecke, in der Ausbuchtung hinter dem Theaterraum, geraucht oder geschluckt wurden. Dieser konkave Mauerabschnitt garantierte schlechte Lehrereinsicht für Raucher, die zu jung waren, um im Rauchergarten rauchen zu dürfen (ein Betongarten für diejenigen, die schon sechzehn waren und damit die Erlaubnis hatten, wie die Schlote zu qualmen – gibt's heute solche Schulen überhaupt noch?). Die Theaterraumausbuchtung mied man am besten. Dort trieben sich knallharte kleine Scheißer herum, zwölf-, dreizehnjährige Kettenraucher; denen war alles egal. Denen war *wirklich* alles egal – die Gesundheit anderer, ihre eigene Gesundheit, Lehrer, Eltern, Polizei – egal. Rauchen war ihre Antwort auf das Universum, ihr 42, ihr Daseinszweck. Sie waren verrückt nach Kippen. Keine Feinschmecker, nicht wählerisch was die Marken betraf, bloß Kippen, Kippen, Kippen. Sie zogen daran wie Babys an Brustwarzen, und wenn sie schließlich fertig waren, traten sie sie mit feuchten Augen in den Dreck. Sie liebten es einfach, verdammt. Kippen, Kippen, Kippen. Abgesehen von Kippen war Politik ihr einziges Interesse, oder genauer gesagt, diese Scheißpolitiker, die dauernd die Preise für Kippen erhöhten. Weil es nämlich nie genug Geld gab und nie genug Kippen. Man musste Experte darin werden, Kippen zu schnorren, zu pumpen, zu erbetteln, zu klauen. Eine beliebte

Masche war es, das Taschengeld für eine ganze Woche für zwanzig Kippen hinzublättern, diese dann wahllos zu verteilen und den nächsten Monat lang jeden, der Kippen hatte, an das eine Mal zu erinnern, als du ihm eine Kippe geschenkt hast. Aber die Methode barg ihre Risiken. Besser war es, ein Gesicht zu haben, das sich niemand merken konnte, besser, eine Kippe schnorren zu können und fünf Minuten später noch eine, ohne dass sich der Angeschnorrte an einen erinnern konnte. Besser, man löste seine Persönlichkeit weitestgehend auf, wurde ein nichts sagender Niemand namens Mart, Jules, Ian. Ansonsten musste man auf Wohltätigkeit und Kippen-*Teilen* hoffen. Eine Kippe konnte auf vielfache Art und Weise geteilt werden. Das ging so: Irgendwer (wer auch immer tatsächlich eine Packung Kippen gekauft hatte) zündet sich eine an. Irgendwer ruft »Hälfte«. Wenn die Kippe halb aufgeraucht ist, wird sie weitergereicht. Sobald die zweite Person sich an ihr gütlich tut, hören wir »Drittel«, dann »Rest« (was ein halbes Drittel ist), dann »Stummel!«, und dann, wenn der Tag kalt ist und das Bedürfnis nach einer Kippe überwältigend, »letzter Zug!«. Aber »letzter Zug« ist nur etwas für die völlig Verzweifelten; er ist jenseits der Perforation, jenseits des Markenaufdrucks auf der Zigarette, jenseits dessen, was man noch irgendwie als Stummel bezeichnen könnte. Letzter Zug, das ist das vergilbte Material des Filters, und es enthält all das Zeug, das weniger ist als Tabak, das Zeug, das sich in den Lungen festsetzt wie eine Zeitbombe, das Immunsystem zerstört und die permanente, schniefende, nasale Erkältung auslöst. Das Zeug, das weiße Zähne gelb macht.

*

An der Glenard Oak Gesamtschule waren alle bei der Arbeit; wie Babel-Bewohner jeder erdenklichen Schicht und Hautfarbe in Zungen redend, jeder in seiner emsigen Ecke, die eifrigen Münder wie Weihrauchfässchen, die ihre Votivgaben aus Tabakrauch zu den vielen Göttern über ihnen aufsteigen ließen (Brent Schulbericht 1990: 67 verschiedene Religionen, 123 verschiedene Sprachen).

Arbeiten ist Beten:

Die Streber beobachteten am Teich das Begattungsverhalten von Fröschen;

die wohlerzogenen Mädchen sangen im Musiksaal französische Kanons, dachten sich Geheimsprachen aus, machten Traubendiäten, unterdrückten lesbische Instinkte;

die dicken Jungs onanierten auf dem Gang vor der Turnhalle;

die hysterischen Mädchen lasen vor den Sprachlabors Bücher über grässliche Morde;

indische Kinder spielten mit Tennisschlägern auf dem Fußballplatz Kricket;

Irie Jones suchte Millat Iqbal;

Scott Breeze und Linda Rainbow vögelten auf der Toilette;

Joshua Chalfen, ein Kobold, ein Weiser und ein Zwerg spielten hinter dem naturwissenschaftlichen Block *Kobolde und Gorgonen*;

und alle, alle rauchten Kippen, Kippen, Kippen, arbeiteten daran, welche zu schnorren, sie anzuzünden und zu inhalieren, Stummel aufzusammeln und daraus neue Kippen zu drehen, feierten ihre Macht, Menschen aller Kulturen und Religionen zusammenzubringen, aber meistens rauchten sie sie einfach – *gib mal 'ne Kippe, haste noch 'ne Kippe* –, pafften sie wie kleine Schornsteine, bis der Rauch so dicht war, dass diejenigen, die damals, 1886, damals, zu Zeiten des Armenhauses, die Schornsteine hier zum Rauchen brachten, sich nicht fehl am Platze gefühlt hätten.

Und durch die Rauchschwaden hindurch suchte Irie nach Millat. Sie hatte schon auf dem Basketballplatz nachgesehen, im Rauchergarten, im Musiksaal, in der Cafeteria, auf den Toiletten beider Geschlechter und dem Friedhof, der an die Schule angrenzte.

Sie musste ihn warnen. Es sollte nämlich eine Razzia stattfinden, um die illegalen Gras- oder Tabakraucher zu erwischen, eine gemeinsame Aktion von Lehrpersonal und örtlicher Polizei. Das seismische Grollen war von Archie gekommen, dem Engel der Verkündigung; sie hatte zufällig sein Telefongespräch mit angehört und die wohl gehüteten Geheimnisse der Schulpflegschaft spitzgekriegt; jetzt trug Irie eine Last, die viel schwerer war als die der Seismologen, sie trug die Last der Prophetin, denn sie kannte den Tag und die Uhrzeit des Bebens (heute, zwei Uhr dreißig), sie kannte seine Kraft (möglicher Schulverweis), und sie wusste, wer ihm vermutlich zum Opfer fallen würde. Sie musste Millat retten. Ihren wackelnden Bauch fest umfasst, unter acht Zentimeter Afrohaar schwitzend, hastete sie über das Schulgelände, rief seinen Namen, fragte andere nach ihm, sah an allen bekannten Stellen nach, aber er war nicht bei den Cockney-Dealern, den wohlerzogenen Mädchen, der Indertruppe oder den schwarzen Kids. Schließlich stapfte sie zum naturwissenschaftlichen Block, Teil des alten Armenhauses und beliebtem Schlupfwinkel, da eine hintere Mauer und die Ostecke dreißig kostbare Meter Rasen gänzlich gegen Blicke abschirmten, so dass Schüler sich dort verbotenen Handlungen widmen konnten. Es war ein schöner, frischer Herbsttag, und es herrschte reges Treiben. Irie musste sich durch die allseits beliebten Zungenkuss/Fummel-Meisterschaften kämpfen, über Joshua Chalfens *Kobolde-und-Gorgonen*-Spiel steigen (»He, pass auf, wo du hintrittst! Da ist die Höhle der Toten!«) und sich durch eine dichte Phalanx von Kippenrauchern drängen, bis sie im Epizentrum des Ganzen endlich Millat erreichte, der lässig an einem konischen Joint zog und einem groß gewachsenen Typen mit mächtigem Bart lauschte.

»Mill!«

»Nicht jetzt, Jones.«

»Aber Mill!«

»Jones! Das ist Hifan. Alter Freund. Er erzählt mir gerade was.«

Der groß gewachsene Typ, Hifan, hatte seine Rede nicht unterbrochen. Er hatte eine tiefe, sanfte Stimme wie fließendes Wasser, unaufhaltsam und beständig, und es hätte eine stärkere Macht als das jähe Auftauchen von Irie erfordert, vielleicht sogar stärker als die Schwerkraft, um sie zu stoppen. Er trug einen coolen schwarzen Anzug, ein weißes Hemd und eine grüne Fliege. Seine Brusttasche war mit einem kleinen Emblem bestickt: zwei Hände, die eine Flamme schützen, und noch etwas darunter, das zu klein war, um es erkennen zu können. Er war zwar nicht älter als Millat, aber sein Haarwuchs war beeindruckend, und sein Bart machte ihn um einiges älter.

»… und deshalb schwächt Marihuana unsere Fähigkeiten, unsere Kraft und nimmt uns in diesem Land unsere besten Männer: Männer wie dich, Millat, die natürliche Führungsqualitäten besitzen, die die Fähigkeit haben, Menschen an die Hand zu nehmen und zu beseelen. Ein Hadith aus der Bukhari, Teil fünf, Seite zwei, sagt: *Die besten Menschen aus meiner Gemeinde sind meine Zeitgenossen und Helfer.* Du bist mein Zeitgenosse, Millat, ich bete darum, dass du auch mein Helfer wirst; wir leben im Kriegszustand, Millat, im Kriegszustand.«

So redete er weiter, ein Wort strömte aus dem anderen, ohne Punkt und Komma, und ohne Luft zu holen, mit der immer gleichen zuckrigen Vortragsweise – man hätte fast in seine Sätze einsteigen können, man hätte fast in ihnen einschlafen können.

»Mill. *Mill.* Es ist wichtig.«

Millat sah schläfrig aus, ob von Hasch oder von Hifan war nicht klar. Er schüttelte Iries Hand von seinem Ärmel und versuchte, die beiden miteinander bekannt zu machen. »Irie, Hifan. Er und ich sind mal eine Zeit lang zusammen rumgezogen. Hifan –«

Hifan trat vor, ragte wie ein Glockenturm über Irie auf. »Freut mich, dich kennen zu lernen, Schwester. Ich bin Hifan.«

»Schön. *Millat.*«

»Irie, Mensch, *Scheiße.* Kannst du nicht mal *eine* Minute relaxen?« Er reichte ihr den Joint. »Ich würde gerne zuhören, ja?

Hifan ist der Obermacker. Sieh dir den Anzug an ... gangster-mäßig!« Millat fuhr mit dem Finger über Hifans Revers, und Hifan strahlte unwillkürlich vor Stolz. »Ehrlich, Hifan, Mann, du siehst abgefahren aus. Scharf.«

»Ja?«

»Besser als das Zeug, das du früher immer getragen hast, als wir noch zusammen rumgehangen haben, was? In den guten alten Kilburn-Zeiten. Weißte noch, als wir nach Bradford gefahren sind und –«

Hifan riss sich zusammen. Nahm wieder diesen Gesichtsausdruck frommer Entschlossenheit an. »Leider erinnere ich mich nicht an die Kilburn-Zeiten, Bruder. Damals habe ich in Unwissenheit gehandelt. Das war ein anderer Mensch.«

»Ja«, sagte Millat verlegen. »Klar.«

Millat versetzte Hifan einen freundschaftlichen Stoß gegen die Schulter, woraufhin Hifan stocksteif dastand wie ein Laternenpfahl.

»Also: Da läuft zur Zeit so ein geistiger Krieg ab – ist ja irre, Mann! Wurde auch Zeit – wir müssen in diesem Land mal Zeichen setzen. Wie heißt eure Truppe noch mal?«

»Ich bin in der Kilburn-Abteilung der ›Hüter des Ewigen Islamisch-Nationalen Triumphalen Zorns‹«, sagte Hifan stolz.

Irie inhalierte.

»*Hüter des Ewigen Islamisch-Nationalen Triumphalen Zorns*«, wiederholte Millat beeindruckt. »Ein abgefahrener Name. Klingt so abgefahren Kung-Fu-mäßig gefährlich.«

Irie runzelte die Stirn. »HEINTZ?«

»Wir sind uns bewusst«, sagte Hifan ernst und deutete auf den Fleck unter der von Händen geschützten Flamme, wo die Initialen ganz klein eingestickt waren, »dass wir ein Akronym-Problem haben.«

»Ein kleines.«

»Aber der Name kommt von Allah und kann nicht geändert werden ... aber um darauf zurückzukommen, was ich vorhin sagen wollte: Millat, mein Freund, du könntest der Kopf der Abteilung Cricklewood werden –«

»*Mill.*«

»Du könntest das haben, was ich habe, statt dieser schrecklichen Verwirrung, in der du steckst, statt dieser Abhängigkeit von Drogen, die extra von Politikern importiert werden, um die schwarze und südostasiatische Bevölkerung zu *unterdrücken*, um unsere Kraft zu unterlaufen.«

»Ja«, sagte Millat traurig, der sich gerade einen neuen Joint drehte. »So hab ich das noch nie gesehen. Wahrscheinlich *sollte* ich es so sehen.«

»*Mill.*«

»Jones, *nerv nicht rum*. Ich diskutiere hier gerade, verdammt noch mal. Hifan, auf welche Schule gehst du denn jetzt, Kumpel?«

Hifan schüttelte lächelnd den Kopf. »Ich hab das englische Schulsystem schon vor einer ganzen Weile verlassen. Aber meine Erziehung ist noch längst nicht abgeschlossen. Wenn ich dir aus dem Tabrizi zitieren darf, Hadith Nummer 220: *Der Mensch, der sich auf die Suche nach Weisheit macht, dient Gott durch sein Tun, bis er zurückkehrt und –*«

»Mill«, flüsterte Irie gegen Hifans honigsüßen Klang. »*Mill.*«

»*Verdammte Scheiße. Was ist denn?* Tut mir Leid, Hifan, Kumpel, eine Minute.«

Irie zog tief an ihrem Joint und berichtete ihre Neuigkeit. Millat seufzte. »Irie, die kommen auf der einen Seite rein, und wir hauen über die andere Seite ab. Kein Stress. Alles wie immer. Okay? So, nun lauf und spiel mit den anderen Kleinen, ja? Hier geht's um wichtige Dinge.«

»Es war schön, dich kennen zu lernen, Irie«, sagte Hifan, streckte die Hand aus und musterte Irie von oben bis unten. »Wenn ich so sagen darf, es ist erfrischend, mal eine Frau zu sehen, die sich schicklich kleidet, die Haare kurz trägt. HEINTZ glaubt, dass eine Frau sich nicht dazu hergeben sollte, die erotischen Fantasien westlicher Sexualität zu bestärken.«

»Äh, ja-aa. Danke.«

Irie tat sich selber Leid und war ziemlich stoned, als sie sich auf den Rückweg durch die Wand aus Rauch machte und erneut auf Joshua Chalfens *Kobolde und Gorgonen* trat.

»He, wir spielen hier!«

Irie fuhr herum, voller unterdrückter Wut. »UND?«

Joshuas Freunde – ein dicker Junge, ein pickeliger Junge und ein Junge mit einem abnorm großen Kopf – wichen verängstigt zurück. Doch Joshua hielt die Stellung. Er spielte Oboe hinter Iries zweiter Bratsche in dem Möchtegernschulorchester, und er hatte oft ihre seltsamen Haare und breiten Schultern betrachtet und gedacht, dass er da vielleicht eine Chance hätte. Sie war clever und nicht ganz und gar unhübsch, und sie hatte etwas an sich, das ihr eindeutig die Ausstrahlung einer Außenseiterin gab, trotz dieses Jungen, mit dem sie ständig herumhing. Sie war zwar bei ihm, aber sie war nicht *wie* er. Joshua Chalfen hatte den starken Verdacht, dass sie *eine wie er* war. Da war irgendetwas in ihr angelegt, von dem er ahnte, dass er es hervorlocken könnte. Sie war eine Außenseiter-Immigrantin, die aus dem Land der Dicken, der, was das Aussehen betraf, Benachteiligten und entwaffnend Intelligenten geflohen war. Sie hatte den Berg Caldor bezwungen, den Fluss Leviathrax durchschwommen und die Schlucht Duilwen überwunden, auf dieser kopflosen Flucht fort von ihren wahren Landsleuten in ein anderes Land.

»Ich *meine* ja bloß. Du scheinst ganz wild darauf zu sein, in das Land Golthon zu treten. Willst du mitspielen?«

»Nein, ich will nicht mitspielen, du bescheuertes Arschloch. Ich *kenne* dich nicht mal.«

»Joshua Chalfen. Ich war auch auf der Manor Grundschule. Und wir haben zusammen Englisch. *Und* wir sind zusammen im Orchester.«

»Nein, sind wir *nicht*. Ich bin im Orchester. Du bist im Orchester. Aber wir sind keineswegs *zusammen* drin.«

Der Kobold, der Weise und der Zwerg, die für einen spielerischen Umgang mit Worten durchaus etwas übrig hatten, mussten darüber wehleidig kichern. Doch gegen Beleidigungen war Joshua immun. Im Wegstecken von Beleidigungen war er der reinste Cyrano de Bergerac. Er hatte schon sein ganzes verdammtes Leben lang Beleidigungen eingesteckt (nett gemeinte, *Chalfen das Dickerchen, Hirn-Josh, Joshua-das-Wuschelhaar*, und weniger nett gemeinte, *Der Hippie-Schwanz, Lockenkopf-Schwuli, Saftsack*), er hatte endlose Beleidigungen eingesteckt und überlebt, war sogar selbstgefälliger dadurch geworden. Eine Beleidigung war ein Steinchen auf seinem Weg, das lediglich die intellektuelle Unterlegenheit desjenigen bewies, der es warf. Er blieb unbeirrt.

»Mir gefällt dein neuer Haarstil.«

»Willst du mich verarschen?«

»Nein, mir gefällt kurzes Haar bei Mädchen. Mir gefällt dieses Androgyne dabei. Ehrlich.«

»Was hast du für ein Problem, Mann?«

Joshua zuckte die Achseln. »Gar keins. Schon der blasseste Schimmer von der grundlegenden Freud'schen Theorie würde vermuten lassen, dass du diejenige bist, die ein Problem hat. Warum so aggressiv? Ich hab gedacht, Rauchen beruhigt. Darf ich mal?«

Irie hatte den brennenden Joint in ihrer Hand ganz vergessen. »Oh, ja klar. Bist ein alter Kiffer, was?«

»Gelegenheitskiffer.«

Der Zwerg, der Weise und der Kobold stießen ein paar Grunzer und Rotzgeräusche aus.

»Ach, meinetwegen«, seufzte Irie und bückte sich, um ihm den Joint zu geben. »Auch egal.«

»Irie!«

Es war Millat. Er hatte vergessen, sich von Irie den Joint zurückgeben zu lassen, und kam nun angerannt, um ihn zu holen. Irie, die ihn gerade Joshua reichen wollte, drehte sich mitten in der Bewegung um, sah Millat auf sich zugelaufen kommen und spürte im selben Moment ein Grollen im Boden, ein Beben, das Joshuas kleine Armee aus gusseisernen Kobolden auf die Knie warf und sie dann vom Spielbrett fegte.

»Was zum –«, sagte Millat.

Es war die Razzia. Die Schulpflegschaft hatte einen Vorschlag von Elternvertreter Archibald Jones aufgegriffen, einem Exsoldaten, der behauptete, Experte in Sachen Überraschungsmanöver zu sein, und beschlossen, den Angriff von *beiden* Seiten durchzuführen (was noch nie ausprobiert worden war). Die Hundertschaft machte sich das Überraschungselement zunutze, kam ohne jede Vorwarnung, abgesehen von dem Geräusch ihrer nahenden Füße, und keilte die kleinen Mistkerle einfach ein, womit dem Feind jeder Fluchtweg abgeschnitten wurde und Übeltäter wie Millat Iqbal, Irie Jones und Joshua Chalfen auf frischer Tat, sprich beim Marihuanakonsum, ertappt wurden.

*

Der Direktor von Glenard Oak befand sich im Dauerzustand der Implosion. Sein Haaransatz hatte sich zurückgezogen und blieb, wo er war, wie eine trotzige Ebbe, seine Augenhöhlen waren tief, seine Lippen waren nach innen in den Mund gezogen, er hatte keinen nennenswerten Körper, jedenfalls das, was er hatte, in ein kleines, in sich verdrehtes Päckchen gefaltet, das er mit zwei verschränkten Armen und übereinander gefalteten Beinen versiegelte.

Wie um diesen persönlichen, internen Kollaps zu konterkarieren, hatte der Direktor die Stühle in einem weiten Kreis arrangiert, eine ausladende Geste, die es, so hoffte er, allen ermöglichte, einander anzusprechen und zu sehen, so dass jeder *seine Meinung verbalisieren und vermitteln* konnte, um dann anschließend eine gemeinsame *Problemlösung* zu erarbeiten, anstatt sich auf *Strafmaßnahmen* zu beschränken. Manche Eltern fürchteten, dass der Direktor ein unverbesserlicher Liberaler war. Wenn man seine Sekretärin Tina fragte (nicht, dass Tina je was gefragt wurde, o nein, keine Bange, höchstens Sachen wie *Na, was haben die drei Taugenichtse denn verbrochen?*), war er nicht nur unverbesserlich, sondern auch hoffnungslos.

»Nun«, sagte der Direktor mit einem betrübten Lächeln zu Tina, »was haben die drei Taugenichtse denn verbrochen?«

Müde verlas Tina die drei Anklagen wegen »Marie-huh-ana«-Besitzes. Irie hob die Hand, um zu widersprechen, doch der Direktor brachte sie mit einem sanften Lächeln zum Schweigen.

»Verstehe. Das wäre dann alles, Tina. Wenn Sie bitte die Tür einen Spalt offen lassen würden, ja, danke, ein bisschen mehr … *sehr schön* – es soll sich doch keiner eingesperrt fühlen, sozusagen. Okay. Also. Ich denke, die *angenehmste* Vorgehensweise«, sagte der Direktor und legte die Hände mit den Innenflächen nach oben flach auf die Knie, als wollte er demonstrieren, dass er keine Waffen versteckt hielt, »damit wir nicht alle durcheinander reden, wäre die, dass ich zuerst sage, was ich zu sagen habe, und dann ihr Gelegenheit habt, etwas zu sagen. Millat, du fängst an, und du, Joshua, redest zum Schluss. Wenn wir dann alle zu Wort gekommen sind, komme ich zu meinem Schlusswort, und das wär's. Relativ schmerzfrei. Alles klar? Alles klar.«

»Ich brauch 'ne Kippe«, sagte Millat.

Der Direktor ordnete sich neu. Er nahm das rechte Bein vom linken und schlug stattdessen das linke über das rechte, er legte beide Zeigefinger in Form einer kleinen Kirchturmspitze an die Lippen, er zog den Kopf ein wie eine Schildkröte.

»Millat, *bitte*.«

»Haben Sie einen Aschenbecher?«

»Nein, und jetzt fang *bitte* an, Millat …«

»Dann geh ich mal kurz raus und rauche draußen vor dem Tor eine.«

Auf diese Art setzte die gesamte Schule den Direktor unter Druck. Er konnte nicht zulassen, dass tausend Kinder rauchend die Straßen von Cricklewood säumten und den Ruf der Schule ruinierten. Es war die Zeit, in der unter den Schulen harte Konkurrenz herrschte. Die Zeit, in der wählerische Eltern die *Erziehungsbeilage* der *Times* studierten, in der Schulen nach Noten und Zahlen und Prüfungsberichten sortiert waren. Der Direktor war gezwungen, die Rauchmelder während der Unterrichtszeit abzuschalten und seine tausend Raucher innerhalb der Schulmauern versteckt zu halten.

»Oh ... weißt du was, rück einfach deinen Stuhl näher ans Fenster. Komm schon, mach nicht so viel Getue. So ist gut. Alles klar?«

Eine Lambert & Butler hing von Millats Lippen. »Feuer?«

Der Direktor kramte in seiner Hemdstasche, wo ein Päckchen deutscher Zigarettentabak zum Selbstdrehen und ein Feuerzeug zwischen sehr vielen Kulis und Tempotaschentüchern vergraben waren.

»Bitte sehr.« Millat zündete sich eine an, blies den Rauch in Richtung des Direktors. Der Direktor hustete wie eine alte Frau.

»Okay, Millat, du zuerst. Weil ich das von *dir* zumindest erwarte. Schieß los.«

Millat sagte: »Ich war da hinten, hinter dem naturwissenschaftlichen Block, in einer Angelegenheit spirituellen Wachstums.«

Der Direktor beugte sich vor und tippte die Kirchturmspitze ein paar Mal gegen seine Lippen. »Du musst mir schon ein bisschen mehr geben, womit ich arbeiten kann, Millat. Wenn es da irgendeinen religiösen Kontext gibt, kann das nur zu deinem Vorteil sein, aber ich muss es wissen.«

Millat wurde genauer. »Ich hab mit meinem Kumpel geredet, Hifan.«

Der Direktor schüttelte den Kopf. »Ich kann dir nicht ganz folgen, Millat.«

»Er ist ein geistiger Führer. Ich hab mich beraten lassen.«

»Geistiger Führer? Hifan? Ist er hier auf der Schule? Geht's da um eine Sekte, Millat? Ich muss wissen, ob es um eine Sekte geht.«

»Nein, es ist keine blöde Sekte«, keifte Irie entnervt. »Können wir jetzt weitermachen? Ich hab in zehn Minuten Bratsche.«

»Jetzt redet Millat, Irie. Wir hören Millat zu. Und wenn du an der Reihe bist, wird Millat dir hoffentlich etwas mehr Achtung entgegenbringen, als du es gerade bei ihm getan hast. Okay? Wir brauchen hier Kommunikation. Okay, Millat. Erzähl weiter. Was für eine Art von geistigem Führer?«

»Muslim. Er hat mir mit meinem Glauben geholfen, ja? Er leitet die Abteilung Cricklewood der Hüter des Ewigen Islamisch-Nationalen Triumphalen Zorns.«

Der Direktor runzelte die Stirn. »HEINTZ?«

»Dass sie ein Akronym-Problem haben, wissen sie«, erklärte Irie.

»Also«, fuhr der Direktor eifrig fort. »Dieser Bursche von HEINTZ. Hat er euch den Joint besorgt?«

»Nein«, sagte Millat und drückte seine Zigarette auf dem Fenstersims aus. »Es war mein Joint. Er hat mit mir geredet, und ich hab geraucht.«

»Hören Sie«, sagte Irie nach einigen weiteren Minuten, in denen sich das Gespräch im Kreis drehte. »Es ist ganz einfach. Es war Millats Joint. Ich hab ihn geraucht, ohne richtig darüber nachzudenken, dann hab ich ihn Joshua gegeben, damit er ihn kurz mal hält, während ich meinen Schuh zugebunden hab, aber er hatte wirklich nichts damit zu tun. Okay? Können wir jetzt gehen?«

»Doch, hatte ich wohl!«

Irie drehte sich zu Joshua um. »*Was?*«

»Sie will mich decken. Ein Teil davon war mein Marihuana. Ich hab gerade mit Marihuana gedealt. Dann haben die Bullen mich erwischt.«

»Ach du dickes Ei. Chalfen, du spinnst.«

Vielleicht. Aber in den letzten zwei Tagen hatte Joshua mehr Anerkennung bekommen, hatten ihm mehr Leute auf die Schulter geklopft, hatte er ganz allgemein die Nase höher getragen als

je in seinem Leben. Etwas von Millats Ruhm schien auf ihn abge-
färbt zu haben, und was Irie anging, nun, da hatte er zugelassen,
dass aus einem »vagen Interesse« binnen zwei Tagen ein totales
Verknalltsein geworden war. Falsch. Er war in alle beide total
verknallt. Sie hatten etwas Faszinierendes an sich. Mehr als Elgin
der Zwerg oder Moloch der Zauberer. Er war gerne mit ihnen
zusammen, so selten das auch vorkam. Die beiden hatten ihn
aus seinem Außenseitertum gerissen, per Zufall aus der Anony-
mität ins Scheinwerferlicht der Schule geschleift. Er würde nicht
kampflos wieder zurückgehen.

»Stimmt das, Joshua?«

»Ja … ähm, es hat ganz klein angefangen, aber ich glaube, jetzt
hab ich ein echtes Problem. Ich *will* nicht mit Drogen handeln,
natürlich nicht, aber es war wie ein *Zwang* –«

»Ach, hör doch auf …«

»Irie, bitte, du musst Joshua ausreden lassen. Er hat genauso ein
Recht darauf wie du.«

Millat streckte den Arm aus, griff in die Hemdstasche des Direktors und zog das pralle Tabakpäckchen heraus. Er kippte den Inhalt auf den kleinen Couchtisch.

»Los, Chalfen, du Gettojunge. Wieg ein Achtel ab.«

Joshua starrte auf den stinkenden braunen Hügel. »Ein europäisches Achtel oder ein englisches?«

»Könntest du bitte tun, was Millat vorgeschlagen hat«, sagte der
Direktor gereizt und beugte sich vor, um den Tabak zu inspizieren. »Damit wir das abschließen können.«

Mit zitternden Fingern zupfte Joshua etwas Tabak auf seine Handfläche und hielt ihn hoch. Der Direktor führte Joshuas Hand unter Millats Nase, damit der sein Urteil fällen
konnte.

»Das bisschen ist keine fünf Pfund wert«, sagte Millat höhnisch.
»Bei dir würd ich nie im Leben kaufen.«

»Okay, Joshua«, sagte der Direktor und füllte den Tabak zurück
in den Beutel. »Ich denke, wir können mit Gewissheit sagen, das

Spiel ist aus. Sogar *ich* hab gewusst, dass das nie und nimmer ein Achtel war. Aber es beunruhigt mich, dass du das Bedürfnis hattest zu lügen, und wir werden einen Termin vereinbaren müssen, um darüber zu reden.«

»Ja, Sir.«

»In der Zwischenzeit habe ich mit euren Eltern geredet, und in Übereinstimmung mit der Haltung der Schule, die *weg* will von Strafmaßnahmen und *hin* zu konstruktiven Verhaltensänderungen, haben sie großzügigerweise ein zweimonatiges Programm vorgeschlagen.«

»Programm?«

»Jeden Dienstag und Donnerstag, wirst du, Millat, und du, Irie, zu Joshua nach Hause gehen und mit ihm zwei Stunden lang Mathe und Biologie üben, eure schwächeren Fächer und seine stärkeren.«

Irie schnaubte ganz aufgebracht: »Das ist doch wohl nicht Ihr Ernst?«

»Doch, das *ist* mein Ernst. Ich finde die Idee wirklich interessant. Auf diese Weise können Joshuas Stärken gerecht auf euch verteilt werden, und ihr beide habt Gelegenheit, ein stabiles Umfeld zu erleben, mit dem zusätzlichen Vorteil, dass ihr euch beide nicht ständig auf der Straße rumtreibt. Ich habe mit euren Eltern gesprochen, und sie sind froh über dieses, na ja, *Arrangement*. Und das wirklich Tolle daran ist, dass Joshuas Vater ein ziemlich bedeutender Wissenschaftler und seine Mutter Gärtnerin ist, glaube ich. Ihr seht, ihr könnt nur davon profitieren. Ihr beide habt viel Potenzial, aber ich habe den Eindruck, dass ihr in Dinge verstrickt seid, die diesem Potenzial wirklich schaden – ob das am familiären Umfeld oder an persönlichen Konflikten liegt, kann ich nicht sagen –, doch jetzt habt ihr eine wirklich gute Gelegenheit, dem zu entkommen. Ich hoffe, ihr seht ein, dass das mehr ist als bloße Bestrafung. Es ist konstruktiv. Menschen helfen Menschen. Und ich hoffe wirklich, dass ihr das mit ganzem Herzen angehen werdet, versteht ihr? Diese Lösung liegt ganz

auf der Linie der Geschichte, des Geistes, des ganzen *Ethos* von
Glenard Oak, schon seit Sir Glenard selbst.«

*

Die Geschichte, der Geist und das Ethos von Glenard Oak, wie
jeder ernst zu nehmende Glenardianer wusste, ließen sich bis zu
Sir Edmund Flecker Glenard (1842–1907) zurückverfolgen, dem
gütigen viktorianischen Wohltäter, dessen Andenken die Schule
bewahren wollte. Die offizielle Parteilinie lautete, dass Glenard
das Geld für das ursprüngliche Gebäude aus hingebungsvollem
Engagement für die soziale Förderung benachteiligter Menschen
gespendet hatte. Weniger ein »Armenhaus«, so stand in der offi-
ziellen Schulbroschüre zu lesen, als vielmehr eine Kombination
aus »Herberge, Arbeitsplatz und Erziehungsinstitut«, die zu ihrer Zeit von Menschen aus England und der Karibik genutzt
wurde. Der Broschüre zufolge war der Begründer von Glenard
Oak ein pädagogisch interessierter Philanthrop. Aber andererseits, so die Broschüre, war der Ausdruck »Post-Unterrichtsbesinnungsphase« ein angemessener Ersatz für das Wort »Nachsitzen«.
Eine gründlichere Recherche in den Archiven der örtlichen
Grange Library würde ergeben, dass Sir Edmund Flecker Glenard ein erfolgreicher Kolonialist war, der auf Jamaika ein er-
kleckliches Sümmchen mit dem Anbau von Tabak zusammen-
brachte, oder besser gesagt, mit der Aufsicht über große Land-
gebiete, auf denen Tabak angebaut wurde. Nachdem er auf diese
Weise in zwanzig Jahren weit mehr Geld angehäuft hatte, als er je
brauchen würde, lehnte Sir Edmund sich in seinem stattlichen
Ledersessel zurück und überlegte, ob er nicht irgendwas *tun*
könnte. Etwas, das ihm den Weg in die Senilität mit einem Gefühl von Wohltätigkeit und Wertschätzung versüßen würde.
Etwas für die Menschen. Diejenigen, die er von seinem Fenster
aus sehen konnte. Draußen auf dem Feld.

Einige Monate lang war Sir Edmund ratlos. Eines Sonntags jedoch, als er einen gemächlichen spätnachmittäglichen Spaziergang durch Kingston machte, hörte er einen vertrauten Klang, den er plötzlich anders wahrnahm. Göttlicher Gesang. Händeklatschen. Weinen und Klagen. Lärm und Hitze und ekstatische Erregung, die aus einer Kirche nach der anderen drangen und sich durch die schwüle Luft Jamaikas bewegten wie ein unsichtbarer Chor. Na, das war doch etwas, dachte Sir Edmund. Denn anders als seine Mitkolonialisten, die das Singen und Kreischen mit Verachtung betrachteten und als heidnisch abtaten, hatte sich Sir Edmund schon immer von der Hingabe der jamaikanischen Christen rühren lassen. Ihm gefiel die Idee einer heiteren Kirche, wo man schniefen oder husten oder eine jähe Bewegung machen durfte, ohne dass einen der Vikar komisch ansah. Sir Edmund war sicher, dass Gott in all seiner Weisheit nie gewollt hatte, dass seine Kirche eine derart steife und trübsinnige Veranstaltung sein sollte wie im zugeknöpften England, sondern eher etwas Fröhliches mit Singen und Tanzen und Füßestampfen und Händeklatschen. Die Jamaikaner verstanden das. Manchmal schien es das Einzige zu sein, das sie verstanden. Sir Edmund blieb kurz vor einer Kirche stehen, aus der es besonders laut schallte, und ergriff die Gelegenheit, über dieses Rätsel nachzusinnen: den auffälligen Unterschied zwischen der Ergebenheit, die ein Jamaikaner seinem Gott entgegenbrachte, und seiner Ergebenheit gegenüber seinem Arbeitgeber. Das war eine Frage, die zu erwägen er in der Vergangenheit viele Male Anlass gehabt hatte. Erst diesen Monat, als er in seinem Arbeitszimmer saß und versuchte, sich auf das Problem zu konzentrieren, das er sich selbst gestellt hatte, kamen seine Aufseher zu ihm und berichteten von drei Streiks, von etlichen Männern, die während der Arbeitszeit schlafend oder betrunken erwischt worden waren, und einer ganzen Gruppe von Müttern (darunter auch Bowden-Frauen), die sich über den niedrigen Lohn beschwerten und die Arbeit verweigerten. Und genau da lag der Hase im Pfeffer. Man konnte einen Jamaikaner zu jeder Tages- oder Nachtzeit zum Beten bewegen, sie strömten zu jedem religiösen Anlass, ganz gleich, wie obskur der war, in die Kirche – aber wenn man sie auf den Tabakfeldern auch nur eine Minute aus den Augen ließ, kam die Arbeit sofort zum Erliegen. Beim Gottesdienst waren sie voller Energie, bewegten sich wie Springbohnen, tobten durch die Gänge, doch wenn sie arbeiteten, waren sie mürrisch und unkooperativ. Die Frage irritierte ihn so stark, dass er in diesem Jahr sogar schon einen Brief an den *Gleaner* geschrieben hatte mit der Bitte um Abdruck, doch die daraufhin erfolgten Leserbriefe konnten ihm keine befriedigenden Antworten geben. Je länger Sir Edmund darüber nachdachte, desto deutlicher wurde ihm, dass die Situation in England genau gegenteilig war. Man war beeindruckt vom Glauben der Jamaikaner, aber verzweifelte an ihrem Arbeitsethos und ihrer Bildung. Umgekehrt bewunderte man das Arbeitsethos und die Bildung der Engländer, verzweifelte jedoch an ihrem halbherzigen Glauben. Und jetzt, als Sir Edmund sich umwandte, um zu seinem Anwesen zurückzukehren, erkannte er, dass er in der Lage war, diese Situation zu beeinflussen – nein, mehr als das – sie zu wandeln! Sir Edmund, ein ziemlich korpulenter Mann, ein Mann, der so aussah, als versteckte er einen weiteren Mann in sich, hüpfte praktisch auf dem gesamten Nachhauseweg.

Gleich am nächsten Tag schrieb er einen begeisternden Brief an die *Times* und stiftete vierzigtausend Pfund an eine Missionsgruppe, unter der Bedingung, dass die Summe für den Kauf eines großen Gebäudes in London verwendet wurde. Hier sollten Jamaikaner Seite an Seite mit Engländern arbeiten, Sir Edmunds Zigaretten verpacken und abends von den Engländern allgemeine Unterweisung erhalten. Eine kleine Kapelle sollte als Nebengebäude der Hauptfabrik errichtet werden. Und sonntags, so Sir Edmund weiter, würden die Jamaikaner dann die Engländer mit in die Kirche nehmen und ihnen zeigen, wie ein Gottesdienst sein sollte.

Als in England alles vorbereitet war, verschiffte Sir Edmund dreihundert Jamaikaner, denen er Straßen voller Gold versprochen hatte, nach North London. Zwei Wochen später schickten die Jamaikaner von der anderen Seite des Globus ein Telegramm an Glenard, in dem sie ihre wohlbehaltene Ankunft bestätigten, und Glenard schickte eins zurück mit dem Vorschlag, unter der Plakette, die bereits seinen Namen trug, ein lateinisches Motto anzubringen. *Laborare est orare.* Eine Zeit lang lief alles einigermaßen gut. Die Jamaikaner waren voller Optimismus, was England anging. Sie verdrängten das kalte Klima und wärmten sich innerlich an Sir Edmunds frisch erwachter Begeisterung und seinem Interesse an ihrem Wohlergehen. Aber Sir Edmund war es schon immer schwer gefallen, sich Begeisterung und Interesse über einen längeren Zeitraum zu bewahren. Sein Verstand war ein kleines Ding mit großen Löchern, durch die alle Leidenschaften unausweichlich versickerten, und *Der Glaube der Jamaikaner* wurde in dem umgekehrten Sieb seines Bewusstseins schon bald durch andere Interesse verdrängt: *Die Begeisterungsfähigkeit soldatischer Hindus*, *Das unpraktische Wesen der englischen Jungfer*; *Die Auswirkung extremer Hitze auf die sexuellen Neigungen der Trinidader.* Im Verlauf der nächsten fünfzehn Jahre hörte die Glenard-Oak-Fabrik nichts mehr von Sir Edmund, abgesehen von den Schecks, die sein Sekretär regelmäßig schickte. Und dann wurde Glenard 1907, während des Erdbebens in Kingston, vor den Augen von Iries Großmutter von einer umstürzenden Marmormadonna zerquetscht. (Es gibt alte Geheimnisse. Sie werden zum richtigen Zeitpunkt herauskommen wie Weisheitszähne.) Der Zeitpunkt war unglücklich. Er hatte vorgehabt, just in diesem Monat in seine Heimat zurückzukehren, um zu sehen, wie sich sein lange vernachlässigtes Experiment entwickelt hatte. Ein Brief, in dem er die Einzelheiten seiner Reisepläne mitteilte, traf etwa zur selben Zeit in Glenard Oak ein, als ein Wurm, der den zweitägigen Durchgang durch Sir Edmunds Hirn hinter sich gebracht hatte, aus dem linken Ohr des bedauernswerten Mannes auftauchte. Glenard war zwar zur Würmerspeise geworden, doch andererseits blieb ihm schlimme Seelenpein erspart, denn sein Experiment hatte sich schlecht entwickelt. Die Kosten, die mit dem Transport von feuchtem, schwerem Tabak einhergingen, waren von Anfang an überhöht gewesen; als Sir Edmunds Fördermittel sechs Monate zuvor versiegt waren, ging das Geschäft Pleite, die Missionsgruppe verdrückte sich, und die Engländer suchten sich andere Jobs. Die Jamaikaner, die anderswo keine Arbeit finden konnten, blieben, wo sie waren, und zählten die Tage, bis die Lebensmittelvorräte zur Neige gingen. Mittlerweile beherrschten sie den Konjunktiv, das kleine Einmaleins, wussten um das Leben und die Werke von Wilhelm dem Eroberer und die Eigenschaften eines gleichseitigen Dreiecks, aber sie hatten Hunger. Manche starben an diesem Hunger, manche wurden wegen der kleinen Vergehen, zu denen Hunger zwingt, ins Gefängnis gesteckt, viele schleppten sich ins East End und mischten sich unter die englische Arbeiterklasse. Ein paar fanden sich siebzehn Jahre später auf der Ausstellung des British Empire von 1924 wieder, wo sie als Jamaikaner verkleidet in der Jamaika-Abteilung auftraten und einen entsetzlichen Abklatsch ihres früheren Lebens aufführten – Blechtrommeln, Korallenketten –, denn sie waren jetzt Engländer, auf Grund ihrer Enttäuschungen sogar englischer als die Engländer. Unterm Strich lag der Direktor also falsch. Man konnte nicht sagen, dass Glenard irgendein großes lehrreiches Licht an nachfolgende Generationen weitergereicht hatte. Ein Vermächtnis ist nichts, was man nach Gutdünken hinterlassen oder annehmen kann, und auf dem heiklen Gebiet des Erbens gibt es keine Sicherheiten. Auch wenn ihn das sehr bestürzt hätte, Glenards Einfluss erwies sich eher als persönlich denn als professionell oder pädagogisch: Dieser Einfluss lag im Blut der Leute und im Blut ihrer Familien; er lag drei Generationen von Immigranten im Blut, die sich verlassen und hungrig fühlen konnten, selbst wenn sie sich im Schoße ihrer Familie vor einer prächtigen Festtafel befanden. Und er lag sogar Irie Jones von den jamaikanischen Bowdens im Blut, obwohl sie es nicht wusste (aber irgendwer hätte ihr empfehlen sollen, mehr über Glenards Vergangenheit in Erfahrung zu bringen; Jamaika ist klein, man kann es in einem Tag umrunden, und jeder, der dort lebt, hat irgendwann einmal mit jedem anderen zu tun gehabt).

*

»Haben wir denn überhaupt eine andere Wahl?«, fragte Irie.
»Ihr wart ehrlich zu mir«, sagte der Direktor und biss sich auf seine farblosen Lippen, »und ich will ehrlich zu euch sein.«
»Wir haben keine andere Wahl.«
»Ehrlich gesagt, nein. Entweder das oder zwei Monate in der Post-Unterrichtsbesinnungsphase. Ich fürchte, wir müssen den Menschen entgegenkommen, Irie. Und wenn wir schon nicht allen Menschen zu allen Zeiten entgegenkommen können, sollten wir zumindest einigen –«
»Ja, ja, toll.«
»Joshuas Eltern sind wirklich faszinierende Menschen, Irie. Ich glaube, diese gesamte Erfahrung wird sehr lehrreich für euch sein. Denkst du das nicht auch, Joshua?«
Joshua strahlte: »O ja, Sir. Das denke ich wirklich.«
»Und wisst ihr was? Das Wunderbare daran ist, dass das Ganze eine Art Pilotprojekt für eine ganze Reihe von Programmen werden könnte«, sagte der Direktor und dachte weiter laut nach. »Kinder aus einem sozial benachteiligten Umfeld oder Minderheitenfamilien kommen mit Kindern in Kontakt, die ihnen möglicherweise etwas bieten können. Und es könnte einen Austausch geben, auch umgekehrt. Kinder bringen Kindern Basketball bei, Fußball und so weiter. Wir könnten sogar *Fördermittel* bekommen.« Bei dem Zauberwort *Fördermittel* verschwanden die tief liegenden Augen des Direktors plötzlich hinter hektisch flatternden Lidern.

»Scheiße, Mann«, sagte Millat und schüttelte fassungslos den Kopf. »Ich brauch was zu rauchen.«

»Hälfte«, sagte Irie und folgte ihm nach draußen.

»Also dann, bis Dienstag!«, sagte Joshua.

12
ECKZÄHNE:
DIE REISSWERKZEUGE

Der Vergleich mag ein wenig bemüht erscheinen, doch die sexuelle und kulturelle Revolution, die wir in den letzten beiden Jahrzehnten erlebt haben, ist nicht unbedingt Lichtjahre von der gartenbaulichen Revolution entfernt, die sich in unseren Kräuterbeeten und Rabatten vollzogen hat. Wo wir uns einst mit unseren zweijährigen, nicht gerade farbenfrohen Blumen begnügten, die kaum aus der Erde kamen und nur wenige Male im Jahr blühten (wenn überhaupt), verlangen wir heute von unseren Blumen sowohl Buntheit als auch Kontinuität, die leidenschaftlichen Farben exotischer Blüten, und das 365 Tage im Jahr. Wo Gärtner einst auf die Verlässlichkeit der selbstbefruchtenden Pflanzen schworen, bei denen das Stigma mit Pollen derselben Blüte bestäubt wird (Autogamie), sind wir heute wagemutiger und singen das Loblied auf die Kreuzbestäubung, die Bestäubung zwischen Blüten derselben Pflanze (Geitonogamie) oder von Pflanzen derselben Spezies (Xenogamie). Vögel und Bienen, dicker Pollennebel – all das ist uns heute willkommen! Ja, Selbstbefruchtung ist der einfachere und sicherere der beiden Bestäubungsprozesse, vor allem bei vielen Spezies, die sich dadurch ausbreiten, dass sie das immer gleiche Merkmal unablässig wiederholen. Doch eine Spezies, die eine derartige uniforme Nachkommenschaft klont, läuft Gefahr, dass ihre gesamte Population durch ein einziges Evolutionsereignis vernichtet wird. Im Garten sollte, wie auch im gesellschaftlichen und politischen Leben, Wandel das einzig

Konstante sein. Unsere Eltern und die Petunien unserer Eltern mussten diese Lektion auf schmerzliche Weise lernen. Der Gang der Geschichte ist unsentimental, und sie stapft mit ruchloser Entschlossenheit über eine Generation und deren Einjährige hinweg.

Es ist nicht zu bestreiten, dass Kreuzbestäubung eine variablere Nachkommenschaft hervorbringt, die sich veränderten Umweltbedingungen besser anpassen kann. Kreuzbestäubenden Pflanzen wird zudem nachgesagt, dass sie mehr und hochwertigeren Samen produzieren. Meinem einjährigen Sohn nach zu urteilen (eine Kreuzbestäubung zwischen einer ehemals katholischen, feministischen Gärtnerin und einem intellektuellen Juden!), kann ich mich für diese Wahrheit verbürgen. Schwestern, letztendlich will ich auf Folgendes hinaus: Wenn wir auch im kommenden Jahrzehnt noch Blumen im Haar tragen wollen, dann müssen diese Blumen winterfest und stets vorhanden sein, wofür nur wahrlich mütterliche Gartenarbeit Sorge tragen kann. Wenn wir unseren Kindern heitere Spielplätze und unseren Ehemännern schöne Eckchen der Besinnung bieten wollen, müssen wir vielfältige und faszinierende Gärten schaffen. Mutter Erde ist groß und fruchtbar, aber sie braucht gelegentlich ein wenig Unterstützung!

– Joyce Chalfen, aus *Die neue »Flower Power«*, Caterpillar Press 1976

Joyce Chalfen schrieb *Die neue »Flower Power«* in einer winzigen Dachstube mit Blick auf ihren eigenen üppig wuchernden Garten im glühend heißen Sommer '76. Es war ein naiver Anfang für ein seltsames kleines Buch – in dem es mehr um Beziehungen als um Blumen ging –, das sich bis zum Ende der siebziger Jahre anhaltend gut verkaufte (keineswegs ein Buch, das sich auf jedem Couchtisch wieder fand, aber wenn man heute die Bücherregale der Babyboomer-Generation genauer absucht, wird man es verstaubt und vergessen neben anderen alten Bekannten entdecken können, Dr. Spock, Shirley Conran, eine abgegriffene Women's Press-Ausgabe von *Das dritte Leben des Grange Copeland* von Alice Walker. Keiner war angesichts des Erfolges von *Die neue »Flower Power«* überraschter als Joyce. Es hatte sich praktisch wie von selbst geschrieben, in nur drei Monaten, in denen sie die meiste Zeit lediglich mit einem knappen T-Shirt und Slip bekleidet gewesen war, um die Hitze zu ertragen, in regelmäßigen Abständen Joshua stillte, fast geistesabwesend, und zwischen den leicht aus der Feder fließenden Absätzen bei sich dachte, dass das *haargenau* das Leben war, das sie sich gewünscht hatte. Das war die Zukunft, von der zu träumen sie erstmals wagte, als sie Marcus' intelligente kleine Augen sah, die ihre stämmigen weißen Beine musterten, als sie sieben Jahre zuvor im Minirock den Hof seines College überquerte. Sie gehörte zu jenen Menschen, die es *sofort*, auf den ersten Blick wissen, schon als ihr zukünftiger Mann den Mund öffnete, um sein erstes nervöses Hallo zu sagen. Eine sehr glückliche Ehe. In jenem Sommer '76 – mit der Hitze und den Fliegen und den endlosen Melodien der Eiswagen, als alles wie im Traum geschah – musste Joyce sich manchmal kneifen, um sich zu vergewissern, dass es real war. Marcus' Arbeitszimmer lag den Flur hinunter auf der rechten Seite; zweimal am Tag tappte sie die Diele entlang, Joshua auf eine ausladende Hüfte gesetzt, stieß mit der anderen die Tür auf und sah nur mal nach, ob er noch da war, *ob er wirklich existierte*. Dann beugte sie sich entschlossen über den Schreibtisch und raubte ihrem Lieblingsgenie, das angestrengt an seinen seltsamen Molekülen, seinen Buchstaben und Zahlen arbeitete, einen Kuss. Sie lockte ihn gern von alledem weg, um ihm die neueste Großtat zu zeigen, die Joshua vollbracht oder gelernt hatte; Geräusche, Buchstaben erkennen, koordinierte Bewegungen, Nachahmung: *genau wie du*, sagte sie dann zu Marcus, *gute Gene*, erwiderte er dann, tätschelte ihren Hintern und die üppigen Schenkel, wog jede Brust in seiner Hand, tätschelte ihr Bäuchlein und bewunderte einfach seine englische Frucht, seine Erdgöttin ... und dann war sie zufrieden, tappte zurück in ihr Arbeitszimmer wie eine große Katze mit ihrem Jungen im Maul, bedeckt von einem zarten, glücklichen Schweißfilm. Sie hörte sich selbst halblaut summen, unbewusst und zufrieden, eine orale Version der Toilettenkritzeleien von Jugendlichen: Joyce und Marcus, Marcus und Joyce.

Auch Marcus schrieb in jenem Sommer '76 ein Buch. Weniger ein Buch (in Joyce' Sinne) als vielmehr eine Studie. Es nannte sich: *Chimären-Mäuse: Analyse und praktische Auswertung der Arbeit von Brinster (1974) zur Embryonenfusion von Mäuserassen im Achtzellenstadium der Entwicklung.* Joyce hatte Biologie studiert, aber sie traute sich nicht mal, das seitenstarke Manuskript anzurühren, das zu Füßen ihres Mannes wie ein Maulwurfshügel anwuchs. Joyce kannte ihre Grenzen. Sie hatte kein großes Verlangen, Marcus' Bücher zu lesen. Ihr reichte es zu wissen, dass sie geschrieben wurden, irgendwie. Ihr Mann verdiente nicht einfach bloß Geld, er stellte nicht bloß etwas her oder verkaufte Sachen, die andere Menschen hergestellt hatten, er *schuf* Wesen. Er ging an die Grenzen der Fantasie seines Gottes und machte Mäuse, die Jahwe sich nicht hatte vorstellen können: Mäuse mit Kaninchengenen, Mäuse mit Schwimmhäuten (so malte Joyce es sich zumindest aus, sie stellte keine Fragen), Mäuse die von Jahr zu Jahr mehr Marcus' Entwürfen entsprachen: vom Trial-and-Error-Prozess der selektiven Züchtung zur Herstellung von Embryonenchimären, und dann die raschen Entwicklungen, die Joyce' Begriffsvermögen überstiegen und Marcus' Zukunft ausmachten – DNA-Mikroinjektion, durch Retroviren vermittelte Genübertragung (für die er 1987 fast den Nobelpreis bekommen hätte), durch embryonale Stammzellen vermittelter Gentransfer –, alles Prozesse, bei denen Marcus Eizellen manipulierte, die Über- oder Unterexpression eines Gens regulierte, Instruktionen und Befehle in die Keimbahn einpflanzte, die sich in körperlichen Merkmalen niederschlagen sollten. Er schuf Mäuse, deren Körper exakt das taten, was Marcus ihnen sagte. Und stets mit der Menschheit im Sinn – ein Heilverfahren für Krebs, Gehirnlähmung, Parkinson –, stets in dem festen Glauben an die *Perfektionierbarkeit* allen Lebens, an die Möglichkeit, es effizienter zu machen, logischer (denn Krankheit war für Marcus nichts anderes als schlechte Logik seitens des sozialen Tieres), effektiver, *chalfenistischer* in der Art, wie es sich entwickelte. Er äußerte gleichermaßen seine Verachtung für die Tierschutzfanatiker – schreckliche Leute, die Joyce mit einer Gardinenstange von ihrer Tür wegscheuchen musste, als ein paar Extremisten von Marcus' Mäuseexperimenten Wind bekommen hatten – oder die Hippies oder die Baumfreunde oder einfach jeden, der die schlichte Tatsache übersah, dass gesellschaftlicher und wissenschaftlicher Fortschritt Waffenbrüder waren. Das war die Betrachtungsweise der Chalfens, die von Generation zu Generation in der Familie weitergegeben wurde. Sie besaßen die angeborene Unfähigkeit, Dummheit jedweder Form mit Nachsicht oder sonst wie zu ertragen. Wenn man mit einem Chalfen diskutierte, wenn man versuchte, eine Lanze für diese seltsamen Franzosen zu brechen, die glauben, Wahrheit sei eine Funktion der Sprache oder Geschichte sei interpretativ und Wissenschaft metaphorisch, dann hörte einem der jeweilige Chalfen ruhig zu und winkte lediglich ab, ohne das Gefühl zu haben, sich zu einer Replik auf einen derartigen Quatsch herablassen zu müssen. Wahrheit war für einen Chalfen Wahrheit. Und Genie war Genie. *Marcus schuf Wesen.* Und Joyce war seine Frau, eifrig damit beschäftigt, kleinere Versionen von Marcus zu erschaffen.

*

Fünfzehn Jahre später, und noch immer hätte Joyce denjenigen sehen wollen, der ihr eine glücklichere Ehe zeigen konnte als ihre. Drei weitere Kinder waren Joshua gefolgt: Benjamin (vierzehn), Jack (zwölf) und Oscar (sechs), lebhafte, lockenköpfige Jungs, alle sprachgewandt und amüsant. *Das Innenleben der Hauspflanzen* (1984) und ein Lehrstuhl für Marcus hatten sie durch die unruhigen Achtziger gebracht und ein Gästebad, einen Wintergarten und die Freuden des Lebens finanziert: alten Käse, gute Weine, Winterurlaube in Florenz. Derzeit waren zwei weitere Projekte in Arbeit: *Die heimlichen Leidenschaften der Kletterrose* und *Transgene Mäuse: Eine Untersuchung der inhärenten Limitationen von DNA-Mikroinjektion (Gordon und Ruddle, 1981) im Vergleich zum durch embryonale Stammzellen (ES) vermittelten Gentransfer (Gossler et. al., 1986).* Außerdem arbeitete Marcus wider besseres Wissen an einem populärwissenschaftlichen Buch – ein Gemeinschaftsprojekt mit einem Romancier –, in der Hoffnung, dass es später einige Jahre des Studiums zumindest seiner ersten beiden Kinder finanzieren würde. Joshua war ein ausgezeichneter Mathematikschüler, Benjamin wollte Genetiker werden wie sein Vater, Jacks Leidenschaft war die Psychiatrie, und Oscar konnte den König seines Vaters in fünfzehn Zügen schachmatt setzen. Und das alles, obwohl die Chalfens ihre Kinder auf die Gesamtschule Glenard Oak geschickt und das ideologische Glücksspiel riskiert hatten, vor dem andere Angehörige ihrer sozialen Schicht mit schlechtem Gewissen zurückscheuten, jene nervösen Liberalen, die schulterzuckend das Geld für eine Privatschule blechten. Und ihre Kinder waren nicht nur intelligent, sie waren auch noch fröhlich, in keinster Weise irgendwie unter Druck herangezüchtet. Ihre einzige außerschulische Aktivität (sie verabscheuten Sport) war fünfmal die Woche Einzeltherapie bei einer altmodischen Freudianerin namens Marjorie, die am Wochenende auch noch Joyce und Marcus (einzeln) therapierte. Das mag Nicht-Chalfens extrem erscheinen, aber Marcus war zur Achtung vor der Psychotherapie erzogen worden (die in seiner Familie schon längst den jüdischen Glauben ersetzt hatte), und das Ergebnis musste jeden Zweifler verstummen lassen. Alle Chalfens hielten sich für psychisch gesund und emotional stabil. Die Kinder hatten ihre ödipalen Komplexe früh und in der richtigen Reihenfolge, sie waren alle heterosexuell, sie liebten ihre Mutter heiß und innig und bewunderten ihren Vater, und das erstaunlicherweise sogar umso mehr, als sie in die Pubertät kamen. Streitereien waren selten, eher spielerisch und wenn, drehten sie sich ausschließlich um politische oder intellektuelle Themen (die Bedeutung von Anarchie, die Notwendigkeit von Steuererhöhungen, das Problem Südafrika, die Seele/Körper-Dichotomie), bei denen sie ohnehin alle einer Meinung waren.

Die Chalfens hatten keine Freunde. Sie pflegten hauptsächlich Umgang mit der weiteren Chalfen-Verwandtschaft (die vielbeschworenen *guten Gene*: zwei Naturwissenschaftler, ein Mathematiker, drei Psychiater und ein junger Vetter, der für die Labour-Partei arbeitete). Höchst widerwillig und nur an hohen Feiertagen besuchten sie Joyce' unbeliebte Familie, den Connor-Clan, Leute, die Leserbriefe an die *Daily Mail* schrieben und selbst jetzt noch nicht in der Lage waren, ihre Abneigung gegen Joyce' israelitischen Lebensgefährten zu verbergen. Unterm Strich: Die Chalfens brauchten keine anderen Menschen. Sie nahmen auf sich selbst als Substantive, Verben und gelegentlich als Adjektive Bezug. *Das ist die Chalfen-Methode, Und dann hat er einen echten Chalfenismus vom Stapel gelassen, Er chalfent wieder mal, Wir sollten in dieser Frage etwas chalfenistischer sein.* Joyce wollte den sehen, der ihr eine glücklichere Familie zeigen konnte, eine chalfenistischere Familie als ihre.

Und doch, und doch … Joyce sehnte sich nach dem goldenen Zeitalter, als sie noch die Stütze der ganzen Familie war. Als die Kinder nicht ohne sie essen konnten. Als die Kinder sich nicht ohne ihre Hilfe anziehen konnten. Jetzt war sogar Oscar in der Lage, sich ein Sandwich zu machen. Manchmal schien es nichts mehr zu geben, was sich noch verbessern, kultivieren ließ. Wenn sie in letzter Zeit ihre wuchernden Rosen ausputzte, wünschte sie sich manchmal, bei Joshua irgendein Defizit entdecken zu können, das ihre Aufmerksamkeit verdient hätte, irgendein heimliches Trauma bei Jack oder Benjamin, eine Perversion bei Oscar. Aber sie waren alle vollkommen. Manchmal, wenn die Chalfens sonntags beim Dinner saßen, ein Hähnchen in Stücke rissen, bis nur noch der zerfetzte Brustkorb übrig blieb, wortlos kauten, nur etwas sagten, um nach dem Salz- oder Pfefferstreuer zu verlangen – war die Langeweile förmlich *greifbar*. Das Jahrhundert neigte sich seinem Ende entgegen, und die Chalfens waren gelangweilt. Wie Klone voneinander, der Esstisch eine Übung in gespiegelter Vollkommenheit, der Chalfenismus und all seine Prinzipien ins Endlose reflektiert, von Oscar auf Joyce, von Joyce auf Joshua, von Joshua auf Marcus, von Marcus auf Benjamin, von Benjamin auf Jack und ad nauseam über Fleisch und Gemüse hinweg. Sie waren nach wie vor die Ausnahmefamilie, die sie schon immer gewesen waren, aber nachdem sie alle Verbindungen zu ihren Oxford-Cambridge-Peers gekappt hatten – Richter, Fernsehmanager, Werbefachleute, Anwälte, Schauspieler und andere frivole Berufe, über die der Chalfenismus hohnlächelte –, war niemand mehr übrig, der den Chalfenismus an sich bewunderte. Seine herrliche Logik, sein Mitgefühl, seinen Intellekt. Sie waren wie die staunenden Passagiere der *Mayflower* ohne Fels in Sicht. Pilger und Propheten ohne fremdes Land. Sie langweilten sich, und niemand mehr als Joyce.

Um die langen Tage allein im Haus zu füllen (Marcus fuhr täglich zum College), blätterte Joyce häufig aus purer Langeweile die Unmengen von Zeitschriften durch, die die Chalfens abonniert hatten (*New Marxism, Living Marxism, New Scientist, Oxfam Report, Third World Action, Anarchist's Journal*), und verspürte dann eine regelrechte Sehnsucht nach den kahlköpfigen Kindern aus Rumänien oder den wunderschönen äthiopischen Kindern mit ihren aufgetriebenen Bäuchen – ja, sie wusste, es war *furchtbar*, aber so war es nun mal –, Kinder, die sie aus Hochglanzmagazinen anflehten, die sie *brauchten*. Sie brauchte es, gebraucht zu werden. Sie wäre die Erste, die das unumwunden zugab. Sie fand es zum Beispiel furchtbar, als ihre Kinder, glupschäugige Muttermilchabhängige, eins nach dem anderen den Entzug schafften. Meistens streckte sie das Stillen über einen Zeitraum von zwei bis drei Jahren, bei Joshua sogar vier, aber die Nachfrage versiegte irgendwann, ganz im Gegensatz zum Nachschub. Sie lebte in ständiger Angst vor dem unvermeidlichen Augenblick, wenn sie von weichen auf harte Drogen umstiegen, vor dem Wechsel von Calcium zu den süßen Wonnen von Traubensaft. Nachdem sie Oscar nicht mehr stillen konnte, hatte sie sich wieder auf das Gärtnern gestürzt, zurück in den warmen Mulch, wo kleine Wesen auf sie vertrauten.

Und dann traten eines schönen Tages Millat Iqbal und Irie Jones widerwillig in ihr Leben. Sie war hinten im Garten und suchte gerade bekümmert ihren *Garter-Knight*-Rittersporn (violett und kobaltblau mit einer pechschwarzen Mitte, wie ein Einschussloch im Himmel) nach Thripsen ab – ein unangenehmer Schädling, der bereits ihrem Bocconia-Strauch den Garaus gemacht hatte. Es läutete an der Haustür. Joyce legte den Kopf in den Nacken, wartete, bis sie Marcus' mit Hausschuhen versehene Füße von seinem Arbeitszimmer die Treppe herunterkommen hörte, und tauchte dann, beruhigt, dass er schon aufmachen würde, wieder zwischen die Pflanzen. Mit hochgezogenen Augenbrauen inspizierte sie die bombastischen Doppelblüten, die in kerzengeraden Reihen an den meterhohen Rittersporntängeln strammstanden. *Thripse*, sagte sie laut vor sich hin, als sie den unschönen Befall an jeder zweiten Pflanze feststellte; *Thripse*, wiederholte sie, nicht ganz freudlos, denn nun waren Gegenmaßnahmen erforderlich, und vielleicht ergab sich daraus sogar Material für ein Buch oder zumindest für ein Kapitel. *Thripse*. Joyce kannte sich mit ihnen aus:

Thripse, Gattungsname für winzige Insekten, die sich von vielerlei Pflanzen ernähren, insbesondere jedoch die warmen Bedingungen mögen, die exotische Zimmerpflanzen brauchen. Die meisten Arten sind ausgewachsen nicht größer als 1,5 mm; manche sind flügellos, andere wiederum besitzen zwei Paar kurze, mit Fransenhärchen besetzte Flügel. Sowohl die ausgewachsenen Exemplare als auch die Larven haben saug- und stechfähige Mundwerkzeuge. Thripse befruchten zwar manche Pflanzen und vertilgen auch manche Insektenschädlinge, doch für moderne Gärtner sind sie sowohl ein Segen als auch eine Plage. Im Allgemeinen betrachtet man sie als Schädlinge, denen man mit Insektenvernichtungsmitteln wie beispielsweise Lindex beizukommen sucht.

Wissenschaftliche Klassifizierung: Thripse gehören zur Ordnung Thysanoptera.

– Joyce Chalfen: *Das Innenleben der Hauspflanzen*, Auszug aus dem Index zu Schädlingen und Parasiten.

Ja. Thripse haben gute *Instinkte*. Im Grunde sind sie wohltätige, produktive Organismen, die der Pflanze in ihrer Entwicklung helfen. Thripse *meinen es gut*, aber Thripse gehen einfach zu weit, Thripse begnügen sich nicht mit dem Bestäuben und dem Vertilgen von Schädlingen. Thripse fangen an, die eigentliche Pflanze zu fressen, sie von innen aufzufressen. Thripse würden eine Generation Rittersporn nach der anderen heimsuchen, wenn man sie ließe. Was kann man gegen Thripse unternehmen, wenn, wie in diesem Fall, Lindex keinen Erfolg gebracht hat? Was kann man anderes tun als brutal zurückschneiden, unbarmherzig zurückschneiden und wieder ganz von vorn anfangen? Joyce atmete einmal tief durch. Sie tat das für den Rittersporn. Sie tat das, weil der Rittersporn ohne sie rettungslos verloren war. Joyce holte die große Gartenschere aus ihrer Schürzentasche, umfasste entschlossen den knallorangeroten Griff und schob den ungeschützten Hals einer blauen Rittersporblüte zwischen die zwei silbernen Klingen. Liebe kann wehtun.

»Joyce! Ja-*oyce*! Joshua und seine Marihuana rauchenden Freunde sind da!«

Pulcher. Das lateinische Wort für schön war das Erste, das Joyce einfiel, als Millat Iqbal auf die Stufen ihres Wintergartens trat, grinsend über Marcus' blöden Witz, und seine violett umflorten Augen gegen die verblassende Wintersonne abschirmte. *Pulcher*, nicht bloß der Begriff, sondern die gesamte körperhafte Gestalt des Wortes erschien vor ihren Augen, als wäre es ihr auf die Netzhaut getippt worden – PULCHER – schön, Schönheit, wo man sie am wenigsten erwartete, verborgen in einem Wort, das eher so aussah, als bezeichnete es einen Rülpser oder eine Hautkrankheit. Schönheit in einem groß gewachsenen braunen jungen Mann, der sich für Joyce eigentlich nicht hätte unterscheiden dürfen von denjenigen, bei denen sie täglich Milch und Brot kaufte, die ihren Gaszähler ablasen oder denen sie ihr Scheckbuch unter der dicken Sicherheitsglasscheibe eines Bankschalters hindurch reichte.

»Mill-jat Ick-Ball«, sagte Marcus mit übertriebener Aussprache der fremdartigen Silben. »Und Irie Jones, wie es scheint. Freunde von Josh. Ich hab gerade zu Josh gesagt, das sind die bestaussehenden Freunde von ihm, die wir bisher kennen gelernt haben! Normalerweise sind die nämlich klein und schmächtig, so weitsichtig, dass sie schon wieder kurzsichtig sind, und sie haben Klumpfüße. Und sie sind *nie* weiblich. Nun denn!«, schloss Marcus vergnügt, ohne auf Joshuas entsetzte Miene zu achten. »Gut, dass du endlich aufgetaucht bist. Wir suchen nämlich nach einer Frau, die unseren alten Joshua heiratet …«

Marcus stand auf den Stufen zum Garten und bewunderte unverhohlen Iries Brüste (obwohl fairerweise gesagt werden muss, dass Irie einen guten Kopf größer war als er). »Er ist ein guter Kerl, schlaues Köpfchen, ein bisschen schwach in Bruchrechnen, aber wir lieben ihn trotzdem. Nun denn …«

Marcus hielt inne, bis Joyce aus dem Garten gekommen war, ihre

Handschuhe ausgezogen, Millat mit Handschlag begrüßt hatte und ihnen allen in die Küche gefolgt war. »Du bist wahrhaftig ein *kräftiges* junges Mädchen.«

»Äh … danke.«

»Wir mögen das – gute Esser. Alle Chalfens sind gute Esser. Ich nehme kein Pfündchen dabei zu, aber Joyce schon. Natürlich nur an den richtigen Stellen. Bleibt ihr zum Abendessen?«

Irie stand stumm mitten in der Küche, zu nervös, um etwas zu sagen. Die beiden waren nicht die Sorte Eltern, die sie kannte.

»Ach, hör nicht auf Marcus«, sagte Joshua mit einem vergnügten Augenzwinkern. »Er ist ein alter Lüstling. Das ist so Chalfen-Art. Sie bombardieren einen gerne, sobald man zur Tür rein-kommt. Um rauszufinden, wie schlagfertig man ist. Chalfens halten Höflichkeiten für überflüssig. Joyce, das sind Irie und Millat. Die beiden von hinter dem naturwissenschaftlichen Block.«

Joyce hatte sich teilweise von Millat Iqbals Anblick erholt und riss sich jetzt so weit zusammen, dass sie ihre Rolle als Mutter Chalfen ausfüllen konnte.

»Ihr beide seid das also, die meinen ältesten Sohn verderben. Ich bin Joyce. Möchtet ihr eine Tasse Tee? Ihr seid also Joshuas *schlechte Gesellschaft*. Ich war gerade dabei, den Rittersporn zu-rückzuschneiden. Das ist Benjamin, Jack – und da in der Diele, das ist Oscar. Erdbeer und Mango oder normal?«

»Für mich normal, Joyce, danke«, sagte Joshua.

»Für mich auch, danke«, sagte Irie.

»Dito«, sagte Millat.

»Drei normale und einmal Mango, bitte, Marcus, Schatz, *bitte*.«

Marcus, der gerade mit einer frisch gestopften Pfeife aus der Tür gehen wollte, machte mit einem müden Lächeln auf dem Absatz kehrt. »Ich bin dieser Frau nun mal sklavisch ergeben«, sagte er, packte sie um die Taille, wie ein Spieler, der mit beiden Armen seine Chips einstreicht. »Aber wenn ich das nicht wäre, würde sie vielleicht mit dem erstbesten schönen jungen Mann durchbrennen, der dieses Haus betritt. Hab diese Woche keine Lust, Opfer des Darwinismus zu werden.«

Diese Umarmung, so schamlos wie eine Umarmung nur sein kann, wurde frontal ausgeführt, anscheinend, damit Millat sie richtig mitbekam. Joyce' milchig blaue Augen waren jedenfalls die ganze Zeit auf ihn gerichtet.

»So etwas brauchst du, Irie«, sagte Joyce in einem vertraulich lauten Flüsterton, als würden sie sich schon fünf Jahre kennen und nicht erst seit fünf Minuten, »einen Mann wie Marcus auf lange Sicht. Diese Typen für eine Nacht mögen ja ganz unterhaltsam sein, aber was für Väter geben sie ab?«

Joshua lief rot an. »Joyce, sie ist zum ersten Mal in diesem Haus! Nun lass sie doch in Ruhe ihren Tee trinken!«

Joyce tat verblüfft. »Das war dir doch hoffentlich nicht peinlich, oder? Du musst Mutter Chalfen entschuldigen, ich hab ein liebevolles Verhältnis zu jeder Art von Fettnäpfchen.«

Aber Irie war nicht peinlich berührt. Sie war fasziniert, schon nach fünf Minuten bezaubert. Bei den Jones zu Hause machte keiner Witze über Darwin oder sagte »ich hab ein liebevolles Verhältnis zu jeder Art von Fettnäpfchen« oder bot verschiedene Sorten Tee an oder ließ das Gespräch ungehindert von Erwachsenen zu Kind, von Kind zu Erwachsenen fließen, als wäre der Kommunikationsweg zwischen diesen beiden Lagern unverstellt, nicht durch Geschichte versperrt, *frei.*

»Also«, sagte Joyce, nachdem Marcus sie wieder losgelassen hatte, setzte sich an den kreisrunden Tisch und bedeutete den anderen, es ihr gleichzutun, »ihr seht sehr exotisch aus. Wo kommt ihr her, wenn ich fragen darf?«

»Willesden«, sagten Irie und Millat wie aus einem Munde.

»Ja, ja, natürlich, aber von wo denn *ursprünglich*?«

»*Oh*«, sagte Millat und verfiel in seine Primitivo-Sprache, wie er es nannte. »Du meinen, wo ich herkommen *ursprünglich*.«

Joyce blickte verwirrt. »Ja, *ursprünglich*.«

»Whitechapel«, sagte Millat und zog eine Zigarette heraus.

»Über das Royal London Hospital und dann mit dem 207er Bus.«

Alle Chalfens, die sich in der Küche tummelten, Marcus, Josh, Benjamin, Jack, brachen in schallendes Gelächter aus. Joyce tat es ihnen brav nach.

»Kriegt euch wieder ein, Mann«, sagte Millat argwöhnisch. »So scheißlustig war das nun auch wieder nicht.«

Aber die Chalfens lachten weiter. Chalfens machten nur selten Witze, und wenn, dann waren die entsetzlich humorlos oder numerisch oder beides: Trifft eine Null eine Acht. Sagt die Null: *Hübscher Gürtel.*

»Willst du die rauchen?«, fragte Joyce unvermittelt mit einem Anflug von Panik in der Stimme, als das Gelächter sich legte. »Hier drin? Es ist bloß, wir mögen den Geruch nicht. Wir mögen nur den Geruch von deutschem Tabak. Und wenn wir den rauchen, dann nur oben in Marcus' Zimmer, weil es sonst Oscar stört, nicht wahr, Oscar?«

»Nein«, sagte Oscar, der jüngste und engelhafteste der Jungs, der gerade damit beschäftigt war, ein Lego-Imperium zu errichten. »Ist mir egal.«

»Es stört Oscar«, wiederholte Joyce erneut in ihrem lauten Flüsterton. »Er hasst es.«

»Ich … gehe … damit … in … den … Garten«, sagte Millat langsam und mit einem Tonfall, mit dem man mit Verrückten oder Ausländern spricht. »Bin … gleich … wieder … da.«

Sobald Millat außer Hörweite war und Marcus die Tassen mit Tee brachte, schienen die Jahre wie tote Haut von Joyce abzufallen, und sie beugte sich über den Tisch wie ein Schulmädchen.

»Gott, er sieht *toll* aus, nicht? Wie Omar Sharif vor dreißig Jahren. Aparte römische Nase. Bist du mit ihm …?«

»Lass das Mädchen in Ruhe, Joyce«, mahnte Marcus. »Das wird sie dir wohl kaum erzählen, oder?«

»Nein«, sagte Irie, die das Gefühl hatte, sie würde diesen Menschen gern alles erzählen. »Nein, bin ich nicht.«

»Ist vielleicht besser so. Wahrscheinlich haben seine Eltern schon was für ihn arrangiert, nicht? Der Direktor hat mir erzählt, dass er Muslim ist. Da kann er wohl froh sein, dass er kein Mädchen ist, hmm? Unfassbar, was sie den Mädchen antun. Erinnerst du dich an diesen Artikel in *Time*, Marcus?«

Marcus suchte gerade im Kühlschrank nach einem Teller mit kalten Kartoffeln von gestern. »Mmm. Unfassbar.«

»Aber weißt du was, nur nach dem bisschen, was ich bis jetzt gesehen habe, finde ich, dass er überhaupt nicht wie die meisten Muslimkinder wirkt. Ich meine, ich spreche da aus persönlicher Erfahrung. Ich bin mit meinen Gartenprojekten oft an Schulen, arbeite mit Kindern aller Altersgruppen. Meistens sind sie furchtbar still, wisst ihr, schrecklich unterwürfig – und er ist dagegen so voller … Feuer! Aber solche Jungs stehen immer bloß auf die großen Blondinen, nicht? Ich meine, darauf läuft es letztendlich hinaus, wenn sie so gut aussehen. Ich weiß, wie dir zumute ist … als ich in deinem Alter war, hab ich auch auf die wilden Jungs gestanden, aber später wird man klüger, ehrlich. Gefahr ist nicht wirklich sexy, das kannst du mir glauben. Mit jemandem wie Joshua wärst du sehr viel besser dran.«

»Mum!«

»Er redet schon die ganze Woche ununterbrochen von dir.«

»Mum!«

Joyce nahm den Tadel mit einem kleinen Lächeln zur Kenntnis. »Na ja, vielleicht bin ich für euch junge Leute ein bisschen zu offen. Ich weiß nicht … in meiner Zeit war man einfach viel direkter, das musste man sein, wenn man den richtigen Mann erwischen wollte. Zweihundert Frauen an der Universität und zweitausend Männer! Die haben sich um eine Frau regelrecht geprügelt – aber wer schlau war, war auch *wählerisch*.«

»Meine Güte, was warst du wählerisch«, sagte Marcus, schlurfte von hinten an sie heran und küsste sie aufs Ohr. »Und mit so einem guten *Geschmack*.«

Joyce ließ die Küsse über sich ergehen wie ein Mädchen, das

den jüngeren Bruder ihrer besten Freundin gutmütig gewähren lässt.

»Aber deine Mutter war nicht so ganz zufrieden, oder? Sie fand mich zu intellektuell, hat gedacht, dass ich keine Kinder haben wollte.«

»Aber du hast sie überzeugt. Diese Hüften würden ja auch jeden überzeugen!«

»Ja, letzten Endes … aber sie hat mich unterschätzt, nicht wahr? Sie hat gemeint, ich wäre nicht der Stoff, aus dem die Chalfens sind.«

»Sie hat dich damals einfach noch nicht gut genug gekannt.«

»Na ja, wir haben sie schön überrascht, nicht wahr!«

»Um diese Frau zufrieden zu stellen, war schon jede Menge verstärktes Kopulieren vonnöten!«

»Vier Enkelkinder später war's dann geschafft!«

Währenddessen versuchte Irie, sich auf Oscar zu konzentrieren, der jetzt dabei war, aus einem großen rosa Elefanten ein Urzeitmonster zu machen, indem er ihm den Rüssel ins Hinterteil rammte. Noch nie war sie diesem seltsamen und schönen Ding, der *Mittelschicht*, so *nahe* gewesen und hatte die Art von Verlegenheit erlebt, die doch nichts anderes ist als Neugier, Faszination. Es war eigenartig und wundervoll zugleich. Sie fühlte sich wie ein prüder Mensch, der über einen Nacktbadestrand geht und stur auf den Sand starrt. Sie fühlte sich wie Kolumbus, der den unbekleideten Arawaks begegnet und nicht weiß, wo er hingucken soll.

»Du musst meine Eltern entschuldigen«, sagte Joshua. »Die können einfach nicht die Finger voneinander lassen.«

Doch selbst das klang irgendwie stolz, da die Chalfen-Kinder wussten, dass ihre Eltern seltene Geschöpfe waren, ein *glücklich verheiratetes Paar*, von denen es in ganz Glenard Oak höchstens ein Dutzend gab.

Irie dachte an ihre eigenen Eltern, deren Berührungen virtuell waren, nur stellvertretend über Dinge stattfanden, die beide zuvor angefasst hatten: die Fernbedienung, der Keksdosendeckel, die Lichtschalter.

Sie sagte: »Es muss toll sein, nach zwanzig Jahren oder so noch immer so zu empfinden.«

Joyce wirbelte herum, als hätte jemand eine Arretierung gelöst. »Es ist wunderbar! Es ist unbeschreiblich! Du wirst einfach eines Morgens wach und erkennst, dass Monogamie keine Fessel ist – sie ist befreiend! Und Kinder müssen in so einer Atmosphäre aufwachsen. Ich weiß nicht, ob du das je erlebt hast – man liest ja so viel darüber, dass Afro-Kariben Schwierigkeiten haben, dauerhafte Bindungen einzugehen. Ist das nicht furchtbar traurig? In *Innenleben der Hauspflanzen* hab ich über eine Dominikanerin geschrieben, die ihre Topfazalee durch sechs verschiedene Männerhaushalte mitgenommen hat; einmal auf dem Fensterbrett, dann in einer dunklen Ecke, dann in einem Schlafzimmer, das nach Süden ging usw. Das kann man einer Pflanze einfach nicht antun.«

Das war ein klassischer Joyce'scher Gedankensprung, und Marcus und Joshua verdrehten die Augen, liebevoll.

Millat hatte seine Zigarette aufgeraucht und kam wieder hereingetrottet.

»Lernen wir jetzt mal ein bisschen oder was? Ist ja alles ganz nett hier, aber ich will heute Abend noch weg. Irgendwann mal.«

Während Irie sich ihren Träumereien hingegeben und die Chalfens betrachtet hatte wie eine verliebte Anthropologin, war Millat draußen im Garten gewesen, hatte durch die Fenster gespäht und das Haus taxiert. Wo Irie Bildung, Kultiviertheit, Klasse, Intellekt sah, erblickte Millat Geld, überflüssiges Geld, Geld, das bloß irgendwie an dieser Familie klebte, ohne was Besonderes zu tun, Geld, das einer guten Sache dienen sollte, und was sprach dagegen, dass er diese gute Sache war?

»So«, sagte Joyce, in die Hände klatschend, um sie alle noch ein bisschen länger im Raum zu halten, um die drohende Chalfen-Stille möglichst lange hinauszuschieben, »ihr wollt also zusammen lernen! Schön, du und Irie, ihr seid herzlich willkommen. Ich hab zu eurem Direktor gesagt, hab ich doch, Marcus, nicht, dass ihr das gar nicht als Bestrafung empfinden solltet. Ihr habt ja nicht gerade ein Schwerverbrechen begangen. Unter uns gesagt, ich war früher auch mal eine ganz gute Marihuanagärtnerin ...«

»*Wahn*sinn«, sagte Millat.

Gute Pflege, dachte Joyce. Geduld, regelmäßiges Gießen und beim Zurückschneiden nicht übertreiben.

»... und euer Direktor hat uns erklärt, dass euer häusliches Umfeld nicht direkt ... na ja ... Ich bin sicher, dass euch das Lernen hier leichter fallen wird. So ein wichtiges Jahr, mit der mittleren Reife. Und es sieht doch ein Blinder, dass ihr beide intelligent seid – da muss man euch nur in die Augen blicken. Hab ich Recht, Marcus?«

»Josh, deine Mutter fragt mich, ob sich der IQ in den körperlichen Sekundärmerkmalen von Augenfarbe, Augenform etc. niederschlägt. Gibt es darauf eine vernünftige Antwort?«

Joyce blieb unbeirrt. Mäuse und Menschen, Gene und Keime, das war Marcus' Metier. Sämlinge, Lichtquellen, Wachstum, Zuwendung, das vergrabene Herz der Dinge – das war *ihres*. Wie auf einem Missionsschiff wurden Aufgaben verteilt. Marcus vorne am Bug, wo er Ausschau nach Unwetter hielt. Joyce unter Deck, um die Bettwäsche nach Wanzen abzusuchen.

»Euer Direktor weiß, dass ich es nicht ertrage, wenn gutes Potenzial vergeudet wird – deshalb hat er euch zu *uns* geschickt.«

»Und weil er weiß, dass die meisten Chalfens vierhundertmal schlauer sind als er!«, sagte Jack und nahm eine Starpose ein. Er war noch jung und hatte noch nicht gelernt, den Stolz auf seine Familie auf sozial akzeptablere Weise auszudrücken. »Sogar Oscar.«

»Nein, bin ich nicht«, sagte Oscar und trat die Lego-Garage ein, die er gerade gebaut hatte. »Ich bin der Dümmste auf der ganzen Welt.«

»Oscar hat einen IQ von 178«, flüsterte Joyce. »Das ist ein bisschen beängstigend, selbst wenn man seine Mum ist.«

»Wow«, sagte Irie, wandte sich um und sah gemeinsam mit den übrigen Familienmitgliedern beifällig zu, wie Oscar versuchte, den Kopf einer Plastikgiraffe zu sich zu nehmen. »Das ist ja enorm.«

»Ja, aber er hat auch alles bekommen, und Zuwendung ist so wichtig, nicht wahr? Davon bin ich fest überzeugt. Wir können nun mal von Glück sagen, dass wir ihm so viel geben können, und mit einem Daddy wie Marcus – das ist so, als würde ihn vierundzwanzig Stunden am Tag ein kräftiger Sonnenstrahl bescheinen, nicht wahr, Schatz? Ein Glück für ihn. Ach, was sag ich, ein Glück für alle. Mag ja sein, dass sich das für dich komisch anhört, aber es war immer mein Ziel gewesen, einen Mann zu heiraten, der klüger ist als ich.« Joyce legte die Hände auf die Hüften und wartete, bis Irie dachte, dass sich das komisch anhört. »Nein, im Ernst. Und ich bin eine knallharte Feministin, das kann Marcus bestätigen.«

»Sie ist eine knallharte Feministin«, sagte Marcus, mit dem Kopf im Kühlschrank.

»Ich glaube nicht, dass du das verstehen kannst – eure Generation hat andere Vorstellungen –, aber ich hab gewusst, dass es befreiend sein würde. Und ich hab gewusst, welche Art von Vater ich mir für meine Kinder wünsche. Na, das hat dich jetzt aber überrascht, nicht? Tut mir Leid, aber bei uns gibt's nun mal keinen Small Talk. Ich finde, wenn ihr ab jetzt jede Woche hier seid, solltet ihr gleich von Anfang an eine ordentliche Dosis Chalfens abbekommen.«

Alle Chalfens in Hörweite dieser letzten Bemerkung lächelten und nickten.

Joyce hielt inne und musterte Irie und Millat so, wie sie ihren *Garter-Knight*-Rittersporn gemustert hatte. Sie hatte ein rasches und erfahrenes Auge für Krankheiten, und sie erkannte, dass bei beiden etwas im Argen lag. Im ersten Fall *(Ireanthus negressium marcusilia)* entdeckte sie einen stillen Schmerz – vielleicht eine fehlende Vaterfigur, ein ungenutzter Intellekt, ein schwaches Selbstbewusstsein; und im zweiten Fall *(Millaturea brandolidia joyculatus)* eine tiefere Traurigkeit – ein grausamer Verlust, eine klaffende Wunde. Ein Loch, das mehr erforderte als Erziehung oder Geld. Das Liebe erforderte. Joyce sehnte sich danach, ihren Chalfen'schen grünen Daumen auf die Wunde zu legen, den Riss zu schließen, die Haut zu nähen.

»Darf ich was fragen? Eure Väter? Was machen die –?«

(Joyce wollte wissen, was die Eltern taten, was sie getan hatten. Wenn sie eine mutierte erste Blüte sah, wollte sie immer herausfinden, wo der Ableger herkam. Falsche Frage. Es waren nicht die Eltern, es war nicht bloß eine Generation, es war das gesamte Jahrhundert. Nicht die Blüte, sondern der Busch.)

»Curry-Schlepper«, sage Millat. »Abräumer. Kellner.«

»Papier«, setzte Irie an. »Er faltet es irgendwie ... und arbeitet an so Sachen wie Perforationen ... sozusagen in der Werbung mit Postwurfsendungen, aber nicht direkt in der Werbung, ich meine, nicht da, wo es um *Ideen* geht ... er faltet es irgendwie –« Sie gab auf. »Schwer zu erklären.«

»O ja. Ja, ja, *ja.* Wenn ein männliches Rollenmodell fehlt, weißt du ... dann laufen die Dinge wirklich falsch, meiner Erfahrung nach. Ich hab kürzlich einen Artikel für *Women's Earth* geschrieben. Da habe ich beschrieben, wie ich in einer der Schulen, wo ich arbeite, jedem Kind ein eingetopftes Fleißiges Lieschen gegeben habe, das sie dann eine Woche lang so behandeln sollten, wie ein Daddy oder eine Mummy ein Baby behandelt. Jedes Kind konnte sich aussuchen, welchen Elternteil es nachahmen wollte. Ein reizender kleiner jamaikanischer Junge namens Winston hat sich für seinen Daddy entschieden. Eine Woche später rief mich seine Mutter an und wollte wissen, wieso ich Winston gesagt hätte, dass er seiner Pflanze Pepsi zu trinken geben und sie vor den Fernseher stellen sollte. Ich meine, das ist doch furchtbar, oder? Aber ich glaube, viele Eltern kümmern sich einfach nicht genug um ihre

Kinder. Zum Teil ist das wohl kulturell bedingt. Es macht mich so wütend. Das Einzige, was Oscar sich ansehen darf, ist eine halbe Stunde *Newsround* am Tag. Das ist mehr als genug.«

»Oscar, der Glückspilz«, sagte Millat.

»Na, jedenfalls, ich bin sehr froh, dass ihr da seid, weil, weil die Chalfens, ich meine – es klingt vielleicht eigenartig, aber ich wollte euren Direktor unbedingt davon überzeugen, dass es so am besten ist, und jetzt, wo ich euch kennen gelernt habe, bin ich mir sogar noch sicherer – weil die *Chalfens* –«

»Sich darauf verstehen, das Beste aus den Menschen herauszuholen«, beendete Joshua den Satz, »so wie bei mir.«

»Ja«, sagte Joyce, erleichtert, dass sie nicht mehr nach Worten suchen musste, und vor Stolz strahlend. *»Ja.«*

Joshua schob seinen Stuhl vom Tisch weg und stand auf. »Also los, dann fangen wir mal an, ein bisschen zu lernen. Marcus, könntest du später hochkommen und uns bei Biologie helfen? Ich schaff das nicht, dieses Reproduktionsgedöns in mundgerechte Bröckchen zu zerlegen.«

»Klar. Aber ich muss auch an meiner FutureMouse arbeiten.« Das war der Familienspitzname für Marcus' Projekt, und die kleineren Chalfens sangen ihm *FutureMouse!* hinterher, sahen im Geiste einen anthropomorphen Nager in roten Shorts. »Und ich muss vorher noch mit Jack ein bisschen Klavier spielen. Scott Joplin. Jack spielt die linke Hand, ich die rechte. Nicht ganz Art Tatum«, sagte er und zerzauste Jacks Haar, »aber wir wurschteln uns so durch.«

Irie versuchte angestrengt, sich vorzustellen, wie Mr. Iqbal mit seinen toten grauen Fingern die rechte Hand von Scott Joplin spielte. Sie spürte, wie ihre Wangen sich unter der wohltuenden Wärme Chalfenistischer Offenbarung röteten. Es gab also Väter, die sich mit der Gegenwart beschäftigten, die keine alten Geschichten mit sich herumschleppten wie eine Kugel am Bein. Es gab also Menschen, die nicht bis zum Hals in morastiger Vergangenheit steckten und immer tiefer einsanken.

»Ihr bleibt doch hoffentlich zum Abendessen, ja?«, flehte Joyce.
»Oscar möchte so gerne, dass ihr bleibt. Oscar findet es schön,
Fremde im Haus zu haben, das ist so anregend für ihn. Vor allem
braunhäutige Fremde! Nicht wahr, Oscar?«

»Nein, tu ich nicht«, gestand Oscar und spuckte Irie ins Ohr.
»Ich hasse braune Fremde.«

»Er findet braunhäutige Fremde wirklich anregend«, wisperte
Joyce.

*

Dieses Jahrhundert ist das Jahrhundert der Fremden, der braunen, gelben und weißen. Es ist das Jahrhundert des großen Im-
migrantenexperiments. Erst jetzt kann es einem passieren, dass
man auf einen Spielplatz geht und Isaac Leung am Fischteich
sieht, Danny Rahman im Fußballtor, Quang O'Rourke beim
Dribbeln mit einem Basketball und Irie Jones, die eine Melodie
vor sich hin summt. Kinder, deren Vor- und Nachnamen auf
frontalem Kollisionskurs sind. Namen, die Massenexodus, überfüllte Boote und Flugzeuge, kühle Ankünfte, medizinische Un-
tersuchungen in sich bergen. Erst jetzt und vielleicht nur in Willesden ist es möglich, beste Freundinnen zu finden, die Sita und
Sharon heißen und ständig miteinander verwechselt werden,
weil Sita weiß ist (ihrer Mutter gefiel der Name) und Sharon Pakistanerin ist (ihre Mutter hielt es so für am besten – weniger Ärger). Dennoch, trotz der ganzen Vermischung, trotz der Tatsache, dass wir alle endlich einigermaßen behaglich in das Leben
des anderen hineingeschlüpft sind (wie ein Mann, der nach einem
Mitternachtsspaziergang ins Bett seiner Geliebten zurückkehrt),
trotz alledem fällt es noch immer schwer zuzugeben, dass keiner
englischer ist als der Inder und keiner indischer ist als der Engländer. Es gibt noch immer junge weiße Männer, die darüber
zornig sind; die nach Kneipenschluss durch schlecht beleuchtete
Straßen ziehen, mit einem Küchenmesser fest in der geballten
Faust.

Doch der Immigrant muss lachen, wenn er die Ängste des Nationalisten hört, der sich vor verderblichem Einfluss, Überfremdung, Rassenmischung fürchtet, wo das doch Lappalien sind, *Peanuts*, verglichen mit dem, was der Immigrant fürchtet – Auflösung, *Verschwinden*. Selbst die unerschütterliche Alsana Iqbal wachte regelmäßig schweißgebadet auf, wenn sie nachts von Visionen heimgesucht worden war, in denen Millat (genetisch *BB*, wobei *B* für Bengali-tum steht) jemanden heiratet, der Sarah heißt (aa, wobei »a« für arisch steht), eine Verbindung, aus der ein Junge namens Michael (*B*a) hervorgeht, der wiederum jemanden namens Lucy (aa) heiratet, so dass Alsana am Ende ein Vermächtnis von unerkennbaren Urenkeln (Aaaaaaa!) hat, deren Bengali-tum völlig verwässert ist, bei denen der Genotyp vom Phänotyp zugedeckt wird. Es ist sowohl das irrationalste als auch natürlichste Gefühl der Welt. In Jamaika steckt es sogar in der Grammatik: Es gibt keine Auswahl an Personalpronomen, keine Trennung zwischen *mir* oder *du* oder *sie*, es gibt bloß das reine homogene *ich*. Als Hortense Bowden, selbst zur Hälfte eine Weiße, von Claras Hochzeit erfuhr, kam sie zum Haus, blieb vor der Türschwelle stehen, sagte: »Damit eins klar ist: Ich und ich sprechen ab sofort nicht mehr miteinander«, machte auf dem Absatz kehrt und hielt ihr Wort. Hortense hatte sich schließlich nicht die ganze Mühe gemacht, einen Schwarzen zu heiraten, ihre Gene vom Rand zurückzuzerren, bloß damit ihre Tochter noch hellere Kinder in die Welt setzte.

Im Hause Iqbal waren die Gefechtslinien ebenso klar gezogen. Wenn Millat eine Emily oder eine Lucy mit nach Hause brachte, weinte Alsana leise in der Küche, Samad ging in den Garten, um sich über den Koriander herzumachen. Der nächste Morgen war ein Wartespiel, ein wütendes Sich-auf-die-Zunge-Beißen, bis Emily oder Lucy das Haus verließ und der Krieg der Worte beginnen konnte. Doch bei Irie und Clara blieb das Thema meist unausgesprochen, da Clara sehr wohl wusste, dass sie nicht in der Position war, Irie eine Predigt zu halten. Dennoch, sie gab sich keine Mühe, ihre Enttäuschung zu verbergen oder ihre schmerzende Traurigkeit. Von Iries Schlafzimmeraltar mit grünäugigen Hollywoodidolen bis hin zu ihrer Clique von weißen Freundinnen, die bei ihr ein und aus gingen, sah Clara stets nur einen Ozean rosiger Haut, der ihre Tochter umgab, und sie fürchtete, dass die Flut sie hinwegspülen würde.

Das war einer der Gründe, warum Irie die Chalfens ihren Eltern gegenüber nie erwähnte. Nicht, dass sie vorgehabt hätte, sich mit einem der Chalfens zu paaren … aber der Instinkt war der gleiche. Sie empfand die nebulöse Leidenschaft einer Fünfzehnjährigen für sie, überwältigend, jedoch ohne wirkliche Richtung und ohne wirkliches Ziel. Sie wollte einfach, na ja, irgendwie mit ihnen *verschmelzen*. Sie wollte deren Englischheit haben. Deren Chalfenheit. All diese *Reinheit*. Es kam ihr gar nicht in den Sinn, dass auch die Chalfens in gewisser Weise Immigranten waren (dritte Generation, über Deutschland und Polen, geborene Chalfenovsky) oder dass die Chalfens Irie ebenso sehr brauchten wie Irie die Chalfens. Für Irie waren die Chalfens englischer als die Engländer. Wenn Irie über die Schwelle des Chalfen-Hauses trat, verspürte sie ein verbotenes Prickeln, wie ein Jude, der ein Würstchen mampft, oder ein Hindu, der sich einen Big Mac reinzieht. Sie überschritt Grenzen, schlich sich nach England hinein; es kam ihr vor wie ein entsetzlich aufsässiger Akt, als zöge sie sich eine falsche Uniform oder eine falsche Haut über.

Also sagte sie bloß, sie habe dienstags abends Korbball, und beließ es dabei.

*

Im Haus der Chalfens war das Gespräch ständig im Fluss. Es schien Irie, dass hier keiner betete oder seine Gefühle in einem Werkzeugkasten versteckte oder still verblassende Fotos streichelte und sich fragte, was hätte sein können. Gespräche waren das Salz des Lebens.

»Hallo Irie! Rein mit dir, rein mit dir, Joshua ist mit Joyce in der Küche, du siehst gut aus. Millat nicht bei dir?«

»Der kommt später. Hat eine *Verabredung*.«

»Ach ja. Wenn ihr bei eurer Prüfung Fragen zur oralen Kommunikation kriegen würdet, würde er sie mit links erledigen. Joyce! Irie ist da! Wie läuft's denn so mit dem Lernen? Ihr macht das ja jetzt schon seit – äh wann? Vier Monaten? Färbt das Chalfen'sche Genie auf euch ab?«

»Ja, nicht schlecht, nicht schlecht. Ich hätte nie gedacht, dass ich eine naturwissenschaftliche Ader in mir hab, aber … es scheint was zu bringen. Aber ich weiß nicht recht. Manchmal hab ich richtig Hirnmuskelkater.«

»Das liegt bloß daran, dass deine rechte Hirnhälfte nach einem langen Schlaf aufgewacht ist und wieder in Schwung kommt. Ich bin wirklich beeindruckt. Ich hab dir ja gesagt, dass es möglich ist, aus einer saft- und kraftlosen Geisteswissenschaftlerin im Handumdrehen eine Naturwissenschaftlerin zu machen – oh, ich hab übrigens die FutureMouse-Bilder da. Erinner mich nachher dran, du wolltest sie doch sehen, nicht? Joyce, die große braune Göttin ist eingetroffen!«

»Marcus, ist gut jetzt, Mann … Hi, Joyce. Hi, Josh. He, Jack. Ja, hal-lo, Oscar, mein Süßer.«

»Hallo Irie! Komm rein und gib mir ein Küsschen. Oscar, sieh mal, Irie ist wieder da, um uns zu besuchen! Ach, sieh dir nur mal sein Gesicht an … er fragt sich, wo Millat ist, nicht wahr, Oscar?«

»Nein, tu ich nicht.«

»Ach was, tut er wohl … sieh dir nur dieses Gesichtchen an … er wird ganz ungehalten, wenn Millat nicht kommt. Oscar, verrat Irie mal den Namen von deinem neuen Affen, den Daddy dir geschenkt hat.«

»George.«

»Nein, nicht George – du hast ihn Millat Monkey getauft, weißt du nicht mehr? Weil Affen anderen immer Streiche spielen, und weil Millat *auch so ein Schlimmer* ist, nicht wahr, Oscar?«

»Weiß nicht. Mir egal.«

»Oscar wird schrecklich ungehalten, wenn Millat nicht kommt.«

»Er müsste bald hier sein. Er hat eine *Verabredung*.«

»Wann hat er mal keine Verabredung! All diese vollbusigen Mädchen! Da könnten wir glatt eifersüchtig werden, nicht wahr, Oscar? Er verbringt mehr Zeit mit ihnen als mit uns. Aber wir sollten keine Witzchen darüber machen. Ich könnte mir vorstellen, dass es für dich nicht ganz leicht ist.«

»Nein, mir macht das nichts aus, Joyce, ehrlich. Ich bin dran gewöhnt.«

»Aber alle lieben Millat nun mal, nicht, Oscar? Ist ja auch schwer, ihn nicht zu lieben, was, Oscar? Wir lieben ihn, wir beide, nicht, Oscar?«

»Ich hasse ihn.«

»Ach, Oscar, sag doch nicht so dumme Sachen.«

»Könnten wir *bitte* aufhören, über Millat zu reden.«

»Ja, Joshua, schon gut. Merkt ihr, wie eifersüchtig er wird? Ich hab versucht, ihm klarzumachen, dass Millat ein bisschen zusätzliche Fürsorge braucht, weißt du. Er kommt aus einem sehr schwierigen Umfeld. Das ist genauso, wie wenn ich meinen Pfingstrosen mehr Zeit widme als meinen Michaelis-Gänseblümchen, Gänseblümchen wachsen einfach überall ... du kannst wirklich manchmal sehr selbstsüchtig sein, Joshi.«

»Okay, Mum, okay. Was ist mit Abendessen – vor dem Lernen oder nachher.«

»*Vorher*, denke ich, Joyce, oder? Ich muss den ganzen Abend an der FutureMouse arbeiten.«

»FutureMouse!«

»Psst, Oscar, ich hör gerade deinem Daddy zu.«

»Weil ich morgen einen Vortrag halte, also sollten wir früh zu Abend essen. Wenn das in deinem Sinne ist, Irie, ich weiß doch, wie gerne du isst.«

»Geht in Ordnung.«

»Sag so was nicht, Marcus, Lieber, sie ist sehr empfindlich, was ihr Gewicht angeht.«

»Nein, ich bin wirklich nicht –«

»Empfindlich? Wegen ihrem Gewicht? Aber alle Welt mag doch wohl eine kräftige junge Frau? Also *ich* jedenfalls.«

»N'Abend allerseits. Tür war offen. Bin einfach reingekommen. Eines Tages kommt hier noch irgendwer reinspaziert und bringt euch alle miteinander um.«

»Millat! Oscar, sieh mal, Millat ist da! Oscar, du freust dich bestimmt sehr, dass Millat da ist, nicht wahr, Schätzchen?«

Oscar zog die Nase hoch, tat so, als ob er kotzen müsste, und warf Millat einen Holzhammer gegen das Schienbein.

»Oscar, freut sich immer so, wenn er dich sieht. *Schön.* Du kommst gerade rechtzeitig zum Essen. Hähnchen mit überbackenem Blumenkohl. Setz dich. Josh, häng Millats Jacke auf. *Also.* Wie geht's, wie steht's?«

Millat setzte sich mit einer ungestümen Bewegung an den Tisch und mit Augen, die aussahen, als wären sie kürzlich voller Tränen gewesen. Er zog seine Packung Tabak und den kleinen Beutel mit Gras aus der Tasche.

»Beschissen.«

»Aber wieso denn?«, erkundigte sich Marcus ohne großes Interesse, während er damit beschäftigt war, sich eine dicke Scheibe von einem riesigen Stück Stilton abzuschneiden. »Bist du dem Mädchen nicht an die Wäsche gekommen? Wollte das Mädchen dir nicht an die Wäsche? Trug das Mädchen keine Wäsche? Rein interessehalber, was für Wäsche hat sie denn –«

»*Dad!* Halt den *Rand*!«, stöhnte Joshua.

»Tja, Josh, wenn du mal endlich jemandem an die Wäsche gehen würdest«, sagte Marcus und blickte dabei anzüglich in Iries Richtung, »könnte ich mich ja bei *dir* informieren, aber bis jetzt –«

»Psst, ihr beiden«, zischte Joyce. »Ich will Millat zuhören.«

Vor vier Monaten hatte Josh es für einen absoluten Glücksfall gehalten, einen so coolen Freund wie Millat zu haben. Ihn jeden

Dienstag bei sich zu Hause zu haben hatte Joshs Ansehen an der Glenard Oak mehr gesteigert, als er zu träumen gewagt hatte. Und jetzt, da Millat, von Irie ermutigt, aus freien Stücken kam, *einfach so zu Besuch*, hätte Joshua Chalfen, ehemals Chalfen das Dickerchen, das Gefühl haben müssen, ungeahnte gesellschaftliche Höhen erreicht zu haben. Aber dem war nicht so. Er fühlte sich genervt. Denn Joshua hatte die Macht von Millats Attraktivität nicht mit einkalkuliert. Seine magnetischen Qualitäten. Er sah, dass Irie tief in ihrem Innern noch immer an ihm festhing wie eine Büroklammer, und jetzt schien selbst seine Mutter Millat manchmal als den Mittelpunkt ihrer Welt zu betrachten. All die Energien, die sich sonst auf ihre Gartenarbeit, ihre Kinder, ihren Mann richteten, wurden nun wie Eisenspäne stromlinienförmig von diesem einen Objekt angezogen. Es nervte ihn.

»Darf ich jetzt nicht mehr reden? Darf ich bei mir zu Hause nicht mehr reden?«

»Joshi, sei nicht albern. Millat ist offensichtlich aufgewühlt ... Ich will doch jetzt bloß *darauf* eingehen.«

»Armer, kleiner Joshi«, sagte Millat langsam mit einem säuselnden Ton. »Kriegt er nicht genug Aufmerksamkeit von seiner Mummy? Will er, dass Mummy ihm den Hintern abputzt?«

»Du bist ein Arschloch, Millat«, sagte Joshua.

»OoooooOOO ...«

»Joyce, Marcus«, flehte Joshua um Unterstützung. »Nun sagt doch auch mal was.«

Marcus schob sich ein fettes Stück Käse in den Mund und zuckte die Achseln. »'ür Mi-jat isch leider un'ere Mu'er 'uständig.«

»Joshi, ich kümmere mich jetzt *erst* um *das*, ja?«, setzte Joyce an, »und danach ...« Joyce ließ zu, dass der Rest ihres Satzes in der Küchentür eingeklemmt wurde, die ihr ältester Sohn hinter sich zuknallte.

»Soll ich hinter ihm her?«, fragte Benjamin.

Joyce schüttelte den Kopf und küsste Benjamin auf die Wange. »Nein, Benji. Lass ihn lieber in Ruhe.«

Sie wandte sich wieder Millat zu, fuhr mit dem Finger über die Salzspur einer getrockneten Träne.

»*Also*. Was ist passiert?«

Millat fing gemächlich an, sich einen Joint zu drehen. Er ließ sie gerne warten. Man konnte mehr aus den Chalfens rausholen, wenn man sie warten ließ.

»Ach, Millat, rauch doch nicht dieses Zeug. In letzter Zeit rauchst du jedes Mal, wenn wir dich sehen. Es regt Oscar *so* auf. Er ist nicht mehr ganz klein, und er versteht mehr, als du denkst. Er weiß, was Marihuana ist.«

»Was ist Mariewana?«, fragte Oscar.

»Du weißt genau, was das ist, Oscar. Davon wird Millat so böse, worüber wir heute gesprochen haben, und es tötet seine kleinen Gehirnzellen ab.«

»Verdammt, Joyce, lass mich in Ruhe.«

»Ich will doch bloß …« Joyce seufzte melodramatisch und fuhr sich mit den Fingern durchs Haar. »Millat, was ist los? Brauchst du Geld?«

»Ja, zufällig tu ich das.«

»Warum? Was ist passiert? *Millat*. Sag es mir. Wieder die Familie?«

Millat schob den orangefarbenen Pappfilter in den Joint und klemmte ihn sich zwischen die Lippen. »Dad hat mich rausgeschmissen, was sagst du jetzt?«

»O Gott«, sagte Joyce, deren Augen sich sofort mit Tränen füllten. Sie zog ihren Stuhl näher heran und ergriff seine Hand. »Wenn *ich* deine Mutter wäre, würde ich – na ja, ich bin's schließlich nicht … aber sie ist so furchtbar inkompetent … das macht mich *so* … ich meine, unvorstellbar, sich vom eigenen Mann eins der Kinder wegnehmen zu lassen und zuzulassen, dass er mit dem anderen Gott weiß was anstellt, ich kann einfach –«

»Red nicht über meine Mutter. Du kennst sie ja nicht mal. Und ich hab nicht von ihr gesprochen.«

»Ja, aber sie weigert sich, mich zu sehen, oder etwa nicht? Als be-
stünde da irgendeine Konkurrenz.«

»Halt verdammt noch mal die Klappe, Joyce.«

»Gut, es hat keinen Sinn, nicht? Näher auf die Sache einzugehen ... das wühlt dich auf ... das sehe ich deutlich, das geht alles
zu nahe an ... Marcus, mach mal Tee, er *braucht* jetzt Tee.«

»Verfluchte Scheiße! Ich will keinen verdammten *Tee*. Das Einzige, was ihr macht, ist Tee trinken! Ihr müsst doch schon reinen
Tee pinkeln.«

»Millat, ich versuche doch bloß –«

»Lass es einfach.«

Ein bisschen Haschischsamen fiel aus Millats Joint und blieb an
seiner Lippe kleben. Er pulte ihn ab und steckte ihn sich in den
Mund. »Aber ich könnte einen Brandy gebrauchen, wenn welcher da ist.«

Joyce blickte Irie an, setzte eine *Was-will-man-machen*-Miene auf
und deutete mit Daumen und Zeigefinger eine winzige Menge ihres dreißig Jahre alten Cognac Napoleon an. Irie stieg auf einen
umgedrehten Eimer, um ihn vom obersten Regalbrett zu holen.

»Okay, beruhigen wir uns, wir alle. Okay? Okay. *So*. Was war es
denn diesmal?«

»Ich hab ihn einen Scheißkerl genannt. Er *ist* ein Scheißkerl.« Millat gab Oscar eins auf die krabbelnden Finger, die nach etwas zu
spielen suchten und sich versuchsweise an seine Streichhölzer he-
rangemacht hatten. »Ich brauche eine vorübergehende Bleibe.«

»Na, das ist doch wohl gar keine Frage, du kannst natürlich bei
uns wohnen.«

Irie griff zwischen Joyce und Millat hindurch, um den bauchigen
Cognacschwenker auf den Tisch zu stellen.

»Okay, Irie, lass ihm jetzt mal ein bisschen Raum, ja?«

»Ich hab doch bloß –«

»Ja, schon gut, Irie – er kann es nur im Augenblick nicht gebrauchen, wenn zu viele um ihn herum sind –«

»Er ist ein verdammter Heuchler«, knurrte Millat dazwischen, den Blick irgendwo auf die Mitte des Raumes gerichtet und eher mit dem Wintergarten redend als mit jemand Bestimmtes, »er betet fünfmal am Tag, aber er trinkt immer noch, und er hat keine muslimischen Freunde, und dann putzt er mich runter, weil ich mit einem weißen Mädchen gevögelt hab. Und er ist sauer auf Magid. Er lässt seinen ganzen Frust an mir aus. Und er will, dass ich aufhöre, mit den Typen von HEINTZ rumzuhängen. Ich bin verdammt noch mal eher ein Muslim als er. Er kann mich mal kreuzweise!«

»Möchtest du darüber reden, wenn die anderen alle dabei sind?«, sagte Joyce und sah sich bedeutungsvoll im Raum um. »Oder nur unter vier Augen?«

»Joyce«, sagte Millat und kippte seinen Cognac in einem Zug, »das ist mir so was von scheißegal.«

Für Joyce hieß das *nur unter vier Augen*, und sie scheuchte die anderen mit Blicken aus dem Zimmer.

Irie war froh wegzukommen. In den vier Monaten, seit sie und Millat bei den Chalfens verkehrten, sich durch *Double Science*, Band I, ackerten und die Chalfen'sche Hausmannskost aßen, hatte sich eine seltsame Entwicklung vollzogen. Je mehr Fortschritte Irie machte – ob nun beim Lernen, bei ihren Versuchen, höfliche Konversation zu machen, oder bei ihrer gezwungenen Nachahmung des Chalfenismus –, desto weniger Interesse zeigte Joyce an ihr. Doch je mehr Millat sich danebenbenahm – uneingeladen an einem Sonntagabend auftauchte, Mädchen mitbrachte, überall im Haus Gras rauchte, heimlich ihren 64er Dom Perignon austrank, in den Rosengarten pinkelte, ein HEINTZ-Treffen im Wohnzimmer abhielt, die Telefonrechnung mit Anrufen in Bangladesch auf dreihundert Pfund in die Höhe trieb, zu Marcus sagte, er sei schwul, Joshua mit Kastration drohte, Oscar einen verzogenen kleinen Scheißer nannte, Joyce selbst beschuldigte, irre zu sein –, desto mehr betete Joyce ihn an. Innerhalb von vier Monaten schuldete er ihr bereits über dreihundert Pfund, ein neues Federbett und eine Fahrradfelge.

»Kommst du mit hoch?«, fragte Marcus, als er die Küchentür schloss und sich nach rechts und links bog wie ein Rohr im Wind, um seine Kinder vorbeiflitzen zu lassen. »Ich hab die Aufnahmen da, die du dir ansehen wolltest.«

Irie lächelte Marcus dankbar an. Marcus war es, der echtes Interesse an ihr zu haben schien. Marcus war es, der ihr in diesen vier Monaten geholfen hatte, während ihr Gehirn sich aus etwas Breiigem in etwas Hartes und Präzises verwandelte, während sie sich allmählich mit dem Chalfen'schen Denken vertraut machte. Sie hatte das als großes Opfer eines viel beschäftigten Mannes betrachtet, doch in letzter Zeit fragte sie sich, ob es ihm nicht auch Vergnügen bereitete. Vielleicht wie wenn man einen Blinden beobachtet, der die Konturen eines unbekannten Gegenstandes abtastet. Oder eine Laborratte, die ein Labyrinth erkundet. So oder so, als Gegenleistung für seine Aufmerksamkeit hatte Irie angefangen, Interesse für seine FutureMouse zu entwickeln, erst nur strategisches, doch inzwischen echtes Interesse. Mit der Folge, dass Marcus sie immer häufiger in sein Arbeitszimmer ganz oben im Haus, mit Abstand ihr Lieblingszimmer, einlud.

»Na, nun steh nicht rum wie ein grinsender Dorftrottel. Komm mit hoch.«

Marcus' Zimmer war anders als alle Räume, die Irie je gesehen hatte. Es hatte keinerlei Gemeinschaftszweck, keinen anderen Nutzen als ebenden, Marcus' Zimmer zu sein. Es beherbergte kein Spielzeug, keinen alten Kram, keine kaputten Sachen, keine Ersatzbügelbretter; niemand aß darin, schlief darin oder hatte Sex darin. Es war nicht wie Claras Speicherzimmer, ein Kubla Khan des Plunders, alles sorgfältig in Kisten verstaut und beschriftet, nur für den Fall, dass sie jemals aus diesem Land in ein anderes fliehen musste. (Es war nicht wie das Gästezimmer von Immigranten – bis zur Decke mit allem voll gestopft, was sie je besessen haben, ganz gleich wie kaputt oder beschädigt, Berge von Krimskrams, ein Zimmer, das die Tatsache belegt, dass sie jetzt Dinge *haben*, wo sie doch zuvor nichts hatten.) Marcus'

Zimmer war ausschließlich Marcus und Marcus' Arbeit vorbehalten. Ein Arbeitszimmer. Wie bei Austen oder in *Das Haus am Eaton Place* oder bei Sherlock Holmes. Bloß, dass es das erste echte Arbeitszimmer war, das Irie je im Leben gesehen hatte.

Der Raum selbst war klein und schief und hatte einen schrägen Boden, Holzbalken, die es an manchen Stellen unmöglich machten zu stehen, an anderen jedoch nicht, und statt eines Fensters ein Oberlicht, das das Licht in schmalen Streifen einließ, Spotlights für die tanzenden Staubflöckchen. Es gab vier Aktenschränke, sperrmäulige Bestien, die Papier ausspien; Stapeln von Papier auf dem Boden, auf den Regalen, kreisförmig um die Stühle. Der Geruch eines aromatisch süßen deutschen Tabaks hing knapp über Kopfhöhe in einer Wolke, die die Blätter der obersten Bücher gelb färbte, und auf einem Beistelltischchen befand sich ein kunstvolles Raucherset – Ersatzmundstücke, Pfeifen, angefangen bei der üblichen U-förmigen bis hin zu immer eigentümlicheren Formen, Schnupftabakdosen, eine Auswahl von Reinigern –, alles in einem mit Samt ausgeschlagenen Lederetui, arrangiert wie ein Ärztebesteck. An den Wänden verteilt und auf dem Kaminsims waren Fotos des Chalfen-Clans, darunter auch hübsche Porträts von Joyce in ihrer keckbrüstigen Hippiejugend, eine Stupsnase, die zwischen zwei großen Haarvorhängen hervorlugte. Und dann ein paar größere gerahmte Prachtstücke. Eine Darstellung des Chalfen'schen Stammbaumes. Eine Porträtaufnahme von Mendel, der selbstzufrieden dreinblickt. Ein großes Poster von Einstein zu seiner Zeit als amerikanische Ikone – Verrückter-Professor-Haar, »verblüffter« Blick und riesige Pfeife – untertitelt mit dem Zitat *God does not play dice with the world*, der liebe Gott würfelt nicht. Schließlich Marcus' wuchtiger Eichensessel mit dem Rücken unter einem Porträt von Crick und Watson, die müde, aber glücklich vor ihrem Modell der Desoxyribonucleinsäure stehen, einer spiralförmigen Treppe aus Metallklammern, die vom Boden ihres Labors in Cambridge bis außerhalb des Sucherbildes der Kamera wächst.

»Aber wo ist Wilkins?«, fragte Marcus, bückte sich unter der Deckenschräge und klopfte mit einem Bleistift auf das Foto. »1962 bekam Wilkins zusammen mit Crick und Watson den Nobelpreis verliehen. Aber auf den Fotos keine Spur von Wilkins. Bloß Crick und Watson. Watson und Crick. Die Geschichte liebt entweder das einsame Genie oder die Doppelpackung. Aber sie hat keine Zeit für Dreierkonstellationen.« Marcus dachte kurz nach. »Außer bei Komikern oder Jazzmusikern.«

»Dann musst du wohl das einsame Genie abgeben«, sagte Irie vergnügt, wandte sich von dem Foto ab und setzte sich auf einen schwedischen Hocker.

»Na, aber ich hab einen *Mentor*, da vorne.« Er zeigte auf ein postergroßes Schwarzweißfoto an der anderen Wand. »Und Mentoren sind wieder was ganz anderes.«

Es war eine extreme Nahaufnahme von einem extrem alten Mann, die Umrisse seines Gesichts scharf durch Linien und Schatten konturiert, Schraffuren auf einer topographischen Karte.

»Großartiger alter Franzose, ein Gentleman und Gelehrter. Hat mir praktisch alles beigebracht, was ich weiß. Ist weit über siebzig und hat noch einen messerscharfen Verstand. Aber die Leistung eines Mentors muss man nicht direkt würdigen, weißt du. Das ist das Schöne an ihnen. Also, wo zum Teufel hab ich bloß diese Fotos …«

Während Marcus in einem Aktenschrank herumkramte, betrachtete Irie einen kleinen Abschnitt des Chalfen'schen Stammbaumes, eine kunstvoll dargestellte Eiche, die weit ins siebzehnte Jahrhundert zurück und bis hinein in die Gegenwart reichte. Die Unterschiede zwischen den Chalfens und den Jones/Bowdens sprangen sofort ins Auge. Schon dadurch, dass in der Familie Chalfen anscheinend jeder eine normale Anzahl von Kindern hatte. Genauer gesagt, jeder wusste, wessen Kinder von wem waren. Die Männer lebten länger als die Frauen. Die Ehen waren singulär und lang. Geburts- und Todesdaten waren präzise. Und die Chalfens wussten doch tatsächlich, wer sie 1675 gewesen waren. Archie Jones konnte nicht weiter auf seine Familie zurückblicken als bis zum willkürlichen Erscheinen seines eigenen Vaters auf diesem Planeten im Hinterzimmer eines Pubs in Bromley, etwa 1895 oder 1896 oder möglicherweise auch 1897, je nach dem, mit welcher über neunzigjährigen Exbardame man sprach. Clara Bowden wusste ein wenig über ihre Großmutter und glaubte so halb an die Geschichte, dass ihr berühmter und fruchtbarer Großonkel P. vierunddreißig Kinder hatte, aber das Einzige, was sie mit Sicherheit sagen konnte, war, dass ihre eigene Mutter am 14. Januar 1907 um 14.45 Uhr in einer katholischen Kirche während des Erdbebens von Kingston das Licht der Welt erblickte. Der Rest war Gerücht, Hörensagen und Mythos:

»Euch Chalfens gibt's schon so lange«, sagte Irie, als Marcus hinter sie trat, um nachzusehen, was so interessant war. »Das ist unglaublich. Ich kann mir gar nicht vorstellen, was das für ein Gefühl sein muss.«

»Unsinnige Aussage. Uns alle gibt es so lange wie alle anderen auch. Nur dass die Chalfens schon immer alles aufgeschrieben haben«, sagte Marcus nachdenklich, während er seine Pfeife mit frischem Tabak stopfte. »Das ist ganz hilfreich, wenn man in der Erinnerung bewahrt bleiben möchte.«

»Da pflegt meine Familie wohl eher eine mündliche Überlieferung«, sagte Irie achselzuckend. »Aber, Mensch, du solltest Millat mal nach so was fragen. Er ist der Nachfahre von –«

»Einem großen Revolutionär. Hab ich schon gehört. Ich würde das alles nicht zu ernst nehmen, wenn ich du wäre. In dieser Familie gibt es immer einen Teil Wahrheit auf drei Teile Fiktion, könnte ich mir vorstellen. Habt ihr vielleicht irgendeine historisch relevante Figur vorzuweisen?«, fragte Marcus und wandte sich dann, weil er sofort das Interesse an seiner eigenen Frage verlor, wieder seiner Suche in Aktenschrank Nummer zwei zu.

»Nein … niemanden … *von Bedeutung*. Aber meine Großmutter wurde im Januar 1907 geboren, während des Kingston –«

»*Da* sind sie!«

Marcus tauchte triumphierend aus einer Stahlschublade wieder auf und schwenkte einen dünnen Plastikordner mit ein paar Papieren darin.

»Fotos. Extra für dich. Wenn die Tierrechtler das zu sehen kriegten, würden sie einen Profikiller auf mich ansetzen. Schön eins nach dem anderen. Nicht so hastig.«

Marcus reichte Irie das erste Foto. Es zeigte eine Maus auf dem Rücken liegend. Ihr Bauch war mit kleinen pilzähnlichen Wucherungen übersät, braun und aufgedunsen. Durch die gestreckte Position war der Mund unnatürlich verzogen, wie zu einem qualvollen Schrei. Aber nicht echte Qual, dachte Irie, eher theatralische Qual. Eher wie eine Maus, die eine Riesenshow um etwas macht. Eine Maus als Schmierenkomödiantin. Eine Kitschmaus. Das Ganze wirkte irgendwie sarkastisch.

»Siehst du, Embryozellen sind gut und schön, mit ihrer Hilfe können wir die genetischen Elemente, die möglicherweise zur Entstehung von Krebs beitragen, besser erkennen, aber was wir wirklich wissen wollen, ist doch, wie sich ein Tumor in *lebendem Gewebe* entwickelt. Ich meine, das kann man einfach in einer Kultur nicht nachvollziehen, nicht wirklich. Und dann geht man also hin und führt chemische Karzinogene in ein Zielorgan ein, aber ...«

Halb hörte Irie zu, halb war sie von den Bildern in Anspruch genommen, die ihr gereicht wurden. Das nächste zeigte, soweit sie sagen konnte, dieselbe Maus, diesmal von vorne, wo die Tumore größer waren. Einer am Hals sah praktisch genau so groß aus wie ihr Ohr. Doch die Maus blickte ganz zufrieden drein. Fast so, als hätte sie sich absichtlich einen neuen Hörapparat wachsen lassen, um mitzubekommen, was Marcus über sie erzählte. Irie war sich darüber im Klaren, dass es dumm war, so etwas von einer Labormaus zu denken. Aber auch hier hatte das Mausgesicht eine Mausverschlagenheit an sich. In ihren Mausaugen lag Maussarkasmus. Ein Mausgrinsen umspielte die Mauslippen. *Tödliche Krankheit?* (sagte die Maus zu Irie) *Was für eine tödliche Krankheit?*

»... langsam und unpräzise. Aber wenn man das eigentliche Genom neu entwickelt, so dass *spezifische* Krebsarten sich zu *vorher festgelegten* Zeiten in der Entwicklung der Maus in *spezifischem* Gewebe bilden, dann kann von *Zufall* keine Rede mehr sein. Man *eliminiert* die Zufallsaktionen eines Mutagens. Jetzt nimmt man das *genetische Programm* einer Maus, eine Kraft, die Onkogene *innerhalb* von Zellen aktiviert. Da siehst du, diese spezielle Maus ist ein junges Männchen ...«

Jetzt wurde FutureMouse© von zwei rosa Riesenfingern an den Vorderpfötchen gehalten, so dass sie aufrecht stand wie eine Comic-Maus und den Kopf hochhalten musste. Sie schien dem

Fotografen seine kleine rosa Mauszunge rauszustrecken, das heißt ursprünglich dem Fotografen, jetzt Irie. Vom Kinn hingen Tumore herab wie dicke schmutzige Regentropfen.

»… und es exprimiert das Onkogen *H-ras* in bestimmten Hautzellen, so dass es zahlreiche gutartige Papillome entwickelt. Interessant dabei ist natürlich, dass junge Weibchen das *nicht* tun, was ein …«

Ein Auge war geschlossen, das andere offen. Wie ein Zwinkern. Ein verschlagenes Mauszwinkern.

»… und warum? Wegen der Rivalität zwischen den Männchen – ihre Rangkämpfe führen zu Abschürfungen. Kein biologischer Imperativ also, sondern ein sozialer. Genetisches Ergebnis: dasselbe. Verstehst du? Und nur bei transgenen Mäusen, indem man das Genom experimentell verändert, kann man diese Unterschiede erkennen. Und diese Maus, die du dir da gerade ansiehst, ist eine *einzigartige* Maus, Irie. Ich pflanze einen Krebs ein, und exakt zu dem Zeitpunkt, wo ich damit rechne, taucht ein Krebs auf. Nach fünfzehn Wochen Entwicklung. Sein genetischer Code ist *neu*. Eine neue Zucht. Es gibt kein besseres Argument für ein Patent, wenn du mich fragst. Oder zumindest eine Art Tantiemenvertrag: 80 Prozent an Gott, 20 Prozent an mich. Oder umgekehrt, je nach dem, wie gut mein Anwalt ist. Diese armen Teufel in Harvard streiten sich noch darüber. Ich persönlich bin gar nicht an dem Patent interessiert. Mich interessiert die *Wissenschaft*.«

»Wow«, sagte Irie und gab die Bilder zögernd zurück. »Ziemlich schwer zu verdauen. So ganz kapier ich's nicht. Es ist einfach irre.«

»Na ja«, sagte Marcus mit gespielter Bescheidenheit. »Ein netter Zeitvertreib.«

»In der Lage zu sein, das Zufällige zu eliminieren …«

»Wer das Zufällige eliminiert, beherrscht die Welt«, sagte Marcus schlicht. »Warum sollte man sich auf Onkogene beschränken? Man könnte jeden Schritt in der Entwicklung eines Organismus programmieren: Reproduktion, Ernährungsgewohnheiten, Lebenserwartung« – Roboterstimme, Arme ausgestreckt wie ein Zombie, weit aufgerissene Augen – »WELT-HÄRRRR-SCHAFFFT!«

»Ich seh schon die Schlagzeilen in der Sensationspresse«, sagte Irie.

»Aber mal im Ernst«, sagte Marcus auf dem Weg zum Aktenschrank, um die Fotos wieder wegzupacken, »die Erforschung isolierter Arten von transgenen Tieren wirft ein viel klareres Licht auf das Zufällige. Kannst du mir folgen? Eine Maus für 5,3 Milliarden Menschen opfern. Ist wohl kaum eine Mäuseapokalypse. Nicht zu viel verlangt.«

»Nein, natürlich nicht.«

»Verdammt! Das ist hier das totale Chaos!«

Marcus versuchte dreimal, die unterste Schublade des Stahlschranks zu schließen, und trat dann ungeduldig dagegen. »Scheißding!«

Irie ging hinüber und betrachtete prüfend die offene Schublade. »Du brauchst mehr Trennwände«, sagte sie entschlossen. »Und du verwendest viel A3 oder A2 oder sonst irgendein Papierformat. Du brauchst irgendein Faltsystem. Im Augenblick stopfst du bloß immer alles rein.«

Marcus warf den Kopf in den Nacken und lachte. »Faltsystem. Na ja, du musst es ja wissen. Wie der Vater so die Tochter.«

Er ging vor der Schublade in die Hocke und stieß ein paar Mal kräftig dagegen.

»Im Ernst. Ich weiß nicht, wie du so arbeiten kannst. Mein Schulkram ist besser geordnet, und ich bin nicht in der Weltherrschaftsbranche.«

Marcus blickte aus seiner knienden Position zu ihr auf. Aus diesem Blickwinkel war sie das reinste Bergmassiv, eine weich geschwungene Version der Anden.

»Hör mal, wie wär's: Ich zahl dir fünfzehn Pfund die Woche, wenn du zweimal wöchentlich herkommst und diese Katastrophe von Ablage in den Griff bekommst. Du würdest was dazulernen, und ich bekäme endlich was erledigt, was erledigt werden muss. Na? Wie wär's?«

Wie wär's. Joyce zahlte Millat schon insgesamt fünfunddreißig Pfund pro Woche für so unterschiedliche Aktivitäten wie auf Oscar aufpassen, den Wagen waschen, Unkraut jäten, Fenster putzen und buntes Papier recyceln. In Wirklichkeit zahlte sie natürlich für Millats Anwesenheit. Für diese Energie um sich herum. Und diese *Abhängigkeit*.

Irie wusste, auf was für ein Abkommen sie sich da einließ. Sie rannte nicht einfach betrunken oder stoned oder verzweifelt oder durcheinander hinein wie Millat. Außerdem *wollte* sie es. Sie *wollte* mit den Chalfens verschmelzen, ein Fleisch mit ihnen sein, sich von dem chaotischen, zufälligen Fleisch ihrer eigenen Familie trennen und eine transgene Fusion mit einem anderen eingehen. Ein einzigartiges Tier. Eine neue Zucht.

Marcus runzelte die Stirn. »Was gibt's da so lange zu überlegen? Ich hätte gerne noch in diesem Jahrtausend eine Antwort, wenn's geht. Findest du die Idee gut oder nicht?«

Irie nickte und lächelte. »Klar. Wann fange ich an?«

*

Alsana und Clara waren nicht gerade begeistert. Aber sie brauchten ein Weilchen, um ihre Notizen zu vergleichen und ihr Unbehagen zu vereinen. Clara ging dreimal pro Woche zur Abendschule (Kurse: Britischer Imperialismus 1765 bis heute; Walisische Literatur des Mittelalters; Schwarzer Feminismus), Alsana saß zu jeder Tageszeit an der Nähmaschine, während um sie herum eine Familie tobte. Sie telefonierten nur gelegentlich miteinander und sahen sich sogar noch seltener. Aber unabhängig voneinander empfanden beide ein Unbehagen gegenüber den Chalfens, von denen sie mit der Zeit immer mehr gehört hatten. Nach ein paar Monaten verdeckter Ermittlung war Alsana nun sicher, dass Millat während seiner regelmäßigen Abwesenheiten vom heimischen Herd bei den Chalfens war. Was Clara betraf, so konnte sie von Glück sagen, wenn sie Irie an einem Abend in der Woche zu Hause hatte, und deren Korbballausreden hatte sie schon längst durchschaut. Mittlerweile hieß es seit Monaten immer nur die Chalfens meinen dies und die Chalfens meinen das. Joyce hat so etwas Wunderbares gesagt, Marcus ist furchtbar klug. Aber es lag Clara nicht, Krach zu schlagen. Sie wollte nur das, was *für Irie am besten* war, und sie war schon immer davon überzeugt gewesen, dass Opfer bringen neun Zehntel der Kindererziehung ausmacht. Sie hatte sogar selbst vorgeschlagen, sich einmal mit den Chalfens zu treffen, aber entweder war Clara paranoid, oder Irie tat ihr Möglichstes, um das zu verhindern. Und es war sinnlos, von Archibald Unterstützung zu erwarten. Er sah Irie immer nur ganz kurz – wenn sie nach Hause kam, um zu duschen, sich umzuziehen oder was zu essen –, und es schien ihn nicht zu stören, wenn sie ständig von den Chalfen-Kindern schwärmte (»Hört sich an, als wären sie wirklich nett, Liebes«) oder wenn sie irgendwas erzählte, was Joyce gemacht hatte (»Wirklich? Das ist sehr schlau, nicht, Liebes?«) oder das Marcus gesagt hatte (»Klingt wie ein richtiger alter Einstein, was, Liebes? Na ja, schön für dich. Muss jetzt los. Treff mich um acht mit Sammy im O'Connell's«). Archie hatte eine Haut so dick wie die eines Alligators. Vater zu sein war für ihn eine so stabile genetische Position (die stabilste Tatsache in Archies Leben), dass ihm nie in den Sinn kam, es könnte einen Konkurrenten um seine Krone geben. Es blieb Clara überlassen, sich allein auf die Lippen zu beißen, zu hoffen, dass sie ihre einzige Tochter nicht verlor, und das Blut runterzuschlucken.

Aber Alsana war endlich zu dem Schluss gekommen, dass es ein totaler Krieg war und sie eine Verbündete brauchte. Ende Januar 1991, nachdem Weihnachten und Ramadan sicher aus dem Weg waren, griff sie zum Telefon.

»Also: Weißt du von diesen Chaffinken?«

»*Chalfens*. Ich glaube, sie heißen Chalfen. Ja, das sind die Eltern von einem Freund von Irie, glaube ich«, sagte Clara abwartend, weil sie zuerst erfahren wollte, was Alsana wusste. »Joshua Chalfen. Sie scheinen eine nette Familie zu sein.«

Alsana stieß Luft durch die Nase aus. »Ich nenne sie Chaffinken – kleine gierige englische Vögel, die sich die besten Samenkörner herauspicken! Diese Vögel machen mit meinen Lorbeerblättern das Gleiche wie diese Leute mit meinem Jungen. Nur, sie sind noch *schlimmer*, sie sind wie kleine Vögel mit Zähnen, mit scharfen kleinen Eckzähnen – sie stehlen nicht bloß, sie reißen in Stücke! Was weißt du über sie?«

»Tja, eigentlich nichts. Sie haben Irie und Millat bei ihren Schularbeiten geholfen, das hat sie mir wenigstens erzählt. Ich bin sicher, da steckt nichts Schlimmes dahinter, Alsi. Und Irie ist richtig gut in der Schule geworden. Sie ist zwar dauernd unterwegs, aber ich kann's ihr ja nicht verbieten.«

Clara hörte, wie Alsana wütend auf das Treppengeländer der Iqbals schlug. »Hast du sie schon *kennen gelernt*? Ich hab sie nämlich noch nicht kennen gelernt, und trotzdem nehmen sie sich die Freiheit heraus, meinem Sohn Geld und Unterkunft zu geben, als hätte er weder das eine noch das andere – und mich schlecht zu machen, da bin ich sicher. *Gott allein weiß*, was er denen von mir erzählt. Wer sind die Leute? Ich habe jedenfalls keine Ahnung, wer sie sind. Millat verbringt jede freie Minute bei ihnen, und er kommt nicht unbedingt mit besseren Noten nach Hause, und er raucht noch immer dieses Zeug und schläft mit den Mädchen. Ich hab versucht, mit Samad darüber zu reden, aber der lebt in seiner eigenen Welt. Er will einfach nicht auf mich hören. Brüllt bloß Millat an und will nicht mit mir reden. Wir versuchen, das Geld aufzutreiben, um Magid zurückzuholen und auf eine gute Schule zu schicken. Ich versuche, diese Familie zusammenzuhalten, und die Chaffinken versuchen, sie auseinander zu reißen.«

Clara biss sich auf die Lippe und nickte stumm in den Hörer.

»Bist du noch da, Lady?«

»Ja«, sagte Clara. »Ja. Weißt du, Irie, na ja ... sie scheint sie richtig anzubeten. Zu Anfang hab ich mich ziemlich aufgeregt, aber dann hab ich gedacht, das ist albern von mir. Archie meint, ich benehme mich albern.«

»Wenn du diesem Einfaltspinsel sagen würdest, dass es auf dem Mond keine Schwerkraft gibt, würde er dich für albern halten. Wir sind fünfzehn Jahre gut ohne seine Meinung ausgekommen, wir kommen auch jetzt ohne sie aus. Clara«, sagte Alsana, und ihr schweres Atmen flatterte gegen die Sprechmuschel, ihre Stimme klang erschöpft, »wir *stehen einander doch immer bei* ... ich *brauche* dich jetzt.«

»Ja ... ich dachte bloß ...«

»Bitte. Hör auf zu denken. Ich hab Karten für einen Film reserviert, alt und französisch, wie du sie gern hast – heute Nachmittag um halb drei. Wir treffen uns vor dem Tricycle Theatre. Die Nichte der Schande kommt auch. Wir trinken Tee. Wir reden.«

Der Film war *Außer Atem*. 16 mm, grauweiß. Alte Fords und Boulevards. Hosenumschläge und Stofftaschentücher. Küsse und Zigaretten. Clara liebte den Film (Schöner Belmondo! Schöne Seberg! Schönes Paris!), Neena fand ihn zu französisch, und Alsana konnte nicht begreifen, was der ganze Quatsch eigentlich sollte. »Zwei junge Menschen rennen durch Frankreich, reden Unsinn, töten Polizisten, stehlen Autos, tragen nie BHs. Wenn das europäisches Kino ist, hab ich doch lieber täglich Bollywood. Also, Ladys, können wir jetzt zur Sache kommen?«

Neena ging Tee für sie drei holen und knallte die Tassen auf den kleinen Tisch.

»Also, was soll dieses Gerede über eine Verschwörung dieser Chaffinken? Klingt wie Hitchcock.«

Alsana fasste die Lage knapp zusammen.

Neena holte ihre Zigaretten, Marke Consulate, aus der Tasche, zündete sich eine an und blies Mentholrauch aus. »Tantchen, die hören sich nach einer ganz netten Mittelschichtsfamilie an, die

Millat beim Lernen hilft. Hast du mich deshalb von der Arbeit herzitiert? Ich meine, wir reden ja hier wohl nicht über so eine Art Jonestown, oder?«

»Nein«, sagte Clara vorsichtig, »nein, natürlich nicht – aber dein Tantchen will damit bloß sagen, dass Millat und Irie so viel Zeit bei diesen Leuten verbringen, dass wir gerne mehr darüber wissen würden, wie sie so sind, verstehst du? Das ist doch nur natürlich, oder?«

Alsana widersprach. »Ich will *nicht* bloß das damit sagen. Ich sage, diese Leute sind dabei, mir meinen Sohn wegzunehmen! Vögel mit Zähnen! Sie englischisieren ihn total! Sie führen ihn absichtlich weg von seiner Kultur und seiner Familie und seiner Religion –«

»Seit wann interessierst du dich denn für seine Religion?«

»Was weißt denn *du* schon, Nichte der Schande? *Du* hast doch keine Ahnung, wie ich mich abstrampele für diesen Jungen, du hast keine Ahnung, wie das ist –«

»Schön, wenn ich von nichts Ahnung habe, warum zum Teufel hast du mich dann hergeholt? Verdammt, ich hab noch genug anderes zu tun, weißt du.« Neena schnappte sich ihre Tasche und wollte aufstehen. »Tut mir Leid, Clara. Ich weiß nicht, warum das immer so laufen muss. Bis bald …«

»Setz dich hin«, fauchte Alsana und packte sie am Arm. »Nun setz dich schon wieder hin, alles klar, Miss lesbisches Schlauköpfchen. Hör mal, wir brauchen dich, okay? Setz dich, Entschuldigung, Entschuldigung. Okay? Besser.«

»Na schön«, sagte Neena und drückte heftig ihre Zigarette auf einer Serviette aus. »Aber ich werde euch sagen, was ich denke, und dieses eine Mal hältst du solange deinen Schlund von einem Mund. Okay? Okay. Gut. Also, du hast vorhin selbst gesagt, dass Irie prima in der Schule ist, und wenn Millat nicht ganz so gut ist, dann ist das kein großes Rätsel – er tut keinen Handschlag für die Schule. Zumindest versucht mal jemand, ihm zu helfen. Und wenn er zu oft bei diesen Leuten ist, dann ist das bestimmt seine Entscheidung, nicht ihre, da bin ich sicher. Bei euch zu Hause herrscht ja nicht gerade eitel Freud und Sonnenschein, oder? Er läuft vor sich selbst davon, und er sucht etwas, das so weit wie nur eben möglich von den Iqbals entfernt ist.«

»Aha! Aber die wohnen nur zwei Straßen weiter!«, rief Alsana triumphierend.

»Nein, Tantchen. *Gedanklich* weit weg von euch. Ein Iqbal zu sein ist gelegentlich ein bisschen erstickend, weißt du? Er benutzt diese andere Familie als Zufluchtsort. Wahrscheinlich sind sie ein guter Einfluss oder so was.«

»Oder so was«, sagte Alsana zweifelnd.

»Wovor hast du Angst, Alsi? Er ist die zweite Generation – das sagst du doch selbst dauernd –, ihr müsst sie ihren eigenen Weg gehen lassen. Ja, und schau, was aus mir geworden ist, blablabla – mag ja sein, dass ich für dich die Nichte der Schande bin, Alsi, aber ich verdiene gutes Geld mit meinen Schuhen.« Alsana blickte skeptisch auf die kniehohen schwarzen Stiefel, die Neena entworfen und gemacht hatte und jetzt trug. »Und ich lebe ein einigermaßen gutes Leben – weißt du –, ich lebe nach meinen Prinzipien. Ich meine bloß, er führt schon einen Krieg mit Onkel Samad. Er braucht nicht noch einen mit dir.«

Alsana brummte irgendwas in ihren Brombeertee.

»Wenn du dir unbedingt wegen irgendwas Sorgen machen willst, Tantchen, dann sorg dich wegen dieser HEINTZ-Leute, mit denen er rumhängt. Die sind *verrückt*. Und sie sind verdammt viele. Alles Leute, von denen man das nicht erwarten würde. Mo zum Beispiel, der Fleischer – ja, du weißt schon – die Hussein-Ishmaels – von Ardashirs Seite der Familie. Genau, also der ist einer von ihnen. Und dieser verdammte Shiva aus dem Restaurant – der ist konvertiert!«

»Gut für ihn«, sagte Alsana schnippisch.

»Aber das hat *nichts* mit dem eigentlichen Islam zu tun, Alsi. Die sind eine politische Gruppe. Mit einer Politik zum Fürchten. Einer von diesen kleinen Arschlöchern hat mir und Maxine erklärt, wir würden im Höllenfeuer schmoren. Anscheinend sind wir die niedrigste Lebensform, noch niedriger als Schnecken. Ich hab seinen Eiern eine 360-Grad-Drehung verpasst. *Das* sind die Leute, wegen denen du dir Sorgen machen solltest.«

Alsana schüttelte den Kopf und winkte ab. »Verstehst du denn nicht? Ich mache mir Sorgen, dass man mir meinen Sohn wegnimmt. Einen hab ich schon verloren. Sechs Jahre hab ich Magid nun schon nicht mehr gesehen. *Sechs Jahre*. Und ich sehe diese Leute, diese Chaffinken – und sie verbringen mehr Zeit mit Millat als ich. Verstehst du das denn wenigstens?«

Neena seufzte, spielte mit einem Knopf an ihrer Bluse und rang sich dann, als sie sah, dass ihrem Tantchen Tränen in die Augen traten, ein stummes Nicken ab.

»Millat und Irie gehen oft zum Abendessen hin«, sagte Clara leise. »Und Alsana, na ja, dein Tantchen und ich, wir haben uns gefragt ... ob du vielleicht mal mit ihnen hingehen könntest – du siehst jung aus, und du wirkst jung, und du könntest hingehen und –«

»Euch dann Bericht erstatten«, schloss Neena und verdrehte die Augen. »Den Feind infiltrieren. Diese arme Familie – die haben ja keine Ahnung, mit wem sie sich da angelegt haben, was? Die stehen unter Beobachtung und wissen von nix. Das ist ja wie in *Neununddreißig Stufen*.«

»Nichte der Schande: ja oder nein?«

Neena ächzte. »Ja, Tantchen. Ja, wenn ich muss.«

»Ich weiß das zu würdigen«, sagte Alsana und trank ihren Tee aus.

*

Also, Joyce war nun wirklich nicht homophob. Sie mochte Schwule. Und die mochten sie. Sie hatte sogar, ohne es darauf anzulegen, an der Universität einen kleinen schwulen Fanclub um sich versammelt, eine Gruppe Männer, die sie als eine Art Kreuzung aus Barbra Streisand/Bette Davis/Joan Baez betrachteten und sich einmal im Monat abends trafen, um für sie zu kochen und ihren Sinn für Kleidung zu bewundern. Demnach konnte Joyce gar nicht homophob sein. Aber lesbische Frauen … irgendwas an lesbischen Frauen verwirrte Joyce. Nicht, dass sie etwas gegen sie gehabt hätte. Sie konnte sie einfach nicht *begreifen*. Joyce verstand, warum Männer Männer lieben konnten; sie hatte ihr ganzes Leben darauf ausgerichtet, Männer zu lieben, also wusste sie, wie das war. Aber dass Frauen Frauen liebten, war Joyce' kognitivem Verständnis der Welt derartig fern, dass es einfach ihre Vorstellungskraft überstieg. Allein schon der Gedanke! Sie *kapierte* es einfach nicht. Weiß Gott, sie hatte sich bemüht. In den Siebzigern hatte sie pflichtbewusst *Quell der Einsamkeit* gelesen und *Unser Körper – unser Leben* (in dem es ein kleines Kapitel darüber gab); in jüngerer Zeit hatte sie *Orangen sind nicht die einzige Frucht* gelesen *und* die Verfilmung geguckt, aber nichts davon hatte ihr irgendwas gebracht. Sie fühlte sich nicht brüskiert. Sie sah nur einfach keinen *Sinn* darin. Als also Neena zum Abendessen Arm in Arm mit Maxine auftauchte, saß Joyce bei der Vorspeise (Aubergine auf Roggenbrot) bloß da und starrte die beiden völlig gebannt an. Während der ersten zwanzig Minuten war sie vor Verblüffung sprachlos, wodurch der Rest der Familie bei der üblichen Chalfen-Routine ohne ihren vitalen Part auskommen musste. Es war ein wenig so, als wäre sie hypnotisiert oder säße in einer dichten Wolke, und durch den Nebel hindurch hörte sie Fetzen des Tischgesprächs, das ohne sie geführt wurde.

»Nun, die erste Chalfen-Frage lautet immer: Was macht ihr beruflich?«

»Schuhe. Ich mache Schuhe.«

»Aha. Hmm. Nicht unbedingt Stoff für eine geistsprühende Unterhaltung, fürchte ich. Was ist mit dieser schönen Lady?«

»Die schöne Lady frönt dem Nichtstun. Ich trage die Schuhe, die sie macht.«

»Aha. Demnach also nicht auf dem College?«

»Nein, mit dem College hab ich mich nicht abgegeben. Ist das okay?«

Neena war ebenso patzig. »Und bevor Sie fragen, ich auch nicht.«

»Na na, ich wollte euch nicht in Verlegenheit bringen –«

»Haben Sie auch nicht.«

»Es ist nämlich eigentlich nicht überraschend … Ich weiß ja, dass ihr nicht gerade die akademischste Familie der Welt seid.«

Joyce wusste, dass sich der Abend schlecht anließ, aber sie konnte einfach ihre Sprache nicht wieder finden, um die Sache auszubügeln. Eine Million gefährliche Zweideutigkeiten saßen ihr hinten in der Kehle, und sie fürchtete, wenn sie den Mund auch nur einen Spalt öffnete, würde ihr eine von ihnen entschlüpfen. Marcus, der nie mitbekam, wenn er Anstoß erregte, plapperte unbekümmert weiter: »Ihr beide seid schreckliche Versuchungen für einen Mann.«

»Ach nein.«

»Oh, das sind Lesben immer. Und ich bin sicher, dass gewisse Gentlemen auch mal eine Chance bekämen – obwohl ihr vermutlich Schönheit vor Intellekt wählen würdet, womit meine Aussichten gleich null wären.«

»Sie scheinen sich Ihres Intellekts extrem sicher zu sein, Mr. Chalfen.«

»Wieso auch nicht? Ich bin ein schrecklich schlaues Köpfchen, müsst ihr wissen.«

Joyce blickte sie weiter an, dachte: *Wer braucht wen? Wer lehrt wen? Wer verbessert wen? Wer befruchtet und wer pflegt?*

»Tja, ist doch toll, mal eine weitere Iqbal am Tisch zu haben, nicht wahr, Josh?«

»Ich bin eine Begum, keine Iqbal«, sagte Neena.

»Ich kann mir nicht helfen«, sagte Marcus unachtsam, »aber ich denke, ein Chalfen-Mann und eine Iqbal-Frau würden eine fantastische Mischung abgeben. Wie Fred und Ginger. Ihr würdet uns Sex geben, und wir würden euch Vernunft oder so geben. Na? Sie würden einen Chalfen auf Trab halten – Sie sind so feurig wie eine Iqbal. Indische Leidenschaft. Ist schon komisch mit eurer Familie: In der ersten Generation sind es alles Geisteskranke, aber die zweite Generation wirkt beinahe vernünftig.«

»Äh, hören Sie: Keiner bezeichnet meine Verwandten als Geisteskranke, okay? Selbst wenn sie es sind. Dann bezeichne *ich* sie als Geisteskranke.«

»Hören Sie, versuchen Sie doch die Sprache *richtig* zu gebrauchen. Sie können sagen: ›Keiner bezeichnet meine Verwandten als Geisteskranke‹, aber das ist keine korrekte Aussage. Weil die Menschen das tun und tun werden. Sagen Sie doch demnächst: ›Ich möchte nicht, dass etc.‹ Es ist nur eine Kleinigkeit, aber wir können uns alle besser verständigen, wenn wir Formulierungen und Redewendungen nicht falsch gebrauchen.«

Dann, gerade als Marcus in den Backofen griff, um den Hauptgang (Geflügelauflauf) herauszuholen, öffnete Joyce den Mund, und aus irgendeinem unerfindlichen Grund kam Folgendes heraus: »Benutzen Sie Ihre Brüste gegenseitig als Kopfkissen?«

Neenas Gabel, die gerade unterwegs zum Mund war, verharrte just in dem Moment, als sie die Nasenspitze berührte. Millat verschluckte sich an einem Stückchen Gurke. Irie mühte sich ab, ihren Unterkiefer wieder in Übereinstimmung mit dem Oberkiefer zu bringen. Maxine fing an zu kichern.

Aber Joyce lief keineswegs purpurrot an. Joyce stammte von jenem Schlag knallharter Frauen ab, die weiter durch die Sümpfe Afrikas stapften, selbst nachdem die das Gepäck tragenden Eingeborenen ihre Lasten abgeworfen hatten und umgekehrt waren, selbst nachdem die weißen Männer sich auf ihre Gewehre gestützt und den Kopf geschüttelt hatten. Sie war aus demselben Holze geschnitzt wie die Pionierfrauen, die kühl, bloß mit einer Bibel, einer Schrotflinte und einem leichten Vorhang bewaffnet, die braunen Männer erledigten, die vom Horizont auf die Ebene vorrückten. Joyce kannte nicht mal die Bedeutung des Wortes Rückzieher. Sie ließ sich nicht ins Bockshorn jagen.

»Ich meine bloß, in indischer Lyrik ist vielfach davon die Rede, dass Brüste als Kissen benutzt werden, daunenweiche Brüste, Polsterbrüste. Ich hab mich – bloß – bloß gefragt, ob weiß auf braun schläft, oder, wie man vielleicht erwarten könnte, braun auf weiß schläft? In Verlängerung der – der – der – Kissenmetapher, verstehen Sie, hab ich mich bloß gefragt, wie ... rum ...«

Das Schweigen war lang, drückend und viel sagend. Neena schüttelte angewidert den Kopf und ließ ihr Besteck scheppernd auf den Teller fallen. Maxine klopfte mit den Fingern einen nervösen »Wilhelm Tell« aufs Tischtuch. Josh sah aus, als würde er gleich losweinen.

Schließlich warf Marcus seinen Kopf in den Nacken, klatschte in die Hände und stieß ein gewaltiges Chalfen-Gelächter aus. »Das hab ich schon den ganzen Abend fragen wollen. *Gut* gemacht, Mutter Chalfen!«

*

So kam es, dass Neena zum ersten Mal in ihrem Leben zugeben musste, dass ihr Tantchen absolut Recht hatte. »Ihr wolltet einen Bericht haben, also hier ist er: verrückte, irre, abgedrehte, bekloppte, durchgeknallte Nervenwracks. Alle, wie sie da sind.«

Alsana nickte mit offenem Mund und bat Neena, zum dritten Mal die Geschichte zu erzählen, wie Joyce beim Dessert, als sie ein Trifle servierte, gefragt hatte, ob das Backen für Muslimfrauen mit ihren langen schwarzen Ärmeln nicht schwierig sei – bekamen sie die nicht voller Teig? Bestand nicht Gefahr, dass sie sich an den Gasflammen selbst anzündeten?

»Komplett überkandidelt«, schloss Neena.

Aber wie das nun mal so ist, nachdem die Bestätigung vorlag, wusste keiner so recht, was nun zu tun war. Irie und Millat waren sechzehn und wurden es nie müde, ihrer jeweiligen Mutter zu erklären, dass sie nun vom Gesetz her alt genug für diverse Aktivitäten waren und tun konnten, was sie wollten, wann sie es wollten. Wenn sie nicht Vorhängeschlösser an den Türen und Gitter an den Fenstern anbringen wollten, waren Clara und Alsana machtlos. Wenn überhaupt, wurde es noch schlimmer. Irie verbrachte mehr Zeit denn je damit, in den Chalfenismus einzutauchen. Clara bemerkte, dass sie bei der Sprache ihres eigenen Vaters zusammenzuckte und beim Anblick der Klatschblätter, mit denen Clara es sich im Bett gemütlich machte, die Stirn runzelte. Millat verschwand manchmal wochenlang von zu Hause, kehrte mit Geld zurück, das nicht seins war, und mit einem Akzent, der zwischen der gepflegten Sprache der Chalfens und dem Straßenjargon des HEINTZ-Clans wüst hin und her schwankte. Er reizte Samad ohne jeden Grund. Nein, das ist falsch. Es gab einen Grund. Millat war weder das eine noch das andere, weder dies noch das, weder Muslim noch Christ, weder Engländer noch Bengale; er lebte für das Dazwischen, er machte seinem mittleren Namen alle Ehre, *Zulfikar*, das Aufeinanderprallen zweier Schwerter:

»Wie oft«, knurrte Samad, nachdem er dabei gewesen war, wie sein Sohn die Autobiographie von Malcolm X kaufte, »ist es bei einer einzigen Transaktion nötig, *danke* zu sagen? *Danke*, wenn du der Buchhändlerin das Buch reichst, *danke*, wenn sie es entgegennimmt, *danke*, wenn sie dir den Preis nennt, *danke*, wenn du den Scheck unterschreibst, *danke* wenn sie ihn entgegennimmt! Das nennen sie englische Höflichkeit, dabei ist es bloße Arroganz. Das einzige Wesen, das diese Art von Dank verdient, ist Allah selbst!«

Und wieder war Alsana zwischen den beiden gefangen, verzweifelt bemüht, neutralen Boden zu finden. »Wenn Magid hier wäre, würde er euch beiden schon zeigen, wo's langgeht. Der würde mit seinem Anwaltsverstand Klarheit in die Dinge bringen.« Aber Magid war nicht hier, er war dort, und sie hatten noch immer nicht genug Geld, um die Situation zu ändern.

Dann kam der Sommer und mit ihm die Prüfungen für die mittlere Reife. Irie schnitt nur knapp schlechter ab als Chalfen das Dickerchen, und Millat war wesentlich besser, als alle, einschließlich er selbst, erwartet hatten. Das konnte nur der Chalfen-Einfluss sein, und zumindest Clara schämte sich ein bisschen. Alsana sagte bloß: »Iqbal-Köpfe. Am Ende siegen sie doch«, und beschloss, den Anlass mit einem gemeinschaftlichen Iqbal/Jones-Grillfest in Samads Garten gebührend zu begehen.

Neena, Maxine, Ardashir, Shiva, Joshua, Tanten, Vettern, Cousinen, Iries Freundinnen, Millats Freunde, HEINTZ-Freunde und der Direktor, sie alle kamen und feierten fröhlich (bis auf die HEINTZ-Leute, die in einer Ecke im Kreis zusammenstanden) mit Pappbechern gefüllt mit billigem spanischem Sekt.

Es lief alles ganz nett, bis Samad den Ring aus verschränkten Armen und Hemden mit grünen Fliegen bemerkte.

»Was machen *die* denn hier? Wer hat die Ungläubigen reingelassen?«

»Na, bist doch *auch* hier, oder?«, höhnte Alsana mit Blick auf die drei Dosen Guinness, die Samad schon geleert hatte, den Hotdogsaft, der ihm vom Kinn tropfte. »Wer wirft bei einem Grillfest den ersten Stein?«

Samad sah sie wütend an und wankte mit Archie von dannen, um ihr gemeinsames handwerkliches Meisterwerk, den wieder aufgebauten Schuppen, zu bewundern. Clara nutzte die Gelegenheit, um Alsana beiseite zu ziehen und ihr eine Frage zu stellen. Alsana stampfte mit dem Fuß in ihren eigenen Koriander.

»Nein! Kommt gar nicht in Frage. Wofür sollte ich ihr danken? Wenn er seine Sache gut gemacht hat, dann weil er einen klugen Kopf hat. Einen *Iqbal*-Kopf. Nicht ein Mal, nicht ein *einziges* Mal hat sich diese langzähnige Chaffinkin auch nur dazu herabgelassen, mich anzurufen. Keine zehn Pferde würden mich dahinkriegen, nicht mal als Leiche, Lady.«

»Aber ... ich meine ja bloß, es wäre doch nett, ihr dafür zu danken, weil sie sich so viel um die Kinder gekümmert hat ... ich meine, vielleicht haben wir sie falsch eingeschätzt –«

»Wenn du unbedingt willst, Lady Jones, geh hin, lass dich nicht aufhalten«, sagte Alsana verächtlich. »Aber mich bringen keine zehn Pferde, keine zehn Pferde dahin.«

*

»Und das ist Dr. Solomon Chalfen, Marcus' Großvater. Er war einer der wenigen Männer, die Freud bereits ernst nahmen, als noch alle in Wien meinten, sie hätten es mit einem sexuellen Perversling zu tun. Er hat ein unglaubliches Gesicht, finden Sie nicht? Da liegt so viel Weisheit drin. Als Marcus mir das Porträt zum ersten Mal gezeigt hat, wusste ich, dass ich ihn heiraten wollte. Ich hab gedacht: wenn mein Marcus mit achtzig so aussieht, dann bin ich ein richtiges Glückskind!«

Clara lächelte und bestaunte die Daguerreotypie. Bislang hatte sie, eine missmutige Irie im Schlepptau, acht bewundert, die auf dem Kaminsims aufgereiht waren, und sie hatte noch mindestens ebenso viele vor sich.

»Es ist eine distinguierte alte Familie, und wenn Sie es nicht allzu anmaßend finden, Clara – ich darf doch ›Clara‹ sagen?«

»Gern, Mrs. Chalfen.«

Irie wartete darauf, dass Joyce Clara bat, sie doch Joyce zu nennen.

»Also, wie ich gerade sagte, es ist eine distinguierte alte Familie, und wenn Sie es nicht allzu anmaßend finden, würde ich Irie gerne als Ergänzung dazu betrachten, in gewisser Weise. Sie ist *so* ein außergewöhnliches Mädchen. Es macht so viel Freude, sie bei uns zu haben.«

»Ihr macht es auch Freude, hier zu sein, glaube ich. Und sie ist Ihnen wirklich zu großem Dank verpflichtet. Das sind wir alle.«

»O nein, nein, nein. Ich glaube an die Verantwortung der Intellektuellen ... und mal abgesehen davon, es ist ein *Vergnügen*.

Ehrlich. Ich hoffe, sie kommt uns weiterhin besuchen, auch wenn die Prüfungen jetzt vorbei sind. Schließlich kommt ja irgendwann auch mal die Abschlussprüfung!«

»Oh, ich bin mir sicher, dass sie auch so kommen würde. Sie spricht die ganze Zeit von Ihnen. Die Chalfens hier, die Chalfens da …«

Joyce umschloss fest Claras Hände. »Ach, Clara, das *freut* mich so. Und ich freue mich, dass wir uns endlich auch mal kennen gelernt haben. Oh, ich weiß, ich war noch nicht fertig. Wo waren wir stehen geblieben – ach ja, das hier sind Charles und Anna – Großonkel und -tante – leider schon lange unter der Erde. Er war Psychiater – ja, *noch* einer – und sie war Botanikerin – eine Frau ganz nach meinem Geschmack.«

Joyce trat kurz zurück, wie eine Kunstkritikerin in einer Galerie, und stemmte die Hände in die Hüften. »Ich meine, nach einer Weile muss man doch das Gefühl bekommen, dass es in den Genen liegt, nicht? So viele kluge Köpfe. Ich meine, nur gute Pflege kann da nicht die einzige Erklärung sein. Ich meine, oder doch?«

»Äh, nein«, pflichtete Clara bei. »Ich glaube nicht.«

»Jetzt mal aus reinem Interesse – ich meine, ich bin wirklich neugierig –, was glauben Sie, von welcher Seite es Irie hat, von der jamaikanischen oder der englischen?«

Clara ließ den Blick über die Reihe von toten weißen Männern in steifen Krägen, manche mit Monokel, manche in Uniform, manche im Schoße ihrer Familie sitzend, jedes Mitglied in seiner Pose erstarrt, damit die Kamera ihre langsame Arbeit verrichten konnte. Sie alle erinnerten sie an jemanden. An ihren eigenen Großvater, den schneidigen Captain Charlie Durham, auf dem einzigen von ihm erhaltenen Foto: verkniffen und blass, mit trotzigem Blick in die Kamera, als ließe er sich nicht ablichten, sondern zwänge sein Bild ins Acetat. Was man früher einen kerngesunden Christenmenschen genannt hätte. Die Familie Bowden nannte ihn Whitey. *Und der dumme Junge hat gedacht, dass ihm alles gehört, was er in die Finger kriegt.*

»Von meiner Seite«, sagte Clara zögernd. »Ich denke, von dem englischen Einschlag auf meiner Seite. Mein Großvater war Engländer, ziemlich vornehm, wie man mir erzählt hat. Sein Kind, meine Mutter, wurde während des Erdbebens in Kingston 1907 geboren. Ich hab immer gedacht, dass die Erdstöße vielleicht die Bowden'schen Hirnzellen an die richtige Stelle geruckelt haben, weil wir seitdem einigermaßen gut zurechtkommen!«

Joyce sah, dass Clara ein Lachen erwartete, und lieferte prompt eins.

»Aber im Ernst, es war wahrscheinlich Captain Charlie Durham. Er hat meiner Großmutter alles beigebracht, was sie wusste. Eine gute englische Erziehung. Sonst fällt mir weiß Gott niemand ein, der es gewesen sein könnte.«

»Na, wie faszinierend! Ich sag auch immer zu Marcus – es *sind* die Gene, ganz gleich, was er sagt. Er sagt, ich vereinfache zu sehr, aber er ist nun mal zu theoretisch veranlagt. Am Ende behalte ich doch *immer* Recht!«

Als sich die Haustür hinter ihnen schloss, biss Clara sich erneut auf die Lippe, diesmal vor Frustration und Zorn. Warum hatte sie gesagt: Captain Charlie Durham? Das war eine glatte Lüge. So falsch wie ihre eigenen weißen Zähne. Clara war klüger als Captain Charlie Durham. Hortense war klüger als Captain Charlie Durham. Wahrscheinlich war sogar Großmutter Ambrosia klüger als Captain Charlie Durham. Captain Charlie Durham war nicht klug. Er hatte gedacht, er wäre es, aber er war es nicht. Er hatte tausend Leute geopfert, um eine Frau zu retten, die er nie richtig gekannt hatte. Captain Charlie Durham war ein verdammt nichtsnutziger, dummer, dummer Junge.

13
DIE WURZELKANÄLE DER
HORTENSE BOWDEN

Ein bisschen englische Erziehung kann gefährlich sein. Alsanas Lieblingsbeispiel dafür war die alte Geschichte von Lord Ellenborough, der, nachdem er Indien die Provinz Sind abgenommen hatte, ein Telegramm von nur einem einzigen Wort nach Delhi schickte: *peccavi*, ein konjugiertes lateinisches Verb mit der Bedeutung *ich habe gesündigt*. »Die Engländer«, sagte Alsana angewidert, »sind das einzige Volk, das dich gleichzeitig belehren und bestehlen will.« Alsanas Misstrauen gegenüber den Chalfens beruhte genau auf dieser Haltung.

Clara stimmte ihr zu, aber aus Gründen, die eher persönlicher Natur waren: eine Familienerinnerung, eine unvergessene Spur von schlechtem Blut in den Bowdens. Als ihre eigene Mutter noch im Bauch *ihrer* Mutter steckte (denn wenn diese Geschichte erzählt werden soll, müssen wir sie alle wieder ineinander stecken wie russische Püppchen, Irie zurück in Clara, Clara zurück in Hortense, Hortense zurück in Ambrosia), war sie stumme Zeugin dessen, was passiert, wenn ein Engländer unversehens beschließt, dass du eine Erziehung brauchst. Denn es hatte Captain Charlie Durham – seit kurzem auf Jamaika stationiert – nicht genügt, im Alkoholrausch an einem Abend im Mai des Jahres 1906 in der Vorratskammer der Bowdens die Tochter seiner Hauswirtin zu schwängern. Er war nicht damit zufrieden, ihr einfach nur die Jungfräulichkeit zu nehmen. Er musste sie auch noch *erziehen*.

»Mich? Der will mich erziehen?« Ambrosia Bowden hatte die Hand auf ihr winziges Bäuchlein gelegt, das Hortense war, und versuchte, möglichst unschuldig dreinzublicken. »Wieso denn?«

»Dreimal die Woche«, erwiderte die Mutter. »Und frag mich nich, wieso. Aber es wird dir schon nix schaden, weiß Gott. Sei dankbar für die Großzügigkeit. Da musste nich fragen, wieso und warum, wenn ein schöner, aufrechter englischer Gentleman wie Mr. Durham mal großzügig sein will.«

Selbst Ambrosia Bowden, ein kapriziöses, langbeiniges *maga* Dorfkind, das in seinen ganzen vierzehn Jahren noch nie eine Schule von innen gesehen hatte, wusste, dass dieser Rat falsch war. Wenn ein Engländer großzügig sein will, fragt man als *Erstes*, wieso, weil es nämlich immer einen Grund gibt.

»Bist du immer noch da, Kindchen? Der will dich sehen. Lass mich nich auf'n Boden spucken und dich hochscheuchen, bevors trocken is!«

Also war Ambrosia Bowden, mit Hortense in sich, nach oben in das Zimmer des Captains gerannt und von da an dreimal die Woche zum Unterricht zu ihm gegangen. Buchstaben, Zahlen, die Bibel, englische Geschichte, Trigonometrie – und anschließend, wenn Ambrosias Mutter sicher außer Hauses war, Anatomie, was eine längere Lektion war, die oben auf der Schülerin erteilt wurde, die kichernd auf dem Rücken lag. Captain Durham sagte ihr, sie solle sich wegen des Babys keine Sorgen machen, er würde ihm nicht schaden. Captain Durham sagte ihr, dass ihrer beider heimliches Kind der klügste Negerjunge in ganz Jamaika werden würde.

Während die Monate dahinflogen, lernte Ambrosia viele wunderbare Dinge von dem schönen Captain. Er lehrte sie, die Heimsuchungen des Hiob zu lesen und die Warnungen der Offenbarung zu studieren, einen Kricketschläger zu schwingen und »Jerusalem« zu singen. Wie man eine Zahlenkolumne aufaddiert. Wie man ein lateinisches Substantiv dekliniert. Wie man das Ohr eines Mannes küsste, bis er weinte wie ein Kind. Aber vor allem lehrte er sie, dass sie keine Magd mehr war, dass ihre Erziehung sie zu etwas Besserem gemacht hatte, dass sie in ihrem Herzen eine Lady war, obwohl ihre täglichen Arbeiten dieselben blieben. *Hier drin, hier drin*, sagte er gern und zeigte dabei auf eine Stelle irgendwo unterhalb ihres Brustbeins, genau die Stelle übrigens, wo sie immer ihren Besen anlehnte. *Keine unwissende Magd mehr, Ambrosia, keine unwissende Magd mehr*, sagte er gern und freute sich über die Doppeldeutigkeit.

Und dann, eines Nachmittags, fünf Monate vor Hortenses Geburt, flitzte Ambrosia in einem sehr weiten, alles verhüllenden Baumwollkleid die Treppe hinauf, klopfte mit einer Hand heftig an die Tür und verbarg mit der anderen einen Strauß Ringelblumen hinter dem Rücken. Sie wollte ihren Geliebten mit Blumen überraschen, die ihn, wie sie wusste, an seine Heimat erinnern würden. Sie klopfte und klopfte und rief und rief. Aber er war fort.

»Frag mich nich, wieso«, sagte Ambrosias Mutter und beäugte argwöhnisch den Bauch ihrer Tochter. »Der is einfach auf und davon, mir nix dir nix. Aber er hat 'ne Nachricht dagelassen, dass er will, dass du weiter versorgt bist. Er will, dass du schnell rüber aufs Gut gehst und dich Mr. Glenard vorstellst, 'nem guten christlichen Gentleman. Schaden kann's dir weiß Gott nich ... Bist du immer noch da, Kindchen? Lass mich nich auf'n Boden spucken und ...«

Aber Ambrosia war schon zur Tür hinaus, bevor die Worte den Boden erreichten.

Man hörte, dass Durham nach Kingston abgereist war, um die Situation in einer Druckerei unter Kontrolle zu bringen, wo ein junger Mann namens Garvey einen Streik für höhere Löhne ausgerufen hatte. Und danach würde er noch drei weitere Monate fortbleiben, um die Soldaten Seiner Majestät auf Trinidad auszubilden, denen mal zu zeigen, wo der Hase langläuft. Doch Engländer sind Experten darin, eine Verantwortung abzugeben und die nächste Herausforderung anzunehmen. Andererseits betrachten sie sich gerne als Menschen mit gutem Gewissen, daher vertraute Durham die weitere Erziehung von Ambrosia

Bowden in der Zwischenzeit seinem guten Freund Sir Edmund Flecker Glenard an, der wie Durham der Auffassung war, dass die Eingeborenen Belehrung, christlichen Glauben und moralische Führung benötigten. Glenard war entzückt – wer wäre das nicht? –, dieses hübsche, folgsame Mädchen, diensteifrig und geschickt, im Haus zu haben. Doch zwei Wochen nach ihrer Ankunft war die Schwangerschaft einfach nicht mehr zu übersehen. Die Leute fingen an zu tuscheln. Es ging einfach nicht.

»Frag *mich* nich, wieso«, sagte Ambrosias Mutter, als sie ihrer schluchzenden Tochter Glenards Schreiben entriss, in dem er sein Bedauern ausdrückte. »Vielleicht nützt ja alles nix! Vielleicht will er keine Sünde im Haus ham. Jetzt bist du wieder hier! Kamma nix machen!« Doch in dem Brief, so stellte sich heraus, wurde ein tröstlicher Vorschlag gemacht. »Hier steht, der will, dass du zu 'ner christlichen Lady gehst, die heißt Mrs. Brenton. Er sagt, bei der kannste bleibn.«

Nun, Durham hatte Anweisungen hinterlassen, dass Ambrosia in die englische Anglikanische Kirche eingeführt werden sollte, und Glenard hatte die jamaikanische Methodistenkirche vorgeschlagen, doch Mrs. Brenton, eine feurige alte Jungfer aus Schottland, deren Spezialität verlorene Seelen waren, hatte so ihre eigenen Vorstellungen. »Wir gehen zu *der Wahrheit*«, sagte sie mit Bestimmtheit, als der Sonntag nahte, weil ihr das Wort »Kirche« nicht gefiel. »Du und ich und das kleine Unschuldige«, sagte sie und tätschelte Ambrosias Bauch nur wenige Zentimeter von Hortenses Kopf entfernt, »werden die Worte Jehovas hören.«

(Denn es war Mrs. Brenton, die die Bowdens zu den Zeugen Jehovas brachte, den Russelliten, dem Wachtturm, den Ernsten Bibelforschern – damals liefen sie unter vielen Namen. Mrs. Brenton hatte Charles Taze Russell persönlich in Pittsburgh kennen gelernt, als das letzte Jahrhundert zu Ende ging, und war von der Wissensfülle dieses Mannes, seiner Hingabe, seinem mächtigen Bart beeindruckt gewesen. Unter seinem Einfluss konvertierte sie vom Protestantismus, und wie die meisten Konvertiten fand Mrs. Brenton Wohlgefallen an der Bekehrung anderer. Mit Ambrosia und dem Kind in ihrem Bauch bekam sie zwei willige Seelen, denn sie hatten nichts, *wovon* sie konvertieren konnten.)

Die Wahrheit drang in jenem Winter 1906 in die Bowdens ein und strömte durch den Blutkreislauf direkt von Ambrosia zu Hortense. Hortense glaubte fest daran, dass ihr Bewusstsein, wenngleich noch im Mutterleib, in dem Augenblick erwachte, als ihre Mutter Jehova annahm. In späteren Jahren schwor sie auf jede Bibel, die man ihr vorhielt, dass jedes Wort von Mr. Russells *Millennial Dawn*, das Ambrosia Abend für Abend vorgelesen wurde, wie durch Osmose in Hortenses Seele überging. Nur so war zu erklären, dass es ihr wie eine »Erinnerung erschien, als sie die sechs Bände Jahre später als Erwachsene las; dass sie die Seiten mit der Hand abdecken und aus dem Gedächtnis zitieren konnte, obwohl sie sie nie gelesen hatte. Aus ebendiesem Grund muss jeder Wurzelkanal von Hortense bis ganz an den Anfang zurückreichen, denn sie war da; sie erinnert sich; die Geschehnisse des 14. Januar 1907, als Jamaika von dem schrecklichen Erdbeben heimgesucht wurde, sind ihr nicht verborgen, sondern hell und klar wie eine Glocke.«

»*Dich suche ich, meine Seele dürstet nach dir. Nach dir schmachtet mein Leib; wie dürres, lechzendes Land ohne Wasser …*«

So sang Ambrosia, als ihre Schwangerschaft sich dem Ende zuneigte, und sie hüpfte mit ihrem dicken Bauch die King Street hinunter, betete um die Wiederkunft Christi und die Rückkehr von Charlie Durham – die beiden Männer, die sie erlösen konnten – in ihren Gedanken so ähnlich, dass sie sie oft miteinander verwechselte. Sie war in der Mitte des dritten Verses, so erzählte Hortense es zumindest, als ihnen Sir Edmund Flecker Glenard, gut gelaunt und angesäuselt von einem Gläschen zu viel im Jamaica Club, in den Weg trat. *Captain Durhams Magd!* So lautete, wie Hortense sich erinnerte, seine Begrüßung, für die er von Ambrosia lediglich einen zornigen Blick erntete, *Schöner Tag heute, hä?* Ambrosia hatte versucht, ihm auszuweichen, doch er schob seine massige Gestalt erneut vor sie.

Dann bist du also inzwischen ein braves Mädchen geworden, meine Liebe? Mir ist zu Ohren gekommen, dass Mrs. Brenton dich in ihre Kirche mitgenommen hat. Sehr interessant, diese Zeugen. Aber ich frage mich, sind sie auch auf dieses neue Mulattenmitglied in ihrer Herde vorbereitet?

Hortense erinnerte sich noch gut an das Gefühl, wie diese fette Hand heiß auf ihrer Mutter landete. Und sie erinnerte sich, dass sie mit aller Kraft dagegen trat.

Ach, ist ja gut, Kind. Der Captain hat mir euer kleines Geheimnis verraten. Aber Geheimnisse haben natürlich ihren Preis, Ambrosia. Genau wie Süßkartoffeln und Piment und mein Tabak etwas kosten. Also, hast du dir schon die alte spanische Kirche Santa Antonia angesehen? Warst du schon mal drin? Die ist gleich hier. Sie ist innen ein kleines Wunder, eher vom ästhetischen als vom religiösen Standpunkt aus betrachtet. Es dauert nur einen Moment, meine Liebe. Man sollte sich schließlich nie eine Gelegenheit zur persönlichen Weiterbildung entgehen lassen.

Jeder Augenblick geschieht zweifach: innen und außen, und es sind zwei unterschiedliche Geschichten. Außerhalb von Ambrosia war sehr viel weißer Stein, keine Menschen, ein Altar, von dem Gold abblätterte, wenig Licht, qualmende Kerzen, spanische Namen in den Boden eingraviert und eine große Marmormadonna, die mit geneigtem Kopf hoch oben auf einem Sockel stand. Alles war unnatürlich still, als Glenard begann, sie zu begrapschen. Doch innerhalb von Ambrosia war ein rasender Herzschlag, das Verkrampfen von einer Million Muskeln, die Glenards Erziehungsversuche verzweifelt abwehren wollten, diese klebrigen Finger, die jetzt an ihren Brüsten waren, sich zwischen dünnen Baumwollstoff schoben und Brustwarzen kniffen, schon schwer von Milch, Milch, die nie für einen so groben Mund gedacht war. Innerlich rannte sie bereits die King

Street hinunter. Aber nach außen hin war Ambrosia erstarrt. Wie festgewachsen an Ort und Stelle, ein weiblicher Stein wie jede andere Madonna.

Und dann begann die Welt zu beben. In Ambrosia platzte die Fruchtwasserblase. Um Ambrosia herum riss der Boden auf. Die hintere Wand stürzte ein, die Buntglasscheiben zerbarsten, und die Madonna fiel von einer großen Höhe wie ein ohnmächtig werdender Engel. Ambrosia taumelte weg von der Stelle und schaffte es gerade bis zu den Beichtstühlen, bevor der Boden erneut aufriss – ein mächtiger Spalt! – und sie hinfiel, mit Glenard vor Augen, der unter seinem Engel zerquetscht lag, seine Zähne auf dem Boden verstreut, Hose um die Fußknöchel. Und die Erde vibrierte immer weiter. Ein zweiter Spalt tat sich auf. Und ein dritter. Die Säulen stürzten um, das halbe Dach verschwand. An jedem anderen Nachmittag in Jamaika hätten Ambrosias Schreie, die Schreie nach jeder Wehe, als Hortense hinausdrängte, irgendjemandes Aufmerksamkeit geweckt, der ihr zu Hilfe geeilt wäre. Doch an jenem Nachmittag in Kingston war das Ende der Welt gekommen. Alle schrien.

Wäre diese Geschichte ein Märchen, wäre jetzt der Zeitpunkt gekommen, an dem Captain Durham den Helden spielt. An den notwendigen Referenzen scheint es ihm nicht zu mangeln. Nicht, dass er nicht gut aussehend wäre oder groß oder stark oder dass er ihr nicht helfen wollte oder dass er sie nicht liebte (oh, er *liebte* sie, genauso, wie die Engländer Indien liebten und Afrika und Irland; die Liebe ist das Problem, denn Menschen behandeln ihre Geliebten nun mal schlecht) – all das ist richtig. Aber vielleicht ist einfach nur der Schauplatz falsch gewählt. Vielleicht kann nichts, was auf gestohlener Erde geschieht, ein Happy End erwarten.

Denn als Durham zurückkehrt, einen Tag nach den ersten Erdstößen, findet er eine zerstörte Insel vor, zweitausend Menschen, die bereits tot sind, Brände, die in den Bergen wüten, Teile von Kingston im Meer versunken, Hunger, Schrecken, ganze Straßen von der Erde verschluckt – und nichts von all dem entsetzt ihn mehr als die Erkenntnis, dass er sie vielleicht nie wieder sieht. Jetzt begreift er, was Liebe bedeutet. Er steht auf dem Exerzierplatz, einsam und verzweifelt, umgeben von eintausend schwarzen Gesichtern, die er nicht erkennt; die einzige andere weiße Gestalt ist die Statue von Victoria, die sich durch fünf Nachbeben so weit gedreht hat, dass es nun aussieht, als hätte sie den Menschen den Rücken zugewandt. Das ist nicht weit von der Wahrheit entfernt. Es sind nämlich die Amerikaner, nicht die Briten, die über die Möglichkeiten verfügen, echte Hilfe zu leisten, und drei Kriegsschiffe voller Lebensmittel schlängeln sich in diesem Moment von Kuba kommend die Küste hinab. Es ist ein Coup der Amerikaner, um sich beliebt zu machen, über den die britische Regierung nicht gerade erfreut ist, und wie seine englischen Landsleute fühlt sich Durham unwillkürlich irgendwie in seinem Stolz verletzt. Er betrachtet dieses Land noch immer als das seine, dem er helfen oder schaden kann, selbst jetzt noch, wo es doch bewiesen hat, dass es seinen eigenen Kopf hat. Seine englische Erziehung wirkt noch immer so stark, dass er sich gedemütigt fühlt, als er zwei amerikanische Soldaten entdeckt, die ohne seine Erlaubnis angelegt haben (alle Landungen müssen von Durham oder seinen Vorgesetzten genehmigt werden), vor ihrem Konsulatsgebäude stehen und überheblich auf ihrem Tabak kauen. Ein seltsames Gefühl, diese Hilflosigkeit; festzustellen, dass es ein anderes Land gibt, das besser als England dazu geeignet ist, diese kleine Insel zu retten. Ein seltsames Gefühl, über einen Ozean aus ebenholzfarbener Haut zu blicken und nicht in der Lage zu sein, diejenige zu finden, die man liebt, die man zu besitzen meint. Denn Durham hat Befehl, hier zu stehen und die Namen von einer Hand voll Dienern, Butlern und Dienstmädchen auszurufen, die wenigen Auserwählten, die die Engländer so lange mit nach Kuba nehmen werden, bis die Brände erloschen sind. Wenn er doch nur ihren Nachnamen kennen würde, weiß Gott, er würde ihn ausrufen. Aber in all den Unterrichtsstunden hat er ihn nie in Erfahrung gebracht. Nie danach gefragt.

Doch nicht wegen dieser Unterlassung ging Captain Durham, der große Erzieher, als der *dumme, dumme Junge* in die Annalen des Bowden-Clans ein. Er fand bald heraus, wo sie war; er fand die kleine Cousine Marlene in dem Menschengedränge und schickte sie mit einer Nachricht zu der Kirchenhalle, wo sie, wie sie sagte, Ambrosia zuletzt gesehen hatte, wie sie mit den Zeugen sang und für den Tag des Gerichts dankte. Während Marlene rannte, so schnell ihre aschgrauen Beine sie trugen, dachte Durham, der letzte Akt sei vorbei, und ging seelenruhig zum King's House, der Residenz von Sir James Swettenham, dem Gouverneur von Jamaika. Dort bat er ihn, für Ambrosia eine Ausnahme zu machen – eine »gebildete Negerin«, die er zu heiraten gedachte. Sie war nicht wie die anderen. Sie musste mit ihm zusammen einen Platz auf dem nächsten Schiff bekommen, das ablegte.

Aber wenn man ein Land beherrschen will, das nicht das eigene ist, gewöhnt man sich daran, Ausnahmen abzulehnen; Swettenham erklärte ihm unverblümt, auf seinen Schiffen sei kein Platz für schwarze Huren oder Vieh. Durham, gekränkt und rachsüchtig, deutete an, dass Swettenham keine Macht mehr habe, wie die Ankunft der amerikanischen Schiffe bewies, und um ihm zusätzlich eins reinzuwürgen, erwähnte er die beiden amerikanischen Soldaten, die er ohne Erlaubnis auf britischem Boden gesehen hatte, anmaßende Parvenüs auf Land, das ihnen nicht gehörte. *Schütten wir das Kind mit dem Bade aus*, fragte Durham, das Gesicht rot wie ein britischer Briefkasten, und nahm Zuflucht zu dem Glauben an Besitz, der sein Geburtsrecht war, *ist das hier nicht immer noch unser Land? Kann unsere Autorität so rasch von ein paar Erdstößen umgestürzt werden?*

Der Rest ist dieses schreckliche Etwas: Geschichte. Während Swettenham noch den amerikanischen Schiffen befahl, zurück nach Kuba zu fahren, kam Marlene mit Ambrosias Antwort zurückgerannt. Ein Satz, aus dem Buch Hiob gerissen: *Ich will mein Wissen weit herholen.* (Hortense besaß noch die Bibel, aus der der Satz herausgerissen worden war, und sie sagte gerne, dass von diesem Tag an keine Bowden-Frau je wieder Lehren von jemand anderem als Gott dem Herrn angenommen habe.) Marlene reichte Durham den Satz und lief quietschvergnügt zum Exerzierplatz, um nach ihrer Mutter und ihrem Vater zu suchen, die beide verletzt und schwach waren, am Ende ihrer Kräfte, und auf die Schiffe warteten, zusammen mit Tausenden anderen. Sie wollte ihnen die gute Nachricht bringen, die sie von Ambrosia bekommen hatte. *Die Zeit sein da, die Zeit sein da.* Dass die Boote kommen?, hatte Marlene gefragt, und Ambrosia hatte genickt, obwohl sie zu sehr ins Gebet vertieft und zu ekstatisch war, um die Frage zu hören. *Die Zeit sein da, die Zeit sein da*, sagte sie und wiederholte damit, was sie aus der Offenbarung gelernt hatte. Was Durham und dann Glenard und dann Mrs. Brenton ihr auf unterschiedliche Art und Weise beigebracht hatten; was das Feuer und die Risse in der Erde und der Donner bezeugten. *Die Zeit sein da*, erklärte sie Marlene, die ihr Wort für das Evangelium hielt. Ein bisschen englische Erziehung kann gefährlich sein.

14
ENGLISCHER ALS DIE
ENGLÄNDER

Ganz in der großen Tradition englischer Erziehung wurden Marcus und Magid Brieffreunde. *Wie* sie zu Brieffreunden wurden, war Gegenstand heißer Debatten (Alsana gab Millat die Schuld, Millat behauptete, Irie hätte Marcus die Adresse zugesteckt, Irie sagte, Joyce habe heimlich in ihrem Adressbuch nachgesehen – die Joyce-Erklärung war die richtige), aber egal wie, sie wurden es jedenfalls, und von März 1991 an wechselten Briefe zwischen ihnen mit einer Häufigkeit, die nur durch die chronischen Unzulänglichkeiten der bengalischen Post erschwert wurde. Ihr gemeinschaftlicher Output war unglaublich. Innerhalb von zwei Monaten hatten sie einen Band gefüllt, der mindestens so dick war wie die Gesamtausgabe von Keats, und nach vier Monaten näherten sie sich rasch der Länge und Fülle wahrer Epistolographen an: Paulus, Clarissa, fanatische Leserbriefverfasser. Da Marcus Kopien von all seinen Briefen machte, musste Irie ihr Ablagesystem neu organisieren, um eine Schublade nur für die Korrespondenz der beiden frei zu machen. Sie ging in zwei Schritten vor, legte zunächst nach Autorennamen und dann chronologisch ab, anstatt einfach nur nach den Daten. Denn es ging ausschließlich um Menschen. Um Menschen, die über Kontinente und Meere hinweg Kontakt schlossen. Sie machte zwei Aufkleber, um die Materialstapel zu teilen. Auf dem ersten stand: *Von Marcus an Magid*. Auf dem zweiten stand: *Von Magid an Marcus*.
Und eine unangenehme Mischung aus Eifersucht und Feindseligkeit brachte Irie dazu, ihre Sekretärinnenrolle zu missbrau-

chen. Sie klaute kleinere Mengen Briefe, die nicht auffallen würden, nahm sie mit nach Hause, zog sie aus ihrer Hülle und brachte sie im Anschluss an eine Lektüre, deren Genauigkeit selbst F. R. Leavis beschämt hätte, wieder sorgfältig zurück an ihren Ablageort. Was sie in diesen bunt gestempelten Luftpostumschlägen entdeckte, brachte ihr keine Freude. Ihr Mentor hatte einen neuen Protegé. Marcus und Magid. Magid und Marcus. Es *klang* sogar besser. So, wie Watson und Crick besser klang als Watson, Crick und Wilkins.

John Donne hat gesagt, dass Briefe stärker als Küsse Seelen zusammenführen, und das stimmt. Irie war beunruhigt, ein solches gegenseitiges Verständnis vorzufinden, ein so erfolgreiches Verschmelzen von zwei Menschen via Tinte und Papier trotz der Entfernung zwischen ihnen. Liebesbriefe hätten nicht inbrünstiger sein können. Leidenschaften nicht stärker erwidert werden können, gleich von Anfang an. Die ersten Briefe waren erfüllt von der unmäßigen Freude über gegenseitiges Wiedererkennen: langweilig für die neugierigen Jungen im Postraum von Dhaka, verblüffend für Irie, faszinierend für die Schreiber selbst:

Es ist, als hätte ich Sie schon immer gekannt; wenn ich Hindu wäre, würde ich vermuten, dass wir uns in einem früheren Leben schon mal begegnet sind. – Magid.

Du denkst wie ich. Du bist präzise. Das gefällt mir. – Marcus.

Sie formulieren es so gut und bringen meine Gedanken besser auf den Punkt, als ich das je könnte. Bei meinem Wunsch, Jura zu studieren, bei meinem Begehren, das Los meines armen Landes zu verbessern – das jeder flüchtigen Laune Gottes ausgesetzt ist, jedem Hurrikan und jeder Überschwemmung, – bei diesen Zielen, welcher Instinkt ist da der entscheidende? Welche Wurzel, welcher Traum

verbindet diese Zukunftswünsche miteinander? Einen
Sinn in der Welt zu finden. Das Zufällige zu eliminieren. –
Magid.

Und dann kam die gegenseitige Bewunderung. Das ging über ein
paar Monate.

Woran Sie da arbeiten, Marcus – die außergewöhnlichen
Mäuse –, das ist geradezu revolutionär. Wenn Sie sich mit
den Geheimnissen ererbter Eigenschaften auseinander set-
zen, dann zielen Sie sozusagen auf das Herz der Condition
humaine *ab, so dramatisch und fundamental wie ein Dich-*
ter, nur dass Sie mit etwas Wichtigem ausgestattet sind, das
der Dichter nicht besitzt: die Wahrheit. Ich bewundere vi-
sionäre Ideen und Visionäre. Ich bewundere einen Mann
wie Marcus Chalfen. Ich nenne es eine Ehre, ihn einen
Freund nennen zu dürfen. Ich danke Ihnen aus tiefstem
Herzen für Ihr unerklärliches und wunderbares Interesse
am Wohlergehen meiner Familie. – Magid.

Es ist mir unbegreiflich, was für einen Mordsaufstand die
Menschen wegen des Themas Klonen machen. Das Klonen
ist, wenn es denn passiert (und ich sage Dir, es wird passie-
ren, eher früher als später), nichts anderes als eine verspäte-
te Zwillingsgeburt, und in meinem ganzen Leben sind mir
noch nie Zwillinge begegnet, die deutlicher alle Argumen-
te gegen genetischen Determinismus widerlegen als Millat
und Du. Auf allen Gebieten, in denen er scheitert, leistest
Du Hervorragendes – ich wünschte, ich könnte den Satz
nun umkehren, doch die harte Wahrheit ist, dass er sich in
nichts hervortut, außer meiner Frau noch das letzte Hemd
abzuschwatzen. – Marcus.

Und schließlich wurden Zukunftspläne geschmiedet, blind und mit verliebter Eile, wie der englische Volltrottel, der eine hundertzwanzig Kilo schwere Mormonin aus Minnesota heiratete, weil sie in der Chatline so sexy klang.

Du musst so bald wie möglich nach England kommen, spätestens Anfang 1993. Wenn es sein muss, steuere ich Geld bei. Dann können wir Dich hier an der Schule anmelden, und sobald Du die Prüfungen hinter dir hast, kannst Du auf ein Oxford-College Deiner Wahl gehen (obwohl natürlich nur eins in Frage kommt), und dann musst du schleunigst Dein Studium abschließen, damit Du mich als Anwalt unterstützen kannst. Meine FutureMouse© braucht einen wackeren Verteidiger. Beeil Dich, mein Guter. Ich hab nicht das ganze Millennium Zeit. – Marcus.

Der letzte Brief, nicht der letzte Brief, den sie schrieben, sondern der letzte Brief, den Irie noch verdauen konnte, endete mit folgenden Zeilen von Marcus:

Tja, hier ist ansonsten alles wie immer, nur dass meine Ablage in hervorragender Ordnung ist, Irie sei Dank. Du wirst sie mögen: sie ist ein intelligentes Mädchen, und sie hat die unglaublichsten Brüste … Leider hege ich keine große Hoffnung, was ihre Aussichten auf dem Gebiet der »harten Wissenschaft« angeht, genauer gesagt auf meinem Spezialgebiet, der Biotechnologie, an die sie anscheinend ihr Herz gehängt hat … sie ist durchaus auf Zack, aber gut ist sie im Zuarbeiten, kann richtig ackern – sie könnte eine gute technische Assistentin abgeben, aber sie hat keinen kreativen Geist, nicht den geringsten. Sie könnte es mit Medizin versuchen, denke ich, aber selbst da braucht man doch etwas mehr Chuzpe, als sie besitzt … also wird sich unsere Irie am Ende vielleicht der Zahnmedizin zuwen-

den müssen (dann könnte sie wenigstens ihre eigenen Zähne richten), ein ehrlicher Beruf, keine Frage, aber doch einer, für den du dich hoffentlich nicht entscheiden wirst ...

Letztendlich war Irie nicht mal beleidigt. Sie war ein Weilchen weinerlich, aber auch das ging schnell vorbei. Sie war wie ihre Mutter, wie ihr Vater – eine große Neuerfinderin ihrer selbst, eine große Improvisatorin. Keine Chance, Kriegskorrespondent zu werden? Werde ich eben Radrennfahrer. Keine Chance, Radrennfahrer zu werden? Falte ich eben Papier. Keine Chance, mit den 144 000 neben Jesus zu sitzen? Begnüge ich mich eben mit dem irdischen Paradies. Ertrage ich den Gedanken nicht? Heirate ich eben Archie. Irie war nicht allzu empört. Sie dachte einfach, richtig: Zahnmedizin. Ich werde Zahnärztin. Zahnmedizin. Richtig.

*

Und währenddessen war Joyce unter Deck und versuchte, Millats Probleme mit weißen Frauen zu klären. Die zahlreich waren. Alle Frauen, jeder Schattierung, von Mitternachtsschwarz bis Albino, gehörten Millat. Sie steckten ihm Telefonnummern zu, bliesen ihm einen, wo es eben ging, sie kämpften sich durch überfüllte Bars, um ihm einen Drink zu spendieren, sie zogen ihn in Taxis, sie verfolgten ihn nach Hause. Woran es auch immer lag – die römische Nase, die Augen wie ein dunkles Meer, die Haut wie Schokolade, das Haar wie Vorhänge aus schwarzer Seide oder vielleicht auch nur sein reiner, natürlicher Geruch –, es funktionierte jedenfalls. Nein, kein Grund zur Eifersucht. Wirklich nicht. Es gibt einfach Leute, die Sex verströmen (ihn atmen, ihn *ausschwitzen*), das war schon immer so und wird auch immer so sein. Ein paar wahllos herausgegriffene Beispiele: der junge Brando, Madonna, Kleopatra, Pam Grier, Valentino, eine junge

436

Frau namens Tamara, die gegenüber vom London Hippodrome wohnt, mitten in der Stadt, Imran Khan, Michelangelos David. Gegen diese erstaunliche willkürliche Macht kommt man nicht an, denn nicht immer beruht sie auf Symmetrie oder Schönheit an sich (Tamaras Nase ist leicht schief), und es gibt keine Möglichkeit, sie sich anzueignen. Gewiss trifft hier die alte Weisheit zu, die sich in wirtschaftlichen, politischen und emotionalen Fragen bewährt hat: *Entweder man hat's, oder man hat's nicht.* Und Millat hatte es. Massenhaft. Er konnte aus der ganzen bekannten Welt frei auswählen, jede üppige Frau von Größe 36 bis 48, aus Thailand oder Tonga, von Sansibar bis Zürich, für ihn erstreckte sich das Angebot an verfügbaren und willigen Muschis in alle Richtungen, so weit das Auge reichte. Man könnte nun davon ausgehen, dass ein Mann mit einer derartigen natürlichen Gabe sich großzügig bei einer bunten Vielfalt von Frauen bedienen und kreuz und quer experimentieren würde. Doch Millat Iqbals Flammen waren fast ausnahmslos weiße Protestantinnen zwischen fünfzehn und achtundzwanzig, die Größe 38 trugen und in West Hampstead oder der unmittelbaren Umgebung wohnten.

Anfangs fand das Millat weder störend noch irgendwie ungewöhnlich. In seiner Schule wimmelte es von Mädchen, auf die diese Beschreibung zutraf. Nach dem Wahrscheinlichkeitsgesetz – er war an der Glenard Oak der einzige Typ, der es wert war, gevögelt zu werden – schlief er mit einer beträchtlichen Zahl von ihnen. Und mit Karina Cain, seiner derzeitigen Liebschaft, lief es wirklich ganz nett. Er betrog sie nur mit drei anderen Frauen (Alexandra Andrusier, Polly Houghton, Rosie Dew), und das war ein persönlicher Rekord. Außerdem war Karina Cain anders. Mit Karina Cain war es nicht bloß Sex. Er mochte sie, und sie mochte ihn, und sie hatte einen tollen Sinn für Humor, was für ihn fast an ein Wunder grenzte, und sie kümmerte sich um ihn, wenn er niedergeschlagen war, und er kümmerte sich auch um sie, auf seine Art, brachte ihr Blumen mit und so. Es war sowohl das Wahrscheinlichkeitsgesetz als auch ein glücklicher Zufall, und das hatte ihn zufriedener gemacht, als er normalerweise war. Und das war's.

Bloß dass HEINTZ das nicht so sah. Eines Abends, nachdem Karina ihn mit dem Renault ihres Bruders zu einem HEINTZ-Treffen in Kilburn gefahren hatte, kamen Bruder Hifan und Bruder Tyrone durch den Raum auf ihn zu wie zwei menschliche Berge, die beschlossen hatten, sich zu Füßen Mohammeds niederzuwerfen. Sie ragten hoch auf.

»Hi, Hifan, alter Kumpel, Tyrone, mein Freund, wieso guckt ihr so ernst?«

Doch die Brüder Hifan und Tyrone wollten ihm nicht sagen, warum sie so ernst guckten. Stattdessen reichten sie ihm ein kleines Heft. Es nannte sich: *Wer ist wahrhaft frei? Die Schwestern von HEINTZ oder die Schwestern von Soho?* Millat dankte ihnen herzlich dafür. Dann stopfte er das Heftchen unten in seine Tasche.

»Wie war's?«, fragten sie ihn eine Woche später. »Hat es sich gut gelesen, Bruder Millat?« In Wahrheit war Bruder Millat nicht dazu gekommen, es zu lesen (und um ganz ehrlich zu sein, er hatte lieber Broschüren mit Titeln wie: *Der große amerikanische Teufel: Wie die Mafia der Vereinigten Staaten die Welt beherrscht* oder *Wissenschaft kontra Schöpfer: Ein Wettkampf?*), aber da es Bruder Tyrone und Bruder Hifan anscheinend wichtig war, sagte er, er hätte das Heftchen gelesen. Sie blickten erfreut und reichten ihm ein anderes. Diesmal lautete der Titel: *Lycra-Befreiung? Vergewaltigung und die westliche Welt.*

»Dringt allmählich Licht in deine Finsternis, Bruder Millat?«, fragte Bruder Tyrone gespannt beim Treffen am nächsten Mittwoch. »Werden die Dinge klarer?«

»Klarer« schien Millat nicht unbedingt das richtige Adjektiv zu sein. Anfang der Woche hatte er sich etwas Zeit genommen, beide Heftchen gelesen und sich seitdem irgendwie eigenartig gefühlt. Innerhalb von drei kurzen Tagen hatte Karina Cain, ein liebenswertes Mädchen, ein wirklich netter Mensch, der ihn nie wirklich geärgert hatte (im Gegenteil, der ihn glücklich machte! Happy!), ihn mehr geärgert, als es ihr in dem ganzen Jahr, seit sie zusammen schliefen, gelungen war. Und es war kein normaler Ärger. Ein tiefer, nervös machender, unlösbarer Ärger, wie das Jucken eines Phantomkörperteils. Und ihm war nicht klar, wieso.

»Jaa, Mann, Tyrone«, sagte Millat mit einem Nicken und einem breiten Grinsen. »Kristallklar, Kumpel, kristallklar.«

Bruder Tyrone nickte zurück. Millat bemerkte erfreut, dass er erfreut aussah. Es war, als wäre er in einem realen Mafia-Film oder einem Bond-Streifen oder so. Wie sie beide in ihren schwarzen und weißen Anzügen einander zunickten. *Ich sehe, wir verstehen uns.*

»Das ist Schwester Aeyisha«, sagte Bruder Tyrone, richtete Millats grüne Fliege gerade und schob ihn zu einem kleinen, schönen schwarzen Mädchen mit Mandelaugen und hohen Wangenknochen. »Sie ist eine afrikanische Göttin.«

»Ehrlich?«, sagte Millat beeindruckt. »Wo kommst du her?«

»Clapham North«, sagte Schwester Aeyisha mit einem schüchternen Lächeln.

Millat klatschte in die Hände und stampfte mit dem Fuß auf. »Mann, da kennst du doch bestimmt das Redback Café?«

Schwester Aeyisha, die afrikanische Göttin, strahlte ihn an. »*Klar*, Mann, da bin ich früher immer hingegangen! Bist du oft da?«

»Andauernd! Geiler Laden. Tja, vielleicht sieht man sich da mal. War nett, dich kennen zu lernen, Schwester. Bruder Tyrone, ich muss los, Mann, meine Freundin wartet auf mich.«

Bruder Tyrone blickte enttäuscht. Kurz bevor Millat ging, schob er ihm ein weiteres Heftchen in die Hand und hielt seine Hand fest, bis das Papier zwischen ihren Handflächen feucht wurde.

»Du könntest eine große Führungspersönlichkeit werden, Millat«, sagte Bruder Tyrone (wieso erzählten ihm das bloß dauernd alle?) und blickte zuerst ihn, dann Karina Cain an, deren runde Brüste über die Wagentür lugten, während sie auf der Straße stand und auf die Autohupe drückte. »Aber zur Zeit bist du nur halb der Mann dazu. Wir brauchen dich ganz.«

»Jaja, affengeil, danke, du auch, Bruder«, sagte Millat, warf einen kurzen Blick auf das Heftchen und stieß die Tür auf. »Bis dann.«

»Was ist das?«, fragte Karina Cain, als sie sich vorbeugte, um die Beifahrertür zu öffnen, und das leicht durchweichte Heft in seiner Hand sah.

Instinktiv schob Millat das Heftchen gleich in die Tasche. Was seltsam war. Normalerweise zeigte er Karina alles. Jetzt verstimmte ihn schon ihre Frage irgendwie. Und was hatte sie da an? Dasselbe bauchfreie Top, das sie immer trug. Aber war es nicht kürzer? Waren die Brustwarzen nicht klarer, deutlicher zu erkennen?

Er sagte: »Nichts.« Mürrisch. Aber es war nicht nichts. Es war die letzte Broschüre in der HEINTZ-Serie über westliche Frauen. *Das Recht, sich zu enthüllen: die nackte Wahrheit über die Sexualität des Westens.*

Nun, wo wir schon beim Thema Nacktheit sind: Karina Cain hatte einen hübschen kleinen Körper. Weiche Rundungen und schlanke Gliedmaßen. Und am Wochenende zog sie gern etwas an, das ihren Körper zur Geltung brachte.

Das erste Mal, dass Millat auf sie aufmerksam wurde, war auf irgendeiner Party, als er eine silbrige Hose aufblitzen sah, ein knallenges, silbernes Top und dazwischen den nackten Hügel ihres ganz leicht vorstehenden Bäuchleins, mit noch ein bisschen Silber im Bauchnabel. Karina Cains kleines Bäuchlein hatte etwas Einladendes an sich. Sie hasste es, aber Millat liebte es. Er mochte es, wenn sie Klamotten trug, die ihr Bäuchlein sehen ließen.

Aber jetzt machten die Heftchen ihm einiges *klarer*. Er fing an, darauf zu achten, was sie trug und wie andere Männer sie ansahen. Und wenn er das Thema ansprach, sagte sie: »Ach, ich *hasse* das. All diese geilen alten Männer.« Aber Millat kam es so vor, als würde sie es darauf anlegen; als *wollte* sie, dass Männer sie ansahen, als wäre sie dabei – wie *Das Recht, sich zu enthüllen* behauptete –, »sich für den männlichen Blick zu prostituieren«. Besonders den Blick weißer Männer. Schließlich lief das ja so zwischen westlichen Männern und westlichen Frauen, oder etwa nicht? Sie machten gerne alles vor den Augen der Öffentlichkeit. Je mehr er darüber nachdachte, desto mehr kotzte es ihn an. Wieso konnte sie ihre Blöße nicht bedecken? Bei wem wollte sie Eindruck schinden? Afrikanische Göttinnen aus Clapham North achteten sich selbst, wieso konnte Karina Cain das nicht? »Ich kann dich nicht achten«, erklärte Millat, sorgsam darauf bedacht, die Worte genau so zu wiederholen, wie er sie gelesen hatte, »ehe du dich nicht selbst achtest.« Karina sagte, dass sie sich sehr wohl selbst achtete, aber Millat konnte ihr nicht glauben. Was komisch war, weil Karina Cain seines Wissens nie gelogen hatte, sie war einfach nicht der Typ.

Wenn sie sich fertig machten, um irgendwohin auszugehen, sagte er: »Du ziehst dich nicht für mich so an, du ziehst dich für alle so an!« Karina sagte, sie zöge sich weder für ihn noch für irgendwen so an, sie zöge sich für sich selbst so an. Wenn sie beim Karaoke im Pub »Sexual Healing« sang, sagte er: »Sex ist etwas Privates, nur zwischen dir und mir, nicht für alle anderen!« Karina sagte, sie habe *gesungen*, es nicht vor den Stammgästen des *Rat and Carrot* getrieben. Wenn sie miteinander schliefen, sagte er: »Tu das nicht … biete dich mir nicht so dar wie eine Hure. Hast du noch nie was von widernatürlichen Praktiken gehört? Außerdem nehme ich's mir schon, wenn ich es will – und wieso kannst du dich nicht benehmen, mach nicht so viel Krach!« Karina Cain gab ihm eine Ohrfeige und weinte bitterlich. Sie sagte, sie wüsste nicht, was mit ihm los sei. Das Problem ist, dachte Millat, als er die Tür krachend hinter sich zuschlug, *ich weiß es auch nicht.* Und nach diesem Streit sprachen sie eine Weile nicht mehr miteinander.

Etwa zwei Wochen später arbeitete er im Palace, um sich etwas Geld dazuzuverdienen, und sprach Shiva, ein neues HEINTZ-Mitglied und ein aufgehender Stern in der Organisation, auf das Thema an. »Erzähl mir nichts von weißen Frauen«, stöhnte Shiva auf, der sich fragte, wie vielen Generationen von Iqbals er diesen Rat wohl noch geben musste. »Hier im Westen ist es schon so weit gekommen, dass die Frauen Männer sind! Ich meine, sie haben die gleichen Gelüste und Begierden wie Männer – *sie wollen es andauernd.* Und sie kleiden sich, als wollten sie allen zeigen, *dass* sie es wollen. Ich frage dich, ist das richtig? Ist das richtig?«

Doch bevor sie die Debatte weiterführen konnten, kam Samad durch die Schwingtür, um etwas Mango Chutney zu holen, und Millat wandte sich wieder seiner Schnippelei zu.

Am selben Abend nach der Arbeit sah Millat eine mondgesichtige, ernst blickende Inderin durch das Fenster eines Cafés am Piccadilly, die im Profil Ähnlichkeit mit seiner Mutter auf Jugendfotos hatte. Sie trug ein schwarzes Poloshirt, eine lange schwarze Hose, und ihre Augen waren halb von langem schwarzem Haar verdeckt. Ihr einziger »Schmuck« waren die roten Mhendi-Muster in ihren Handflächen. Sie saß allein da.

Mit der gleichen gedankenlosen Dreistigkeit, mit der er Tussis und Disco-Schnepfen anquatschte, mit der Unbekümmertheit eines Menschen, der keine Schwierigkeiten hatte, Fremde anzusprechen, ging Millat hinein und fing an, ihr ziemlich wortwörtlich eine Seite von *Das Recht, sich zu enthüllen* vorzutragen, in der Hoffnung, sie würde es verstehen. Es ging um verwandte Seelen, um Selbstachtung, um Frauen, die nur den Männern, von denen sie geliebt werden, »optischen Genuss« bereiten möchten. Er erklärte: »Das ist die Befreiung durch den Schleier, nich wahr? Hier zum Beispiel: *Von den Fesseln des männlichen Blicks und den Attraktivitätsmaßstäben befreit, kann die Frau unge-*

hindert die sein, die sie in ihrem Innern ist, gefeit dagegen, als Sexsymbol dargestellt oder begehrt zu werden, als wäre sie ein Stück Fleisch, das kritisch unter die Lupe genommen wird. Das denken wir«, sagte er unsicher, ob er das dachte. »Das ist unsere Meinung«, sagte er, unsicher, ob das seine Meinung war. »Wissen Sie, ich bin in dieser Gruppe –«

Die Lady verzog das Gesicht und legte ihm zart ihren Zeigefinger auf die Lippen. »Ach, Darling«, murmelte sie traurig, seine Schönheit bewundernd. »Wenn ich dir Geld gebe, verschwindest du dann?«

Und dann tauchte ihr Freund auf, ein erstaunlich großer chinesischer Typ in Lederjacke.

Total niedergeschlagen, beschloss Millat, die acht Meilen bis nach Hause zu gehen, von Soho, wo er die langbeinigen Huren und die schrittfreien Slips und Federboas mit zornigen Blicken bedachte. Als er Marble Arch erreichte, hatte er sich inzwischen in eine solche Wut hineingesteigert, dass er Karina Cain aus einer mit Titten und Ärschen tapezierten Telefonzelle (Huren, Huren, Huren) anrief und unsanft mit ihr Schluss machte. Die anderen Mädchen, mit denen er schlief, machten ihm nichts aus (Alexandra Andrusier, Polly Houghton, Rosie Dew), weil sie nämlich schamlose, hochnäsige Schlampen waren. Aber Karina Cain machte ihm was aus, weil sie seine *Liebe* war, und seine Liebe sollte seine Liebe sein und sonst niemandem gehören. Beschützt wie Liottas Frau in *GoodFellas* oder Pacinos Schwester in *Scarface*. Behandelt wie eine Prinzessin. Mit dem Benehmen einer Prinzessin. In einem Turm. Verhüllt.

Danach ging er langsamer, schlurfte vor sich hin, weil es niemanden gab, zu dem er nach Hause gehen konnte, und wurde in der Edgware Road abgelenkt, wo die alten fetten Typen ihm zuriefen (»Seht mal, das ist ja Millat, Klein-Millat, der Frauenheld! Millat der Fickerfürst! Schon zu groß, um noch eine zu rauchen, was?«) und mit einem wehmütigen Lächeln Ruhe gaben. Wasserpfeifen, halal gebratene Hähnchen und illegal importierter

Absinth wurden an wackeligen Tischen konsumiert; man beobachtete die Frauen, die in voller Purdah vorbeihasteten wie geschäftige schwarze Gespenster, die durch die Straßen spukten, noch etwas einkauften, nach auf Abwege geratenen Ehemännern suchten. Millat sah ihnen gerne zu: das angeregte Gespräch, die intensiven Farben der sprechenden Augen, das plötzliche Lachen von unsichtbaren Lippen. Ihm fiel etwas ein, das sein Vater ihm einmal gesagt hatte, damals, als sie noch miteinander sprachen. Du kennst die Bedeutung des Erotischen nicht, Millat, du kennst die Bedeutung von *Begehren* nicht, mein zweiter Sohn, solange du nicht mit einer blubbernden Pfeife auf der Edgware Road gesessen und dir mit deiner ganzen Fantasie vorgestellt hast, was jenseits der wenigen Zentimeter Haut liegt, die der Hajib sehen lässt, was sich unter diesen großen dunklen Tüchern verbirgt.

Etwa sechs Stunden später tauchte Millat am Küchentisch der Chalfens auf, sehr, sehr betrunken, weinerlich und gewalttätig. Er zertrümmerte Oscars Lego-Feuerwache und schleuderte die Kaffeemaschine durch den Raum. Dann tat er das, worauf Joyce die letzten zwölf Monate gewartet hatte. Er bat sie um Rat.

Es war, als säßen sie schon Monate am Küchentisch, seit Joyce alle anderen aus dem Raum gescheucht hatte, um anschließend Hände ringend ihr Lektürematerial durchzugehen; der Geruch von Dope, der sich mit dem Dampf aus zahllosen Tassen Erdbeertee vermischt. Denn Joyce liebte ihn wirklich und wollte ihm helfen, aber ihr Rat war lang und kompliziert. Sie hatte sich einiges zu dem Thema angelesen. Und es schien, dass Millat voller Selbstekel und Hass auf seine Herkunft war; dass er möglicherweise eine Sklavenmentalität hatte oder vielleicht einen Hautfarbenkomplex, der sich um seine Mutter zentrierte (er war viel dunkler als sie), oder einen Wunsch nach Selbstvernichtung durch Auflösung in einer weißen Erbmasse oder unfähig war, zwei gegensätzliche Kulturen in Einklang zu bringen … und es stellte sich heraus, dass 60 Prozent der südasiatischen Männer *dieses* taten ... und dass 90 Prozent aller Muslims *jenes* empfanden ... es war eine bekannte Tatsache, dass südasiatische Familien häufig dazu neigten ... und hormonell waren Jungen eher ... und die Therapeutin, die sie für ihn gefunden hat, war sehr nett, drei Tage die Woche, und mach dir keine Gedanken um das Geld ... und mach dir keine Gedanken um Joshua, der schmollt nur ... und, und, *und*.

Irgendwann in dem Nebel aus Hasch und Reden erinnerte sich Millat an ein Mädchen namens Karina Soundso, das er gemocht hatte. Und Karina mochte ihn. Und sie hatte einen tollen Sinn für Humor, was für ihn fast an ein Wunder grenzte, und sie kümmerte sich um ihn, wenn er niedergeschlagen war, und er kümmerte sich auch um sie, auf seine Art, brachte ihr Blumen mit und so. Sie schien jetzt weit weg, wie Verstecken spielen und Kindheit. Und das war's.

*

Bei den Jones hing der Haussegen schief. Irie würde die erste Bowden oder Jones sein (möglicherweise, vielleicht, wenn alles gut ging, so Gott wollte, die Daumen gedrückt), die eine Universität besuchte. Ihre Prüfungsfächer waren Chemie, Biologie und Theologie. Sie wollte Zahnmedizin studieren (Göttin in Weiß! £ 20.000 und mehr im Jahr!), was alle sehr freute, aber sie wollte auch »ein Jahr verreisen«, auf den Subkontinent und nach Afrika (Malaria! Armut! Bandwurm!), was zu dreimonatigen offenen Kriegshandlungen zwischen ihr und Clara führte. Die eine Seite verlangte Finanzierung und Erlaubnis, die andere Seite war entschlossen, weder das eine noch das andere zu gewähren. Der Konflikt war langwierig und erbittert, und alle Vermittler wurden mit leeren Händen nach Hause geschickt (*Sie hat sich nun mal entschieden, die Frau lässt einfach nicht mit sich reden –* Samad) oder aber in den Krieg der Worte mit hineingezogen

(*Wieso kann sie nicht nach Bangladesch gehen, wenn sie will?
Willst du damit sagen, dass mein Land nicht gut genug ist für deine Tochter? – Alsana*).

Die Pattsituation nahm so deutliche Formen an, dass Gebiete
aufgeteilt und zugeordnet wurden. Irie beanspruchte ihr Schlafzimmer und den Speicher für sich, Archie, Kriegsdienstverwei-
gerer aus Gewissensgründen, bat nur um das Gästezimmer, einen Fernseher und eine Satellitenschüssel, und Clara nahm alles
andere, wobei das Badezimmer als gemeinsames Territorium
fungierte. Türen wurden geknallt. Die Zeit der Gespräche war
vorüber.

Am 25. Oktober 1991, um 01.00 Uhr, startete Irie einen nächtlichen Angriff. Sie wusste aus Erfahrung, dass ihre Mutter am ver-
letzlichsten war, wenn sie im Bett lag; spätnachts sprach sie leise
wie ein Kind, und vor Müdigkeit lispelte sie stark. In dieser Situation konnte man am ehesten von ihr bekommen, was man
sich sehnlich wünschte: Taschengeld, ein neues Fahrrad, längeren Ausgang. Es war eine so abgedroschene Taktik, dass Irie sie
bei diesem ihrem härtesten und längsten Streit mit ihrer Mutter
bislang nicht für würdig befunden hatte. Aber ihr fiel nichts Besseres ein.

»Irie? Wa...? Eff ifft mitten in der Nacht ... Geh wieder inff
Bett ...«

Irie machte die Tür noch weiter auf, so dass noch mehr Licht
vom Flur ins Schlafzimmer drang.

Archie drückte den Kopf tief ins Kissen. »Zum Donnerwetter,
Kleines, es ist ein Uhr morgens. Ein paar von uns müssen morgen arbeiten.«

»Ich will mit Mum reden«, sagte Irie entschlossen und trat ans
Fußende des Bettes. »Tagsüber spricht sie nicht mehr mit mir,
also bleibt mir nichts anderes übrig.«

»Irie, bitte ... ich bin müde ... ich verwuche, ein biffchen ffu
schlafen.«

»Ich *will* nicht einfach bloß ein Jahr verreisen, ich *brauche* das.

Es ist wichtig für mich – ich bin jung. Ich will ein paar Erfahrungen machen. Ich hab mein ganzes Leben in diesem blöden Stadtteil verbracht. Hier sind alle gleich. Ich will hier raus und andere Menschen kennen lernen. Joshua tut das auch, und der wird von seinen Eltern unterstützt!«

»Tja, das können wir uns nun mal nicht leisten«, brummte Archie und reckte den Kopf aus den Daunen. »Wir haben schließlich nicht alle tolle Jobs in der Wissenschaft, oder?«

»Mir geht's nicht ums Geld – ich such mir Arbeit, irgendwie oder irgendwas, aber ich will eure Erlaubnis. Von euch *beiden*. Ich will nicht sechs Monate unterwegs sein und jeden Tag daran denken müssen, dass ihr mir böse seid.«

»Na ja, Kleines, das liegt ja nun nicht an mir, oder? Eigentlich ist es deine Mutter, ich …«

»Ja, Dad. Danke, als wenn ich das nicht wüsste.«

»Oh, na, wenn das so ist«, sagte Archie eingeschnappt und drehte sich zur Wand, »behalte ich meinen Senf eben demnächst für mich.«

»Ach, Dad, ich wollte dich nicht … Mum? Kannst du dich bitte mal aufsetzen und vernünftig reden? Ich versuche, mit dir zu reden? Ich hab das Gefühl, ich führe hier Selbstgespräche?«, sagte Irie mit einer absurden Intonation, denn es war das Jahr, in dem die englischen Kids von australischen Fernsehserien lernten, jeden Satz als Frage auszusprechen. »Verstehst du, ich möchte deine Erlaubnis haben, ja?«

Selbst in der Dunkelheit konnte Irie sehen, wie finster Clara blickte. »Erlaubniff *wofür*? Damit du arme schwarffe Memffen begaffen kannfft? Dr. Livingfftone, nehme ich an? Hafft du daff von den Chalfenff gelernt? Wenn du daff willfft, kannfft du daff nämlich auch hier machen. Mach'ff dir einfach bequem und guck mich an.«

»Darum geht's doch gar nicht! Ich möchte einfach nur sehen, wie andere Menschen leben!«

»Und dabei dein Leben riffkieren! Geh doch einfach nach

nebenan, da leben andere Menschen. Guck dir an, wie die leben!«

Wütend umklammerte Irie den Bettknauf und marschierte auf Claras Seite des Bettes. »Wieso kannst du dich nicht aufsetzen und vernünftig mit mir reden. Und hör mit dieser lächerlichen Kleinmädchenstimme auf –«

In der Dunkelheit trat Irie ein Glas um und schnappte scharf nach Luft, als das kalte Wasser zwischen ihre Zehen und in den Teppich drang. Dann, als der letzte Rest Wasser versickerte, hatte Irie das seltsame und erschreckende Gefühl, gebissen zu werden.

»Au!«

»Herrje«, sagte Archie, griff zur Nachttischlampe und schaltete sie ein. »Was ist denn jetzt wieder?«

Irie blickte nach unten, wo der Schmerz herkam. In egal welchem Krieg, dieser Schlag war einfach zu sehr unter die Gürtellinie. Die Vorderzähne eines falschen Gebisses ohne dazugehörigen Mund gruben sich in ihren rechten Fuß.

»Verdammte Scheiße! Was ist denn das?«

Aber die Frage war unnötig. Noch während sie die Worte im Mund formte, hatte Irie schon eins und eins zusammengezählt. Die Mitternachtsstimme. Das vollkommene Ebenmaß und Weiß am Tage.

Clara reckte sich hastig zum Boden, riss ihre Zähne von Iries Fuß und legte sie, da es nun zu spät für Verstellungen war, direkt auf den Nachttisch.

»Ffufrieden?«, fragte Clara müde. (Es war nicht so, dass sie ihr absichtlich nie etwas gesagt hatte. Es hatte sich nur nie der geeignete Moment ergeben.)

Aber Irie war sechzehn, und in diesem Alter wittert man überall Absicht. Für sie war es nur ein weiterer Punkt auf der langen Liste von elterlichen Heucheleien und Unwahrheiten, es war ein weiteres Beispiel für den Jones'schen/Bowden'schen Hang zu Heimlichkeiten, Geschichten, die man nie erzählt bekam,

Geschehnissen der Vergangenheit, die sich nie gänzlich aufdecken ließen, Gerüchten, die sich nicht aus der Welt schaffen ließen, was nicht weiter schlimm wäre, wenn nicht jeder Tag von Hinweisen und Anspielungen nur so wimmeln würde; Granatsplitter in Archies Bein ... Foto von einem seltsam weißen Grandpa Durham ... der Name »Ophelia« und das Wort »Irrenanstalt« ... ein Fahrradhelm und ein alter Schmutzfänger ... der Geruch nach Gebratenem aus dem O'Connell's ... die schwache Erinnerung an eine nächtliche Autofahrt, ein Junge im Flugzeug, dem man zuwinkt ... Briefe mit schwedischen Briefmarken, Horst Ibelgaufts, wenn nicht zustellbar, bitte zurück an Absender ...

Ach, diese Schatten der Vergangenheit. Millat hatte Recht: Diese Eltern waren beschädigte Menschen, denen Hände fehlten, Zähne fehlten. Diese Eltern waren voller Informationen, die man zwar wissen wollte, aber vor denen man zu große Angst hatte. Aber sie wollte das nicht mehr, sie war es satt. Sie war es leid, nie die volle Wahrheit zu erfahren. Von nun an hieß es für sie: zurück an Absender.

»Na, nun guck doch nicht so erschrocken, Kleines«, sagte Archie freundlich. »Sind nur ein paar blöde Zähne. Jetzt weißt du's also. Ist doch kein Weltuntergang.«

Aber das war es doch, in gewisser Weise.

Sie hatte genug. Sie ging zurück in ihr Zimmer, packte ihre Schulsachen und ein paar wesentliche Kleidungsstücke in einen großen Rucksack und zog sich einen dicken Mantel über ihr Nachthemd. Sie dachte ganz kurz an die Chalfens, aber sie wusste bereits, dass es auch dort keine Antworten zu finden gab, bloß noch mehr Fluchtmöglichkeiten. Außerdem hatten sie bloß ein Gästezimmer, und das hatte schon Millat mit Beschlag belegt. Irie wusste, wo sie hinmusste, mitten hinein ins Herz des Ganzen, dahin, wo nur der Bus N17 sie so spät in der Nacht noch hinbringen würde. Und so saß sie auf dem Oberdeck, wo die Sitze mit Kotze dekoriert waren, und rumpelte an siebenundvierzig Haltestellen vorbei, bevor der Bus seinen Bestimmungsort erreichte. Aber schließlich war sie da.

»Gütiger Herr Jesus«, murmelte Hortense, die Metalllockenwickler festgezurrt, mit müden Augen auf der Türschwelle. »Irie Ambrosia Jones, *bist du das?*«

15
CHALFENISMUS KONTRA BOWDENISMUS

Es war tatsächlich Irie Jones. Sechs Jahre älter als bei ihrer letzten Begegnung. Größer, fülliger, mit Brüsten und ohne Haare und in Pantoffeln, die unter einem langen Dufflecoat hervorlugten. Und es war Hortense Bowden. Sechs Jahre älter, kleiner, fülliger, mit Brüsten auf dem Bauch und ohne Haare (obwohl sie sich seltsamerweise die Mühe machte, Lockenwickler in ihre Perücke zu drehen) und in Pantoffeln, die unter einem langen, wattierten babyrosa Morgenmantel hervorlugten. Aber der eigentliche Unterschied war, dass Hortense vierundachtzig war. Keineswegs ein zerbrechliches altes Frauchen; sie war rundlich und robust, ihr Fett so straff unter der Haut, dass die Epidermis nur schwer Falten werfen konnte. Dennoch, vierundachtzig ist nicht siebenundsiebzig oder gar dreiundsechzig; mit vierundachtzig liegt nur noch der Tod vor einem, ermüdend in seiner Beharrlichkeit. Er war da, in ihrem Gesicht, wie Irie es nie zuvor gesehen hatte. Das Warten und die Furcht und die selige Erlösung.

Doch obwohl es Unterschiede gab, hatte Irie, als sie die Treppe hinunter in Hortenses Kellerwohnung ging, das überwältigende Gefühl, dass sich nichts verändert hatte. Vor langer Zeit hatte sie ihre Großmutter ziemlich regelmäßig besucht: heimliche Stippvisiten mit Archie, wenn ihre Mutter in der Abendschule war, und immer hatten sie anschließend irgendetwas Ungewöhnliches mitgenommen, einen eingelegten Fischkopf, Chiliklöße, die Verse eines nebenbei gehörten, aber unvergesslichen Psalms. Dann, auf Darcus' Beerdigung 1985, hatte die zehnjährige Irie sich verplappert, und Clara hatte den Besuchen ein für alle Mal ein Ende gemacht. Sie telefonierten noch immer gelegentlich miteinander. Und bis zu diesem Tag erhielt Irie kurze Briefe auf Schulheftblättern geschrieben, mit dem *Wachtturm* dazwischengeschoben. Manchmal, wenn Irie ihrer Mutter ins Gesicht blickte, sah sie ihre Großmutter: diese majestätischen Wangenknochen, diese katzenhaften Augen. Aber sie hatten sich seit sechs Jahren nicht mehr gesehen.

Was die Wohnung anging, so schienen kaum sechs Sekunden vergangen zu sein. Noch immer dunkel, noch immer feucht, noch immer unter der Erde. Noch immer mit Hunderten von weltlichen Figürchen dekoriert (»Cinderella auf dem Weg zum Ball«, »Mrs. Tiddlytum zeigt den kleinen Eichhörnchen den Weg zum Picknick«), alle auf einem eigenen Spitzendeckchen platziert und einander fröhlich zulachend, belustigt, weil tatsächlich jemand für solchen Kitsch aus Porzellan und Glas, wie sie es waren, hundertfünfzig Pfund in fünfzehn Raten abstotterte. Ein riesiger dreiteiliger Wandbehang – Irie konnte sich noch erinnern, wie er zusammengenäht wurde – hing jetzt über dem Kamin und zeigte auf seinem ersten Streifen die Gesalbten, die zusammen mit Jesus im Himmel zu Gericht sitzen. Die Gesalbten waren alle blond und blauäugig und wirkten so friedlich, wie Hortenses billige Wolle es zugelassen hatte, und sie blickten nach unten auf das fröhliche Treiben im irdischen Paradies, wo alle zufrieden dreinblickten – aber nicht so zufrieden wie die Gesalbten. Die im irdischen Paradies wiederum schauten mitleidig hinab auf die Heiden (die mit Abstand größte Gruppe), tot in ihren Gräbern, übereinander gestapelt wie Sardinen.

Das Einzige, das fehlte, war Darcus (den Irie nur schwach als eine Mischung aus Geruch und Textur in Erinnerung hatte, Naphtalin und feuchte Wolle); da stand sein wuchtiger leerer Sessel, noch immer übel riechend, und da war sein Fernseher, noch immer an.

»Irie, du meine Güte! Das Kindchen hat ja nich mal 'nen Pullover an – das Kind muss ja ganz durchgefroren sein! Bibbert wie Espenlaub. Lass mich ma fühlen. Fieber! Du bringst mir Fieber ins Haus?«

Es war wichtig, in Hortenses Gegenwart niemals zuzugeben, dass man krank war. Die Behandlung war, wie in den meisten jamaikanischen Haushalten, immer schmerzhafter als die Symptome.

»Mir geht's gut. Ich hab nichts –«

»Ach ja?« Hortense nahm Iries Hand und legte sie sich auf die Stirn. »Du hast Fieber, so sicher wie Fieber Fieber is. Spürste das?«

Irie spürte es. Sie war glühend heiß.

»Komm her.« Hortense riss eine dicke Decke von Darcus' Sessel und wickelte sie Irie um die Schultern. »Nu komm in die Küche und ruh dich aus. In so 'ner Nacht rumzurennen, mit nur so dünnem Firlefanz an! Du trinkst jetzt 'ne Tasse heiße Cerace und dann marsch ins Bett.«

Irie nahm die stinkende Decke hin und folgte Hortense in die winzige Küche, wo sie sich auf einen Stuhl setzte.

»Lass dich anschaun.«

Hortense lehnte sich gegen den Herd, die Hände auf den Hüften. »Du siehst aus wie der Tod persönlich. Wie biste hergekommen?«

Auch hier musste man mit der Antwort vorsichtig sein. Hortenses Verachtung für den öffentlichen Londoner Personennahverkehr war für sie ein großer Trost auf ihre alten Tage. Sie konnte aus einem Wort wie beispielsweise *Bahn* eine ganze Melodie ziehen (*Northern Line*), die sich zu einer Arie entwickelte (*Die Underground*) und zu einem Thema erblühte (*Die Busse*) und dann exponenziell zu Operettendimensionen anschwoll (*Tücken und Unzulänglichkeiten der britischen Eisenbahn*).

»Äh … Bus, N17. Es war kalt auf dem Oberdeck. Vielleicht hab ich mich verkühlt.«

»Von *vielleicht* kann keine Rede sein, junge Lady. Und ich weiß nu wirklich nich, warum du mit'm Bus gekommen bist, wo das drei Stunden dauert und wo du in der Kälte warten musst, und wenn er dann kommt, sin alle Fenster auf und du frierst dich halb tot.«

Hortense goss sich eine farblose Flüssigkeit aus einem kleinen Plastikbehälter in die Hand. »Komm her.«

»Wieso?«, fragte Irie argwöhnisch. »Was ist das?«

»Nix, komm her. Nimm die Brille ab.«

Hortense näherte sich mit der hohlen Hand.

»Nicht in die Augen! Mit meinen Augen ist alles in Ordnung!«

»Mach nich so 'n Getue. Ich tu dir schon nix in die Augen.«

»Sag mir doch einfach, was es ist«, flehte Irie, die herausfinden wollte, für welche Körperöffnung es gedacht war, und dann aufschrie, als die Hand ihr Gesicht erreichte und die Flüssigkeit von der Stirn bis hinunter zum Kinn verteilte.

»Aaaah! Das brennt!«

»Pimentöl«, sagte Hortense sachlich. »Brennt das Fieber raus. Nee, nich abwaschen. Lass es einfach seine Arbeit machen.«

Irie knirschte vor Schmerz mit den Zähnen, während die tausend Nadelstiche zu fünfhundert abebbten, dann zu fünfundzwanzig, bis es schließlich nur noch ein warmes Brennen war wie nach einer Ohrfeige.

»So!«, sagte Hortense, jetzt völlig wach und irgendwie triumphierend. »Biste also endlich von dieser gottlosen Frau abgehaun, wie ich seh. Und hast dir dabei 'ne Grippe eingefangn! Tja … das kann dir keiner verdenken, nee, wirklich nich … Keiner weiß besser als ich, wie die Frau is. Nie zu Haus, dauernd mit ihrem intellektuellen Zeugs an der Universität zugange, lässt Mann und Kindchen zu Haus allein, hungrig und maga. Großer Gott, natürlich läufste da weg! Tja …« Sie seufzte und stellte einen Kupferkessel auf den Herd. »Es steht geschrieben. *Ihr aber werdet zum Tal meiner Berge fliehen; denn das Tal der Berge reicht bis zum Jasol. Ja, ihr werdet fliehen, wie ihr vor dem Erdbeben geflohen seid in den Tagen Usijas, des Königs von Juda. Dann wird der Herr, Mein Gott, kommen und alle Heiligen mit ihm.* Sacharja 15:5. Am Ende fliehen die Guten vor dem Bösen. Ach, Irie Ambrosia ... ich hab *gewusst*, dass du am Ende kommen würdest. Alle Kinder Gottes kehrn am Ende zurück.«

»Gran, ich bin nicht gekommen, um Gott zu finden. Ich will hier bloß ein bisschen in Ruhe lernen und wieder einen klaren Kopf bekommen. Ich muss ein paar Monate bleiben – zumindest bis Neujahr. Oh ... ähm ... mir ist ein bisschen komisch. Kann ich eine Orange haben?«

»Ja, sie kehrn alle am Ende zum Herrn Jesus zurück«, redete Hortense weiter mit sich selbst und tat die bittere Cerace-Wurzel in den Kessel. »Das sin keine echten Orangen, Liebes. Das ganze Obst is aus Plastik. Die Blumen sin auch aus Plastik. Ich glaub nich, dass der Herr will, dass ich mein bisschen Haushaltsgeld für leicht verderbliche Sachen ausgeb. Iss ein paar Datteln.«

Irie verzog das Gesicht, als die verschrumpelten Früchte vor ihr auf den Tisch platschten.

»Da haste also Archibald bei dieser Frau gelassen ... armer Kerl. Ich hab Archibald immer *gemocht*«, sagte Hortense traurig, während sie mit zwei seifigen Fingern den braunen Schmierer von einer Teetasse rieb. »Gegen ihn *als solchen* hab ich nie was gehabt. Der war immer ein vernünftiger Bursche. Selig sin die Friedfertigen. Aber es geht hier mehr ums Prinzip, nich? Schwarz und Weiß führn zu nix Gutem. Der Herr Jesus hat nie gewollt, dass wir das vermischen. Deshalb hat er sich ja auch so aufgeregt, als die Menschenkinder den Turm zu Babel gebaut ham. Er will, dass man die Sachen auseinander hält. *Denn dort hat der Herr die Sprache aller Welt verwirrt, und von dort aus hat er die Menschen über die ganze Erde zerstreut.* Genesis 11:9. Wenn du was zusammenmischen tust, da kommt nix Gutes bei rum. Das war nich so *gedacht*. Bis auf dich«, fügte sie nachträglich hinzu. »Du bis so ziemlich das einzig Gute, was dabei rausgekommen is … Gütiger Himmel, manchmal is es so, als würd ich in 'nen Spiegel kucken«, sagte sie und hob Iries Kinn mit ihren runzeligen Fingern an. »Du bis gebaut wie ich, dick, eben! Hüften und Bauch und Hintern und Busen. Meine Mutter war auch so. Du bis sogar nach meiner Mutter benannt.«

»Irie?«, fragte Irie, die sich alle Mühe gab zuzuhören, aber spürte, wie der feuchte Dunst des Fiebers sie allmählich schläfrig machte.

»Nee, Liebes, *Ambrosia*. Das Zeug, das einen ewig leben lässt. So«, sagte sie, klatschte in die Hände und fing Iries nächste Frage zwischen ihnen ein. »Du schläfst im Wohnzimmer. Ich hol 'ne Decke und Kissen, und dann unterhalten wir uns morgen früh. Ich steh um sechs auf, weil ich Zeugen-Arbeit zu tun hab, also bild dir nich ein, dass du bis nach acht schlafen kannst. Kindchen, haste gehört?«

»Mmm. Was ist denn mit Mums altem Zimmer? Kann ich nicht einfach da schlafen?«

Hortense stützte Iries Gewicht zur Hälfte auf ihrer Schulter und führte sie ins Wohnzimmer. »Nee, das geht nich. Wegen einer gewissen Situation«, sagte Hortense rätselhaft. »Aber das erklär ich dir morgen. *Darum fürchtet euch nicht vor ihnen! Denn nichts ist verhüllt, was nicht enthüllt wird.* Matthäus, 10:26.«

*

Nur an einem Wintermorgen war es in dieser Kellerwohnung einigermaßen erträglich. Zwischen fünf und sechs, wenn die Sonne noch niedrig stand, flutete das Licht durch die vorderen Fenster, tauchte das Wohnzimmer in Gelb, besprenkelte das lange, schmale Gärtchen (2 m x 9 m) und verlieh den Tomaten einen gesünderen Glanz. Um sechs Uhr morgens konnte man sich fast einreden, dass man sich ebenerdig in einem französischen Landhaus oder zumindest auf Straßenebene im Cornwallschen Torquay befand und nicht in einem Souterrain in Lambeth. Das Licht war so grell, dass man weder die Bahngleise an der Stelle erkennen konnte, wo der Grünstreifen endete, noch die geschäftigen Füße, die tagtäglich am Wohnzimmerfenster vorbeihasteten und den Dreck durch den Bodenrost gegen die Fensterscheibe traten. Um sechs Uhr morgens war alles weißes Licht und geschickte Schattengebung. Irie, die am Küchentisch saß und sich an einer Tasse Tee festhielt, blickte blinzelnd auf das Gras und sah plötzlich Weinberge da draußen; sie sah florentinische Szenen anstatt des unregelmäßigen Durcheinanders von Lambeth-Dächern; sie sah einen muskulösen dunklen Italiener, der pralle Trauben pflückte und sie unter seinen Füßen zertrat. Dann war die Fata Morgana, sonnenabhängig, wie sie nun einmal war, plötzlich verschwunden, die ganze Szene von einer gierigen Wolke verschluckt. Zurück blieben nur ein paar heruntergekommene Häuser aus der Jahrhundertwende, Bahngleise, die nach einem unachtsamen Kind benannt waren. Ein langer schmaler Streifen Garten, in dem so gut wie nichts wachsen wollte. Und ein ausgebleichter, o-beiniger, rothaariger Mann mit schrecklicher Haltung und in Gummistiefeln, der durch den frostigen Mulch stapfte und versuchte, sich die Reste einer zerquetschten Tomate vom Absatz zu schütteln.

»Das is Mr. Topps«, sagte Hortense, die in einem dunkelbraunen Kleid, dessen Häkchenverschluss hinten noch offen war, durch die Küche hastete und einen Hut mit schief hängenden Plastikblumen in der Hand hielt. »Er is mir eine große Hilfe, seit Darcus tot is. Er lindert meine Sorgen und beruhigt meine Gedanken.«

Sie winkte ihm zu, und er richtete sich auf und winkte zurück. Irie sah zu, wie er zwei mit Tomaten gefüllte Plastiktüten hochhob und mit seinem seltsamen Über-den-dicken-Onkel-Gang den Garten herauf auf die Hintertür zukam.

»Und er is der Einzige, der da draußen was zum Wachsen gekriegt hat. 'ne Tomatenernte wie du sie noch nie gesehen hast! Irie Ambrosia, hör auf zu gaffen und hilf mir das Kleid zuzumachen. Schnell, bevor dir noch die Stielaugen rausfallen.«

»Wohnt der hier?«, flüsterte Irie verwundert, während sie die beiden Seiten von Hortenses Kleid mühsam über deren beachtliche Flanken zerrte. »Ich meine, mit dir zusammen?«

»Nich so, wie du denkst.« Hortense rümpfte die Nase. »Es is mir bloß auf meine alten Tage 'ne große Hilfe. Er is seit sechs Jahren bei mir, Gott segne ihn und bewahre seine Seele. Jetz gib mir mal die Nadel da.«

Irie reichte ihr die lange Hutnadel, die oben auf der Butterdose lag. Hortense rückte die Plastiknelken auf ihrem Hut gerade, stach entschlossen auf sie ein und bohrte die Nadel dann wieder durch den Filz, so dass fünf Zentimeter nacktes Silber aus ihrem Hut ragten wie bei einer Pickelhaube.

»Na, nun kuck nich so verstört. Es is ein gutes Arrangement. Frauen brauchen 'nen Mann im Haus, sonst geht allmählich alles den Bach runter. Mr. Topps und ich, wir sin alte Soldaten, die die Schlacht des Herrn schlagen. Vor langer Zeit hat er den Glauben der Zeugen angenommen und is rasch aufgestiegen. Ich warte seit fünfzig Jahren da drauf, dass ich im Königreichssaal mal was anderes machen darf als bloß putzen«, sagte Hortense traurig, »aber die wollen nich, dass Frauen sich in die richtigen Kirchensachen einmischen. Aber Mr. Topps macht jede Menge, und manchmal lässt er mich was helfen. Er is'n sehr guter Mann. Aber seine Familie is böse-böse«, raunte sie vertraulich. »Der Vater is'n schrecklicher Mann, Spieler und Hurenbock ... also hab ich ihn nach 'ner Weile gefragt, ob er nich bei mir wohnen will, wo doch das Zimmer leer war und Darcus tot. Er is'n ganz höflicher Junge. Hat aber nie geheiratet. Is mit der Kirche verheiratet, und wie! Und er nennt mich die ganzen sechs Jahre Mrs. Bowden, nie was anderes.« Hortense seufzte ganz, ganz leicht. »Der weiß gar nich, was das heißt, unanständig sein. Das Einzige, was er im Leben will, is, einer von den Gesalbten zu werden. Ich hab die allergrößte Bewunderung für ihn. Er hat so viel aus sich gemacht. Er redet jetz ganz vornehm, weißte! Und von Klempnerarbeiten versteht er auch was. Wie geht's denn deinem Fieber?«

»Nicht so toll. Der letzte Haken ... so, fertig.«

Hortense hüpfte fast von ihr weg und ging in die Diele, um Ryan die Hintertür zu öffnen.

»Aber Gran, wieso wohnt der –«

»Na, heute Morgen musst du aber aufessen – Fieber musste füttern, Schnupfen aushungern. Die Tomaten, gebraten mit Kochbananen und dazu was von dem Fisch von gestern Abend. Ich tu's rasch in die Mikrowelle.«

»Ich hab gedacht, es heißt, Fieber musst du aushu...«

»Guten *Morgen*, Mr. Topps.«

»Guten Morgen, Missus Bowden«, sagte Mr. Topps, schloss die Tür hinter sich und schälte sich aus seinem dünnen Anorak, unter dem ein billiger blauer Anzug mit einem winzigen goldenen Kreuz als Anhänger um den Kragen zum Vorschein kam. »Ich hoffe, Sie sind so gut wie fertig? Wir müssen Punkt sieben am Saal sein.«

Bis jetzt hatte Ryan Irie noch nicht bemerkt. Er stand vorgebeugt da und schüttelte den Dreck von den Stiefeln. Er tat das eindrucksvoll langsam, genauso, wie er redete, und dabei flatterten seine durchscheinenden Augenlider wie bei einem Menschen im Koma. Irie konnte ihn von dort, wo sie stand, nur halb sehen: ein roter Haarschopf, ein gebeugtes Knie und die Hemdmanschette einer Hand.

Doch die Stimme allein lieferte ihr eine Art Rohskizze: Cockney, aber verfeinert, eine Stimme, an der viel gearbeitet worden war, und er sprach durch die Nase, mit nur unwesentlicher Beteiligung des Mundes.

»Schöner Morgen, Mrs. B., schöner Morgen. Kann man dem Herrn für dankbar sein.«

Hortense schien schrecklich angespannt angesichts der drohenden Wahrscheinlichkeit, dass er den Kopf heben und das Mädchen entdecken würde, das da neben dem Herd stand. Sie winkte Irie eindringlich näher und scheuchte sie dann wieder zurück, unsicher, ob die beiden sich überhaupt kennen lernen sollten.

»O ja, Mr. Topps, das stimmt, und ich bin so fertig, wie man nur sein kann. Mein Hut hat mich ein bisschen geärgert, aber, na ja, da hab ich einfach 'ne Nadel genommen und –«

»Aber der Herr will doch gar nix wissen von den Eitelkeiten des Fleisches, oder, Mrs. B.?«, sagte Ryan bedächtig und jedes Wort peinlich genau betonend, während er ungelenk in die Hocke ging und seinen linken Stiefel auszog. »Jehova verlangt nach Ihrer *Seele*.«

»O ja, das is mal wirklich die heilige Wahrheit«, sagte Hortense nervös und befingerte ihre Plastiknelken. »Aber 'ne Zeugen-Lady will im Hause des Herrn doch auch wieder nich aussehen wie 'ne, na ja, wie 'ne Buguyaga.«

Ryan runzelte die Stirn: »Ich meine damit, Sie müssen aufhörn, die Heilige Schrift auf eigene Faust auszulegen, Mrs. Bowden. Sprechen Sie in Zukunft mit mir und meinen Kollegen drüber. Fragen Sie uns: Ist hübsche Kleidung dem Herrn wichtig? Und ich und meine Kollegen unter den Gesalbten werden das entsprechende Kapitel und den Vers nachschlagen ...«

Ryans Satz erstarb in einem unverbindlichen *Örhämmmm*, ein Geräusch, das er öfter von sich gab. Es begann in den geblähten Nüstern und durchlief seine mageren, länglichen, unförmigen Gliedmaßen wie die letzten Zuckungen eines Gehenkten.

»Ich weiß nich, wieso ich das mach, Mr. Topps«, sagte Hortense kopfschüttelnd. »Manchmal mein ich ja, ich könnte eine von denen sein, die lehren, nich wahr? Obwohl ich 'ne Frau bin ... Ich hab das Gefühl, der Herr spricht auf 'ne besondere Art zu mir ... Es is einfach 'ne schlechte Angewohnheit, aber in letzter Zeit hat sich so viel in der Kirche verändert, manchmal komm ich gar nich mehr mit bei den vielen Regeln und Vorschriften.«

Ryan blickte durch die Doppelglasscheibe nach draußen. Sein Gesicht wirkte gepeinigt. »Am Wort Gottes ändert sich nix, Mrs. B. Nur Menschen irren. Das Beste, was Sie für die Wahrheit tun können, is beten, dass der Brooklyn-Saal uns bald das endgültige Datum bekannt gibt. *Örhämmmm.*«

»Oh, ja. Mr. Topps. Das mach ich Tag und Nacht.«

Ryan klatschte in die Hände, ein schwacher Versuch, enthusiastisch zu wirken. »Na, hab ich nich eben gehört, dass Sie was von gebratenen Bananen zum Frühstück erzählt ham, Mrs. B.?«

»O ja, Mr. Topps, und die Tomaten, wenn Sie die Güte hätten, die der Chefköchin zu reichen.«

Wie Hortense gehofft hatte, fiel das Weiterreichen der Tomaten mit dem Bemerken von Irie zusammen.

»Also, das is meine Enkeltochter, Irie Ambrosia Jones. Und das is Mr. Ryan Topps. Sag guten Tag, Irie, Liebes.«

Irie tat wie geheißen, trat unsicher vor und streckte die Hand aus, um Ryan Topps' Hand zu schütteln. Aber er zeigte keine Reaktion, und diese fehlende Übereinstimmung wurde nur noch verstärkt, als er Irie plötzlich zu erkennen schien. Als seine Augen sie musterten, pulsierte irgendetwas Vertrautes darin, während Irie in seinem Gesicht nichts sah, nicht mal einen *Typ*, nicht mal eine bekannte Kategorie. Seine Hässlichkeit war ziemlich einzigartig, röter als jeder Rothaarige, sommersprossiger als jeder Sommersprossige, blau geäderter als ein Hummer.

»Sie is – sie is – die Tochter von Clara«, sagte Hortense zögernd. »Mr. Topps hat deine Mutter gekannt, lange her. Aber alles in Ordnung, Mr. Topps, sie wohnt ab jetzt bei *uns.*«

»Nur ein Weilchen«, berichtigte Irie eilig, weil ihr der diffus entsetzte Blick auf Mr. Topps' Gesicht auffiel. »Vielleicht bloß ein paar Monate, den Winter über, während ich lerne. Ich hab im Juni Prüfung.«

Mr. Topps rührte sich nicht vom Fleck. Eigentlich rührte sich überhaupt nichts an ihm. Wie einer aus Chinas Terrakotta-Armee schien er kampfbereit, aber unfähig, sich zu bewegen.

»Claras Tochter«, wiederholte Hortense in einem tränenseligen Flüstern. *»Sie hätt von Ihnen sein können.«*

Diese letzte geflüsterte Bemerkung erstaunte Irie keineswegs. Sie setzte es bloß mit auf die Liste: Ambrosia Bowden kam während eines Erdbebens nieder ... Captain Charlie Durham war ein nichtsnutziger dummer Junge ... falsche Zähne in einem Glas ... *sie hätte von Ihnen sein können ...*

Halbherzig, ohne wirklich mit einer Antwort zu rechnen, fragte Irie: »Was?«

»Och nix, Irie, Liebes. Nix, nix. Ich muss jetzt was in die Pfanne kriegen. Ich hör ja schon Mägen knurrn. Sie erinnern sich doch noch an Clara, nich wahr, Mr. Topps? Sie beide warn doch ziemlich ... gut befreundet. Mr. Topps?«

Seit zwei Minuten fixierte Ryan Irie nun schon mit starrem Blick, den Körper kerzengerade, den Mund leicht geöffnet. Auf die Frage hin schien er seine Fassung wiederzugewinnen. Er klappte den Mund zu und nahm seinen Platz an dem ungedeckten Tisch ein.

»Claras Tochter, was? *Örhämmmm ...*« Er holte etwas aus seiner Brusttasche, das aussah wie ein kleiner Polizistennotizblock, hielt einen Stift in der Schwebe darüber, als wollte er seiner Erinnerung einen Kickstart verpassen.

»Verstehen Sie, viele Geschehnisse, Menschen und Ereignisse aus meinem früheren Leben sind sozusagen durch das allmächtige Schwert von mir abgetrennt worden, das Schwert, das mich von meiner Vergangenheit abgeschnitten hat, als es dem Herrn Jehova gefiel, mich mit der Wahrheit zu erleuchten, und da er mich für eine neue Rolle bestimmt hat, musste ich, wie Paulus es so klug in seinem Brief an die Korinther empfiehlt, alles Kindliche ablegen und zulassen, dass die früheren Inkarnationen meines Selbst von einem großen Nebel umhüllt werden, in dem ...«, sagte Ryan Topps, nur kurz Luft holend und das Besteck von Hortense entgegennehmend, »Ihre Mutter und jede Erinnerung, die ich vielleicht an sie hatte, allem Anschein nach völlig verschwunden sind. Örhämmmm.«

»Sie hat Sie auch nie erwähnt«, sagte Irie.

»Nun, das is alles lange her«, sagte Hortense mit gezwungener Heiterkeit. »Aber Sie ham bei ihr wirklich Ihr Bestes getan, Mr. Topps. Sie war mein Wunderkind, Clara. Ich war achtundvierzig! Ich hab gedacht, sie wär Gottes Kind. Aber Clara war fürs Böse bestimmt, sie war nie ein gottesfürchtiges Kind, und am Ende konnt man einfach nix mehr machen.«

»Er wird seine Rache herabsenden, Mrs. B.«, sagte Ryan mit vergnügterer Lebhaftigkeit, als Irie bisher bei ihm gesehen hatte. »Er wird schreckliche Qualen auf die herabsenden, die's verdient haben. Drei Bananen für mich, bitte.«

Hortense hatte alle drei Teller auf den Tisch gestellt, und Irie, die plötzlich merkte, dass sie seit dem vorherigen Morgen nichts gegessen hatte, schob sich einen dicken Berg Bananen auf den Teller.

»Au! Das ist heiß!«

»Lieber heiß als lau«, sagte Hortense grimmig und mit einem bedeutungsvollen Schaudern. »In Ewigkeit, Hamen.«

»Amen«, echote Ryan und machte sich unerschrocken über die kochend heißen Bananen her. »Amen. So. Was sind denn Ihre Hauptfächer?«, fragte er, wobei er so gespannt an Irie vorbeiblickte, dass sie einen Moment brauchte, bevor sie begriff, dass er sie meinte.

»Chemie, Biologie und Theologie.« Irie pustete auf ein heißes Bananenstück. »Ich will Zahnärztin werden.«

Ryan merkte auf. »Theologie? Und werdet ihr da auch mit den Lehren der einzig wahren Kirche vertraut gemacht?«

Irie rutschte auf ihrem Stuhl hin und her. »Äh … ich denke, eher mit den großen drei. Juden, Christen, Muslime. Wir haben einen Monat lang Katholizismus durchgenommen.«

Ryan verzog das Gesicht. »Und haben Sie auch noch andre Inte-res-sen?«

Irie überlegte. »Musik. Ich mag Musik. Konzerte, Clubs, so was eben.«

»Ja, *örhämmmm*. Früher hab ich mich auch für so was begeistert. Bis mir die Gute Nachricht verkündet wurde. Große Versammlungen von Jugendlichen, von denen, die häufig auf Popkonzerte gehen, sind gemeinhin Brutstätten für die Verehrung des Bösen. Ein junges Mädchen mit Ihren körperlichen … Vorzügen könnte da leicht in die lüsternen Arme eines Sexualisten gelockt werden«, sagte Ryan, erhob sich vom Tisch und blickte auf seine Uhr. »Jetzt, wo ich drüber nachdenke, bei dem Licht, sehen Sie ganz so aus wie Ihre Mutter. Ähnliche … Wangenknochen.«

Ryan wischte sich eine Reihe Schweißperlen von der Stirn. Es trat eine Stille ein, in der Hortense bewegungslos dastand und sich nervös an ein Geschirrtuch klammerte und Irie durch den Raum gehen und sich ein Glas Wasser holen musste, um sich körperlich von Mr. Topps' stierem Blick loszureißen.

»Gut. Wir haben noch knapp zwanzig Minuten, Mrs. B., ich hol dann die Sachen, ja?«

»O *ja*, Mr. Topps«, strahlte Hortense. Doch kaum hatte Ryan den Raum verlassen, schlug das Strahlen in eine finstere Miene um.

»Wieso musste denn so Sachen sagen, hmm? Willste etwa, dass er dich für irgend so ein verlorenes Heidenkind hält? Wieso kannste nich Briefmarkensammeln sagen oder so? Nu komm, ich muss die Teller spülen – iss auf.«

Irie betrachtete den Berg Essen auf ihrem Teller und tätschelte sich schuldbewusst den Bauch.

»Ha! Hab ich mir doch gedacht! Da warn die Augen größer als der Magen! Gib her.«

Hortense lehnte sich gegen die Spüle und fing an, sich Bananenstücke in den Mund zu schaufeln. »Also, du gibst Mr. Topps keine Widerworte, solang du hier bis. Du musst lernen, und er muss lernen«, sagte Hortense und senkte die Stimme. »Er is im Moment in *Beratung* mit den Gentlemen in Brooklyn ... um das *Endzeitdatum* festzulegen; diesmal soll's keine Fehler geben. Du musst dir doch bloß mal das ganze Elend in der Welt ankucken, dann weißte, dass wir nich mehr lange vom vorherbestimmten Tag weg sin.«

»Ich mach schon keinen Ärger«, sagte Irie und trat ans Spülbecken, um ihren guten Willen zu demonstrieren. »Er kommt mir bloß ein bisschen ... eigenartig vor.«

»Die vom Herrn Auserwählten kommen den Heiden immer seltsam vor. Mr. Topps wird bloß missverstanden. Der is mir sehr wichtig. Ich hab noch nie irgendwen gehabt, der zu mir steht. Deine Mutter erzählt's dir bestimmt nich gern, weil sie jetz so etepetete geworden is, aber die Bowdens ham es lange schwer gehabt. Ich bin bei 'nem Erdbeben zur Welt gekommen. Schon fast gestorben, bevor ich überhaupt auf der Welt war. Und dann, wo ich eine erwachsene Frau war, läuft mir die eigene Tochter weg. Nie krieg ich mein einziges Enkelkindchen zu sehen. All die Jahre hab ich immer bloß den Herrn gehabt. Mr. Topps is der erste Mensch, der mich angekuckt hat, der Mitleid mit mir hatte und für mich gesorgt hat. Deine Mutter war dumm, dass sie ihn nich genommen hat, jawohl!«

Irie versuchte es ein letztes Mal. »Was? Was soll das heißen?«

»Och, nix, nix, gütiger Himmel ... heute Morgen plapper ich aber auch was daher ... Ah, Mr. Topps, da sin Sie ja schon. Wir kommen doch nich zu spät, oder?«

Mr. Topps, der den Raum gerade wieder betreten hatte, war jetzt von Kopf bis Fuß in Leder gekleidet, hatte einen mächtigen Motorradhelm auf dem Kopf, ein kleines rotes Licht an seinen linken Fußknöchel geschnallt und ein kleines weißes Licht an seinen rechten. Er klappte das Visier hoch.

»Nein, durch die Gnade Gottes sind wir gut in der Zeit. Wo ist Ihr Helm, Mrs. B.?«

»Oh, ich hab mir angewöhnt, den in den Ofen zu stecken. Da bleibt er schön warm und mollig, wenn's morgens kalt is. Irie Ambrosia, hol ihn mal für mich raus.«

Und wirklich, auf der mittleren Schiene, vorgeheizt auf Stufe zwei, lag Hortenses Helm.

Irie fischte ihn heraus und schob ihn behutsam über die Plastiknelken ihrer Großmutter.

»Sie fahren Motorrad?«, sagte Irie im Plauderton.

Aber Mr. Topps reagierte abwehrend. »Eine Vespa GS. Nix Dolles. Ich hab auch mal dran gedacht, sie abzugeben. Sie stand für ein Leben, das ich lieber vergessen hätte, wenn Sie verstehen, was ich meine. Ein Motorrad ist ein sexueller Magnet, und Gott möge mir verzeihen, aber ich hab sie auf diese Weise missbraucht. Ich war wirklich gewillt, sie loszuwerden. Aber dann hat Mrs. B. mich überzeugt, dass ich bei meinen vielen öffentlichen Reden ein Gefährt brauche, um schnell wohinzukommen. Und Mrs. B. will sich in ihrem Alter auch nich mehr mit Bussen und Zügen abplagen, nich wahr, Mrs. B.?«

»Nee, wirklich nich. Er hat mir so ein kleines Wägelchen besorgt –«

»*Bei*wagen«, korrigierte Ryan gereizt. »Das nennt man Beiwagen. Minetto Motorradkombination, '73er Modell.«

»Ja, klar, *Beiwagen*, und der is so bequem wie ein Bettchen. Damit fahrn wir überallhin, Mr. Topps und ich.«

Hortense nahm ihren Mantel vom Haken an der Tür, griff in die Tasche, holte zwei reflektierende Bänder mit Klettverschluss aus der Tasche und schnallte sie sich um die Arme.

»So, Irie, ich hab heute wirklich jede Menge zu tun, also musste dir selbst was kochen, weil ich nich weiß, wann wir nach Hause kommen. Aber keine Bange. Ich komm nich zu spät.«

»Kein Problem.«

Hortense schnalzte mit der Zunge. »*Kein Problem*. Das bedeutet ihr Name auf Kreol: *Irie*, kein Problem. Also, was is'n das nur für'n Name für ein …?«

Mr. Topps antwortete nicht. Er war schon draußen und ließ die Vespa aufheulen.

*

»Erst muss ich sie von diesen Chalfens fern halten«, knurrt Clara am Telefon, ihre Stimme ein bebendes *Tremolo* aus Zorn und Angst. »Und jetzt *ihr* wieder.«
Am anderen Ende nimmt ihre Mutter die Wäsche aus der Maschine und lauscht stumm in das schnurlose Telefon hinein, das sie zwischen Ohr und müde Schulter geklemmt hat. Sie wartet auf den richtigen Moment.
»Hortense, ich will nicht, dass du ihr den Kopf mit diesem ganzen Blödsinn voll stopfst. Hast du verstanden? Deine Mutter ist schon drauf reingefallen, und dann bist du drauf reingefallen, aber bei mir ist Schluss, und es geht auch nicht weiter. Wenn Irie nach Hause kommt und lässt irgendwas von diesem Gewäsch vom Stapel, kannst du die Zweite Wiederkunft vergessen, weil du nämlich tot bist, wenn es so weit ist.«
Große Worte. Aber wie zerbrechlich ist doch Claras Atheismus! Wie eine von jenen winzigen Glastäubchen, die Hortense im Wohnzimmerschrank aufbewahrt – ein Lufthauch würde ihn umschmeißen. Apropos Lufthauch, Clara hält noch immer die Luft an, wenn sie an Kirchen vorbeigeht, so, wie pubertäre Vegetarier an Fleischereien vorbeihasten. Samstags meidet sie Kilburn aus Furcht vor den Straßenpredigern auf ihren umgedrehten Obstkisten. Hortense wittert Claras Urangst. Kühl stopft sie noch eine Ladung Weißwäsche in die Maschine, misst die Waschflüssigkeit mit sparsamem Hausfrauenblick, sagt dann knapp und bestimmt: »Mach dir mal keine Sorgen um Irie Ambrosia. Sie is hier gut untergebracht. Das wird sie dir selbst sagen.« Als wäre sie mit den himmlischen Heerscharen aufgefahren und hätte sich nicht mit Ryan Topps im Stadtteil Lambeth lebendig begraben.

Clara hört, wie ihre Tochter den Hörer des Zweitapparates abnimmt. Zuerst ein Knistern und dann eine Stimme so klar wie ein Glockenspiel: »Hör mal, ich komm nicht nach Hause. Ich komme wieder, wenn ich wieder komme, und mach dir bloß wegen mir keine Sorgen.« Und da *sollte* auch nichts sein, weswegen sie sich Sorgen machen müsste, und da *ist* auch nichts, weswegen sie sich Sorgen machen muss, nur vielleicht, dass es draußen auf den Straßen eiskalt ist, selbst die Hundescheiße ist gefroren, und der erste Hauch von Eis legt sich auf die Fensterscheiben, und Clara hat in dem Haus ihrer Mutter so manchen Winter erlebt. Sie *weiß*, was das heißt. O ja, wunderbar hell um sechs Uhr morgens, ja, wunderbar klar, *eine Stunde lang*. Doch je kürzer die Tage, je länger die Nächte, je dunkler das Haus, umso leichter ist es, einen Schatten für die Schrift an der Wand zu halten, das Geräusch der Füße auf der Straße für fernes Donnergrollen und das Mitternachtsläuten der Silvesterglocken für das Schlagen der letzten Stunde dieser Welt.

*

Aber Clara hätte sich keine Sorgen machen müssen. Iries Atheismus war widerstandsfähig. Er war chalfenistisch in seinem Selbstvertrauen, und sie betrachtete ihren Aufenthalt bei Hortense mit distanzierter Belustigung. Der Bowden'sche Haushalt faszinierte sie. Es war ein Ort der Endspiele und Verlängerungen, der Schlusspunkte und Finale. Wo es ein Luxus war, sich darauf zu verlassen, dass es ein Morgen gab, und wo alle Kosten, die im Haus anfielen, vom Milchmann bis zum Strom, strikt Tag für Tag bezahlt wurde, um ja kein Geld für Energie oder Waren auszugeben, das dann verschleudert gewesen wäre, sollte Gott gleich am nächsten Tag in all seiner heiligen Rachsucht erscheinen. Der Bowdenismus verlieh dem Ausdruck »von der Hand in den Mund« eine ganz neue Bedeutung. Hier wurde im ewigen Jetzt gelebt, stets dicht am Abgrund totaler Vernichtung. Es gibt

Menschen, die jede Menge Drogen nehmen, bloß um etwas zu erleben, das vergleichbar wäre mit dem Alltag der vierundachtzigjährigen Hortense Bowden. Da hast du also Zwerge gesehen, die sich den Bauch aufschlitzten und dir ihre Eingeweide zeigten, du warst also ein Fernseher, der ganz plötzlich abgeschaltet wurde, du hast also die ganze Welt als ein Krischna-Bewusstsein erlebt, frei vom individuellen Ego durch den unendlichen Kosmos deiner Seele schwebend? Na und? Das ist doch alles Käse, verglichen mit dem Trip des heiligen Johannes, als Christus ihm die zweiundzwanzig Kapitel der Offenbarung aufhalste. Es muss ein Riesenschock für den Apostel gewesen sein (nach diesem gelungenen Schönfärber-Projekt, dem Neuen Testament, mit seinen vielen süßen Worten und den erhabenen Gefühlen), als er den Rachedurst des Alten Testaments doch gleich hinter der nächsten Ecke lauern sah. *Wen ich liebe, den weise ich zurecht und nehme ihn in Zucht.* Das wird ihm die Augen geöffnet haben, sollte man meinen.

Die Offenbarung ist der Punkt, wo am Ende alle Verrückten landen. Sie ist die Endstation des Irren-Expresszuges. Und der Bowdenismus, der aus Zeugen Jehovas plus Offenbarung *und noch viel mehr* bestand, war so skurril, skurriler geht's gar nicht. *Par exemple*: Hortense Bowden interpretierte Offenbarung 3:15 – *Ich kenne deine Werke. Du bist weder kalt noch heiß. Wärest du doch kalt oder heiß! Weil du aber lau bist, weder heiß noch kalt, will ich dich aus meinem Mund ausspeien.* – als wörtlich zu verstehenden Befehl. Sie verstand »lau« als böse Eigenschaft an und für sich. Sie hatte stets eine Mikrowelle einsatzbereit (ihre einzige Konzession an die moderne Technologie – lange Zeit war es ein ausgeglichener Konflikt zwischen dem Wunsch, dem Herrn wohlgefällig zu sein, und der Angst, sich dem Gedankenkontrollstrahlenprogramm der Vereinigten Staaten auszuliefern, das durch Hochfrequenzwellen betrieben wurde), um jede Mahlzeit auf eine unerträgliche Temperatur zu erhitzen; sie hatte ganze Eimer voll Eis, um jedes Glas Wasser auf

»kälter als kalt« runterzukühlen. Sie trug ständig zwei Unterhosen, wie ein weitblickendes potenzielles Verkehrsopfer. Als Irie sie einmal nach dem Grund fragte, gestand sie verlegen, dass sie bei den ersten Anzeichen des Herrn (nahender Donner, dröhnende Stimme, Wagners *Ring*) die Unterhose, die sie direkt am Körper trug, wegreißen wolle, damit die äußere an die Stelle der ersten rückte; so würde Jesus sie frisch und geruchsfrei und bereit für den Himmel vorfinden. Sie bewahrte einen Topf schwarze Farbe im Flur auf, um, wenn die Zeit gekommen war, damit die Türen der Nachbarn mit dem Zeichen des Tieres zu beschmieren, so dass dem Herrn die viele Arbeit erspart blieb, die Bösen auszusondern, die Böcke von den Schafen zu trennen. Und man konnte in diesem Haus keinen Satz bilden, in dem die Wörter »Ende«, »erledigt«, »fertig« etc. vorkamen, weil sowohl Hortense als auch Ryan mit ihrem üblichen makabren Vergnügen wie auf Knopfdruck darauf ansprangen:

Irie:	Ich hab den Abwasch erledigt.
Ryan Topps	(mit feierlichem Kopfschütteln angesichts dieser Wahrheit): Wie wir eines Tages alle erledigt sein werden, Irie, meine Gute; darum seien Sie diensteifrig und tun Sie Buße.

Oder

Irie:	Der Film war gut. Hatte ein tolles Ende!
Hortense Bowden	(weinerlich): Und diejenigen, die so ein Ende auch für diese Welt erwarten, werden bitter enttäuscht werden, denn Er wird kommen und Schrecken verbreiten und siehe, die Generation, die die Ereignisse von 1914 bezeugen, werden nun erleben, wie der dritte Teil der Bäume brennt und der dritte Teil des Meeres zu Blut wird und der dritte Teil des ...

Und dann war da noch Hortenses Horror vor dem Wetterbericht. Wer auch immer ihn präsentierte, ganz gleich, wie freundlich, mit welch honigsüßer Stimme und wie dezent gekleidet, sie verfluchte alle und jeden erbittert die ganzen fünf Minuten, die sie dastanden, und dann, scheinbar aus reiner Halsstarrigkeit, tat sie genau das Gegenteil von dem, was empfohlen worden war (leichte Jacke und kein Schirm bei Regen, Anorak und Regenhut bei Sonne). Es dauerte einige Wochen, bis Irie begriff, dass die Wetterleute die weltliche Antithese zu Hortenses Lebenswerk waren, das im Grunde genommen in dem superkosmischen Versuch bestand, die Absichten des Herrn mit einer allmächtigen biblischen Wetterberichtsexegese zu durchschauen. Verglichen damit waren die Wetterleute die reinsten Parvenüs ... *Und morgen nähert sich uns von Osten her ein großer Feuersbrand, der sich erhebt und das Gebiet in Flammen taucht, die kein Licht abgeben, sondern eher sichtbare Dunkelheit ... während sich die nördlichen Gebiete wohl leider eher warm anziehen müssen, weil sie unter dickem Eis begraben werden, und es besteht eine ziemlich hohe Wahrscheinlichkeit, dass die Küste von anhaltenden Wirbelstürmen und von heftigem Hagel heimgesucht wird, der auch auf festem Land nicht taut ...* Die BBC und ihre Gehilfen waren Stümper, die sich auf die Tollheiten der Wetterstationen verließen und damit über die präzise Wissenschaft spotteten, die Eschatologie, auf deren Studium Hortense über fünfzig Jahre ihres Lebens verwendet hatte.

»Irgenwelche Neuigkeiten, Mr. Topps? (Diese Frage wurde fast unvermeidlich beim Frühstück gestellt, und zwar mädchenhaft, atemlos, wie ein Kind, das nach dem Weihnachtsmann fragt.)

»Nein, Mrs. B. Wir beschäftigen uns noch immer mit unseren Studien. Sie müssen meine Kollegen und mich gründlich nachdenken lassen. In diesem Leben gibt es diejenigen, die Lehrer sind, und dann gibt es diejenigen, die Schüler sind. Acht Millionen Zeugen Jehovas warten auf unsere Entscheidung, warten auf den Tag des Gerichts. Aber Sie müssen lernen, solche Dinge den Leuten zu überlassen, die den direkten Draht haben, Mrs. B., den direkten Draht.«

*

Nachdem sie ein paar Wochen blaugemacht hatte, kehrte Irie Ende Januar wieder in die Schule zurück. Aber es kam ihr alles so fern vor; selbst die allmorgendliche Fahrt vom Süden in den Norden Londons erschien ihr wie eine Polarexpedition, schlimmer noch, wie eine, die kurz vor dem Ziel abgebrochen wurde und in den lauwarmen Regionen endete, ein Nicht-Ereignis verglichen mit dem brodelnden Gewühl im Hause Bowden. *Weil du aber lau bist, weder heiß noch kalt, will ich dich aus meinem Mund ausspeien.* Man kann sich so ans Extreme gewöhnen, dass alles andere plötzlich unzulänglich wirkt.

Sie sah Millat regelmäßig, aber ihre Gespräche waren kurz. Er trug jetzt ständig diese grüne Fliege und hatte anderweitig zu tun. Noch immer machte sie zweimal wöchentlich Marcus' Ablage, mied aber den Rest der Familie. Josh sah sie nur gelegentlich. Er schien den Chalfens ebenso eifrig aus dem Weg zu gehen wie sie. An den Wochenenden besuchte sie ihre Eltern, unterkühlte Begegnungen, bei denen sich alle beim Vornamen nannten *(Irie, reichst du Archie bitte das Salz? Clara, Archie fragt, wo die Schere ist)* und alle Beteiligten sich verlassen fühlten. Sie spürte, dass man in der Nachbarschaft über sie flüsterte, wie die Leute in North London das eben machen, wenn sie den Verdacht haben, dass jemand sich eine Religion eingefangen hat, diese tückische Krankheit. Also eilte sie zurück zur Lindaker Road Nr. 28 in Lambeth, froh, in die Dunkelheit zurückzukehren, denn es war wie überwintern oder in einen Kokon eingesponnen sein, und sie war so gespannt wie alle anderen, welche Irie wohl irgendwann daraus hervorgehen würde. Es war alles andere als ein Gefängnis. Das Haus war ein *Abenteuer*. In Schränken und vergessenen Schubladen und schmutzigen Bilderrahmen warteten die Geheimnisse, die so lange Zeit gehortet worden waren, als wären Geheimnisse aus der Mode gekommen. Sie fand Fotos von ihrer Urgroßmutter Ambrosia, knochig und schön, mit großen Mandelaugen, und eins von Charlie »Whitie« Durham, der in einem Schotterhaufen stand, ein Sepiadruck vom Meer als Hintergrund. Sie fand die Bibel, aus der ein Vers herausgerissen war. Sie fand die in Fotoautomaten gemachten Schnappschüsse von Clara in Schuluniform, irre grinsend, der wahre Horror ihrer Zähne offenbart. Sie las abwechselnd in *Dentalanatomie* von Gerald M. Cathey und in *Die Gute-Nachricht-Bibel* und verschlang gierig Hortenses kleine und eklektische Bibliothek, pustete den roten Staub aus einer jamaikanischen Schule von den Buchdeckeln und musste häufig erst mit einem Taschenmesser noch nie gelesene Seiten aufschneiden. Die Liste für Februar lautete wie folgt:

Bericht aus einem Sanatorium auf den Westindischen Inseln, von Geo. J. H. Sutton Moxley. London: Sampson, Low, Marston & Co., 1886. (Zwischen der Länge des Autorennamens und der schlechten Qualität des Buches bestand ein umgekehrt proportionales Verhältnis.)
Tom Cringles Logbuch, von Michael Scott. Edinburgh 1875.
Im Zuckerrohrland, von Eden Phillpotts. London: McClure & Co., 1893.
Dominica: Hinweise und Empfehlungen für angehende Siedler, von Seiner Gnaden H. Hesketh Bell, CMG. London: A. & C. Black, 1906.

Je mehr sie las, desto mehr erregte das Foto von dem schneidigen Captain Durham ihre natürliche Neugier: stattlich und melancholisch, den Bau einer halb fertigen Kirche überwachend, trotz seiner Jugend lebenserfahren wirkend, jeder Zoll ein Engländer.

Er sah so aus, als könnte er dem einen oder anderen so einiges erzählen. Vielleicht auch Irie. Sie bewahrte sein Bild unter ihrem Kopfkissen auf, nur für den Fall der Fälle. Und morgens sah sie draußen keine italianisierten Weinberge mehr, sondern Zuckerrohr, Zuckerrohr, Zuckerrohr. Und gleich daneben war nichts als Tabak, und sie stellte sich verwegen vor, dass der Geruch von Kochbananen sie irgendwohin zurückbrachte, an irgendeinen völlig fiktionalen Ort, da sie ja noch nie dort gewesen war. Irgendein Ort, den Kolumbus St. Jago taufte, den die Arawaks aber trotzig wieder in Xaymaca umbenannten, ein Name, der länger währte als sie. *Wald- und wasserreich.* Nicht, dass Irie schon von diesen kleinen gutmütigen, dickbäuchigen Opfern ihrer eigenen Gutmütigkeit gehört hatte. Das waren irgendwelche *anderen* Jamaikaner, die dem kurzen Gedächtnisvermögen der Geschichte entgingen. Sie beanspruchte die Vergangenheit – ihre Version der Vergangenheit – für sich, energisch, als fordere sie fehlgeleitete Post ein. *Da* also kam sie her. All das gehörte ihr, per Geburtsrecht, wie ein Paar Perlenohrringe oder ein Postsparbuch. X markiert die Stelle, und Irie machte auf alles, was sie fand, ein X, sammelte alles mögliche Zeug (Geburtsurkunden, Landkarten, Armeeberichte, Zeitungsartikel) und verstaute es unter dem Sofa, damit sein Reichtum wie durch Osmose den Stoff durchdrang, während sie schlief, und direkt in sie hineinströmte.

*

Als im Januar die ersten Knospen kamen, wurde sie, wie jede Einsiedlerin, heimgesucht. Zuerst von Stimmen. Joyce Chalfen ertönte in der Sendung *Fragen zum Garten* rauschend aus Hortenses steinzeitlichem Radio:

Moderator   Noch eine Frage aus dem Publikum, glaube ich. Mrs. Sally Whitaker aus Bournemouth hat offenbar eine Frage an die Experten. Mrs. Whitaker?

Mrs. Whitaker Danke, Brian. Ich bin eine noch recht unerfahrene Gärtnerin und erlebe zur Zeit meinen ersten Frost, und in nur zwei Monaten hat sich mein Garten von einer wahren Farbensinfonie in das reinste Brachfeld verwandelt ... Freunde haben mir robuste Blumen empfohlen, aber da bleiben ja eigentlich bloß winzig kleine Aurikeln und Tausendschön, was lächerlich aussieht, da mein Garten ziemlich groß ist. Ich würde nun wirklich furchtbar gern etwas Augenfälligeres pflanzen, etwa so hoch wie Rittersporn, aber dann macht sich der Wind drüber her, und die Nachbarn gucken über den Zaun und denken *Lieber Himmel* (*verständnisvolles Lachen im Studiopublikum*). Deshalb ist meine Frage an die Experten, wie kann ich es erreichen, dass mein Garten mitten im trüben Winter ansprechend aussieht?

Moderator Danke, Mrs. Whitaker. Nun, das ist ein weit verbreitetes Problem ... auch für so manchen erfahrenen Gärtner. Ich persönlich hab es bis jetzt noch nicht zu meiner Zufriedenheit lösen können. Geben wir also die Frage weiter an unsere Experten, ja? Joyce Chalfen, irgendwelche Tipps und Empfehlungen für den trüben Winter?

Joyce Chalfen Also vorab muss ich erst mal sagen, dass Sie wohl sehr vorwitzige Nachbarn haben. Wenn ich Sie wäre, würde ich denen sagen, sie sollen sich um ihren eigenen Kram kümmern (*Lachen im Publikum*). Aber mal im Ernst, ich bin der Meinung, dass dieser ganze Trend hin zur Blütenpracht zwölf Monate im Jahr sehr ungesund für den Garten und die Gärtner ist und *besonders* für den

Boden, ganz ehrlich ... Ich finde, der Winter sollte eine Zeit der *Ruhe* sein, gedämpfte Farben, Sie wissen schon – und dann, wenn dann endlich der Frühling kommt, kriegen die Nachbarn einen richtigen Schock. Peng! Da ist sie plötzlich, diese herrliche Wachstumsexplosion. Ich denke, der tiefe Winter ist wirklich eine Zeit, um den Boden zu *pflegen*, ihn umzugraben, ihm Ruhe zu gönnen und seine Zukunft umso schöner zu entwerfen, damit die vorwitzigen Leute von nebenan eine *dicke Überraschung* erleben. Ich vergleiche den Gartenboden immer mit dem Körper einer Frau – zyklisch, wissen Sie, zu gewissen Zeiten fruchtbar und zu anderen Zeiten eben nicht, und das ist wirklich ganz natürlich. Aber wenn Sie *wirklich* fest entschlossen sind, dann gedeiht *Helleborus corsicus* gut in kalter, kalkhaltiger Erde, selbst wenn es im –

Irie schaltete Joyce ab. Es war sehr therapeutisch, Joyce abzuschalten. Dabei ging es nicht nur ums Persönliche. Plötzlich kam ihr nämlich dieser Kampf, dem widerspenstigen englischen Boden etwas abzuringen, ermüdend und überflüssig vor. Warum solche Mühen auf sich nehmen, wo es jetzt diesen anderen Ort gab? (Denn Jamaika erschien Irie wie neu erschaffen. Als hätte Kolumbus selbst es durch die bloße Entdeckung ins Dasein geholt.) Diesen wald- und wasserreichen Ort. Wo alles ungebärdig und ohne ordnende Hand aus dem Boden spross, wo ein junger weißer Captain ein junges schwarzes Mädchen ohne Komplikationen kennen lernen konnte, beide frisch und unverdorben und ohne Vergangenheit oder vorgeschriebene Zukunft – ein Ort, wo die Dinge einfach *waren*. Keine Fiktionen, keine Mythen, keine Lügen, keine Schatten der Vergangenheit – so stellte sich Irie ihre Heimat vor. Weil *Heimat* eines jener magischen Fantasiewörter ist wie *Einhorn* und *Seele* und *Un-endlichkeit*, die inzwischen Eingang in die Sprache gefunden haben. Und für Irie lag die besondere Magie des Wortes *Heimat*, sein besonderer Zauber, darin, dass es sich nach einem Anfang anhörte. Den anfänglichsten aller Anfänge. Wie der erste Morgen im Garten Eden und der Tag nach der Apokalypse. Eine leere Seite.

Doch jedes Mal, wenn Irie sich dieser vollkommenen Leere der Vergangenheit näher fühlte, klingelte irgendetwas aus der Gegenwart an der Bowden'schen Haustür und störte sie. Der vierte Fastensonntag brachte einen Überraschungsbesuch von Joshua. Er stand zornig vor der Tür, mindestens zehn Kilo leichter und sehr viel schmuddeliger als sonst. Bevor Irie dazu kam, ihre Sorge oder ihren Schock zu äußern, war er schon ins Wohnzimmer gestürmt und hatte die Tür hinter sich zugeknallt. »Ich hab's satt! Mir steht das alles bis Oberkante Unterlippe!«

Das Erbeben der Tür stieß Captain Durham von seinem Platz auf Iries Fensterbrett, und sie stellte ihn behutsam wieder auf. »Ja, ich freu mich auch, dich zu sehen, Mann. Setz dich doch erst mal hin und beruhige dich. Was hast du satt?«

»*Die*. Die machen mich krank. Da labern sie dauernd von Rechten und Freiheiten, und dann fressen sie fünfzig Hähnchen pro Woche! Heuchler!«

Irie leuchtete der Zusammenhang nicht sofort ein. Sie zog eine Zigarette aus der Packung und bereitete sich auf eine lange Geschichte vor. Zu ihrer Überraschung nahm Joshua auch eine, und dann knieten sie sich auf den Platz am Fenster, pusteten Rauch durch den Bodenrost nach oben auf die Straße.

»*Weißt* du eigentlich, wie Batteriehühner leben?«

Irie wusste es nicht. Joshua erklärte es ihr. Die meiste Zeit ihres armseligen Hühnerlebens steckten sie eingesperrt in völliger Hühnerfinsternis, zusammengepfercht wie Hühnersardinen in ihrer eigenen Hühnerscheiße und bekamen das schlechteste Hühnerfutter überhaupt.

Und das war, laut Joshua, offenbar noch nichts im Vergleich dazu, was mit Schweinen und Rindern und Schafen angestellt wurde. »Es ist ein *Verbrechen*, verdammt noch mal. Aber versuch das mal Marcus begreiflich zu machen. Versuch mal, ihm seinen Sonntagsschweinefraß auszureden. Er ist so hundsmiserabel informiert. Ist dir das schon aufgefallen? Er weiß so unglaublich viel über eine einzige Sache, aber von dieser ganzen anderen Welt hat er keinen ... Ach, bevor ich's vergesse – du solltest das Flugblatt hier lesen.«

Irie hätte nie gedacht, dass sie mal den Tag erleben würde, an dem Joshua Chalfen ihr ein Flugblatt gab. Aber da war es, in ihrer Hand. Es trug die Überschrift: *Fleisch ist Mord: Fakten und Fiktion*, eine Publikation der Organisation FAST.

»Das steht für Förder- und Aktionsgruppe zum Schutz der Tiere. Die sind so was Ähnliches wie Greenpeace oder so, aber härter drauf. Lies es – das sind nicht bloß Hippies und Freaks, die haben einen soliden wissenschaftlichen und akademischen Hintergrund, und sie arbeiten mit einem anarchistischen Ansatz. Ich hab wirklich das Gefühl, endlich meinen Platz gefunden zu haben, weißt du. Die Gruppe ist wirklich unglaublich. Total auf unmittelbare Aktion eingestellt. Der stellvertretende Leiter ist ein ehemaliger Oxford-Dozent.«

»Mmmm. Wie geht's Millat?«

Joshua wehrte die Frage ab. »Och, ich weiß nicht. Der spinnt. Der spinnt immer mehr. Und Joyce liest ihm noch immer jeden Wunsch von den Augen ab. Frag mich bloß nicht. Die machen mich alle krank. Alles hat sich verändert.« Josh fuhr sich nervös mit den Fingern durchs Haar, das er jetzt schulterlang trug, in einem, wie es die Willesdener liebevoll bezeichneten, Jud-Afro-Look. »Ich kann dir gar nicht richtig beschreiben, wie sich alles verändert hat. Ich hab so richtig ... *klarsichtige Augenblicke*.«

Irie nickte. Sie hatte Sympathie für klarsichtige Augenblicke. Ihr siebzehntes Lebensjahr erwies sich als gerammelt voll davon.

Und sie wunderte sich nicht über Joshuas Metamorphose. Vier Monate im Leben eines Siebzehnjährigen, das ist der Stoff für radikale Wechsel und Umschwünge; Fans der Stones werden zu Beatles-Fans, Tories zu liberalen Demokraten und wieder zurück, Vinyl-Junkies zu CD-Freaks. Nie mehr im Leben besitzt man diese Fähigkeit zur totalen Persönlichkeitsüberarbeitung.

»Ich gab *gewusst*, dass du das verstehen würdest. Ich wünschte, ich hätte schon früher mit dir geredet, aber ich halte es zur Zeit einfach zu Hause nicht mehr aus, und wenn ich dich mal sehe, ist irgendwie immer Millat im Weg. Es tut wirklich gut, dich zu sehen.«

»Dich auch. Du siehst anders aus als früher.«

Josh tat seine Kleidung, die eindeutig nicht mehr so verklemmt wirkte wie früher, mit einer abfälligen Handbewegung ab.

»Man kann eben nicht ewig die abgelegten Kordklamotten seines Vaters tragen.«

»Stimmt.«

Joshua klatschte in die Hände. »Also, ich hab schon eine Fahrkarte nach Glastonbury gekauft, und vielleicht komme ich nicht mehr wieder. Ich hab Leute von FAST kennen gelernt, mit denen ich zusammen hinfahre.«

»Wir haben März. Du fährst doch bestimmt erst im Sommer.«

»Joely und Crispin – das sind die Leute, die ich kennen gelernt habe – sagen, wir könnten schon früher hin. 'ne Weile campen.«

»Und die Schule?«

»Wenn du blaumachen kannst, kann ich auch blaumachen … ich glaub nicht, dass ich viel verpasse. Schließlich hab ich immer noch ein Chalfen-Köpfchen, ich komme einfach rechtzeitig zu den Prüfungen zurück und zisch dann wieder ab. Irie, du musst diese Leute einfach mal kennen lernen. Die sind einfach … unglaublich. Er ist Dadaist. Und sie ist Anarchistin. Eine echte. Nicht wie Marcus. Ich hab ihr von Marcus und seiner beschissenen FutureMouse erzählt. Sie hält ihn für ein gefährliches Individuum. Vielleicht sogar für einen Psychopathen.«

Irie dachte darüber nach. »Mmm. Das würde mich wundern.«

Ohne seine Kippe auszudrücken, schnippte er sie nach oben auf den Bürgersteig. »Und ich esse kein Fleisch mehr. Im Augenblick esse ich noch Fisch, aber das ist bloß die halbe Miete. Ich werde Vegetarier.«

Irie zuckte die Achseln, weil sie nicht recht wusste, wie sie reagieren sollte.

»Weißt du was? Es spricht so einiges für das alte Motto.«

»Welches alte Motto?«

»*Feuer mit Feuer bekämpfen.* Zu jemandem wie Marcus kann man nur mit wirklich scheißextremen Aktionen durchdringen. Der weiß nicht mal, wie *durchgeknallt* er ist. Es hat keinen Zweck, vernünftig mit ihm zu reden, weil er meint, er hätte die *Vernunft* gepachtet. Wie soll man mit solchen Leuten umgehen? Oh, und ich höre mit Leder auf – es zu tragen – und alle anderen tierischen Nebenprodukte. Gelatine und so Zeug.«

Nachdem sie eine Zeit lang die Füße der Passanten betrachtet hatte – Lederschuhe, Turnschuhe, Pumps –, sagte Irie: »Na, die werden sich wundern.«

Am ersten April tauchte Samad auf. Er war ganz in Weiß, auf dem Weg zum Restaurant, zerknittert und runzelig wie ein enttäuschter Heiliger. Er schien den Tränen nahe. Irie ließ ihn herein.

»Hallo, Miss Jones«, sagte Samad mit einer angedeuteten Verbeugung. »Wie geht's denn Ihrem Vater?«

Irie musste lächeln. »Sie sehen ihn öfter als wir. Wie geht es Gott?«

»Ganz wunderbar, danke. Haben Sie in letzter Zeit meinen nichtsnutzigen Sohn gesehen?«

Bevor Irie Zeit hatte, ihren nächsten Satz loszuwerden, brach Samad vor ihren Augen zusammen und musste ins Wohnzimmer geführt, in Darcus' Sessel manövriert und mit einer Tasse Tee versorgt werden, bevor er wieder sprechen konnte.

»Mr. Iqbal, was ist denn so schlimm?«

»Was ist nicht schlimm?«

»Ist Dad was passiert?«

»O nein, nein, Archibald geht es gut. Er ist wie die VW-Reklame. Er läuft und läuft und läuft.«

»Was ist es dann?«

»Millat. Er war seit drei Wochen nicht mehr zu Hause.«

»Gott. Haben Sie es schon bei den Chalfens probiert?«

»Bei denen ist er nicht. Ich weiß, wo er ist. Vom Regen ab in die Traufe. Er ist auf irgendeiner Freizeit mit diesen wahnsinnigen Grüne-Fliege-Leuten. In einem Sportzentrum in Chester.«

»Donnerwetter.«

Irie nahm im Schneidersitz Platz und holte eine Zigarette hervor.

»Ich hab ihn in der Schule nicht gesehen, aber gar nicht gemerkt, wie lange schon nicht mehr. Aber wenn Sie doch wissen, wo er ist …«

»Ich bin nicht hergekommen, weil ich nach ihm suche, Irie, ich bin hergekommen, um dich um Rat zu bitten. Was soll ich tun? Du kennst ihn doch – wie kann man ihn erreichen?«

Irie biss sich auf die Lippe, die alte Angewohnheit ihrer Mutter.

»Ich meine, ich weiß nicht … wir sind nicht mehr so vertraut wie früher … aber ich hab immer gedacht, dass es vielleicht an dieser Sache mit Magid liegt … dass er ihn vermisst … ich meine, er würde es nie zugeben … aber Magid ist sein Zwillingsbruder und vielleicht, wenn er ihn sehen würde –«

»Nein, nein. Nein, nein, nein. Ich wünschte, das wäre die Lösung. Allah weiß, dass ich all meine Hoffnungen auf Magid gesetzt habe. Und jetzt sagt er, dass er nach England zurückkommen will, um hier Jura zu studieren – mit dem Geld von diesen Chalfens. Er will die Gesetze der Menschen mehr ehren als die Gesetze Gottes. Er hat keine der Lehren Mohammeds – Friede sei mit Ihm! – wirklich gelernt. Seine Mutter ist natürlich entzückt. Aber für mich ist er bloß eine einzige Enttäuschung. Englischer als die Engländer. Glaub mir, Magid wird Millat nichts nützen, und Millat wird Magid nichts nützen. Sie sind beide in die Irre gegangen. Sind weit abgekommen von dem Lebensweg, den ich für sie im Sinn hatte. Bestimmt werden sie weiße Frauen heiraten, die Sheila heißen, und mich früh ins Grab bringen. Ich hab doch immer nur gewollt, dass sie gute Muslimjungen werden. Ach, Irie ...« Samad nahm ihre freie Hand und tätschelte sie traurig und zärtlich. »Ich verstehe einfach nicht, was ich falsch gemacht habe. Du redest mit ihnen, aber sie hören nicht zu, weil sie die Musik von ›Public Enemy‹ auf volle Lautstärke gedreht haben. Du zeigst ihnen den rechten Weg, und sie marschieren schnurstracks zur Anwaltskammer. Du versuchst, alles zu planen, und nichts geschieht so, wie du es erwartet hast ...«

Aber wenn du wieder von vorn anfangen könntest, dachte Irie, wenn du sie zur Quelle des Flusses führen könntest, zum Beginn der Geschichte, zur Heimat ... Aber das sagte sie nicht, weil er es genauso empfand, wie sie es empfand, und weil sie beide wussten, dass es so sinnlos war wie der Versuch, den eigenen Schatten einzuholen. Stattdessen zog sie ihre Hand unter seiner weg und legte sie auf seine, streichelte sie. »Ach, Mr. Iqbal. Ich weiß nicht, was ich sagen soll ...«

»Es gibt nichts zu sagen. Derjenige, den ich nach Hause schicke, wird ein tadelloser Engländer, mit weißem Anzug und alberner Anwaltsperücke. Derjenige, den ich hier behalte, ist ein waschechter, grüne Fliege tragender, fundamentalistischer Terrorist. Manchmal frage ich mich, warum ich mich überhaupt noch abquäle«, sagte Samad verbittert, mit einem durch und durch englischen Tonfall, der seine zwanzig Jahre in diesem Land verriet. »Das tu ich wirklich. Mittlerweile hab ich das Gefühl, dass du einen Pakt mit dem Teufel schließt, sobald du dieses Land betrittst. Du gibst am Zoll deinen Pass ab, du bekommst einen Stempel, du willst ein bisschen Geld verdienen, was aufbauen ... aber du hast doch vor zurückzugehen. Wer will schon bleiben?

Kalt, nass, elend; furchtbares Essen, entsetzliche Zeitungen – wer will schon bleiben? In einem Land, wo man nie willkommen ist, nur geduldet. Bloß geduldet. Als wärst du ein Tier, das endlich stubenrein geworden ist. Wer will schon bleiben? Aber du hast einen Pakt mit dem Teufel geschlossen ... du wirst reingezogen, und irgendwann bist du plötzlich nicht mehr in der Lage zurückzugehen, deine Kinder sind dir fremd, du gehörst nirgendwohin.«

»O nein, das ist doch nicht wahr, bestimmt nicht.«

»Und dann fängst du an und verabschiedest dich schon allein von der *Vorstellung*, irgendwohin zu gehören. Plötzlich erscheint dir dieses *Irgendwohingehören* wie eine alte, schmutzige Lüge ... und allmählich glaube ich, dass Geburtsorte Zufälle sind, dass alles ein *Zufall* ist. Aber wenn du das glaubst, wohin kannst du dann noch? Was machst du dann? Was ist dann überhaupt noch wichtig?«

Während Samad mit verstörtem Blick diese Dystopie beschrieb, merkte Irie beschämt, dass das Land der Zufälle sich für ihre Ohren wie das *Paradies* anhörte. Wie Freiheit.

»Verstehst du das, Kind? Ich weiß, dass du es verstehst.«

Und was er eigentlich sagen wollte, war: Sprechen wir die gleiche Sprache? Haben wir die gleichen Wurzeln? Sind wir gleich?

Irie drückte ihm die Hand und nickte heftig, wollte seinen Tränen zuvorkommen. Was konnte sie ihm anderes sagen als das, was er hören wollte?

»Ja«, sagte sie. »Ja, ja, ja.«

Als Hortense und Ryan an diesem Abend nach einer späten Gebetsstunde nach Hause kamen, befanden sich beide in höchster Aufregung. Heute Abend war *der* Abend. Nachdem er Hortense eine Fülle von Anweisungen zum Satz und Layout seines neuesten Artikels für den *Wachtturm* gegeben hatte, ging Ryan in den Flur, um Brooklyn anzurufen und sich die Neuigkeiten durchgeben zu lassen.

»Aber ich hab gedacht, er würde mit denen *gemeinsam* beraten.«

»Ja, ja, tut er … aber die endgültige Bestätigung, verstehste, die muss von Mr. Charles Wintry in Brooklyn persönlich kommen«, sagte Hortense atemlos. »Was für'n Tag! Was für'n Tag! Nu helf mir mal die Schreibmaschine tragen … Die muss auf den Tisch.«

Irie tat wie geheißen, trug die riesige alte Remington in die Küche und stellte sie vor Hortense ab. Hortense reichte Irie einen Packen Blätter, die mit Ryans winziger Handschrift bedeckt waren.

»Du liest mir das jetz vor, Irie Ambrosia, schön langsam … und ich tipp das runter.«

Irie las etwa eine halbe Stunde lang, litt unter Ryans grausam gewundener Prosa, reichte, wenn nötig, das Tipp-Ex an und knirschte mit den Zähnen, weil der Verfasser alle zehn Minuten ins Zimmer kam, um seine Syntax zu verbessern oder einen Absatz neu zu formulieren.

»Mr. Topps, sind Sie schon durchgekommen?«

»Noch nicht, Mrs. B., noch nicht. Sehr beschäftigt, unser Mr. Charles Wintry. Ich versuch's gleich noch mal.«

Ein Satz, Samads Satz, ging Irie durch den müden Kopf. *Manchmal frage ich mich, warum ich mich überhaupt noch abquäle.* Und jetzt, wo Ryan gerade nicht störte, sah Irie die Gelegenheit, die Frage zu stellen, obwohl sie sie vorsichtig formulierte.

Hortense lehnte sich auf ihrem Stuhl zurück und legte die Hände in den Schoß. »Ich mach das schon sehr lang, Irie Ambrosia. Ich wart, seit ich ein Kindchen in Kniestrümpfen gewesen bin.«

»Aber das ist doch kein Grund –«

»Was weißt du denn schon von Gründen? Überhaupt nix. Die Zeugen Jehovas, da sin meine Wurzeln. Die sin gut zu mir gewesen, als das sonst keiner war. Die Kirche is das Gute, das meine Mutter mir gegeben hat, und ich werd sie jetz nich im Stich lassen, wo wir so kurz vor'm Ende sin.«

»Aber Gran, das ist nicht … du wirst nie …«

»Ich will dir mal was sagen. Ich bin nich wie die Zeugen, die bloß Angst vor'm Sterben haben. Bloß Angst. Die wollen, dass alle sterben, bloß sie nich. Ich hab ganz andere Ziele. Ich hoff noch immer, dass ich eine von den Gesalbten bin, obwohl ich 'ne Frau bin. Das hab ich mein ganzes Leben lang gewollt. Ich will da beim Herrn sein und Gesetze machen und Entscheidungen treffen.« Hortense schnalzte lange und laut mit der Zunge. »Ich bin's so satt, dass die Kirche mir dauernd sagt, dass ich 'ne Frau bin oder dass ich nich gebildet genug bin. Alle Welt will einen dauernd erziehn, in diesem und jenem … Das war schon immer das Problem mit den Frauen in dieser Familie. Irgendwer is immer dabei, sie in irgendwas zu erziehn, tut so, als würd's nur um Lernen gehn, wo's doch eigentlich um einen Kampf der Willen geht. Aber wenn ich eine von den hundertvierundvierzig wär, dann würd *mich* keiner mehr erziehn wolln. Das wär dann *meine* Sache! Ich würd meine eigenen Gesetze machen, und ich würd mir von anderen nichts mehr sagen lassen. Meine Mutter war im Grunde eigensinnig, und ich bin's auch. Weiß Gott, deine Mutter war's auch. Und du bist's auch.«

»Erzähl mir von Ambrosia«, sagte Irie, weil sie einen Riss in Hortenses Panzer entdeckt hatte, durch den sie sich quetschen wollte. »Bitte.«

Doch Hortense blieb hart. »Du weißt schon genug. Die Vergangenheit is vorbei. Davon kann keiner was lernen. Seite fünf oben, bitte – ich glaub, da warn wir.«

In diesem Moment kam Ryan ins Zimmer zurück, das Gesicht röter denn je.

»Was, Mr. Topps? Ja? Wissen Sie's?«

»Gott helfe den Heiden, Mrs. B., denn der Tag steht wahrhaftig bevor! Es ist so, wie der Herr klar in seinem Buch der Offenbarung dargelegt hat. Ein drittes Jahrhundert hatte er nie im Sinn. Ich brauch jetzt den Artikel fertig getippt, und dann noch einen, den ich Ihnen aus dem Stegreif diktiere – Sie müssen alle Lambeth-Gemeindemitglieder anrufen und eine Broschüre –«

»O ja, Mr. Topps – aber lassen Sie mir 'ne Minute Zeit … Es hat doch kein anderes Datum sein können, nich, Mr. Topps? Ich hab's Ihnen doch gesagt, ich hab's in den Knochen gespürt.«

»Ich bin mir nich so sicher, inwieweit Ihre Knochen was damit zu tun hatten, Mrs. B. Unser Dank gebührt da wohl eher dem gründlichen Studium der Schrift, das ich und meine Kollegen –«

»Und Gott, vermutlich«, unterbrach Irie ihn mit wütendem Blick und ging zu Hortense, die von Schluchzern geschüttelt wurde. Hortense küsste Irie auf beide Wangen, und Irie lächelte über die warme Nässe.

»Ach, Irie Ambrosia. Ich bin so froh, dass du hier bis und das miterleben kannst. Ich hab dieses Jahrhundert durchlebt – ich bin bei 'nem Erdbeben auf diese Welt gekommen, ganz zu Anfang, und ich werd dabei sein, wenn das Böse und die schändliche Sünde in 'nem mächtigen, donnernden Erdbeben wieder von der Welt verjagt werden. Lobet den Herrn! Es is doch so, wie er verheißen hat. Ich hab gewusst, dass ich das schaffen würde. Ich hab bloß noch sieben Jahre zu warten. Zweiundneunzig!« Hortense schnalzte verächtlich mit der Zunge. »Ha! Meine Großmutter is hundertdrei geworden, und die Frau konnte noch Seilchen springen, bis zu dem Tag, wo sie umgekippt is und mausetot war. Ich schaff das. Ich schaff das bis dahin. Meine Mutter hat gelitten, um mich in die Welt zu bringen – aber sie hat den wahren Glauben gekannt und sich Mühe gegeben, mich bei den allerschwierigsten Bedingungen rauszudrücken, damit ich diesen Tag des Ruhmes erleben kann.«

»Amen!«

»Ach ja, Amen, Mr. Topps. Legen Sie die ganze Rüstung Gottes an! Und nu, Irie Ambrosia, du bist Zeugin von dem, was ich jetzt sag: Ich werd da sein. Und ich werd auf Jamaika sein, um's zu erleben. Ich werd in diesem Jahr des Herrn nach Hause fahrn. Und du kannst mitkommen, wenn du von mir lernst und gut zuhörst. Willste im Jahr 2000 mit nach Jamaika kommen?«

Irie stieß einen kurzen Schrei aus und schloss ihre Großmutter gleich wieder in die Arme.

Hortense wischte sich mit der Schürze die Tränen ab. »Herr Jesus, ich hab dieses Jahrhundert gelebt! So wahr ich hier sitze, ich hab dieses schreckliche Jahrhundert mit all seinen Sorgen und Plagen erlebt. Und dank dir, o Herr, krieg ich nu am Anfang und Ende das große Rumpeln mit.«

MAGID, MILLAT UND MARCUS

1992, 1999

fundamental (Adj.) [spätlat. fundamentalis] 1. sich auf die Basis oder auf Grundlegendes beziehend; in die Tiefe gehend. 2. als Basis oder Fundament dienend; von entscheidender Bedeutung oder unverzichtbar. Auch: primär, grundlegend; etw., von dem anderes abgeleitet wird.

Fundamentalismus, Subst.: kompromissloses Festhalten an [traditionellen orthodoxen] religiösen oder ideologischen Grundsätzen; *insb.* Glaube an die Unfehlbarkeit religiöser Texte.

The New Shorter Oxford English Dictionary

You must remember this, a kiss is still a kiss,
A sigh is just a sigh;
The fundamental things apply,
As time goes by.

Herman Hupfeld, »As Time Goes By« (Schlager 1931)

16
DIE RÜCKKEHR DES
MAGID MAHFOOZ MURSHED MUBTASIM
IQBAL

Entschuldigen Sie bitte, Sie werden hier doch wohl nicht rauchen?«

Marcus schloss die Augen. Er hasste diese Satzkonstruktion. Er hatte immer den Impuls, mit entsprechender grammatischer Verdrehung zu antworten: Ja, ich werde hier nicht rauchen. Nein, ich werde hier rauchen.

»Verzeihung, ich hab gesagt –«

»Ja, ich hab Sie schon beim ersten Mal verstanden«, sagte Marcus leise und wandte sich nach rechts, um die Sprecherin anzublicken, mit der er sich eine einzelne Armlehne teilte, da sich zwischen je zwei Sitzen in der langen Reihe aus formgegossenen Plastiksesseln nur eine Lehne befand. »Gibt es einen Grund, warum ich das nicht tun sollte?«

Die Gereiztheit verschwand beim Anblick seiner Gesprächspartnerin: eine schlanke, hübsche, junge, indisch aussehende Frau, mit einer reizvollen Lücke zwischen den Vorderzähnen, in Militärhose und mit Pferdeschwanz, auf deren Schoß (ausgerechnet!) ein Exemplar seines populärwissenschaftlichen Buches lag, das er im vergangenen Frühjahr (in Zusammenarbeit mit dem Schriftsteller Surrey T. Banks) geschrieben hatte: *Zeitbomben und biologische Uhren: Abenteuer unserer genetischen Zukunft.*

»Ja, es gibt einen Grund, Sie *Arschloch.* In Heathrow dürfen Sie nicht rauchen. Jedenfalls nicht in diesem Bereich. Und so eine *Scheißpfeife* dürfen Sie hier schon gar nicht rauchen. Und diese

Sitze sind aneinander geschweißt, und ich hab Asthma. Genug Gründe?«

Marcus zuckte freundlich die Achseln. »Ja, mehr als genug. Gutes Buch?«

Es war eine völlig neue Erfahrung für Marcus, eine Leserin von sich kennen zu lernen. Eine Leserin von sich im Wartebereich eines Flughafens kennen zu lernen. Sein ganzes Leben hatte er akademische Texte verfasst, Texte, deren Leserschaft klein und erlesen war, so dass er die einzelnen Mitglieder nicht selten persönlich kannte. Er hatte seine Arbeiten nie in die Welt entsandt wie einen Überraschungsknaller, unsicher, wo die einzelnen Teile landen würden.

»Wie bitte?«

»Keine Sorge, ich rauch schon nicht, wenn Sie das nicht wollen. Ich hab mich bloß gefragt, ob das Buch da gut ist?«

Die junge Frau verzog das Gesicht, das doch nicht so hübsch war, wie Marcus zuerst geglaubt hatte. Er fand die Mundpartie einen Tick zu streng. Sie schloss das Buch (sie hatte es etwa bis zur Mitte gelesen) und betrachtete den Umschlag, als hätte sie vergessen, welches Buch es war.

»Na ja, ist ganz gut, denke ich. Ein bisschen abartig. Ziemlich harte Nuss.«

Marcus runzelte die Stirn. Das Buch war die Idee seines Agenten gewesen: eine Art zweigleisig angelegtes Lesebuch, in dem Marcus jeweils ein »hochwissenschaftliches« Kapitel über eine bestimmte Entwicklung in der Genforschung schrieb und der Schriftsteller ein entsprechendes Zwillingskapitel dazu verfasste, in dem diese Ideen unter einem futuristischen, fiktionalen Was-wenn-es-so-kommen-würde-Blickwinkel betrachtet wurden, immer abwechselnd, jeder acht Kapitel. Marcus hatte Söhne, die auf die Universität gehen wollten, und außerdem war da noch Magids Jurastudium, daher hatte er dem Projekt aus pekuniären Erwägungen zugestimmt. In dieser Hinsicht war das Buch nicht der erhoffte oder erforderliche Hit geworden, und

Marcus betrachtete es alles in allem als Fehlschlag. Aber abartig? Eine harte Nuss?

»Hmm, in welcher Weise *abartig*?«

Die junge Frau blickte plötzlich argwöhnisch. »Was soll das werden? Ein Verhör?«

Marcus wich ein wenig zurück. Sein Chalfen'sches Selbstbewusstsein war stets weniger offensichtlich, wenn er sich in die Außenwelt begab, den Schoß der Familie verließ. Er war sehr direkt und sah keinen Sinn darin, Fragen anders zu formulieren als eben direkt, doch in den letzten Jahren war ihm bewusst geworden, dass diese Direktheit ihm von Fremden nicht immer direkte Antworten eintrug, wie das in seinem eigenen kleinen Kreis der Fall war. In der Außenwelt, außerhalb seines Colleges und seines Zuhauses, musste man das, was man sagen wollte, etwas ausschmücken. Besonders, wenn man ein wenig seltsam aussah, so wie Marcus, wie er vermutete. Wenn man schon etwas älter war, mit exzentrischem Lockenhaar und einer Brille, an der der untere Rand fehlte. Man musste das, was man sagen wollte, etwas ausschmücken, etwas schmackhafter verpacken. Mit Nettigkeiten, beiläufigen Sätzchen, hier und da ein Bitte und Danke einstreuen.

»Nein, kein Verhör. Ich hab bloß selbst schon dran gedacht, es zu lesen, wissen Sie. Ich hab nämlich gehört, es soll ganz gut sein. Und es würde mich interessieren, wieso Sie es für abartig halten.«

Die Frau kam offenbar zu dem Schluss, dass Marcus weder ein Serienkiller noch ein Vergewaltiger war, entspannte ihre Muskulatur und lehnte sich zurück. »Ach, ich weiß nicht. Vielleicht nicht richtig abartig, eher *beängstigend*.«

»Beängstigend, wieso?«

»Na, ich meine, diese ganze Genmanipulation ist doch wohl beängstigend, oder?«

»Ach ja?«

»Klar, so Sachen wie am Körper rumpfuschen. Die gehen davon

aus, dass es ein Gen für Intelligenz gibt, für Sexualität – praktisch für alles, wissen Sie? DNA-Rekombinationstechnik«, sagte die Frau, wobei sie den Terminus vorsichtig verwendete, als wollte sie vorfühlen, wie viel Marcus wusste. Da sie in seiner Miene kein Wiedererkennen entdeckte, sprach sie mit größerem Selbstvertrauen weiter. »Wenn man zum Beispiel das Restriktionsenzym für ein *Stückchen* DNA oder so kennt, kann man alles ein- oder abschalten, wie so eine blöde Stereoanlage. Das machen die jetzt schon mit diesen armen Mäusen. Es ist schon verflucht beängstigend. Ganz zu schweigen von den Pathogenen und so, das sind *Krankheiten produzierende* Organismen, die sie überall in ihren Petrischalen horten. Ich meine, ich studiere Politologie, ja, und da frag ich mich doch: Was erschaffen die da? Und wen wollen sie damit ausrotten? Wenn man nicht völlig *naiv* ist, kann man sich denken, dass der Westen vorhat, diesen Scheiß am Osten auszuprobieren, an den Arabern. Gute Methode, die fundamentalistischen Araber auf die Schnelle loszuwerden – nee, im Ernst, Mann«, sagte die junge Frau als Reaktion auf Marcus' hochgezogene Augenbrauen, »das ist schon alles echt beängstigend. Ich meine, wenn man den Mist liest, wird einem klar, wie nah Wissenschaft und Science-Fiction beieinander liegen.«

Soweit Marcus das beurteilen konnte, waren Wissenschaft und Science-Fiction wie zwei Schiffe in der Nacht, die in dichtem Nebel aneinander vorbeifuhren. Ein Science-Fiction-Roboter etwa – selbst die Erwartung, die sein Sohn Oscar an einen Roboter stellte – war dem, was entweder die Robotertechnik oder die künstliche Intelligenz bis jetzt leisten konnten, um tausend Jahre voraus. Während die Roboter in Oscars Vorstellung sangen, tanzten und empathisch auf seine Freuden und Ängste reagierten, mühte sich drüben im Massachusetts Institute of Technology irgend so ein armer Teufel nach besten Kräften ab, die Bewegungen eines einzigen menschlichen Daumens nachzuvollziehen. Auf der anderen Seite waren die simpelsten

biologischen Tatsachen, beispielsweise die Struktur von Tier-
zellen, so ziemlich allen Menschen ein Rätsel, bis auf vierzehn-
jährige Kinder und Wissenschaftler wie er selbst – Erstere zeich-
neten sie im Unterricht nach, Letztere injizierten ihnen fremde
DNA. Dazwischen, so schien es Marcus, plätscherte ein großer
Ozean von Idioten, Anhängern von Verschwörungstheorien,
religiösen Fanatikern, anmaßenden Romanautoren, Tierschutz-
aktivisten, Politologiestudentinnen und allen anderen Fundamentalisten, die seinem Lebenswerk abstruse Einwände ent-
gegenbrachten. In den vergangenen paar Monaten, seit die
Öffentlichkeit auf seine FutureMouse aufmerksam geworden
war, hatte man ihn gezwungen, an diese Menschen zu *glauben*,
zu glauben, dass sie tatsächlich in Massen existierten, und das
fiel ihm ebenso schwer, wie wenn man ihn in den hintersten
Winkel des Gartens geführt und ihm erklärt hätte, dass dort Feen
wohnten.

»Ich meine, die reden immer von Fortschritt«, sagte die Frau
schrill, weil sie sich jetzt ein wenig echauffierte. »Die reden von
Erkenntnissen und Durchbrüchen in der Medizin, blablabla,
aber im Grunde läuft es doch darauf hinaus, dass, wenn jemand
wüsste, wie man ›unerwünschte‹ Eigenschaften beim Menschen
eliminieren kann, jede Regierung das machen würde, oder glauben Sie etwa nicht? Das Ganze hat nun mal einfach irgendwie
was Faschistisches an sich … Es ist als Buch ganz gut, aber
manchmal denkt man sich: Wo soll das enden? Millionen von
blauäugigen Blondinen? Babys per Katalogbestellung? Ich meine, wenn man indischer Abstammung ist wie ich, dann hat man
durchaus Grund, etwas beunruhigt zu sein, oder? Und dann
pflanzen sie Krebszellen in arme Geschöpfe; ich meine, wer sind
wir denn, dass wir an dem Bauplan einer Maus herumpfuschen.
Ein Tier erschaffen, nur damit es sterben kann – das heißt doch
Gott nachahmen! Ich meine, ich persönlich bin Hindu, ja? Ich
bin nicht religiös oder so, aber, na ja, ich glaube an die Heiligkeit
des Lebens, ja? Und diese Leute, ja, die *programmieren* die

Maus, planen jede Entwicklung, ja, wann sie Junge bekommen soll, wann sie sterben soll. Das ist einfach *unnatürlich*.«

Marcus nickte und versuchte, sich seinen Überdruss nicht anmerken zu lassen. An keiner Stelle in dem Buch ging Marcus auf menschliche Eugenik ein – das war nicht sein Gebiet, und er interessierte sich auch nicht sonderlich dafür. Und doch war es dieser jungen Frau gelungen, das Buch so zu lesen, als beschäftige es sich fast ausschließlich mit den eher prosaischen Entwicklungen der gentechnisch veränderten DNA – Gentherapie, Proteine, um Blutgerinnsel aufzulösen, das Nachbilden von Insulin –, mit dem Ergebnis, dass ihr nach der Lektüre die üblichen neofaschistischen Horrorszenarien der Sensationspresse durch den Kopf geisterten – seelenlose menschliche Klone, die genetische Überwachung sexueller und rassischer Charakteristika, mutierte Krankheiten usw. Nur das Kapitel über seine Maus konnte diese hysterische Reaktion ausgelöst haben. Auf seine Maus nämlich bezog sich der Titel des Buches (auch das wieder die Idee des Agenten), und auf seine Maus hatte sich auch die volle Aufmerksamkeit der Medien gerichtet. Marcus sah jetzt ganz deutlich, was er zuvor nur vermutet hatte, dass das Buch ohne die Maus nur ganz wenig Interesse gefunden hätte. Keine andere Arbeit, mit der er sich je beschäftigt hatte, schien die Fantasie der Öffentlichkeit so zu reizen wie seine Mäuse. Die Zukunft einer Maus zu bestimmen, das brachte die Menschen auf. Und zwar, weil die Menschen es eben genauso sahen: Für sie ging es nicht darum, die Zukunft einer Krebserkrankung zu bestimmen oder eines Reproduktionszyklus oder der Fähigkeit, alt zu werden. Es ging darum, die Zukunft *der Maus* zu bestimmen. Es verblüffte ihn immer wieder, dass die Leute sich so ausschließlich auf die Maus konzentrierten. Sie schienen unfähig, das Tier als Schauplatz zu begreifen, als biologischen Schauplatz von Experimenten, mit denen das Erbgut, Krankheiten, Sterblichkeit erforscht werden sollten. Die Mausheit der Maus schien unvermeidlich. Als die *Times* einen Artikel über das Gerangel um eine Patentanmeldung brachte, war dazu ein Foto aus Marcus' Labor von einer seiner transgenen Mäuse abgedruckt worden. Sowohl er als auch die Zeitung hatten daraufhin Unmengen von Hassbriefen bekommen, und zwar von so unterschiedlichen Gruppierungen wie der Conservative Ladys Association, der Antivivisektionslobby, der Nation of Islam, dem Pfarrer der St. Agnes's Church in Berkshire und der Redaktion der linksextremen *Schnews*. Neena Begum hatte ihm telefonisch prophezeit, er werde als Kakerlake reinkarniert werden. Glenard Oak, wie immer darauf bedacht, negative Schlagzeilen abzuwenden, hatte die Einladung an Marcus zurückgezogen, während der landesweiten Woche der Naturwissenschaften an der Schule zu unterrichten. Sein eigener Sohn, sein Joshua, weigerte sich noch immer, mit ihm zu reden. Dieser ganze Irrsinn machte ihm wirklich zu schaffen. Diese *Angst*, die er ungewollt ausgelöst hatte. Und das alles nur, weil die Öffentlichkeit ihm drei Schritte voraus war, wie Oscars Roboter, sie hatte ihre Endspiele schon hinter sich, hatte schon festgelegt, wie das Ergebnis seiner Forschung aussehen würde – etwas, das er selbst im Traum nicht gewagt hätte! – mit ihren Hirngespinsten von Klonen, Zombies, Designerkindern, schwulen Genen. Natürlich war ihm klar, dass bei seiner Arbeit ein gewisses Maß an moralischem Glück mitspielte; das ist bei allen wissenschaftlich tätigen Menschen so. Man tappt teilweise im Dunkeln, kennt die zukünftigen Entwicklungen nicht, weiß nicht, welche Finsternis möglicherweise auf den eigenen Namen fallen wird, welche Leichen einem vor die Tür gelegt werden. Keiner, der auf einem neuen Gebiet arbeitet und wahrhaft Visionäres leistet, kann sicher sein, ohne Blut an den Händen durch dieses oder das nächste Jahrhundert zu kommen. Aber die Arbeit stoppen? Einstein knebeln? Heisenberg die Hände fesseln? Was kann man dann überhaupt noch erreichen?

»Aber genau«, setzte Marcus an, aufgewühlter, als er selbst erwartet hatte, »genau, das ist doch der Punkt. Alle Tiere sind in gewisser Weise zum Sterben programmiert. Das ist völlig natürlich. Sehen Sie, wenn es uns willkürlich erscheint, so doch nur, weil wir es nicht ganz verstehen. Wir verstehen nicht richtig, warum manche Menschen offenbar eine Prädisposition für Krebs haben. Wir verstehen nicht richtig, warum manche Menschen mit dreiundsechzig eines natürlichen Todes sterben und andere erst mit siebenundneunzig. Es wäre doch interessant, etwas mehr über diese Dinge zu erfahren. Sinn und Zweck eines solchen Unternehmens wie der Onkomaus ist doch gerade, Leben und Sterben beobachten zu können, Phase für Phase unter dem Mikro –«

»Tja, mag sein«, sagte die junge Frau und schob das Buch in ihre Tasche. »Egal. Ich muss zu Gate 52. War nett, mit Ihnen zu reden. Also ich würde sagen, ja, Sie sollten es wirklich lesen. Ich bin ein großer Fan von Surrey T. Banks … der schreibt echt abgedrehtes Zeug.«

Marcus sah der Frau und ihrem wippenden Pferdeschwanz nach, wie sie den breiten Gang hinunterging, bis sie mit anderen dunkelhaarigen Frauen verschmolz und verschwunden war. Schlagartig fühlte er sich erleichtert, und freudig fiel ihm seine eigene Verabredung mit Gate 32 und Magid Iqbal ein, der ein ganz anderes Kaliber war oder größeres Kaliber, oder wie auch immer das hieß. Er hatte zwar noch fünfzehn Minuten Zeit, aber er ließ seinen Kaffee stehen, der rasch von kochend heiß auf lauwarm abgekühlt war, und schlenderte in Richtung der Gates unter 50. Das Wort »Wahlverwandtschaft« ging ihm nicht mehr aus dem Kopf. Er wusste, dass es absurd war, so etwas in Bezug auf einen siebzehnjährigen Jungen zu denken, aber dachte es trotzdem, *fühlte* es: eine gewisse Hochstimmung, ähnlich vielleicht der, die sein eigener Mentor erlebt hatte, als der siebzehnjährige Marcus Chalfen das erste Mal in sein enges College-Büro trat. Eine gewisse Befriedigung. Marcus war sich der gegenseitigen wohlwollenden Selbstgefälligkeit bewusst, die von Mentor zu Protegé und umgekehrt verläuft (Ha, Sie sind so genial und geruhen, mir

Ihre Zeit zu widmen! Ha, ich bin so genial und habe vor allen anderen Ihre Aufmerksamkeit auf mich gelenkt!). Dennoch, er gönnte es sich. Und er war froh, bei der ersten Begegnung mit Magid allein zu sein, obwohl er hoffte, sich nicht vorwerfen zu müssen, es so geplant zu haben. Es war eher eine Verkettung glücklicher Umstände. Der Wagen der Iqbals war kaputt, und Marcus' Kofferraum war nicht groß. Er hatte Samad und Alsana davon überzeugt, dass er nicht genug Platz für Magids Gepäck hätte, wenn sie mitkämen. Millat war bei HEINTZ in Chester und hatte angeblich gesagt (in einer Sprache, die an seine Mafia-Video-Zeiten erinnerte): »Ich habe keinen Bruder.« Irie hatte am Morgen eine Prüfung. Joshua weigerte sich, in ein Auto zu steigen, in dem Marcus saß; tatsächlich mied er zur Zeit Autos im Allgemeinen und hatte sich auf die umweltethische Alternative des Zweirads verlegt. Was Joshs Entscheidung anbelangte, so betrachtete Marcus sie so, wie er alle menschlichen Entscheidungen dieser Art betrachtete. Man konnte sie als *Ideen* weder ablehnen noch befürworten. So vieles von dem, was Menschen taten, hatte weder Sinn noch Verstand. Und angesichts seiner gegenwärtigen Entfremdung von Josh fühlte er sich hilfloser denn je. Es verletzte ihn, dass selbst sein eigener Sohn nicht so chalfenistisch war, wie er gehofft hatte. Und in den letzten paar Monaten hatte er angefangen, große Erwartungen in Magid zu setzen (womit erklärt wäre, warum sich sein Schritt beschleunigte, Gate 28, Gate 29, Gate 30). Vielleicht hoffte er ja mittlerweile, *glaubte* er ja mittlerweile, dass Magid für den rechtschaffenen Chalfenismus, der bereits hier in der Wüste starb, trotzdem noch ein leuchtendes Beispiel abgeben könnte. Sie würden einander *retten. Das ist doch nicht etwa blinder Glaube, Marcus?*, befragte er sich selbst, während er weitereilte. Dann ging es vorbei, und die Antwort war beruhigend. Nicht blinder Glaube, nein, Marcus, nicht die Art, die nicht hinsieht. Etwas Stärkeres, etwas Festeres. *Intellektueller Glaube.*

So. Gate 32. Sie beide würden also unter sich sein, wenn sie sich endlich begegneten, nachdem sie die Entfernung zwischen Kontinenten überwunden hatten; der Lehrer, der bereitwillige Schüler und jener erste historische Händedruck. Marcus fürchtete nicht eine Sekunde lang, dass es schlecht laufen könnte oder würde. Er beschäftigte sich nicht mit Geschichte (und die Wissenschaft hatte ihn gelehrt, dass die Vergangenheit die Zeit war, in der wir Dinge wie hinter einer dunklen Scheibe taten, ungenau, wohingegen die Zukunft immer heller war, ein Ort, wo wir Dinge richtig machten, oder zumindest richtig*er*), er kannte keine Erzählungen, die ihm Angst machen konnten im Hinblick auf die Begegnung eines dunklen Menschen mit einem weißen Menschen, beide voller Erwartungen, doch nur einer mit der entsprechenden Macht ausgestattet. Er hatte auch kein Stück weiße Pappe dabei, kein großes Schild mit einem Namen darauf, wie die Übrigen seiner Mitwartenden, und als er sich vor Gate 32 umsah, bereitete ihm das Sorge. Wie sollten sie einander erkennen? Dann fiel ihm ein, dass er ja einen Zwilling abholte, und er musste laut lachen. Es war selbst für ihn unfasslich und wunderbar, dass aus diesem Tunnel ein Junge treten sollte, der exakt denselben genetischen Code hatte wie ein Junge, den er bereits kannte, und sich doch auf jede nur denkbare Weise von diesem unterschied. Er würde ihn sehen und doch nicht sehen. Er würde ihn erkennen, und doch würde dieses Erkennen falsch sein. Noch bevor er Gelegenheit hatte, darüber nachzudenken, was das bedeutete, kamen sie auf ihn zu, die Passagiere von Flug BA 261; eine geschwätzige und doch erschöpfte braune Menschenmenge, die auf ihn zuströmte wie ein Fluss und im letzten Moment abdrehte, als wäre er die Kante eines Wasserfalls. *Nomoskar … salam a lekum … kamon acho?* Das sagten sie zueinander und zu ihren Freunden und Bekannten auf der anderen Seite der Schranke; manche Frauen in voller Purdah, manche in Saris, Männer bekleidet mit einer eigenartigen Mischung von Stoffen, Leder, Tweed, Wolle und Nylon, mit den kleinen Schiffchenmützen, die Marcus an Nehru erinnerten. Kinder mit Pullovern aus

Tawain und knallroten oder -gelben Rucksäcken; sie drängten durch das Tor auf die Menschenansammlung vor Gate 32 zu, begrüßten Tanten, begrüßten Fahrer, begrüßten Kinder, begrüßten Offizielle, begrüßten sonnengebräunte Airline-Vertreter mit blitzweißen Zähnen ...

»Sie sind Mr. Chalfen.«

Wahlverwandtschaft. Marcus hob den Kopf und betrachtete den großen jungen Mann, der da vor ihm stand. Es war Millats Gesicht, zweifellos, aber es war klarer geschnitten und wirkte etwas jünger. Die Augen waren nicht so violett, oder zumindest nicht so violent violett. Er trug das Haar locker herabhängend, wie an englischen Privatschulen üblich, und nach vorn gekämmt. Er wirkte kräftig und gesund. Marcus verstand nicht viel von Kleidung, aber er konnte zumindest sagen, dass sie gänzlich weiß war und dass der Gesamteindruck auf gute Materialien schließen ließ, gut verarbeitet und weich. Und er war attraktiv, das sah sogar Marcus. Was ihm am Byron'schen Charisma seines Bruders fehlte, das schien er ihm an Würde vorauszuhaben, mit einem kräftigeren Kinn und einer ausgeprägteren Mundpartie. Das waren jedoch alles Nadeln im Heuhaufen, es waren die Unterschiede, die einem auffielen, weil die Ähnlichkeit so verblüffend war. Sie waren Zwillinge, von den gebrochenen Nasen bis hin zu ihren übergroßen, unansehnlichen Füßen. Marcus registrierte bei sich eine ganz kleine Enttäuschung, dass dem so war. Aber vordergründige Äußerlichkeiten mal außer Acht gelassen, dachte Marcus, gab es keinen Zweifel, wem dieser Junge Magid wirklich ähnelte. Hatten sie einander nicht soeben auf einer viel tieferen, fundamentaleren Ebene erkannt? Nicht miteinander verbunden wie zwei Partnerstädte oder zwei Hälften eines wahllos gespaltenen Ovums, sondern wie die beiden Seiten einer Gleichung: logisch, wesensmäßig, unausweichlich. Wie bei Rationalisten üblich, gab Marcus angesichts dieses Mirakels seinen Rationalismus einen Moment lang auf. Diese instinktive Begegnung am Gate 32 (Magid war ohne Zögern direkt auf ihn zugeschritten), dass sie einander einfach so gefunden hatten, inmitten von mindestens fünfhundert Menschen: Wie groß war die Chance, dass so etwas passierte? Sie erschien ihm ebenso gering wie die Chance, dass ein Spermium es schafft, blind zum Ei vorzudringen. So magisch, wie die Zweiteilung dieses Eis. Magid und Marcus. Marcus und Magid.

»Ja! Magid! Endlich sehen wir uns von Angesicht zu Angesicht! Ich hab das Gefühl, dich schon zu kennen – nun ja, das tu ich ja auch, aber andererseits auch wieder nicht –, aber, Donnerwetter, woher hast du gewusst, dass ich es bin!«

Magids Gesicht erhellte sich und zeigte ein schiefes Lächeln mit sehr viel engelhaftem Charme. »Tja, Marcus, mein Bester, Sie sind der einzige Weiße hier am Gate.«

*

Die Rückkehr des Magid Mahfooz Murshed Mubtasim erschütterte die Häuser Iqbal, Jones und Chalfen in ihren Grundfesten. »Ich erkenne ihn nicht wieder«, sagte Alsana im Vertrauen zu Clara, nachdem er ein paar Tage zu Hause war. »Er ist irgendwie seltsam. Als ich ihm erzählt hab, dass Millat in Chester ist, hat er kein Wort dazu gesagt. Keine Miene verzogen. Er hat seinen Bruder *seit acht Jahren* nicht gesehen. Aber er hat nicht mal einen Pieps von sich gegeben, keinen Mucks. Samad meint, dass er kein Iqbal ist, sondern irgendein Klon. Man traut sich kaum, ihn anzufassen. Seine Zähne, die putzt er sich sechsmal am Tag. Seine Unterwäsche, die bügelt er. Man könnte genauso gut mit David Niven frühstücken.«

Joyce und Irie betrachteten den Neuankömmling mit ähnlichem Argwohn. Sie hatten den einzigen Bruder so tief und entschlossen und so viele Jahre lang geliebt, und nun plötzlich dieses neue und doch vertraute Gesicht; als würde man seine Lieblingsfernsehserie einschalten und feststellen, dass eine besonders heiß geliebte Figur heimlich durch einen Schauspieler mit ähnlicher Frisur ersetzt worden ist. In den ersten paar Wochen wussten sie einfach nicht, was sie davon halten sollten. Was Samad anging, so hätte er den Jungen am liebsten für immer und ewig versteckt, ihn unter der Treppe eingesperrt oder ihn nach Grönland verbannt. Ihm graute vor den unvermeidlichen Besuchen all seiner Verwandten (diejenigen, vor denen er sich gebrüstet hatte, all die Sippschaften, die den Altar des gerahmten Fotos angebetet hatten), wenn sie ein Auge auf diesen Iqbal den jüngeren warfen, mit seiner eleganten Kleidung und seinem Adam Smith und seinem vermaledeiten E. M. Forster und seinem Atheismus! Das einzig Positive war die Veränderung von Alsana. Der Stadtplan? *Ja*, Samad Miah, der liegt in der obersten rechten Schublade, *ja*, genau da, *ja*. Als sie das erste Mal so reagierte, hätte ihn fast der Schlag getroffen. Der Bann war gebrochen. Kein *vielleicht Samad Miah* mehr, kein *möglicherweise, Samad Miah*. Ja, ja, ja. Nein, nein, nein. Das Allereinfachste. Es war eine köstliche Erleichterung, aber es war nicht genug. Seine Söhne hatten ihn enttäuscht. Der Schmerz war kaum auszuhalten. Er schlurfte mit niedergeschlagenen Augen durchs Restaurant. Wenn Onkel und Tanten anriefen, wich er Fragen aus oder log einfach. Millat? Der ist in Birmingham und arbeitet in der Moschee, ja, erneuert seinen Glauben. Magid? Ja, der möchte bald heiraten, ja, ein sehr guter junger Mann, wünscht sich ein hübsches bengalisches Mädchen, ja, der hält die Traditionen aufrecht, ja.

Also, zuerst wurde die Unterbringung nach dem Prinzip von *Die Reise nach Jerusalem* organisiert, denn alle rückten einen Platz weiter nach rechts oder links. Millat kam Anfang Oktober wieder. Dünner, vollbärtig und still entschlossen, seinen Zwillingsbruder aus politischen, religiösen und persönlichen Gründen nicht sehen zu wollen. »Wenn Magid bleibt«, sagte Millat (diesmal De Niro), »gehe ich.« Und weil Millat dünn und müde und gehetzt aussah, sagte Samad, dass Millat bleiben könne, womit nur die Möglichkeit blieb, dass Magid zu den Chalfens zog (sehr zu Alsanas Kummer), bis eine Lösung gefunden wäre. Joshua, erbost darüber, dass ihm die elterliche Zuneigung erneut von einem Iqbal streitig gemacht wurde, zog zu den Jones, während Irie, obwohl sie vorgeblich wieder nach Hause zurückgekehrt war (unter der Bedingung eines »freien Jahres«), ihre Zeit fast ausschließlich bei den Chalfens verbrachte und Marcus' Angelegenheiten ordnete, um Geld für ihre beiden Bankkonten zu verdienen (*Amazonas-Dschungel, Sommer 1993* und *Jamaika 2000*), wobei sie häufig bis spät in die Nacht arbeitete und dann auf der Couch schlief.

»Die Kinder haben uns verlassen, sind im Ausland«, sagte Samad am Telefon so melancholisch zu Archie, dass Archie mutmaßte, Samad zitiere irgendein Gedicht. »Sie sind Fremde im fremden Land.«

»Ich würde eher sagen, die haben sich aus dem Staub gemacht«, erwiderte Archie düster. »Ich sage dir, wenn ich für jedes Mal, dass ich Irie in den letzten Monaten gesehen habe, einen Penny gekriegt hätte …«

Hätte er ungefähr zehn Pence zusammen. Sie war nie zu Hause. Irie steckte in einer Zwickmühle, wie Irland, wie Israel, wie Indien. Eine ausweglose Situation. Wenn sie zu Hause blieb, war da Joshua, der ihr wegen ihrer Arbeit für Marcus' Mäuse Vorhaltungen machte. Argumente, auf die sie nichts erwidern konnte und auch nicht wollte: *Sollten lebende Organismen patentiert werden? Ist es richtig, Pathogene in ein Tier einzupflanzen?* Irie wusste es nicht, und, mit den Instinkten ihres Vaters ausgestattet, sagte sie gar nichts mehr und blieb auf Distanz. Wenn sie aber bei den Chalfens war, wo ihre Arbeit inzwischen zum Vollzeitjob ausgeartet war, musste sie mit Magid fertig werden. Und da war die Situation wirklich unmöglich. Ihre Arbeit für Marcus, die neun Monate zuvor mit ein bisschen Ablage begonnen hatte, nahm inzwischen das Siebenfache an Zeit in Anspruch. Das öffentliche Interesse, das Marcus' Forschung neuerdings erregte, hatte zur Folge, dass sie die Anrufe der Medien entgegennahm,

Säcke voll Post bearbeitete, Termine für ihn machte. Ihre Bezahlung war zwar auf das Niveau einer Sekretärin erhöht worden, aber genau da lag das Problem. Sie war eine *Sekretärin*, während Magid ein Vertrauter, ein Lehrling und Jünger war, der Marcus auf Reisen begleitete, ihm im Labor über die Schulter schaute. Das Goldkind. Der Auserwählte. Nicht genug damit, dass er intelligent war, er war auch noch charmant. Nicht genug damit, dass er charmant war, er war auch noch großzügig. Für Marcus war er die Antwort auf seine Gebete. Er war der Junge, der die schönsten moralischen Verteidigungen ersinnen konnte, und das mit einer Professionalität, die sein jugendliches Alter Lügen strafte, der Marcus half, Argumente zu formulieren, wofür er allein nie die Geduld gefunden hätte. Magid war es, der ihn dazu ermunterte, aus seinem Labor herauszukommen, ihn an die Hand nahm, weil er blinzelnd im Sonnenlicht einer Welt stand, wo die Menschen nach ihm riefen. Die Menschen wollten Marcus und seine Maus, und Magid wusste, wie man sie ihnen gab. Wenn der *New Statesman* zweitausend Worte zu der Patentdebatte brauchte, dann schrieb Magid, während Marcus sprach, übersetzte seine Worte in elegantes Englisch, verwandelte die trockenen Aussagen eines an moralischen Debatten desinteressierten Wissenschaftlers in die glänzende Argumentationsführung eines Philosophen. Wenn die *Channel₄News* ein Interview wollten, erklärte Magid ihm, wie er sitzen, wie er die Hände bewegen, wie er den Kopf neigen sollte. Und all das von einem Jungen, der die längste Zeit seines Lebens in den Chittagong Hills verbracht hatte, ohne Fernsehen und Zeitungen. Marcus war versucht – obwohl er dieses Wort zeit seines Lebens gehasst hatte, obwohl er es nicht mehr benutzt hatte, seit sein Vater ihm dafür eine Ohrfeige verpasst hatte, als er drei war –, es als ein *Wunder* zu bezeichnen. Oder zuallermindest als einen extrem glücklichen Umstand. Der Junge veränderte sein Leben, und das war ein extrem glücklicher Umstand. Zum ersten Mal in seinem Leben war Marcus bereit, bei sich selbst Fehler einzugestehen –

kleine nur, wohlgemerkt – aber immerhin … *Fehler*. Er hatte sich zu sehr isoliert, vielleicht, vielleicht. Er hatte auf das öffentliche Interesse an seiner Arbeit aggressiv reagiert, vielleicht, vielleicht. Er sah Möglichkeiten, sich zu ändern. Und das Geniale, das Meisterhafte dabei war, dass Magid Marcus niemals auch nur einen Moment lang das Gefühl gab, der Chalfenismus würde in irgendeiner Weise beeinträchtigt. Tag für Tag äußerte er seine unsterbliche Hingabe und Bewunderung dafür. Magids einziges Ziel war es, so erklärte er Marcus, den Chalfenismus unters Volk zu bringen. Und man musste dem Volk das, was es brauchte, in einer Form geben, *die es verstehen konnte*. Die Art, wie er das sagte, hatte etwas so Feines, so Wohltuendes, so *Wahres* an sich, dass Marcus, der noch sechs Monate zuvor auf ein solches Argument gespuckt hätte, widerspruchslos einwilligte.

»Dieses Jahrhundert hat noch Platz für einen Burschen mehr«, sagte Magid zu ihm (er war einfach ein meisterhafter Schmeichler), »Freud, Einstein, Crick und Watson … Ein Platz ist noch frei, Marcus. Der Bus ist noch nicht ganz voll besetzt. Ding! Dong! *Noch ein Platz frei …*«

Und so ein Angebot kann man einfach nicht toppen. Man kann ihm nicht widerstehen. Marcus und Magid. Magid und Marcus. Alles andere war gleichgültig. Die beiden waren blind für die Verstimmungen, die sie bei Irie auslösten, oder für die weit reichenden Verschiebungen, die seltsamen seismischen Wellenbewegungen, die ihre Freundschaft bei allen anderen in Bewegung gesetzt hatte. Marcus hatte sich *zurückgezogen*, wie Mountbatten aus Indien, oder wie ein überdrüssiger Teenager aus einer Beziehung aussteigt. Er negierte jede Verantwortung für irgendwas oder irgendwen – die Chalfens, die Iqbals und die Jones – für irgendwas oder irgendwen, außer für Magid und seine Mäuse. Alle anderen waren Fanatiker. Und Irie biss sich auf die Zunge, weil Magid gut war und Magid freundlich war und Magid ganz in Weiß durchs Haus lief. Aber wie alle Manifestationen göttlicher Wiederkunft, wie alle Heiligen, Erlöser und Gurus, war Magid Iqbal auch, um es mit Neenas treffenden Worten auszudrücken, eine erstklassige, hundertprozentige, unbestreitbare, totale und vollkommene *Nervensäge*. Ein typisches Gespräch:

»Irie, ich bin verunsichert.«

»Nicht jetzt, Magid, ich telefoniere gerade.«

»Ich will deine kostbare Zeit nicht über Gebühr beanspruchen, aber es ist ziemlich dringend. Ich bin verunsichert.«

»Magid, könntest du bitte –«

»Sieh mal. Joyce hat mir netterweise diese Jeans gekauft. Die nennt sich Levi.«

»Hören Sie, könnte ich Sie zurückrufen? Ja … okay … Wiederhören. *Was*, Magid? Das war ein wichtiger Anruf. Was ist los?«

»Also, sieh mal, ich hab diese schöne amerikanische Levi-Jeans, eine weiße Jeans, die Joyce' Schwester von einer Reise nach Chicago mitgebracht hat, das übrigens *Windy City* genannt wird, obwohl ich nicht glaube, dass das dortige Klima in irgendeiner Weise ungewöhnlich ist, wenn man die Nähe zu Kanada bedenkt. Meine Chicago-Jeans. So ein aufmerksames Geschenk! Ich war ganz überwältigt, als ich es bekommen habe. Doch dann hat mich dieses Etikett auf der Innenseite verunsichert. Da steht, die Jeans sei ›shrink-to-fit‹. Und ich habe mich gefragt, was das wohl bedeuten soll: ›shrink-to-fit‹?«

»Die läuft ein, bis sie passt, Magid. Würd ich mal vermuten.«

»Aber Joyce war hellsichtig genug, sie in genau der richtigen Größe für mich zu kaufen, siehst du? A 32, 34.«

»Schon gut, Magid, will ich gar nicht sehen. Ich glaub's dir. Dann lass sie eben nicht einlaufen.«

»Das war auch meine ursprüngliche Überlegung. Doch allem Anschein nach gibt es kein spezielles Verfahren, um sie einlaufen zu lassen. Wenn man die Jeans wäscht, läuft sie eben ein.«

»Kaum zu glauben.«

»Und du wirst doch wohl zugeben, dass die Jeans in absehbarer Zeit gewaschen werden muss.«

»Magid, worauf willst du hinaus?«

»Nun, läuft sie um ein vorgegebenes Maß ein, und falls ja, um wie viel? Und falls das Maß nicht korrekt ist, könnte der Hersteller sich jede Menge Prozesse einhandeln, nicht wahr? Es wäre schließlich nicht gut, wenn die Jeans zwar einläuft, bis sie passt, aber nicht bis sie *mir* passt. Eine andere Möglichkeit, für die Jack votiert, wäre die, dass sie sich beim Einlaufen genau den Körperkonturen anpasst. Aber wie kann denn so etwas möglich sein?«

»Tja, setz dich doch mit deiner Scheißjeans einfach in eine Scheißbadewanne und warte ab, was passiert!«

Aber man konnte Magid nicht mit Worten provozieren. Er hielt einfach die andere Wange hin. Manchmal hundertmal am Tag, wie eine Schülerlotsin auf Ecstasy. Er hatte so eine Art, einen anzulächeln, weder gekränkt noch wütend, und dann den Kopf zu neigen (in exakt dem gleichen Winkel, wie sein Vater das tat, wenn er eine Bestellung für Garnelencurry aufnahm), in einer Geste der vollkommenen Vergebung. Er hatte absolute Empathie für jeden, unser Magid. Und er war eine unglaubliche Nervensäge.

»Ähm, das hab ich nicht so gemeint … Ach Scheiße. Tut mir Leid. Sieh mal … ich weiß nicht … du bist einfach so … hast du was von Millat gehört?«

»Mein Bruder hält sich von mir fern«, sagte Magid, mit derselben Miene universaler Ruhe und Vergebung. »Er drückt mir das Kainsmal auf, weil ich nicht gläubig bin. Zumindest glaube ich nicht an seinen Gott oder irgendwelche anderen mit einem Namen. Deshalb weigert er sich, mich zu treffen oder auch nur am Telefon mit mir zu sprechen.«

»Ach, weißt du was, der kriegt sich schon wieder ein. Er war schon immer ein sturer Hund.«

»Natürlich, ja, du liebst ihn«, redete Magid weiter und gab Irie keine Gelegenheit, ihm zu widersprechen. »Also kennst du seine Angewohnheiten, seine Eigenarten. Daher verstehst du sicherlich, wie empört er auf meine Konversion reagiert. Ich bin zum Leben konvertiert. Ich sehe seinen Gott an der millionsten Stelle von *Pi*, in der Beweisführung des Phaidros, in einem vollkommenen Paradox. Aber für Millat ist das nicht genug.«

Irie sah ihm direkt ins Gesicht. Da war etwas, das sie in den vergangenen vier Monaten nicht hatte benennen können, weil es durch seine Jugend, sein gutes Aussehen, seine gepflegte Kleidung und seine persönliche Hygiene überdeckt worden war. Jetzt sah sie es deutlich. Er war davon berührt – so wie Mad Mary, wie der Inder mit dem weißen Gesicht und den blauen Lippen, wie der Typ, der sein Toupet an einer Schnur mit sich herumtrug. Wie diese Leute, die durch die Straßen von Willesden gehen ohne die Absicht, sich ein Bier zu kaufen oder eine Stereoanlage zu klauen, ihr Stempelgeld abzuholen oder in eine Toreinfahrt zu pissen. Wie diejenigen, die etwas völlig anderes umtreibt. *Prophetie.* Und sie stand Magid im Gesicht geschrieben. Er wollte dir was erklären und erklären und erklären.

»Millat verlangt bedingungslose Kapitulation.«

»Klingt typisch.«

»Er will, dass ich Mitglied werde bei den Hütern des Ewigen Islamisch –«

»Ja ja, HEINTZ, die kenn ich. Dann hast du also doch mit ihm gesprochen.«

»Ich muss nicht mit ihm sprechen, um zu wissen, was er denkt. Er ist mein Zwillingsbruder. Ich möchte ihn nicht sehen. Ich brauche es nicht. Verstehst du das Wesen von Zwillingen? Verstehst du die Bedeutung des Wortes *spalten*? Oder genauer gesagt, den Doppelsinn, der –«

»Magid. Ich will nicht unhöflich sein, aber ich muss arbeiten.«

Magid verbeugte sich leicht. »Natürlich. Wenn du mich jetzt entschuldigen würdest, ich muss meine Chicago-Jeans dem Experiment unterziehen, das du vorgeschlagen hast.«

Irie knirschte mit den Zähnen, griff zum Telefon und wählte erneut die Nummer des Anrufers, den sie vorhin abgewürgt hatte.

Es war ein Journalist (mittlerweile waren es immer Journalisten), und sie musste ihm was vorlesen. Seit ihrer Abschlussprüfung hatte sie einen Crash-Kurs in Public Relations gemacht und wusste jetzt, dass es völlig sinnlos war, mit jedem einzeln zu reden. Der *Financial Times* einen speziellen Standpunkt zu verklickern und dann dem *Mirror* und dann der *Daily Mail*, das war unmöglich. Es war deren Job, nicht ihrer, sich eine Meinung zu bilden, ihre individuellen Evangelien in der riesigen Medienbibel zu verfassen. Nach eigenem Gutdünken. Reporter waren parteiisch, fanatisch, verteidigten obsessiv ihr Revier, behaupteten Tag für Tag dasselbe. So war es schon immer. Wer hätte gedacht, dass Lukas und Johannes eine so unterschiedliche Haltung zur heißesten Story des Jahrhunderts einnehmen würden, zum Tod des Herrn? Das bewies doch nur, dass man diesen Typen nicht trauen konnte. Iries Job war es also, ihnen die reinen Informationen zu liefern, jedes Mal, wortwörtlich von einem Blatt Papier, das von Marcus und Magid verfasst und an die Wand geheftet worden war.

»Alles klar«, sagte der Zeitungsmensch. »Band läuft.«

Und an dieser Stelle stolperte Irie schon über die erste PR-Hürde: Glaube an das, was du verkaufst! Nicht, dass ihr der moralische Glaube gefehlt hätte. Es ging tiefer. Sie glaubte nicht an die *physische Tatsache* der FutureMouse©. Sie glaubte nicht, dass es sie gab. FutureMouse© war inzwischen eine so gewaltige, spektakuläre *Parodie* einer Idee (in jeder Zeitungskolumne, von Journalisten analysiert – *Sollte sie patentiert werden?* Von Wissenschaftlern gerühmt – *Die größte Leistung unseres Jahrhunderts?*), dass man sich schon nicht mehr gewundert hätte, wenn diese verdammte Maus sich auf die Hinterbeine gestellt und selbst das Wort ergriffen hätte. Irie holte tief Luft. Sie hatte den Text zwar schon oft gelesen, aber er erschien ihr noch immer überspannt, absurd – Fiktion auf den Schwingen der Fantasie – mit mehr als bloß einem Schuss Surrey T. Banks darin:

PRESSEMITTEILUNG
15. Oktober 1992

Betreff: Premiere der FutureMouse©

Professor Marcus Chalfen, Autor, renommierter Wissenschaftler und führender Kopf einer Gruppe von Genforschern am St. Jude's College, beabsichtigt, sein jüngstes Projekt der Öffentlichkeit in einem größeren Rahmen vorzustellen. Dabei geht es ihm darum, mehr Verständnis für die Gentechnik zu wecken und das Interesse und finanzielle Engagement für seine Arbeit zu fördern. Das Projekt wird die Komplexität der Genmanipulation verdeutlichen und diesen oft verteufelten Bereich der biologischen Forschung entmystifizieren. Zu dem Ereignis werden eine detaillierte Ausstellung, Vorträge, ein Multimediabereich und interaktive Spiele für Kinder angeboten werden. Fördermittel werden zum Teil von der staatlichen *Millennial Science Commission* zu Verfügung gestellt, zum Teil von Sponsoren aus Industrie und Wirtschaft.

Am 31. Dezember 1992 wird eine zwei Wochen alte FutureMouse© im Londoner Perret Institute ausgestellt werden. Sie wird dort bis zum 31. Dezember 1999 für die Öffentlichkeit zugänglich sein. Diese Maus ist genetisch normal, mit Ausnahme einer ausgewählten Gruppe neuartiger Gene, die dem Genom hinzugefügt wurden. Ein DNA-Klon dieser Gene wird in das befruchtete Maus-Ovum injiziert, wodurch sie sich an die Chromosomen-DNA in der Zygote anbinden, die anschließend von den Zellen des entstehenden Embryos geerbt wird. Vor der Injektion in die Keimbahn werden die Gene so konditioniert, dass sie »angeschaltet« werden können und nur in spezifischem Mausgewebe entsprechend eines vorher bestimmbaren Zeitplanes exprimiert werden. Die Maus wird

Schauplatz eines Experiments sein, das sich mit dem Altern von Zellen beschäftigt, dem Fortschreiten von Krebs innerhalb von Zellen und einigen anderen Dingen, die im weiteren Verlauf für so manche Überraschung sorgen werden!

Der Journalist lachte. »Meine Güte. Was zum Teufel soll das denn heißen?«

»Keine Ahnung«, sagte Irie. »So manche Überraschung, vermute ich mal.«

Sie las weiter:

Die Maus wird die sieben Jahre der Ausstellungsdauer leben, etwa das Doppelte der normalen Lebenserwartung einer Maus. Die Mausentwicklung ist daher im Verhältnis zwei Jahre zu einem verzögert. Am Ende des ersten Jahres wird sich das große T-Onkogen des Virus $Sv40$, das die Maus in ihren Insulin produzierenden Pankreaszellen trägt, in Pankreaskarzinomen exprimieren, die sich im gesamten weiteren Leben der Maus mit verzögerter Geschwindigkeit weiter entwickeln. Am Ende des zweiten Jahres wird sich das Onkogen H-ras in den Hautzellen in Form von multiplen gutartigen Papillomen exprimieren, die der Betrachter drei Monate später mit bloßem Auge deutlich erkennen kann. Nach Ablauf von vier Jahren wird die Maus als Folge eines langsamen vorprogammierten Abbaus des Enzyms Tyrosinase ihre Fähigkeit verlieren, Melanin zu produzieren. Zu diesem Zeitpunkt wird die Maus ihre gesamte Pigmentierung verlieren und ein Albino werden: eine weiße Maus. Falls keine äußeren Einflüsse oder unerwartete Störungen auftreten, wird die Maus bis zum 31. Dezember 1999 leben bzw. innerhalb von einem Monat danach sterben. Das FutureMouse©-Experiment bietet der Öffentlichkeit die einzigartige Gelegenheit, ein Leben und ein Sterben gleichsam in »Nah-aufnahme« zu beobachten. Die Gelegenheit, mit eigenen Augen eine Technik zu begutachten, die möglicherweise bald den Verlauf von Krankheiten verlangsamen, den Alterungsprozess steuern und genetische Defekte beheben kann. Die FutureMouse© verkörpert sozusagen die verlockende Verheißung einer neuen Phase der Menschheitsgeschichte, wo wir nicht Opfer des Zufälligen sind, sondern vielmehr unsere Geschicke selbst lenken und steuern.

»Donnerwetter«, sagte der Journalist. »Da kriegt man es ja mit der Angst.«

»Ja, kann sein«, sagte Irie geistesabwesend (sie hatte an dem Morgen noch zehn weitere Anrufe vor sich). »Soll ich Ihnen noch etwas Fotomaterial zuschicken?«

»Ja, gerne. Dann muss ich mich nicht erst durchs Archiv wühlen. Bis dann.«

Gerade als Irie den Hörer auflegte, kam Joyce ins Zimmer gefegt wie ein Hippie-Komet, ein mächtiger Schweif aus schwarzfransigem Samt, Kaftan und zahlreichen Seidentüchern.

»Nicht telefonieren! Das hab ich dir doch schon gesagt. Wir müssen die Leitung freihalten. Könnte sein, dass Millat anruft.«

Vier Tage zuvor hatte Millat einen Psychiatertermin platzen lassen, den Joyce für ihn vereinbart hatte. Seitdem war er nicht mehr gesehen worden. Alle wussten, dass er bei HEINTZ war, und alle wussten, dass er nicht die Absicht hatte, Joyce anzurufen. Alle außer Joyce.

»Es ist einfach *lebenswichtig*, dass ich mit ihm spreche, falls er anruft. Wir stehen *so* dicht vor einem echten Durchbruch. Marjorie ist sich fast sicher, dass es ein Hyperkinetisches Syndrom ist.«

»Und wieso weißt *du* das? Ich dachte, Marjorie wäre Ärztin. Was ist, verdammt noch mal, aus der guten alten ärztlichen Schweigepflicht geworden?«

»Ach Irie, sei doch nicht albern. Sie ist auch eine *Freundin*. Sie will mich nur auf dem Laufenden halten.«

»Mittelschichtsmafia trifft es besser.«

»Also *wirklich*. Sei doch nicht so hysterisch. Du wirst von Tag zu Tag hysterischer. Bitte, die Leitung muss frei bleiben.«

»Ich weiß. Hast du schon gesagt.«

»Wenn Marjorie Recht hat und es tatsächlich HKS ist, muss er nämlich wirklich zum Arzt und braucht Methylphenidat. In dem Zustand ist er äußerst gefährdet.«

»Joyce, er muss nicht unbedingt ein Syndrom haben, er ist einfach ein Muslim. Davon gibt's eine Milliarde. Die können nicht alle HKS haben.«

Joyce keuchte leicht auf. »Das finde ich jetzt sehr grausam von dir. Genau die Art von Kommentar, die nicht gerade hilfreich ist.«

Sie stakste zum Schneidebrett, schnitt unter Tränen ein dickes Stück Käse ab und sagte: »Sieh mal. Das Allerwichtigste ist, dass ich die beiden dazu bringe, sich zu treffen. Es wird allmählich Zeit.«

Irie blickte skeptisch. »Wieso wird es Zeit?«

Joyce schob sich das Käsestück in den Mund. »Es wird Zeit, weil sie einander brauchen.«

»Aber wenn sie nicht wollen, dann wollen sie eben nicht.«

»Manchmal wissen Menschen nicht, was sie wollen. Sie wissen nicht, was sie brauchen. Diese beiden Jungen brauchen sich gegenseitig wie …« Joyce überlegte kurz. Sie hatte kein Gespür für gute Metaphern. In einem Garten pflanzte man nie etwas, wo eigentlich etwas anderes sein sollte. »Sie brauchen sich gegenseitig wie Laurel und Hardy, wie Crick Watson gebraucht hat –«

»Wie Ostpakistan Westpakistan gebraucht hat.«

»Irie, ich finde das nicht besonders komisch.«

»Ich lache auch nicht, Joyce.«

Joyce schnitt sich noch mehr Käse ab, riss zwei Stücke von einem Laib Brot und klatschte die drei Bestandteile zusammen.

»Tatsache ist, dass diese Jungen beide ernsthafte emotionale Probleme haben und dass es nicht gerade hilfreich ist, wenn Millat sich weigert, Magid zu sehen. Es regt ihn so auf. Sie sind durch ihre Religionen, ihre Kulturen getrennt worden. Stell dir mal dieses *Trauma* vor!«

Irie wünschte sich in diesem Moment, sie hätte Magid reden und reden und reden lassen. Dann hätte sie zumindest irgendwelche Informationen gehabt. Dann hätte sie zumindest irgendwas gehabt, was sie gegen Joyce verwenden konnte. Wenn man nämlich Propheten zuhört, liefern sie einem Munition. Das Wesen von Zwillingen. Die millionste Position von *Pi* (haben unendliche Zahlen einen Anfang?). Und vor allem den Doppelsinn des Wortes *spalten*. Wusste er, was schlimmer war, was traumatischer war: das Zusammenzerren oder das Auseinanderreißen?

»Joyce, wieso machst du dir nicht ausnahmsweise mal Gedanken um deine eigene Familie? Nur so zur Abwechslung. Was ist mit Josh? Wann hast du Josh das letzte Mal gesehen?«

Joyce verzog keine Miene. »Josh ist in Glastonbury.«

»Richtig. Glastonbury, das war vor über zwei Monaten, Joyce.«

»Er reist ein bisschen rum. Er hat vorher gesagt, dass er das vielleicht machen würde.«

»Und mit wem ist er zusammen? Du weißt absolut *nichts* über diese Leute. Wieso machst du dir nicht mal darüber Gedanken und hältst dich verdammt noch mal aus dem Leben anderer raus?«

Joyce zuckte nicht mal mit der Wimper. Es ist schwer zu erklären, wie sehr Joyce es inzwischen gewohnt war, von Teenagern angeherrscht zu werden; sie bekam in letzter Zeit von ihren eigenen Kindern und von denen anderer Leute so regelmäßig eins auf den Deckel, dass ihr ein Fluch oder ein schneidender Kommentar einfach nichts mehr ausmachte. Sie rupfte sie einfach aus, wie Unkraut.

»Der Grund, warum ich mir keine Sorgen um Josh mache, und das weißt du ganz genau«, sagte Joyce mit breitem Lächeln und in ihrer Chalfen'sche-Anleitung-zur-Kindererziehung-Stimme, »ist der, dass er bloß ein bisschen Aufmerksamkeit bekommen will. Genau wie du in diesem Moment. Es ist ganz natürlich, dass wohlerzogene Mittelschichtskinder wie er in seinem Alter über die Stränge schlagen.« (Anders als viele andere in dieser Zeit hatte Joyce keine Hemmungen, den Ausdruck »Mittelschicht« zu verwenden. Im Sprachschatz der Chalfens waren die Angehörigen der Mittelschicht die Kinder der Aufklärung, die Begründer des Wohlfahrtsstaates, die intellektuelle Elite und die Quelle aller Kultur. Woher sie diese Vorstellung hatten, ist schwer zu sagen.) »Aber sie kommen bald wieder zurück in den Schoß der Familie. Bei Joshua bin ich mir da ganz sicher. Er rebelliert zur Zeit einfach gegen seinen Vater, und das geht wieder vorbei. Aber Magid hat ein paar echte Probleme. Ich hab mich damit beschäftigt, Irie. Und es gibt einfach so viele *Anzeichen*. Ich kann sie deuten.«

»Tja, dann hast du sie bestimmt fehlgedeutet«, schoss Irie zurück, weil sie genau spürte, dass eine Schlacht sich anbahnte. »Magid geht es gut. Ich hab gerade noch mit ihm geredet. Er ist ein Zen-Meister. Verdammt, er ist das abgeklärteste Individuum, das ich in meinem ganzen Leben kennen gelernt habe. Er arbeitet mit Marcus, und genau das möchte er tun, und er ist *glücklich*. Wie wär's mal mit ein bisschen Nichteinmischungspolitik? Ein bisschen Laisser-faire? Magid geht's *gut*.«

»Irie, Schätzchen«, sagte Joyce, bugsierte Irie einen Stuhl weiter und bezog neben dem Telefon Stellung. »Was du nie begreifen wirst, ist, dass Menschen *extrem* sind. Wie wunderbar, wenn alle so wären wie dein Vater, der sich so normal wie eh und je verhält, selbst wenn ihm das Dach über dem Kopf zusammenbricht. Aber viele Menschen sind nicht so. Magid und Millat zeigen ein extremes Verhalten. Dein Laisser-faire und die neunmalklugen Bemerkungen klingen ja ganz schön, aber Fakt ist nun mal, dass Millat dabei ist, sich mit diesen fundamentalistischen Leuten furchtbaren Ärger einzuhandeln. Furchtbaren Ärger. Ich kann kaum schlafen vor lauter Sorge um ihn. Man liest ja schließlich genug über solche Gruppen in den Zeitungen … Und das bedeutet für Magid eine schreckliche psychische Belastung. Soll ich mich da gemütlich zurücklehnen und zusehen, wie sie sich zerfleischen, bloß weil ihre Eltern – nein, ich spreche das jetzt aus, weil es wahr ist –, bloß weil es ihre Eltern nicht die Bohne interessiert? Mir ist es immer nur um das Wohl dieser Jungen gegangen. Das müsstest du eigentlich am besten wissen. Sie brauchen Hilfe. Gerade bin ich am Badezimmer vorbeigekommen, und da sitzt Magid in der Wanne, mit seiner Jeans an. *Jawohl.* Alles klar? Also«, sagte Joyce in aller Seelenruhe, »ich würde doch meinen, dass ich ein traumatisiertes Kind erkenne, wenn ich eins sehe.«

17
KRISENGESPRÄCHE UND
FÜNF-VOR-ZWÖLF-TAKTIKEN

Mrs. Iqbal? Ich bin es, Joyce Chalfen. Mrs. Iqbal? Ich kann Sie ganz deutlich sehen. Ich bin's, Joyce. Ich denke wirklich, wir sollten mal miteinander reden. Könnten Sie … ähm … die Tür öffnen?«

Ja, sie könnte. *Theoretisch* könnte sie. Aber in dieser extremen Atmosphäre, mit Söhnen, die sich befehdeten, und unversöhnlichen Parteien, brauchte Alsana eine eigene Taktik. Sie hatte es mit Schweigen probiert und Wortattacken und exzessiver Nahrungsaufnahme (das Gegenteil eines Hungerstreiks; man wird dicker, um den Feind einzuschüchtern), und jetzt versuchte sie den Sitzprotest.

»Mrs. Iqbal … geben Sie mir nur fünf Minuten. Magid ist wirklich fix und fertig wegen der ganzen Sache. Er macht sich Sorgen wegen Millat, und ich auch. Nur fünf Minuten, Mrs. Iqbal, bitte.«

Alsana erhob sich nicht von ihrem Stuhl. Sie nähte einfach weiter an dem Saum entlang, hielt den Blick auf den schwarzen Faden gerichtet, der von einem Rädchen zum nächsten surrte und dann im PVC verschwand, trat wie besessen auf das Pedal der Singer-Maschine, als träte sie einem Pferd in die Flanken, auf dem sie in den Sonnenuntergang davonreiten wollte.

»Nun lass sie schon rein«, sagte Samad müde. Er kam aus dem Wohnzimmer, wo Joyce ihn mit ihrer Hartnäckigkeit beim Genuss der *Antiques Roadshow* gestört hatte. (Abgesehen von *Der Equalizer*, mit der großen moralischen Vorbildfigur Edward Woodward, war das Samads Lieblingssendung. Fünfzehn lange Fernsehzuschauerjahre wartete er nun schon darauf, dass irgendeine Cockney-Hausfrau ein Andenken an Mangal Pande aus ihrer Handtasche zog. *Oh, Mrs. Winterbottom, nein wie aufregend. Wir haben hier einen Lauf von der Muskete, die einmal im Besitz von …* Er saß da, mit dem Telefon unter der rechten Hand, um in dem Fall, dass sich dergleichen ereignete, sofort die BBC anrufen und sich nach der Adresse von besagter Mrs. Winterbottom und dem Mindestgebot erkundigen zu können. Bislang nichts als Orden aus der Zeit der Großen Meuterei und eine Taschenuhr, die einmal Havelock gehört hatte, aber er sah sich die Sendung immer noch an.)

Er spähte den Flur hinunter auf die schattenhafte Gestalt von Joyce hinter der Scheibe und kratzte sich traurig die Hoden. Samad war in seinem Fernsehoutfit: grellbunter Pullover mit V-Ausschnitt, darunter ein vorquellender Bauch wie eine pralle Wärmflasche, langer mottenzerfressener Bademantel und ein paar Paisley-Boxershorts, aus denen zwei Streichholzbeine, das Erbe seiner Jugend, ragten. In seinem Fernsehoutfit entzog sich ihm jede Form von Aktivität. Der Kasten in der Ecke des Zimmers (den er gern als eine Art Antiquität betrachtete, von Holz umschlossen und auf vier Beinen wie ein viktorianischer Automat) sog ihn ein und zapfte ihm alle Energie ab.

»Na los, tu irgendwas, Mr. Iqbal. Sorg dafür, dass sie wieder geht. Steh nicht bloß rum, mit deinem Schwabbelbauch und deinem kleinen Pimmel aus der Hose.«

Samad brummte und packte die Ursache all seiner Unbilden, zwei große haarige Hoden und einen besiegt aussehenden, schlaffen Schwanz, zurück in seine Shorts.

»Die geht bestimmt nicht«, murmelte er. »Und wenn doch, dann nur, um Verstärkung zu holen.«

»Aber wieso? Hat sie nicht schon genug Ärger gemacht?«, sagte Alsana laut, laut genug für Joyce. »Sie hat schließlich ihre eigene Familie, oder? Wieso geht sie nicht nach Hause und macht zur Abwechslung mal die kaputt? Sie hat Jungen, vier Jungen? Wie viele Jungen will sie denn? Wie viele, zum Donnerwetter?«

Samad zuckte die Achseln, ging zur Küchenschublade und fischte den Kopfhörer heraus, den er am Fernseher einstöpseln konnte, um die Außenwelt auszuschalten. Er hatte sich, wie Marcus, abgekoppelt. *Lass sie*, war sein Gefühl. Lass sie ihre Schlachten alleine schlagen.

»Oh, *vielen Dank*«, sagte Alsana beißend, als ihr Mann sich wieder zu seiner *Antiques Roadshow* zurückzog. »Vielen Dank, Samad Miah, für deine ach so wertvolle Unterstützung. Typisch Mann. Erst das Chaos anrichten, das Jahrhundert geht seinem Ende entgegen, und es dann den Frauen überlassen, die Scheiße wegzumachen. Ich danke dir, Gatte!«

Sie erhöhte die Nähgeschwindigkeit, ratterte den Saum hinunter, arbeitet sich am Innenbein entlang, während die Sphinx des Briefschlitzes weiter ihre unbeantwortbaren Fragen stellte.

»Mrs. Iqbal … bitte, können wir miteinander reden? Gibt es irgendeinen Grund, warum wir nicht miteinander reden sollten? *Müssen* wir uns denn wie Kinder aufführen?«

Alsana begann zu singen.

»Mrs. Iqbal? *Bitte*. Das führt doch zu nichts.«

Alsana sang lauter.

»Ich muss Ihnen sagen«, tönte Joyce durchdringend wie immer, selbst durch dickes Holz und eine Doppelglasscheibe hindurch, »ich bin nicht hier, weil es mir Spaß macht. Ob es Ihnen nun passt oder nicht, ich bin in diese Geschichte involviert, verstehen Sie? Das *bin* ich nun mal.«

Involviert. Das war zumindest das richtige Wort, dachte Alsana, als sie ihren Fuß vom Pedal nahm und das Rad ein paar Mal kreisen ließ, bevor es quietschend anhielt. Manchmal hörte man hier in diesem Land, besonders an Bushaltestellen und in Nachmittagstalkshows, dass Leute sagten, sie seien *emotional involviert*, im Sinne von »wir sind verliebt«, als wäre das ein wundervoller Zustand, als ob man ihn sich aussuchte und genoss. Alsana hatte das nie so empfunden. *Verliebt*, das geschah über einen langen Zeitraum hinweg, zog dich hinab wie Treibsand. *Verliebt*, das hatte die mondgesichtige Alsana und den gut aussehenden Samad Miah ereilt, eine Woche nachdem sie in Delhi in ein Frühstückszimmer geschubst worden waren und man ihnen mitgeteilt hatte, dass sie heiraten würden. *Verliebt*, das war das Ergebnis, als Clara Bowden und Archie Jones sich unten an irgendeiner Treppe kennen lernten. *Verliebt*, das hatte ein Mädchen namens Ambrosia und einen Jungen namens Charlie (ja, Clara hatte ihr diese traurige Geschichte erzählt) in dem Augenblick erfasst, als sie sich in der Vorratskammer eines Gästehauses küssten. Emotional involviert, verliebt sein, ist weder gut noch schlecht. Es ist bloß eine notwendige Folge des Lebens, eine Folge von Beruf und Immigration, von Imperien und Expansion, von dem Zusammenleben auf engstem Raume, da verliebt sich irgendwer, und es ist ein langer und beschwerlicher Weg zurück zum Nichtverliebtsein. Und die Frau hatte Recht, man tat es nicht, weil es Spaß machte. So kurz vor Ende dieses Jahrhunderts geschah nichts mehr einfach nur aus Spaß. Alsana war nicht blind, wenn es um die *Condition moderne* ging. Sie guckte sich Talkshows an, den ganzen Tag guckte sie sich Talkshows an – *Meine Frau hat mit meinem Bruder geschlafen; meine Mutter mischt sich dauernd in das Leben meines Freundes ein* –, und wer auch immer ins Mikrofon sprach, ob nun der Braun-gebrannte-Mann-mit-weißen-Zähnen oder das Verstörte-Ehepaar, alle stellten sie die immer gleichen törichten Fragen: *Aber wieso haben Sie das Bedürfnis…?* Falsch! Alsana musste es ihnen in den Bildschirm hinein erklären. Du Blödmann; sie *möchten* das nicht, sie *wollen* das nicht – sie sind bloß involviert, verstehst du? Sie gehen REIN und verfangen sich zwischen den Drehtürflügeln dieser beiden *Vs. Involviert*. Die Jahre vergehen, und der Schlamassel wird immer größer, und so sieht's aus. Dein Bruder schläft mit der Cousine zweiten Grades der Nichte meiner Exfrau. *Involviert*. Bloß eine abgedroschene, unvermeidliche Tatsache. Die Art, wie Joyce es aussprach, dieses *involviert* – ermattet, ein wenig bissig –, weckte bei Alsana die Vermutung, dass das Wort für die Frau da draußen dasselbe bedeutete wie für sie. Ein riesiges Netz, das man webt, um sich selbst darin zu verfangen.

»Okay, okay, Lady, aber nur fünf Minuten. Ich muss heute Morgen drei Hosenanzüge fertig kriegen, komme, was da wolle.«

Alsana öffnete die Tür, und Joyce trat in die Diele, und einen Moment taxierten sich die Gegnerinnen, schätzten das Gewicht der anderen, wie nervöse Preisboxer, bevor sie auf die Wettkampfwaagen steigen. Sie waren einander eindeutig gewachsen. Was Joyce im Brustbereich fehlte, machte sie im Gesäßbereich wett. Wenn Alsana mit ihren zarten Gesichtszügen eine Schwäche erkennen ließ – eine schmale, hübsche Nase, feine Brauen –, so kompensierte sie das Manko mit ihren massigen Oberarmen, den Grübchen mütterlicher Macht. Denn schließlich war sie hier die Mutter. Die Mutter der Jungen, um die es ging. Sie hatte den Trumpf in der Hand, sollte sie gezwungen sein, ihn auszuspielen.

»Okay, also«, sagte Alsana, zwängte sich durch die enge Küchentür und winkte Joyce, ihr zu folgen.

»Tee oder Kaffee?«

»Tee«, sagte Joyce entschlossen. »Wenn möglich Früchtetee.«

»Früchtetee ist nicht möglich. Nicht mal Earl Grey ist möglich. Ich komme aus dem Reich des Tees, und in diesem gotterbärmlichen Land kann ich mir noch nicht mal eine ordentliche Tasse Tee leisten. PG Tipps ist möglich, und sonst nichts.«

Joyce zuckte zusammen. »Dann bitte PG Tipps.«

»Wie Sie möchten.«

Die Tasse Tee, die wenige Minuten später vor Joyce auf den Tisch geknallt wurde, war gräulich, mit einem schaumigen Rand und Tausenden von winzigen Mikroben darin, allerdings weniger »mikro«, als einem lieb gewesen wäre. Alsana ließ Joyce einen Moment Zeit zur Betrachtung.

»Lassen Sie ihn einfach eine Weile stehen«, erklärte sie heiter. »Mein Mann hat eine Wasserleitung beschädigt, als er einen Graben für ein paar Zwiebeln angelegt hat. Seitdem ist unser Wasser ein bisschen seltsam. Kann sein, dass sie Durchfall davon kriegen, vielleicht aber auch nicht. Aber wenn man ihn etwas stehen lässt, wird er klarer. Sehen Sie?« Alsana rührte ihn einmal halbherzig durch, so dass noch größere Brocken unbekannten Ursprungs an die Oberfläche blubberten. »Sehen Sie? Das würde selbst Schah Jahan munden!«

Joyce nahm zögernd ein Schlückchen und schob die Tasse dann beiseite.

»Mrs. Iqbal, ich weiß, dass wir uns in der Vergangenheit nicht gerade gut verstanden haben, aber –«

»Mrs. Chalfen«, sagte Alsana, ihren langen Zeigefinger hebend, um Joyce zum Schweigen zu bringen. »Es gibt zwei Regeln, die jeder kennt, vom Premierminister bis zum Rikschaburschen. Die erste ist, lass nie zu, dass dein Land eine Handelsniederlassung wird. Sehr wichtig. Wenn meine Vorfahren diesen Rat beherzigt hätten, wäre meine derzeitige Situation völlig anders, aber so ist das Leben. Die zweite lautet: Misch dich nicht in die Familienangelegenheiten anderer Leute ein. Milch?«

»Nein, nein, danke. Ein bisschen Zucker …«

Alsana kippte einen gehäuften Teelöffel in Joyce' Tasse.

»Finden Sie, dass ich mich einmische?«

»Ich finde, Sie haben sich schon eingemischt.«

»Aber ich möchte doch nur, dass die Zwillinge sich mal treffen.«

»Der Grund dafür, dass sie sich nicht treffen wollen, sind Sie.«

»Aber Magid wohnt doch nur bei uns, weil Millat nicht mit ihm zusammen hier wohnen will. Und Magid hat mir erzählt, dass Ihr Mann ihn kaum in seiner Nähe ertragen kann.«

Alsana, aufbrausend, wie sie war, ging an die Decke. »Und *wieso* kann er das nicht? Weil *Sie*, Sie und Ihr Mann Magid in etwas involviert haben, das unserer Kultur, unseren Überzeugungen so zuwiderläuft, dass wir ihn kaum wieder erkennen! Das ist euer Werk! Jetzt ist er mit seinem Bruder zerstritten. Ein unmöglicher Konflikt! Und diese Mistkerle mit ihren grünen Fliegen: Bei denen ist Millat jetzt ein hohes Tier. Sehr involviert. Er erzählt mir zwar nichts, aber ich höre so einiges. Die nennen sich Jünger des Islam, aber sie sind nichts anderes als eine Bande von Gaunern, die Kilburn unsicher machen, wie all die anderen Spinner. Und jetzt verteilen sie auch noch diese – wie nennt man die – Schmierblätter.«

»Flugblätter?«

»*Flugblätter*. Flugblätter über Ihren Mann und seine gottlose Maus. Da braut sich was zusammen, jawohl! Ich hab sie gefunden, Hunderte, unter seinem Bett.« Alsana stand auf, zog einen Schlüssel aus ihrer Schürzentasche und öffnete einen Küchenschrank voller grüner Flugblätter, die sich auf den Boden ergossen. »Er ist schon wieder verschwunden, seit drei Tagen. Ich muss sie zurücklegen, bevor er merkt, dass sie weg sind. Nehmen Sie sich ruhig welche, Lady, los, nehmen Sie die mit und lesen Sie die Magid vor. Zeigen Sie *ihm*, was Sie getan haben. Zwei Jungen an entgegengesetzte Enden der Welt getrieben. *Sie* haben diesen Krieg zwischen meinen Söhnen ausgelöst. *Sie* reißen die beiden auseinander!«

Eine Minute zuvor hatte Millat ganz leise den Schlüssel in die Haustür gesteckt. Seitdem stand er im Flur, lauschte dem Gespräch und rauchte eine Zigarette. Es war toll! Es war, als belauschte er zwei dicke italienische Matriarchinnen aus feindlichen Clans beim Schlagabtausch. Millat liebte Clans. Er war Mitglied bei HEINTZ geworden, weil er Clans liebte (und die Klamotten und die Fliege), und er liebte sich bekriegende Clans. Marjorie die Analytikerin vermutete, dass sein Wunsch, einem Clan anzugehören, daher rührte, dass er de facto ein halber Zwilling war. Marjorie die Analytikerin vermutete, dass Millats religiöse Erweckung eher aus einem Bedürfnis nach Zugehörigkeit zu einer Gruppe erwuchs als aus irgendeinem intellektuell formulierbaren Glauben an die Existenz eines allmächtigen Schöpfergottes. Vielleicht. *Egal*. Von ihm aus konnte man das bis in alle Ewigkeit analysieren, aber es gab einfach nichts Tolleres, als ganz in Schwarz gekleidet zu sein, eine Fluppe zu rauchen und zwei Mamas zuzuhören, die sich opernmäßig um dich fetzten:

»Sie behaupten, Sie wollen meinen Jungs helfen, aber Sie haben bloß einen Keil zwischen sie getrieben. Jetzt ist es zu spät. Ich hab meine Familie verloren. Gehen Sie doch nach Hause zu Ihrer und lassen uns in Frieden?«

»Meinen Sie, bei mir zu Hause wäre alles eitel Freud und Sonnenschein? Auch meine Familie ist zerstritten. Joshua spricht nicht mehr mit Marcus. Wussten Sie das schon? Und die beiden hatten ein so enges Verhältnis ...« Joyce sah ein bisschen weinerlich aus, und Alsana reichte ihr widerwillig die Rolle mit dem Küchenpapier. »Ich will doch nur uns *allen* helfen. Und der beste Anfang wäre der, Magid und Millat dazu zu bringen, miteinander zu reden, bevor die Sache noch weiter eskaliert. Ich denke, da sind wir uns beide einig. Wenn wir einen neutralen Boden finden könnten, einen Ort, wo die beiden keinem Druck oder irgendwelchen Einflüssen von außen ausgesetzt wären ...«

»Aber es gibt keine neutralen Orte mehr! Ich finde auch, dass sie sich treffen sollten, aber wo und wie? Sie und Ihr Mann haben das alles unmöglich gemacht.«

»Mrs. Iqbal, bei allem Respekt, die Probleme in Ihrer Familie haben angefangen, lange bevor mein Mann oder ich irgendwie darin verwickelt wurden.«

»Vielleicht, vielleicht, Mrs. Chalfen, aber Sie sind das Salz in der Wunde, ja? Sie sind in der scharfen Sauce die eine Chilischote zu viel.«

Millat hörte, wie Joyce scharf einatmete.

»Noch mal, bei allem Respekt, ich glaube einfach nicht, dass dem so ist. Ich denke, bei Ihnen in der Familie läuft schon ganz lange allerhand schief. Millat hat mir erzählt, dass Sie vor einigen Jahren alle seine Sachen verbrannt haben. Ich meine, das ist bloß ein Beispiel, aber ich glaube nicht, dass Sie begreifen, was das bei Millat für ein *Trauma* verursacht hat. Er ist sehr *verstört*.«

»Ach, jetzt spielen wir wohl ›wie du mir, so ich dir‹. Verstehe. Und ich soll an allem schuld sein. Es geht Sie zwar nichts an, aber ich hab seine Sachen verbrannt, weil ich ihm eine Lektion erteilen wollte – das Leben anderer Menschen zu achten!«

»Eine ziemlich seltsame Art, das zu demonstrieren, wenn ich so sagen darf.«

»Das dürfen Sie nicht! Das dürfen Sie nicht! Was wissen Sie denn schon?«

»Nur das, was ich sehe. Und ich sehe, dass Millat viele psychische Narben trägt. Sie wissen das vielleicht nicht, aber ich habe Millat Therapiestunden bei meiner Analytikerin ermöglicht. Und ich kann Ihnen sagen, Millats Innenleben – sein Karma, wie man wohl auf Bengali sagt –, die ganze *Welt* seines Unterbewusstseins zeigt schwere Krankheitssymptome.«

Tatsächlich lag das Problem mit Millats Unbewusstem (und er brauchte keine Marjorie, um ihm das zu sagen) darin, dass er praktisch zweigeteilt war. Einerseits gab er sich wirklich redlich Mühe, so zu leben, wie Hifan und die anderen es verlangten. Das beinhaltete, vier Hauptpunkte in den Kopf zu bekommen.

1. In seinen Lebensgewohnheiten asketisch zu werden (weniger Saufen, weniger Kiffen, weniger Frauen).

2. Stets den Ruhm Mohammeds (Friede sei mit Ihm!) und die Allmacht des Schöpfers im Sinn zu haben.

3. HEINTZ und den Koran intellektuell voll zu erfassen.

4. Sich von der Verderbtheit des Westens zu reinigen.

Er wusste, dass er HEINTZ' großes Experiment war, und er wollte wirklich sein Bestes tun. Auf den ersten drei Gebieten hielt er sich gut. Er rauchte hier und da mal eine und gönnte sich gelegentlich ein Guinness (mehr kann man nicht verlangen), aber er war sehr erfolgreich, was das böse Gras und die Versuchungen des Fleisches anbelangte. Er traf sich nicht mehr mit Alexandra Andrusier, Polly Houghton oder Rosie Dew (obwohl er ganz selten mal Tanya Chapman-Jones besuchte, eine sehr kleine Rothaarige, die Verständnis für die delikate Natur seines Dilemmas hatte und bereit war, ihm einen zu blasen, ohne dass Millat sie auch nur anfassen musste. Es war ein für beide Seiten vorteilhaftes Arrangement. Sie war die Tochter eines Richters und genoss es, den alten Sack zu schockieren, und Millat brauchte die Ejakulation, ohne dass er selber dabei aktiv wurde.) Was die Glaubensinhalte anging, da fand er, dass Mohammed (Friede sei mit Ihm!) ein klasse Typ war, ein Superkerl, und der Schöpfer erfüllte ihn mit Ehrfurcht – im ursprünglichen Sinne des Wortes: Angst, Schrecken, richtiges Muffensausen – und Hifan meinte, das wäre korrekt, genauso müsste es auch sein. Er hatte die Idee begriffen, dass seine Religion nicht auf Glauben basierte – nicht wie bei den Christen, Juden u.a. –, sondern dass sie von den klügsten Köpfen intellektuell bewiesen werden konnte. Er begriff die *Idee*. Aber leider war Millat weit davon entfernt, einen der klügsten Köpfe sein Eigen zu nennen, geschweige denn einen vernünftigen Kopf; intellektuelle Beweisführung oder Widerlegung war ihm zu hoch. Trotzdem hatte er verstanden, dass es jämmerlich war, sich nur auf den Glauben zu verlassen, wie sein eigener Vater das tat. Und keiner konnte behaupten, dass er sich der Sache nicht hundertprozentig hingab. Das schien HEINTZ zu genügen. Mit seiner wahren Stärke waren sie mehr als zufrieden, und die bestand darin, den Inhalt zu *verkaufen*. Zu *präsentieren*. Wenn zum Beispiel eine nervös wirkende Frau an den HEINTZ-Stand in der Willesden-Bibliothek trat und sich nach dem Glauben erkundigte, lehnte Millat sich über den Tisch, nahm ihre Hand und sagte: *Nicht Glaube, Schwester. Wir haben hier nichts mit Glaube zu tun. Wenn du fünf Minuten mit Bruder Rakesh verbringst, wird er dir die Existenz des Schöpfers intellektuell beweisen. Der Koran ist ein wissenschaftlicher Text, ein Dokument des rationalen Denkens. Nimm dir fünf Minuten Zeit, Schwester, wenn dich deine Zukunft jenseits dieser Erde interessiert.* Und zum krönenden Abschluss konnte er ihr meist auch noch ein paar Kassetten verkaufen (*Ideologische Kriegsführung* oder *Stürmt die Universitäten*), zwei Pfund pro Stück. Oder sogar etwas von ihrer Literatur, wenn er in Topform war. Jeder bei HEINTZ war mächtig beeindruckt. So weit, so gut. Und was HEINTZ' unorthodoxeren Projekte mit direkten Aktionen anging, da war Millat immer mit dabei, er war ihr größtes Plus, er war an vorderster Front, der Erste, der sich in die Schlacht stürzte, wenn zum Dschihad aufgerufen wurde, wahnsinnig cool, wenn's brenzlig wurde, ein Mann der Tat, wie Brando, wie Pacino, wie Liotta. Doch noch während Millat voller Stolz im Hausflur seiner Mutter darüber nachdachte, sank sein Mut. Denn genau da lag das Problem. Nummer vier. Sich vom Westen reinigen.

Er wusste, er wusste genau, das beste Beispiel für den *todgeweihten, dekadenten, degenerierten, sexbesessenen, gewaltverherrlichenden Zustand der westlichen kapitalistischen Kultur und die sich daraus logisch ergebende obsessive Fixierung auf persönliche Freiheiten* (Broschüre: *Auswege aus dem Westen*) war wohl das Hollywood-Kino. Und er wusste auch (wie oft hatte er das mit Hifan schon durchgekaut?), dass der »Gangster«-Film, das Mafia-Genre, überhaupt das allerschlimmste Beispiel war. Und doch … gerade dem zu entsagen war am *allerschwersten*. Er würde jeden Joint, den er je geraucht hatte, und jede Frau, die er je gevögelt hatte, für die Filme hergeben, die seine Mutter verbrannt hatte, oder auch nur für die paar, die er in letzter Zeit gekauft hatte und von Hifan konfisziert worden waren. Er hatte seine Mitgliedskarte von *Rocky Video* zerrissen und den Iqbal-Videorecorder weggeschmissen, um sich nicht der unmittelbaren Verlockung auszusetzen, aber war es denn sein Fehler, dass Channel 4 eine ganze Serie von De Niro-Filmen brachte? Konnte er was dafür, wenn Tony Bennetts »Rags to Riches« aus einer Boutique schwebte und in seine Seele drang? Es war sein verschämtestes Geheimnis, dass ihm, immer wenn er eine Tür öffnete – eine Autotür, eine Kofferraumklappe, die Tür zum HEINTZ-Versammlungssaal oder die Tür seines eigenen Hauses wie vorhin –, der Anfang von *GoodFellas* durch den Kopf ging und er diesen Satz hörte, der sich in seinem, wie er vermutete, Unterbewussten wiegte:

> *Solang ich denken kann,*
> *wollte ich schon immer Gangster werden.*

Er sah ihn sogar genau so, in diesem Schrifttyp, wie auf dem Filmplakat. Und wenn es ihm wieder mal passierte, ging er verzweifelt dagegen an, versuchte er, es zu unterdrücken, aber in Millats Kopf herrschte ein ziemliches Chaos, und so kam es meistens, wie es kommen musste: er stieß die Tür auf, den Kopf hoch, die Schultern nach vorn, Liotta-mäßig, und dachte:

> *Solang ich denken kann,*
> *wollte ich schon immer Muslim werden.*

Er wusste irgendwie, dass das *schlecht* war, aber er konnte nichts dagegen machen. Er hatte immer ein weißes Taschentuch in der Brusttasche, hatte immer zwei Würfel dabei, obwohl er keine Ahnung hatte, wie man amerikanisches *Craps* richtig spielte, er liebte lange Kamelhaarjacken, und er konnte fantastische Linguini mit Meeresfrüchten kochen, war aber völlig überfordert, wenn es um ein Lamm-Curry ging. Das war alles haram, und er wusste es.

Am schlimmsten war dieser Zorn in ihm. Nicht der gerechte Zorn eines gottesfürchtigen Mannes, sondern der brodelnde, brutale Zorn eines Gangsters, eines jugendlichen Kriminellen, der entschlossen ist, sich zu beweisen, entschlossen, die Führung des Clans zu übernehmen, entschlossen, alle anderen zu schlagen. Und wenn das Spiel Gott war, wenn das Spiel ein Kampf gegen den Westen war, gegen die Anmaßungen westlicher Wissenschaft, gegen seinen Bruder oder Marcus Chalfen, war er entschlossen, es zu gewinnen. Millat drückte seine Zigarette am Treppengeländer aus. Es nervte ihn, dass das keine frommen Gedanken waren. Aber sie lagen doch immerhin irgendwie in der richtigen Richtung, oder? Er hatte die Grundlagen gemeistert, oder? Sauberes Leben, Beten (fünfmal täglich, ohne zu schludern), Fasten, Arbeiten für die Sache, Verbreiten der Botschaft? Und das reichte doch, oder? Vielleicht. *Egal*. So oder so, es gab kein Zurück mehr. Okay, er würde sich mit Magid treffen, er würde sich mit ihm treffen, sie würden sich kräftig zoffen, er würde als der Stärkere daraus hervorgehen. Er würde seinen Bruder *eine kleine Ka-ker-lake* nennen und nach diesem Zusammentreffen sogar noch fester entschlossen sein, seine Bestimmung zu erfüllen. Millat rückte seine grüne Fliege gerade, beugte sich nach vorne wie Liotta (bedrohlich und charmant zugleich) und stieß die Küchentür auf (*Solang ich denken kann …*), wartete darauf, dass sich zwei Augenpaare wie zwei Kameras von Scorsese auf sein Gesicht schwenkten und sich scharf stellten.

»Millat!«

»Amma.«

»Millat!«

»Joyce.«

(*Na toll, super, da kennen wir uns also alle*, ging Millats innerer Monolog weiter, diesmal mit Paul Sorvinos Stimme, *So, und jetzt zur Sache bitte*.)

*

»Alles klar, Gentlemen. Kein Grund zur Beunruhigung. Das ist nur mein Sohn. Magid, Mickey. Mickey, Magid.«

Wieder mal O'Connell's. Weil Alsana Joyce' Argumenten letztlich zugestimmt hatte, sich aber nicht die Hände schmutzig machen wollte. Stattdessen hatte sie von Samad verlangt, dass er Magid »irgendwohin« einlud und versuchte, ihn zu einem Treffen mit Millat zu überreden. Aber das einzige »irgendwohin«, das Samad kannte, war das O'Connell's, und die Aussicht, seinen Sohn dorthin mitzunehmen, war abschreckend. Er und seine Frau hatten einen ordentlichen Ringkampf im Garten, um diesen Punkt zu klären, und er war sich seines Erfolges ziemlich sicher, bis Alsana ihm zum Schein ein Bein stellte, um ihn dann in den Schwitzkasten zu nehmen, bevor sie ihm das Knie in den Schritt rammte. Und so war er also hier: im O'Connell's, und die Wahl war so schlecht, wie er befürchtet hatte. Als er, Archie und Magid hereinkamen, um einen möglichst unauffälligen Auftritt bemüht, machte sich sowohl beim Personal als auch unter den Gästen deutliche Irritation breit. Der letzte Fremde, den Arch und Sam mitgebracht hatten, war, soweit sich irgendjemand erinnerte, Samads Steuerberater gewesen, ein kleiner, rattengesichtiger Mann, der versucht hatte, mit den Leuten über ihre Ersparnisse zu reden (als ob die Leute im O'Connell's Ersparnisse hätten!), und nicht nur einmal, sondern zweimal Blutwurst bestellt hatte, obwohl man ihm erklärt hatte, dass kein Schweinefleisch serviert wurde. Das war etwa 1987 gewesen, und keinem hatte es Spaß gemacht. Und was sollte das jetzt? Gerade mal fünf Jahre später, und da kommt schon wieder einer, diesmal ganz in Weiß gekleidet – beleidigend sauber für einen Freitagabend im O'Connell's – und weit unter dem unausgesprochenen Mindestalter (sechsunddreißig). Was hatte Samad bloß vor?

»Was haste eigentlich vor mit uns, Sammy?«, fragte Johnny, ein traurig aussehender, spindeldürrer Protestant aus Nordirland, der sich über die Warmhalteplatte beugte, um seine Portion Kartoffeln mit Kohl abzuholen. »Uns überrennen, oder was?«

»Wer is'n der?«, wollte Denzel wissen, der noch nicht gestorben war.

»Dein bekloppter Junge?«, fragte Clarence, der durch Gottes Gnade ebenfalls noch unter den Lebenden weilte.

»Alles klar, Gentlemen. Kein Grund zur Beunruhigung. Das ist nur mein Sohn. Magid, Mickey. Mickey, Magid.«

Mickey schien durch diese Vorstellung die Sprache verloren zu haben und stand einfach nur einen Moment da, ein matschiges Spiegelei an seinem Pfannenheber klebend.

»Magid Mahfooz Murshed Mubtasim Iqbal«, sagte Magid gelassen. »Es ist eine große Ehre, Sie kennen zu lernen, Michael. Ich habe schon so viel von Ihnen gehört.«

Was seltsam war, denn Samad hatte ihm nie ein Sterbenswörtchen erzählt.

Mickey blickte über Magids Schulter hinweg Samad weiter fragend an. »Dein was? Du meinst, der, den du, äh, nach Hause geschickt hast? Das is Magid?«

»Ja, ja, das ist Magid«, erwiderte Samad rasch, verärgert über die viele Aufmerksamkeit, die der Junge bekam. »So, Archibald und ich, wir nehmen das Übliche, und –«

»Magid Iqbal«, wiederholte Mickey langsam. »Mann, wer hätte das gedacht. Da käm man nie im Leben drauf, dass du ein Iqbal bist. Du hast ein sehr vertrauenerweckendes, na ja, irgendwie *ansprechendes* Gesicht, wenn du verstehst, was ich meine.«

»Und doch bin ich ein Iqbal, Michael«, sagte Magid und bedachte Mickey und den übrigen Abschaum der Menschheit, der sich um die Theke versammelt hatte, mit diesem Blick totaler Empathie, »obwohl ich lange Zeit fort war.«

»Das kannst du laut sagen. Na, das nenn ich eine echte Überraschung. Ich hab deinen ... warte mal, lass mich überlegen ... deinen Ur-*ur*-großvater da oben hängen, siehste?«

»Das ist mir sofort aufgefallen, als ich reinkam, und ich kann Ihnen versichern, Michael, dass meine Seele dafür überaus dankbar ist«, sagte Magid und strahlte wie ein Engel. »Ich fühl mich hier schon wie zu Hause, und da dieses Lokal meinem Vater und seinem Freund Archibald Jones lieb und teuer ist, bin ich sicher, dass es auch mir lieb und teuer sein wird. Die beiden haben mich hergebracht, glaube ich, um wichtige Dinge zu erörtern, und ich persönlich kann mir dafür keinen besseren Ort vorstellen, trotz Ihrer offensichtlichen Hautprobleme.«

Mickey blieb einfach die Spucke weg, und er konnte seine Freude nicht verbergen, als er seine Antwort sowohl an Magid als auch an die Übrigen im O'Connell's richtete.

»Gepflegte Sprache, alle Achtung. Klingt ja wie ein waschechter Laurence Olivier. Reines Oxford-Englisch, da gibt's kein Vertun. Netter Bursche. Du bist'n Gast, wie ich sie hier gebrauchen könnte, Magid, das kann ich dir sagen. Höflich und so. Und mach dir keine Sorgen wegen meiner Haut, die kommt ja nie auch nur in die Nähe vom Essen, und sie macht mir auch keine großen Probleme. Mann, was für'n Gentleman. Da hat man gleich das Gefühl, man müsste auf seine Sprache achten, wenn er dabei is, was?«

»Für mich und Archibald dann das Übliche, Mickey«, sagte Samad. »Mein Sohn kann sich ja noch überlegen, was er will. Wir sitzen drüben beim Flipper.«

»Ja, ja«, sagte Mickey, der seinen Blick nicht von Magids dunklen Augen lösen wollte oder konnte.

»Das'n schöner Anzug, den du haben«, nuschelte Denzel und streichelte sehnsüchtig das weiße Leinen. »Das die Engländer früher bei uns zu Hause in Jamaika tragen, weißt du noch, Clarence?«

Clarence nickte langsam und sabberte leicht, von Glückseligkeit ergriffen.

»Los jetzt, ihr beiden, verschwindet«, grollte Mickey und scheuchte sie weg. »Ich bring's euch rüber, klar? Ich will mit Magid sprechen. Ein Junge im Wachstum, der muss was essen. Also, was kann ich dir zaubern, Magid?«

Mickey lehnte sich über die Theke, ganz gespannte Erwartung, wie eine überaufmerksame Verkäuferin. »Eier? Pilze? Bohnen? Toast?«

»Ich glaube«, erwiderte Magid, während er den Blick gemächlich über die Angebote auf der staubigen Wandtafel schweifen ließ, bevor er sich dann wieder mit leuchtendem Gesicht zu Mickey umdrehte, »ich hätte gern ein Schinkensandwich. Ja, genau. Ich hätte gern ein saftiges, schön knusprig gebratenes Schinkensandwich mit Ketchup. Auf Graubrot.«

Ach, was für ein Kampf spielte sich in diesem Augenblick auf Mickeys Visage ab! Ach, was für groteske Grimassen! Es war ein Kampf zwischen dem Wunsch, dem elegantesten Kunden, den er je gehabt hatte, zu gefallen, und der heiligsten, unantastbarsten Regel im O'Connell's Pool House. KEIN SCHWEINEFLEISCH.

Mickeys linkes Auge zuckte.

»Willst du nich lieber einen schönen Teller Rührei? Ich mach prima Rührei, stimmt's nicht, Johnny?«

»Wär gelogen, wenn ich sagen tät, dass das nich stimmt«, rief Johnny loyal von seinem Tisch, obwohl Mickeys Eier bekanntermaßen eine graue, harte Masse waren. »Wär 'ne schreckliche Lüge, beim Leben meiner Mutter.«

Magid zog die Nase kraus und schüttelte den Kopf.

»Gut – wie wär's dann mit Pilzen und Bohnen? Omelett mit Pommes? Auf der ganzen Finchley Road gibt's keine besseren Pommes. Komm schon, Kleiner«, flehte er verzweifelt. »Du bist doch Muslim, oder? Du willst doch deinem Vater nich mit 'nem Schinkensandwich das Herz brechen.«

»Das Herz meines Vaters wird sich nicht durch ein Schinkensandwich brechen lassen. Es ist sehr viel wahrscheinlicher, dass das Herz meines Vaters auf Grund einer erhöhten Ansammlung gesättigten Fettes bricht, was wiederum auf den fünfzehnjährigen Genuss Ihrer Küche zurückzuführen ist. Da stellt sich die Frage«, sagte Magid ruhig, »ob sich daraus ein Fall machen ließe, ein Rechtsstreit, verstehen Sie, gegen die Verantwortlichen in der Gastronomie, die es versäumen, den Fettgehalt ihrer Mahlzeiten anzugeben oder überhaupt vor den Gesundheitsrisiken zu warnen. Eine interessante Frage.«

Das alles wurde mit der denkbar freundlichsten und sanftesten Stimme vorgetragen, und ohne eine Spur von Drohung. Der arme Mickey wusste gar nicht, was er davon halten sollte.

»Nun ja, natürlich«, sagte Mickey nervös, »rein hypothetisch is das eine interessante Frage. Sehr interessant.«

»Ja, das denke ich auch.«

»Ja, ganz eindeutig.«

Mickey verstummte und verbrachte einen Moment damit, hingebungsvoll die Oberfläche der Kochplatte zu scheuern, eine Tätigkeit, der er sich nur etwa alle zehn Jahre widmete.

»So. Jetzt kann man sich drin spiegeln. Also. Wo waren wir?«

»Ein Schinkensandwich.«

Beim Klang des Wortes »Schinken« wurden an den vorderen Tischen einige Ohren gespitzt.

»Wenn du vielleicht ein bisschen leiser ...«

»*Ein Schinkensandwich*«, flüsterte Magid.

»Schinken. Richtig. Tja, da muss ich kurz nach nebenan, weil ich im Augenblick gar keinen hier hab ... aber setz dich einfach zu deinem Dad, ich bring's dann rüber. Kostet aber was mehr. Wegen dem zusätzlichen Aufwand und so. Aber, alles klar, ich bring's rüber. Und sag Archie, er soll sich keine Sorgen machen, wenn er kein Bargeld dabeihat. Ein Essensgutschein tut's auch.«

»Sie sind sehr freundlich, Michael. Hier, nehmen Sie eins.« Magid griff in die Tasche und holte ein zusammengefaltetes Stück Papier heraus.

»Ach du Scheiße, noch'n Flugblatt? Man kommt hier in North London ja kaum noch von der Stelle, wegen den Scheißflugblättern – entschuldige meine Ausdrucksweise. Mein Bruder Abdul-Colin überhäuft mich geradezu damit. Aber wo's jetzt von dir kommt ... na los, gib her.«

»Das ist kein Flugblatt«, sagte Magid und nahm sich Messer und Gabel aus dem Besteckkorb. »Das ist eine Einladung zu einer Premiere.«

»Im Ernst?«, sagte Mickey aufgeregt (in der Sprache seines täglichen Sensationsblattes war *Premiere* gleichbedeutend mit vielen Kameras, teuer aussehenden Tussis mit Riesentitten, roten Teppichen). »Ehrlich?«

Magid reichte ihm die Einladung. »Da werden unglaubliche Dinge zu sehen und zu hören sein.«

»Och«, sagte Mickey enttäuscht, als er auf das teure Papier blickte. »Von dem Mann und seiner Maus hab ich schon gehört.« Von dem Mann und seiner Maus hatte er aus demselben Sensationsblatt erfahren, als eine Art Füllsel zwischen den Titten und noch mehr Titten und unter der Überschrift: EIN MANN UND SEINE MAUS.

»Kommt mir schon was riskant vor, Gott ins Handwerk zu pfuschen und so. Außerdem hab ich's nich so mit der Wissenschaft, verstehste. Ist mir zu hoch.«

»Ach, das glaube ich nicht. Man muss sich die Dinge nur aus einer Perspektive ansehen, die einen persönlich interessiert. Nehmen wir zum Beispiel mal Ihre Haut.«

»Ich wünschte tatsächlich, einer würd sie verdammt noch mal nehmen«, scherzte Mickey freundlich. »Ich hab von der echt die Schnauze voll.«

Magid lächelte nicht.

»Sie leiden an einer schweren endokrinen Störung. Was heißen soll, dass es sich nicht bloß um Pubertätsakne handelt, die durch eine übermäßige Aussonderung von Hauttalg verursacht wird, sondern um einen Zustand, der durch einen hormonellen Defekt ausgelöst wird. Ich vermute, dass Ihre gesamte Familie davon betroffen ist?«

»Äh … zufällig ja. Alle meine Brüder. Und mein Sohn, Abdul-Jimmy. Alles arme pickelige Schweine.«

»Aber es würde Ihnen nicht gefallen, wenn Ihr Sohn dieses Leiden an seine Söhne weitergeben würde.«

»Natürlich nicht. Ich hatte furchtbare Probleme in der Schule. Bis heute trag ich immer ein Messer bei mir, Magid. Aber ich wüsste nich, was man dagegen tun könnte, ehrlich gesagt. Das geht schon ewig so.«

»Aber sehen Sie«, sagte Magid (ein echter Experte auf dem Gebiet der persönlichen Betroffenheit!), »man kann ganz bestimmt was dagegen tun. Es wäre ganz einfach, und vielen Menschen bliebe viel Elend erspart. Über solche Themen werden wir bei dieser Premiere sprechen.«

»Ach, tja, also wenn das so is, dann bin ich dabei. Ich hab nämlich gedacht, da wär nur so eine blöde Mutantenmaus oder so'n Scheiß. Aber wenn das so is …«

»Einunddreißigster Dezember«, sagte Magid, bevor er den Gang hinunter zu seinem Vater ging. »Es wäre sehr schön, wenn Sie kommen könnten.«

»Du hast dir aber Zeit gelassen«, sagte Archie, als Magid an ihren Tisch kam.

»Kleiner Umweg über den Ganges?«, fragte Samad gereizt und rückte zur Seite, um ihm Platz zu machen.

»Entschuldigt bitte. Ich habe mich nur ein bisschen mit eurem Freund Michael unterhalten. Ein sehr anständiger Kerl. Ach, bevor ich's vergesse, Archibald, er hat gesagt, es wäre völlig in Ordnung, wenn du heute Abend mit Essensgutscheinen bezahlen möchtest.«

Archie hätte fast den kleinen Zahnstocher verschluckt, auf dem er herumkaute. »*Was* hat er gesagt? Bist du *sicher*?«

»Ganz sicher. So, Abba, sollen wir anfangen?«

»Da gibt's nichts mehr anzufangen«, knurrte Samad, ohne ihm in die Augen zu blicken. »Wir sind leider schon weit fortgeschritten in dem teuflischen Komplott, das das Schicksal gegen mich geschmiedet hat. Und du sollst wissen, dass ich heute Abend nicht aus freien Stücken hier bin, sondern weil deine Mutter mich darum angefleht hat und weil ich mehr Achtung vor dieser armen Frau habe, als du oder dein Bruder je hatte.«

Magid zeigte ein gequältes, sanftes Lächeln. »Ich dachte, du wärst hier, weil Amma dich im Ringkampf besiegt hat.«

Samad blickte finster. »O ja, mach dich nur lustig über mich. Mein eigener Sohn. Liest du denn nie im Koran? Kennst du nicht die Pflichten, die ein Sohn seinem Vater schuldig ist? Du machst mich *krank*, Magid Mubtasim.«

»Na, na, Sammy, alter Knabe«, sagte Archie, der mit der Ketchupflasche spielte und versuchte, die Situation etwas zu entspannen. »Schön ruhig bleiben.«

»Nein, ich werde nicht schön ruhig bleiben! Dieser Junge ist mir ein Dorn im Fuß.«

»Du meinst bestimmt ›Auge‹?«

»Archibald, halt dich da raus.«

Archie richtete seine Aufmerksamkeit wieder auf die Pfeffer- und Salzstreuer und versuchte, Ersteren in Letzteren zu kippen.

»Meinetwegen, Sam.«

»Ich hab eine Botschaft zu überbringen, und ich werde sie überbringen und mehr nicht. Magid, deine Mutter möchte, dass du dich mit Millat triffst. Diese Chalfen-Frau wird das arrangieren. Die beiden meinen, dass ihr beide euch unterhalten müsst.«

»Und was ist deine Meinung, Abba?«

»Meine Meinung willst du doch gar nicht hören.«

»Im Gegenteil, Abba, ich würde sie sehr gerne hören.«

»Ganz einfach, ich denke, das ist ein Fehler. Ich denke, ihr beide könnt unmöglich gut füreinander sein. Ich denke, ihr solltet in die entgegengesetzten Winkel dieser Erde gehen. Ich denke, ich bin mit zwei Söhnen geschlagen, die noch gestörter sind als Mr. Kain und Mr. Abel.«

»Ich bin gerne bereit, mich mit ihm zu treffen, Abba. Wenn er sich mit mir treffen will.«

»Es sieht so aus, als sei er auch dazu bereit, das hat man mir gesagt. Ich weiß es nicht. Ich rede mit ihm nicht mehr, als ich mit dir rede. Ich bin zur Zeit zu sehr damit beschäftigt, meinen Frieden mit Gott zu machen.«

»Äh …«, sagte Archibald, der vor Hunger und Nervosität, und weil Magid ihm irgendwie unheimlich war, kräftig auf seinem Zahnstocher herumbiss, »ich geh mal nachsehen, ob das Essen fertig ist, ja? Jawohl, das mach ich. Was hast du denn bestellt, Magid?«

»Ein Schinkensandwich, bitte, Archibald.«

»Schink…? Äh … gut. Meinetwegen.«

Samads Gesicht lief so rot an wie eine von Mickeys gegrillten Tomaten. »Du bist also fest entschlossen, dich über mich *lustig* zu
machen, ja? Vor meinen Augen willst du mir vorführen, was für
ein Kafir du bist. Na los, mach schon! Friss dein Schwein direkt
vor meiner Nase! Du bist ja so verdammt schlau, nicht? Mr.
Schlauberger. Mr. weiß behoster Engländer, mit der perfekten
Haltung und den großen weißen Zähnen. Du weißt alles, sogar,
wie du deinem Jüngsten Tag entgehen kannst.«

»So schlau bin ich gar nicht, Abba.«

»Nein, nein, bist du auch nicht. Du bist nicht halb so schlau, wie
du denkst. Ich weiß nicht, warum ich mir noch die Mühe mache,
dich zu warnen, aber ich tue es: Du befindest dich auf *direktem
Kollisionskurs* mit deinem Bruder, Magid. Ich halte die Ohren
offen, ich höre, was Shiva im Restaurant so erzählt. Und es gibt
noch andere: Mo Hussein-Ishmael, Mickeys Bruder, Abdul-
Colin, und sein Sohn Abdul-Jimmy – um nur einige zu nennen,
aber es gibt noch viele andere, und die verbünden sich gegen
dich. Millat gehört auch dazu. Dein Marcus Chalfen hat sehr viel
Wut entfacht, und es gibt einige, zum Beispiel diese Leute mit
den grünen Fliegen, die zum Handeln bereit sind. Die verrückt
genug sind, das zu tun, was sie für richtig halten. Verrückt genug,
einen Krieg anzufangen. Es gibt nicht viele Menschen, die so
sind. Die meisten von uns machen nur einfach mit, wenn der
Krieg verkündet worden ist. Aber manche Menschen wollen ihn
zum Ausbruch bringen. Manche Menschen marschieren auf den
Exerzierplatz und feuern den ersten Schuss ab. Dein Bruder ist
einer von ihnen.«

Während dieser Tirade zeichnete sich auf Samads Gesicht zuerst
Wut, dann Verzweiflung ab, und schließlich verzog sich sein
Mund zu einem an Hysterie grenzenden Grinsen, während Ma-
gids Gesicht ausdruckslos blieb, ein unbeschriebenes Blatt.

»Hast du nichts zu sagen? Überrascht dich diese Neuigkeit denn
nicht?«

»Wieso bringst du sie nicht zur Vernunft, Abba?«, sagte Magid nach einer Pause. »Viele von ihnen achten dich. Du bist ein angesehener Mann in der Gemeinde. Bring sie zur Vernunft.«

»Weil ich es genauso vehement missbillige wie sie, so verrückt sie auch sind. Marcus Chalfen hat nicht das *Recht*. Er hat kein Recht, das zu tun, was er tut. Das ist nicht seine Aufgabe. Es ist Gottes Aufgabe. Wenn du dich an einer Kreatur vergreifst, an der eigentlichen *Natur* eines Geschöpfes, selbst wenn es eine Maus ist, dann wagst du dich auf ein Gebiet vor, das Gott gehört: die Schöpfung. Du sagst damit, dass das Wunder der göttlichen Schöpfung verbessert werden kann. Das kann es nicht. Marcus Chalfen ist *anmaßend*. Er will angebetet werden, wo doch das Einzige, das in diesem Universum unsere Anbetung verdient, Allah ist. Und es ist falsch von dir, ihm zu helfen. Selbst sein eigener Sohn hat ihn verstoßen. Und deshalb«, sagte Samad, unfähig, den Schauspieler tief in seiner Seele zu verleugnen, »muss ich *dich* verstoßen.«

»So, da hätten wir einmal Pommes, Bohnen, Eier und Pilze für dich, Sammy-alter-Knabe«, sagte Archibald, der an den Tisch trat und ihm den Teller reichte. »Und einmal Omelett mit Pilzen für mich …«

»Und ein Schinkensandwich«, sagte Mickey, der darauf bestanden hatte, eine fünfzehnjährige Tradition zu brechen, indem er diese Bestellung selbst servierte, »für den jungen Professor.«

»Er wird das *nicht* an meinem Tisch essen.«

»Ach, nun komm schon, Sam«, begann Archie vorsichtig. »Lass den Jungen doch.«

»Ich hab gesagt, er wird das *nicht* an meinem Tisch essen!«

Mickey kratzte sich die Stirn. »Mannomann, werden wir etwa auf unsere alten Tage noch zum Fundamentalisten?«

»Ich hab gesagt –«

»Wie du möchtest, Abba«, sagte Magid mit dem immer gleichen, enervierenden Lächeln vollkommener Vergebung. Er nahm

Mickey seinen Teller ab und setzte sich zu Clarence und Denzel an den Nachbartisch.

Denzel begrüßte ihn mit einem Grinsen. »Clarence, guck ma! Da is der junge weiße Prinz. Der kommen Domino spielen. Ich ihm bloß ins Auge kucken und wissen, der spielen Domino. Der ein Fachmann.«

»Darf ich Sie was fragen?«, sagte Magid.

»Klar doch. Schieß'n los.«

»Meinen Sie, ich sollte mich mit meinem Bruder treffen?«

»Hmm. Glaube, das ich kann nich sagen«, erwiderte Denzel nach längerem Nachdenken, währenddessen er fünf Dominosteine gelegt hatte.

»Würd ma sagen, du sehen aus wie ein junger Bursche, der selber wissen, was er will«, meinte Clarence vorsichtig.

»Wirklich?«

Magid drehte sich zu seinem früheren Tisch um, wo sein Vater eifrig bemüht war, ihn zu ignorieren, und Archie in seinem Omelett herumstocherte.

»Archibald! Soll ich mich mit meinem Bruder treffen oder nicht?«

Archie sah schuldbewusst zu Samad hinüber und dann wieder hinunter auf seinen Teller.

»Archibald! Die Frage ist sehr wichtig für mich. Soll ich oder soll ich nicht?«

»Na los«, sagte Samad mürrisch. »Antworte ihm. Wenn er lieber von zwei alten Narren und einem Mann, den er kaum kennt, einen Rat annehmen möchte als von seinem eigenen Vater, dann bitte sehr. Also? Soll er?«

Archie wand sich. »Tja ... ich kann nicht ... ich meine, es steht mir wirklich nicht zu ... ich denke, wenn er will ... aber andererseits, wenn du findest, er sollte nicht ...«

Woraufhin Samad mit der Faust so fest in Archies Pilze schlug, dass das Omelett vom Teller schlidderte und auf dem Boden landete.

»Entscheide dich, Archibald. Nur ein einziges Mal in deinem jämmerlichen kleinen Leben, entscheide dich.«

»Hmm … Kopf, ja«, keuchte Archie und griff in die Tasche nach seinem Zwanzig-Cent-Stück. »Zahl, nein. Fertig?«

Die Münze flog hoch und drehte sich so, wie eine Münze in einer perfekten Welt immer hochfliegen und sich drehen würde, oft genug aufblitzend, um einen Mann zu hypnotisieren. Dann, an irgendeinem Punkt ihres triumphalen Aufstiegs, fing sie an, einen Bogen zu beschreiben, und dieser Bogen ging in die falsche Richtung, und Archibald begriff, dass sie nicht zu ihm zurückflog, sondern hinter ihn, ein gutes Stück hinter ihn, und er drehte sich zusammen mit den anderen um und sah, wie sie ihre elegante Kurve Richtung Flipperautomat vollendete und direkt in den Schlitz für den Münzeinwurf trudelte. Sofort leuchtete das alte Monstrum auf; die Kugel sauste los und machte sich auf ihren chaotischen, lärmenden Weg durch ein Labyrinth von Pendeltürchen, automatischen Katapulten, Röhren und klingelnden Glöckchen, bis sie, weil niemand ihr zu Hilfe kam, niemand sie irgendwie lenkte, schließlich aufgab und wieder in das alles verschlingende Loch kullerte.

»Donnerwetter«, sagte Archibald, sichtlich begeistert. »Wie groß sind wohl die Chancen, dass so was passiert, hä?«

*

Ein neutraler Ort. Die Chancen, heutzutage einen zu finden, sind gering, sogar noch geringer als bei Archies Flipper-Trick. Allein die *Unmengen* an Scheiße, die wir erst abarbeiten müssten, um reinen Tisch zu machen, wenn wir ganz von vorn anfangen wollten. Rasse. Land. Besitz. Glaube. Diebstahl. Blut. Und noch mehr Blut. Und noch mehr. Und nicht nur der *Ort* muss neutral sein, sondern auch der Bote, der dich dorthin führt, und der Bote, der den Boten schickt. Solche Menschen oder Orte gibt es nicht in North London. Aber Joyce tat ihr Bestes im Rahmen ihrer Möglichkeiten. Zuerst ging sie zu Clara. In Claras derzeitiger Stätte der Gelehrsamkeit, einer aus roten Ziegeln erbauten Universität, South-West, an der Themse, gab es einen Raum, in dem sie freitags nachmittags studieren konnte. Ein umsichtiger Dozent hatte ihr den Schlüssel geliehen. Immer leer zwischen drei und sechs. Ausstattung: eine Tafel, etliche Tische, mehrere Stühle, zwei verstellbare Schreibtischlampen, ein Overhead-Projektor, ein Aktenschrank, ein Computer. Nichts älter als zwölf Jahre, das konnte Clara garantieren. Die Universität selbst war erst zwölf Jahre alt. Auf leerem Ödland erbaut – keine indianische Beerdigungsstätte, keine römischen Viadukte, keine vergrabenen Raumschiffe von Außerirdischen, keine Grundmauern einer längst verschwundenen Kirche. Bloß Erde. Ein so neutraler Ort, wie es nur ging. Clara gab Joyce den Schlüssel, und Joyce gab Irie den Schlüssel.

»Aber wieso denn ich? Ich bin da nicht involviert.«

»Genau, Liebes. Und ich bin zu involviert. Aber du eignest dich perfekt. Weil du ihn kennst und doch nicht *kennst*«, sagte Joyce kryptisch. Sie reichte Irie ihren langen Wintermantel, ein Paar Handschuhe und eine von Marcus' Mützen mit einem absurden Bommel obendrauf. »Und weil du ihn liebst, obwohl er dich nicht liebt.«

»O ja, danke, Joyce. Danke, dass du mich dran erinnerst.«

»Liebe ist der Grund für alles, Irie.«

»Nein, Joyce, Liebe ist überhaupt kein Scheißgrund für irgendwas.« Irie stand schon vor der Chalfen'schen Haustür und betrachtete ihren eigenen kräftigen Atem in der eiskalten Abendluft. »Liebe ist ein Schlagwort, mit dem man Leuten Lebensversicherungen und Haarspülungen aufschwatzt. Es ist verdammt *kalt* hier draußen. Dafür bist du mir was schuldig.«

»Jeder ist jedem was schuldig«, bestätigte Joyce und schloss die Tür.

Irie trat auf die Straße hinaus, die sie schon ihr ganzes Leben kannte, ging eine Strecke, die sie schon unzählige Male gegangen war. Wenn jemand sie in diesem Moment gefragt hätte, was Erinnerung war, die *klarste Definition* von Erinnerung, sie hätte Folgendes geantwortet: die Straße, auf der du warst, als du zum ersten Mal in einen Laubhaufen gesprungen bist. Die ging sie gerade entlang. Mit jedem frischen Knirschen ihrer Schritte kam die Erinnerung an frühere knirschende Schritte. Vertraute Gerüche durchdrangen sie: nasse Holzspäne und Kies unten um die Bäume herum, frisch gelegte Hundehaufen unter der Schicht aus nassen Blättern. Diese Eindrücke rührten sie an. Obwohl sie sich für ein Leben in der Zahnmedizin entschieden hatte, war ihrer Seele nicht aller Sinn für Poesie verloren gegangen, das heißt, sie hatte noch immer ab und zu ihre Proust'schen Augenblicke, Schicht für Schicht, obwohl sie sie häufig in periodontalen Kategorien erlebte. Ein *Stechen* durchfuhr sie – wie man es an einem empfindlichen Zahn hat oder an einem »Phantomzahn«, wenn der Nerv freiliegt –, sie fühlte ein *Stechen*, als sie an der Garage vorbeiging, wo sie und Millat, dreizehn Jahre alt, einhundertfünfzig Pennys abgedrückt hatten, aus dem Marmeladenglas der Iqbals geklaut, in dem verzweifelten Versuch, eine Packung Zigaretten zu kaufen. Sie spürte ein *Ziehen* (wie durch eine schwere Gebissanomalie, der Druck eines Zahns auf den anderen), als sie an dem Park vorbeikam, in dem sie als Kinder Fahrrad gefahren waren, wo sie ihren ersten Joint geraucht hatten, wo er sie einmal während eines Gewitters geküsst hatte. Irie wünschte, sie könnte sich diesen vergangenen vergegenwärtigten Bildern hingeben: sie richtig genießen, schöner machen, länger, vor allem den Kuss. Aber in ihrer Hand hielt sie einen kalten Schlüssel, und sie war umringt von etlichen Leben, die seltsamer waren als Fiktion, grausamer als Fiktion, und mit Konsequenzen, die Fiktion niemals haben kann. Sie *wollte* nicht in die lange Geschichte dieser Leben eingebunden sein, aber sie *war* es, und sie spürte, wie sie unwiderstehlich weiter auf die Lösung des Knotens, den diese Leben gebildet hatten, zugezogen wurde, die Hauptstraße hinunter – *Mali's Kebabs, Mr. Cheungs, Raj's, Malkovich Bake-*

ries –, sie konnte sie mit verbundenen Augen runterrasseln; dann unter die Taubenscheißebrücke hindurch und über die lange breite Straße, die in den Gladstone Park mündet, als falle sie in ein grünes Meer. In solchen Erinnerungen konnte man ertrinken, aber sie versuchte, sich von ihnen freizuschwimmen. Sie sprang über die niedrige Mauer, die das Haus der Iqbals säumte, wie sie es schon unzählige Male getan hatte, und klingelte an der Haustür. Einfache Vergangenheit, unvollendete Zukunft.

Oben in seinem Zimmer versuchte Millat seit fünfzehn Minuten, Bruder Hifans schriftliche Anweisungen für den Akt der Unterwerfung (Broschüre: *Richtige Anbetung*) in den Kopf zu bekommen:

SAJDA: Unterwerfung. In der *sajda* müssen die Finger geschlossen sein und auf einer Höhe mit dem Ohr auf die *quibla* zeigen, und der Kopf muss zwischen den Händen ruhen. Es ist *fard*, die Stirn auf etwas Sauberes zu legen, beispielsweise einen Stein, etwas Erde, Holz, ein Tuch, und es wird behauptet (von den Weisen), dass es *wadschib* ist, auch die Nase aufzulegen. Es ist nicht gestattet, ohne triftigen Grund nur die Nase auf den Boden zu legen. Es ist *makruh*, nur die Stirn auf den Boden zu legen. In der *sajda* muss das *Subhana rabbiyal-ala* mindestens dreimal gesprochen werden. Die Schiiten sagen, es sei besser, die *sajda* auf einem Ziegelstein zu machen, der aus dem Ton von Karbala gebrannt ist. Es ist entweder *fard* oder *wadschib*, zwei Füße oder zumindest einen Zeh von jedem Fuß auf den Boden zu setzen. Es gibt auch einige Weise, die sagen, dass es *sunnat* ist. Das bedeutet, wenn nicht zwei Füße den Boden berühren, wird *namaz* entweder nicht angenommen, oder es wird *makruh*. Wenn Stirn, Nase oder Füße während der *sajda* einen kurzen Moment vom Boden gehoben werden, so ist das nicht schlimm. In der *sajda* ist es *sunnat*, die Zehen zu beugen und sie auf die

qibla zu richten. Im *Radd-ul-mukhtar* steht geschrieben,
dass diejenigen, die sagen ...

Weiter war er noch nicht, und er hatte noch drei Seiten vor sich.
Er war in kalten Schweiß gebadet von der Anstrengung, sich alles zu merken, was *halal* oder *haram* war, *fard* oder *sunnat*, *ma-
kruh-tahrima* (strengstens verboten) oder *makruh-tanzihi* (verboten, aber nicht ganz so streng). Völlig überfordert hatte er sich
schließlich sein T-Shirt vom Leib gerissen, sich etliche Gürtel
kreuz und quer über den imposanten Oberkörper geschnallt,
sich vor dem Spiegel aufgebaut und eine andere, leichtere Übung
durchgespielt, eine, die er bis ins kleinste Detail beherrschte:

> *Du laberst* mich *an? Du laberst* mich *an?*
> *Kann das sein, dass du mich meinst?*
> *Ich bin der Einzige, der hier ist.*
> *Du redest mit mir?*

Er war so richtig in Fahrt, zeigte der Kleiderschranktür seine unsichtbaren Pistolen und Messer, als Irie ins Zimmer trat.
»Ja«, sagte Irie, während er verlegen dastand. »Ich rede mit dir.«
Rasch und leise erzählte sie ihm von dem neutralen Ort, von dem
Raum, nannte Datum und Uhrzeit. Sie sprach sich dringend für
einen Kompromiss aus, für Frieden und Rücksicht (wie das jeder
tat), ging dann ganz dicht an ihn heran und legte ihm den kalten
Schlüssel in die warme Hand. Fast ohne es zu wollen, berührte
sie dabei seine Brust. Genau an der Stelle zwischen zwei Gürteln,
wo sein Herz, von dem Leder eingezwängt, so heftig schlug, dass
sie es in den Ohren spüren konnte. Da es ihr auf diesem Gebiet
an Erfahrung mangelte, war es nur natürlich, dass Irie das Po-
chen, das durch verminderte Blutzufuhr ausgelöst wird, irrtümlich für schwelende Leidenschaft hielt. Und was Millat anging,
so war es sehr lange er, dass er von jemandem berührt worden
war oder jemanden berührt hatte. Wenn man dann noch den

Schuss Erinnerung dazugibt, den Schuss zehnjähriger unerwiderter Liebe, den Schuss einer langen, langen Geschichte – war das Ergebnis unausweichlich.

Im Nu waren ihre Arme ineinander verschlungen, ihre Beine ineinander verschlungen, ihre Lippen ineinander verschlungen, und sie sanken zu Boden, in der Leistengegend verschlungen (noch verschlungener kann man kaum sein), liebten sich auf einem Gebetsteppich. Doch so jäh und fieberhaft, wie es begonnen hatte, war es auch vorbei; sie ließen einander entsetzt los, wenn auch aus unterschiedlichen Gründen. Irie sank zu einem nackten Häufchen vor der Tür zusammen, verlegen und beschämt, weil sie sah, wie sehr er es bereute; und Millat ergriff seinen Gebetsteppich, richtete ihn auf die Ka'ba aus, achtete darauf, dass der Teppich nicht höher als der Boden lag, nicht auf Büchern oder Schuhen ruhte, und warf sich, die Finger geschlossen und in einer Linie mit den Ohren auf die quibla zeigend, Stirn und Nase auf dem Boden, zwei Füße fest aufgesetzt, aber so, dass die Zehen nicht gebogen waren, warf sich also in Richtung der Ka'ba zu Boden, aber nicht *für* die Ka'ba, sondern für Allahu ta'ala allein. Er achtete darauf, dass er alles genau richtig machte, während Irie weinte und sich anzog und ging. Er achtete darauf, dass er alles genau richtig machte, weil er glaubte, dass er von der großen Kamera im Himmel beobachtet wurde. Er achtete darauf, dass er alles genau richtig machte, weil es fard war und weil »derjenige, der die Gebete ändern will, ein Ungläubiger wird« (Broschüre: *Der gerade Weg*).

*

Die Hölle kennt nicht solchen Zorn wie eine Frau, die *et cetera, et cetera*. Irie verließ das Haus der Iqbals mit heiß glühendem Gesicht und ging schnurstracks zu den Chalfens, mit Rache im Herzen. Aber nicht gegen Millat. Eher zu Millats *Verteidigung*, denn sie war immer schon seine Verteidigerin gewesen, sein schwarz-weißer Ritter. Verstehen Sie, Millat liebte sie nicht. Und sie glaubte, dass Millat sie nicht liebte, weil er nicht lieben konnte. Sie glaubte, er wäre so verstört, dass er niemanden mehr lieben konnte. Sie wollte denjenigen finden, der ihm das angetan hatte, ihn so schrecklich *verstört* hatte; sie wollte denjenigen finden, der ihn *unfähig gemacht hatte, sie zu lieben*.

Es ist ein seltsam Ding in unserer modernen Welt. Da hört man junge Frauen auf den Toiletten von Clubs sagen, »Ja, er ist abgehauen und hat mich verlassen. Er hat mich nicht geliebt. Er konnte einfach nicht mit Liebe *umgehen*. Er war so im Arsch, dass er gar nicht wusste, *wie* er mich lieben soll.« Nun, wie konnte es so weit kommen? Was hat dieses unliebenswerte Jahrhundert an sich, das uns davon überzeugt hat, wir wären trotz allem ungemein liebenswert, als Menschen, als Spezies? Was hat uns nur auf den Gedanken gebracht, dass jemand, der uns nicht liebt, irgendwie verstört, defizitär, dysfunktional sein muss? Vor allem dann, wenn sie uns durch einen Gott ersetzen, eine weinende Madonna oder das Gesicht Christi in einem Ciabatta-Brötchen – dann nennen wir sie verrückt. Wahnhaft. Regressiv. Wir sind so von unseren eigenen guten Qualitäten überzeugt, dass wir den Gedanken nicht ertragen können, es könnte etwas geben, das eher der Liebe würdig ist als wir, eher der Anbetung würdig. Gruß- und Glückwunschkarten teilen uns regelmäßig mit, dass jeder Mensch Liebe verdient. Nein. Jeder verdient sauberes Wasser. Nicht jeder verdient ständig Liebe.

Millat liebte Irie nicht, und Irie war sicher, dass es jemanden geben musste, dem sie dafür die Schuld geben konnte. Ihr Hirn fing an heiß zu laufen. Was war die Ursache? Millats Minderwertigkeitsgefühl. Was war die Ursache für Millats Minderwertigkeitsgefühl? Magid. Wegen Magid war er als zweiter Sohn zur Welt gekommen. Wegen Magid war er der Sohn, der weniger wert war. Joyce öffnete ihr die Tür, und Irie marschierte geradewegs die Treppe hinauf, boshaft entschlossen, Magid einmal zum zweiten Sohn zu machen, diesmal um fünfundzwanzig Minuten. Sie packte ihn, küsste ihn und liebte ihn zornig und wütend, ohne Worte oder Zuneigung. Sie rollte ihn herum, riss an seinem Haar, grub ihre kaum vorhandenen Fingernägel in seinen Rücken, und als er kam, registrierte sie zufrieden, dass er es mit einem kleinen Seufzer tat, als habe man ihm etwas genommen. Aber es war falsch von ihr, das für einen Sieg zu halten. Es lag nur daran, dass er sofort gewusst hatte, wo sie gewesen war, warum sie hier war, und es machte ihn traurig. Lange Zeit lagen sie schweigend nebeneinander, nackt, und mit jeder Minute, die verstrich, wurde das Herbstlicht im Zimmer schwächer.

»Mir scheint«, sagte Magid schließlich, als der Mond deutlicher zu sehen war als die Sonne, »dass du versucht hast, einen Mann zu lieben, als wäre er eine Insel und du eine Schiffbrüchige, und als ob du das Land mit einem X markieren könntest. Mir scheint, für das alles ist es ein wenig zu spät.«

Dann gab er ihr einen Kuss auf die Stirn, der sich anfühlte wie eine Taufe, und sie weinte wie ein Baby.

*

Drei Uhr nachmittags, 5. November 1992. Die Brüder treffen sich (*end*lich) nach acht Jahren in einem leeren Raum und stellen fest, dass ihre Gene, diese Propheten der Zukunft, unterschiedliche Schlüsse gezogen haben. Millat ist von den Unterschieden verblüfft. Die Nase, die Wangenpartie, die Augen, die Haare. Sein Bruder ist ihm fremd, und das sagt er ihm auch.

»Nur weil du willst, dass ich dir fremd bin«, sagt Magid mit listigem Blick.

Aber Millat ist unverblümt, hat keine Lust auf Rätsel und stellt und beantwortet mit einem Satz seine eigene Frage: »Dann ziehst du das also durch, ja?«

Magid zuckt die Achseln. »Es liegt nicht an mir, es zu beenden oder anzufangen, Bruder, aber ja, ich beabsichtige, soweit ich kann, zu helfen. Es ist ein großartiges Projekt.«

»Es ist eine Abscheulichkeit.« (Broschüre: *Die Heiligkeit der Schöpfung*)

Millat zieht einen Stuhl unter einem der Tische hervor und setzt sich verkehrt herum darauf, wie eine Krabbe in der Falle, Beine und Arme weit vom Körper gestreckt.

»Ich betrachte es eher als eine Berichtigung der Fehler, die dem Schöpfer unterlaufen sind.«

»Der Schöpfer macht keine Fehler.«

»Dann willst du also weitermachen?«

»Darauf kannst du Gift nehmen.«

»Und ich auch.«

»Tja, das wär's ja dann wohl. Es ist entschieden. HEINTZ wird alles Erforderliche tun, um dich und deinesgleichen aufzuhalten. Und das ist das Ende, verdammt.«

Aber im Gegensatz zu Millats Vorstellung ist das hier kein Film, und es gibt kein Ende, verdammt, ebenso wenig, wie es einen Anfang gibt, verdammt. Die Brüder beginnen zu debattieren. Binnen weniger Augenblicke eskaliert die Situation, und sie führen die Idee eines neutralen Ortes ad absurdum; stattdessen überziehen sie den Raum mit Geschichte – vergangener, gegenwärtiger und zukünftiger Geschichte (denn auch die gibt es) – sie nehmen das, was leer war, und beschmieren es mit der stinkenden Scheiße der Vergangenheit, wie begeisterungsfähige, kotverliebte Kinder. Sie hinterlassen ihre Duftmarken in diesem neutralen Raum. Jeden Streit, die frühesten Erinnerungen, jedes strittige Prinzip, jede angefochtene Überzeugung.

Millat rückt die Stühle so zurecht, dass sie die Vision des Sonnensystems demonstrieren, die im Koran so verblüffend und klar beschrieben ist, Jahrhunderte vor der westlichen Wissenschaft (Broschüre: *Koran und Kosmos*); Magid malt Pandes Exerzierplatz auf die Tafel inklusive einer präzisen Rekonstruktion der möglichen Flugbahn von Kugeln, und auf der anderen Tafel ein Diagramm, das ein Restriktionsenzym darstellt, wie es fein säuberlich eine Nukleotidsequenz durchschneidet. Millat funktioniert den Computer zum Fernseher um, einen Tafelschwamm zu dem Bild von Magid-mit-Ziege und mimt dann im Alleingang jeden sabbernden Babba, jede Großtante und jeden Vetter dritten Grades, der in jenem Jahr zu dem gotteslästerlichen Zweck ins Haus kam, eine Ikone anzubeten. Magid wirft mit dem Overhead-Projektor einen selbstverfassten Artikel an die Wand, in dem er sich für die Patentierung genetisch veränderter Organismen stark macht, und legt seinem Bruder seine Argumente Punkt für Punkt dar. Millat macht aus dem Aktenschrank einen anderen, den er verabscheut, füllt ihn mit imaginären Briefen zwischen einem jüdischen Wissenschaftler und einem ungläubigen Muslim. Magid schiebt drei Stühle zusammen und richtet zwei Schreibtischlampen geradeaus, und jetzt sind da zwei Brüder im Auto, zitternd und aneinander geschmiegt, bis sie wenige Minuten später für immer getrennt werden und ein Papierflieger abhebt.

So geht das weiter und weiter und weiter.

Und es beweist mal wieder das, was schon oft über Immigranten gesagt wurde: Sie sind einfallsreich, sie wissen sich zu helfen. Sie benutzen das, was sie können, wenn sie können.

*

Wir neigen nämlich zu der Vorstellung, dass Immigranten ständig unterwegs sind, ungebunden, dass sie jeden Moment den Kurs wechseln, an jeder Biegung der Straße ihren legendären Einfallsreichtum einsetzen können. Man hat uns über den Einfallsreichtum von Mr. Schmutters unterrichtet, über die Ungebundenheit von Mr. Banajii, die nach Ellis Island oder Dover oder Calais reisen und sozusagen als *Blanko-Menschen* ihre neuen Länder betreten, frei von jedem Ballast, glücklich und gewillt, ihre Andersartigkeit am Kai zurückzulassen und ihre Chancen an diesem unbekannten Ort zu nutzen, mit der Einheit dieses grünenundfreundlichenundaufgeschlossenen Landes der unbegrenzten Möglichkeiten zu verschmelzen.

Ganz gleich, welche Straße sich ihnen bietet, sie werden sie nehmen, und sollte sie zufällig in einer Sackgasse enden, nun, dann werden Mr. Schmutters und Mr. Banajii fröhlich eine andere ausprobieren, sich ihren Weg durchs Multikulti-Land suchen. Tja, schön für sie. Aber Magid und Millat gelang das nicht. Sie verließen den neutralen Raum so, wie sie ihn betreten hatten: niedergedrückt, belastet, unfähig, von ihrem Kurs abzuweichen oder ihre jeweiligen gefährlichen Flugbahnen in irgendeiner Weise abzuändern. Sie scheinen keinerlei Fortschritt zu machen. Zyniker könnten sagen, sie bewegen sich überhaupt nicht – dass Magid und Millat zwei von Zenons vertrackten Pfeilen sind, dass sie einen Raum einnehmen, der ihnen entspricht, und, was beängstigender ist, der dem Mangal Pandes entspricht, der dem Samad Iqbals entspricht. Zwei Brüder, gefangen im gegenwärtigen Augenblick. Zwei Brüder, die alle Versuche unterlaufen, diese Geschichte zu datieren, diesen Burschen nachzuspüren, Zeiten und Tage zu bestimmen, denn es gibt keine *Dauer*, es gab sie nie und wird sie niemals geben. Tatsächlich bewegt sich gar nichts. Verändert sich gar nichts. Sie rennen auf der Stelle. Zenons Paradoxon.

Aber was war Zenons *Anliegen* dabei (jeder hat ein Anliegen), was war sein Standpunkt? Nicht wenige argumentieren, dass seine Paradoxien Teil eines allgemeineren *spirituellen* Programms sind.

Um

a)   zuerst die Vielheit, die *vielen*, als eine Illusion zu enttarnen und

b)   so den Beweis für die Wirklichkeit als nahtlose, fließende Einheit anzutreten. Ein einziges, unteilbares *eines*.

Wenn man nämlich die Wirklichkeit unendlich in Einzelteile zergliedern kann, ist das Ergebnis ein unerträgliches Paradoxon.

Man ist immer reglos, man bewegt sich nirgendwohin, es gibt keinen Fortschritt.

Aber Vielheit ist keine Illusion. Ebenso wenig wie die Geschwindigkeit, mit der Diejenigen-im-köchelnden-Schmelztiegel darauf zuhasten. Paradoxien mal außen vor gelassen: Sie rennen, genau wie Achilles rannte. Und sie werden diejenigen, die das leugnen, genauso sicher überrunden, wie Achilles jene Schildkröte abgehängt hätte. O ja, Zenon hatte ein Anliegen, er wollte das »eine«, aber die Welt ist »vieles«. Und doch sind die Paradoxien trotz allem verlockend. Je angestrengter Achilles versucht, die Schildkröte einzuholen, desto deutlicher zeigt die Schildkröte ihren Vorteil. Ganz ähnlich werden die Brüder Richtung Zukunft eilen, nur um feststellen zu müssen, dass sie ihre Vergangenheit umso deutlicher zeigen, den Ort, an dem sie *gerade waren*. Denn das ist die andere Seite im Leben von Immigranten (Flüchtlingen, Emigranten, Reisenden): Sie können ihrer Geschichte ebenso wenig entkommen, wie unsereins seinen Schatten abschütteln kann.

18
DAS ENDE DER GESCHICHTE
KONTRA
DEN LETZTEN MENSCHEN

Seht euch um! Und was seht ihr da? Was sind die Früchte dieser so genannten *Demokratie*, dieser so genannten *Freiheit*, dieser so genannten Liberalität? Unterdrückung, Verfolgung, *Gewalt*. Brüder, ihr könnt es euch im Fernsehen anschauen, jeden Tag, jeden Abend, jede *Nacht*! Chaos, Unordnung, *Konfusion*. Sie sind nicht beschämt oder verlegen oder *unsicher*! Sie versuchen nicht, sich zu verstecken, zu verbergen, zu *verstellen*! Sie wissen, wie wir wissen: die ganze Welt ist in Aufruhr! Überall schwelgen Menschen in Lüsternheit, Promiskuität, *Verworfenheit*, in Laster, Verderbtheit und Zügellosigkeit. Die ganze Welt ist von einer Krankheit befallen, die als Kufr bekannt ist – der Zustand des Leugnens der Einheit des Schöpfers –, die Weigerung, die unendlichen Segnungen des Schöpfers anzuerkennen. Und am heutigen Tag, dem 1. Dezember 1992, bezeuge ich, dass nichts der Anbetung würdig ist, außer dem einzigen *Schöpfer*, nichts kommt *Ihm* gleich. Am heutigen Tag sollten wir wissen, dass derjenige, der vom Schöpfer geführt wird, nicht in *die Irre* geführt werden kann, und dass derjenige, den er vom geraden Weg in *die Irre* geführt hat, erst dann wieder auf den geraden Weg zurückkehren soll, wenn der Schöpfer ihm *Führung* ins Herz legt und ihn ans *Licht* bringt. Ich werde jetzt meinen dritten Vortrag beginnen, den ich ›Ideologische Kriegsführung‹ nenne, und das bedeutet – zur Erklärung für diejenigen unter euch, die es nicht verstehen – den Krieg jener Dinge ... jeder Ideologien gegen die Brüder von HEINTZ ... Ideologie bedeutet eine Art Gehirnwäsche ... und wir werden indoktriniert, getäuscht und einer *Gehirnwäsche* unterzogen, meine Brüder! Ich werde also versuchen, zu erläutern, zu erhellen und zu *erklären* …«

Niemand im Saal hätte es zugegeben, aber Bruder Ibrahim ad-Din Shukrallah war kein großer Redner, ehrlich gesagt. Selbst wenn man über seine Angewohnheit hinwegsah, immer drei Wörter zu verwenden, wo eines gereicht hätte, und das letzte Wort von den dreien mit seiner singenden karibischen Modulation zu betonen, selbst wenn man das ignorierte, wie alle es versuchten, war er von seiner Erscheinung her immer noch enttäuschend. Er hatte einen kleinen dünnen Bart, eine gebückte Haltung, ein festes Repertoire angespannter, unbeholfener Gesten und sah irgendwie ein bisschen wie Sidney Poitier aus, aber nicht genug, um wirklich Respekt auszulösen. Und er war klein. Was das betraf, war Millats Enttäuschung am größten. Im Saal war eine deutliche Unzufriedenheit zu spüren, als Bruder Hifan seine überspannte Vorstellungsrede beendete, und der berühmte, aber winzige Bruder Ibrahim ad-Din Shukrallah den Raum Richtung Podium durchquerte. Nicht, dass irgendwer von einem Alim des Islam erwartet hätte, ein Hüne zu sein, oder dass gar jemand einen Moment lang den gewagten Gedanken gehabt hätte, dass der Schöpfer unseren Bruder Ibrahim ad-Din Shukrallah nicht genau so groß gemacht hatte, wie es Ihm in seiner ganzen heiligen Allmacht gefiel. Dennoch drängte sich einem, als Hifan linkisch das Mikrofon tiefer stellte und Bruder Ibrahim sich linkisch danach reckte, der Gedanke auf, und zwar im typischen Redestil des Bruders, immer das dritte Wort zu betonen: ein Meter *sechzig*.

Das andere Problem mit Bruder Ibrahim ad-Din Shukrallah, das vielleicht schwerwiegendste Problem, war seine große Vorliebe für die Tautologie. Obwohl er Erläuterung, Erhellung und Erklärung versprach, erinnerte er, linguistisch betrachtet, an einen Hund, der seinem eigenen Schwanz hinterherjagt: »Nun gibt es verschiedene Arten der Kriegsführung … Ich möchte einige aufzählen. Chemische Kriegsführung ist die Kriegsführung, wo Männer einander *chemisch* durch Kriegsführung töten. Das kann eine schreckliche Kriegsführung sein. Physische Kriegsführung! Das ist die Kriegsführung mit physischen Waffen, bei der Männer einander *physisch* töten. Dann gibt es die biologische Kriegsführung, bei der ein Mann, der weiß, dass er das HIV-Virus in sich trägt, in das Land geht und sein Virus unter den liederlichen Frauen dieses Landes verbreitet und so *biologische* Kriegsführung schafft. *Psychologische* Kriegsführung, das ist die verderblichste von allen, der Krieg, in dem sie versuchen, euch psychologisch zu besiegen. Das nennt man psychologische Kriegsführung. Aber ideologische Kriegsführung! Das ist die sechste Art der Kriegsführung, die die schlimmste Kriegsführung ist ...«

Und doch war Bruder Ibrahim ad-Din Shukrallah kein Geringerer als der Begründer von HEINTZ, ein imposanter Mann mit einem hervorragenden Ruf. 1960 als Monty Clyde Benjamin auf Barbados geboren, Sohn von zwei bitterarmen, barfüßigen presbyterianischen Dipsomanen, konvertierte er im Alter von vierzehn Jahren nach einer »Vision« zum Islam. Mit achtzehn entfloh er seiner üppig grünen Heimat und tauschte sie gegen die Wüste um Riad und die Bücher, die die Wände der Al-Imam Muhammad ibn Saud Islamic University säumten. Dort studierte er fünf Jahre lang Arabisch, verlor seine Illusionen im Hinblick auf einen Großteil des klerikalen Establishments im Islam und äußerte erstmals seine Verachtung für diejenigen, die er »religiöse Säkularisten« nannte, die törichten ulama, die versuchen, Politik und Religion zu trennen. Er war der festen Überzeugung, dass viele radikale politische Bewegungen unserer Tage für den Islam relevant waren und darüber hinaus im Koran gefunden werden konnten, wenn man nur genau genug hinsah. Er schrieb etliche Aufsätze zu diesem Thema, musste aber feststellen, dass seine eigenen radikalen Ansichten in Riad nicht gern gesehen waren. Man betrachtete ihn als Unruhestifter und bedrohte sein

Leben »zahlreiche, zahllose, *unzählige* Male«. So kam Bruder Ibrahim 1984 nach England, um seine Studien fortzusetzen, und schloss sich in der Garage seiner Tante in Birmingham ein, wo ihm fünf weitere Jahre lediglich der Koran und die Faszikel von *Endless Bliss* Gesellschaft leisteten. Er nahm sein Essen durch die Katzenklappe entgegen, entleerte Darm und Blase in einer hübschen Keksdose mit Krönungsmotiv und reichte sie auf demselben Wege hinaus. Zudem machte er regelmäßig Liegestütze und Sit-ups, um einer Muskelatrophie vorzubeugen. In dieser Zeit berichtete das Lokalblatt *Selly Oak Reporter* regelmäßig über ihn und gab ihm den Spitznamen »Der Garagenguru« (eingedenk der großen muslimischen Gemeinde Birminghams zog die Redaktion diesen Namen dem intern favorisierten »Das Reihenhaus-Rindvieh« vor). Die Journalisten hatten ihren Spaß daran, seine verwunderte Tante zu interviewen, eine gewisse Carlene Benjamin, ein frommes Mitglied der Kirche der Heiligen der Letzten Tage.

Diese Artikel, grausam, spöttisch und beleidigend, stammten aus der Feder eines gewissen Norman Henshall und galten inzwischen als Klassiker ihrer Art. Sie wurden unter HEINTZ-Anhängern in ganz England verteilt, und zwar als Beispiele (falls überhaupt Beispiele erforderlich waren) für das bösartige Anti-HEINTZ-Element, das die Presse schon in diesem Embryonalstadium der Bewegung verbreitete. Man beachte – so bekamen HEINTZ-Anhänger zu hören –, man beachte, dass Henshalls Artikel Mitte Mai 1987 plötzlich versiegen, just in dem Monat, in dem es Bruder Ibrahim ad-Din Shukrallah gelang, seine Tante Carlene durch die Katzenklappe hindurch zum wahren Glauben zu bekehren, wobei er nichts anderes verwendete als die reine Wahrheit, wie sie vom letzten Propheten Mohammed (Friede sei mit Ihm!) überbracht wurde. Man beachte, dass Henshall mit keiner Silbe die langen Schlangen von Menschen erwähnt, die mit Bruder Ibrahim ad-Din Shukrallah sprechen wollten, so viele, dass sie sich drei Querstraßen weit um das Zentrum von Selly

Oak erstreckten, von der Katzenklappe bis zum Bingosaal! Man beachte, dass besagter Mr. Henshall es unterlässt, die 637 einzelnen Regeln und Gesetze zu veröffentlichen, die der Bruder im Verlauf von fünf Jahren aus dem Koran gesammelt hat (indem er sie in der Reihenfolge ihrer Bedeutung auflistete und dann thematisch in Untergruppen einteilte, z. B. *Über die Sauberkeit und spezielle genitale und orale Hygiene*). Man beachte das alles, Brüder und Schwestern, und staune dann über die Macht des gesprochenen Wortes. Man staune über die Hingabe und das Engagement der jungen Menschen von Birmingham!

Ihr Eifer und ihre Begeisterungsfähigkeit waren so bemerkenswert (außergewöhnlich, herausragend, *beispiellos*), dass die Idee von HEINTZ, noch bevor der Bruder aus seinem freiwilligen Arrest trat und sie selbst verkündete, bereits in der schwarzen und indischen Gemeinde geboren worden war. Eine radikal neue Bewegung, in der Politik und Religion zwei Seiten derselben Medaille waren. Eine Gruppe, die sich hemmungslos beim Garveyismus, bei der amerikanischen Bürgerrechtsbewegung und den Gedanken von Elijah Muhammed bediente und doch auf dem Boden des Korans blieb. Die Hüter des Ewigen Islamisch-Nationalen Zorns. Schon 1992 waren sie eine kleine, aber weit verästelte Organisation, deren Ausläufer immerhin bis Edinburgh und Land's End reichten, die ein Herz in Selly Oak hatte und eine Seele auf der Kilburn High Road. HEINTZ: eine extremistische Gruppierung, die sich der direkten und häufig auch gewaltsamen Aktion verschrieben hatte, eine Splittergruppe, die von der übrigen muslimischen Gemeinde mit Stirnrunzeln betrachtet wurde. Beliebt bei der Altersgruppe der Sechzehn- bis Fünfundzwanzigjährigen, gefürchtet und verlacht in der Presse und heute in der völlig überfüllten Kilburn Hall versammelt, auf Stühlen stehend und der Rede ihres Gründers lauschend.

»Es gibt drei Dinge«, fuhr Bruder Ibrahim mit kurzem Blick auf seine Notizen fort, »die die Kolonialmächte mit euch machen wollen, Brüder von HEINTZ. Erstens wollen Sie euch *spirituell* töten ... o ja, nichts ist ihnen kostbarer als eure *mentale Sklaverei*. Ihr seid zu viele, um euch Mann gegen Mann zu bekämpfen! Aber wenn sie eure Köpfe erobert haben, dann –«

»He«, ertönte der Flüsterversuch eines dicken Mannes, »Bruder Millat.«

Es war Mohammed Hussein-Ishmael, der Fleischer. Er schwitzte ausgiebig wie immer und hatte sich an einer langen Reihe von Leuten vorbeigezwängt, um allem Anschein nach neben Millat sitzen zu können. Sie waren entfernte Verwandte, und in den letzten paar Monaten war Mo mit Hilfe des Geldes, das er zur Verfügung gestellt hatte, und auf Grund seines klar geäußerten Interesses an den »aktiveren« Aspekten der Gruppe rasch zum inneren Zirkel von HEINTZ (Hifan, Millat, Tyrone, Shiva, Abdul-Colin und andere) vorgedrungen. Millat selbst begegnete ihm noch immer ein wenig mit Misstrauen und fand nicht nur sein dickes Sabbergesicht und die gewaltige Tolle, die aus seinem toki ragte, unangenehm, sondern auch, dass er aus dem Mund nach Hähnchen roch.

»Bin spät dran. Ich muss erst den Laden dicht machen. Aber ich hab schon 'ne Weile hinten gestanden. Zugehört. Bruder Ibrahim ist ein sehr beeindruckender Mann, hmm?«

»Hmm.«

»Sehr beeindruckend«, wiederholte Mo und tätschelte verschwörerisch Millats Knie, »ein sehr beeindruckender Bruder.«

Mo Hussein finanzierte Bruder Ibrahims Tournee durch England mit, daher lag es in seinem Interesse (oder zumindest gab es ihm ein besseres Gefühl wegen der zweitausend Pfund, die er gespendet hatte), den Bruder beeindruckend zu finden. Mo war erst kürzlich zu HEINTZ konvertiert (seit zwanzig Jahren war er ein einigermaßen guter Muslim), und seine Begeisterung für die Gruppe hatte im Wesentlichen zwei Gründe. Zunächst einmal schmeichelte es ihm ganz einfach, für einen so erfolgreichen muslimischen Geschäftsmann gehalten zu werden, der Geld hinblättern konnte. Unter normalen Umständen hätte er ihnen nur die Tür gewiesen und gesagt, wo sie sich ein frisch ausgeblutetes Hühnchen hinstecken konnten, aber die Wahrheit war nun mal, dass Mo zur Zeit ein bisschen verletzlich war, nachdem Sheila, seine irische Frau mit den sehnigen Beinen, ihn erst kürzlich wegen eines Pub-Inhabers verlassen hatte. Er kam sich ein wenig *entmannt* vor, und deshalb hatte er, als HEINTZ bei Ardashir fünf Riesen und bei Nadir von der Halal-Fleischerei, seiner Konkurrenz, drei Riesen lockergemacht hatte, den Macho ausgepackt und selbst was gespendet.

Der zweite Grund für Mos Sinneswandel war persönlicherer Natur. Gewalt. Gewalt und Raub. Seit achtzehn Jahren besaß Mo die renommierteste Halal-Fleischerei in ganz North London, so renommiert, dass er das Nachbargebäude hatte kaufen und zu einem Süßwarenladen/Fleischerei-Unternehmen hatte expandieren können. Und in dieser Zeit, während er also zwei Geschäfte leitete, war er Opfer schwerster körperlicher Angriffe und Raubes geworden, und das garantiert dreimal im Jahr. Wohlgemerkt, diese Zahl beinhaltete nicht die zahlreichen Hiebe auf den Kopf, die beiläufigen Schläge mit einer Brechstange, die gemeinen Tritte in den Schritt oder irgendetwas anderes, bei dem kein Blut floss. Mo rief nicht mal seine *Frau* an und die Polizei schon gar nicht, um die Vorfälle zu melden. Nein: *richtige* Gewalt. Mo war insgesamt fünfmal niedergestochen worden (*Ah*), hatte drei Fingerspitzen verloren (*Iiiieh*), man hatte ihm beide Beine und Arme gebrochen (*Aauuuh*), die Füße angezündet (*Oooh*), die Zähne ausgetreten (*ka-wumm*) und ihm eine Luftgewehrkugel (*pling*) in sein glücklicherweise fleischiges Hinterteil geschossen. *Uff*. Und Mo war ein kräftiger Mann. Ein Mann mit Haltung. Die Prügel hatten ihn keineswegs demütiger gemacht, ihn dazu gebracht, seine Zunge zu hüten oder mit gesenktem Kopf zu gehen. Er teilte so gut aus, wie er einsteckte. Aber er war nur ein einzelner Mann gegen eine ganze Armee. Es gab niemanden, der helfen konnte. Das allererste Mal, als er im

Januar 1970 einen Hammerschlag in die Rippen bekam, ging er, naiv, wie er war, zur Polizei und erhielt zur Belohnung einen nächtlichen Besuch von fünf Polizisten, die ihn gründlich mit Tritten traktierten. Seitdem waren Gewalt und Diebstahl Teil seines täglichen Lebens geworden, ein trauriger Zuschauersport, den sich die alten muslimischen Männer und die jungen muslimischen Mütter ansahen, die bei ihm ihre Hühnchen kauften und gleich danach davoneilten, voller Angst, vielleicht die Nächsten zu sein. Gewalt und Diebstahl. Die Täter waren ältere Schüler, die auf der Süßwarenladenseite reinkamen, um sich was zum Naschen zu kaufen (weshalb Mo die Kinder von Glenard Oak immer nur eins nach dem anderen hereinließ. Natürlich brachte das überhaupt nichts, sie wechselten sich bloß damit ab, ihn einzeln zusammenzuschlagen), heruntergekommene Trinker, jugendliche Schlägertypen, die Eltern von jugendlichen Schlägertypen, Faschisten im Allgemeinen, Neonazis im Besonderen, die örtliche Poolbillardmannschaft, die Darts-Mannschaft, die Fußballmannschaft und die gewaltigen Scharen von schwatzhaften, weiß berockten Sekretärinnen mit Stilettoabsätzen. Diese äußerst unterschiedlichen Menschen hatten Unterschiedliches an ihm auszusetzen: Er war ein Paki (versuch mal, einem massigen, betrunkenen Kassierer eines Elektronikgroßhandels zu erklären, dass du aus Bangladesch kommst); in der Hälfte seines Ladens verkaufte er merkwürdiges Paki-Fleisch; er hatte eine Tolle; er mochte Elvis (»Du magst also Elvis, was? Tuste doch, oder? Hä, Paki? Ja oder nein?«); den Preis seiner Zigaretten; seine Entfernung von zu Hause (»Geh doch zurück in dein eigenes Land!« »Aber dann könnte ich Ihnen doch keine Zigaretten mehr verkaufen.« *Wumm*); oder bloß den Ausdruck auf seinem Gesicht. Aber eins hatten diese Leute alle gemein. Sie waren allesamt weiß. Diese schlichte Tatsache hatte mehr dazu beigetragen, Mo im Laufe der Jahre zu politisieren, als alle Parteiwerbespots, Wahlkämpfe und Petitionen der Welt zusammen. Diese Tatsache hatte ihn sicherer in den Schoß des Glaubens getrieben, als das selbst eine Heimsuchung durch den Engel Gabriel vermocht hätte. Der Tropfen, der sozusagen das Fass zum Überlaufen brachte, kam, etwa einen Monat bevor er HEINTZ beitrat, in der Gestalt von drei weißen »Jugendlichen«, die ihn mit Tritten die Kellertreppe hinunterbeförderten, sein ganzes Geld raubten und seinen Laden in Brand steckten. Dank extrem gelenkiger Hände (die Folge häufiger Handgelenksbrüche) konnte er sich retten. Aber er war diese Beinahetode satt. Als er von HEINTZ ein Flugblatt bekam, in dem erklärt wurde, dass ein Krieg im Gange sei, dachte er: *Allerdings!* Endlich sprach mal jemand seine Sprache. Mo war seit achtzehn Jahren in diesem Krieg an vorderster Front. Und HEINTZ schien zu begreifen, dass es nicht damit getan war, wenn es seinen Kindern gut ging, wenn sie auf eine gute Schule gingen, Tennisstunden kriegten, zu hellhäutig waren, um jemals im Leben befürchten zu müssen, dass ihnen jemand ans Leder wollte. Das war gut. Aber nicht gut genug. *Er* wollte ein bisschen Genugtuung. Für sich *allein*. Er wollte, dass Bruder Ibrahim da oben auf diesem Podium die christliche Kultur und die westliche Moral so lange auseinander nahm, bis sie nur noch Staub in seinen Händen waren. Er wollte die perverse Natur dieser Menschen erklärt bekommen. Er wollte deren Geschichte begreifen und die politischen Hintergründe und die Wurzel des Ganzen. Er wollte erleben, dass man ihre Kunst entlarvte und ihre Wissenschaft entlarvte und ihre Vorlieben und ihre Abneigungen. Aber Worte würden nicht ausreichen; er hatte schon so viele Worte gehört (»Da müssen Sie erst mal Anzeige erstatten ... Würden Sie uns die Angreifer bitte genau beschreiben«), und sie waren nie so gut wie Aktionen. Er wollte wissen, *wieso* diese Leute ihn ständig windelweich prügelten. Und dann wollte er losziehen und ein paar von denen windelweich prügeln.

»Sehr beeindruckend, Millat, was? Genau, wie wir gehofft hatten.«

»Ja«, sagte Millat ohne Überzeugung. »Kann sein. Aber weniger

Gerede, mehr *Action*, wenn du mich fragst. Die Ungläubigen sind überall.«

Mo nickte energisch. »O ja, keine Frage, Bruder. In der Beziehung sind wir zwei Tauben von demselben Dach. Und ich höre, dass es noch ein paar andere gibt«, sagte Mo, senkte seine Stimme und schob seine fetten, schwitzigen Lippen dichter an Millats Ohr heran, »die ganz wild auf Aktionen sind. Hier und jetzt. Bruder Hifan hat mich darauf angesprochen. Auf den 31. Dezember. Und Bruder Shiva und Bruder Tyrone ...«

»Ja, ja. Ich weiß, wer die sind. Sie sind das klopfende Herz von HEINTZ.«

»Und die haben gesagt, dass *du* den Mann kennst – diesen Wissenschaftler. Da bist du in 'ner guten Position. Wie ich höre, bist du mit ihm befreundet.«

»War. *War.*«

»Bruder Hifan sagt, du hast Eintrittskarten und dass du vorhast –«

»Pssst«, sagte Millat gereizt. »Das soll nicht gleich jeder wissen. Wenn du ins Zentrum vorstoßen willst, musst du den Mund halten können.«

Millat musterte Mo von oben bis unten. Die traditionelle kurta-Hose, die an ihm trotzdem irgendwie aussah wie eine Elvis-Hose mit Schlag aus den späten Siebzigern. Der gewaltige Bauch, der auf seinen Knien ruhte wie ein Freund.

Schneidend fragte er: »Du bist aber ein bisschen alt, oder?«

»Du unverschämter kleiner Scheißkerl. Ich bin stark wie ein Bulle.«

»Jaja, schon gut, aber wir brauchen keine Bärenkräfte«, sagte Millat und tippte sich an die Schläfe, »wir brauchen ein bisschen was hier im Oberstübchen. Zunächst mal müssen wir unauffällig reinkommen, klar? Der erste Abend. Da wird's gerammelt voll sein.«

Mo schnäuzte sich in die Hand. »Ich kann unauffällig sein.«

»Klar, aber das heißt auch, den Mund halten.«

»Und als Drittes«, unterbrach Bruder Ibrahim ad-Din Shukrallah sie mit plötzlich so lauter Stimme, dass die Lautsprecher krächzten, »als Drittes werden sie versuchen, euch einzureden, dass der menschliche Intellekt und nicht Allah omnipotent ist, grenzenlos, *allmächtig*. Sie werden euch einreden, dass euer Verstand nicht dazu genutzt werden soll, die große Herrlichkeit des Schöpfers zu rühmen, sondern dazu, euch auf eine Stufe mit dem Schöpfer oder sogar über ihn zu stellen! Und jetzt kommen wir zum ernstesten Anliegen des heutigen Abends. Das größte Übel der Ungläubigen befindet sich hier, in ebendiesem Stadtteil Brent. Ich werde euch sagen, und ihr werdet euren Ohren nicht trauen, Brüder, dass es in dieser Gemeinde einen Mann gibt, der glaubt, er könne die Schöpfung Allahs verbessern. Es gibt einen Mann, der sich anmaßt, das, was bestimmt ist, zu ändern, zu verwandeln, zu *modifizieren*. Er will ein Tier nehmen – ein von Allah geschaffenes Tier – und sich anmaßen, diese Schöpfung zu verändern. Ein neues Tier zu schaffen, das keinen Namen hat, sondern lediglich eine Monstrosität ist. Und wenn er mit diesem kleinen Tier, einer Maus, fertig ist, Brüder, wenn er damit fertig ist, wird er sich an Schafe wagen, an Katzen und *Hunde*. Und wer in dieser gesetzlosen Gesellschaft will ihn daran hindern, eines Tages einen *Menschen* zu schaffen? Einen Menschen, nicht von einer Frau geboren, sondern allein aus dem Intellekt eines Mannes! Und er wird euch erzählen, das sei Medizin … aber HEINTZ wehrt sich nicht gegen Medizin. Wir sind eine gebildete Gemeinde, der viele Ärzte angehören, meine Brüder. Lasst euch nicht täuschen, verwirren, *narren*. Und ich frage euch, meine Brüder von HEINTZ, wer wird sich opfern und diesen Mann aufhalten? Wer wird sich im Namen des Schöpfers allein erheben und den Modernisten zeigen, dass die Gesetze des Schöpfers noch immer bestehen und ewig sind? Denn sie werden euch einreden wollen, diese Modernisten, diese Zyniker, diese *Westler*, dass es keinen Glauben mehr gibt, dass unsere Geschichte, unsere Kultur, *unsere Welt* sich überlebt hat. Das denkt dieser Wissenschaftler. Das maßt er sich so überaus arrogant an. Aber er wird bald erkennen, was mit den *letzten Tagen* wirklich gemeint ist. Also wer wird ihm zeigen –«

»Ja, Mund halten, ja, schon kapiert«, sagte Mo zu Millat, blickte aber dabei stur geradeaus, wie in einem Agentenfilm.

Millat sah sich im Raum um und bemerkte Hifan, der ihm zunickte, also nickte er Shiva zu, der wiederum Abdul-Jimmy und Abdul-Colin zunickte, Tyrone und den anderen aus der Kilburn-Gruppe, die als Ordner an strategischen Punkten des Raumes entlang den Wänden Posten bezogen hatten. Hifan nickte Millat erneut zu und blickte dann wieder in den Saal. Unauffällige Bewegung setzte ein.

»Geht hier was vor?«, flüsterte Mo, als er sah, wie Männer mit grünen Ordnerschärpen sich durch die Menge schoben.

»Komm mit ins Büro«, sagte Millat.

*

»Okay, also, ich denke, entscheidend hierbei ist, dass wir uns dem Thema von zwei Seiten annähern. Weil es sich einerseits tatsächlich eindeutig um einen Fall von Laborfolter handelt und wir das fürs große Publikum auch ausspielen sollten, weil aber andererseits unser Schwerpunkt auf dem Antipatentierungsargument liegen *muss*. Das ist nämlich wirklich ein Aspekt, mit dem wir arbeiten können. Wenn wir uns darauf konzentrieren, gibt es eine ganze Reihe von anderen Gruppen, die wir aktivieren können – die NCGA, die OHNO usw., und Crispin hat ja schon Kontakt zu denen. Schließlich haben wir, wie ihr wisst, auf diesem Gebiet noch keine großen Erfahrungen, aber es ist ganz eindeutig ein zentrales Thema – ich glaube, Crispin wird uns dazu gleich ausführlicher etwas sagen –, aber im Augenblick will ich nur über die öffentliche Unterstützung reden, mit der wir hier rechnen können. Ich meine vor allem die Berichterstattung in letzter Zeit, selbst die Sensationsblätter haben sich da als echter

Glücksfall erwiesen, da herrscht jede Menge Unbehagen hinsichtlich der Patentierung lebender Organismen. Ich denke, den Leuten ist diese Vorstellung unheimlich, zu Recht, und FAST sollte sich das zunutze machen und eine richtige Kampagne starten, wenn also ...«

Ah, Joely. Joely, Joely, *Joely*. Joshua wusste, er sollte eigentlich zuhören, aber einfach nur gucken war so *schön*. Joely anzugucken war *toll*. Die Art, wie sie saß (auf einem Tisch, Knie an die Brust gezogen), die Art, wie sie von ihren Notizen aufblickte (kokett!), die Art, wie die Luft durch die Lücken zwischen ihren Vorderzähnen pfiff, die Art, wie sie immer wieder mit einer Hand ihr ungebärdiges Blondhaar hinter die Ohren strich und mit der anderen auf ihren großen Schnürstiefeln einen Rhythmus trommelte. Abgesehen von den blonden Haaren sah sie seiner Mutter in jungen Jahren sehr ähnlich: die vollen englischen Lippen, die Himmelfahrtsnase, große haselnussbraune Augen. Aber das Gesicht, so faszinierend es auch sein mochte, war bloß *Dekoration*, der krönende Abschluss des sinnlichsten Körpers der Welt. Gestreckte Konturen, muskulöse Schenkel, weicher Bauch, mit Brüsten, die noch nie einen BH gespürt hatten, aber die reine Wonne waren, und einem Hintern, der das platonische Ideal aller englischen Hinternfetischisten war, flach und doch wohl geformt, breit und doch einladend. Außerdem war sie intelligent. Außerdem gab sie sich ganz ihrer Sache hin. Außerdem verabscheute sie seinen Vater. Außerdem war sie zehn Jahre älter (was Joshua alle möglichen sexuellen Erfahrungen mutmaßen ließ, die er sich nicht mal *vorstellen* konnte, ohne sofort eine enorme Erektion zu kriegen, wie jetzt zum Beispiel, mitten in der Versammlung). Außerdem war sie die wundervollste Frau, der Joshua je begegnet war. Ach, Joely!

»So, wie ich das sehe, müssen wir den Leuten die Idee des Präzedenzfalles nahe bringen. Ihr wisst schon, das ›Und was kommt als Nächstes?‹-Argument – dabei kann ich Kennys Standpunkt

nachvollziehen, dass diese Betrachtungsweise viel zu grob ver-
einfachend ist –, aber ich bleibe trotzdem dabei, dass es notwendig ist, und darüber werden wir dann auch gleich abstimmen. Ist
das okay, Kenny? Wenn ich bitte noch weiterreden könnte … ja?
Schön. Wo war ich … Präzedenzfall. Denn wenn geltend gemacht werden kann, dass das Tier, an dem Versuche vorgenommen werden, irgendeiner Gruppe von Menschen gehört, das
heißt, es ist keine Katze, sondern im Grunde eine *Erfindung* mit
katzenähnlichen Eigenschaften, dann könnte das die Arbeit von
uns Tierrechtlern auf sehr clevere und sehr gefährliche Weise unterlaufen, und die Folge wäre eine verdammt *beängstigende* Zu-
kunftsaussicht. Mhm … ich würde jetzt gerne Crispin das Wort
geben, damit er uns ein bisschen mehr darüber erzählt.«
Die Scheiße dabei war natürlich, dass Joely mit Crispin verheiratet war. Und die doppelte Scheiße dabei war, dass sie eine auf
wahrer Liebe, vollkommener spiritueller Verbundenheit und en-
gagiertem politischem Gleichklang gründende Ehe führten. Beschissen fantastisch. Damit nicht genug, bei den Mitgliedern von
FAST diente Joelys und Crispins Ehe als eine Art Kosmogonie,
ein Entstehungsmythos, der prägnant erklärte, wie Menschen
sein konnten und sollten, wie die Gruppe angefangen hatte und
wie sie in Zukunft weitermachen sollte. Joely und Crispin legten
es zwar nicht darauf an, dass sie als Führungsspitze gesehen oder
wie Ikonen verehrt wurden, aber es war trotzdem so gekommen,
sie wurden *verehrt*. Und sie waren unzertrennlich. Als Joshua
der Gruppe beitrat, hatte er versucht, ein paar Informationen
über das Paar herauszubekommen, um seine Chancen abzuschätzen. Kriselte es? Hatten sie sich bei ihrem anstrengenden
Engagement auseinander gelebt? Von wegen. Er erfuhr die ganze
deprimierende Geschichte bei ein paar Gläsern Bier im Spotted
Dog von zwei erfahrenen FAST-Aktivisten: ein psychotischer
ehemaliger Postangestellter namens Kenny, der als Kind mit angesehen hatte, wie sein Vater einen Welpen tötete, und Paddy,
ein sensibler Langzeitarbeitsloser und Taubenliebhaber.

»Jeder ist zu Anfang scharf auf Joely«, hatte Kenny verständnisvoll erklärt, »aber da kommst du drüber weg. Du begreifst, dass das Beste, was du für sie tun kannst, dein Engagement für die Sache ist. Und das Zweite, was du begreifst, ist, dass Crispin einfach ein *unglaublicher* Bursche ist –«

»Ja, ja, erzähl mir mehr.«

Und Kenny erzählte ihm mehr.

Anscheinend hatten sich Joely und Crispin im Winter 1982 an der University of Leeds kennen und lieben gelernt, zwei junge radikale Studenten, mit Che Guevara an den Wänden, Idealismus im Herzen und einer gemeinsamen Leidenschaft für alle Geschöpfe, die über diese Erde fliegen, traben, kriechen und schleimen. Damals waren sie beide in zahlreichen linksextremen Gruppen aktiv, aber die internen Intrigen und endlosen Querelen raubten ihnen bald alle Illusionen im Hinblick auf das Schicksal des *homo erectus*. Irgendwann waren sie es satt, sich für diese unsere Spezies einzusetzen, die so oft einen Putsch anzettelt, hinter vorgehaltener Hand lästert, einen anderen Vertreter wählt und dich vor vollendete Tatsachen stellt. Stattdessen widmeten sie von da ab unseren stummen Tierfreunden ihre Aufmerksamkeit. Joely und Crispin steigerten ihr Vegetariertum zum Veganertum, gingen von der Uni ab, heirateten und gründeten 1985 die Förder- und Aktionsgruppe zum Schutz der Tiere. Crispins magnetische Persönlichkeit und Joelys Charme zogen andere politisch Heimatlose an, und schon bald waren sie eine Kommune von fünfundzwanzig Leuten (plus zehn Katzen, vierzehn Hunden, einem Garten voller Wildkaninchen, einem Schaf, zwei Schweinen und einer Fuchsfamilie), die in einer Wohnung in Brixton lebten und arbeiteten, mit einem großen und ungenutzten Garten hinter dem Haus. Sie waren in vielerlei Hinsicht Pioniere. Sie betrieben Recycling schon, bevor es Mode wurde, sie machten aus ihrem dampfigen Badezimmer ein tropisches Biotop und widmeten sich der Herstellung organischer Lebensmittel. Politisch waren sie ebenso weitsichtig. Von Anfang an stand ihre extremistische Grundhaltung außer Frage, so dass FAST für die Royal Society für Tierschutz ungefähr dasselbe war wie der Stalinismus für die liberalen Demokraten. Drei Jahre lang führten die FAST-Mitglieder einen Terrorfeldzug gegen Firmen, die Tierversuche machten, gegen Quäler und Ausbeuter, schickten Morddrohungen an Mitarbeiter von Kosmetikfirmen, brachen in Laboratorien ein, entführten Laborassistenten und ketteten sich an Kliniktore. Außerdem störten sie Fuchsjagden, filmten Legebatterien, brannten Bauernhöfe nieder, warfen Brandbomben in Lebensmittelgeschäfte und rissen Zirkuszelte nieder. Da ihr Mandat so breit gefasst und so radikal war (jedes Tier, das auch nur im geringsten zu leiden hat), hatten die FAST-Mitglieder alle Hände voll zu tun, und bei allen Schwierigkeiten und Gefahren, denen sie ausgesetzt waren, kam es immer wieder zu Verhaftungen. Trotz alledem wurde die Beziehung zwischen Joely und Crispin nur noch stärker und diente allen als Vorbild, ein Turm in der Brandung, das ideale Beispiel für Liebe zwischen Aktivisten (»Blablabla. Erzähl weiter.«). 1987 ging Crispin dann für drei Jahre ins Gefängnis, weil er ein walisisches Labor angezündet und 40 Katzen, 350 Kaninchen und 1 000 Ratten aus ihrer Gefangenschaft befreit hatte. Bevor man ihn wegbrachte, teilte Crispin Joely großzügig mit, dass sie seine Erlaubnis habe, sich anderen FAST-Mitgliedern zuzuwenden, falls sie während seiner Abwesenheit sexuelle Befriedigung benötigte. (»Und hat sie?«, fragte Joshua. »Vergiss es«, erwiderte Kenny traurig.)

Während Crispin seine Strafe absaß, widmete sich Joely der Aufgabe, FAST aus einer kleinen Bande hoch neurotischer Freunde in eine ernst zu nehmende politische Untergrundorganisation zu verwandeln. Sie legte fortan weniger Wert auf Terrorakte, und nachdem sie Guy Debord gelesen hatte, erwachte ihr Interesse für Situationismus als politische Taktik. Sie verstand darunter den stärkeren Einsatz von großen Spruchbändern, Kostümen, Videos und schauerlichen Inszenierungen. Als Crispin aus dem

Gefängnis kam, hatte sich die Mitgliederzahl von FAST mittlerweile vervierfacht, und entsprechend war Crispins Legende (Geliebter, Kämpfer, Rebell, Held) gewachsen, nicht zuletzt durch Joelys leidenschaftliche Darstellung seines Lebens und seiner Werke und durch ein sorgsam ausgesuchtes Foto von ihm, das 1980 entstanden war und auf dem er ein kleines bisschen wie Nick Drake aussah. Doch auch wenn sein Image retuschiert worden war, Crispin hatte offenbar nichts von seinem Radikalismus verloren. Seine erste Tat als freier Bürger war die Planung einer Aktion, die mehreren hundert Wühlmäusen die Freiheit zurückgab und über die in den Zeitungen ausführlich berichtet wurde, wenngleich Crispin die Verantwortung für die eigentliche Durchführung an Kenny delegierte, der dafür vier Monate im Hochsicherheitstrakt bekam (»Der größte Moment meines Lebens«). Und dann, letzten Sommer, 1991, überredete Joely Crispin, mit ihr nach Kalifornien zu fahren, um sich dort anderen Gruppen im Kampf gegen die Patentierung transgener Tiere anzuschließen. Auch wenn Crispin sich in Gerichtssälen nicht besonders wohl fühlte (»Crispin ist ein Frontkämpfertyp«), gelang es ihm, den Prozess so gründlich zu stören, dass er wegen Verfahrensmängeln eingestellt werden musste. In Hochstimmung, aber gefährlich knapp bei Kasse flogen die beiden zurück nach England, wo sie erfuhren, dass sie aus ihrer Wohnung in Brixton rausgeflogen waren und –
Schön, ab hier wusste Joshua, wie die Geschichte weiterging. Er lief ihnen eine Woche später über den Weg, als sie die Willesden High Road auf und ab irrten, auf der Suche nach einer leer stehenden Wohnung, die sie besetzen wollten. Sie wirkten irgendwie desorientiert, und Joshua, beschwingt von der sommerlichen Atmosphäre und Joelys Schönheit, sprach sie einfach an. Schließlich gingen sie zusammen ein Bier trinken. Sie tranken, wie alle Welt in Willesden, in dem bereits erwähnten Spotted Dog, einer berühmten Willesdener Attraktion, die schon 1792 als »eine gut besuchte Schänke« (*Das alte Willesden*, von Len

Snow) erwähnt wurde. In der zweiten Hälfte des vorigen Jahrhunderts wurde das Pub zu einem beliebten Ausflugsziel der Londoner, wenn sie mal einen Tag »auf dem Lande« verbringen wollten, und noch später zu einem Sammelplatz für die Pferdebusse. Im Jahre 1992 hatte sich das Spotted Dog erneut verwandelt, diesmal in einen Treffpunkt der großen Gemeinde australischer Einwanderer, die in den vergangenen fünf Jahren ihre seidigen Strände und smaragdgrünen Seen verlassen und sich unerklärlicherweise in Willesden niedergelassen hatten. An dem Nachmittag, als Joshua mit Joely und Crispin hereinkam, befand sich ebendiese Gemeinde in heller Aufregung. Nach einer Beschwerde wegen eines fürchterlichen Geruchs, der aus dem Stockwerk über Schwester Marys Handlesesalon auf der Hauptstraße drang, hatten Beamte des Gesundheitsamtes die entsprechende Wohnung gestürmt und festgestellt, dass dort illegal sechzehn Australier hausten, die ein Loch in den Boden gerissen und darin ein Schwein geröstet hatten, anscheinend in dem Versuch, einen unterirdischen Südsee-Kiln nachzubauen. Auf die Straße gesetzt, beweinten sie gerade im Pub ihr Schicksal und jammerten dem Wirt, einem mächtigen, bärtigen Schotten, die Ohren voll, obwohl er wenig Mitgefühl für seine Kundschaft vom entgegengesetzten Ende der Erde zeigte (»Gibt's bei euch in Sydney eigentlich irgendwo so'n Scheißschild, wo draufsteht, kommt alle Mann nach Willesden?«). Joshua, der die Geschichte mitbekam, vermutete, dass die fragliche Wohnung jetzt frei sein müsste, und ging mit Joely und Crispin dorthin, damit sie sie sich ansehen konnten, wobei sein Hirn schon auf Hochtouren lief … *wenn sie hier bei mir in der Nähe wohnt …*

Es war ein schönes, heruntergekommenes viktorianisches Haus mit einem kleinen Balkon, einem Dachgarten und einem großen Loch im Fußboden. Er riet ihnen, einen Monat abzuwarten und dann einzuziehen. So geschah es, und Joshua sah sie immer häufiger. Einen Monat später erlebte er eine »Bekehrung«, nachdem er stundenlang mit Joely geredet hatte (stundenlang ihre Brüste unter diesen abgetragenen T-Shirts begutachtet hatte), und damals hatte er das Gefühl, als hätte jemand seinen kleinen, in sich geschlossenen Chalfen-Kopf genommen, ihm zwei Zeichentrickfilm-Stangen Dynamit in die Ohren gesteckt und ihm einfach ein riesengroßes Loch ins Bewusstsein gesprengt. Blitzartig wurde ihm klar, dass er Joely liebte, dass seine Eltern Arschlöcher waren, dass er selbst ein Arschloch war und dass die größte Gemeinschaft auf Erden, die Gemeinschaft der Tiere, tagtäglich unterdrückt, eingekerkert und ermordet wurde, und das mit vollem Wissen und Einverständnis jeder Regierung dieser Welt. Inwieweit die zweite Erkenntnis auf der ersten gründete und von ihr abhängig war, konnte er schwer sagen, aber er hatte dem Chalfenismus abgeschworen und kein Interesse daran, Dinge auseinander zu nehmen, um festzustellen, wie sie sich zusammensetzten. Stattdessen hörte er auf, Fleisch zu essen, verdrückte sich nach Glastonbury, ließ sich tätowieren, wurde einer von diesen Typen, die ein Achtel mit geschlossenen Augen abmessen können (also: *leck mich*, Millat!), und ließ es sich einfach gut gehen ... bis ihn schließlich doch das schlechte Gewissen packte. Er gab sich als Sohn von Marcus Chalfen zu erkennen. Joely war entsetzt (*und*, so dachte Joshua gerne, ein kleines bisschen *erregt* – mit dem Feind ins Bett steigen und so weiter). Joshua wurde weggeschickt, während FAST eine zweitägige Gipfelkonferenz abhielt, mit Sprüchen wie: »Aber er ist genau das, was wir brauchen ... Ha, wir könnten ihn doch dazu nutzen ...«

Es war ein schleppender Prozess mit Abstimmungen und Unterparagrafen und Einsprüchen und Vorbehalten, doch am Ende kam nichts Anspruchsvolleres dabei heraus als: »Auf wessen Seite stehst du?« Joshua sagte, *auf eurer*, und Joely hieß ihn mit offenen Armen willkommen, zog seinen Kopf an ihren herrlichen Busen. Bei Versammlungen wurde er herumgereicht, bekam die Rolle des Sekretärs zugewiesen und war überhaupt das Juwel in ihrer Krone: *der Bekehrte von der Gegenseite.*

Seitdem hatte Joshua nun schon sechs Monate lang seine wachsende Verachtung für seinen Vater gepflegt, viel Zeit mit seiner großen Liebe verbracht und den Langzeitplan entwickelt, sich zwischen das berühmte Paar zu drängen (er brauchte ohnehin eine Unterkunft; die Jones'sche Gastfreundschaft erschöpfte sich allmählich). Er machte sich bei Crispin *lieb Kind*, sah bewusst über dessen Misstrauen ihm gegenüber hinweg. Joshua verhielt sich wie sein bester Kumpel, erledigte alle Drecksarbeiten für ihn (Fotokopieren, Plakate kleben, Flugblätter verteilen), pennte auf dem Fußboden, feierte ihren siebten Hochzeitstag mit ihnen und schenkte Crispin ein selbst gemachtes Gitarrenplektron zum Geburtstag. Und die ganze Zeit über hasste er ihn *aus tiefstem Herzen*, begehrte sein Weib, wie noch keines Mannes Weib je begehrt wurde, und ersann sich mit brennender Eifersucht Szenarien für Crispins Sturz, die selbst Jago vor Neid hätten erblassen lassen.

Das alles hatte Joshua von der Tatsache abgelenkt, dass FAST eifrig damit beschäftigt war, den Sturz seines eigenen Vaters zu planen. Im Prinzip war er damit einverstanden gewesen, als Magid zurückkam, als sein Zorn am heißesten und die eigentliche Idee noch nebelhaft und weit weg war – bloß ein bisschen großspuriges Gerede, um neue Mitglieder zu beeindrucken. Jetzt war der 31. nur noch drei Wochen entfernt, und bis jetzt hatte Joshua sich noch nicht einmal in irgendeiner kohärenten, *chalfenistischen* Weise gefragt, welche Konsequenzen das, was geschehen würde, haben könnte. Er war sich nicht mal richtig darüber im Klaren, *was* geschehen würde – es waren noch keine endgültigen Entscheidungen gefällt worden; und während sie jetzt darüber debattierten, die wichtigsten Mitglieder von FAST im Schneidersitz und zugekifft rund um das große Loch im Boden, jetzt, wo er diesen fundamentalen Entscheidungen hätte lauschen *müssen*, war seine Aufmerksamkeit in Joelys T-Shirt abgeglitten, an ihrem athletisch geformten Torso hinab, weiter zu ihrer Batikhose, dann hinab –

»Josh, Kumpel, kannst du mir mal eben das Protokoll von den letzten paar Minuten vorlesen, falls du verstehst, was ich meine?«

»Hä?«

Crispin stöhnte auf und schnalzte missbilligend mit der Zunge. Joely beugte sich von ihrem Tisch nach unten und küsste Crispin aufs Ohr. *Arschloch*.

»Das Protokoll, Josh. Nach dem, was Joely über Proteststrategie gesagt hat. Wir waren beim schwierigen Teil angelangt. Ich möchte hören, was Paddy vorhin zu der Frage Bestrafung kontra Befreiung gesagt hat.«

Joshua blickte auf das leere Klemmbrett und platzierte es über seine abschwellende Erektion.

»Ähm … ich glaub, das hab ich nicht mitgekriegt.«

»Äh, tja, das war aber nun mal wirklich verdammt *wichtig*, Josh. Da musst du am Ball bleiben. Ich meine, was soll sonst das ganze Gerede hier –«

Arschloch, Arschloch, Arschloch.

»Er gibt sich doch schon alle Mühe«, schaltete sich Joely ein und beugte sich erneut von ihrer Tischplatte hinab, diesmal, um mit der Hand durch Joshuas Lockenkopf zu fahren. »Wahrscheinlich ist das gar nicht so leicht für Joshi, wisst ihr? Ich meine, für ihn ist es schließlich sehr *persönlich*.«

Sie nannte ihn immer einfach *Joshi*. Joshi und Joely. Joely und Joshi.

Crispin runzelte die Stirn. »Also, ich hab nun wirklich oft genug gesagt, wenn Joshua nicht persönlich in diese Aktion involviert werden will, auf Grund eines persönlichen *Interessenkonfliktes*, wenn er *nicht* mitmachen will, dann –«

»Ich mache mit«, fauchte Joshua, kaum noch fähig, seine Aggression zu unterdrücken. »Ich hab nicht vor zu kneifen.«

»Deshalb ist unser Joshi auch unser *Held*«, sagte Joely mit einem großen, aufmunternden Lächeln. »Ich sage euch, er wird der Letzte sein, der aufgibt.«

Ach, Joely!

»Also gut, schön, machen wir weiter. Versuch von jetzt an, Protokoll zu führen, ja? Okay. Paddy, kannst du noch mal eben wiederholen, was du vorhin gesagt hast, damit alle das mitkriegen, weil ich nämlich finde, das, was du gesagt hast, bringt die Entscheidung, die wir jetzt zu treffen haben, so richtig auf den Punkt.«

Paddys Kopf fuhr hoch, und er kramte in seinen Notizen herum. »Ähm, ja nun, also grundsätzlich ... *grundsätzlich* müssen wir uns fragen ... ähm, was unsere eigentlichen *Ziele* sind. Wenn es darum geht, die Täter zu bestrafen und die Öffentlichkeit zu erziehen ... dann, tja also, dann ergibt sich daraus nur ein einziger Weg – der direkte Angriff auf, ähm, die fragliche Person«, sagte Paddy und warf Joshua einen nervösen Blick zu. »Wenn es uns aber um das Tier selbst geht, was, wie ich finde, der Fall sein sollte, dann ergibt sich die Frage einer Gegenkampagne, und wenn diese nicht erfolgreich ist, die erzwungene Befreiung des Tieres.«

»Richtig«, sagte Crispin zögernd, unsicher, ob der Crispin-Glorienschein nicht zu groß wäre für die Befreiung einer Maus. »Aber die Maus ist in diesem Fall doch wohl eindeutig ein Symbol, das heißt, dieser Typ hat noch jede Menge mehr in seinem Labor – deshalb müssen wir uns mit dem größeren Gesamtzusammenhang auseinander setzen. Wir brauchen jemanden, der da einbricht –«

»Tja, also, grundsätzlich ... *grundsätzlich* glaube ich, dass das der Fehler ist, den OHNO macht. Die betrachten nämlich das Tier nur als Symbol ... und für mich ist das das totale Gegenteil von dem, worum es FAST geht. Wenn da ein Mensch sechs Jahre lang in einem kleinen Glaskasten gefangen gehalten würde, wäre er wohl kaum ein Symbol, oder? Und ich weiß ja nicht, wie ihr das seht, aber meiner Meinung nach besteht kein Unterschied zwischen Mäusen und Menschen.«

Die versammelten FAST-Mitglieder murmelten ihre Zustimmung, weil das die Art von Haltung war, zu der sie automatisch Zustimmung murmelten.

Crispin war leicht beleidigt. »Stimmt, klar, aber offensichtlich hab ich das so nicht gemeint, Paddy. Ich meine bloß, dass es hier einen größeren Gesamtzusammenhang gibt, so wie die Wahl zwischen dem Leben eines Menschen und dem Leben vieler Menschen, okay?«

»Einwand!«, sagte Josh, die Hand in die Luft hebend, weil sich ihm die Gelegenheit bot, Crispin blöd aussehen zu lassen. Crispin blickte ihn wütend an.

»Ja, Joshi«, sagte Joely mit zuckersüßer Stimme. »Schieß einfach los.«

»Ich wollte nur sagen, es gibt nicht noch mehr Mäuse. Ich meine, klar, er hat viele Mäuse, aber er hat keine, die genauso ist wie diese eine. Das Verfahren ist unglaublich teuer. Deshalb hat er sich nicht mehrere leisten können. Außerdem hat die Presse ihm unterstellt, wenn die FutureMouse sterben würde, während sie noch ausgestellt ist, könnte er sie ja auch einfach heimlich durch eine andere ersetzen – und da ist er großkotzig geworden. Er will der Welt beweisen, dass seine Berechnungen korrekt sind. Er will nur eine einzige Maus nehmen und der einen Strichcode verpassen. Andere gibt's nicht.«

Joely strahlte und griff nach unten, um Joshs Schultern zu massieren.

»Gut, ja, na schön, das klingt einleuchtend. Also Paddy, wie du gesagt hast – die Frage ist, ob wir unsere Aufmerksamkeit auf Marcus Chalfen richten oder darauf, die betreffende Maus vor den Augen der Weltpresse zu befreien.«

»Einwand!«

»Ja, Josh, was ist?«

»Tja, also, in diesem Fall ist es nicht wie bei den anderen Tieren, die ihr sonst so befreit, Crispin. Es macht keinen Unterschied. Der Schaden ist längst angerichtet. Die Maus trägt ihre Krankheit schon in den Genen. Wie eine Zeitbombe. Wenn ihr sie freilasst, wird sie nur irgendwo anders unter qualvollen Schmerzen sterben.«

»Einwand!«

»Ja, Paddy.«

»Tja also, grundsätzlich … würde man einem politischen Gefangenen doch wohl helfen, aus dem Gefängnis zu fliehen, auch wenn er eine tödliche Krankheit hat, oder?«

Die Köpfe der versammelten FAST-Mitglieder nickten heftig.

»Ja, Paddy, ja, völlig richtig. Ich denke, Joshua liegt hier falsch, und ich denke, Paddy hat uns vor Augen geführt, welche Optionen wir haben. Vor einer solchen Entscheidung haben wir schon oft gestanden, und wir haben uns je nach den Umständen unterschiedlich entschieden. In der Vergangenheit haben wir uns, wie ihr wisst, auf den Täter konzentriert. Wir haben Listen erstellt und Strafen verteilt. Natürlich weiß ich, dass wir uns in den letzten Jahren etwas von unseren früheren Taktiken entfernt haben, aber ich denke, selbst Joely würde mir darin zustimmen, dass wir jetzt vor unserer größten und grundlegendsten Prüfung stehen. Wir haben es hier mit ernsthaft gestörten Individuen zu tun. Auf der anderen Seite haben wir auch schon größer angelegte friedliche Proteste inszeniert und die Befreiung von Tausenden von Tieren geleitet, die von diesem Staat gefangen gehalten wurden. In diesem Fall haben wir einfach nicht die Zeit, beide Strategien anzuwenden. Es ist ein öffentlicher Ort und – na, das haben wir ja schon besprochen. Wie Paddy gesagt hat, ich denke, die Wahl, die wir am 31. zu treffen haben, ist ganz einfach. Es ist die Wahl zwischen der Maus und dem Menschen. Hat hier jemand irgendein Problem damit, darüber abzustimmen? Joshua?«

Joshua saß auf seinen Händen und hievte sich gerade hoch, um Joely für ihre Schultermassage einen besseren Zugriff zu ermöglichen. »Absolut kein Problem«, sagte er.

*

Am 20. Dezember um genau 00.00 Uhr klingelte im Hause Jones das Telefon. Irie schlurfte im Nachthemd nach unten und nahm den Hörer ab.

»Örhämmmm. Ich möchte Sie bitten, sich sowohl das *Datum* als auch die *Uhrzeit* meines Anrufs genau zu merken.«

»Was? Äh … was? Ryan sind Sie das? Hören Sie, Ryan, ich will ja nicht unhöflich sein, aber es ist Mitternacht, nicht? Wollten Sie was Bestimmtes, oder –«

»Irie? Kindchen? Biste da?«

»Ihre Großmutter is am anderen Apparat. Sie wollte auch mit Ihnen reden.«

»Irie«, sagte Hortense aufgeregt. »Du musst schon lauter reden, ich kann hier nix hörn –«

»Irie, ich wiederhole: Haben Sie sich *Datum* und *Uhrzeit* unseres Anrufs gemerkt?«

»Was? Hört mal, ich kann nicht … ich bin hundemüde … hat das denn nicht Zeit bis …«

»Der zwanzigste, Irie. Um 0 Uhr 0. Zweien und Nullen …«

»Hörste auch schön zu, Kindchen? Mr. Topps will dir was ganz Wichtges erklärn.«

»Gran, ihr müsst schon nacheinander reden … ihr habt mich gerade aus dem Bett geklingelt … ich bin noch total *neben der Mütze*.«

»Zweien und Nullen, Miss Jones. Sie stehen für das Jahr 2000. Und ist Ihnen der Monat meines Anrufs ganz und gar bewusst?«

»Ryan, es ist Dezember. Es ist wirklich –«

»Der *zwölfte* Monat, Irie. Was den zwölf Stämmen der Kinder Israels entspricht. Und von jedem Stamm wurden zwölftausend versiegelt. Vom Stamme Juda wurden zwölftausend versiegelt. Vom Stamme Ruben wurden zwölftausend versiegelt. Vom Stamme Gad wurden zwölftausend –«

»Ryan, Ryan … Ich hab's verstanden.«

»Es gibt bestimmte Tage, an denen der Herr möchte, dass wir

handeln – gewisse Tage der Vorwarnung, vorherbestimmte Tage –«

»Wo wir die Seelen der Verlornen rettn solln. Sie rechtzeitig warnen.«

»Und wir warnen *Sie*, Irie.«

Hortense fing leise an zu weinen. »Wir wolln dich bloß warnen, Schätzchen.«

»Okay. Super. Ich bin gewarnt. Gute Nacht, schlaft gut.«

»Das ist nicht die letzte Warnung an Sie«, sagte Ryan feierlich. »Bloß die erste. Es kommen noch mehr.«

»Nicht verraten – noch elf.«

»Oh!«, schrie Hortense und ließ den Hörer fallen, war aber noch immer schwach hörbar. »Sie is vom Herrn heimgesucht worden! Sie hat's schon vorher gewusst!«

»Hallo? Ryan! Könnten Sie vielleicht die anderen elf Warnungen irgendwie auf eine *verdichten* – oder mir wenigstens schon mal die wichtigste verraten? Ansonsten muss ich nämlich leider wieder ins Bett.«

Einen Moment herrschte Schweigen am anderen Ende. Dann: »*Örhämmmm*. Also schön. Lassen Sie sich nicht mit diesem Mann ein.«

»Ach, Irie! Bitte hör auf Mr. Topps! Bitte, bitte hör auf'n!«

»Mit *welchem* Mann?«

»Diesem Wissenschaftler, Chalfen. Der Mann, den Sie ›Freund‹ nennen, wo er in Wahrheit ein Feind der Menschheit ist.«

»Marcus? Ich hab mich nicht auf ihn eingelassen. Ich erledige nur seinen Papierkram und nehme Anrufe für ihn entgegen.«

»Und werden so zur Sekretärin des Teufels gemacht«, sagte Ryan, was bei Hortense noch mehr und noch heftigeres Schluchzen auslöste, »damit sündigen Sie selbst.«

»Ryan, jetzt hören Sie mal zu. Ich hab für so was keine Zeit. Marcus Chalfen versucht bloß, ein paar Antworten zu finden, zum Beispiel auf so Scheißprobleme wie – Scheißprobleme wie *Krebs*. Okay? Ich weiß nicht, woher ihr eure Informationen bezieht, aber ich kann euch versichern, er ist nicht der leibhaftige Teufel.«

»Bloß einer von dem seinen Helfershelfern!«, wandte Hortense ein. »Bloß einer von dem seinen Vorkämpfern!«

»Beruhigen Sie sich, Mrs. B. Ich fürchte, Ihre Enkelin hat sich schon zu weit von uns entfernt. Wie ich erwartet hatte, seit sie uns verlassen hat, ist sie zur dunklen Seite übergelaufen.«

»Sie können mich mal, Ryan. Ich bin nicht Darth Vader. *Gran* ...«

»Sprich nich mit mir, Kindchen, sprich nich mit mir. Ich und ich is schwer enttäuscht.«

»Dann werden wir Sie ja wohl am 31. sehen, Miss Jones.«

»Ryan, hören Sie auf, mich Miss Jones zu nennen. Am ... was?«

»Am 31. Das Ereignis wird den Hintergrund für die Botschaft der Zeugen abgeben. Die gesamte Weltpresse wird da sein. Und wir auch. Wir beabsichtigen –«

»Wir wern se alle warnen!«, unterbrach ihn Hortense. »Und wir haben uns alles genau überlegt, weißte? Wir wern Lieder singen, mit Mrs. Dobson am Akkordeon, weil die kein Klavier bis dahin kriegt. Und wir wern 'nen Hungerstreik machen, bis dieser böse Mann aufhört, sich an der herrlichen Schöpfung des Herrn zu vergehn, und –«

»Hungerstreik? Gran, wenn du nicht deine kleinen Zwischenmahlzeiten kriegst, wird dir schwindelig. In deinem ganzen Leben hast du es nie länger als drei Stunden, ohne was zu essen, ausgehalten. Du bist fünfundachtzig.«

»Du vergisst«, sagte Hortense unterkühlt und barsch, »dass ich schon kämpfend zur Welt gekommen bin. Ich bin zäh. Mal 'n bisschen nichts essen macht mich nich bange.«

»Und Sie wollen das zulassen, Ryan? Sie ist fünfundachtzig, Ryan. *Fünfundachtzig.* Sie kann keinen Hungerstreik mitmachen.«

»Ich sag dir doch, Irie«, warf Hortense dazwischen. Sie sprach jetzt lauter und direkt in die Sprechmuschel. »Ich *will* das machen. Mal 'n bisschen nix essen macht mir nix. Siehe, der Herr gibt mit der Rechten und nimmt wieder fort mit der Linken.«

Irie lauschte und bekam mit, wie Ryan den Hörer ablegte, in Hortenses Zimmer ging, ihr behutsam den Hörer abnahm und sie überredete, ins Bett zu gehen. Irie konnte ihre Großmutter singen hören, während sie durch die Diele geführt wurde und den Satz weiter vor sich hin lallte, ihm eine unbekannte Melodie gab: *Siehe, der Herr gibt mit der Rechten und nimmt wieder fort mit der Linken!*

Aber die meiste Zeit, dachte Irie, *ist er bloß wie ein Dieb in der Nacht.* Er nimmt bloß. Er nimmt immer bloß fort.

*

Magid war stolz darauf, jede einzelne Phase mitbekommen zu haben. Er war Zeuge, wie Gene nach Maß entworfen wurden. Er war Zeuge bei ihrer Injektion in die Keimzelle. Und er war Zeuge bei der Geburt, die so anders war als seine eigene. Nur eine einzige Maus. Keine Quälerei durch den Geburtskanal, kein Erster und kein Zweiter, kein Geretteter und Ungeretteter. Keine Unberechenbarkeit. Keine Zufallsfaktoren. Kein *das Schnäuzchen hast du von deinem Vater und die Vorliebe für Käse von deiner Mutter.* Keine lauernden Geheimnisse. Kein Zweifel daran, wann der Tod kommen wird. Kein Verstecken vor Krankheit, keine Flucht vor Schmerzen. Keine Frage, wer hier die Fäden zieht. Keine dubiose Allmacht. Kein unsicheres Schicksal. Keine Frage nach irgendwelchen Reisen, keine Frage nach Kirschen in Nachbars Garten, denn wo auch immer diese Maus hinkam, ihr Leben würde exakt gleich sein. Sie würde nicht durch die Zeit reisen (und Zeit ist ein Übel, *das* hatte Magid inzwischen erkannt. Zeit ist *das* Übel), weil ihre Zukunft gleich ihrer Gegenwart war, die wiederum gleich ihrer Vergangenheit war. Eine Maus als Schachtel in der Schachtel in der Schachtel ... Keine anderen Straßen, keine verpassten Gelegenheiten, keine gleichzeitigen Möglichkeiten. Keine Ahnungen, kein Was-Wenn, kein Hätte-sein-Können. Nur Gewissheit. Nur Gewissheit in ihrer reinsten Form. Und was, dachte Magid – nachdem er Zeuge gewesen war, nachdem die Maske und die Handschuhe abgelegt waren, nachdem der weiße Kittel wieder am Haken hing –, was ist Gott mehr als *das*?

19
DER LETZTE RAUM

DONNERSTAG, 31. DEZEMBER 1992

So stand es in der Datumszeile der Zeitung. So verkündeten es die Feiernden, die mit ihren schrillen Silberpfeifen und Union Jacks durch die frühabendlichen Straßen tanzten und die zu dem Datum gehörende Stimmung hochputschen wollten; die die Dunkelheit herbeizwingen wollten (es war erst fünf Uhr), damit England seine Einmal-im-Jahr-Party feiern konnte, um sich zu besaufen, zu kotzen, zu fummeln, zu knutschen, zu rammeln; um die Türen von anfahrenden U-Bahnen für Freunde aufzuhalten; um sich über die plötzlich inflationären Forderungen somalischer Taxifahrer aufzuregen, um ins Wasser zu springen oder mit dem Feuer zu spielen, und das alles in dem dämmrigen, trügerischen Licht der Straßenlampen. Es war die Nacht, in der England aufhört *bittedankebitteverzeihungbitteachja?* zu sagen und stattdessen *bittefickmichfickdichdrecksau* zu sagen (und das sagen wir sonst *nie*). Die Nacht, in der England sich aufs Elementare besinnt. Es war der Silvesterabend. Aber Joshua konnte es kaum glauben. Wo war die Zeit geblieben? Sie war durch den Spalt zwischen Joelys Beinen getröpfelt, in die versteckten Höhlungen ihrer Ohren gelaufen, hatte sich im warmen, verfilzten Haar ihrer Achselhöhlen verborgen. Und die Folgen dessen, was er nun tun würde, an diesem größten Tag seines Lebens, eine kritische Situation, die er noch vor drei Monaten mit chalfenistischem Eifer zerlegt, zergliedert und analysiert hätte, auch die waren ihm in die dunklen Öffnungen ihres Körpers entflohen. Er hatte keine echten Entscheidungen für das neue Jahr getroffen, keine Vorsätze gefasst. Er fühlte sich so gedankenlos wie die jungen Männer, die aus den Pubs getorkelt kamen und auf Ärger aus waren. Er fühlte sich so schwerelos wie das Kind, das auf den Schultern seines Vaters zu einer Familienfeier ritt. Aber er war nicht bei diesen Menschen auf der Straße und amüsierte sich – er war hier, hier drin, schlingerte Richtung Stadtzentrum, näherte sich unbeirrbar dem Perret Institute wie ein auf Wärme reagierender Marschflugkörper. Er war hier, eingezwängt mit zehn anderen FAST-Mitgliedern in dem knallroten Minibus, der von Willesden Richtung Trafalgar Square raste, und bekam mit halbem Ohr mit, wie der Name seines Vaters laut von Kenny aus der Zeitung vorgelesen wurde, damit auch Crispin, der vorne hinterm Lenkrad saß, ihn hörte.

»Wenn Dr. Marcus Chalfen heute Abend seine FutureMouse der Öffentlichkeit vorstellt, läutet er damit einen neuen Abschnitt unserer genetischen Zukunft ein.«

Crispin warf den Kopf in den Nacken und stieß ein lautes »Ha!«, aus.

»Ja klar, richtig, genau«, redete Kenny weiter, vergeblich bemüht, gleichzeitig zu spötteln und zu lesen, »heißen Dank für die objektive Berichterstattung. Ähm, wo war ich … ach ja: ›Noch bedeutsamer ist, dass er diesen traditionell sehr verschwiegenen, elitären und komplexen Wissenschaftsbereich in noch nie dagewesener Weise einem Publikum näher bringt. Während sich das Perret Institute darauf vorbereitet, seine Türen sieben Jahre lang rund um die Uhr geöffnet zu halten, verheißt Dr. Chalfen ein nationales Ereignis, das sich sehr von dem Festival of Britain im Jahre 1951 oder der British-Empire-Ausstellung des Jahres 1924 unterscheidet, weil es keine politische Zielsetzung verfolgt.‹«

»Ha!«, schnaubte Crispin erneut und drehte sich in seinem Sitz um, so dass der FAST-Minibus (der nicht offiziell der FAST-Minibus war, denn auf beiden Seiten prangte noch immer in fünfundzwanzig Zentimeter großen Buchstaben die Aufschrift KENSAL RISE SOZIALDIENST; eine Leihgabe von einem Sozialarbeiter mit einer Vorliebe für Pelztiere) nur knapp an einer Schar angetrunkener Frauen auf hochhackigen Schuhen vorbeizischte, die gerade über die Straße stolperten. »Keine politische Zielsetzung? Will der uns verarschen?«

»Sieh auf die Straße, Darling«, sagte Joely und hauchte ihm einen Kuss zu. »Wir wollen doch wenigstens *versuchen*, mit heiler Haut anzukommen. Mhm, hier links … in die Edgware Road.«

»So ein Scheißer«, sagte Crispin, funkelte Joshua an und drehte sich dann wieder um. »Was für ein elender *Scheißer*.«

»›Im Jahre 1999‹«, las Kenny, der dem Pfeil von der Titelseite auf Seite fünf gefolgt war, »›dem Jahr, in dem laut Expertenmeinung die DNA-Rekombinationstechnik richtig ausgereift sein wird – werden schätzungsweise fünfzehn Millionen Besucher die FutureMouse-Ausstellung gesehen haben, und weltweit werden noch um ein Vielfaches mehr Menschen die Entwicklung der FutureMouse in der internationalen Presse verfolgt haben. Erst dann hat Dr. Chalfen sein Ziel erreicht, ein Volk weiterzubilden und der Öffentlichkeit den ethischen Ball zuzuspielen.‹«

»Ich. Muss. Gleich. Kotzen«, sagte Crispin, als erbräche er jedes einzelne Wort. »Was schreiben die anderen Zeitungen?«

Paddy hielt ein anderes Tagesblatt hoch, so dass Crispin es im Rückspiegel sehen konnte. Schlagzeile: MÄUSEMANIE.

»Dazu gibt's dann doch einen FutureMouse-Aufkleber«, sagte Paddy achselzuckend und klatschte sich den Aufkleber auf seine Baskenmütze. »Eigentlich ganz niedlich.«

»Dafür sind aber die Sensationsblätter überraschenderweise auf unserer Seite«, sagte Minnie. Minnie war eine ganz frisch Bekehrte: eine siebzehnjährige Punkerin mit verfilzten blonden Dreadlocks und gepiercten Brustwarzen, die Joshua kurzfristig als neues Objekt seiner Begierde in Erwägung gezogen hatte. Er hatte es versucht, aber nach einer Weile dann doch feststellen müssen, dass es einfach nicht ging. Er schaffte es nun mal nicht, seine unglückliche, kleine, psychotische Joely-Welt zu verlassen und nach Leben auf anderen Planeten zu suchen. Minnie, und das spricht für sie, hatte das gleich erkannt und sich eher zu

Crispin hin orientiert. Sie trug so wenig, wie das Winterwetter gerade noch zuließ, und nutzte jede Gelegenheit, ihre vorwitzigen gepiercten Brustwarzen in Crispins Nähe zu schieben, so wie jetzt, als sie sich in den Fahrraum vorbeugte, um ihm das Titelblatt des fraglichen Schmuddelblattes zu zeigen. Crispin versuchte, wenn auch erfolglos, gleichzeitig in den Kreisverkehr Marble Arch einzubiegen, Minnie nicht den Ellbogen in die Titten zu rammen und die Zeitung zu betrachten.

»Ich kann es nicht richtig sehen. Was ist das?«

»Das ist Chalfens Kopf mit Mäuseohren auf einem Ziegenkörper, an dem ein Schweinearsch hängt. Und er frisst aus einem Trog, auf dem auf der einen Seite ›Gentechnologie‹ steht und auf der anderen ›öffentliche Mittel‹. Überschrift: CHALFEN FRISST ALLES.«

»Schön. Kleinvieh macht auch Mist.«

Crispin fuhr noch einmal um den Kreisverkehr herum, und diesmal erwischte er die richtige Ausfahrt. Minnie griff über ihn hinweg und stellte die Zeitung aufs Armaturenbrett.

»Meine Güte, da sieht er ja chalfenistischer denn je aus!«

Joshua hatte es schon bitterlich bereut, Crispin von dieser kleinen Marotte seiner Familie erzählt zu haben, von der Angewohnheit, sich selbst mit Verben, Substantiven und Adjektiven zu bezeichnen. Damals hatte er die Idee gut gefunden, alle zum Lachen gebracht, noch mal bestätigt, um jeden Zweifel auszuräumen, auf welcher Seite er stand. Aber er hatte nie das Gefühl gehabt, seinen Vater zu verraten – er hatte nie die Schwere seines Tuns empfunden –, bis er hörte, wie der Chalfenismus aus Crispins Munde lächerlich gemacht wurde.

»Seht ihn euch an, wie er da in dem Trog rumchalfent. Alles und jeden ausbeuten, das ist so rechte Chalfen-Art, was Josh?«

Joshua brummte und wandte Crispin den Rücken zu, zog das Fenster und einen Blick auf den frostüberzogenen Hyde Park vor.

»Das da ist ein typisches Foto, seht ihr? Das, was sie für den

Kopf genommen haben. Ich kann mich dran erinnern; das war an dem Tag, als er in dem Kalifornien-Prozess ausgesagt hat. Dieser Blick der *totalen Scheißüberlegenheit*. Höchst chalfenesk!«

Joshua biss sich auf die Zunge. REAGIER NICHT DRAUF. REAGIER NICHT DRAUF, DANN ERNTEST DU IHR MITGEFÜHL.

»*Nicht*, Crisp«, sagte Joely eindringlich und berührte Joshuas Haar. »Vergiss bitte nicht, was wir vorhaben. Heute Abend kann er das wirklich nicht brauchen.«

BINGO.

»Jaja, schon gut …«

Crispin trat das Gaspedal durch. »Minnie, hast du mit Paddy überprüft, ob alle haben, was sie brauchen? Kapuzen und so?«

»Klar, alles erledigt. Voll cool.«

»Gut.« Crispin holte eine kleine Silberschachtel mit den erforderlichen Utensilien für einen dicken Joint hervor und warf sie in Joelys Richtung, traf aber Joshua schmerzlich am Schienbein. »Dreh uns einen, Schatz.«

ARSCHLOCH.

Joely hob die Schachtel vom Fußboden auf. Sie arbeitete in der Hocke, die Blättchen auf Joshuas Knie gelegt, den langen Hals entblößt, und ihre Brüste fielen nach vorn, bis sie praktisch in seinen Händen lagen.

»Bist du nervös?«, fragte sie ihn und warf den Kopf nach hinten, sobald der Joint fertig war.

»Wieso nervös?«

»Wegen heute Abend. Ich meine, das nenn ich einen echten Loyalitätskonflikt.«

»Konflikt?«, murmelte Josh benommen und wünschte sich, er wäre da draußen bei den fröhlichen Menschen, den konfliktfreien Menschen, den Silvestermenschen.

»Himmel, ich *bewundere* dich. Ich meine, FAST vertritt nun mal extreme Aktionen … Und du weißt ja, dass ich selbst jetzt noch manches von dem, was wir tun … *problematisch* finde.

Und dabei geht es um das wichtigste Prinzip in meinem Leben, weißt du? Ich meine, Crispin und FAST ... das ist mein ganzes Leben.«

NA TOLL, dachte Joshua, NA WUNDERBAR.

»Und ich könnte mir trotzdem wegen heute Abend vor Angst in die Hose machen.«

Joely zündete den Joint an und inhalierte. Sie reichte ihn an Joshua weiter, als der Minibus rechts abbog und am Parlamentsgebäude vorbeifuhr. »Das ist wie dieser Spruch: ›Wenn ich die Wahl hätte, entweder meinen Freund oder mein Land zu verraten, hoffe ich, dass ich den Mut hätte, mein Land zu verraten.‹ Die Wahl zwischen Pflicht und Prinzip, weißt du? Verstehst du, ich fühl mich nicht so hin- und hergerissen wie du. Ich weiß nicht, ob ich das sonst tun könnte, was ich tue. Ich meine, wenn er mein *Vater* wäre. Mein primäres Engagement gilt den Tieren, und das ist auch bei Crispin so, deshalb gibt es da keine Konflikte. Für uns ist es einfach. Aber du, Joshi, du hast die schwierigste Entscheidung von uns allen getroffen ... und du wirkst so *ruhig*. Ich meine, das ist bewundernswert ... und ich glaube, du hast Crispin *wirklich* beeindruckt, weil, du weißt ja, er war ein bisschen skeptisch, ob du ...«

Joely redete immer weiter, und Josh nickte immer weiter an den richtigen Stellen, aber das erstklassige Thai-Gras, das er rauchte, hatte ein Wort von ihr – *ruhig* – herausgepickt und zu einer Frage geformt. *Wieso so ruhig, Joshi?* Du bist gerade dabei, dich so richtig in die Scheiße zu reiten – *wieso so ruhig?*

Er konnte sich nämlich vorstellen, dass er äußerlich ruhig *wirkte*, unnatürlich ruhig, weil sein Adrenalin im umgekehrt proportionalen Verhältnis zum steigenden Silvestersaft stand, zu den Flatternerven des FAST-Trüppchens; und dazu dann noch die Wirkung des Pots ... Es war, als ginge er unter Wasser, tief unter Wasser, während oben Kinder spielten. Aber eigentlich war er weniger ruhig als träge. Und er konnte einfach nicht entscheiden, während der Bus Whitehall hinunterfuhr, ob das die richtige Reaktion war – die Welt einfach über ihn hinwegspülen zu lassen, den Dingen ihren Lauf zu lassen – oder ob er mehr wie *diese* Leute da sein sollte, diese Leute da draußen, die kreischten, tanzten, sich schlugen, vögelten, ob er nicht doch – wie lautete diese entsetzliche Modetautologie des ausgehenden zwanzigsten Jahrhunderts – *proaktiv* sein sollte.

Doch er nahm einen weiteren tiefen Zug von dem Joint und musste wieder an zwölf denken, als er zwölf war, ein altkluges Kind, das jeden Morgen nach dem Aufwachen damit rechnete, die Ankündigung zu hören: *noch zwölf Stunden bis zur nuklearen Apokalypse*, dieses alte dämliche Ende-der-Welt-Szenario. Ungefähr zu der Zeit hatte er viel über extreme Entscheidungen nachgedacht, über die Zukunft und ihre Verfallsdaten. Und schon damals war ihm klar geworden, dass er jene letzten zwölf Stunden wahrscheinlich nicht damit verbringen würde, Alice, die fünfzehnjährige Babysitterin von nebenan, zu vögeln oder Menschen zu erzählen, dass er sie liebte, oder zum orthodoxen Judentum überzutreten oder all die Dinge zu tun, die er tun wollte, und all die Dinge, die er sich nie getraut hatte. Es war ihm immer viel wahrscheinlicher vorgekommen, dass er einfach zurück auf sein Zimmer gehen und in aller Ruhe den Bau seines mittelalterlichen Lego-Schlosses beenden würde. Was hätte man auch sonst tun können? Bei welcher anderen Entscheidung hätte man seiner Sache sicher sein können? Denn Entscheidungen brauchen Zeit, die *Fülle der Zeit*, weil Zeit die horizontale Achse der Ethik ist – du triffst eine Wahl, und dann wartest du ab, wartest du ab. Und es ist eine hübsche Fantasievorstellung, diese Vorstellung der Abwesenheit von Zeit (NOCH ZWÖLF STUNDEN NOCH ZWÖLF STUNDEN), der Punkt, an dem es keine Konsequenzen mehr gibt und jede Handlung erlaubt ist (»Ich bin *verrückt* – ich bin ganz *verrückt* danach!«, ertönte ein Schrei von der Straße). Doch der zwölfjährige Joshua war zu neurotisch, zu analfixiert, zu *chalfenistisch*, um sie zu genießen, noch nicht mal den Gedanken daran. Stattdessen dachte er: Aber

was, wenn die Welt *nicht* untergeht, und was, wenn ich Alice Rodwell vögele und sie *schwanger* wird, und was, wenn –
So war es jetzt auch. Immer die Angst vor den Konsequenzen. Immer diese furchtbare Trägheit. Das, was er seinem Vater antun würde, war so gewaltig, so *kolossal*, dass die Konsequenzen undenkbar waren – er konnte sich keinen Moment nach der Tat vorstellen. Nur Leere. Nichts. In etwa so wie das Ende der Welt. Und mit dem Ende der Welt konfrontiert zu werden, oder auch nur mit dem Ende des Jahres, hatte Josh schon immer ein seltsam losgelöstes Gefühl gegeben.

Jeder Silvesterabend ist die bevorstehende Apokalypse im Kleinformat. Du vögelst, wo du willst, du kotzt, wenn du willst, du prostest zu, wem du zuprosten willst – die riesigen Menschenansammlungen auf der Straße, die Rückblicke im Fernsehen mit den Helden und Bösewichtern der Vergangenheit, die fanatischen letzten Küsse, das 10! 9! 8!

Joshua blickte finster Whitehall hinauf und hinunter, betrachtete die ausgelassenen Menschen, die mit ihrer Kostümprobe beschäftigt waren. Sie waren alle zuversichtlich, dass es nicht passieren würde oder, falls doch, dass sie schon damit umgehen könnten. Aber die Welt passiert dir, dachte Joshua, nicht du der Welt. Zum ersten Mal in seinem Leben glaubte er das wirklich. Und Marcus Chalfen glaubte das genaue Gegenteil. Und das war, so wurde ihm jäh klar, exakt der Grund, warum er hier war, aus Westminster herausfuhr und zusah, wie Big Ben sich der Stunde näherte, an der ich meines Vaters Haus zum Einsturz bringe. Deshalb sind wir alle hier. Zwischen dem Regen und der Traufe. Zwischen Szylla und Charybdis.

*

Die Brüder Millat, Hifan, Tyrone, Mo Hussein-Ishmael, Shiva, Abdul-Colin und Abdul-Jimmy standen stocksteif wie Maibäume mitten auf dem Bahnsteig, während der Silvestertanz um sie herum wogte.

»*Super*«, sagte Millat. »Was machen wir jetzt?«

»Kannst du nicht *lesen*?«, erkundigte sich Abdul-Jimmy.

»Wir tun das, was da steht, Brüder«, sagte Abdul-Colin und erstickte mit seinem dunklen, beruhigenden Bariton jeden Streit im Keime. »Wir steigen Finchley Road um. Allah sorgt für die Seinen.«

Der Grund, warum Millat die Schrift an der Wand nicht lesen konnte, war ganz einfach. Er war stoned. Es war der zweite Tag des Ramadan, und er war bekifft. Jede Synapse seines Körpers hatte für heute Feierabend gemacht und war nach Hause gegangen. Da war nur noch ein gewissenhafter Arbeiter, der in der Tretmühle von Millats Hirn herumlief und dafür sorgte, dass

ihm ein Gedanke im Kopf kreiste: *Warum? Warum sich so zu-
dröhnen, Millat? Warum?* Gute Frage.

Gegen Mittag hatte er eine schon ziemlich alte Unze Hasch in
einer Schublade gefunden, ein kleines Zellophanpäckchen, von
dem er sich vor sechs Monaten einfach nicht hatte trennen können. Er hatte es komplett aufgeraucht. Einen Teil davon rauchte er aus dem Fenster seines Zimmers hinaus. Dann ging er
zum Gladstone Park und rauchte noch was. Den dicksten Bat-
zen rauchte er auf dem Parkplatz der Willesden Library. Und
den letzten Rest in der Studentenküche eines gewissen Warren
Chapman, eines südafrikanischen Skateboarders, mit dem er früher rumhing. Und folglich war er jetzt, wo er mit den anderen
auf dem Bahnsteig stand, dermaßen *bekifft*, dass er nicht nur
Klänge in Klängen hören konnte, sondern Klänge in Klängen *in*
Klängen. Er konnte die Maus hören, die die Gleise entlang-
huschte und gemeinsam mit dem Knistern des Lautsprechers
und dem synkopischen Schniefen der älteren Frau in zehn Metern Entfernung einen harmonischen Rhythmus erzeugte. Sogar
als der Zug einfuhr, konnte er diese Klänge weiter unter der
Oberfläche hören. Nun gibt es tatsächlich eine Form des Bekifft-
seins, und das wusste Millat, die einfach so *sehr sehr* bekifft ist,
dass man gleichsam eine Zen-artige Klarheit erreicht, dass man
auf der anderen Seite zum Vorschein kommt und sich so absolut
tipptopp fühlt, als hätte man nie einen Joint angefasst. Ach, danach sehnte Millat sich. Er wünschte nur, er wäre so weit gekommen. Aber dazu hatte es nicht ganz gereicht.

»Alles in Ordnung, Bruder Millat?«, fragte Abdul-Colin besorgt, als die U-Bahntüren aufglitten. »Du hast eine ungesunde
Gesichtsfarbe.«

»Alles prima«, sagte Millat und legte eine unglaubliche Vorstellung von Sich-prima-Fühlen hin, weil Haschisch nun mal nicht
wie Trinken ist; ganz gleich, wie schlimm es ist, du kannst dich
immer irgendwie zusammenreißen. Um sich diese Theorie selbst
zu beweisen, ging Millat langsam und selbstsicher durch den

Wagen und suchte sich einen Platz ganz am Ende der Reihe von Brüdern, zwischen Shiva und irgendwelchen aufgeregten Australiern, die zum Hippodrome wollten.

Anders als Abdul-Jimmy hatte Shiva auch so seine wilden Zeiten gehabt, und er bemerkte die verräterischen roten Augen auf fünfzig Meter Entfernung.

»Millat, *Mann*«, raunte er, sicher, dass ihn die übrigen Brüder bei dem Geratter des Zuges nicht hören konnten. »Was hast du mit dir gemacht?«

Millat blickte stur geradeaus und sprach mit seinem Spiegelbild im Zugfenster. »Ich bereite mich vor.«

»Indem du dir den Kopf voll knallst?«, zischte Shiva. Er schielte auf die Fotokopie von Sure 52, die er noch nicht richtig auswendig konnte. »Bist du verrückt? Es ist schon schwer genug, sich das Zeug zu merken, ohne dass man dabei irgendwo auf dem Mars rumschwebt.«

Millat schwankte leicht und wandte sich Shiva mit schlecht getimtem Schwung zu. »Ich bereite mich nicht *darauf* vor. Ich bereite mich darauf vor, *was zu tun*. Weil's nämlich sonst keiner tut. Wir verlieren einen Mann, und ihr alle werdet zu Verrätern an der Sache. Ihr desertiert. Aber ich bleibe standhaft.«

Shiva verstummte. Millat meinte die kürzliche »Verhaftung« von Bruder Ibrahim ad-Din Shukrallah auf Grund einer erfundenen Anklage wegen Steuerhinterziehung und zivilen Ungehorsams. Niemand nahm die Anklagepunkte wirklich ernst, aber alle wussten, dass es eine unsanfte Warnung der Polizei war, dass sie die HEINTZ-Aktivitäten sehr genau im Auge hatte. Angesichts dessen war Shiva der Erste gewesen, der von dem bereits akzeptierten Plan A Abstand nahm, rasch gefolgt von Abdul-Jimmy und Hussein-Ishmael, der trotz seines Verlangens, sich mal an jemandem, *irgendwem* gewaltmäßig auszulassen, schließlich immer noch an seinen Laden denken musste. Eine Woche lang wurde heftig diskutiert (wobei Millat Plan A standhaft verteidigte), doch am 26. gaben Abdul-Colin, Tyrone und schließlich auch Hifan zu, dass Plan A möglicherweise den langfristigen Interessen von HEINTZ zuwiderlaufe. Sie konnten schließlich nicht das Risiko einer Festnahme eingehen, wenn sie nicht ganz sicher wussten, dass HEINTZ genug Führungspersönlichkeiten besaß, um sie zu ersetzen. Also war Plan A abgehakt. Plan B wurde hastig improvisiert. Plan B bestand darin, dass sieben HEINTZ-Repräsentanten mitten in der Pressekonferenz von Marcus Chalfen aufstehen und Sure 52 »Der Berg« rezitieren sollten, und zwar erst auf Arabisch (das würde Abdul-Colin allein machen) und dann auf Englisch. Plan B kotzte Millat an.

»Und das ist alles? Ihr wollt ihm bloß was *vorlesen*? Das ist seine Strafe?«

Was war mit Rache? Was war mit gerechtem Zorn, Vergeltung, Dschihad?

»Willst du damit andeuten«, hatte Abdul-Colin ernst gefragt, »dass das Wort Allahs, wie es dem Propheten Mohammed geoffenbart wurde – *Salla Allahu 'Alaihi Wa Sallam* –, nicht genügt?«

Nun ja, *nein*. Und so musste Millat klein beigeben, obwohl es ihn ankotzte. Statt der Frage nach Ehre, Opfer, und Pflicht, statt der lebensentscheidenden Fragen, die sich bei der sorgfältigen Planung von Clan-Kriegen ergaben, just die Gründe, warum Millat HEINTZ beigetreten war – statt dieser Fragen kam nun die Frage nach der *Übersetzung*. Alle waren sich einig, dass keine Koran-Übersetzung für sich in Anspruch nehmen durfte, das Wort Gottes zu sein, gleichzeitig jedoch räumte jeder ein, dass Plan B bei seiner Umsetzung einiges verlieren würde, wenn keiner verstand, was gesagt wurde. Also war die Frage, *welche* Übersetzung und *warum*. Sollte es eine der unzuverlässigen, aber klar verständlichen Orientalisten sein: Palmer (1880), Bell (1937-9), Arberry (1955), Dawood (1956)? Der exzentrische, aber poetische J. M. Rodwell (1861)? Der allseits beliebte, leidenschaftliche, hingebungsvolle exanglikanische Konvertit schlechthin: Muhammad Marmaduke Pickthall (1930)? Oder einer von den arabischen Brüdern, der prosaische Shakir oder der schwülstige Yusuf Ali? Fünf Tage debattierten sie darüber. Als Millat eines Abends in die Kilburn Hall trat, musste er nur leicht die Augen zusammenkneifen und schon hätte er diesen geschwätzigen Zirkel, diese vermeintlich fanatischen Fundamentalisten für die Redaktion der *London Review of Books* halten können.

»Aber Dawood ist so unbeholfen!«, argumentierte Bruder Hifan aufgeregt. »Ich verweise auf 52:44: *Wenn sie einen Teil des Himmels niederfallen sähen, sie würden immer noch sagen: ›Es ist bloß eine dicke Wolke!‹* Dicke Wolke? Das ist doch kein Rockkonzert. Bei Rodwell spürt man zumindest das Bemühen, die Poesie, die lyrische Ader des Arabischen wiederzugeben: *Und sähen sie ein Stück des Himmels herabfahren, sie sprächen: ›Es ist nur eine dichte Wolke.‹* Herabfahren, dicht – die Wirkung ist doch viel stärker, accha?«

Und dann, stockend, Mo Hussein-Ishmael: »Ich bin bloß ein Fleischer-Strich-Süßwarenladenbesitzer. Ich kann nicht behaupten, dass ich viel davon verstehe. Aber ich finde diesen letzten Vers sehr schön. Das ist Rodwell ... äh, glaube ich, ja, Rodwell. 52:49: *Und zur Nacht: Rühme ihn, wenn die Sterne sinken.* Zur Nacht. Ich finde das hübsch. Das klingt wie ein langsamer Song von Elvis. Viel besser als die andere, die von Pickthall: *Und auch des nächtens rühme seine Herrlichkeit, und beim Niedergang der Sterne.* Zur Nacht ist doch viel hübscher.«

»Haben wir nichts Besseres zu tun?«, hatte Millat sie allesamt angeschrien. »Sind wir deshalb zu HEINTZ gekommen? Um nicht zu handeln? Um uns die Ärsche breitzusitzen und mit Worten zu spielen?«

Doch Plan B wurde beibehalten, und so rauschten sie nun an Finchley Road vorbei Richtung Trafalgar Square, um ihn umzusetzen. Und deshalb war Millat stoned. Damit er genug Mut aufbringen würde, etwas anderes zu tun.

»Ich bleibe standhaft«, sagte Millat leicht nuschelnd in Shivas

Ohr, »deshalb sind wir hier. Um standhaft zu bleiben. Deshalb bin ich beigetreten. Warum bist du beigetreten?«

Nun ja, um die Wahrheit zu sagen, war Shiva aus drei Gründen beigetreten. Erstens, weil er die Benachteiligungen satt hatte, die damit verbunden sind, der einzige Hindu in einem bengalisch-muslimischen Restaurant zu sein. Zweitens, weil »Leiter der Inneren Sicherheit« bei HEINTZ zu sein, um Klassen besser war, als den zweiten Kellner im Palace abzugeben. Und drittens, wegen der Frauen. (Nicht wegen der HEINTZ-Frauen, die zwar schön waren, aber extrem züchtig, sondern wegen all der Frauen da draußen, die sein zügelloser Lebensstil in die Verzweiflung getrieben hatte und die jetzt tief beeindruckt waren von seiner neuen Askese. Sie liebten den Bart, sie fanden den Hut stark, und sie erklärten Shiva, dass er mit seinen achtunddreißig Jahren endlich aufgehört hatte, ein Junge zu sein. Die Tatsache, dass er Frauen abgeschworen hatte, machte ihn für sie enorm attraktiv, und je heftiger er ihnen abschwor, desto erfolgreicher wurde er. Natürlich konnte diese Gleichung nur eine gewisse Zeit lang funktionieren, und im Augenblick kriegte er mehr Frauen ins Bett als je zuvor in seiner Zeit als Kafir.) Dennoch, Shiva spürte deutlich, dass die Wahrheit jetzt fehl am Platze gewesen wäre, also sagte er: »Um meine Pflicht zu tun.«

»Dann liegen wir auf derselben Wellenlänge, Bruder Shiva«, sagte Millat und wollte Shivas Knie tätscheln, verfehlte es aber. »Die einzige Frage lautet: Wirst du sie tun?«

»'tschuldigung, Kumpel«, sagte Shiva und zog Millats Arm zwischen seinen Beinen weg, wo er irrtümlich gelandet war. »Aber ich glaube, angesichts deines derzeitigen … ähm … Zustandes … ist die Frage eher, wirst *du* sie tun?«

Was für eine Frage. Millat war sich halb sicher, dass er möglicherweise, vielleicht etwas tun würde oder auch nicht, das korrekt wäre und sehr töricht und richtig und un-gut.

»Mill, wir haben einen Plan B«, drängte Shiva, als er die skeptischen Wolken über Millats Gesicht ziehen sah. »Lass uns Plan B durchziehen, ja? Es hat keinen Sinn, irgendwelchen Ärger zu machen. *Mann.* Du bist *genau* wie dein Dad. Typisch Iqbal. Nie mal was laufen lassen können. Immer schlafende Hunde retten müssen, oder wie das Scheißsprichwort heißt.«

Millat wandte sich von Shiva ab und starrte nach unten. Er war sich sicherer gewesen, als er losging und sich die Fahrt wie einen einzigen kalten, zielsicheren Pfeil auf der Jubilee Line vorgestellt hatte: Willesden Green – Charing Cross, ohne Umsteigen, nicht diese umständliche Route über x Stationen; einfach eine gerade Linie bis Trafalgar, und dann würde er die Stufen zum Platz hochsteigen und dem Feind seines Ururgroßvaters Auge in Auge gegenüberstehen, Henry Havelock auf seiner taubenbeschissenen Steinsäule. Das würde ihm Mut machen, und er würde das Perret Institute mit Rache und Revisionismus im Kopf und vergangenem Ruhm im Herzen betreten, und er würde und er würde und er …

»Ich glaube«, sagte Millat nach einer Pause, »ich muss kotzen.«

»Baker Street!«, rief Abdul-Jimmy. Und mit Shivas diskreter Hilfe überquerte Millat den Bahnsteig zum Anschlusszug.

Zwanzig Minuten später spuckte die Bakerloo Line sie auf den eiskalten Trafalgar Square. In der Ferne: Big Ben. Auf dem Platz: Nelson. Havelock. Napier. George IV. Und dann die National Gallery, da hinten neben St. Martin's. All die Statuen mit Blick auf die Uhr.

»In diesem Land liebt man seine Götzen nun mal«, sagte Abdul-Colin in einer seltsamen Mischung aus Ernst und Satire, unbeeindruckt von den Silvestermenschenmassen, die die zahlreichen grauen Steinkolosse gerade bespuckten, umtanzten und auf ihnen herumkletterten. »Nun verrat mir mal einer: Was haben die Engländer nur an sich, dass sie ihre Statuen mit dem Rücken zu ihrer Kultur und dem Blick auf die Zeit bauen?« Er hielt inne, damit die bibbernden HEINTZ-Brüder über diese rhetorische Frage nachdenken konnten.

»Weil sie in die Zukunft schauen, um ihre Vergangenheit zu vergessen. Manchmal können sie einem fast Leid tun, wisst ihr?«, fuhr er fort und drehte sich einmal im Kreis, um sich die trunkene Menge anzusehen.

»Sie haben keinen Glauben, diese Engländer. Sie glauben an das, was Menschen machen, aber das, was Menschen machen, zerfällt. Seht euch ihr Empire an. Das hier ist alles, was ihnen geblieben ist. Charles II. Street und South Africa House und reichlich dümmlich dreinblickende Steinmänner auf Steinpferden. Die Sonne geht innerhalb von zwölf Stunden darüber auf und wieder unter, problemlos. Das ist ihnen geblieben.«

»Mir ist scheißkalt«, klagte Abdul-Jimmy, der seine behandschuhten Hände zusammenschlug (er fand die Reden seines Onkels immer total nervig). »Gehen wir«, sagte er, als ein massiger bierwampiger Engländer, klatschnass von den Brunnen, mit ihm zusammenstieß, »weg von diesem Tollhaus. Es ist auf der Chandos Street.«

»Bruder?«, sagte Abdul-Colin zu Millat, der etwas abseits von der Gruppe stand. »Bist du bereit?«

»Ich komme gleich nach.« Er scheuchte sie schwach weg. »Keine Bange, ich werde da sein.«

Aber vorher wollte er sich noch zwei Dinge ansehen. Das erste war eine bestimmte Bank, die Bank da drüben, an der hinteren Mauer. Er ging hinüber, ein langer, stolpriger Weg, bei dem er zudem noch einer unberechenbaren Polonaise ausweichen musste (so viel Haschisch in seinem Kopf; Bleigewichte an beiden Füßen), aber er schaffte es. Er setzte sich. Und da war es.

Gut zehn Zentimeter große Buchstaben, zwischen den beiden Beinen der Bank. IQBAL. Es war nicht deutlich, und es hatte eine trübe Rostfarbe, aber es war da. Die Geschichte war alt.

Wenige Monate nachdem sein Vater in England angekommen war, hatte er auf dieser Bank gesessen und versucht, die Blutung an seinem Daumen zu stillen, dessen Spitze ihm von einem schon älteren, etwas zittrigen Kellner aus Versehen abgeschnitten worden war. Als es passierte, im Restaurant, spürte Samad gar nichts, weil es seine tote Hand war. Also wickelte er bloß ein Taschentuch drum herum, um der Blutung Einhalt zu gebieten, und arbeitete weiter. Aber der Stoff war schnell blutdurchtränkt, er verdarb den Kunden den Appetit, und schließlich schickte Ardashir ihn nach Hause. Samad ging also mit seinem offenen Daumen aus dem Restaurant, vorbei an den vielen Theatern und die St. Martin's Lane hinunter. Als er den Platz erreichte, tauchte er den Daumen in einen Brunnen und sah zu, wie sein rotes Innenleben sich in das blaue Wasser ergoss. Aber er richtete eine Sauerei an, und die Leute guckten schon. Also beschloss er, sich auf die Bank zu setzen und den Daumen fest am Ansatz zu umklammern, bis die Blutung aufhörte. Aber es blutete immer weiter. Nach einer Weile gab er es auf, den Daumen hochzuhalten und ließ ihn einfach runterhängen wie Halal-Fleisch, um so das Ausbluten hoffentlich zu beschleunigen. Dann, während er so dasaß, den Kopf zwischen den Knien, und sein Daumen aufs Pflaster leckte, hatte ihn ein primitiver Impuls überkommen. Langsam schrieb er mit dem tröpfelnden Blut IQBAL von einem Bankbein zum anderen. Und um den Schriftzug dauerhafter zu machen, hatte er ihn mit seinem Taschenmesser nachgezogen, ihn in den Stein gekratzt.

»Ein großes Schamgefühl stieg in mir auf, kaum dass ich damit fertig war«, erklärte er seinen Söhnen Jahre später. »Ich bin davongelaufen, in die Dunkelheit; ich wollte vor mir selbst weglaufen. Ich wusste ja, dass ich in diesem Land deprimiert gewesen

war … aber das war etwas anderes. Schließlich war ich am Piccadilly Circus, klammerte mich ans Geländer, kniete nieder und
betete, weinte und betete, störte die Straßenmusikanten. Weil ich
nämlich wusste, was meine Tat bedeutete. Sie bedeutete, dass *ich
meinen Namen auf die Welt schreiben wollte*. Sie bedeutete, dass
ich *anmaßend* geworden war. Wie die Engländer, die die Straßen
in Kerala nach ihren Ehefrauen benannten, wie die Amerikaner,
die ihre Fahne in den Mondstaub rammten. Es war eine Warnung von Allah. Er sagte: Iqbal, du bist im Begriff, *so zu werden
wie sie*. Das bedeutete meine Tat.«

Nein, dachte Millat, als er die Geschichte das erste Mal hörte,
nein, das bedeutete sie nicht. Sie bedeutete bloß: *Du bist nichts*.
Und als er die Buchstaben jetzt betrachtete, empfand Millat
nichts als Verachtung. Sein ganzes Leben hatte er sich einen Vater wie einen Mafia-Boss, einen Paten, gewünscht und bloß Iqbal
bekommen. Einen schwachen, gebrochenen, dummen, einhändigen Kellner, der achtzehn Jahre in einem fremden Land verbracht und keine andere Spur hinterlassen hatte als diese. *Sie
bedeutet bloß, dass du nichts bist*, wiederholte Millat, während
er sich einen Weg durch Erbrochenes (junge Mädchen, die seit
drei Uhr nachmittags Doppelte getrunken hatten) zu Havelock
bahnte, um Havelock in sein steinernes Auge zu blicken. *Sie
bedeutet, dass du nichts bist und er etwas ist*. Mehr nicht. Deshalb baumelte Pande von einem Baum, während sein Richter
Havelock auf einer Chaiselongue in Delhi ruhte. Pande war
niemand, und Havelock war jemand. Dafür brauchte man keine
Bücher aus Bibliotheken und keine Debatten und Rekonstruk-
tionen.

»Siehst du denn nicht, Abba?«, flüsterte Millat. »Das ist es. Das
ist die lange, lange Geschichte zwischen uns und ihnen. So ist es
gewesen. Aber nun ist Schluss.«

Weil Millat da war, um sie zu Ende zu führen. Um Rache zu
üben. Um diese Geschichte umzukehren. Ihm gefiel der Gedanke, dass er eine andere Einstellung hatte, die Einstellung der

zweiten Generation. Wenn Marcus Chalfen vorhatte, seinen Namen auf die Welt zu schreiben, dann würde Millat seinen Namen noch GRÖSSER schreiben. Niemand würde in den Geschichtsbüchern seinen Namen falsch schreiben. Es würde kein Vergessen der Daten und Zeiten geben. Wo Pande gestrauchelt war, würde er sicher schreiten. Wo Pande A gewählt hatte, würde Millat B wählen.

Ja, Millat war stoned. Und es mag uns absurd erscheinen, dass ein Iqbal glaubt, die Brotkrumen, die ein anderer Iqbal Generationen vor ihm verstreut hat, wären nicht schon längst fortgeweht. Aber es spielt eigentlich keine Rolle, was wir glauben. Denn es wird wohl kaum den Mann aufhalten, der denkt, dass sein Leben von einem vermeintlichen früheren Leben bestimmt wird, oder von der Zigeunerin, die auf die Königin in ihren Tarotkarten schwört. Und es ist wohl kaum möglich, die Meinung der neurotischen Frau zu ändern, die die Verantwortung für all ihr Tun vor den Füßen ihrer Mutter ablädt, oder die Meinung des einsamen Mannes zu ändern, der mitten in der Nacht auf einem Klappstuhl oben auf einem Berg sitzt und auf die Ankunft der kleinen grünen Männlein wartet. Zwischen den seltsamen Landschaften, die unseren Glauben an die Wirksamkeit der Sterne ersetzt haben, ist die von Millat gar kein so ungewöhnliches Terrain. Er glaubt, dass einmal getroffene Entscheidungen auf uns zurückfallen. Er glaubt, wir leben in Kreisen. Er vertritt einen schlichten, sauberen Fatalismus. Alles wiederholt sich irgendwann.

»Ding, ding«, sagte Millat laut und klopfte auf Havelocks Fuß, bevor er auf dem Absatz kehrtmachte, um benommen zur Chandos Street zu gehen. »Zweite Runde.«

*

Dezember 1992

Wer viel lernt, der muss viel leiden.

Pred. Kap. 1, V. 18

Als Ryan Topps gebeten wurde, für den Lambeth Königreichssaal den Losungen-Kalender 1992 zusammenzustellen, gab er
sich besonders große Mühe, die Fehler seiner Vorgänger zu vermeiden. Allzu häufig, so war Ryan aufgefallen, hatten sich nämlich die Kompilatoren, wenn es darum ging, Zitate für einen völlig belanglosen, nichts sagenden Tag auszusuchen, von Senti-
mentalitäten hinreißen lassen, so dass wir beispielsweise für den
Valentinstag 1991 den Vers finden: Furcht ist nicht in der Liebe,
sondern die völlige Liebe treibt die Furcht aus, 1. Johannes 4:18,
als hätte Johannes jenes jämmerliche Gefühl im Sinn gehabt, das
Menschen dazu bringt, einander Pralinenpackungen und billige
Teddybären zu schicken, und nicht die unübertroffene Liebe unseres Herrn Jesus Christus. Ryan wählte eine mehr oder weniger
entgegengesetzte Herangehensweise. An einem Tag wie Silvester
beispielsweise, wo alle Welt damit beschäftigt war, gute Vorsätze
fürs nächste Jahr zu treffen, das alte Jahr zu beurteilen und den
Erfolg des kommenden Jahres zu planen, hielt er es für notwendig, sie unsanft wieder auf den Boden der Tatsachen zurückzuholen. Er wollte ihnen mahnend ins Bewusstsein rufen, dass die
Welt grausam und unberechenbar, alles menschliche Streben
letztlich sinnlos ist und dass der einzige wirklich lohnenswerte
Fortschritt in dieser Welt darin besteht, Gottes Gunst und eine
Eintrittskarte zur besseren Hälfte des Jenseits zu erlangen. Und
da er den Kalender im Vorjahr fertig gestellt hatte und so ziemlich alles vergessen hatte, war er angenehm überrascht, als er den
30. abriss und auf das unberührte weiße Blatt des 31. blickte,

wie effektiv diese Mahnung doch war. Kein Tag hätte passender sein können für den Tag, der vor ihnen lag. Keine Warnung besser gewählt. Er riss das Blatt vom Kalender ab, stopfte es in das enge Leder seiner Hose und wies Mrs. B. an, in den Beiwagen zu steigen.

»Wach auf, du Geist der ersten Zeugen, die auf der Maur als treue Wächter stehn!«, sang Mrs. B., als sie über die Lambeth Bridge Richtung Trafalgar Square brausten. *»Die Tag und Nächte nimmer schweigen und die getrost dem Feind entgegengehn.«*

Ryan achtete darauf, rechtzeitig, also gut eine Minute vor dem Abbiegen nach links, den Blinker zu setzen, damit die Königssaal-Ladys in dem Minibus hinter ihnen nicht in Verwirrung gerieten. Im Geist ging er rasch noch mal durch, was er alles in den Bus gepackt hatte: Gesangbücher, Instrumente, Spruchbänder, *Wachtturm*-Ausgaben. Alles richtig und passend. Sie hatten zwar keine regulären Eintrittskarten, aber sie würden draußen protestieren, in der Kälte, leidend wie wahre Christen. Gelobt sei Gott! Was für ein Tag des Ruhms! Alle Vorzeichen waren gut. Letzte Nacht hatte er geträumt, dass Marcus Chalfen der Teufel selbst war, und sie standen sich Auge in Auge gegenüber. Ryan hatte gesagt: *Ich und du, wir bekämpfen einander. Es kann nur einen Sieger geben.* Dann hatte er ihm eine Passage aus der Heiligen Schrift (er wusste nicht mehr genau, welche, aber es war irgendwas aus der Offenbarung) immer und immer und immer wieder entgegengeschleudert, bis der Teufel/Marcus kleiner und kleiner geworden war, große Ohren und einen langen gegabelten Schwanz bekommen hatte und schließlich wie eine kleine satanische Maus davongehuscht war. Wie in dieser Vision, so konnte es auch im Leben sein. Ryan würde unnachgiebig, unbeirrt, absolut standhaft bleiben, und am Ende würde der Sünder Buße tun.

Auf diese Weise näherte sich Ryan allen theologischen, praktischen und persönlichen Konflikten an. Er rührte sich nicht von der Stelle, keinen Zentimeter. Aber andererseits war das schon immer sein Talent gewesen. Er besaß eine Mono-Intelligenz, die Fähigkeit, sich mit phänomenaler Beharrlichkeit an eine einzige Idee zu klammern, und er hatte nie irgendetwas anderes gefunden, das dem so entgegenkam wie die Zeugen Jehovas. Ryan dachte in Schwarzweiß. Das Problem mit seinen früheren Leidenschaften – sein Roller und Popmusik – waren die stets vorhandenen Grauschattierungen gewesen (obwohl möglicherweise die Erscheinungsformen des säkularisierten Lebens, die einem Prediger der Zeugen Jehovas am nächsten kommen, Jungen sind, die Briefe an den *New Musical Express* schicken, und Roller-Fans, die Artikel für *Scootering Today* verfassen). Immer gab es da so schwierige Fragen wie beispielsweise, ob man seine Bewunderung für die Kinks mit einer Prise Small Faces verdünnen sollte oder ob nun die Italiener oder die Deutschen die hochwertigsten Ersatzteile herstellten. Dieses Leben kam ihm jetzt so fremd vor, dass er sich kaum noch daran erinnern konnte, es gelebt zu haben. Er bemitleidete die Menschen, die unter dem Gewicht solcher Zweifel und Unsicherheiten ächzten. Er bemitleidete das Parlament, als er und Mrs. B. daran vorbeisausten; er bemitleidete es, weil die Gesetze, die dort verabschiedet wurden, vorläufig waren, während seine ewig waren ...

»*Dunkelheit, die musste weichen, als dies Licht kam in die Welt, dem kein andres zu vergleichen, welches alle Ding erhellt*«, trällerte Mrs. B. »*Die nach diesem Glanze sehen, dürfen nicht im Finstern gehen ...*«

Er genoss es in vollen Zügen. Er genoss es, dem Bösen Auge in Auge gegenüberzustehen und zu sagen: »Du selbst: beweis es mir. Na los, *beweis es*.« Er war überzeugt, keine Argumente zu brauchen, wie die Muslime oder Juden. Keine komplizierten Beweise oder Erklärungen. Bloß seinen Glauben. Und nichts Rationales kann es mit dem Glauben aufnehmen. Wenn *Star Wars* (insgeheim Ryans Lieblingsfilm. Das Gute! Das Böse! Die Macht! So *einfach*. So *wahr*.) wirklich die Summe aller archaischen Mythen und die reinste Allegorie des Lebens ist (wie Ryan meinte), dann ist Glaube, unverfälschter, unwissender Glaube das affenschärfste Laserschwert im Universum. *Na los, beweis es.* Er tat das jeden Sonntag an den Haustüren, und er würde genau dasselbe mit Marcus Chalfen tun. *Beweis mir, dass du Recht hast. Beweis mir, dass du eher Recht hast als Gott.* Nichts auf der Welt würde das schaffen. Weil Ryan an nichts auf der Welt glaubte oder hing.

»Sind wir bald da?«

Ryan drückte Mrs. B.s gebrechliche Hand und raste den *Strand* hinunter, fuhr dann hinter der National Gallery vorbei.

»Ewig, Herr, will ich dir danken, dass du hast so wohl getan und uns diesen Schatz geschenket, der zu deinem Reich uns lenket.«

Schön gesagt, Mrs. B.! Dieser Schatz, der für ihn nichts anderes bedeutete, als dass du das Recht hast, ein Pilger zu sein, der nicht anmaßend ist und doch das Erdreich besitzen wird! Das Recht, Recht zu haben, andere zu belehren, zu allen Zeiten gerecht zu sein, weil Gott bestimmt hat, dass du es bist, das Recht, in fremde Länder und an seltsame Orte zu gehen und zu den Unwissenden zu sprechen, in dem vollen Bewusstsein, dass du stets die Wahrheit sprichst. Das Recht, *immer* Recht zu haben. So viel besser als die Rechte, die ihm früher lieb und teuer waren: das Recht auf Freiheit, freie Meinungsäußerung, sexuelle Freiheit, das Recht, Pot zu rauchen, das Recht, sich zu amüsieren, das Recht, mit fünfundsechzig Meilen pro Stunde auf seinem Roller ohne Helm über eine verkehrsreiche Straße zu donnern. So viel mehr wert als all diese Rechte, konnte Ryan jetzt behaupten. Er übte zum traurigen Ende dieses Jahrhunderts ein so seltenes Recht aus, dass es praktisch schon ausgestorben war. Das fundamentalste aller Rechte. Das Recht, der Gute zu sein.

*

Datum: 31.12.1992
London Transport Buses
Linie 98
Von: Willesden Lane
Nach: Trafalgar Square
Uhrzeit: 17:35
Fahrpreis: Einf. Fahrt/Erwachsener £ 0,70
Fahrschein ist auf Verlangen vorzuweisen

Mannomann (dachte Archie), *die sind auch nicht mehr das, was sie mal waren.* Das hieß nicht, dass sie *schlechter* geworden waren. Sie waren bloß ganz, ganz *anders* als früher. Mit so vielen Informationen drauf. Kaum hatte man eins am gestanzten Rand abgerissen, da kam man sich schon wie von einem alles sehenden Tierpräparator ausgestopft und festgenagelt vor, man fühlte sich in der Zeit eingefroren, man fühlte sich *gefangen.* Das war nicht immer so, erinnerte Archie sich. Vor vielen Jahren hatte ein Vetter von ihm, Bill, die alte Linie 32 durch die Oxford Street gefahren. War ein guter Kerl, der Bill. Immer ein Lächeln und ein nettes Wort. Er riss oft klammheimlich einen Fahrschein von einem dieser dicken, mechanischen Dinger mit der großen Kurbel dran ab (überhaupt, wo waren denn die nun wieder geblieben, wo der verschmierte Tintenaufdruck?), nach dem Motto, lass dein Geld stecken, *hier, bitte sehr, Arch.* So war unser Bill, immer hilfsbereit. Na jedenfalls, diese Fahrscheine, die alten Fahrscheine, die verrieten einem nicht, wo man hinwollte, und noch viel weniger, wo man herkam. Er konnte sich auch nicht erinnern, dass da das Datum drauf stand, und die Uhrzeit ganz sicher auch nicht. Natürlich war heutzutage alles anders. So viele Informationen. Archie fragte sich, wozu das gut war. Er tippte Samad, der direkt vor ihm saß, auf dem vordersten Sitz des Oberdecks, auf die Schulter. Samad drehte sich um, starrte auf den Fahrschein, der ihm vorgehalten wurde, lauschte der Frage und bedachte Archie mit einem merkwürdigen Blick.

»Was genau, möchtest du denn jetzt wissen?«

Er wirkte ein wenig gereizt. Im Moment waren alle ein wenig gereizt. Früher am Nachmittag hatte es eine längere Auseinandersetzung gegeben. Neena hatte verlangt, dass sie alle zu dieser Mäusesache hingehen, wo doch Irie damit zu tun hatte und Magid damit zu tun hatte, und zumindest könnten sie alle Mann hingehen und die Familie unterstützen, denn ganz gleich, was sie von der Geschichte hielten, da steckte viel Arbeit drin, und junge Menschen brauchen nun mal Bestätigung von ihren Eltern, und sie würde auf jeden Fall hingehen, auch wenn die anderen nicht mitkämen, und es war ein ziemlich erbärmliches Bild, wenn die Familie nicht mal zu diesem großen Tag in die Gänge käme und … na ja, sie hörte und hörte nicht auf. Und dann kamen die aufgewühlten Reaktionen: Irie brach in Tränen aus (Was war eigentlich los mit Irie? In letzter Zeit hatte sie ziemlich nah am Wasser gebaut), Clara warf Neena emotionale Erpressung vor, Alsana sagte, sie würde gehen, wenn Samad ging, und Samad sagte, seit achtzehn Jahren verbringe er den Silvesterabend im O'Connell's und werde jetzt nicht damit aufhören. Archie seinerseits sagte, er wäre ja verrückt, wenn er sich den ganzen Abend diesen Krach anhören würde – da würde er sich lieber allein auf einen ruhigen Berg setzen. Alle hatten ihn ganz komisch angeguckt, als er das sagte. Sie wussten ja nicht, dass er nur Ibelgaufts prophetischen Rat annahm, den er einen Tag zuvor erhalten hatte:

28. Dezember 1992

Mein bester Archibald,
es ist die Jahreszeit der frohen Feste … so wird behauptet,
doch von meinem Fenster aus sehe ich nur wütendes Cha-
os. Derzeit führen sechs Katzen in meinem Garten einen
Territorialkrieg. Sie begnügen sich nicht mehr mit ihrem
herbstlichen Hobby, ihr jeweiliges Territorium mit Urin
zu durchtränken, denn der Winter hat einen noch fanati-

scheren Drang in ihnen geweckt … da werden Krallen
ausgefahren und Felle zerfetzt … das Gekreische hält mich
die ganze Nacht wach! Und unwillkürlich drängt sich mir
der Gedanke auf, dass mein eigener Kater Gabriel es ge-
nau richtig macht: er sitzt oben auf meinem Schuppen
und hat seine Landansprüche für ein ruhiges Leben aufge-
geben.

Aber schlussendlich bestimmte Alsana, wo es langging. Archie
und die Übrigen würden hingehen, ob es ihnen nun gefiel oder
nicht. Und es gefiel ihnen nicht. Deshalb hatten sie sich, um
möglichst allein zu sitzen, auf den halben Bus verteilt: Clara hinter Alsana, die hinter Archie saß, der hinter Samad saß, der
schräg gegenüber von Neena saß. Irie saß neben Archie, aber
bloß, weil sonst kein Platz mehr frei gewesen war.
»Ich hab nur gemeint … du weißt schon«, sagte Archie, um die
erste Unterhaltung anzuleiern und das frostige Schweigen, seit
sie Willesden verlassen hatten, zu beenden. »Ist doch interessant,
wie viele Informationen die heutzutage auf so einen Busfahr-
schein packen. Verglichen mit früher. Ich hab mich nur gefragt,
warum. Das ist doch interessant.«
»Ich will ehrlich zu dir sein, Archibald«, sagte Samad mit ver-
zerrtem Gesicht. »Ich finde das ausgesprochen uninteressant.
Ich finde das entsetzlich langweilig.«
»Aha«, sagte Archie. »Auch wieder wahr.«
Der Bus legte sich so schwungvoll in die Kurve, dass man mal
wieder das Gefühl hatte, der leiseste Lufthauch könnte ihn um-
kippen lassen.
»Ähm … dann weißt du also wohl nicht, wieso –«
»Nein, Jones, ich habe keine engen Freunde im Busdepot,
und ich besitze auch keine Insiderkenntnisse über die Moderni-
sierungsmaßnahmen im Londoner Personennahverkehr. Aber
wenn du meine unwissende Meinung hören willst, dann gehört
das alles womöglich zu einem gewaltigen staatlichen Überwa-

chungsprozess, um jede Bewegung eines gewissen Archibald Jones verfolgen zu können, um zu jeder Tages- und Nachtzeit sagen zu können, wo er ist und was er gerade tut –«

»Herrgott«, unterbrach Neena ihn entnervt, »wieso spielst du dich denn so auf?«

»Wie bitte? Mir war nicht klar, Neena, dass wir beide ein Gespräch führen.«

»Er hat dir bloß eine Frage gestellt, und du musst ihn gleich so ankotzen. Ich meine, du schikanierst ihn schon seit einem halben Jahrhundert. Reicht das nicht allmählich? Lass ihn doch einfach in Ruhe.«

»Neena Begum, ich schwöre, wenn du mir heute noch eine einzige Belehrung erteilst, reiß ich dir persönlich die Zunge an der Wurzel raus und trage sie als Krawatte.«

»Nun mal ganz ruhig, Sam«, sagte Archie, verstört über den Wirbel, den er unbeabsichtigt ausgelöst hatte, »ich wollte ja bloß –«

»Untersteh dich, meine Nichte zu bedrohen«, mischte sich Alsana von weiter hinten im Bus ein. »Bloß weil du lieber deine Bohnen und Pommes essen würdest« – *Ah!* (dachte Archie sehnsüchtig) *Bohnen und Pommes!* – »statt dabei zu sein, wenn dein eigener Sohn wirklich mal was erreicht, musst du das nicht gleich an ihr auslassen und –«

»Ich kann mich nicht erinnern, dass du so versessen drauf warst hinzugehen«, gab Clara ihren Senf dazu. »Weißt du was, Alsi, du hast die äußerst praktische Angewohnheit, alles zu vergessen, was länger als zwei Minuten her ist.«

»Das aus dem Munde einer Frau, die mit Archibald Jones zusammenlebt!«, höhnte Samad. »Nur zu deiner Erinnerung: wer im Glashaus wohnt –«

»Nein, Samad«, protestierte Clara. »Fang jetzt bloß nicht mit mir an. Du bist es doch, der was dagegen hatte hinzugehen … aber du bleibst ja nie bei einer Entscheidung, stimmt's? Da wird immer rumge*pande*t. Archie ist wenigstens, na ja, also …« Clara geriet ins Stottern, weil sie nicht daran gewöhnt war, ihren Mann zu verteidigen und weil ihr das notwendige Adjektiv nicht einfallen wollte, »wenigstens trifft er eine Entscheidung und bleibt dabei. Archie ist wenigstens *beständig*.«

»Oh, ja, und wie«, sagte Alsana schneidend. »So, wie ein *Stein* beständig ist, so wie meine liebe *Babba* beständig ist, ganz einfach, weil sie längst unter der Erde ist, seit –«

»Ach, halt die *Klappe*«, sagte Irie.

Alsana war einen Moment sprachlos vor Verblüffung, doch dann legte sich der Schock, und sie fand die Sprache wieder: »Irie Jones, du sagst mir nicht –«

»Doch, das tue ich«, fiel Irie ihr ins Wort und wurde sehr rot im Gesicht, »jawohl. Und ob ich das tue. Halt die Klappe. Halt die Klappe, Alsana. Und ihr Übrigen auch, haltet die Klappe. Okay? Haltet einfach die Klappe. Falls ihr es noch nicht bemerkt habt, hier im Bus sind auch noch *andere Leute*, und ob ihr's glaubt oder nicht, nicht jeder im gesamten *Universum* ist unbedingt daran interessiert, euch zuzuhören. Also seid ruhig. Na los. Versucht's mal. *Ruhe. Ah.*« Sie griff in die Luft, als wollte sie die Stille, die sie geschaffen hatte, mit Händen berühren. »Ist das nicht schön? Könnt ihr euch vorstellen, dass andere Familien immer so sind? Ruhig. Fragt mal einen von den anderen Fahrgästen hier. Die werden euch das bestätigen. Sie haben Familien. *So sind manche Familien immer.* Und manche Menschen würden solche Familien repressiv nennen oder emotional verkümmert oder egal was, aber wisst ihr, was ich sage?«

Die Iqbals und die Jones, die wie alle anderen im Bus (selbst die krakeelenden Raggae-Mädchen auf dem Weg zu ihrer Silvesterparty im alten Brixtoner Tanzsaal) vor Verblüffung mucksmäuschenstill geworden waren, hatten keine Antwort.

»Ich sage *Scheißglückspilze*. Verdammte *Scheißglückspilze*.«

»Irie Jones!«, schrie Clara. »Wie redest du denn?« Aber Irie war nicht zu stoppen.

»Was für eine friedliche Existenz. Was für eine *Wonne* so ein Leben sein muss. Sie öffnen eine Tür, und dahinter ist nur ein Bad oder ein Wohnzimmer. Bloß neutrale Räume. Und nicht dieses endlose Labyrinth aus gegenwärtigen Räumen und vergangenen Räumen und Sachen, die vor Jahren darin gesagt wurden, und überall verteilt der historische Scheiß von allen Bewohnern. Sie machen nicht unablässig dieselben alten Fehler. Sie hören nicht dauernd denselben alten Scheiß. Sie geben keine öffentlichen Angst-Inszenierungen in öffentlichen Verkehrsmitteln. Wirklich, solche Leute gibt es. Das könnt ihr glauben. Die schwersten Traumata ihres Lebens sind so Sachen wie einen neuen Teppichboden verlegen. Rechnungen bezahlen. Das Gartentor reparieren. Es ist ihnen egal, was aus ihren Kindern wird, Hauptsache, die sind einigermaßen *gesund und glücklich*, wisst ihr. Und bei ihnen ist nicht jeder einzelne Scheißtag ein gewaltiger Streit zwischen dem, was sie sind, und dem, was sie sein wollen. Los, fragt sie. Und sie werden's euch sagen. Keine Moschee. Vielleicht eine kleine Kirche. So gut wie keine Sünden. Reichlich Vergebung. Keine Dachböden. Kein Scheißdreck auf dem Dachboden. Keine Skelette in Schränken. Keine Urgroßväter. Ich wette *jetzt und hier*, dass Samad der einzige Mensch hier im Bus ist, der die Scheißinnenbeinlänge seines Urgroßvaters kennt. Und wisst ihr, *warum* die anderen so was nicht wissen? *Weil es ihnen scheißegal ist.* Ihrer Meinung nach gehört das in die Vergangenheit. So ist das in anderen Familien. Sie sind nicht maßlos. Sie rennen nicht durch die Gegend und genießen, *genießen* die Tatsache, dass sie eine absolut gestörte Familie sind. Sie überlegen sich nicht andauernd, wie sie ihr Leben noch komplizierter machen können. Sie *leben es einfach*. Verdammte Glückspilze. Verdammte Scheißglückspilze.«

Der ungeheure Adrenalinstoß, der bei diesem seltsamen Ausbruch freigesetzt wurde, rauschte durch Iries Körper, steigerte ihren Herzschlag zum gestreckten Galopp und kitzelte die Nervenenden ihres ungeborenen Kindes, denn Irie war in der achten Woche schwanger, und sie wusste es. Was sie nicht wusste und was sie, wie ihr klar war (schon in dem Moment, als die geister-haften pastellblauen Linien sich auf dem Teststreifen materiali-sierten, wie das Madonnengesicht in der Zucchini einer italieni-schen Hausfrau), wohl *nie* wissen würde, war die Identität des Vaters. Die konnte ihr kein Test der Welt verraten. Das gleiche volle schwarze Haar. Die gleichen blitzenden Augen. Die gleiche Angewohnheit, auf Bleistiften zu kauen. Die gleiche Schuh-größe. Die gleiche Desoxyribonucleinsäure. Sie konnte die Ent-scheidung ihres Körpers nicht kennen, konnte nicht wissen, wel-che Wahl er bei dem Rennen zum Gamet zwischen dem Gerette-ten und dem Ungeretteten getroffen hatte. Denn ganz gleich, welcher Bruder es war, es war auch der andere. Sie würde es nie wissen.

Zuerst fand Irie diesen Umstand unendlich traurig, und instink-tiv wurde sie angesichts der biologischen Fakten sentimental, gab ihren eigenen wenig stichhaltigen Syllogismus dazu: Wenn es nicht das Kind von jemand Bestimmtes war, konnte es dann sein, dass es niemandes Kind war? Sie dachte an die kunstvol-len ausklappbaren fiktionalen Kartogramme in Joshuas alten Science-Fiction-Büchern, seinen *Fantasy Adventures*. So schien es ihr Kind zu sein. Etwas perfekt Ausgearbeitetes ohne rea-le Koordinaten. Eine Landkarte für ein imaginäres Vaterland. Doch dann, nachdem sie sich ausgeweint hatte und lange grü-belnd hin und her getigert war, dachte sie: *Egal*, oder? *EGAL*. Es wäre immer so gekommen, nicht genauso, aber doch ebenso ver-worren. Hier ging es schließlich um die Iqbals. Hier ging es um die Jones. Wie hätte sie da je was anderes erwarten können?

Und so beruhigte sie sich, legte eine Hand auf die bebende Brust und atmete tief durch, als der Bus sich dem Platz näherte und die Tauben kreisten. Sie würde es einem von ihnen erzählen und dem anderen nicht; sie würde entscheiden, wem; sie würde es heute Abend tun.

»Alles in Ordnung mit dir, Kleines?«, fragte Archie sie, nachdem lange Zeit niemand mehr was gesagt hatte, und legte seine große rosafarbene, mit Leberflecken wie mit Teespritzern übersäte Hand auf ihr Knie. »Dir liegt wohl einiges auf der Seele.«

»Alles okay, Dad. Alles okay.«

Archie lächelte sie an und strich ihr eine verirrte Haarsträhne hinters Ohr.

»Dad.«

»Ja?«

»Die Sache mit den Busfahrscheinen.«

»Ja?«

»Eine Theorie ist, die haben das gemacht, weil so viele Leute weniger für ihre Fahrt bezahlen, als sie eigentlich müssten. In den letzten paar Jahren haben die Busgesellschaften immer größere Verluste gemacht. Siehst du, da steht: *Fahrschein ist auf Verlangen vorzuweisen*. Damit können sie alles kontrollieren. Alle wichtigen Angaben stehen drauf, und du kannst dich nicht rausreden.«

Und früher, fragte Archie sich, haben die Leute da einfach weniger gemogelt? Waren sie ehrlicher, ließen sie ihre Haustüren offen, ließen sie ihre Kinder bei den Nachbarn, machten sie Höflichkeitsbesuche, ließen sie beim Fleischer anschreiben? Das Komische ist, wenn man in einem Land älter wird, wollen die Leute genau das von einem hören. Sie wollen hören, dass es wirklich mal ein grünes und freundliches Land war. Sie *brauchen* das. Archie fragte sich, ob seine Tochter das jetzt brauchte. Sie betrachtete ihn mit einem eigentümlichen Blick. Den Mund nach unten gezogen, die Augen beinahe flehend. Aber was konnte er ihr sagen? Die Jahre kommen und gehen, aber all die guten Vorsätze zum neuen Jahr können offenbar nichts an der Tatsache ändern, dass es böse Menschen gibt. Dass es schon immer jede Menge böse Menschen gab.

»Als ich klein war«, sagte Irie leise und drückte auf den Knopf, damit der Bus an der nächsten Haltestelle hielt, »hab ich mir immer vorgestellt, sie wären so eine Art kleines Alibi. Busfahrscheine. Ich meine, guck doch mal: Da steht die Zeit. Das

Datum. Der Ort. Und wenn ich vor Gericht wäre und mich verteidigen müsste und beweisen, dass ich gar nicht dort war, wo ich angeblich gewesen sein soll, und nicht getan habe, was ich getan haben soll, dann würde ich einfach so einen Fahrschein rausziehen.«

Archie schwieg, und Irie nahm an, dass das Gespräch beendet war. Daher war sie überrascht, dass ihr Vater einige Minuten später, nachdem sie sich durch die fröhlichen Silvesterfeierer und die ziellos herumstehenden Touristen gekämpft hatten und die Stufen zum Perret Institute hochgingen, unvermittelt zu ihr sagte: »Hör mal, daran hab ich noch nie gedacht. Das werde ich mir merken. Weil, man kann ja nie wissen, weißt du? Stimmt doch, oder? Schön. Guter Gedanke. Man sollte sie vielleicht von der Straße auflesen. In einem großen Glas sammeln. Ein Alibi für jede Gelegenheit.«

*

Und all diese Menschen wollen in denselben Raum. Den letzten Raum. Ein großer Raum, einer von vielen im Perret Institute; ein Raum, der vom Ausstellungssaal abgetrennt ist und doch Ausstellungsraum heißt; ein repräsentativer Raum, ein unbeschriebenes Blatt; weiß/Chrom/rein/klar (so lautete die Design-Kurzfassung), für die Begegnungen von Menschen, die sich gegen Ende des zwanzigsten Jahrhunderts an irgendeinem neutralen Ort treffen wollen; ein virtueller Raum, wo sie ihre Geschäfte (ob nun Werbung, Damenwäsche oder Werbung für Damenwäsche) einer Leere abschließen können, in einer nicht kontaminierten Höhle; der logische Schlusspunkt nach eintausend Jahren mit zu vollen und zu blutigen Räumen. Dieser hier ist abgenagt, sterilisiert, wird Tag für Tag von einer nigerianischen Reinigungsfrau mit einem Profistaubsauger neu hergerichtet und des Nachts von Mr. De Winter behütet, einem polnischen Nachtwächter (so nennt er sich selbst – sein offizieller Titel lau-

tet Security Coordinator); man kann ihn sehen, wie er den Raum
beschützt, die Grenzen des Raumes abschreitet, mit einem
Walkman, der polnische Volkslieder spielt; wenn man vorbeigeht, kann man ihn durch eine riesige Glasfront sehen, und man
kann den Raum sehen – die ganze Fläche aus geschützter Leere
und ein Schild mit den Preisen pro Quadratmeter dieser Quadratmeter von Raum von Raum von Raum, länger als breit und
so hoch, dass drei Archies und mindestens eine halbe Alsana aufrecht übereinander passen würden, und heute Abend sind da
(morgen werden sie nicht mehr da sein) zwei große, passende
Poster, glatt wie Tapeten an zwei Seiten des Raumes befestigt,
und der Text lautet MILLENNIAL SCIENCE COMMIS-
SION, in einer enormen Vielzahl von Schrifttypen, vom be-
wussten Archaismus des VIKING bis zur Modernität von impact,
um den Eindruck von eintausend Jahren Druckerkunst zu vermitteln (das war die zu Grunde liegende Idee), und das Ganze in
den alternierenden Farben Grau, Hellblau und Dunkelgrün,
weil das die Farben sind, so haben Forschungen ergeben, die
Menschen mit »Wissenschaft und Technologie« assoziieren (Li-
la- und Rottöne signalisieren Kunst, Königsblau bedeutet »Qualität und/oder renommierte Waren«), weil die Menschen nämlich zum Glück endlich, nach Jahren kollektiver Synästhesie
(Salz & Essigblau, Käse & Zwiebelgrün), die Antworten geben
können, die erforderlich sind, wenn ein Raum entworfen wird,
wenn etwas umgestaltet wird, ein Raum/Möbel/Großbritannien
(das war die Grundidee: ein neuer britischer Raum, ein Raum für
Großbritannien, Britentum, der Raum Großbritanniens, britischer gewerblicher Raum kultureller Raum Raum); sie wissen,
was gemeint ist, wenn man sie fragt, was sie bei matt chromfar-
ben empfinden; und sie wissen, was gemeint ist mit nationaler
Identität? Symbole? Gemälde? Landkarten? Musik? Klimaanla-
ge? Lächelnde schwarze Kinder oder lächelnde chinesische Kinder oder [bitte ankreuzen]? Weltmusik? Plüsch oder Velours?
Fliesen oder Dielenbretter? Pflanzen? Fließendes Wasser?

sie wissen, was sie wollen, besonders diejenigen, die dieses Jahrhundert gelebt haben, von einem Raum zum anderen gezwungen
wurden wie Mr. De Winter (geb. Wojciech), neu benannt, umgestaltet, die Antwort auf jeden Fragebogen nichts nichts Raum
bitte nur Raum nichts bitte nichts Raum

20
VON MÄUSEN UND MÄNNERN

Es ist genau wie im Fernsehen! Und das ist das allergrößte Kompliment, das Archie für irgendein Ereignis im wahren Leben einfällt. Nur, das hier ist genau wie im Fernsehen, bloß noch besser. Es ist sehr *modern*. Es ist so schön und elegant, dass man sich hier drin fast nicht traut zu atmen, mal ganz zu schweigen davon, einen fahren zu lassen. Da sind Stühle, aus Plastik zwar, aber ohne Beine, geschwungen wie ein *S*. Anscheinend funktioniert ihre Statik nur durch ihren Faltenschwung; und sie passen ineinander, ungefähr zweihundert von ihnen in zehn Reihen; und sie schlängeln sich richtig um einen, wenn man drauf sitzt – weich und doch gut abstützend! Bequem! Modern! Und diese hohe Schule des Faltens muss man einfach bewundern, denkt Archie, als er sich auf einen niederlässt, mit einem so hohen Faltniveau ist er nie in seinem Leben in Berührung gekommen. *Sehr hübsch.*

Und das andere, das das alles hier noch besser als Fernsehen macht, ist die Tatsache, dass der Raum voller Menschen ist, die Archie kennt. Da ganz hinten ist Millboid (Schlawiner), mit Abdul-Jimmy und Abdul-Colin; Josh Chalfen etwas mehr in der Mitte, und Magid sitzt vorne bei der Chalfen-Frau (Alsana weigert sich, sie eines Blickes zu würdigen, aber Archie winkt ihr trotzdem zu, weil es unhöflich wäre, das nicht zu tun), und vor ihnen allen (ganz dicht bei Archie – Archie hat den besten Platz im ganzen Haus) sitzt Marcus an einem langen, langen Tisch, genau wie im Fernsehen, mit lauter Mikrofonen drauf, wie so eine Art Bienenschwarm, die fetten schwarzen Unterleibe von Killerbienen. Neben Marcus sitzen noch vier andere Typen, drei in seinem Alter und einer richtig alt, vertrocknet – *ausgedörrt*, wenn man das sagen kann. Und alle, wie sie da sind, haben eine Brille auf der Nase, so wie Wissenschaftler im Fernsehen. Aber ohne weiße Kittel. Und alle ganz lässig gekleidet: Pullover mit V-Ausschnitt, Krawatte, Straßenschuhe. *Ein bisschen enttäuschend.*

Natürlich hat er solche Presseveranstaltungspossen schon öfter gesehen, unser Archie (weinende Eltern, vermisstes Kind, oder umgekehrt, wenn es ein Fremdes-Waisenkind-Szenario war, weinendes Kind, vermisste Eltern), aber die hier ist um Längen besser, weil nämlich in der Mitte des Tisches was ganz Interessantes steht (und das kriegt man im Fersehen meistens nicht geboten, bloß die weinenden Leute): eine Maus. Eine ziemlich schlichte Maus, braun, und ohne irgendwelche anderen Mäuse dabei, aber sie ist putzmunter, flitzt in diesem Glaskasten herum, der ungefähr so groß ist wie ein Fernseher mit Luftlöchern. Als Archie den zuerst sah, war er ein bisschen beunruhigt (sieben Jahre in einem Glaskasten!), doch dann stellte sich heraus, dass das bloß vorübergehend so ist, bloß für die Fotografen. Irie hat erklärt, dass die im Institut ein Riesending für die Maus haben, voll mit Röhren und Verstecken, reichlich Platz, so dass sie sich nicht allzu langweilt, und da kommt sie dann später rein. Das wäre also so weit in Ordnung. Außerdem ist diese Maus da ein ganz gewitzt aussehender kleiner Racker. Sieht aus, als würde sie die ganze Zeit Fratzen schneiden. Man vergisst so leicht, wie hellwach Mäuse aussehen. Machen aber furchtbar viel Dreck. Deshalb hat er Irie auch nie eine gekauft, als sie noch klein war. Goldfische sind sauberer – und haben ein kürzeres Gedächtnis. Archies Erfahrung nach behält alles, was ein gutes Gedächtnis hat, irgendeinen Groll zurück, und ein Haustier, das einen Groll hegt (das eine Mal, wo du mir das falsche Fressen gegeben hast, das eine Mal, wo du mich gebadet hast), kann man nun mal nicht gebrauchen.

»Ja, da hast du Recht«, bestätigt Abdul-Mickey, der sich auf den

Platz neben Archie plumpsen lässt, ohne die geringste Ehrfurcht vor dem beinlosen Stuhl. »So einen rachsüchtigen Scheißnager will man nicht im Haus haben.«

Archie lächelt. Mickey gehört zu der Sorte Mann, mit der man Fußball gucken will oder Kricket, oder wenn man auf der Straße eine Schlägerei mitbekommt, hätte man ihn gern dabei, weil er so eine Art Kommentator des Lebens ist. So eine Art Philosoph. Er ist ziemlich frustriert von seiner alltäglichen Existenz, weil er nicht häufig Gelegenheit bekommt, diese Seite von sich zu zeigen. Aber man bringe ihn dazu, seine Schürze abzulegen, und locke ihn vom Herd weg, man gebe ihm Bewegungsfreiheit – und er blüht richtiggehend auf. Archie hat viel Zeit für Mickey. Viel Zeit.

»Wann legen die denn endlich los?«, sagt er zu Archie. »Die lassen sich Zeit, hä? Man kann sich schließlich nich die ganze Nacht lang 'ne Maus angucken, oder? Ich meine, wenn die schon die vielen Leute am Silvesterabend hierher holen, kann man doch wohl *irgendwas* erwarten, das in Richtung Unterhaltung geht.«

»Na ja«, sagt Archie, nicht ganz anderer Meinung, aber auch nicht so ganz dieser Meinung, »ich denke mal, die müssen ihre Unterlagen noch durchgehen und so … Die stehen schließlich nicht einfach auf und lassen ein paar Witzchen vom Stapel, oder? Ich mein, hier geht's nicht da drum, es allen Leuten dauernd recht zu machen, oder? Das ist *Wissenschaft*.« Archie spricht *Wissenschaft* genauso aus, wie er *modern* ausspricht, als hätte ihm einer die Wörter geliehen und ihm das Versprechen abgeknöpft, sie nicht kaputtzumachen. »*Wissenschaft*«, wiederholt Archie, diesmal mit mehr Sicherheit, »is was ganz anderes.«

Daraufhin nickt Mickey, denkt ernsthaft über die Behauptung nach, überlegt, wie viel Gewicht er diesem Einwand *Wissenschaft* mit all ihren Konnotationen von Sachkunde und höherer Ebene, von gedanklichen Räumen, die weder Mickey noch Archie je betreten haben, einräumen soll (Antwort: gar keins), wie viel Respekt er ihm angesichts dieser Konnotationen zollen soll

(Antwort: scheiß drauf. Schule des Lebens, oder?) und wie viele Sekunden er abwarten sollte, bevor er ihn in der Luft zerreißt (Antwort: drei).

»Im Gegenteil, Archie, im Gegenteil. Grottenfalsch is das. Ein verdammt verbreiteter Fehler is das. Wissenschaft ist überhaupt nix anderes als irgendwas anderes. Ich meine, wenn du mal richtig drüber nachdenkst. Unterm Strich muss sie den Leuten gefallen, verstehste, was ich meine?«

Archie nickt. Er weiß, was Mickey meint. (Manche Menschen – zum Beispiel Samad – empfehlen einem, keinem zu trauen, der den Ausdruck *unterm Strich* allzu oft benutzt – Fußballmanager, Immobilienmakler, Vertreter aller Art –, aber Archie hat das nie so empfunden. Die besonnene Verwendung besagten Ausdrucks weckt bei ihm stets das Gefühl, dass sein Gesprächspartner den Dingen auf den Grund geht, zum Kern der Frage vorstößt.)

»Und wenn du meinst, zwischen so 'nem Ort wie hier und meiner Kneipe gibt's irgendeinen Unterschied«, fährt Mickey fort, irgendwie sonor und doch dezibelmäßig nie über ein Flüstern hinausgehend, »dann liegst du falsch. Letzten Endes is es überall dasselbe. Letzten Endes geht's um die Kunden. Nur mal als Beispiel: Es bringt nix, *Ente à l'orange* auf die Speisekarte zu setzen, wenn die keiner will. Genauso macht es überhaupt keinen Sinn, wenn die hier Massen von Geld für irgendwelche schlauen Ideen rausschmeißen, wenn se damit nich irgendwem irgendwas nützen. *Denk mal drüber nach*«, sagt Mickey und tippt sich an die Schläfe, und Archie folgt dieser Anweisung, so gut er kann.

»Aber das heißt nich, dass du ihnen keine Chance gibst«, redet Mickey weiter und kommt allmählich in Fahrt. »Du musst diesen neuen Ideen 'ne Chance geben. Sonst bis du bloß ein Spießer, Archie. Du weißt doch, unterm Strich bin ich schon immer ein fortschrittsbewusster Typ gewesen. Deshalb hab ich ja auch vor zwei Jahren den Kartoffel-Kohl-Teller eingeführt.«

Archie nickte verständig. Der Kartoffel-Kohl-Teller war schon eine Art Offenbarung.

»Dasselbe gilt hier auch. Man muss diesen Dingen 'ne Chance geben. Das hab ich auch zu Abdul-Colin und meinem Jimmy gesagt. Ich hab gesagt: Seid nich so voreilig, kommt erst mal mit, und gebt dem Ganzen 'ne Chance. Und da sind sie nun.« Abdul-Mickey wirft ruckartig den Kopf nach hinten, ein unkontrolliertes Zucken der Begrüßung in Richtung seines Bruders und seines Sohnes, die ebenso reagieren. »Natürlich wird ihnen das vielleicht nich gefallen, was sie hier zu hören kriegen, aber das lässt sich schließlich nich vermeiden, oder? Wenigstens sind sie erst mal *ohne Vorurteile* hergekommen. Na, und ich persönlich, ich bin wegen Magid Ick-Ball hier – ich vertraue ihm, ich vertraue seinem Urteil. Aber, wie schon gesagt, abwarten und Tee trinken. Solange wir leben, geht die Scheißlernerei immer weiter, Archibald«, sagt Mickey, nicht um irgendwie grob zu sein, sondern weil das Sch-Wort für ihn ein Füllsel ist; er kann's nicht ändern; bloß eine Beilage wie Bohnen oder Erbsen, »solange wir leben, geht die Scheißlernerei immer weiter. Und eins kann ich dir sagen, wenn heute Abend hier irgendwas gesagt wird, das mich davon überzeugt, dass mein Jimmy keine Kinder haben wird mit 'ner Haut, die aussieht wie die Oberfläche des Mondes, dann bin ich bekehrt, Arch. Das sag ich dir jetzt. Ich hab zwar nich den leisesten Scheißschimmer, was irgendso 'ne Maus mit der alten Yusuf-Haut zu tun hat, aber ich sag dir, ich würd mein Leben in die Hände von diesem Ick-Ball-Jungen legen. Der Bursche gibt mir einfach ein gutes Gefühl. Is hundertmal so viel wert wie sein Bruder«, fügt Mickey viel sagend hinzu, wobei er die Stimme senkt, weil Sam hinter ihnen sitzt. »Wenn nich noch mehr. Ich mein, was zum Teufel denkt der sich, hä? Ich weiß jedenfalls, welchen ich weggeschickt hätte. Das kann ich dir flüstern.«

Archie zuckt die Achseln. »Es war eine schwierige Entscheidung.«

Mickey verschränkt die Arme und schnaubt: »So was gibt's nich, Kumpel. Entweder du hast *Recht* oder nich. Und wenn du das erst kapiert hast, Archie, dann wird dein Leben auf einmal verdammt einfach. Merk dir meine Worte.«

Archie merkt sich bereitwillig Mickeys Worte, packt sie zu den anderen Weisheiten, die das Jahrhundert ihm gewährt hat: *Entweder du hast Recht oder nich. Das goldene Zeitalter der Essensgutscheine ist vorbei. Mehr kann man nicht verlangen. Kopf oder Zahl?*

»He-he, was is das?«, grinst Mickey. »Es geht los. Bewegung. Mikrofone eingeschaltet. Eins-zwei, eins-zwei. Sieht so aus, als begönne der Sir.«

*

» …und diese Arbeit *ist* Pionierarbeit, sie *verdient* öffentliche Gelder und öffentliche Aufmerksamkeit, und es ist eine Arbeit, deren Bedeutung für jeden rational denkenden Menschen Vorrang hat vor den Einwänden, die gegen sie erhoben wurden. Was wir brauchen …«

Was wir *brauchen*, denkt Joshua, sind Plätze weiter vorne. Typisch beschissene Planung von Crispin. Crispin hat extra Plätze genau in der Mitte genommen, weil FAST irgendwie unauffällig mit der Menge verschmelzen und erst im letzten Moment die Masken überstreifen sollte, aber das war offensichtlich eine bescheuerte Idee, die von einem Mittelgang in der Bestuhlung ausging, den es nun mal nicht gibt. Jetzt müssen sie sich tollpatschig zu den Seitengängen durchquetschen, wie Terroristen, die im Kino nach ihren Plätzen suchen, was die ganze Operation verzögert, wo doch Schnelligkeit und Überraschungseffekt das A und O sind. Was für ein Schlamassel. Der ganze Plan geht Josh gegen den Strich. So kompliziert und absurd, und alles nur, damit Crispin sich noch ein bisschen mehr mit Ruhm bekleckern kann. Crispin darf ein bisschen rumbrüllen, Crispin darf mit der Waffe rumfummeln, Crispin macht ein paar Pseudo-Jack-Nicholson-Psycho-Zuckungen, bloß damit alles noch dramatischer wirkt. SUPER. Und Josh darf nur sagen *Dad, bitte. Gib ih-nen, was sie wollen*, obwohl er sich insgeheim ausmalt, dass er Gelegenheit für ein bisschen freie Improvisation haben wird: *Dad, bitte. Ich bin doch noch so jung. Ich will leben. Gib ihnen schon, was sie wollen, um Himmels willen. Es ist doch bloß eine Maus … ich bin dein Sohn*, und dann möglicherweise eine ge-spielte Ohnmacht als Reaktion auf einen gespielten Schlag mit der Pistole, falls sein Vater sich sträubt. Der ganze Plan ist von vorne bis hinten Käse, echter Schimmelkäse. Aber er wird klap-pen (hat Crispin gesagt), so was klappt immer. Doch nach der ganzen langen Zeit im Reich der Tiere ist Crispin wie Mowgli: Die Beweggründe und Motivationen von Menschen sind ihm fremd. Und er versteht mehr von der Psychologie eines Maul-wurfs, als er je über die inneren Mechanismen eines Chalfen wis-sen wird. Während Joshua also zum Podium hinaufschaut, wo Marcus mit seiner Mega-Maus die große Leistung seines Lebens und vielleicht *die seiner Generation* anpreist, drängt sich seinem eigenen kranken Gehirn die Frage auf, ob es vielleicht möglich ist, dass er und Crispin und FAST *total* falsch liegen. Dass sie sich in einen Riesenirrtum verrannt haben. Dass sie die Macht des Chalfenismus und dessen außergewöhnliche Hingabe an das Rationale einfach unterschätzt haben. Denn es ist durchaus möglich, dass sein Vater nicht, wie das gemeine Volk, schlicht und einfach, und ohne nachzudenken, das retten wird, was er liebt. Es ist durchaus möglich, dass Liebe dabei gar keine Rolle spielen wird. Und schon bei dem Gedanken daran muss Joshua lächeln.

※

» …und ich möchte Ihnen allen danken, vor allem meiner Fami-lie und meinen Freunden, die ihren Silvesterabend geopfert ha-ben, ich möchte Ihnen allen dafür danken, dass Sie hier sind, am Anfang eines, da sind wir uns wohl alle einig, sehr spannenden

Projektes, spannend nicht nur für mich selbst und die anderen Forscher, sondern für einen wesentlich größeren …«

Marcus legt los, und Millat beobachtet, wie die Brüder von HEINTZ Blicke wechseln. Sie haben sich auf zirka zehn Minuten nach Beginn geeinigt. Vielleicht fünfzehn. Abdul-Colin wird ihnen das Zeichen geben. Sie folgen seinen Instruktionen. Millat dagegen folgt keinen Instruktionen, zumindest nicht solchen, die von Mund zu Mund vermittelt oder auf Papier geschrieben werden. Er folgt einem Imperativ, der in seinen Genen angelegt ist, und der kalte Stahl in seiner Innentasche ist die Antwort auf eine Forderung, die vor langer Zeit an ihn gestellt wurde. Tief in seinem Innern ist er ein Pande. Und Meuterei liegt ihm im Blut.

Was die praktische Seite anging, das war keine große Sache: zwei Anrufe bei den Jungs aus der alten Clique, eine heimliche Absprache, ein bisschen HEINTZ-Geld, eine Fahrt nach Brixton und – schwuppdiwupp – hielt er sie in der Hand, schwerer, als er gedacht hatte, aber davon mal abgesehen, nichts Kompliziertes. Er *erkannte sie fast wieder.* Die Wirkung erinnerte ihn an eine kleine Autobombe, die er vor vielen Jahren im irischen Teil von Kilburn detonieren sah. Er war erst neun und mit Samad zu Fuß unterwegs. Aber während Samad verstört war, richtiggehend verstört, hatte Millat kaum mit der Wimper gezuckt. Für Millat war es *altvertraut* gewesen. Er blieb völlig *ungerührt.* Denn es gibt keine fremden Dinge oder Ereignisse mehr, ebenso wenig wie es noch heilige Dinge gibt. Alles ist so vertraut. Alles kam schon mal im Fernsehen. Und deshalb war es einfach, das kalte Metall in die Hand zu nehmen, es auf der Haut zu spüren. Und wenn einem etwas leicht fällt, wenn alles mühelos ineinander passt, ist es verführerisch, dieses große, oft missbrauchte Wort zu verwenden: Schicksal. Was für Millat eine eng mit dem Fernsehen verwandte Größe ist: eine unaufhaltsame Erzählung, geschrieben, produziert und unter der Regie von jemand anders.

Natürlich, jetzt, wo er hier ist, jetzt, wo er stoned ist und *Angst hat* und es nicht mehr so leicht scheint und die rechte Seite seiner Jacke sich anfühlt, als hätte jemand einen Scheißwestentaschenamboss da reingetan – jetzt sieht er den großen Unterschied zwischen Fernsehen und Leben, und es ist wie ein Schlag in die Magengrube. Konsequenzen. Doch selbst der Gedanke *daran* bedeutet zugleich, nach Entsprechungen in Kinofilmen zu suchen (weil er nicht wie Samad oder Mangal Pande ist; er war nie im Krieg, hat nie Kampfhandlungen erlebt, er hat keine Analogien oder Anekdoten im Kopf), bedeutet, sich an Pacino zu erinnern, im ersten *Paten*, wie er in der Toilette des Restaurants kauert (wie Pande in dem Raum in der Kaserne kauerte) und einen Moment lang abwägt, was es bedeutet, aus der Herrentoilette zu stürmen und die beiden Typen an dem karierten Tisch abzuknallen. Und Millat erinnert sich. Er erinnert sich, diese Szene im Laufe der Jahre zahllose Male zurückgespult und angehalten und in Zeitlupe abgespielt zu haben. Er erinnert sich, dass Pacino, ganz gleich, wie lange man diesen Sekundenbruchteil anhält, in dem er überlegt, ganz gleich, wie oft man den Zweifel wieder abspielen lässt, der über sein Gesicht zu huschen scheint, nie irgendetwas anderes tut als das, was er immer tun wird.

*

» …und wenn man bedenkt, dass die Bedeutung dieser Technologie für die Menschheit … die, so glaube ich, den großen Entdeckungen unseres Jahrhunderts auf dem Gebiet der Physik entspricht – Relativitätstheorie, Quantenmechanik … wenn man die Wahlmöglichkeiten bedenkt, die sie uns bietet … nicht nur zwischen blauen und braunen Augen, sondern zwischen Augen, die blind wären, und Augen, die sehen könnten …«

Aber Irie glaubt inzwischen, dass es Dinge gibt, die das menschliche Auge nicht wahrnimmt, auch nicht mit Hilfe von Lupe,

Fernglas oder Mikroskop. Sie muss es ja wissen, sie hat es versucht. Sie hat den einen angesehen und dann den anderen, den einen und dann den anderen – so viele Male, dass sie schon fast keine Gesichter mehr sind, bloß braune Leinwände mit seltsamen Ausbuchtungen, wie wenn man ein Wort so oft ausspricht, dass es seinen Sinn verliert. Magid und Millat. Millat und Magid. Maglat. Millgid.

Sie hat ihr ungeborenes Kind gebeten, ihr irgendeine Art von Zeichen zu geben, aber nichts. Sie hat eine Textzeile aus Hortenses Haus im Kopf, die sie nicht mehr loswird – Psalm 63 – *dich suche ich, meine Seele dürstet nach dir. Nach dir schmachtet mein Leib …* Aber das ist zu viel verlangt. Dafür müsste sie zurückgehen, zurück, zurück zur Wurzel, zu dem grundlegenden Moment, als Samenzelle auf Ei traf, als Ei auf Samenzelle traf – so früh in dieser Geschichte, dass er nicht mehr bestimmt werden kann. Iries Kind kann niemals exakt vermessen oder mit irgendeiner Form von Gewissheit benannt werden. Manche Geheimnisse sind von Dauer. In einer Vision hat Irie eine Zeit gesehen, eine nicht allzu ferne Zeit, in der Wurzeln keine Rolle mehr spielen, weil sie es nicht können, weil sie es nicht dürfen, weil sie zu lang sind und zu gewunden und weil sie, verdammt noch mal, einfach zu tief hinunterreichen. Sie freut sich darauf.

*

»*Wach auf du Geist der ersten Zeugen, die auf der Maur als treue Wächter stehen …*«

Schon seit einigen Minuten ist unter Marcus' Stimme und dem Klicken der Kameras ein anderes Geräusch (vor allem Millat lauscht darauf), ein schwaches Singen, zu hören. Marcus tut sein Bestes, es nicht zu beachten und einfach weiterzumachen, aber soeben ist es deutlich lauter geworden. Er hält jetzt öfter inne und blickt sich suchend um, obwohl das Geräusch eindeutig nicht hier im Raum ist.

»*Die Tag und Nächte nimmer schweigen, und die getrost dem Feind entgegengehn ...*«

»O Gott«, murmelt Clara und beugt sich vor, um ihrem Mann ins Ohr zu flüstern: »Das ist Hortense. Das ist *Hortense*. Archie, du musst rausgehen und dich drum kümmern. *Bitte*. Du kommst leichter von deinem Platz weg.«

Aber Archie amüsiert sich gerade prächtig. Zwischen Marcus' Worten und Mickeys Kommentaren ist es, als hätte er zwei Fernseher gleichzeitig laufen. Sehr informativ.

»Schick doch Irie.«

»Kann ich nicht. Sie sitzt zu weit außen. *Archie*«, knurrt sie und nimmt einen bedrohlichen Kreol-Tonfall an, »du kannst se doch nich einfach die ganze Zeit singen lassen!«

»Sam«, sagt Archie, bemüht seinem Flüstern Tragweite zu geben, »Sam, geh du. Du willst ja sowieso nicht hier sein. Los. Du kennst Hortense. Sag ihr einfach, sie soll leiser sein. Ich würde gern weiter zuhören, weißt du. *Sehr informativ*.«

»Mit Vergnügen«, zischelt Samad, steht abrupt auf und macht sich nicht mal die Mühe, Neena um Verzeihung zu bitten, als er ihr fest auf die Zehen tritt. »Ich glaube kaum, dass ihr meinen Platz freihalten müsst.«

Marcus, der inzwischen ein Viertel seiner detaillierten Beschreibung des siebenjährigen Mäuselebens vorgetragen hat, blickt wegen der Störung von seinen Unterlagen auf, stockt und sieht gemeinsam mit dem übrigen Publikum der entschwindenden Gestalt nach.

»Da ist wohl gerade jemandem klar geworden, dass diese Geschichte kein Happy End hat.«

Noch während das Publikum leise lacht und dann wieder in Schweigen verfällt, versetzt Mickey Archibald einen Stoß in die Rippen. »Siehst du, das is schon besser«, sagt er. »Mal 'ne komische Note – das Ganze ein bisschen aufpeppen. Sprache des einfachen Mannes, oder nich? Schließlich is nich jeder in Oxford gewesen. Ein paar von uns waren auf der –«

»Schule des Lebens«, ergänzt Archie nickend, weil sie beide die besucht haben, nur zu unterschiedlichen Zeiten. »Was Besseres gibt's nicht.«

*

Außen: Samad spürt, wie seine Entschlossenheit, die noch so stark war, als die Tür hinter ihm zufiel, schwächer wird, während er sich den eindrucksvollen Zeugen-Jehovas-Ladys nähert. Sie stehen, zehn an der Zahl, alle mit grotesken Kopfbedeckungen, auf den Eingangsstufen und hauen auf ihre Schlaginstrumente ein, als würden sie am liebsten etwas Bleibenderes aus ihnen rausprügeln als nur Rhythmus. Sie singen aus vollem Halse. Fünf Security-Leute haben sich schon geschlagen gegeben, und selbst Ryan Topps scheint von diesem Frankenstein-Chor leicht verunsichert zu sein und zieht es vor, etwas entfernt auf dem Bürgersteig den *Wachtturm* an die Menschen zu verteilen, die nach Soho wollen.

»Gibt's da Ermäßigung?«, erkundigt sich eine betrunkene junge Frau, die das kitschige Himmelsgemälde auf dem Umschlag betrachtet und das Heftchen dann zu den anderen Silvesterreklamezetteln von irgendwelchen Clubs steckt. »Gibt's da eine Kleiderordnung?«

Ohne große Hoffnung tippt Samad der Triangelspielerin auf ihre vorgeschobenen Rugby-Schultern. Er probiert das ganze Wortrepertoire eines Inders aus, der eine potenziell gefährliche jamaikanische Lady anspricht (*dürfteichvielleichtverzeihung möglicherweisebitteverzeihung* – das lernt man an Bushaltestellen), aber die Trommeln dröhnen weiter, die Kazoos brummen, die Becken schmettern. Die Ladys stampfen weiter ihre wetterfesten Schuhe in den Frost. Und Hortense Bowden, zu alt, um zu marschieren, bleibt weiter auf einem Klappstuhl sitzen und beäugt resolut die Massen der Tanzenden auf dem Trafalgar Square.

Sie hält ein Spruchband, den Stab zwischen die Knie geklemmt, auf dem schlicht und ergreifend steht:

DENN DIE ZEIT IST NAHE
Off. I:3

»Mrs. Bowden?«, sagt Samad und tritt in einer Pause zwischen Versen vor. »Ich bin Samad Iqbal. Ein Freund von Archibald Jones.«

Da Hortense ihn weder ansieht noch irgendwie signalisiert, dass sie ihn wieder erkennt, fühlt Samad sich gezwungen, tiefer in das komplizierte Netz ihrer Beziehung zueinander zu greifen. »Meine Frau ist eine sehr gute Freundin Ihrer Tochter, meine Stiefnichte ebenso. Meine Söhne sind Freunde Ihrer –«

Hortense bleckt die Zähne. »Ich weiß, wer Sie sind, Mann. Sie kennen mich, ich kenn Sie. Aber jetzt tut's nur noch zwei Sorten Menschen aufer Welt geben.«

»Es ist nur, wir haben uns gefragt«, unterbricht Samad sie, weil er eine Predigt wittert und sie im Keim ersticken will, »ob sie vielleicht den Geräuschpegel ein wenig senken könnten ... wenn möglich –«

Aber Hortense redet bereits über ihn hinweg, Augen geschlossen, Arme erhoben, und bezeugt die Wahrheit in alter jamaikanischer Tradition: »Zwei Sorten Menschen: die für den Herrn singn und die, die ihn ablehnen und ihre Seele in Verdammnis bringen.«

Sie wendet sich ab. Sie steht auf. Sie schüttelt das Spruchband wütend in Richtung der betrunkenen Horden, die sich in den Trafalgar-Brunnen unisono auf und ab bewegen, und wird von einem zynischen Journalisten, der auf Seite sechs noch eine Leerstelle zu füllen hat, gebeten, das noch mal zu machen.

»Das Spruchband ein bisschen höher, bitte«, sagt er, die Kamera erhoben, ein Knie auf dem Boden. »Na los, werden Sie richtig wütend. So ist schön. Ganz prima.«

Die anderen Ladys erheben ihre Stimmen, lassen Gesang zum Firmament aufsteigen. »*Dich suche ich*«, singt Hortense. »*Meine Seele dürstet nach dir. Nach dir schmachtet mein Leib; wie dürres, lechzendes Land ohne Wasser ...*«

Samad beobachtet das alles und muss zu seiner eigenen Verblüffung feststellen, dass er keine Lust hat, sie zum Schweigen zu bringen. Zum Teil, weil er müde ist. Zum Teil, weil er alt ist. Aber hauptsächlich, weil er dasselbe tun möchte, wenn auch in einem anderen Namen. Er weiß, was es heißt, ein Suchender zu sein. Er kennt Dürre. Er hat den Durst gespürt, den man in einem fremden Land leidet – entsetzlich, hartnäckig – den Durst, der dein ganzes Leben lang währt.

Mehr kann man nicht verlangen, denkt er, *mehr kann man nicht verlangen.*

*

Innen: »Bin gespannt, wann er endlich auf meine Haut zu sprechen kommt. Du hast doch auch noch nix da drüber gehört, oder, Arch?«

»Nein, bis jetzt noch nicht. Schätze, er hat verdammt viel zu erklären. Revolutionär, das Ganze.«

»Klar ... Aber für sein Geld kann man doch auch was erwarten.«

»Du hast deine Eintrittskarte doch nicht bezahlt, oder?«

»Nein. Nein, hab ich nicht. Aber ich hab trotzdem *Erwartungen*. Das Prinzip is dasselbe, oder? Ha, sei mal still ... ich glaub, ich hab gerade *Haut* gehört ...«

Mickey hat tatsächlich Haut gehört. Papillome auf der Haut, anscheinend. Gut fünf Minuten lang. Archie kapiert kein Wort. Aber am Ende blickt Mickey zufrieden drein, als hätte er alle Informationen bekommen, die er haben wollte.

»Mmm, na bitte, deshalb bin ich gekommen, Arch. Sehr interessant. Großer medizinischer Durchbruch. Sind schon richtige kleine Wundertäter, diese Doktoren.«

» …und bei all dem«, sagt Marcus gerade, »war er von grundlegender Bedeutung und absolut unersetzlich. Er ist nicht nur für mich persönlich eine Quelle der Inspiration, sondern er hat die Voraussetzungen für diese Arbeit geschaffen, besonders in seiner zukunftsweisenden Abhandlung, die ich zum ersten Mal hörte, als ich in …«

Oh, das ist aber nett. Dem alten Knaben so viel Anerkennung zu schenken. Und man sieht ihm richtig an, wie glücklich er darüber ist. Sieht ein bisschen verweint aus. Hab den Namen nicht genau mitgekriegt. Trotzdem, nett, nicht allen Ruhm für sich selbst einheimsen zu wollen. Aber andererseits sollte man es auch nicht übertreiben. Das klingt ja fast so, als hätte der alte Knabe alles gemacht.

»Mannomann«, sagt Mickey, der dasselbe denkt, »das is aber ein bisschen dick aufgetragen, hä? Ich dachte, du hättest gesagt, dieser Chalfen wäre hier der tolle Hecht.«

»Vielleicht sind die beiden Komplizen«, vermutet Archie.

» …Geld beschaffte, als die Arbeit auf diesem Gebiet bedenklich schlecht finanziert wurde und es so aussah, als müsste sie im Bereich der Science-Fiction verbleiben. Schon allein aus diesem Grund war er, wenn Sie so wollen, die Leitfigur unserer Forschungsgruppe, und er ist und bleibt mein Mentor, eine Position, die er seit mittlerweile zwanzig Jahren innehat …«

»Weißt du, wer mein Mentor is?«, fragt Mickey. »Muhammad Ali. Keine Frage. Integrität des Verstandes, Integrität des Geistes, Integrität des Körpers. Klasse Typ. Super Boxer. Und als er gesagt hat, er ist der Größte, hat er nich bloß gesagt, ›der Größte‹.«

Archie sagt: »Nein?«

»Nee, Kumpel«, sagt Mickey feierlich. »Er hat gesagt, er wär der *Größte aller Zeiten*. Vergangenheit, Gegenwart, Zukunft. Das war schon ein eingebildeter Sauhund, unser Ali. Hundertprozentig mein Mentor.«

Mentor … denkt Archie. Für ihn war das immer Samad. Das

kann er Mickey natürlich nicht sagen. Klingt doof. Klingt schwul. Ist aber die Wahrheit. Immer Sammy. Durch dick und dünn. Selbst wenn die Welt unterginge. In vierzig Jahren nie eine Entscheidung ohne ihn. Der gute alte Sam. Sam der Beste.

» …Wenn also irgendwem der Löwenanteil an Anerkennung für das Unglaubliche gebührt, das Sie heute Abend hier vor sich sehen, dann ist das Dr. Marc-Pierre Perret. Ein außergewöhnlicher Mann und ein sehr großer …«

Jeder Augenblick geschieht zweifach: innen und außen, und es sind zwei unterschiedliche Geschichten. Archie kennt den Namen, vage, irgendwo in seinem Innern, aber da dreht er sich schon auf seinem Platz um, sieht nach, ob Samad nicht allmählich zurückkommt. Er kann Samad nicht sehen. Stattdessen fällt sein Blick auf Millat, der komisch aussieht. Der ausgesprochen komisch aussieht. Nicht etwa lustig, sondern eigenartig. Er schwankt ganz leicht auf seinem Platz hin und her, und Archie kann ihm keinen Alles-in-Ordnung-mit-dir-Kumpel-Blick zuwerfen, weil Millats Augen auf etwas anderes starren, und als Archie seinem Blick folgt, starrt auch er unversehens auf diese Erscheinung: ein alter Mann, der kleine Tränen des Stolzes weint. Rote Tränen. Tränen, die Archie wieder erkennt.

Aber nicht, bevor Samad sie wieder erkennt; *Captain Samad Miah*, der soeben geräuschlos durch die moderne Tür mit dem leisen Mechanismus getreten ist; *Captain Samad Miah*, der einen Moment auf der Türschwelle stehen bleibt, durch seine Lesebrille späht und erkennt, dass er von seinem einzigen Freund auf dieser Welt fünfzig Jahre lang belogen worden ist. Dass der Grundstein ihrer Freundschaft aus nichts anderem bestand als aus Gummi und Seifenblasen. Dass viel, viel mehr in Archibald Jones steckt, als er je gedacht hätte. Er erkennt das alles auf einmal, wie beim Höhepunkt eines geschmacklosen Hindi-Musicals. Und dann stößt er mit schrecklicher Freude zur fundamentalen Wahrheit des Ganzen vor, der Anagnorisis: *Allein dieses Erlebnis wird uns zwei alte Knaben die nächsten vierzig Jahre zusammenschweißen.* Es ist die Mutter aller Geschichten. Es ist das Geschenk, das sich nie erschöpft.

»Archibald!« Er wendet sich von dem Doktor zu seinem Lieutenant um und stößt ein kurzes, lautes, hysterisches Lachen aus. Er fühlt sich wie eine junge Braut, die ihren Bräutigam zum ersten Mal erkennt, und zwar genau in dem Augenblick, wo sich alles zwischen ihnen verändert hat. »Du doppelzüngiger, verfluchter, betrügerischer Schweinehund, misa mata, bhainchute, shorabaicha, syut-morani, haram jadda …«

Samad verfällt in die Bengali-Mundart, die so bunt bevölkert ist von Lügnern, Schwesterfickern, Söhnen und Töchtern von Schweinen, Menschen, die ihren eigenen Müttern orale Befriedigung verschaffen …

Doch noch davor, oder zumindest zeitgleich damit, während das Publikum sich über diesen alten braunen Mann wundert, der in einer fremden Sprache diesen alten weißen Mann beschimpft, spürt Archie, dass etwas anderes geschieht, irgendeine Bewegung in diesem Raum, potenzielle Bewegung überall im Raum (die Inder ganz hinten, die jungen Leute neben Josh, Irie, die von Millat zu Magid blickt, von Magid zu Millat, wie eine Schiedsrichterin beim Tennis), und er sieht, dass Millat als Erster da sein wird; und Millat hebt den ausgestreckten Arm wie Pande; und Archie hat Fernsehen gesehen, und er hat das wirkliche Leben gesehen, und er weiß, was so ein ausgestreckter Arm bedeutet, also steht er auf. Also bewegt er sich.

Als also die Pistole das Licht erblickt, ist er *da*, er ist da, ohne dass eine Münze ihm helfen könnte, er ist da, bevor Samad ihn aufhalten kann, er ist da, ohne Alibi, er ist da, zwischen Millats Entscheidung und seinem Ziel, wie der Augenblick zwischen Denken und Sprechen, wie die sekundenschnelle Intervention von Erinnerung oder Reue.

*

Irgendwann hörten sie auf, in der Dunkelheit durch das flache Land zu gehen, und Archie stieß den Doktor nach vorne, zwang ihn, genau vor ihm stehen zu bleiben, wo er ihn sehen konnte.

»Stehen bleiben«, sagte er, als der Doktor unabsichtlich in einen Mondstrahl trat. »Bleib genau da stehen.«

Weil er nämlich das Böse sehen wollte, das reine Böse: den Augenblick des großen Erkennens, er *musste* es sehen – und dann konnte er so weitermachen, wie zuvor abgesprochen. Aber der Doktor stand tief gebeugt da und sah sehr schwach aus. Sein Gesicht war mit blassrotem Blut bedeckt, als wäre die Tat bereits geschehen. Noch nie hatte Archie einen Mann so niedergedrückt, so vollkommen besiegt gesehen. Das nahm ihm irgendwie den Wind aus den Segeln. Fast hätte er gesagt: *Sie sehen so aus, wie ich mich fühle*, denn wenn es eine Verkörperung gab für seine pochenden Kopfschmerzen und die trunkene Übelkeit, die ihm aus dem Bauch hochstieg, dann stand sie jetzt vor ihm. Aber keiner von beiden sagte etwas. Sie standen bloß eine ganze Weile so da und betrachteten einander über die geladene Pistole hinweg. Archie hatte das seltsame Gefühl, dass er diesen Mann *falten* könnte, anstatt ihn zu töten. Ihn zusammenfalten und in die Tasche stecken.

»Hören Sie, es tut mir Leid«, sagte Archie verzweifelt nach dreißig langen Sekunden des Schweigens. »Der Krieg ist aus. Ich hab nichts gegen Sie persönlich ... aber mein Freund, Sam ... nun ja, ich steck da so ein bisschen in der Klemme. So schaut's aus.«

Der Doktor blinzelte ein paar Mal und schien bemüht, seine Atmung zu kontrollieren. Obwohl seine Lippen rot waren vom eigenen Blut, sagte er: »Als wir vorhin gegangen sind ... haben Sie gesagt, dass ich um mein Leben flehen dürfte ...?«

Die Hände weiter hinter dem Kopf machte der Doktor Anstalten, auf die Knie zu sinken, aber Archie schüttelte den Kopf und stöhnte auf. »Ich *weiß*, was ich gesagt habe, aber es hat keinen ... es wäre einfach besser, wenn ich –«, sagte Archie traurig und demonstrierte pantomimisch das Abdrücken und den Rückstoß

der Waffe. »Finden Sie nicht? Ich meine, wäre doch einfacher …
alles in allem?«

Der Doktor öffnete den Mund, als wollte er etwas sagen, doch
Archie schüttelte erneut den Kopf. »Ich hab so was noch nie im
Leben gemacht, und ich bin ein bisschen … na ja, besoffen, ehrlich gesagt, ich hab so einiges intus … und es wäre nicht besonders gut … wenn Sie mir was erzählen, und ich könnte wahrscheinlich gar nichts damit anfangen, wissen Sie, also …«

Archie hob den Arm, bis er in einer Höhe mit der Stirn des Doktors war, schloss die Augen und spannte den Hahn.

Die Stimme des Doktors hüpfte eine Etage höher. »Eine Zigarette?«

Und von diesem Moment an lief die Sache schief. So, wie es für
Pande schief gelaufen war. Er hätte den Typen gleich da erschießen sollen. Wahrscheinlich. Aber stattdessen machte er die Augen auf und sah, wie sein Opfer sich abmühte, eine zerknautschte
Zigarettenpackung und ein Päckchen Streichhölzer aus der oberen Tasche zu ziehen, wie ein menschliches Wesen.

»Könnte ich – bitte? Bevor …«

Archie ließ alle Atemluft, die er gesammelt hatte, um einen Menschen zu töten, durch die Nase entweichen. »So eine letzte Bitte
kann man nicht abschlagen«, sagte Archie, weil er das in Filmen
gesehen hatte. »Ich hab Feuer, wenn Sie möchten.«

Der Doktor nickte, Archie ließ ein Streichholz aufflammen, und
der Doktor beugte sich vor, um die Zigarette anzuzünden.

»Na schön, legen Sie los«, sagte Archie nach einem Moment. Ei-
ner sinnlosen Debatte konnte er noch nie widerstehen. »Wenn
Sie was zu sagen haben, sagen Sie es. Ich hab nicht die ganze
Nacht Zeit.«

»Darf ich reden? Werden wir ein Gespräch führen?«

»Von Gespräch hab ich nichts gesagt«, erwiderte Archie scharf.
Das war nämlich eine Taktik der Film-Nazis (und Archie musste
es ja wissen; er hatte sich die ersten vier Kriegsjahre zur Genüge
flimmernde Film-Nazis im Brighton Odeon angesehen), die ver-

suchen, sich überall rauszureden. »Ich hab gesagt, Sie können reden, und dann töte ich Sie.«

»Ah ja, natürlich.«

Der Doktor wischte sich mit dem Ärmel übers Gesicht und betrachtete den Jungen neugierig, vergewisserte sich, ob es ihm ernst war. Der Junge sah ernst aus.

»Also dann … wenn ich so sagen darf …«, der Mund des Doktors klappte auf, wartete darauf, dass Archie einen Namen einwarf, aber es kam keiner. »Lieutenant … wenn ich so sagen darf … Lieutenant, mir scheint, Sie befinden sich in einer Art … einer Art … von moralischem Dilemma.«

Archie wusste nicht, was Dilemma bedeutete. Verunsichert sagte er das, was er immer in solchen Situationen sagte: »Das wüsst ich aber!«

»Äh … Ja, *ja*«, sagte Dr. Krank schon etwas zuversichtlicher; er war noch nicht erschossen worden, und immerhin war schon eine ganze Minute vergangen. »Mir scheint wirklich, Sie stecken in einer Zwickmühle. Einerseits … glaube ich nicht, dass Sie mich töten möchten –«

Archie nahm die Schultern hoch. »Jetzt hör mal, Bürschchen –«

»Und andererseits haben Sie Ihrem übereifrigen Freund versprochen, dass Sie es tun werden. Aber das ist noch nicht alles.«

Die zitternden Finger des Doktors stießen unabsichtlich gegen seine Zigarette, und Archie sah die Asche wie grauen Schnee auf seine Stiefel fallen.

»Einerseits haben Sie eine Verpflichtung Ihrem – Ihrem – Land gegenüber und dem, was Sie für richtig halten. Andererseits bin ich ein *Mensch*. Ich spreche mit Ihnen. Ich atme und blute wie Sie. Und Sie wissen nicht mit Sicherheit, was für eine Art Mensch ich bin. Sie stützen sich nur auf Hörensagen. Ich verstehe also Ihre Schwierigkeiten.«

»Ich habe keine Schwierigkeiten. *Du* bist derjenige mit den Schwierigkeiten, Bürschchen.«

»Dennoch, obwohl ich nicht Ihr Freund bin, haben Sie mir

gegenüber eine Verpflichtung, weil ich ein Mensch bin. Ich denke, Sie sind zwischen diesen beiden Verpflichtungen gefangen. Ich denke, Sie befinden sich in einer höchst interessanten Situation.«

Archie trat vor und hob die Mündung wenige Zentimeter vor die Stirn des Doktors. »Fertig?«

Der Doktor wollte *Ja* sagen, brachte aber nur ein Stottern heraus.

»Gut.«

»Moment! *Bitte.* Kennen Sie Sartre?«

Archie seufzte gereizt. »Nein, nein, nein – wir haben keine gemeinsamen Freunde – das weiß ich, weil ich nur einen Freund habe, und der heißt Ick-Ball. Hören Sie, ich werde Sie töten. Das tut mir Leid, aber –«

»Kein Freund. Philosoph. Sartre. Monsieur J. P.«

»Wer?«, fragte Archie aufgewühlt, argwöhnisch. »Klingt französisch.«

»Er ist Franzose. Ein großer Franzose. Ich bin ihm mal kurz begegnet, 1941, als er in Gefangenschaft war. Aber damals hat er ein Problem aufgeworfen, das, so denke ich, dem Ihren ähnlich ist.«

»Weiter«, sagte Archie langsam. Tatsache war, ein bisschen Hilfe hätte er gut gebrauchen können.

»Das Problem«, fuhr Dr. Krank fort, unablässig bemüht, sein Hyperventilieren unter Kontrolle zu bringen, und so heftig schwitzend, dass sich zwei kleine Tümpel in den Mulden am Nackenansatz gebildet hatten, »ist das eines jungen französischen Studenten, der seine kranke Mutter in Paris versorgen müsste, aber gleichzeitig nach England gehen müsste, um dem Freien Frankreich im Kampf gegen die Nationalsozialisten zu helfen. Nun, eingedenk der Tatsache, dass es viele *moralische Pflichten* gibt – zum Beispiel die *moralische Pflicht*, wohltätig zu sein, was man aber nicht immer ist; es ist *ideal*, aber es ist nicht *unerlässlich* –, eingedenk dessen also, was sollte er da tun?«

637

Archie schnaubte: »Blöde Frage. *Überlegen Sie doch mal.*« Er gestikulierte mit der Waffe, nahm sie vom Gesicht des Doktors und tippte sich damit an die Schläfe. »Unterm Strich wird er das tun, was ihm wichtiger ist. Entweder er liebt sein Land oder seine alte Mum.«

»Aber was ist, wenn ihm beides gleichermaßen am Herzen liegt? Ich meine, Land und ›alte Mum‹. Was, wenn er verpflichtet ist, beides zu tun?«

Archie war nicht überzeugt. »Tja, er sollte einfach eins von beidem tun und dabei bleiben, basta.«

»Der Franzose stimmt Ihnen zu«, sagte der Doktor und versuchte ein Lächeln. »Wenn keiner der beiden Imperative aufgehoben werden kann, entscheide dich für einen und, wie Sie sagen, bleib dabei, basta. Der Mensch macht sich letztlich selbst. Und er ist verantwortlich für das, was er macht.«

»Dann hätten wir's also. Ende des Gesprächs.«

Archie spreizte die Beine, verteilte sein Gewicht, bereitete sich auf den Rückstoß vor – und spannte erneut den Hahn.

»Aber – aber – überlegen Sie – bitte, mein Freund – versuchen Sie zu überlegen –« Der Doktor fiel auf die Knie und wirbelte ein Staubwölkchen auf, das sich erhob und wieder niedersank wie ein Seufzer.

»Aufstehen«, würgte Archie, entsetzt von dem strömenden Augenblut, von der Hand auf seinem Bein und dann dem Mund auf seinem Schuh. »Bitte – es bringt nichts –«

Aber der Doktor umklammerte Archies Kniekehlen. »Überlegen Sie – bitte – es könnte so vieles geschehen ... ich könnte doch noch Erlösung in Ihren Augen finden ... oder vielleicht irren Sie sich – Ihre Entscheidung könnte auf Sie zurückfallen, wie die von Ödipus auf ihn zurückfiel, entsetzlich und entstellt! Das können Sie nicht mit Sicherheit wissen!«

Archie packte den mageren Arm des Doktors, riss ihn hoch und begann zu brüllen: »Hör mal, Kumpel. Jetzt hast du mich wütend gemacht. Ich bin doch kein Scheißwahrsager. Soweit ich weiß, könnte morgen die Welt untergehen. Aber das hier muss ich *jetzt* tun. Sam *wartet* auf mich. Bitte«, sagte Archie, weil seine Hand zitterte und seine Entschlossenheit sich verdrückte, »*bitte* hör auf zu reden. Ich bin kein Wahrsager.«

Aber der Doktor klappte erneut zusammen, wie ein Springteufel. »Nein … nein … wir sind keine Wahrsager. Ich hätte nie vorhersagen können, dass mein Leben durch die Hand eines Kindes enden würde … 1. Korinther, Kapitel dreizehn, Vers acht: *So doch die Weissagungen aufhören werden und das Zungenreden aufhören wird und die Erkenntnis aufhören wird. Denn unser Wissen ist Stückwerk, und unser Weissagen ist Stückwerk. Wenn aber kommen wird das Vollkommene, so wird das Stückwerk aufhören.* Aber wann wird es kommen? Ich selbst, ich war des Wartens müde. Es ist etwas Schreckliches, nur Stückwerk zu wissen. Es ist etwas Schreckliches, keine Vollkommenheit zu haben, menschliche Vollkommenheit, wenn sie doch so leicht verfügbar ist.« Der Doktor erhob sich und streckte den Arm nach Archie aus, aber Archie wich zurück. »Wenn wir nur mutig genug wären, die Entscheidungen zu treffen, die getroffen werden müssen … zwischen denen, die es wert sind, verschont zu bleiben, und dem Rest … Ist es ein Verbrechen, wenn man –«

»Bitte, *bitte*«, sagte Archie, und er schämte sich, weil er weinte, nicht rote Tränen wie der Doktor, sondern dicke und durchsichtige und salzige. »Genug jetzt. Bitte hör auf zu reden. *Bitte.*«

»Und dann denke ich an den kranken Deutschen, Friedrich. Stell dir die Welt ohne Anfang und Ende vor, mein Junge.« Das letzte Wort, *Junge*, spuckte er förmlich aus, und es war ein Dieb, der das Machtverhältnis zwischen ihnen änderte, der die wenige Kraft stahl, die Archie noch geblieben war, und sie im Wind verstreute. »Stell dir vor, wenn du *kannst*, dass sich alles in der Welt wiederholt, endlos, so, wie es immer war …«

»Verdammt, bleib, wo du bist!«

»Stell dir diesen Krieg immer und immer wieder vor, Millionen Male …«

»Nein danke«, sagte Archie, vor Rotze halb erstickt. »Das erste Mal hat mir gereicht.«

»Das ist kein ernsthafter Vorschlag. Das ist ein Test. Nur diejenigen, die stark genug sind und dem Leben so positiv begegnen, dass sie es bejahen können – selbst wenn es sich immer nur wiederholt –, haben das, was man braucht, um die schlimmste Finsternis zu ertragen. Ich könnte die Dinge, die ich getan habe, in unendlicher Wiederholung erleben. Ich bin einer von diesen Zuversichtlichen. Aber du zählst nicht zu ihnen ...«

»Bitte, hören Sie auf zu reden, *bitte*, damit ich –«

»Die Entscheidung, die du triffst, Archie«, sagte Dr. Krank und gab damit ein Wissen preis, das er von Anfang an besessen hatte, den Namen des Jungen, und das er erst dann hatte einsetzen wollen, wenn es am wirksamsten wäre, »könntest du es ertragen, sie immer und immer wieder aufs Neue zu sehen, in alle Ewigkeit? Könntest du das?«

»Ich hab 'ne Münze!«, schrie Archie, *kreischte* es vor Freude laut heraus, weil es ihm gerade eingefallen war. »Ich hab 'ne Münze!«

Dr. Krank blickte verwirrt und hielt in seinen schwankenden Vorwärtsschritten inne.

»Ha! Ich hab 'ne Münze, du Arschloch. Ha! Pech für dich!«

Wieder ein Schritt. Die Hände geöffnet, Handflächen nach oben, unschuldig.

»Halt. Bleib, wo du bist. Gut so. Wir machen jetzt Folgendes. Schluss mit der Quatscherei. Ich leg meine Pistole hier hin ... langsam ... *so*.«

Archie ging in die Hocke und legte sie auf den Boden, ungefähr in die Mitte zwischen ihnen. »Nur damit du mir vertraust. Ich werd mein Wort halten. Und jetzt werd ich diese Münze werfen. Und bei Kopf werd ich dich töten.«

»Aber –«, sagte Dr. Krank. Und zum ersten Mal sah Archie so etwas wie echte Angst in seinen Augen, die gleiche Angst, die Archie so überwältigend empfand, dass er kaum noch sprechen konnte.

»Und bei Zahl werd ich es nicht tun. Nein, ich will nicht drüber reden. Mit dem Denken hab ich's nämlich nicht so. Was Besseres fällt mir jetzt nicht ein. Also, los geht's.«

Die Münze flog hoch und drehte sich so, wie eine Münze in einer perfekten Welt immer hochfliegen und sich drehen würde, oft genug aufblitzend, um einen Mann zu hypnotisieren. Dann, an irgendeinem Punkt ihres triumphalen Aufstiegs, fing sie an, einen Bogen zu beschreiben, und dieser Bogen ging in die falsche Richtung, und Archibald begriff, dass sie nicht zu ihm zurückflog, sondern hinter ihn, ein gutes Stück hinter ihn, und er drehte sich um und sah, wie sie in den Dreck fiel. Er bückte sich gerade, um sie aufzuheben, als ein Schuss fiel und er einen stechenden Schmerz im rechten Oberschenkel spürte. Er blickte nach unten. Blut. Die Kugel war glatt durchgegangen, knapp am Knochen vorbei, hatte aber einen Splitter der Geschossspitze tief im Fleisch zurückgelassen. Der Schmerz war unerträglich und seltsam fern zugleich. Archie drehte sich wieder um und sah Dr. Krank, halb vorgebeugt, mit der Pistole in der schlaffen rechten Hand.

»Verdammte Scheiße, warum haben Sie das gemacht?«, sagte Archie wütend und riss dem Doktor leicht und kraftvoll die Waffe weg. »Es ist Zahl. Sehen Sie? Zahl. Da bitte. Zahl. Es war Zahl.«

*

Archie ist also da, in der Flugbahn der Kugel, und er wird etwas tun, das selbst fürs Fernsehen ungewöhnlich ist: denselben Mann zum zweiten Mal retten und das ebenso ohne Sinn und Verstand wie beim ersten Mal. Und es ist eine ziemlich unsaubere Angelegenheit, diese Marotte, Leute zu retten. Alle im Raum sehen entsetzt zu, wie er in den Oberschenkel getroffen wird, genau in den Knochen, ziemlich melodramatisch herumwirbelt und auf den Glaskasten der Maus kracht. Glassplitter überall auf der Bühne.

Was für eine Vorstellung. Im Fernsehen würde jetzt das Saxofon einsetzen; der Abspann würde laufen.

Aber zuerst die Endspiele. Denn anscheinend müssen sie gespielt werden, ganz gleich, was man von ihnen hält, und selbst wenn das Ende, wie die Unabhängigkeit von Indien oder Jamaika, wie die Unterzeichnung von Friedensverträgen oder das Anlegen von Passagierschiffen, einfach nur der Anfang einer noch längeren Geschichte ist. Dieselbe repräsentative Auswahlgruppe, die die Farbe des Raumes bestimmt hat, den Teppichboden, die Schrifttypen für die Plakate, die Höhe des Tisches, würde zweifellos auch das Kästchen ankreuzen, mit dem man sich wünscht, dass all diese Dinge bis zu Ende gespielt werden … und es gibt bestimmt ein demografisches Muster bei all denjenigen, die am liebsten die Aussagen der Augenzeugen sehen würden, die Magid ebenso häufig wie Millat identifizierten, die sich für die verwirrenden Mitschriften interessieren, für das Videoband eines nicht kooperationsbereiten Opfers und ebensolcher Familienangehörigen, für einen für jedes Gericht so unmöglichen Fall, dass der Richter schließlich aufgab und beiden Zwillingen vierhundert Stunden gemeinnützige Arbeit aufbrummte, die sie natürlich als Gärtner bei Joyce' neuestem Projekt ableisteten, einem riesigen Millenniumspark direkt an der Themse …

Und sind es vielleicht junge Karrierefrauen zwischen achtzehn und zweiunddreißig, die gern einen Schnappschuss aus der Zeit sieben Jahre später sehen würden, einen Schnappschuss, auf dem Irie, Joshua und Hortense an einem karibischen Meer sitzen (denn Irie und Joshua werden schließlich doch noch ein Paar; man kann seinem Schicksal nur begrenzte Zeit entgehen), während Iries vaterlose kleine Tochter liebevolle Postkarten an *Den bösen Onkel Millat* und *Den guten Onkel Magid* schreibt und sich fühlt wie Pinocchio, eine Marionette, frei von elterlichen Fäden? Und könnte es sein, dass vor allem kriminelle Kreise und die ältere Generation gern Wetten auf den Gewinner eines Blackjack-Spiels abschließen würden, das von Alsana und

Samad, Archie und Clara im O'Connell's gespielt wird, an jenem 31. Dezember 1999, dem historischen Datum, an dem Abdul-Mickey seine Türen endlich auch für Frauen öffnete?

Aber diese und ähnliche unglaubliche Geschichten zu erzählen würde gewiss bedeuten, den Mythos weiter zu pflegen, diese gefährliche Lüge, dass die Vergangenheit immer einfach und die Zukunft vollendet ist. Und wie Archie nur zu gut weiß, dem ist nicht so. Dem war nie so.

Aber es wäre doch interessant, in der Gegenwart zu bleiben und eine Umfrage zu machen (was für eine, würden Sie entscheiden) und dafür die Zuschauer in zwei Gruppen einzuteilen: diejenigen, deren Augen auf einem blutenden, quer über einem Tisch zusammengesackten Mann verweilten, und diejenigen, die das Entkommen einer kleinen braunen Rebellenmaus beobachteten. Archie jedenfalls beobachtete die Maus. Er beobachtete, wie sie eine Sekunde lang ganz still blieb, mit einem recht blasierten Blick, als hätte sie nichts anderes erwartet. Er beobachtete, wie sie über seine Hand hinweghuschte. Er beobachtete, wie sie über den Tisch und durch die Hände derjenigen flitzte, die sie festhalten wollten. Er beobachtete, wie sie am Ende des Tisches runtersprang und durch einen Luftschlitz verschwand. *Viel Glück, mein Sohn!,* dachte Archie.

DANKSAGUNG

Ich danke Lisa und Joshua Appignanesi, die es gemeinsam fertig brachten, mir ein eigenes Zimmer zu besorgen, als ich es wirklich brauchte. Mein Dank gilt auch Tristan Hughes und Yvonne Bailey-Smith, die diesem Buch und seiner Autorin zwei fröhliche Zuhause boten. Zudem danke ich für die intelligenten Einfälle und den Scharfblick folgender Menschen: Paul Hilder, Freund und Resonanzboden; Nicholas Laird, *idiot savant* gleich mir; Donna Poppy, in allem akribisch genau; Simon Prosser, der umsichtigste Lektor, den man sich wünschen kann; und schließlich meine Agentin Georgia Garrett, der rein gar nichts entgeht.

KATE ATKINSON
DIE EBENE DER SCHRÄGEN GEFÜHLE

Roman

Zwei Frauen – zwei charakterstarke Stimmen – vor dem Hintergrund der siebziger Jahre, widerspenstig und zerstreut die eine, überschäumend und respektlos die andere. Ein mit viel Witz, Ironie und Tempo geschriebener Roman, der die Geheimnisse einer Familie bis auf die Wurzeln enthüllt.

Effie erzählt – ausdauernd, ausführlich, aufgedreht – über das träge Chaos ihres Studentenalltags in Dundee; Nora, ihre Mutter, lakonisch und entspannt, unterbricht, kommentiert, hört zu. Zögernd nur und bruchstückhaft beginnt auch sie zu reden. Effie ist geschockt: ein überreiches Leben, erfüllt von Liebe und Tod, Hass, Krankheit und Mordlust. Ganz nebenbei erfährt sie, dass nicht Nora ihre Mutter ist, sondern ein Hausmädchen der Familie, von dem sie noch nie gehört hat. Und ebenso nebenbei kommt heraus, dass Nora nicht ganz unschuldig am Tod ihrer schönen älteren Schwester zu sein scheint.

»Kate Atkinson ist eine wortgewaltige Erzählerin.«
Der Spiegel

Knaur

LINN ULLMANN
DIE LÜGNERIN

Roman

Die Bloms sind eine Familie, die eines Woody-Allen-Films würdig wäre: jeder Einzelne liebenswert, verrückt, leicht schräg – und unglücklich. Doch im Kampf gegen das Unglücklichsein sind alle unendlich tapfer und jeder Situation gewachsen: wie Anni, die Unwiderstehliche, der alle Männer verfallen und die eines Tages selbst Opfer wird; oder ihre Mutter June, die sich als Soldat bezeichnet und nach dem Motto lebt: Nie zurückschauen, einfach durchstreichen und weitergehen; oder Tante Selma, die Wut und Boshaftigkeit am Leben halten. Nicht zu vergessen sind Annis Töchter Julie und Karin: Julie ist stets unglücklich und verzweifelt – kein Soldat laut Großmutter June; Karin dagegen versucht mit Hilfe ihrer Lieblingsbeschäftigungen ihr Leben zu meistern: Geschichten erzählen, Männer verführen und lügen.

Mit viel Witz und Sinn für Situationskomik zeichnet Linn Ullmann das scharfsinnige Porträt einer Familie. Die Schilderungen der todtraurigen Erlebnisse der Frauen und Männer gelingen ihr vor allem deshalb, weil sie nicht abrutscht in Larmoyanz und Zynismus. Man muss sie einfach lieben, diese Familie Blom – und mit ihr fühlen.

>>Komisch, bitter und sinnlich zugleich –
Linn Ullmann ist ein brillanter Roman gelungen,
der einen packt, weil er irritiert.<<
Brigitte

Knaur

ELIZA MINOT
HIMMEL SO NAH

Roman

Am Valentinstag ändert sich das Leben der 8-jährigen Via von Grund auf: Ihre Mutter stirbt bei einem Autounfall. In ihrer Verzweiflung muss das kleine Mädchen erkennen, dass jede Vorstellung, jede Erinnerung an die geliebte Mutter schnell verblasst. Und so beginnt sie, ihre Gedanken nach dem Tagesrhythmus zu ordnen und sich Tausende von kleinen Erlebnissen und Geschichten ins Gedächtnis zu rufen: Streitereien mit ihren älteren Geschwistern, Späße, die ihr Vater mit ihr treibt, der Geruch der Mutter, wenn Via morgens zu ihr ins Bett schlüpft. Aus all diesen Geschichten der gewitzten wie vorwitzigen Via entsteht das Porträt einer in Harmonie lebenden Familie, deren Dreh- und Angelpunkt die unkomplizierte und liebevolle Mutter ist. Der Garant für die allumfassende Sicherheit, in der Via lebt, für das unbeschwerte Glück in der Familie, für die unbändige Neugierde auf das Leben, die in Via steckt, ist die Mutter. Der Tod der Mutter verändert nicht nur Vias Leben, sondern auch sie selbst. Sie muss erkennen, dass ihr nur die Erinnerung bleibt, sie selbst aber am Anfang eines neuen Kapitels steht.

»Die Erzählung von häuslichem Glück und herzzerreißendem Schmerz gipfelt in einer leuchtenden Vision von ewiger Liebe.«
Publishers Weekly

Knaur